Die Chronik-Bibliothek des 20. Jahrhunderts

Brigitte Beier/Dr. Petra Gallmeister

Chronik 1926
Tag für Tag in Wort und Bild

Chronik Verlag

Abbildungen auf dem Schutzumschlag
(oben links beginnend)
Werbeplakat für das Berliner Tanzcafé Tabarin
Tänzerin Josephine Baker
Filmszene mit Rudolph Valentino
Außenminister Gustav Stresemann vor dem Völkerbund in Genf
Protestplakat gegen die Fürstenabfindung
Werbeplakat für die Lufthansa
Titelblatt der Zeitschrift »Jugend«

© Chronik Verlag
im Bertelsmann Lexikon Verlag GmbH,
Gütersloh/München 1995 A

Bildredaktion: Norbert Fischer, Christine Voges
Anhang: Ludwig Hertel, Bernhard Pollmann
Herstellung: Annette Retinski
Gesamtherstellung: Mohndruck Graphische Betriebe GmbH, Gütersloh

Leihgeber für Zeitungen und Zeitschriften: Institut für Zeitungsforschung, Dortmund

Das Werk einschließlich aller seiner Teile ist urheberrechtlich geschützt. Jede Verwertung außerhalb der engen Grenzen des Urheberrechtsgesetzes ist ohne Zustimmung des Verlags unzulässig und strafbar. Das gilt insbesondere für Vervielfältigungen, Übersetzungen, Mikroverfilmungen und die Speicherung und Verarbeitung in elektronischen Systemen.

ISBN 3-577-14026-7

Inhalt

Hauptteil (ab Seite 10)

Jeder Monat beginnt mit einem Kalendarium, in dem die wichtigsten Ereignisse chronologisch geordnet und in knappen Texten dargestellt sind. Sonn- und Feiertage sind durch farbigen Druck hervorgehoben. Pfeile verweisen auf ergänzende Bild- und Textbeiträge auf den folgenden Seiten. Faksimiles von Zeitungen und Zeitschriften, die im jeweiligen Monat des Jahres 1926 erschienen sind, spiegeln Zeitgeist und herausragende Ereignisse.

Wichtige Ereignisse des Jahres 1926 werden – zusätzlich zu den Eintragungen im Kalendarium – in Wort und Bild beschrieben. Jeder der mehr als 400 Einzelartikel bietet eine in sich abgeschlossene Information. Die Pfeile des Verweissystems machen auf Artikel aufmerksam, die an anderer Stelle dieses Bandes ergänzende Informationen zu dem jeweiligen Thema vermitteln.

Mehr als 500 Abbildungen und grafische Darstellungen illustrieren die Ereignisse und Entwicklungen des Jahres 1926 und werden damit zu einem historischen Kaleidoskop besonderer Art.

Hinter dem Hauptteil (ab S. 206) gibt die Chronik einen Überblick über die Postwertzeichen, die im Jahr 1926 im Deutschen Reich neu ausgegeben wurden.

Januar	10
Februar	28
März	48
April	64
Mai	84
Juni	104
Juli	118
August	132
September	146
Oktober	162
November	176
Dezember	188

Übersichtsartikel (ab Seite 27)

12 Übersichtsartikel, am blauen Untergrund zu erkennen, stellen Entwicklungen des Jahres 1926 zusammenfassend dar.

Alle Übersichtsartikel aus den verschiedenen Jahrgangsbänden ergeben – zusammengenommen – eine sehr spezielle Chronik zu den jeweiligen Themenbereichen (z.B. Film von 1900 bis 2000).

Unterhaltung	27
Bildung	37
Gesellschaft	40
Theater	47
Wohnen	57
Mode	60
Werbung	83
Verkehr	100
Film	103
Malerei	116
Architektur	127
Musik	187

Anhang (ab Seite 207)

Der Anhang zeigt das Jahr 1926 in Statistiken und anderen Übersichten. Ausgehend von den offiziellen Daten für das Deutsche Reich, für Österreich und die Schweiz, regen die Zahlen und Fakten zu einem Vergleich mit vorausgegangenen und nachfolgenden Jahren an.

Für alle wichtigen Länder der Erde sind die Staats- und Regierungschefs im Jahr 1926 aufgeführt und werden wichtige Veränderungen aufgezeigt. Die Zusammenstellungen herausragender Neuerscheinungen auf dem internationalen Buchmarkt sowie der Premieren auf Bühne und Leinwand werden zu einem Führer durch das kulturelle Leben des Jahres.

Das Kapitel »Sportereignisse und -rekorde« spiegelt die Höhepunkte des Sportjahres 1926. Internationale und Deutsche Meisterschaften sind ebenso nachgewiesen wie die Entwicklung der Leichtathletik- und Schwimmrekorde und die Ergebnisse der großen internationalen Wettbewerbe.

Der Nekrolog enthält Kurzbiographien von Persönlichkeiten, die 1926 verstorben sind.

Deutsches Reich, Österreich und Schweiz in Zahlen	207
Regierungen Deutsches Reich, Österreich und Schweiz	211
Staatsoberhäupter und Regierunen ausgewählter Länder	212
Kriege und Krisenherde	215
Neuerscheinungen auf dem internationalen Buchmarkt	215
Uraufführungen in Schauspiel, Oper, Operette und Ballett	219
Film-Premieren 1926	220
Die wichtigsten Sportereignisse und -rekorde 1926	222
Nekrolog	225

Register

Das Register nennt – in Verbindung mit der jeweiligen Seitenzahl – alle Personen, deren Namen in diesem Band verzeichnet sind.

Werden Personen abgebildet, so sind die Seitenzahlen kursiv gesetzt.

Register 227

Das Jahr 1926

Die beste politische Nachricht des Jahres kommt für Deutschland aus Genf, wo der Völkerbund die Aufnahme des Deutschen Reiches beschließt. Acht Jahre nach dem Ende des Ersten Weltkrieges tritt mit dieser feierlichen Krönung des Locarnopakts von 1925 so etwas wie eine Normalisierung der internationalen Beziehungen ein. Weil das lange geächtete Deutsche Reich im Vertrag von Locarno seine Westgrenzen gegenüber Frankreich garantierte und damit auf Elsaß-Lothringen verzichtet, ist der Weg frei für Entspannung auch mit dem unversöhnlichsten der ehemaligen Kriegsgegner. Welche Hoffnungen und Erwartungen sich an den deutschen Völkerbundsbeitritt knüpfen, illustrieren die Worte des französischen Außenministers Aristide Briand, der die umjubelte Antrittsrede Gustav Stresemanns beantwortet: »Zu Ende ist die Serie der blutigen und schmerzlichen Zusammenstöße, von denen alle Blätter der Geschichte der Vergangenheit erfüllt sind, zu Ende ist der Krieg zwischen uns.« Wie zur Beschwörung dieser Überzeugung verleiht das Stockholmer Nobelkomitee den Außenministern Briand und Stresemann 1926 den Friedensnobelpreis.

Während in Genf eine Politik der Vernunft die Hoffnung auf dauerhaften Frieden nährt, arbeiten in Deutschland und Italien Nationalsozialisten und Faschisten bereits nach Kräften an der Demontage des Erreichten. In Deutschland findet der zweite Reichsparteitag der NSDAP, auf dem Hitler seine Linie gegen den sog. linken Flügel um Gregor Strasser durchsetzen kann, noch wenig Beachtung; 1925 wurde Hitler nach dem mißglückten Putschversuch von 1923 wieder aus der Festungshaft entlassen. In Italien ist der Faschismus seit 1922 an der Macht, und im Jahr 1926 stattet sich Ministerpräsident Mussolini, der sich nunmehr offiziell als »Duce« (Führer) titulieren läßt, mit diktatorischen Vollmachten aus. Mehrere Attentatsversuche liefern ihm den Anlaß, die Gewerkschaften zu beseitigen und sich jeglicher parlamentarischer Verantwortlichkeit zu entziehen.

Die Belastungen der Nachkriegszeit führen auch in einem anderen Land Südeuropas zur Errichtung eines autoritären Regimes: Der Staatsstreich in Portugal beendet 1926 die Geschichte der 1910 errichteten Republik, deren Verfassung umgehend aufgehoben wird. Besonders ein Name verbindet sich mit dem Militärregime, das von nun an fast ein halbes Jahrhundert lang die Geschicke des Landes bestimmt: António Salazar, zunächst Finanzminister (1928), später langjähriger Ministerpräsident (1932-68). Der Sturz der portugiesischen Militärdiktatur kommt vor allem im Zusammenhang mit dem Krieg Portugals um seine afrikanischen Kolonien zustande – die erste europäische Kolonialmacht ist 1974 auch die letzte, die ihre Machtpositionen in Übersee aufgibt.

Einen ganz anderen Weg im Umgang mit seinen Kolonien geht Großbritannien, das 1926 an die Stelle des britischen »Empire« das »Commonwealth of Nations« setzt, das den Dominions (1926 u.a. Irland, Kanada, Südafrika, Australien und Neuseeland) den Status faktisch autonomer Staaten unter der außenpolitischen Hauptverantwortung Englands gibt. Zunächst bezieht sich diese Lockerung des Kolonialismus nur auf die weißen Siedlungskolonien, in der Phase der Dekolonisation nach dem Zweiten Weltkrieg werden auch die übrigen Kronkolonien, z.B. in Afrika und Indien, in den Commonwealth einbezogen, dessen Bedeutung dann zunehmend repräsentativer Natur ist.

Verfolgt England in den Beziehungen zu den Teilen seines Weltreichs einen Weg der Anpassung an gewandelte Verhältnisse, eskalieren 1926 im Inneren die sozialen Spannungen: Der Generalstreik, der im Mai über eine Woche lang das öffentliche Leben weitgehend zum Erliegen bringt und der Streik der Bergarbeiter, der bis zum November weitergeht, werfen ein grelles Licht auf die angeschlagene britische Wirtschaft, der es nach dem Ersten Weltkrieg nicht gelingt, ihre Position einer führenden Industrienation wieder einzunehmen.

In dieser Hinsicht erweisen sich die USA immer deutlicher als Weltmacht Nummer eins, deren Mittelschicht bereits mit dem Massenkonsum von Automobilen, Kühlschränken und Waschmaschinen ein Leben führt, wie es sich der Durchschnittseuropäer kaum träumen lassen kann. Besonders der Autoboom, der in Europa keinerlei Entsprechung findet, bringt geradezu eine soziale Revolution mit sich, denn das Auto, die darauf bezogenen Industrien und der Straßenbau verändern nachhaltig die Lebens- und Arbeitsgewohnheiten der Menschen. Was aus den USA kommt, wird in London, Paris und Berlin zum Leitbild, und was die Alltagskultur betrifft, können die Europäer es sich leisten, diesem Leitbild nachzueifern: Shows und Revuen, die »Girl-Kultur« der Tanztruppen und natürlich die Begeisterung für einen Inbegriff amerikanischer Unterhaltung, für Josephine Baker, prägt die zweite Hälfte der 20er Jahre – die kurze und zerbrechliche Phase relativen Wohlstands und politischer Stabilität.

◁ *Wohlstand in den USA: Autoverkehr in der Fifth Avenue, New York*

Folgende Doppelseite: Das Deutsche Reich wird 1926 in den Völkerbund aufgenommen. Auf dem Bild ist Außenminister Gustav Stresemann zu sehen, der am 10. September 1926 vor der Vollversammlung des Völkerbundes in Genf seine Antrittsrede hält.

Januar 1926

Mo	Di	Mi	Do	Fr	Sa	So
				1	2	3
4	5	6	7	8	9	10
11	12	13	14	15	16	17
18	19	20	21	22	23	24
25	26	27	28	29	30	31

1. Januar, Freitag, Neujahr
Der deutsche Reichspräsident Paul von Hindenburg gibt in Berlin dem Diplomatischen Korps einen Neujahrsempfang. In Reden wird der Wille der Staaten, den Frieden zu stärken, betont. → S. 14

Der steuerfreie Einkommensbetrag im Deutschen Reich wird von 960 auf 1200 Reichsmark (RM) erhöht. → S. 20

Der General der Infanterie Hans von Seeckt wird zum Generaloberst befördert.

Das Hochwasser des Rheins erreicht mit 9,30 m bei Koblenz den höchsten gemessenen Stand seit 1781. → S. 23

Weltweit gibt es 27,75 Millionen Fernsprecher, 61% sind in den USA registriert, 27% in Europa, im Deutschen Reich 9,3%.

2. Januar, Sonnabend
Der rumänische König Ferdinand I. nimmt den Thronverzicht von Kronprinz Karl an. → S. 18

Infolge des schweren Sturms im Ärmelkanal gerät ein schwedisches Schiff in Seenot, die Mannschaft wird 30 Minuten nach dem ersten Seenotruf geborgen.

3. Januar, Sonntag
Der griechische Ministerpräsident General Theodoros Pangalos proklamiert die Diktatur. → S. 18

Die deutsche KPD-Politikerin Clara Zetkin wird zur ersten Vorsitzenden des Roten Frauen- und Mädchenbundes gewählt.

Die »Berliner Illustrirte« meldet, daß der Charleston auch in dieser Saison an der Spitze der Modetänze steht. → S. 25

4. Januar, Montag
Im Zusammenhang mit einer ungarischen Geldfälscheraffäre – gefälschte französische 1000-Franc-Noten sind in Umlauf gebracht worden – wird Prinz Ludwig Windischgrätz in Budapest verhaftet. → S. 18

Nach dem Rücktritt des Kabinetts Alexander Zánkow bildet Andreas Ljapčev in Bulgarien eine neue Regierung. Zánkows harte Haltung gegenüber den Agrariern und den Kommunisten hat keine Mehrheit gefunden.

Die Stuttgarter Staatsanwaltschaft läßt die Ausgabe des »Simplicissimus« vom 4. Januar beschlagnahmen, weil sie an einer Karikatur auf eine frühere Zensurmaßnahme Anstoß nimmt. → S. 25

Drei deutsche Schiffe sind an der estnischen Küste im Eis steckengeblieben. Die Besatzung hat keine Lebensmittel und keine Kohlen.

Der Mount MacKinley in Alaska ist in vulkanischer Tätigkeit.

5. Januar, Dienstag
Die griechische Regierung hebt mit Ausnahme des Artikels 1, der besagt, daß Griechenland eine Republik ist, alle Artikel der Verfassung auf. → S. 18

Die sowjetische Zeitung »Iswestija« befaßt sich mit den diplomatischen Beziehungen zwischen der Sowjetunion und der Schweiz. Die Lage ist seit 1923 gespannt, weil die Schweiz nicht bereit war, offiziell ihr Bedauern zur damaligen Ermordung eines sowjetischen Bürgers auszusprechen. Aus diesem Grund weigern sich sowjetische Delegierte, an internationalen Konferenzen in der Schweiz teilzunehmen. → S. 19

Ein Hochwasser in Rumänien hat 100 Todesopfer gefordert.

Der preußische Minister des Innern, Carl Severing, ordnet an, daß auch 1926 alle Karnevalsveranstaltungen unter freiem Himmel verboten sind.

6. Januar, Mittwoch
In Berlin wird auf Initiative der KPD ein Ausschuß gegründet, der den Volksentscheid für die entschädigungslose Enteignung der Fürsten vorbereiten soll. Dem Ausschuß gehören neben der KPD die Unabhängigen Sozialdemokraten, der Sozialistische Bund und die Deutsche Liga für Menschenrechte an. Am 19. Januar schließt sich die SPD der Initiative an. (→ 23. 1./S. 16).

In Berlin wird die Deutsche Lufthansa AG gegründet. → S. 19

Aus dem Vesuv in Italien strömt Lava aus; die vulkanische Tätigkeit im Innern hat am 4. Januar begonnen.

Der Capitol-Filmpalast in Berlin wird eröffnet. → S. 24

7. Januar, Donnerstag
Der Rechtsausschuß des Deutschen Reichstags beginnt mit seinen Beratungen über die Abfindungen der ehemals regierenden Fürstenhäuser (→ 23. 1./S. 16).

Die Staatsanwaltschaft in Pest (Ungarn) beantragt die Sperrung des Vermögens von Prinz Ludwig Windischgrätz (→ 4. 1./S. 18).

In einigen britischen Städten wird ein Film abgesetzt, der Szenen aus dem Leben des ehemaligen Deutschen Kaisers Wilhelm II. zeigt. → S. 24

Auf der Strecke Berlin–Hamburg werden Zugtelefone eingeführt. → S. 19

8. Januar, Freitag
Der deutsche Reichspräsident Paul von Hindenburg konferiert mit dem zurückgetretenen Reichskanzler Hans Luther über die Regierungsbildung (→ 20. 1./S. 14).

Das Deutsche Reich und die Schweiz beschließen, das Paßvisum aufzuheben, nur für Stellensuchende bleibt der Visumzwang bestehen. Die Regelung tritt am 20. Januar in Kraft.

Der arabische Stammesfürst und König in Arabien, Abd Al Asis Ibn Saud, läßt sich zum König des Hedschas und Nadschd ausrufen. → S. 19

Schwere Erdbeben im Iran fordern Hunderte von Todesopfern.

500 Menschen sind bei schweren Überschwemmungen an der Westküste von Mexiko ertrunken.

Die Deutsche Nothilfe vertreibt Wohlfahrtsbriefmarken, um mit dem Ertrag die finanzielle Notlage der Arbeitslosen zu lindern. → S. 20

9. Januar, Sonnabend
Der Auswärtige Ausschuß des Deutschen Reichstags berät darüber, wie die Stellen beim Völkerbund besetzt werden, wenn das Deutsche Reich aufgenommen worden ist (→ 17. 3./S. 52).

Der Reichstagsabgeordnete Alfred Hugenberg (DNVP) äußert sich in der Zeitschrift »Der Tag« abfällig über den Parlamentarismus. Die rechten Parteien der Weimarer Republik stehen dem parlamentarischen System skeptisch bis ablehnend gegenüber.

10. Januar, Sonntag
Auf einer Tagung spricht sich die Deutsche Zentrumspartei dafür aus, eine neue Regierung auf breitester Grundlage zu bilden (→ 20. 3./S. 14).

Im Zusammenhang mit der Räumung der ersten Rheinlandzone verläßt die britische Rheinflotte Köln (→ 30. 1./S. 17).

Die tägliche Kohleförderung im Ruhrgebiet pro Arbeitstag beträgt 309 184 t, in Oberschlesien 63 949 t (→ 15. 1./S. 21).

In Dresden findet die Uraufführung des Stummfilms »Der Rosenkavalier« nach der gleichnamigen Oper von Richard Strauss und Hugo von Hofmannsthal statt. → S. 25

11. Januar, Montag
Der deutsche Reichspräsident Paul von Hindenburg verlangt eine Entscheidung darüber, ob eine große Koalition möglich sei (→ 20. 1./S. 14).

In Budapest verlangen die Sozialdemokraten den Rücktritt des ungarischen Reichsverwesers Miklós Horthy wegen der Falschgeldaffäre (→ 4. 1./S. 18).

Auf Plakatanschlägen verspricht die Berliner politische Polizei eine Belohnung von 6000 Reichsmark (RM) für die Aufklärung von Fememorden. Fememorde sind in den ersten Jahren der Weimarer Republik von Angehörigen rechter, illegaler Organisationen an ehemaligen Mitgliedern verübt worden (→ 23. 1./S. 17).

12. Januar, Dienstag
Hernando Siles löst José Cabino Villanueva, der zwar gewählt, aber vom Kongreß nicht bestätigt worden ist, als Staatspräsident von Bolivien ab.

Der Reichsverband des Deutschen Handwerks protestiert auf einer Versammlung gegen die Preissenkungsaktion der Reichsregierung.

Flugzeuge versorgen die Schiffe, die im Eis des Finnischen Meerbusens eingeschlossen sind, mit Nahrungsmitteln.

In den Oststaaten der USA wütet ein Schneesturm.

13. Januar, Mittwoch
Die Zentrumsfraktion bringt im preußischen Landtag eine Anfrage über die Gefährdung des Kölner Doms ein. Säure aus den Schloten der Industrie hat das Mauerwerk angegriffen.

Bei einem Grubenunglück in Oklahoma (USA) werden 100 Bergleute verschüttet.

Vor dem Schwurgericht in München beginnt der Prozeß gegen den Leutnant a. D. Georg Pölzing und den ehemaligen Vizewachtmeister Erich Prüfert. Den Angehörigen des Freikorps Lützow wird zwölffacher Mord bzw. Anstiftung zum Mord während der Räteunruhen 1919 vorgeworfen. Am 20. Januar werden die Angeklagten freigesprochen (→ 23. 1./S. 17).

14. Januar, Donnerstag
Die USA setzen das Marinebudget auf 317 Millionen Dollar fest, das bedeutet eine Erhöhung um 16 Millionen Dollar.

Die einheimische Bevölkerung von Syrien hat den Guerillakrieg gegen die französische Herrschaft wiederaufgenommen. Syrien steht seit 1920 als Völkerbundmandat unter französischer Herrschaft (→ 19. 8./S. 69).

In Köln wird der erste Einheitspreisladen nach amerikanischem Vorbild eröffnet. Alle Waren kosten 25 oder 50 Pfennig. → S. 21

Die US-amerikanische Tänzerin Josephine Baker gastiert im Nelson-Theater in Berlin. → S. 27

15. Januar, Freitag
In Österreich tritt die zweite Regierung Rudolf Ramek ihr Amt an. Bundeskanzler Ramek ist am 14. Januar zurückgetreten, um das Kabinett umbilden zu können. → S. 18

Die Zeche Kaiserstuhl bei Dortmund entläßt 1500 Arbeiter wegen der schlechten Absatzlage für Kohle. → S. 21

Nummer 1 von 1926 der »Berliner Illustrirten Zeitung« grüßt mit einem Bild vom Silvester-Ball zum neuen Jahr

3. Januar 1926.
Nummer 1
35. Jahrgang

Berliner
Illustrirte Zeitung
Verlag Ullstein Berlin SW 68

Preis des Heftes
20 Pfennig

Prosit Neujahr!

Januar 1926

16. Januar, Sonnabend

Der Apostolische Administrator Eduard Graf O'Rourke, der zum ersten Bischof von Danzig ernannt worden ist, überreicht dem Präsidenten des Danziger Senats die päpstliche Bulle über die Errichtung des Bistums Danzig und die Ernennungsurkunde zum Bischof.

Die deutsche Erstaufführung des Schauspiels »Alle Kinder Gottes haben Flügel« von Eugene O'Neill findet in den Hamburger Kammerspielen statt. Die deutsche Übersetzung stammt von Alfred Wolfenstein.

17. Januar, Sonntag

Die SPD veranstaltet in der Westfalenhalle in Dortmund eine Kundgebung gegen die Fürstenabfindung. Die 15 000 Anwesenden rufen die Partei dazu auf, Vorbereitungen für einen Volksentscheid gegen die Fürstenabfindung zu treffen (→ 23. 1./S. 16).

Auf einer Feier der Deutschen Volkspartei (DVP) in München erklärt Außenminister Gustav Stresemann: »Wir stehen auf der Brücke vom alten zum neuen Deutschland.«

Emiliano Chamorro Vargas löst Carlos Solórzano als Präsident von Nicaragua ab.

18. Januar, Montag

Die Verhandlungen über die Regierungsbildung im Deutschen Reich werden abgebrochen, weil die Bayerische Volkspartei Bedenken gegen die Zusammensetzung des zweiten Kabinetts Hans Luther hat (→ 20. 1./S. 14).

Die deutsche Reichsregierung erhebt durch ihre Botschafter in London, Paris und Brüssel Einspruch gegen die hohe Zahl der Besatzungssoldaten im Rheinland.

Bei einer Gasexplosion in Berlin-Moabit stürzt ein vierstöckiges Wohnhaus ein. → S. 23

19. Januar, Dienstag

Der Parteivorstand der SPD beschließt, am Volksbegehren zur entschädigungslosen Enteignung der Fürsten teilzunehmen (→ 23. 1./S. 16).

Die KPD erneuert ihr Angebot an die SPD, eine Einheitsfront zu bilden. Die Sozialdemokraten lehnen diesen Vorschlag jedoch ab.

Zwischen der Sowjetunion und China kommt es zu Auseinandersetzungen über den Transport chinesischer Truppen auf der chinesischen Ostbahn (Mandschurei), die unter sowjetischer Verwaltung steht (→ 24. 1./S. 23).

Im ersten deutsch-französischen Eishockeyspiel nach dem Weltkrieg in Caux (Kanton Waadt) bei Montreux in der Schweiz besiegt der Berliner Schlittschuhclub den Eishockeyclub Chamonix 3:1. → S. 26

20. Januar, Mittwoch

Der deutsche parteilose Politiker Hans Luther bildet ein Minderheitskabinett aus den bürgerlichen Parteien DDP, Zentrum, DVP und BVP. → S. 14

Die Presse meldet, daß 1918 die Vermögensmasse des preußischen Königshauses 1055 Millionen Reichsmark (RM) betragen hat.

21. Januar, Donnerstag

Das neue Reichskabinett tritt in Berlin zu seiner konstituierenden Sitzung zusammen.

Im 15. Berliner Sechstagerennen siegt das US-Team MacNamara/Horan mit 569 Punkten. → S. 26

22. Januar, Freitag

In Paris stellen die Börsenmakler aus Protest gegen die geplante Börsensteuer den Handel an der Wertbörse ein.

Die amerikanische Polizei beschlagnahmt nach einem Schußwechsel ein Schmugglerschiff, das Alkohol im Wert von einer Million Dollar geladen hat. In den USA ist der Verkauf von Alkohol verboten; das Alkoholverbot hat eine rege Schmugglertätigkeit zur Folge (→ 5. 4./S. 74).

Der Bildhauer Stanislaus Cauer, der Maler Hans Peter Feddersen und der Architekt Wilhelm Kreis werden Mitglieder der Preußischen Akademie der Künste.

23. Januar, Sonnabend

Der Deutsche Reichstag setzt einen Ausschuß ein, der die immer wieder vorkommenden Femeorde untersuchen soll. Femeorde gehören zur Praxis illegaler, militanter rechtsradikaler Organisationen gegenüber abtrünnigen Mitgliedern. → S. 17

Der Ausschuß, der ein Volksbegehren zur entschädigungslosen Enteignung der Fürsten vorbereitet, einigt sich auf einen Gesetzesentwurf. → S. 16

In der Berliner Sezession findet die erste Gedenkausstellung für den am 17. Juli 1925 gestorbenen deutschen Maler Lovis Corinth statt. Am 29. Januar wird in der Berliner Nationalgalerie die zweite Gedächtnisausstellung für Corinth eröffnet. Sie zeigt fast alle Ölgemälde und Aquarelle des Künstlers (→ 20. 2./S. 43).

24. Januar, Sonntag

Nach einem Ultimatum Moskaus unterzeichnen die Sowjetunion und China ein Abkommen zur Beilegung des Konflikts um die chinesische Ostbahn, die unter sowjetischer Verwaltung steht. → S. 23

Im Stadttheater Heilbronn findet die Uraufführung der Tragödie »Die Schwester« von Hermann Kasach statt.

25. Januar, Montag

Die am 23. begonnene Tagung des Katholischen Deutschen Frauenbundes wird beendet. Gerta Krabbel ist zur neuen Bundesvorsitzenden gewählt worden.

Der deutsche Physiker Albert Einstein spricht im Auditorium Maximum der Friedrich-Wilhelms-Universität in Berlin über die von ihm 1905 und 1915 entwickelte Relativitätstheorie, die noch umstritten ist.

Der Gloria-Filmpalast in Berlin wird mit dem Stummfilm »Tartuffe« eröffnet. → S. 24

26. Januar, Dienstag

Der deutsche Reichskanzler Hans Luther bekennt sich in seiner Regierungserklärung zu einer Außenpolitik auf der Grundlage des Vertrags von Locarno. → S. 15

Vertreter von SPD und KPD beschließen, für das Volksbegehren zur Fürstenenteignung gemeinsam Plakate zu finanzieren, ansonsten aber unabhängig vorzugehen (→ 23. 1./S. 16).

Das Oberbergamt in Dortmund faßt den Beschluß, die Zeche Massen zu schließen (→ 15. 1./S. 21).

27. Januar, Mittwoch

In der Aussprache des Deutschen Reichstags über die Regierungserklärung von Reichskanzler Hans Luther entzündet sich eine Diskussion über den Beitritt des Deutschen Reichs zum Völkerbund. Die Aufnahme ist dem Deutschen Reich 1925 zugesichert worden. Einige Parteien verlangen vor dem Eintritt Zugeständnisse der Alliierten in der Frage der Besetzung des Rheinlands (→ 30. 1./S. 17).

Großbritannien und Italien unterzeichnen in London ein Schuldenabkommen. Die Schulden von Italien belaufen sich auf über 610 Millionen Pfund, die sollen bis 1988 in unterschiedlichen Jahresraten beglichen werden.

In Neapel, Bari und Mailand finden deutschfeindliche Kundgebungen statt.

Der US-Senat beschließt mit 76 gegen 17 Stimmen den Beitritt der USA zum Weltgerichtshof. Eine Anlehnung an den Völkerbund soll jedoch vermieden werden.

In London wird das erste britische Mode-Modellhaus nach dem Vorbild der Pariser Modehäuser eröffnet. Es soll den britischen Textil- und Modewarenhandel von Frankreich unabhängig machen. → S. 23

28. Januar, Donnerstag

Der deutsche Reichspräsident Paul von Hindenburg unterzeichnet die Neuregelung der Befehlsbefugnis in der Reichswehr. Unter dem Reichspräsidenten übt der Reichswehrminister die gesamte Befehlsgewalt aus.

Der britische Außenminister Joseph Austen Chamberlain konferiert in Paris mit dem französischen Ministerpräsidenten und Außenminister Aristide Briand. Beide Politiker bekennen sich zur französisch-britischen Freundschaft.

Nach dem Tod des japanischen Premierministers Takaakira Kato tritt das Kabinett zurück. Am 29. Januar wird Innenminister Reijiro Wakatsuki zum Premierminister ernannt.

Die Oberharzer Bergwerke erschließen in Clausthal und Lautenthal vier neue Schachtanlagen zur Förderung von Blei, Zink und Kupfer.

29. Januar, Freitag

Mehrere deutsche Automobilfirmen planen, sich zur Herstellung eines Einheits-Gebrauchswagens zusammenzuschließen. → S. 20

Das Drama »Ostpolzug« von Arnolt Bronnen wird im Staatlichen Schauspielhaus Berlin uraufgeführt. Die einzige Rolle des Stücks spielt Fritz Kortner. → S. 25

30. Januar, Sonnabend

Im Ehrenhof des Messegebäudes in Köln wird die Erste Westdeutsche Funkausstellung eröffnet. → S. 20

In Wien wird der Rundfunksender auf dem Rosenhügel in Betrieb genommen. → S. 20

Ein Wirbelsturm auf Madagaskar fordert 50 Todesopfer.

In Berlin findet die deutsche Erstaufführung der Operette »Paganini« von Franz Lehár statt.

31. Januar, Sonntag

Um Mitternacht haben die letzten belgischen und britischen Truppen die Kölner Zone geräumt. Die Besetzung ist beendet. (→ 30. 1./S. 17).

Die sächsische SPD beschließt, die Landtagsauflösung herbeizuführen (→ 15. 4./S. 71).

Im Deutschen Reich hat die Maul- und Klauenseuche zugenommen, sie herrscht auf 10 787 Gehöften.

Gestorben:

7. Berlin: Paul Cassirer (*21. 2. 1871, Görlitz), deutscher Verleger und Kunsthändler. → S. 24

15. Florenz: Enrico Toselli (*13. 3. 1883), italienischer Komponist und Pianist.

28. Tokio: Takaakira Kato (*3. 1. 1859, Nagoya), japanischer Politiker.

Geboren:

5. Wien: Maria Schell, österreichische Schauspielerin.

5. Hamburg: Walter Leisler Kiep, deutscher Politiker.

17. Berlin: Wolf Jobst Siedler, deutscher Verleger und Publizist.

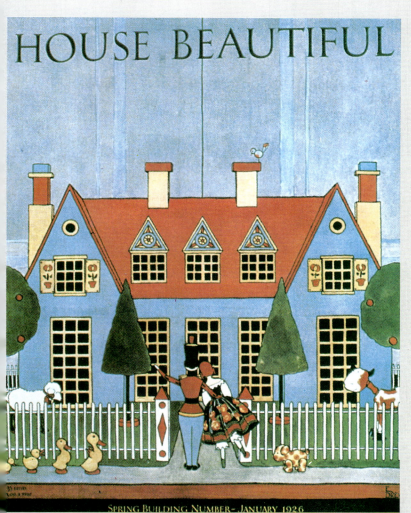

Die US-amerikanische Monatszeitschrift »House Beautiful« vom Januar 1926 zeigt zum Jahresbeginn eine Frühlingsszene auf dem Titel

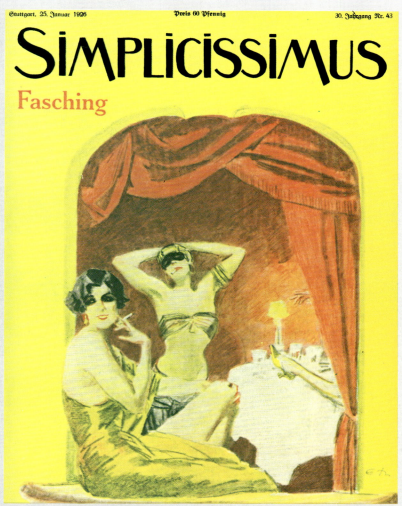

Die satirische Zeitschrift »Simplicissimus« aus Stuttgart vom 25. Januar 1926 mit einem Faschingsbild

Januar 1926

Regierungskrise ist beendet

20. Januar. Dem deutschen Politiker und bisherigen Reichskanzler Hans Luther (parteilos) gelingt es nach mehrwöchigen Verhandlungen, eine neue Regierung der bürgerlichen Mitte zu bilden. In dem neuen Minderheitskabinett sind die Deutsche Demokratische Partei (DDP), das Zentrum, die Deutsche Volkspartei (DVP) und die Bayerische Volkspartei vertreten. Luther bleibt Reichskanzler, Gustav Stresemann Außenminister.

Das erste Kabinett Luther war am 5. Dezember 1925 infolge innenpolitischer Auseinandersetzungen zurückgetreten. Die Deutschnationale Volkspartei (DNVP) hatte die Regierungskoalition bereits am 25. Oktober verlassen.

Die Regierung geriet wegen der Unterzeichnung der Verträge von Locarno am 16. Oktober 1925 in eine Krise. Das Vertragswerk von Locarno garantiert die nach dem Weltkrieg entstandene Westgrenze des Deutschen Reiches und hat die Voraussetzung für die deutsch-französische Entspannung geschaffen. Das Deutsche Reich, Frankreich und Belgien verzichten auf eine gewaltsame Änderung ihrer gemeinsamen Grenzen, dem Deutschen Reich wird die baldige Räumung der Kölner Besatzungszone und die Aufnahme in den Völkerbund zugesichert (→ 30. 1./S. 17, → 17. 3./S. 52).

Die Verträge von Locarno bedeuten einen Erfolg für die politischen Bemühungen von Außenminister Gustav Stresemann, die auf eine Verständigung mit den ehemaligen Kriegsgegnern angelegt sind, und eine Aufwertung des Deutschen Reiches innerhalb der europäischen Mächte.

Die Deutschnationalen sehen die Verträge jedoch als Landesverrat und »Erfüllungspolitik« an, weil sie die im Versailler Friedensvertrag gezogene Westgrenze mit der Abtretung von Elsaß-Lothringen an Frankreich festschreiben. In der Frage einer Revision des Versailler Vertrags, die von allen bürgerlichen Parteien angestrebt wird, verfolgen die Deutschnationalen einen Alles-oder-Nichts-Standpunkt. Der Austritt der Deutschnationalen aus der Regierungskoalition ermöglichte die Zustimmung des Reichstags zu den Verträgen von Locarno.

Nach dem Rücktritt des Rumpfkabinetts im Dezember hat sich die Regierungsbildung äußerst schwierig gestaltet. Eine Beteiligung der Deutschnationalen schied aus, weil die anderen Regierungsparteien an der Außenpolitik von Stresemann festhalten wollten. Eine Koalition mit den Sozialdemokraten, die eine Mehrheitsregierung ermöglicht hätte, ist nicht zustande gekommen, weil die Sozialdemokraten im Gegensatz zu den bürgerlichen und rechtsgerichteten Parteien eine entschädigungslose Enteignung der deutschen Fürstenhäuser befürworten (→ 23. 1./S. 16).

Das neue Kabinett

Reichskanzler	Hans Luther (parteilos)
Auswärtiges	Gustav Stresemann (DVP)
Inneres	Wilhelm Külz (DDP)
Finanzen	Peter Reinhold (DDP)
Wirtschaft	Julius Curtius (DVP)
Arbeit	Heinrich Brauns (Zentrum)
Justiz	Wilhelm Marx (Zentrum)
Reichswehr	Otto Geßler (DDP)
Post	Karl Stingl (BVP)
Verkehr	Rudolf Krohne (DVP)
Ernährung	Heinrich Haslinde (Zentrum)
Besetzte Gebiete	Wilhelm Marx (Zentrum)

Die Parteien von Weimar

Folgende Parteien prägen das politische Leben der Weimarer Republik im Jahr 1926:

Bayerische Volkspartei: 1918 gegründet, regionale konservative Partei

Deutsche Demokratische Partei (DDP): 1918 gegründet, liberal mit sozialer Ausrichtung

Deutsche Volkspartei (DVP): 1918 gegründet, liberal, vertritt Interessen der Industrie

Deutsch-Nationale Volkspartei (DNVP): 1918 gegründet, konservativ, mit monarchistischer Ausrichtung

Kommunistische Partei Deutschlands (KPD): 1919 gegründet, tritt für eine sozialistische Republik ein

Nationalsozialistische Deutsche Arbeiterpartei (NSDAP): 1919 gegründet, rechtsradikal

Sozialdemokratische Partei Deutschlands (SPD): 1863 gegründet, fordert grundlegende soziale und wirtschaftliche Reformen

Zentrum: 1870 gegründet, katholisch, föderalistisch.

Hindenburgs Hoffnung auf bessere Zeiten

Nuntius Eugenio Pacelli kehrt vom Neujahrsempfang des Reichspräsidenten Paul von Hindenburg zurück

1. Januar. Der deutsche Reichspräsident Paul von Hindenburg nimmt auf dem Neujahrsempfang im Reichspräsidentenpalais die Glückwünsche des Diplomatischen Korps und der Reichsregierung entgegen.

In einer Ansprache betont Hindenburg den Willen des deutschen Volkes, in Frieden mit anderen Staaten zu leben.

Angesichts der Wirtschaftskrise im Deutschen Reich verlangt er von der Regierung und der Bevölkerung Arbeit, Sparsamkeit und die Suche nach Kompromissen. Er ruft jeden einzelnen auf, das Gemeinwohl im Auge zu haben, und schließt mit der Hoffnung, daß diese Anstrengungen »nach so viel schweren Jahren des Leides lichtere und gesegnetere Zeiten des wahren Friedens im Innern und nach außen bescheren mögen«.

Januar 1926

Die Probleme der Republik

Die 1918 proklamierte erste deutsche Republik, die Weimarer Republik, erhielt ihren Namen von dem Ort, an dem die Nationalversammlung tagte, um über die Verfassung der Republik zu beraten. Die Wahl des kleinen Städtchens Weimar erfolgte aus zwei Gründen. Zum einen wollten die Politiker nicht an das Kaiserreich, sondern an das humanistische Deutschland anknüpfen, das in Weimar, wo u.a. Johann Wolfgang von Goethe wirkte, seinen Ausdruck fand.

Politiker Gustav Stresemann

Zum anderen bestanden Bedenken gegen die Reichshauptstadt Berlin als Tagungsort, weil die Politiker dem Druck der Straße entgehen wollten.

Das Schicksal der jungen deutschen Republik war von Anfang an von dem verlorenen Weltkrieg und dem Versailler Friedensvertrag (1919) belastet. Der Friedensvertrag schrieb dem Deutschen Reich die Schuld am Ausbruch des Krieges zu, verlangte Gebietsabtretungen und hohe Reparationsleistungen. In weiten Kreisen der Bevölkerung löste er Empörung aus; Politiker, die den Vertrag akzeptierten, wurden als »Erfüllungspolitiker« beschimpft. Die Reparationszahlungen trugen zudem zur Wirtschaftskrise mit bei.

Außerdem war ein großer Teil der Bevölkerung mit einer republikanischen Staatsform nicht vertraut. Die ständigen Regierungskrisen, die aus den unterschiedlichen Auffassungen der Parteien sowie den wirtschaftlichen Problemen der Weimarer Republik resultierten, ließen die junge Demokratie zu einer ungeliebten Republik werden.

Kanzler bittet um Mitarbeit

Am 26. Januar gibt der neue deutsche Reichskanzler Hans Luther (→ 20. 1./S. 14) vor dem Reichstag seine Regierungserklärung ab. Sie ist darauf angelegt, dem Minderheitskabinett die Unterstützung des Reichstags zu verschaffen. Zu den anstehenden Problemen in der Außen-, Innen- und Wirtschaftspolitik führt der Kanzler folgendes aus:

»Die Regierung, die ich heute dem Hohen Hause vorzustellen berufen bin, ist als Minderheitsregierung auf die Mithilfe nicht zur Regierung gehörender Parteien grundsätzlich angewiesen. Sie erbittet diese Mithilfe, damit sie in einer schwierigen außenpolitischen Lage und einer Wirtschaftskrise von größtem Ausmaße die Geschäfte des Reiches sachgemäß und zum Nutzen des Volkes führen kann...

Die wichtigste Entscheidung der Reichsregierung wird den Eintritt Deutschlands in den Völkerbund betreffen. Die jetzt zurückgetretene geschäftsführende Reichsregierung hat... unablässig an der weiteren Auswirkung der Abmachungen von Locarno gearbeitet, insbesondere zugunsten des besetzten Gebietes... Im Mittelpunkt der Erörterung steht... die Frage der Besatzungsstärke in der 2. und 3. Zone. Hierüber hat die... Note der Botschafterkonferenz vom 14. November 1925 vorgesehen, daß eine fühlbare Ermäßigung der Truppenzahl eintreten soll, und zwar so, daß die künftige Besatzungsstärke sich den Normalziffern nähert. Der Begriff der Normalziffer kann nicht anders aufgefaßt werden als gleichbedeutend mit dem Begriff der deutschen Friedenspräsenzstärke...

Die vermögensrechtliche Auseinandersetzung mit den früher regierenden Fürstenfamilien bedarf einer möglichst baldigen reichsgesetzlichen Regelung, wobei die Reichsregierung dem deutschen Volke die Unruhe eines Volksentscheides ersparen möchte. Die Gesamtregierungs- und Verwaltungstätigkeit... muß von dem Grundsatz beherrscht sein, daß die öffentlichen Ausgaben auf ein Mindestmaß herabzusetzen sind... Die Lage... ist gekennzeichnet durch eine Wirtschaftskrise von außergewöhnlichem Ausmaß... Die Bereitstellung von öffentlichen Geldern für die Belebung der Wirtschaft ist naturgemäß sehr eng umgrenzt und darf grundsätzlich den Rahmen einer produktiven Erwerbslosenfürsorge nicht überschreiten... Überhaupt wird die Reichsregierung mit aller Energie auf eine Besserung der Kreditlage der Wirtschaft hinarbeiten... Die Reichsregierung denkt dabei besonders auch an die Landwirtschaft...

[Bei der Ausfuhr] muß in erster Linie darauf hingewirkt werden, daß die leider noch teilweise bestehende Schlechterstellung deutscher Waren im Vergleich mit den Waren anderer Länder auf den ausländischen Märkten beseitigt wird...

Die deutsche Reichsregierung ist aber davon überzeugt, daß die schon vor längerer Zeit wirksam eingeleitete Preissenkungsaktion mit Nachdruck fortgesetzt werden muß, um die Wirtschaft von übermäßigen Preisbelastungen zu befreien...

In Erfüllung einer besonderen Aufgabe der Sozialpolitik wird die Regierung ein Arbeiterschutzgesetz einbringen, das die Arbeitszeit neu regeln wird... Die gesetzliche Regelung der Erwerbslosenfürsorge ist angesichts der großen Zahl der Erwerbslosen mit Beschleunigung zu betreiben... Das Gebot der Stunde ist, mit dem klaren Ziel der Wiederaufrichtung der deutschen Wirtschaft und des deutschen Volkes nach innen und nach außen praktische Maßnahmen in sachlicher Arbeit zu ergreifen...

Je entschlossener und tatkräftiger alle Teile des Volkes diese Arbeit unterstützen, je eher wird Deutschland wieder die Stelle in der Welt erreichen, die der Größe und Tüchtigkeit seines Volkes gebührt.«

Der parteilose Hans Luther ist Reichskanzler der alten und der neugebildeten Regierung

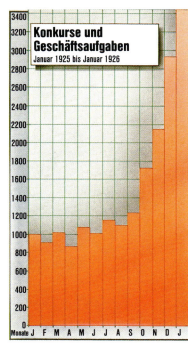

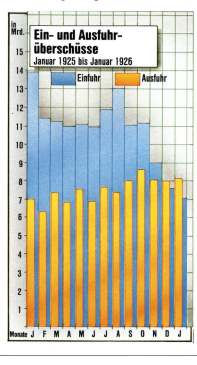

Januar 1926

Fürstenenteignung gefordert

23. Januar. Sozialdemokraten (SPD), Kommunisten (KPD), die Unabhängigen Sozialdemokraten, der Sozialistische Bund und die Deutsche Liga für Menschenrechte einigen sich über den Text eines Gesetzentwurfs, der die entschädigungslose Enteignung der vormals im Deutschen Reich regierenden Fürstenhäuser vorsieht.

Sie verfolgen das Ziel, einen Volksentscheid über die Fürstenenteignung durchzuführen, weil die Gerichte bislang in Vermögensfragen überwiegend zugunsten der Fürsten entschieden haben. Die Einbringung eines Gesetzentwurfs stellt die erste Stufe für den Volksentscheid dar: Lehnt der Reichstag das Gesetz ab, dann kann die Volksabstimmung stattfinden.

Der Gesetzentwurf sieht vor, das gesamte Vermögen der Fürstenhäuser und ihrer Familien ohne Entschädigung einzuziehen. Die enteigneten Vermögenswerte sollen zugunsten der Arbeitslosen, der Kriegsbeschädigten, der Sozial- und Kleinrentner, der bedürftigsten Opfer der Inflation, der Kleinpächter und Kleinbauern verwandt werden. Die Schlösser der Fürsten sollen wohltätigen, kulturellen und pädagogischen Zwecken dienen. Außerdem sollen alle Urteile, Verträge und Vergleiche aufgehoben werden, die nach dem 1. November 1918 geschlossen worden sind.

Das Vermögen der im Deutschen Kaiserreich regierenden Fürstenhäuser wurde 1918, nach der Niederlage des Reiches im Weltkrieg und der Ausrufung der Republik, zunächst nur beschlagnahmt. In den folgenden Jahren blieb es den Ländern überlassen, über das Vermögen von 22 Fürstenhäusern in Höhe von 2,6 Milliarden Goldmark, zu dem Schlösser, Landbesitz (zwei Millionen Morgen), Kronjuwelen und Kunstsammlungen gehören, Vergleiche – oftmals mit Hilfe von Gerichtsentscheidungen – zu erzielen.

Nach der Auffassung vieler Politiker und Juristen ist das Fürstenvermögen nicht nur als Privatvermögen

Propagandawagen der SPD für die Enteignung der Fürsten

der ehemals regierenden Fürsten, sondern vielmehr zu einem großen Teil als Staatsbesitz anzusehen. Denn die ehemals regierenden Fürsten haben ihren Besitz in der Eigenschaft als Herrscher mit öffentlichen Mitteln erworben. Allerdings gibt es keine klare Trennungslinie zwischen Privat- und Staatsbesitz.

Darüber hinaus stößt die bisher praktizierte Entschädigung der Fürsten in den Teilen der Bevölkerung auf Unverständnis und Empörung, die durch die Inflation ihre Ersparnisse eingebüßt haben und von der Arbeitslosigkeit betroffen sind. Immerhin erhalten die Fürsten vom Staat bereits hohe Pensionen. Der ehemalige Deutsche Kaiser und König von Preußen Wilhelm II. beispielsweise bekommt monatlich 50 000 Reichsmark (RM), seine Ansprüche aus dem beschlagnahmten Vermögen belaufen sich auf 183 Millionen Goldmark.

Zudem würden die Personen Millionenbeträge vom Staat erhalten, die politische Verantwortung für den Ausbruch des Weltkriegs tragen und damit auch für die gegenwärtigen wirtschaftlichen Probleme des Deutschen Reichs. Ferner würden sie die Abfindung zu einer Zeit erhalten, in der Tausende von Menschen nicht wissen, wovon sie am nächsten Tag leben sollen.

Um das Problem des Fürstenbesitzes zu lösen, hat sich am 6. Januar auf Initiative der Kommunistischen

Plakat zur Fürstenabfindung

Partei ein Ausschuß gebildet, der einen Volksentscheid über die entschädigungslose Enteignung anstrebt. Am 19. Januar hat der Parteivorstand der SPD die Teilnahme an der Initiative beschlossen.

Mit der Einbringung des Gesetzentwurfs ist das Verfahren der Volksabstimmung eingeleitet. Vor dem eigentlichen Volksentscheid, dem ersten in der Geschichte der Weimarer Republik, liegt noch ein Volksbegehren (→ 4. 3./S. 54), bei dem sich die Bürger, die dem Antrag zustimmen, in Listen eintragen müssen. An dem Volksbegehren müssen sich mindestens ein Zehntel aller Stimmberechtigten beteiligen. Erst wenn das Volksbegehren Erfolg hat, kann der Volksentscheid (→ 20. 6./S. 108) durchgeführt werden.

Das Aktionsbündnis, das für die entschädigungslose Enteignung der Fürsten eintritt, will das Geld u. a. den kleinen Sparern zugute kommen lassen

Propagandaplakat der Berliner SPD für die Enteignung der ehemals regierenden Herrscherhäuser, das auf die hohen Pensionen hinweist

Januar 1926

Räumung der Kölner Zone

30. Januar. Die britischen Besatzungstruppen ziehen aus Köln ab, die französischen aus Bonn und die belgischen aus dem niederrheinischen Gebiet um Moers. Am 31. Januar ist die Kölner Zone, die erste Rheinlandzone, von der Besatzung geräumt (→ 1. 2./S. 32).

Die Besetzung der rheinischen Gebiete durch alliierte Truppen erfolgte am 10. Januar 1920 aufgrund der Bestimmungen des Versailler Friedensvertrags. Die Besetzung diente als Pfand für die Erfüllung der Friedensbedingungen. Sie betraf die linksrheinischen Gebiete und die z. T. auf dem rechten Rheinufer gelege-

Die britische Flagge, der Union Jack, wird in Köln eingeholt

nen Brückenköpfe Köln, Koblenz, Mainz und Kehl. 1921 wurden auch Duisburg, Ruhrort, Düsseldorf und Wiesbaden besetzt. Der Interalliierte hohe Ausschuß für die Rheinlande erhielt die Hoheitsbefugnisse für die besetzten Gebiete, die Kosten mußte das Deutsche Reich tragen.

Die besetzten Gebiete wurden in drei Zonen eingeteilt, die stufenweise nach fünf, zehn und 15 Jahren geräumt werden sollten. Die Bestimmungen legten fest, daß die Räumung verzögert werden kann, wenn das Deutsche Reich seinen Reparationsverpflichtungen nicht nachkommt. Der Vertrag von Locarno vom 16. Oktober 1925 sicherte die Räumung der ersten Rheinlandzone zu, die eigentlich im Januar 1925 fällig gewesen wäre, aber verschoben wurde.

Untersuchung der Fememorde

23. Januar. Auf Antrag der SPD setzt der Deutsche Reichstag einen Untersuchungsausschuß ein, der sich mit den Femeorganisationen und den Fememorden befaßt.

Fememorde wurden seit 1920 von Mitgliedern rechtsradikaler Organisationen und der Schwarzen Reichswehr begangen. Sie dienten als Mittel der Selbstjustiz gegen Verräter, Spitzel und überhaupt Abtrünnige (»Verräter verfallen der Feme«).

Anfang November 1925 waren 60 Fememordtaten aufgedeckt worden. Die Prozesse gegen die Mörder fanden häufig unter Ausschluß der Öffentlichkeit statt; die Richter billigten den Angeklagten meist nationale – in ihren Augen lautere – Motive zu und sprachen nur milde Urteile aus.

Die meisten der ermittelten Täter sind ehemalige Offiziere oder Feldwebel und kommen aus den Reihen der sog. Schwarzen Reichswehr. Als Schwarze Reichswehr werden Einheiten von Zeitfreiwilligen bezeichnet, die eine kurze militärische Ausbildung erhalten und als Reservisten eine illegale Verstärkung der Reichswehr bilden, die den Bestimmungen des Versailler Friedensvertrags widerspricht. Die Schwarze Reichswehr dient der Bewachung illegaler Waffenlager und dem Grenzschutz. Ihre Mitglieder rekrutieren sich aus den aufgelösten Freikorps und aus rechten antirepublikanischen Gruppierungen.

In ihrem Untersuchungsantrag gehen die Sozialdemokraten davon aus, daß die Femeverbände mit politischen Organisationen zusammengearbeitet haben. Als Beleg zitieren sie einen Absatz aus dem Statut der mittlerweile aufgelösten Turnerschaft der Deutschvölkischen Freiheitspartei in Mecklenburg: »Wer unseren Bestrebungen zuwiderhandelt, ist ein Schuft und für uns vogelfrei. Wir behalten uns vor, die von uns festgesetzte Strafe selbst zu vollziehen. Wir verpflichten uns nochmals, nur im Einverständnis mit dem Vorstand der Deutschvölkischen Freiheitspartei zu handeln, verlangen aber auch, daß er uns mit Rat und Tat zur Seite steht und uns Schutz angedeihen läßt.«

Die Sozialdemokraten sehen drei Ursachen für die Umtriebe der Fememordkommandos: Zum einen bestehen Verbindungen zwischen der illegalen Schwarzen Reichswehr und der Reichswehr, die der Ausschuß im Verlauf seiner Untersuchungen tatsächlich aufdeckt. Zum anderen geht die Justiz der Weimarer Republik sehr milde mit Tätern aus rechtsradikalen Kreisen um. Darüber hinaus nimmt die nationalistische Presse die Fememörder in Schutz und billigt ihnen zu, die völkische Idee von Recht und Ehre zu vertreten (→ 2. 2./S. 33).

Warnung vor Auswanderung

Januar. Die deutsche Reichsstelle für Auswanderung warnt vor Agenten, die für die Auswanderung nach Brasilien werben.

Die Agenten vermitteln Arbeit auf den Kaffeeplantagen, die sehr schlecht bezahlt wird, keine Aufstiegschancen bietet und wegen des Klimas für Deutsche im allgemeinen ungeeignet ist. Die Deutschen, die dem Angebot gefolgt sind, haben die Arbeit bald wieder aufgegeben. Die Möglichkeit, in Brasilien eine andere Beschäftigung zu finden, ist jedoch sehr eingeschränkt. Zudem bestimmen die Agenten die Auswanderungswilligen dazu, falsche Angaben über ihr Ziel zu machen.

Die Agenten arbeiten für den Königlichen Holländischen Lloyd, von dem sie Provisionen erhalten, teilweise auch von brasilianischen Plantagenbesitzern.

1925 waren fast 60 000 Bürger aus dem Deutschen Reich ausgewandert. Die Gründe lagen in der hohen Arbeitslosigkeit und der wirtschaftlichen Krise. Die meisten Auslandsdeutschen leben in den Vereinigten Staaten.

Schülerinnen der unteren Jahrgangsstufen der renommierten deutschen Schule in Rio de Janeiro beim gemeinsamen Tanz

Siedlerfamilie, die von der deutschen Kolonie in Südbrasilien nach Argentinien weitergezogen ist, weil sie dort bessere Erträge erhofft

Januar 1926

Rechtsgerichtete Bewegungen streben zur Macht

Die politische Entwicklung nach dem Weltkrieg ist in verschiedenen Ländern Europas von dem Anwachsen antidemokratischer rechtsgerichteter Bewegungen bestimmt. Dies gilt für die iberischen Staaten, die osteuropäischen Staaten, das Deutsche Reich, Österreich und Italien.
Der Aufstieg rechtsextremer Parteien hängt mit der Wirtschaftskrise nach dem Weltkrieg, umstrittenen Grenzziehungen durch die Friedensverträge und einem mangelnden Verständnis für demokratisch-parlamentarische Regierungssysteme zusammen.
1926 setzen sich in Griechenland und Polen (→ 12.–14. 5./S. 89) rechtsgerichtete Regierungen durch, in Italien behauptet sich in diesem Jahr der Faschismus endgültig (→ 31. 10./S. 167).
Der italienische Ministerpräsident und Duce Benito Mussolini war am 30. Oktober 1922 mit seinem Marsch auf Rom an die Macht gelangt. Die faschistische Bewegung hatte sich zwar mit Straßenterror den Weg zur Herrschaft gebahnt, aber Mussolini war legal zum Ministerpräsidenten von Italien ernannt worden.
Nach dem Bruch mit den Sozialisten gründete Mussolini 1919 die »Fasci di combattimento«, aus der 1921 die »Partito Nazionale Fascista« hervorging. Die Bezeichnung Faschismus geht auf die altrömischen »Fasces« (Rutenbündel) der Liktoren (Amtsdiener) zurück, die deren Amt symbolisierten. Mussolini griff dieses Zeichen auf, um an der Tradition des altrömischen Imperiums anzuknüpfen.
Mussolini gelang es, sich als der Führer durchzusetzen, der imstande sei, die politische und wirtschaftliche Krise, Arbeitslosigkeit, Auseinandersetzungen zwischen den Parteien zu meistern.
Mussolini regierte zunächst mit einer liberal-konservativen Koalition, betrieb jedoch von Anfang an mittels der ihm ergebenen Miliz und der Geheimpolizei, mit Wahlmanövern und einer allmählichen Ausschaltung der Opposition eine Festigung der Position der faschistischen Bewegung.
Die Lage in Griechenland war seit dem Weltkrieg durch innenpolitische Auseinandersetzungen zwischen Republikanern und Monarchisten und ständigen Regierungswechseln geprägt.
Am 3. Januar ruft sich der griechische Ministerpräsident Theodoros Pangalos, der bereits seit Juni 1925 die Opposition unterdrückt, zum Diktator aus. Pangalos macht das parlamentarische System für die innenpolitischen Krisen verantwortlich und verschiebt die Wahlen auf unbestimmte Zeit. Außenpolitisch strebt er nach einer führenden Stellung Griechenlands auf dem Balkan. Am 5. Januar suspendiert er die Verfassung (→ 4./11. 4./S. 70).

Der italienische Ministerpräsident und Duce Mussolini

Der christlichsoziale österreichische Bundeskanzler Rudolf Ramek

Neues Kabinett in Österreich

15. Januar. Der österreichische Bundeskanzler Rudolf Ramek stellt sein neues Kabinett vor. Die Regierung ist am 14. Januar zurückgetreten, um eine Kabinettsumbildung zu ermöglichen.
Auch die neue Regierung besteht aus einer Koalition von Christlichsozialen und Großdeutschen. Josef Kollmann löst Jakob Ahrer als Finanzminister ab. Die Regierungsumbildung erfolgt, weil das langfristige detaillierte Wirtschaftsprogramm von Ahrer innerhalb der Parteien der Christlichsozialen keine Mehrheit gefunden hat (→ 20. 10./S. 167).

Kronprinz Karl entsagt dem Thron

2. Januar. Der rumänische König Ferdinand I. nimmt den Thronverzicht seines Sohns, des Kronprinzen Karl, an. Die Verzichtserklärung hängt vor allem mit persönlichen Motiven zusammen.
Die Ehe Karls mit Prinzessin Helene von Griechenland ist nicht glücklich; Karl hatte vor dieser Heirat sich heimlich mit der Rumänin Zizza Lambrino trauen lassen, diese Ehe wurde jedoch annulliert, weil die Hausgesetze der rumänischen Dynastie eine solche Eheschließung verbieten. Seit einiger Zeit lebt Karl im Ausland mit seiner ersten Frau zusammen.

Skandal um gefälschte Francs

4. Januar. In Budapest wird Prinz Ludwig Windischgrätz, ein ehemaliger enger Mitarbeiter des österreichischen Kaisers Karl und ungarischer Ernährungsminister ab 1917, verhaftet. Der Landespolizeichef Emmerich Nadossy wird seines Amtes enthoben. Die Staatsanwaltschaft legt beiden zur Last, an der Fälschung französischer Franc-Noten beteiligt gewesen zu sein.
Windischgrätz soll die Fälschungen geleitet und Nadossy den Transport des Falschgeldes gedeckt haben. In den folgenden Tagen werden weitere Verhaftungen vorgenommen.
Das Fälscherunternehmen flog auf, als Ende 1925 ein ungarischer Oberst in Amsterdam verhaftet wurde, in dessen Kuriergepäck sich zehn Millionen in Ungarn gefälschte Franc-Noten befanden. Bei den Verhören gab der Oberst Namen von mehreren Politikern preis, die in die Fälscheraffäre verwickelt seien. Die im Kartographischen Institut in Budapest hergestellten falschen Banknoten sollten im Ausland umgewechselt werden.
Den Hintergrund für die Fälschungen bilden politische Motive. Das Geld sollte für politische Propaganda verwandt werden. Ludwig Windischgrätz steht in Verbindung mit rechten politischen Kreisen, die für die Wiederherstellung der Monarchie in Ungarn eintreten.

Überreste der Druckerpresse, auf der die ungarischen Frankenfälscher im Kartographischen Institut die falschen Geldnoten hergestellt haben sollen

Januar 1926

Sowjetunion geht nicht nach Genf

5. Januar. Die sowjetische Zeitung »Iswestija« erläutert die Gründe, warum die UdSSR nicht bereit ist, an der geplanten Abrüstungskonferenz in Genf teilzunehmen. Die sowjetische Regierung lehnt seit 1923, seit der Ermordung eines sowjetischen Bürgers in der Schweiz, Genf als Tagungsort ab. Ihrer Auffassung nach gibt die Schweiz keine ausreichenden Garantien für die Sicherheit der sowjetischen Delegierten, weil der Status der Exterritorialität nur für Mitglieder des Völkerbunds gilt, dem die Sowjetunion jedoch nicht angehört.

Ibn Saud erklärt sich zum König

8. Januar. Der arabische Herrscher Abd Al Asis Ibn Saud läßt sich zum König des Hedschas und Nadschd (heute Saudi-Arabien) ausrufen.
Ibn Saud, ein von den osmanischen Türken vertriebener Stammes-Emir des Nadschd, eroberte ab 1902 vom Exil in Kuwait aus den Nadschd zurück. Während des Weltkriegs vertrieb er mit britischer Unterstützung die Osmanen von der arabischen Halbinsel. 1924/25 gelang ihm die Eroberung des Hedschas und die Vertreibung von König Husain Ibn Ali, wodurch er zum mächtigsten Herrscher auf der arabischen Halbinsel wurde (→ 18. 8./S. 136).

Lufthansa-Emblem mit dem Condor-Zeichen auf einem Werbeplakat für die Fluggesellschaft

Werbeplakat der neugegründeten Deutschen Lufthansa AG

Deutsche Lufthansa gegründet

6. Januar. Die Deutsche Lufthansa AG entsteht durch den Zusammenschluß der Holdinggesellschaft Junkers Luftverkehr und der Aero Lloyd AG.
Die Lufthansa fliegt u. a. mit der Junkers F 13, einem Ganzmetall-Kabinen-Tiefdecker mit einem 310-PS-Motor, der eine Höchstgeschwindigkeit von 185 km/h erreicht. Das Flugzeug bietet Platz für zwei Mann Besatzung und vier Passagiere.
Seit 1920 fördert die deutsche Reichsregierung den Luftverkehr finanziell, was zur Gründung zahlreicher privater Fluggesellschaften geführt hatte. Infolge der Konkurrenz und der Inflation gerieten die kleinen Unternehmen bald in wirtschaftliche Schwierigkeiten, und unternehmerische Konzentrationen waren die Folge. In diesem Zusammenhang wird auch die Deutsche Lufthansa gegründet.

Die ersten Telefone im Zug

7. Januar. Reisende auf der Eisenbahnstrecke Berlin–Hamburg erhalten zum ersten Mal die Möglichkeit, vom Zug aus Telefongespräche zu führen. Die Verständigung mit den Teilnehmern ist gut, nur beim Passieren größerer Bahnstationen treten kleinere Störungen auf.
Während der ersten Fahrt werden zehn Telefongespräche geführt und 23 Telegramme aufgegeben.
Die Übermittlung erfolgt durch eine Wagenantenne und eine längs der Eisenbahnstrecke laufende Drahtleitung.

Blick in einen Telefonraum, den die Reichsbahn auf der Strecke Hamburg-Berlin eingerichtet hat

Graham Bell führt im Jahre 1876 in Boston (USA) das Telefon vor, dessen Erfinder er ist (Zeichnung)

Januar 1926

Immer mehr Rundfunkhörer

30. Januar. Der Kölner Oberbürgermeister Konrad Adenauer eröffnet im Ehrenhof des Messegebäudes die Erste Westdeutsche Funkausstellung. Sie zeigt die führenden Erzeugnisse der deutschen Funkindustrie.
Das junge Medium Rundfunk hat im Deutschen Reich bereits über

Rundfunkprogramm vom 30. Januar 1926

6.55 Uhr:	Zeitangabe
7.00 Uhr:	Letzte Drahtmeldungen
7.30 Uhr:	Wetterfunk. Landwirtschaftliche Meldungen
12.05– 14.00 Uhr:	Unterhaltungskonzert
15.00 Uhr:	Eisbericht
15.30 Uhr:	Bücherfunk
17.00 Uhr:	Das Urbild des Tarzans
18.00 Uhr:	Wochenendfeier der Funkwerbung
19.00 Uhr:	Rechtsfunk
19.30 Uhr:	Schule der Sprachen: Englisch
20.00 Uhr:	Zur Eröffnung der Faschingszeit. Hexentanz. Ein Kostümfest im eigenen Heim
23.15 Uhr:	Wetter- und Sportbericht

Der neu errichtete Groß-Funksender auf dem Rosenhügel in Wien

Radio-Röhren, die akkustische Signale in Wellen umformen

Das größte europäische Rundfunkstudio ist das Studio der British Broadcasting Corporation (BBC) in der mittelenglischen Stadt Birmingham

eine Million Teilnehmer, am 1. Januar 1924 waren es noch 1500. Nachdem das Verbot des Rundfunkempfangs für Privatpersonen aufgehoben worden war, entstanden 1923/24 die ersten Rundfunkgesellschaften unter Beteiligung privater Kapitalgeber in neun Städten (Berlin, München, Frankfurt am Main, Königsberg, Hamburg, Leipzig, Stuttgart, Breslau und Münster). Die Reichspost drängte auf eine Zentralisierung des Rundfunks und die Gründung einer Reichs-Rundfunk-Gesellschaft, der alle Rundfunkgesellschaften beitreten sollten. Die konstituierende Sitzung des Verwaltungsrats der Reichs-Rundfunk-Gesellschaft findet im Februar 1926 in Stuttgart statt. Die Rundfunkanstalten senden ein Programm von durchschnittlich neun Stunden täglich. Das neue Medium wirft bei Beobachtern die Frage auf, ob sich die Menschen durch das reine Hören in ihrer Wahrnehmung und Psyche verändern.

Beratungen über ein Einheitsauto

29. Januar. In den letzten Wochen haben mehrere deutsche Automobilfirmen in Berlin darüber beraten, gemeinsam einen Wagen mit sechs PS in großen Serien zu konstruieren und zu bauen, der vom Preis her die US-amerikanische Konkurrenz schlagen kann.
Zur Rationalisierung der Produktionskosten soll jede der beteiligten Fabriken die Herstellung bestimmter Teile übernehmen: Ein Unternehmen soll nur Motoren bauen, ein anderes Getriebe, ein weiteres Karosserien. Das Einheitsauto wird allerdings nie gebaut.

Einkommen der Arbeitnehmer

1. Januar. Im Deutschen Reich wird die Lohnsteuer gesenkt, da sich der einkommensfreie Steuerbetrag von 960 auf 1200 Reichsmark (RM) erhöht. Die Zahl der Arbeitnehmer (Arbeiter und Angestellte) im Deutschen Reich beträgt etwa 22,3 Millionen. Von ihnen zahlen nur 19 Millionen Lohnsteuer, weil das Einkommen der übrigen 3,3 Millionen unter dem Existenzminimum liegt. 17 Millionen Arbeitnehmer verfü-

Preise für Lebensmittel in Pfennig

Kartoffeln, 1 Pfund	4
Salz, 1 Pfund	9
Heringe, 1 Pfund	9
Bohnen, 1 Pfund	22
Reis, 1 Pfund	24
Weizenmehl, 1 Pfund	25
Haferflocken, 1 Pfund	26
Erbsen, 1 Pfund	26
Zucker, 1 Pfund	37
Malzkaffee, 1 Pfund	40
Brot, 1500 Gramm	56
Margarine, 1 Pfund	80
Schmalz, 1 Pfund	102
Kakao, 1 Pfund	140
Butter, 1 Pfund	180
Eier, 10 Stück	198
Kaffee, 1 Pfund	360

gen über ein Jahreseinkommen von 1750 RM, 1,6 Millionen verdienen 3600 RM pro Jahr, 225 000 Arbeitnehmer erhalten 6600 RM, mehr als 6600 RM pro Jahr verdienen etwa 94 000.
98% der Lohnsteuerpflichtigen verfügen über ein Jahreseinkommen von weniger als 5000 RM und etwa 90% von weniger als 2400 RM.

Wohlfahrtsmarken sollen Not im Deutschen Reich lindern

8. Januar. Die Deutsche Nothilfe und andere soziale Organisationen verkaufen Wohlfahrtsbriefmarken, deren Erlös dazu dienen soll, die Not der armen Bevölkerungskreise, vor allem der Arbeitslosen, zu lindern.
Infolge der Wirtschaftskrise sind Spenden für Wohltätigkeitsorganisationen rar geworden; auch die Kreise, die früher reichlich gaben, haben mit finanziellen Problemen zu kämpfen. Die Deutsche Nothilfe versucht deshalb, über Briefmarken, also Artikel des täglichen Bedarfs, die zudem heraldisch kunstvoll gestaltet sind, finanzielle Mittel für ihre Hilfeleistungen zu erhalten. 1925 erbrachte der Verkauf von Wohlfahrtsbriefmarken fast 1,8 Millionen Reichsmark (RM) für wohltätige Zwecke. Die Zahl der Kurzarbeiter liegt bei 1,6 Millionen, die der Arbeitslosen beträgt im Januar 2,3 Millionen.

Wohlfahrtsbriefmarken für die Organisation Deutsche Nothilfe

Januar 1926

Bergarbeiter aus Großbritannien bei der Gewinnung von Kohle im Untertagebau (Fotografie)

Hochofenwerk der Friedrich-Alfred-Hütte in Rheinhausen mit mechanischen Aufzügen

Vorführung der ersten Fernseher

27. Januar. Der britische Techniker John Logie Baird führt der Presse eine technische Neuheit vor: Er zeigt die erste Fernsehübertragung eines Halbtonbildes.
Der Direktor des Faraday House, Alexander Roussel, beschreibt die Vorführung: »Wir sahen die Fern-

Der Apparat, mit dem der Ingenieur John Logie Baird die ersten Halbton-Fernsehbilder überträgt

Erholung in Bergbauindustrie

15. Januar. Die Zeche Kaiserstuhl bei Dortmund kündigt wegen mangelndem Kohlenabsatz 1500 Beschäftigten.
Der Bergbau kämpft mit dem Problem des Gegensatzes von Marktenge und Produktionssteigerung. Die Kohleförderung hat seit 1924 im Deutschen Reich stetig zugenommen und erreicht 1926 wieder den Vorkriegsstand. Davor war der Bergbau wie die anderen Wirtschaftszweige Deutschlands von den Kriegsfolgen betroffen, von Reparationszahlungen, von der Inflation und von der Besetzung des Ruhrgebiets durch französische und belgische Truppen (1923).
Die Erholung des Bergbaus geht auf eine bessere Konjunktur, Rationalisierungsmaßnahmen und Kartellbildung zurück. Die Wirtschaft sieht es als vordringliche Aufgabe an, die Arbeitsproduktivität zu verbessern, weil die deutsche Industrie ihrer Auffassung nach zu teuer produziert. Die Abbaumethoden verändern sich durch die zunehmende Verwendung mechanischer Verfahren; der Anteil der mechanisch geförderten Kohle stieg zwischen 1913 und 1925 von 2% auf 48%, 1926 beträgt er 66%. Mit der Rationalisierung einher geht eine Reduzierung der Belegschaft, seit 1922 sinkt die Zahl der Beschäftigten im Bergbau. Bestimmendes Moment im Bergbau ist ferner die Kartellbildung; 1905 gab es 19 Bergbaukartelle, 1925 bereits 51. Es entstehen vor allem Konzerne, die mehrere Produktionsstufen zusammenfassen.

sehübertragung von Gesichtern lebender Menschen ... Natürlich sind die Ergebnisse weit davon entfernt, perfekt zu sein. Das Bild läßt sich nicht mit demjenigen vergleichen, das ein guter Kinematographfilm erzeugt. Die Ähnlichkeit war allerdings unverwechselbar, und alle Bewegungen wurden höchst naturgetreu wiedergegeben ...«

Erster Laden mit Einheitspreisen

14. Januar. In Köln wird der erste Einheitspreisladen im Deutschen Reich eröffnet. Er führt nur Waren im Wert von 25 und 50 Pfennig.
Das Geschäft bietet Gebrauchsartikel für das tägliche Leben, wie z. B. Haushaltsgegenstände, an. Die neue Einrichtung geht auf das Vorbild der Woolworth-Läden in den Vereinigten Staaten zurück.
Der Andrang der Kauflustigen und Neugierigen ist bei der Eröffnung des Geschäfts so groß, daß die Straße für den Verkehr gesperrt und der Laden kurzfristig geschlossen werden muß.

Ausverkauf lockt die Käufer

4. Januar. In den Kaufhäusern des Deutschen Reiches beginnt der jährliche Inventurverkauf. Im Zusammenhang mit der Inventur sollen die Lager geräumt werden. (Die Bezeichnungen Winter- und Sommerschlußverkauf werden erst 1936 eingeführt.)
Die Geschäfte bieten Kleidung, Wäsche und Stoffe zu Preisen an, die z. T. mehr als 50% herabgesetzt sind. Kleider werden für 10 Reichsmark (RM) angeboten, Mäntel mit Pelzbesatz von 125 bis 12,50 RM. Einfache Wintermäntel kosten unter 10 RM. Gardinen sind für 95 Pfennig erhältlich.

In der Margarinewerbung ist der Vergleich mit Butter noch erlaubt

Ein Stück Luxusseife von »Elida« kostet 80 Pfennig

Januar 1926

Niedrige Löhne und Akkordarbeit

Steigende Löhne und wachsende Arbeitslosigkeit, Vereinfachung der Arbeit durch technischen Fortschritt und zunehmendes Arbeitstempo kennzeichnen die Arbeitswelt im Deutschen Reich.

Der durchschnittliche Verdienst eines Arbeiters erreicht 1926 wieder den Stand vor dem Weltkrieg; in den Sparten mit den höchsten Löhnen, Bergbau, Eisen- und Stahlindustrie, liegt er bereits darüber. Dennoch reicht das Einkommen in vielen Fällen nicht, eine Familie zu ernähren: Dem durchschnittlichen Wochenlohn eines Arbeiters von 33,90 Reichsmark (RM) steht der Bedarf für eine vierköpfige Familie von 45,60 RM gegenüber. Frauen erhalten im Durchschnitt nur 60 oder 70% der Männerlöhne, auch bei gleicher Arbeit.

Die Furcht vor dem Verlust des Arbeitsplatzes prägt das Verhalten am Arbeitsplatz. Die Arbeiter beschweren sich z. B. weniger über mangelnde Sicherheitsvorkehrungen, obwohl die Zahl der Betriebsunfälle steigt, und melden sich erst bei einem bedrohlichen Gesundheitszustand krank.

Der technische Fortschritt führt zu einer Erleichterung der Arbeitsvorgänge. In der Landwirtschaft werden zunehmend Maschinen eingesetzt, im Kohlebergbau mechanische Abbaugeräte. Die Arbeitsleistung pro Stunde steigt von daher, aber auch, weil das Tempo durch Akkord und in einigen Betrieben durch das Fließband zunimmt (→ 4. 6./S. 114). Zur Arbeitsbelastung tragen zudem die häufigen Überstunden und die Annahme von Nebentätigkeiten zur Aufbesserung des häufig geringen Lohns bei.

Etwa ein Drittel aller Frauen im Deutschen Reich ist berufstätig. Die Zahl der erwerbstätigen Frauen stieg zwischen 1907 und 1925 um 35% (die der Männer um 23%). Für die verheirateten Frauen heißt Berufstätigkeit Doppelbelastung, weil sie zusätzlich Haushalt und Kinder versorgen müssen.

Zudem sind sie von den Kampagnen gegen Doppelverdiener betroffen: Beamtinnen werden entlassen, wenn sie heiraten.

Arbeiter feiern die Eröffnung des Großkraftwerks Berlin-Rummelsburg in der Anheizkammer

Arbeiterinnen der AEG montieren am »Wandertisch« das neueste Modell des Staubsaugers »Vampyr«

Eine der drei riesigen Spiral-Turbinen, die von den Arbeitern einer Maschinenfabrik in Heidenheim (Württemberg) für ein Kraftwerk in der Nähe der irischen Stadt Limerick in monatelanger Arbeit erbaut worden sind

Bauarbeiter bei der Pfahlrammung von Eisenbeton

Mechanisierung auf dem Lande: Der Kartoffelroder wirft die Früchte aus dem Boden und beschränkt die Handarbeit auf das Einsammeln

Januar 1926

Konflikt um die Ostbahn beigelegt

24. Januar. Die Sowjetunion und die Außenkommissare der drei chinesischen Ostprovinzen unterzeichnen in Mukden ein Abkommen zur Beilegung des Konflikts um die chinesische Ostbahn.
Die Bahn im Norden der Mandschurei steht seit dem Ende des russisch-japanischen Krieges 1905 unter russischer bzw. sowjetischer Verwaltung. Die Mandschurei wurde 1905 in eine nördliche russische und eine südliche japanische Einflußsphäre aufgeteilt.
Der Konflikt um die Ostbahn brach aus, als das sowjetische Verwaltungspersonal sich weigerte, chinesische Truppen unentgeltlich zu befördern. Der Gouverneur der Mandschurei ließ daraufhin das sowjetische Verwaltungspersonal verhaften. Als Antwort auf die Verletzung sowjetischer Rechte forderte der sowjetische Außenminister Georgi W. Tschitscherin in einem Ultimatum die Freilassung der Verhafteten und die Einhaltung der alten Verträge. Sollte die chinesische Regierung nicht in der Lage sein, eine friedliche Lösung des Konflikts zu gewährleisten, behielte sich die Sowjetunion vor, den Konflikt durch eigenes Eingreifen beizulegen.
Das nun unterzeichnete Abkommen geht auf die Bedingungen Tschitscherins ein. Das sowjetische Verwaltungspersonal wird wieder freigelassen.

Hochwasser im Rheingebiet

1. Januar. Überschwemmungen im Rheinland, in Hessen-Nassau, Thüringen, Sachsen und Schlesien haben zu einer der bislang größten Hochwasserkatastrophen im Deutschen Reich geführt. Die Flüsse erreichen einen Höchststand wie Jahrzehnte nicht mehr.
Auf den Straßen in den Städten am Rhein steht das Wasser bis zu 2 m hoch. Die Fluten haben viele Wohnungen zerstört, Häuser müssen geräumt werden, die Keller sind überflutet.
Die Flüsse sind über die Ufer getreten, weil infolge der milden Temperaturen in den Gebirgen eine starke Schneeschmelze eingesetzt hat.

Abschied von Berliner Postillionen

Januar. Die Berliner Postillione, die bislang Pakete mit Postkutschen befördert haben, nehmen Abschied. In der deutschen Reichshauptstadt erfolgt die Paketzustellung von nun an, dem Zug der Zeit folgend, mit Autos. Die ersten Postkutschen wurden um 1650 von der Familie Thurn und Taxis eingesetzt. Den ersten motorisierten Postdienst führte die New York Electric Company am 15. April 1901 durch. Die bayerische Post nahm am 1. Januar 1905 den ersten motorisierten Postbus in Betrieb.

Ganze Straßenzüge sind in der Kölner Innenstadt vom über die Ufer getretenen Rheinwasser überschwemmt, die Anleger der Rhein-Dampfschiffahrtsgesellschaften sind durch das Hochwasser teilweise stark beschädigt

Explosionsunglück in Berlin-Moabit

18. Januar. In einem Wohnhaus in Moabit ereignet sich eines der schwersten Unglücke in der Berliner Unfallchronik. Eine Gasexplosion im Keller des Hauses bringt die eine Hälfte des Hauses vom Keller bis zum Dachboden zum Einsturz.
Das Unglück fordert neun Todesopfer und 40 zum Teil schwer Verletzte. Die Rettungsarbeiten der Feuerwehr gehen nur langsam voran, weil auch der übrige Teil des Hauses vom Einsturz bedroht ist. Die durch die Explosion erzeugte Druckwelle zertrümmert die Fensterscheiben und beschädigt auch die Dächer der umliegenden Häuser. Einige Passanten werden durch den Luftdruck auf die andere Straßenseite geschleudert. Das Haus hat vor einiger Zeit elektrischen Anschluß erhalten, und die Gasrohre im Keller sind abgedichtet worden. Das Ende einer Gasleitung ist jedoch unzulässigerweise nur mit einem Holzpfropfen verschlossen worden.

»Los von Paris« – Trend in der Mode

27. Januar. Das erste britische Modehaus wird in London feierlich eröffnet. Es geht auf das Vorbild der Pariser Modellhäuser zurück und soll den britischen Textil- und Modehandel vom französischen Modediktat lösen.
Unter dem Motto »Los von Paris« haben sich britische Textilindustrielle und Modehäuser zusammengeschlossen, um eine rein britische Mode zu kreieren. Alle Modelle werden aus britischen Materialien angefertigt. Sie sind – im Gegensatz zu den Pariser Kreationen – für den Großhandel und für die ersten Modehäuser zum Kopieren bestimmt.
Die Pariser Haute Couture behauptet seit dem Ende des Weltkriegs wieder ihre Vorrangstellung in der Welt der Mode. Käufer und Journalisten aus den europäischen Ländern und den USA sehen sich regelmäßig die neuesten Pariser Modenschauen an. Zu den berühmten Modeschöpfern zählen Coco (Gabrielle) Chanel, Jeanne Lanvin, Edward Molyneux und Jean Patou.
Im Deutschen Reich entwickelt sich Berlin zur Modemetropole.

Januar 1926

Filmpaläste locken Zuschauer

25. Januar. Mit dem Ufa-Film »Tartuffe« – in der Hauptrolle Emil Jannings – wird in Berlin der Gloria-Filmpalast eröffnet. Er bietet Raum für 1600 Zuschauer. Bereits am 6. Januar ist der Berliner Capitol-Filmpalast mit 1500 Sitzplätzen eingeweiht worden.

Die neuen Kinos, die »Paläste der Zerstreuung«, zeichnen sich durch eine prunkvolle, jedoch stilsichere Architektur aus, die sich an Theaterbauten anlehnt. Der Gloria-Filmpalast erinnert an ein Barocktheater. Der architektonische Rahmen weist darauf hin, daß der Film Anerkennung als Kunstwerk gefunden hat. Lichtreklamen und Scheinwerfer künden vom Glanz des neuen Mediums, das zu einer Massenattraktion geworden ist.

Auch der Standort der Kinos hat sich verlagert. Die ersten Filmvorführungen fanden auf Jahrmärkten und Rummelplätzen statt, danach entstanden Kinos in den Vororten, in Arbeiter- und Kleinbürgervierteln. Mit der Entwicklung von künstlerischen Filmen wandelte sich auch das Publikum, das Bürgertum begann sich für die neue Kunstform zu interessieren. Die großen Kinopaläste Berlins stehen jetzt im vornehmen Westen, am Kurfürstendamm und an der Tauentzienstraße. Hier finden auch die Uraufführungen bedeutender Filme statt, und das Publikum dieser Filmtheater gilt als besonders kritisch.

Blick in den Innenraum des neueröffneten Gloria-Filmpalastes in Berlin, der in Weiß, Rot und Resedagrün im barocken Stil ausgestaltet ist

Gebäude des neueröffneten Filmtheaters Gloria-Palast in der Reichshauptstadt; das Foto stammt aus dem Jahre 1943

Der eiförmige Grundriß des Universum-Lichtspielhauses, das 1926 bis 1928 nach Plänen des Architekten Erich Mendelsohn errichtet wird, bietet optimale akkustische und optische Eindrücke für den Filmzuschauer

Berlin verliert Kunstförderer

7. Januar. Der deutsche Kunsthändler und Verleger Paul Cassirer stirbt im Alter von 54 Jahren in Berlin an den Folgen eines Selbstmordversuchs.

Cassirer spielte eine bedeutende Rolle im Berliner Kunstleben. Nach Anfängen als Amateurmaler und Schriftsteller gründete er 1898 zusammen mit seinem Vetter Bruno Cassirer einen Verlag, der vor allem Kunstbücher herausbrachte, und eine Galerie. In ihren sorgfältig zusammengestellten Ausstellungen brachten die Cassirers die moderne Malerei dem Publikum näher; ihre Ausstellungen versuchten, Bezüge zwischen den verschiedenen Künstlern und Schulen herzustellen. 1901 trennten sich die Vettern; Bruno übernahm den Verlag und Paul den Kunstsalon.

1908 gründete Paul Cassirer einen eigenen Verlag, in dem er u. a. Werke der Expressionisten veröffentlichte.

Bedeutenden Einfluß gewannen die Cassirers auch in ihrer Funktion als Sekretäre der 1898 gegründeten Berliner Sezession, einer Künstlergruppe, die sich vom etablierten Kunststil der Akademie abwandte und eine unabhängige, moderne Richtung vertrat. Paul Cassirer förderte die Impressionisten, die französische Malerei von Eugène Delacroix bis Paul Cézanne, und später die Expressionisten.

Exkaiser Wilhelm auf der Leinwand

7. Januar. Die Vorführung eines Kurzfilms über den ehemaligen Deutschen Kaiser Wilhelm II. in Großbritannien löst in einigen Städten Skandale aus. Der Film wird in Southampton und Northampton abgesetzt.

Vor allem ehemalige Soldaten nehmen Anstoß an einer Szene, die Wilhelm II. als obersten Kriegsherrn bei einer Parade während des Weltkriegs zeigt. Die anderen Bilder des Films wurden im niederländischen Doorn, dem Exilort des Exkaisers, gedreht.

Auch die deutsche Presse nimmt Anstoß daran, daß sich der ehemalige Kaiser hat filmen lassen.

Januar 1926

»Simplicissimus« beschlagnahmt

Die Ausgabe des »Simplicissimus« vom 4. Januar wird auf Anordnung der Stuttgarter Staatsanwaltschaft beschlagnahmt. Die Staatsanwaltschaft nimmt Anstoß an einer Karikatur, die auf die Beschlagnahmung der Münchner satirischen Zeitschrift vom 14. Dezember 1925 Bezug nimmt. In dieser Nummer wurde eine Zeichnung des Berliner Karikaturisten Heinrich Zille beanstandet, die nackte Frauen gezeigt hat.

Der »Simplicissimus« bringt daraufhin in der Januar-Ausgabe eine Montage mehrerer Fotos von nackten und leicht bekleideten Frauen. Kern des Anstoßes bilden jedoch weniger die Fotos, die bereits in anderen Zeitschriften unbeanstandet erschienen sind, sondern der Text zu der Montage. Sie trägt den Titel »Unsers lieben Herrn Staatsanwalts braver Normalmensch« und die Unterzeile »Nieder mit der Karikatur! Sie stört mir meine Freude an den täglich erscheinenden süßen Bildeln!«

Die satirische Wochenschrift »Simplicissimus« ist seit ihrer Gründung im Jahr 1896 des öfteren verboten worden. Vor allem zur Zeit des Deutschen Kaiserreichs nahmen die Vorwürfe, das Blatt sei »unsittlich, ja pornographisch, revolutionär und sozialistisch«, ständig zu.

Titelblatt des »Simplicissimus« vom 4. Januar 1926

»Rosenkavalier« auf der Leinwand

10. Januar. In Dresden wird der expressionistische Stummfilm »Der Rosenkavalier« nach der gleichnamigen Oper des österreichischen Schriftstellers Hugo von Hofmannsthal und des deutschen Komponisten Richard Strauss uraufgeführt. Unter der Regie von Robert Wiene spielen Huguette Duflos, Michael Bohnen und Paul Hartmann. Der Kostümfilm findet bei der Kritik viel Beachtung. »Paimann's Filmlisten« schreiben: »Seine großzügige und dabei immer stilechte Aufmachung, die gewählten Kostüme und nicht zuletzt die vorzügliche Fotografie verdienen uneingeschränkte Anerkennung...«

Szene aus dem Film »Der Rosenkavalier« nach der Strauss-Oper

Charleston erobert die Tanzparketts

3. Januar. Die »Berliner Illustrirte« meldet, daß der Charleston von den im Spätsommer des vergangenen Jahres in Mode gekommenen Tänzen weiterhin an der Spitze steht. Weil er zu den Pflichttänzen bei Turnieren gehört, wird ihm eine anhaltende Beliebtheit vorausgesagt. Der Charleston, der »Grotesk-Tanz«, stammt aus den USA und kam über London und Paris ins Deutsche Reich. Der temperamentvolle Tanz mit den raschen Wechselschritten und schlenkernden Beinbewegungen hat den ruhig-sentimentalen Blues abgelöst und wird mit dem Shimmy, dem Modetanz von 1920, verglichen.

Charleston-Wettbewerb in New York, 2. v. l. die Siegerin des 1000-Dollar-Preises; charakteristisch für den Modetanz sind skurrile Beinbewegungen

Fritz Kortner in »Ostpolzug«

29. Januar. Das Staatliche Schauspielhaus Berlin bringt die Uraufführung des Schauspiels »Ostpolzug« des österreichischen Schriftstellers Arnolt Bronnen (eigtl. Arnold Bronner).

Das Ein-Personen-Stück zeigt Alexander den Großen – die Rolle spielt Fritz Kortner – allerdings nicht nur im 4. Jahrhundert v. Chr., sondern auch im 20. Jahrhundert als Bezwinger des Mount Everest. Die Gipfelstürmung gilt Bronnen als Sieg des Menschen über seine Endlichkeit. Bronnen vertritt eine dynamistische Lebensphilosophie, die er zunächst mit anarchistischen, später mit nationalistischen Zügen verbindet.

Januar 1926

Begeisterung beim Sechstagerennen

21. Januar. Das US-amerikanische Team MacNamara/Horan siegt mit 60 Punkten Vorsprung im 15. Berliner Sechstagerennen. Während des sechstägigen Rennens legen die Fahrer 4000 km zurück, insgesamt müssen im Berliner Sportpalast 24 000 Runden gefahren werden.

Ein Sechstagerennen fordert den beiden Fahrern, die ein Team bilden und sich regelmäßig ablösen, große körperliche Anstrengung und viel Nervenkraft ab.

Das erste Sechstagerennen der Welt fand 1896 in New York statt, 1909 führte Berlin als erste Stadt Europas ein Sechstagerennen durch.

Die neue Hallenattraktion fand schnell Anhänger; beim 15. Berliner Rennen ist der Sportpalast mit seinen 15 000 Plätzen meist ausverkauft. Die Zuschauer kommen aus allen Gesellschaftsschichten.

Zur Betreuung der Fahrer ist ein ganzer Stab von Ärzten, Sanitätern, Fahrbeobachtern, Rundenzählern, Technikern und Köchen erforderlich.

Die Fahrer des 15. Berliner Sechstagerennes vor dem Start im Sportpalast; in der Mitte Sonja Iowanowicz, die den Startschuß geben wird

Sechstagerennfahrer Willi Lorenz, fünfter der Weltrangliste

Zweimal hat Max Krupkat bereits das Sechstagerennen gewonnen

Vergnügen am Wintersport

Die Wintersaison in der Schweiz ist auf ihrem Höhepunkt, die Hotels sind mit Kurgästen aus aller Welt überfüllt.

In St. Moritz unterhalten Eiskunstläufer die Touristen mit ihren Darbietungen. Der Sport auf dem Eis hat viele Anhänger. Als erste deutsche Stadt erhielt München 1892 eine Kunsteisbahn, die Reichshauptstadt Berlin bekam 1908 ihren ersten Eispalast.

Bei den Wintersportarten wird ferner das Skilaufen immer beliebter. Wenn die Skiläufer nicht mittels eigener Kraft fahren wollen, lassen sie sich von Pferden, Motorrädern oder Autos ziehen. Auf den Sprungschanzen erzielen Sportler Weiten bis zu 70 m.

Einen besonderen Wintersport gibt es in Kopenhagen: Ein Schwimmklub veranstaltet einmal pro Jahr ein Eisschwimmen im Freien. Bei dem letzten Wettbewerb haben 30 Männer und Frauen teilgenommen.

Radio-Sanitäter auf Skiern, der mit Hilfe eines kleinen Senders Hilfstrupps herbeirufen kann, um Verunglückte zu retten

Schweizer Sieg bei Eishockey-EM

19. Januar. Die Schweizer Mannschaft gewinnt in Davos die Europameisterschaft im Eishockey vor der Tschechoslowakei und Österreich. Das Entscheidungsspiel zwischen der Schweiz und Österreich endet 2:2, für die Schweiz entscheidet das bessere Gesamt-Torverhältnis. Die Endrunde gestaltete sich äußerst spannend, weil die Schweizer, Österreicher und Tschechen aus den Vorrunden punktgleich hervorgingen und nochmals gegeneinander antraten. – Das Deutsche Reich wird wieder in die Internationale Eishockey-Liga aufgenommen.

Sportbeziehungen neu aufgenommen

19. Januar. Zwischen Deutschland und Frankreich finden erstmals seit dem Weltkrieg wieder Wettkämpfe im Eissport statt. Sie werden in der Schweiz, in Caux bei Montreux (Kanton Waadt) ausgetragen. Im ersten Eishockey-Match besiegt der Berliner Schlittschuhclub überlegen den französischen Eishockeyclub Chamonix 3:1.

Die Bedeutung der Wiederaufnahme der Sportbeziehungen wird dadurch unterstrichen, daß mehrere Funktionäre der internationalen Sportverbände als Zuschauer anwesend sind.

Spannendes Match im Sportpalast

3. Januar. Im Berliner Sportpalast besiegt die Eishockey-Mannschaft Slavia Prag, den Berliner Schlittschuhclub 2:1.

Im ausverkauften Haus verfolgen die Zuschauer einen spannenden und harten Kampf. In der ersten Spielhälfte sind sich beide Mannschaften ebenbürtig. Nach zehn Spielminuten erzielt die Berliner Mannschaft das erste Tor, wenig später gelingt den Pragern der Ausgleich. Das Spiel in der zweiten Hälfte verläuft härter. Die Durchschlagskraft des Berliner Sturmes läßt jedoch nach, und kurz vor Spielende erzielt die tschechoslowakische Mannschaft das Siegestor.

Januar 1926

Die Tänzerin Bee Jackson übt mit Pagen eines Londoner Hotels den Modetanz Charleston

Girltanz auch auf dem Eis: Szene aus einem Eisballett im Berliner Sportpalast

Claude Hopkins, der Chef der »Charleston-Jazz-Band«, die mit einer Revue in Berlin gastiert

Die Tänzerin Josephine Baker aus St. Louis feiert in Europa – vor allem in Paris – Triumphe

Unterhaltung 1926:
Sehnsucht nach Zerstreuung

Die Unterhaltungsindustrie nimmt seit Mitte der 20er Jahre einen großen Aufschwung, nachdem die Inflation und die harten politischen Auseinandersetzungen nach Kriegsende überwunden sind. Der Glamour der Shows und Revuen prägt das Bild von den Goldenen Zwanziger Jahren. Die Unterhaltungsbranche spiegelt die Hektik und Schnellebigkeit der Zeit, sie dient der Zerstreuung und Ablenkung von den immer noch bedrängenden wirtschaftlichen Problemen der Gegenwart.

Der beherrschende Trend der Zeit ist der Amerikanismus; der Jazz wird zum Symbol für das Land der unbegrenzten Möglichkeiten.

Die Tänzerin und Sängerin Josephine Baker, in Paris bereits als »Schwarze Venus von Saint Louis« gefeiert, findet bei ihrem ersten Gastspiel in Berlin im Januar 1926 mit ihren exotisch-erotischen Darbietungen eine enthusiastische Aufnahme.

Zu den deutschen Stars des Berliner Nachtlebens zählt die Tänzerin und Sängerin Trude Hesterberg, die mit ihren spritzigen, frivolen Chansons das Publikum begeistert.

Unverzichtbarer Bestandteil jeder Show und jeder Revue ist der Auftritt der »Girls«, der Tänzerinnentruppe, die den Begriff der »Girlkultur« prägt. Mit aufwendigen Kostümen oder spärlich bekleidet führen die Girls völlig synchrone Tanzbewegungen vor. Unterhaltung mit literarischem Anspruch bieten die Kabaretts; sie amüsieren durch die Karikatur politischer Mißstände.

Das »Triadische Ballett«, entworfen von Bauhauskünstler Oskar Schlemmer tritt in einer Revue im Metropoltheater Berlin auf

Eric Charell, einer der Stars in der Vergnügungsmetropole Berlin, bei einer Probe für eine Ausstattungsrevue mit seinen tanzenden Girls

Februar 1926

Mo	Di	Mi	Do	Fr	Sa	So
1	2	3	4	5	6	7
8	9	10	11	12	13	14
15	16	17	18	19	20	21
22	23	24	25	26	27	28

1. Februar, Montag
Nach dem Abzug der Besatzungstruppen aus der ersten Rheinlandzone finden in Köln, Bonn und anderen Städten Befreiungsfeiern statt. Um Mitternacht läutet in Köln die Große Domglocke, die »Deutsche Glocke«. → S. 32

Das Deutsche Reich und die Niederlande heben den Sichtvermerkzwang (Visum) bei Grenzübertritten auf; künftig genügt ein gültiger Reisepaß. → S. 41

In der Provinz Hannover werden abbaufähige Erdölfelder angebohrt. → S. 36

Otto Hirth verkauft die Münchner Wochenzeitschrift »Jugend« für 200 000 Reichsmark an den Verlag Richard Pflaum. → S. 43

In New Orleans wird die das ganze Jahr dauernde Internationale Handels- und Gewerbeausstellung eröffnet. Sie richtet sich an Besucher aus den Vereinigten Staaten und Lateinamerika.

2. Februar, Dienstag
Dem Rechtsausschuß des Deutschen Reichstages wird ein Gesetzentwurf zugeleitet, nach dem ein Reichssondergericht die vermögensrechtlichen Streitigkeiten mit den Fürstenhäusern klären soll. → S. 33

In Wien findet ein Parteitag der österreichischen Christlichsozialen Partei statt. Die Partei lehnt es ab, eine Koalition mit den Sozialdemokraten einzugehen und betont ihre enge Bindung an die katholische Kirche.

Vier Angehörige der illegalen Schwarzen Reichswehr werden in Berlin zum Tod verurteilt, weil sie 1923 Erich Pannier ermordet haben, der ihre Reihen ohne Erlaubnis verlassen hatte. → S. 33

Die Firma Prometheus Film-Verleih und Vertriebs GmbH, gegründet von Emil Unfried, Willi Münzenberg und Richard Pfeiffer, wird ins Handelsregister eingetragen. → S. 42

3. Februar, Mittwoch
Der Deutsche Reichstag nimmt ein Gesetz an, das Duelle unter Militärpersonen mit einer Freiheitsstrafe von einem halben bis zu zwei Jahren bedroht. → S. 41

Die neue Sprachenverordnung in der Tschechoslowakei erklärt Tschechisch zur Amtssprache. Die nationalen Minderheiten, wie z. B. die Deutschen, erhalten nur beschränkte Ausnahmeregelungen.

Im Deutschen Reich sind 200 000 Angestellte arbeitslos, darunter befinden sich etwa 65 000 Frauen. → S. 36

Der deutsche Dampfer »Amerika« ist in der Nacht auf der Fahrt von Rotterdam nach Stockholm an der Westküste von Gotland gestrandet.

4. Februar, Donnerstag
Die Berliner Stadtverordnetenversammlung beschließt, den »Königsplatz« in »Platz der Republik« umzubenennen. Den Antrag haben SPD und KPD gestellt.

Der Reichsausschuß der Deutschen Jugendverbände fordert u. a. drei Wochen bezahlten Urlaub für Jugendliche unter 16 Jahren, Festsetzung der Arbeitswoche für Jugendliche auf höchstens 48 Stunden und Verbot der Nachtarbeit für Jugendliche. → S. 38

5. Februar, Freitag
Der bayerische Ministerpräsident Heinrich Held beklagt in einer Rede vor dem Landtag in München die Unterdrückung der Deutschen in Südtirol, das zu Italien gehört. → S. 34

Die bulgarische Kammer in Sofia beschließt eine Amnestiegesetz für politische Straftaten seit 1923. Seit dem Staatsstreich von 1923 hat es in Bulgarien mehrere innenpolitische Krisen gegeben.

Im Ufa-Palast am Berliner Zoo findet die Premiere des Films »Die verlorene Welt« von Harry Hoyt statt. → S. 43

6. Februar, Sonnabend
Der Schriftsteller Bertolt Brecht fordert im Berliner »Börsen-Courier« »mehr guten Sport« und ruft die Theater dazu auf, in ihren Inszenierungen den Sport mehr zu berücksichtigen. → S. 45

7. Februar, Sonntag
Der ungarische Ministerpräsident István von Bethlen lehnt es ab, wegen der Geldfälscheraffäre – gefälschte französische Francs sind in Umlauf gebracht worden – zurückzutreten. Auch verwahrt er sich dagegen, die Ermittlungen behindert zu haben. (→ 4. 1./S. 18).

Auf einem Arthur-Schnitzler-Abend in Berlin liest Elisabeth Bergner die Novelle »Fräulein Else«. Der österreichische Schriftsteller, der 1921 durch den Skandal um sein Stück »Reigen« Aufsehen hervorgerufen hat, ist bei der Lesung anwesend.

8. Februar, Montag
Das Deutsche Reich beantragt die Aufnahme in den Völkerbund. → S. 32

Die Deutsche Eisenbahn AG kündigt eine Dividende von 4–4,5% an.

Bei der Weltmeisterschaft im Dameneiskunstlaufen in Stockholm siegt die Österreicherin Herma Jaross-Szábo vor der Norwegerin Sonja Henie (→ 14. 2./S. 45).

9. Februar, Dienstag
Der deutsche Reichswehrminister Otto Geßler erklärt, daß jede Verbindung von Reichswehrangehörigen mit den vaterländischen Verbänden verboten sei und er ein Gegner der Bildung von irregulären Formationen (Schwarze Reichswehr) sei (→ 2. 2./S. 33).

In Leningrad wie auch in anderen sowjetischen Städten werden Oppositionelle aus den Stadtkomitees ausgeschaltet. In Neuwahlen sollen parteitreue Kommunisten an die Macht gelangen. → S. 34

Bei einem Grubenunglück in Salgotarjan (Ungarn) werden fünf Arbeiter durch ausströmendes Gas getötet.

10. Februar, Mittwoch
Der spanische Major Ramon Franco beendet in Buenos Aires seinen Transatlantikflug. → S. 39

Die deutschen Eisenbahnergewerkschaften verklagen die Reichsbahngesellschaft, weil diese die Schlichtungsordnung für Tarifauseinandersetzungen nicht anerkannt hat. → S. 33

11. Februar, Donnerstag
In Belgisch-Kongo (heute Zaire) werden alle afrikanischen, auch die religiösen, Organisationen verboten. Die Maßnahme hängt damit zusammen, daß prophetische Bewegungen entstanden sind, die aus der Bibel ein Aufstandsrecht der Unterdrückten ableiten.

12. Februar, Freitag
Ab Ostern werden die Volksschullehrer in Preußen auf Pädagogischen Akademien ausgebildet. Drei Akademien werden eingerichtet, eine katholische in Bonn und je eine evangelische in Kiel und Elbing. → S. 37

Der Deutsche Offiziersbund bekennt sich in Werbeschreiben zum monarchistischen Gedanken.

Polnische Zeitungen bringen einen Aufruf des Westmarkenvereins, der fordert, daß die deutschen Schulen geschlossen werden, und der die Deutschen der Spionage bezichtigt. Mehrere Deutsche sind in diesen Tagen in Polen verhaftet worden (→ 26. 2./S. 35).

Anläßlich des 100. Geburtstags von Victor von Scheffel (16. 2.) wird in Karlsruhe das Deutsche Scheffel-Museum eröffnet.

13. Februar, Sonnabend
Mit dem Vortrag »Die Kulturidee des Sozialismus« eröffnet die SPD die Freie Sozialistische Hochschule. Die Vorträge und Seminare der Hochschule sollen die Hörer und Hörerinnen zu selbständigen wissenschaftlichen Arbeiten anleiten.

Der französische Ministerpräsident Aristide Briand stellt wegen Auseinandersetzungen über die Finanzpolitik und geplanter Steuererhöhungen die Vertrauensfrage. 327 Abgeordnete stimmen für, 182 gegen die Regierung.

Die britische Zeitung »Daily Telegraph« meldet, daß sich Schweden gegen eine Erweiterung der ständigen Sitze des Völkerbundrats über die Zulassung des Deutschen Reichs hinaus wendet. Auch die Niederlande votieren gegen eine Vermehrung der Sitze (→ 8. 2./S. 32).

Es ist gelungen, zwischen den Radiostationen Rugby in Großbritannien und Long Island bei New York (USA) einen drahtlosen Telefondienst herzustellen. → S. 39

Karneval findet in diesem Jahr noch im Saale statt, Umzüge auf der Straße sind verboten. Am Maskenball in Köln nehmen mehr als 7000 Personen teil.

14. Februar, Sonntag
Auf einer nationalsozialistischen Führertagung in Bamberg sucht Adolf Hitler die Gegensätze in der NSDAP zu überwinden und setzt sich gegen die »linken« Nationalsozialisten durch. → S. 33

Die Sowjetunion erklärt ihre grundsätzliche Bereitschaft, an einer vorbereitenden Abrüstungskommission teilzunehmen, lehnt jedoch weiterhin die schweizerische Stadt Genf als Tagungsort ab und bekräftigt ihre ablehnende Haltung gegenüber dem Völkerbund (→ 5. 1./S. 19).

Das Kunstgewerbehaus in Kairo brennt nieder. Das Gebäude war eine Nachbildung des berühmten Tempels von Luxor (14. Jh. v. Chr.), in dem am nächsten Tag eine Ausstellung eröffnet werden sollte.

In Königsberg beginnt die Zwölfte Deutsche Ostmesse. → S. 38

Die Weltmeisterschaft im Eiskunstlaufen, die in Berlin ausgetragen wurde, gewinnt bei den Herren der Österreicher Willi Böckl. Im Paarlaufen siegen Andrée Joly/Pierre Brunet (Frankreich). → S. 45

15. Februar, Montag
Der Generalsekretär des Völkerbundes, Eric Drummond, bespricht in Berlin mit der Reichsregierung die Formalitäten für die Aufnahme des Deutschen Reichs in den Völkerbund (→ 8. 2./S. 32).

Der Amtliche Preußische Pressedienst teilt mit, daß die dänische Minderheit in den Grenzkreisen der Provinz Schleswig-Holstein weitgehende Rechte auf dem Gebiet des Schulwesens erhält.

Die Zahl der Arbeitslosen im Deutschen Reich beträgt etwa 2,4 Millionen; damit ist seit März 1924 ein neuer Höchststand erreicht. → S. 35

Nach einer Minenexplosion in einem Bergwerk in Ohio (USA) sind 700 Arbeiter eingeschlossen.

Heft 7, die Faschings-nummer der Münchner Zeitschrift »Jugend«

Februar 1926

16. Februar, Dienstag
In Budapest scheitert ein Attentatsversuch von zwei rechtsradikalen Studenten auf den ungarischen Führer der Nationaldemokratenpartei, Abgeordneten und früheren Justizminister, Wilhelm Vaszonyi.

In Australien wütet ein Großfeuer, das die Stadt Noojee und Hunderte von Farmen verwüstet hat. 27 Menschen sind verbrannt.

Gegen vier Uhr morgens bricht im Equitable Building in New York ein Großfeuer aus, der 34. und 35. Stock brennen aus, die 33. und 36. Stockwerk sind schwer beschädigt. Sieben Feuerwehrleute werden verletzt.

Zwei Tennisprimadonnen tragen in Cannes ein Match aus. Die Französin Suzanne Lenglen besiegt die amerikanische Tennismeisterin Helen Wills mit 6:3, 8:6. → S. 44

17. Februar, Mittwoch
In Moskau beginnt eine Konferenz der Dritten Internationale. → S. 34

Der Deutsche Reichstag setzt einen Ausschuß zur Förderung von Leibesübungen ein. Am 23. ist den Ländern empfohlen worden, sechs Stunden wöchentlichen Turnunterricht einzuführen.

Der britische Flieger Alan Cobham beendet in Kapstadt seinen am 16. November 1925 in London begonnenen Flug, der ihn über Westeuropa und den ganzen afrikanischen Kontinent geführt hat (→ 10. 2./S. 39).

Im Berliner Lessingtheater findet die Uraufführung des Schauspiels »Königin Luise« von Ludwig Berger statt. Die Titelrolle spielt Käthe Dorsch.

18. Februar, Donnerstag
An einem Festfrühstück des Verbandes der ausländischen Presse in London nehmen zum erstenmal seit dem Krieg auch deutsche Journalisten als Ehrengäste teil.

Die britische Zeitung »Daily Telegraph« meldet, daß auch Japan gegen eine Erweiterung der Sitze im Völkerbundrat eintritt (→ 8. 2./S. 32).

Die türkische Nationalversammlung hat beschlossen, die Vielweiberei und das Haremssystem abzuschaffen und das Schweizer Bürgerliche Gesetzbuch einzuführen. → S. 41

19. Februar, Freitag
Der deutsche Außenminister Gustav Stresemann erklärt vor dem Auswärtigen Ausschuß des Reichstags, daß die Forderung von Brasilien, Spanien und Polen nach einer Erweiterung der Ratssitze im Völkerbund den deutschen Beitritt erschweren könnte (→ 8. 2./S. 32).

Die Kosten für den Haushalt des Deutschen Reichspräsidenten werden veröffentlicht, sein Gehalt beläuft sich auf 60 000 Reichsmark (RM) zuzüglich 120 000 RM Aufwandsgelder. → S. 33

Die österreichischen Bischöfe wenden sich gegen das gemeinsame Turnen von Jungen und Mädchen.

Im Renaissance-Theater in Berlin wird die Kabarett-Revue »Laterna magica« von Friedrich Holländer uraufgeführt. → S. 46

20. Februar, Sonnabend
Die Studentenschaft der Universität Köln feiert unter dem Motto »Für Freiheit, Heimat und Vaterland« die Befreiung von der französischen und belgischen Besatzung. An der Feier nimmt auch Außenminister Gustav Stresemann teil (→ 1. 2./S. 32).

Der preußische Landwirtschaftsminister Heinrich Steiger eröffnet in Berlin die »Grüne Woche« (bis 28. 2.). Die Regierung erklärt sich bereit, die Landwirtschaft durch Kredite zu unterstützen. → S. 38

Bei der Uraufführung des Schauspiels »Duell am Lido« von Hans José Rehfisch im Staatlichen Schauspielhaus in Berlin findet die Schauspielerin Marlene Dietrich erstmals Beachtung.

Das Drama »Sturmflut« von Alfons Paquet wird in der Volksbühne in Berlin uraufgeführt. Regie führt Erwin Piscator; er bezieht den Film als künstlerisches Medium in die Inszenierung mit ein. → S. 47

Max Liebermann, der Präsident der Preußischen Akademie der Künste, eröffnet in Berlin die Dritte Gedächtnisausstellung für den Maler Lovis Corinth. Sie zeigt das gesamte graphische Werk. → S. 43

21. Februar, Sonntag
Der zionistische Verein Bikur Cholim führt im Grazer Schauspielhaus das Stück »Die Makkabäer« auf. Nationalsozialisten demonstrieren auf dem Theatervorplatz gegen die Vorstellung, während der Aufführung werden Stinkbomben ins Parterre geworfen.

An der Tagung des Reichsbanners Schwarz-Rot-Gold (politischer Kampfverband der SPD) in Hamburg nehmen 130 000 Personen teil. In den Festreden wird darauf hingewiesen, daß der Verband stets für die Republik gekämpft habe.

Suzanne Lenglen (Frankreich) sagt aus gesundheitlichen Gründen das Tennisrevanchespiel zwischen ihr und Helen Wills (USA) ab (→ 16. 2./S. 44).

22. Februar, Montag
Die Firma Krupp in Essen gibt bekannt, daß als infolge der schlechten Wirtschaftslage 1800 Arbeiter und 100 Angestellte entlassen wird, 1200 Arbeitern und Angestellten ist bereits gekündigt worden.

Die Polizei in München verbietet die Aufführung des Lustspiels »Der fröhliche Weinberg« von Carl Zuckmayer, um rechtsradikale Störungen zu vermeiden. → S. 42

Im Berliner Opernhaus beginnt die Richard-Strauss-Woche mit der Aufführung der »Salome«.

23. Februar, Dienstag
Französische Juweliere erwerben einen Teil der russischen Kronjuwelen. Die Kronjuwelen sind im Januar zum Verkauf angeboten worden. → S. 39

Der britische Außenminister Joseph Austen Chamberlain hält eine Erweiterung der Ratssitze im Völkerbund für diskutabel (→ 8. 2./S. 32).

Für die Restaurierung des Kölner Doms will die preußische Regierung einige Jahre lang einen Betrag von 100 000 Reichsmark im Staatshaushalt bereitstellen.

In Berlin läuft der 1925 uraufgeführte Film »Goldrausch« von und mit Charles Chaplin an. → S. 42

24. Februar, Mittwoch
Die türkische Regierung hat mit der Standard Oil Company ein Abkommen geschlossen, nach dem die Türkei ihre Lieferungen an Petroleum lediglich von der Gesellschaft bezieht.

Bei dem Versuch, unter dem Stützbogen des Eiffelturms in der französischen Hauptstadt Paris durchzufliegen, stürzt der französische Reserveleutnant Léon Callot mit seinem Flugzeug ab und verunglückt tödlich.

25. Februar, Donnerstag
Mit einer Großkundgebung in Bernkastel an der Mosel machen die deutschen Winzer auf ihre Notlage aufmerksam, die durch Weineinfuhren und Steuerdruck bedingt ist. Vor der Veranstaltung stürmen einige Winzer das Finanzamt, mißhandeln Beamte und verbrennen Steuerkarten. → S. 36

Der griechische Ministerpräsident General Theodoros Pangalos läßt mehrere Offiziere verhaften, die sich gegen seine diktatorische Politik gewandt haben. Die Verhaftungen verschärfen die Unruhen in der Armee.

In der Schweiz gehen sowohl in der Stadt als auch auf dem Land die Geburtenraten zurück. → S. 41

Laut einer britischen amtlichen Meldung aus London sind im vergangenen Jahr 31 660 Juden nach Palästina eingewandert. → S. 35

Die belgische Liga für Menschenrechte führt in Brüssel eine Protestversammlung gegen die anwachsende internationale faschistische Bewegung durch.

26. Februar, Freitag
Die Abgeordneten der Deutschen Vereinigung bringen im polnischen Parlament in Warschau eine Interpellation wegen der »Deutschenhetze« in der Woiwodschaft Schlesien (Polnisch-Oberschlesien) ein. → S. 35

In Brüssel beginnt eine Konferenz, auf der Delegierte der sozialistischen Parteien von Frankreich, Belgien und Deutschland über Handelspolitik und Industriekartelle sprechen. Die Konferenz verlangt Kontrollrechte des Staats über internationale Kartelle.

27. Februar, Sonnabend
Der französische Ministerpräsident Aristide Briand betont in einer Rede, er habe sich seit Verdun geschworen, dem Frieden zu dienen.

Die »Meraner Zeitung«, die letzte deutschsprachige Zeitung in Südtirol, erscheint zum letzten Mal.

In Wien eröffnet der österreichische Bundespräsident Michael Hainisch eine Jahrhundertschau deutscher Malerei. Die Exponate reichen von Philipp Otto Runge bis Max Beckmann.

28. Februar, Sonntag
Im Deutschen Reich finden anläßlich des Volkstrauertages Gedenkfeiern für die Gefallenen im Weltkrieg statt. Auf den Ehrenfriedhöfen werden Kränze niedergelegt.

Die Leipziger Frühjahrsmesse beginnt. → S. 38

Die Jahreshauptversammlung des Oberösterreichischen Industriellenverbandes erklärt, daß ein Anschluß an das Deutsche Reich wirtschaftlich von großem Nutzen wäre.

Auf Sizilien werden 400 Briganten und Anhänger der Mafia verhaftet. Es gelingt den Behörden, Zeugenaussagen gegen die Beschuldigten zu sammeln. → S. 35

Der Verein zur Abwehr des Antisemitismus hält auf seiner Jahresversammlung in Köln eine gut besuchte öffentliche Kundgebung ab. Die Redner weisen darauf hin, daß im Weltkrieg 12 000 Juden gefallen sind, und protestieren gegen die Hetze gegen die Juden, die schon viele Opfer gefordert hat.

Gestorben:
6. Berlin: Wolf Wilhelm Graf von Baudissin (*26. 9. 1847, Sophienhof bei Kiel), deutscher evangelischer Theologe.

20. Darmstadt: Georg Friedrich Knapp (*7. 3. 1842, Gießen), deutscher Nationalökonom.

Geboren:
2. Koblenz: Valéry Giscard d'Estaing, französischer Politiker.

3. Göttingen: Hans-Jochen Vogel, deutscher Politiker.

8. Eichwalde bei Berlin: Sonja Ziemann, deutsche Schauspielerin.

15. Potsdam: Dieter Lattmann, deutscher Schriftsteller und Politiker.

Die Filmstars Douglas Fairbanks, Mary Pickford und Harold Lloyd in Hollywood während einer Drehpause sind auf der Titelseite der »Berliner Illustrirten Zeitung« vom 28. Februar zu sehen

Februar 1926

Britische Besatzungstruppen vor ihrem bisherigen Hauptquartier in Köln, dem Hotel Excelsior

Eine Menschenmenge versammelt sich vor dem Kölner Dom, um an der Befreiungsfeier teilzunehmen

Aufnahmeantrag in den Völkerbund

8. Februar. Das Deutsche Reichskabinett beschließt einstimmig, einen Antrag auf Aufnahme des Deutschen Reiches in den Völkerbund zu stellen.

Der Eintritt des Deutschen Reiches in den Völkerbund ist Bestandteil der Verträge von Locarno vom 16. Oktober 1925, mit denen die Westgrenzen des Deutschen Reiches auf dem gegenwärtigen Stand festgeschrieben wurden.

Die künftige Mitgliedschaft des Reiches im Völkerbund findet allerdings bei den Deutschen keine ungeteilte Zustimmung. Die Deutschnationalen (DNVP) wollen den Eintritt an bestimmte Bedingungen knüpfen, so an Zusagen der ehemaligen Kriegsgegner, die Besatzung des Rheinlands bald aufzuheben. Dem steht die Auffassung gegenüber, daß das Deutsche Reich als Mitglied des Völkerbunds wirkungsvoller auf die Lösung derartiger Probleme hinarbeiten kann.

Eine andere, internationale Schwierigkeit entsteht daraus, daß dem Deutschen Reich ein ständiger Sitz im Völkerbundsrat, dem neben der Vollversammlung höchsten Beschlußorgan des Völkerbundes, zugesichert worden ist. Mitgliedsstaaten des Völkerbundes wie Polen, Spanien und Brasilien nehmen dies zum Anlaß, ebenfalls einen ständigen Ratssitz zu fordern. Eine Erweiterung der Zahl der ständigen Ratssitze stößt jedoch vielfach auf Ablehnung (→ 17. 3./S. 52).

Ganz Köln feiert die Befreiung

1. Februar. Köln feiert den Abzug der alliierten Besatzungstruppen und die Räumung der ersten Rheinlandzone.

Die Bevölkerung hat sich lange vor Mitternacht auf dem Domplatz versammelt; um 24 Uhr beginnt die Große Domglocke das Ende der Besatzungszeit einzuläuten. Der Kölner Oberbürgermeister Konrad Adenauer und der preußische Ministerpräsident Otto Braun würdigen in Reden die historische Stunde. Der deutsche Rundfunk überträgt die Feier in einer Direktsendung.

Französische, britische und belgische Truppen hatten 1920, gemäß den Bestimmungen des Versailler Friedensvertrags, die linksrheinischen Gebiete und die z. T. auf dem rechten Rheinufer gelegenen Brückenköpfe Köln, Koblenz, Mainz und Kehl besetzt. Das Gebiet diente als Pfand für die Erfüllung der Friedensvertragsbedingungen. Die Alliierten teilten die besetzten Gebiete in drei Zonen, die stufenweise nach fünf, zehn oder 15 Jahren geräumt werden sollen. Der Abzug der Truppen aus der ersten Zone (→ 30.1./S.17) weckt die Hoffnung auf eine Verkürzung der Besatzungszeit in den beiden anderen.

In Aussicht gestellt ist eine Reduzierung der Besatzungstruppen um 15 000 Mann auf 60 000.

US-amerikanische und britische Pressestimmen bewerten den Abzug der Truppen aus der ersten Rheinlandzone als eine Rückkehr zu normalen zwischenstaatlichen Beziehungen in Europa.

Oberbürgermeister Konrad Adenauer hält eine Ansprache

V. l.: Paul von Hindenburg, Konrad Adenauer

Adenauers Ansprache zum Ende der Kölner Besatzung

Oberbürgermeister Konrad Adenauer feiert kurz nach Mitternacht auf dem Domplatz die Räumung Kölns von der alliierten Besatzung mit folgenden Worten:

»Die Stunde ist gekommen, die so heiß, so inbrünstig ersehnte, der Tag der Freiheit ist angebrochen! Unsere Herzen fliegen empor zu Gott dem Allmächtigen. Dank sei ihm, der uns gestärkt hat in schwersten Tagen, der uns geführt hat durch Not und Gefahr! Vereint sind wir wieder mit unserem Staate, unserem Volke, unserem Vaterlande, vereint und frei nach sieben Jahren der Trennung und Unfreiheit! In gemeinsam getragener, gemeinsam überwundener Not wächst die treueste Kameradschaft. Ihr, deutsche Volksgenossen in den noch besetzten Gebieten, habt mit uns Schulter an Schulter gestanden ... Schweres haben wir erdulden müssen durch die harte Faust des Siegers in sieben langen Jahren. Heute, in dieser weihevollen Stunde, laßt uns davon schweigen; ja, wir wollen gerecht sein trotz vielem, was uns widerfahren ist, wir wollen anerkennen, daß der geschiedene Gegner auf politischem Gebiet gerechtes Spiel hat walten lassen. Hoffen wir, daß unsere Leidenszeit nicht umsonst gewesen ist ...

Dieser Platz wurde dereinst geweiht durch die Worte: ›Dem Geiste deutscher Einheit sollen diese Dompforten Tore des herrlichsten Triumphes werden.‹ ... Ein Symbol der deutschen Einheit und Einigkeit ist unser Dom, wie Schwurfinger ragen seine mächtigen Türme empor in den nächtlichen Himmel. Wohlan! Heben auch wir zum Schwur die Hand! Und ihr alle in deutschen Landen, die ihr jetzt im Geiste bei uns weilt, schwört mit uns! Schwören wir: Einigkeit, Treue dem Volke, Liebe dem Vaterlande! Ruft mit mir: Deutschland, geliebtes Vaterland, hoch!«

Februar 1926

Urteil zur Schwarzen Reichswehr

2. Februar. Ein Berliner Schwurgericht verurteilt vier Angehörige der illegalen Schwarzen Reichswehr, Fritz Schirmann, Johann Stein, Alfred Aschenkampf und Theodor Benn, zum Tod, weil sie 1923 Erich Pannier, einen aus ihrer Truppe ausgetretenen Soldaten, ermordet haben. Das Urteil wird später im Revisionsverfahren in Zuchthausstrafen umgewandelt (→ 23. 1./ S. 17).

Die Schwarze Reichswehr, eine illegale rechtsgerichtete Formation, entstand zu Beginn der Weimarer Republik. Die Soldaten der Schwarzen Reichswehr rekrutierten sich aus antirepublikanischen Gruppierungen, beispielsweise den Freikorps, die nach der im Versailler Friedensvertrag geregelten Reduzierung des stehenden Heeres auf 100 000 Mann entstanden und von ehemaligen Offizieren und Soldaten der Kaiserlichen Armee gebildet wurden.

Die Schwarze Reichswehr unterhält von Anfang an enge Beziehungen zur legalen Reichswehr, obwohl das Reichswehrministerium dieses stets abgestritten hat. Sie untersteht dem Stabschef der dritten Reichswehrdivision und erhält von der Reichswehr Waffen, finanzielle Unterstützung und Ausbilder. Die Schwarze Reichswehr hat den Charakter einer Reservearmee und stellte eine den Friedensvertrag verletzende Verstärkung der Reichswehr dar.

Die Schwarze Reichswehr rekrutiert sich u. a. aus den Anhängern von Wolfgang Kapp, der 1920 einen Putschversuch unternahm

Paramilitärisch ausgerüstete antirepublikanische Kampforganisationen bedrohen die junge, von Krisen geschüttelte Weimarer Republik

Hitler bekräftigt Führungsanspruch

14. Februar. Auf einer Führertagung der NSDAP in Bamberg festigt Adolf Hitler seine Position und schwächt den sog. linken Flügel der Partei um Gregor Strasser.

In einer zweistündigen Rede erneuert Hitler seinen Führungsanspruch. Er geht nicht auf die Frage des Privateigentums ein, die für die Parteirichtung, die antikapitalistische Tendenzen vertritt, von Bedeutung ist. Das 1920 beschlossene Parteiprogramm der NSDAP enthält vor allem nationale Forderungen, die mit antisemitischen, antiparlamentarischen, antikapitalistischen und antibolschewistischen Komponenten verbunden sind. Hitler wurde 1921 erster Vorsitzender und 1922 sog. Führer. Nach dem gescheiterten Putsch im November 1923 wurde die Partei verboten. Nach seiner Haftentlassung gründete Hitler im Februar 1925 die NSDAP neu. Eine Konkurrenz für die anfangs auf Bayern beschränkte Partei bildete die im September 1925 von Gregor Strasser gegründete Arbeitsgemeinschaft Nordwest, die die antikapitalistische Richtung in der Bewegung repräsentiert. Durch geschicktes Taktieren gelingt es Hitler, die Parteimitglieder an seine Person zu binden (→ 3. 7./S. 124).

Adolf Hitler

Präsidentenamt hoch dotiert

19. Februar. Der Etatentwurf für den deutschen Reichspräsidenten sieht ein jährliches Gehalt von 60 000 Reichsmark (RM) vor. Der Reichspräsident gehört damit zu den 0,04% der Einkommensteuerpflichtigen, die über ein Jahreseinkommen verfügen, das zwischen 50 000 und 100 000 RM liegt. Ein höheres Einkommen haben nur 0,02%. Die überwältigende Mehrheit der Bevölkerung, 91,3%, muß mit einem Verdienst von unter 3000 RM auskommen, etwa die Hälfte von ihnen sogar mit weniger als 1200 RM.

Kompromiß zum Fürstenvermögen

2. Februar. Die in der deutschen Reichsregierung vertretenen Parteien der Mitte bringen im Rechtsausschuß des Reichstags einen Gesetzentwurf zur Frage der Fürstenabfindung ein. Der Antrag sieht vor, daß ein Reichssondergericht über die vermögensrechtlichen Auseinandersetzungen mit den ehemals regierenden Fürstenhäusern entscheiden soll. Das Gericht soll entscheiden, welche Vermögenswerte und Besitzungen der Fürsten Privateigentum und welche Staatseigentum sind (→ 4. 3./S. 54).

Protestmarsch gegen die Fürstenentschädigung

Gewerkschaften gegen Reichsbahn

10. Februar. Die deutschen Eisenbahnergewerkschaften verklagen die Reichsbahngesellschaft auf Anerkennung der Schlichtungsordnung in der schwelenden Tarifauseinandersetzung. Die Reichsbahn ist 1924 in ein selbständiges Wirtschaftsunternehmen umgewandelt worden. Sie muß einen großen Teil der Reparationszahlungen erbringen. Die Gewerkschaften vertreten die Auffassung, daß sie dennoch die Regelungen bei Tarifkonflikten beachten müsse. Das Berliner Landgericht weist die Klage jedoch ab.

Februar 1926

Heftige Debatten um Südtirol

5. Februar. Eine ungeschickte Rede des bayerischen Ministerpräsidenten Heinrich Held, in der er von der Unterdrückung der Deutschen in dem zu Italien gehörenden Südtirol spricht, löst diplomatische Verwicklungen zwischen dem Deutschen Reich und Italien aus.

Der Friede von Saint-Germain-en-Laye (1919) sprach Südtirol entgegen dem Wunsch der deutschsprachigen Bevölkerung Italien zu; Südtirol war vorher Bestandteil der mit dem Ende des Weltkriegs auseinandergebrochenen Österreichisch-Ungarischen Monarchie. Die italienische Regierung betreibt, vor allem seit der Machtübernahme der Faschisten 1922, eine Politik der Italienisierung Südtirols. Zur alleinigen Amtssprache wurde Italienisch bestimmt, Ortsnamen, Straßenschilder und Familiennamen mußten italienisiert werden; deutschsprachige Zeitungen wurden zensiert oder verboten. Zudem wurden Italiener in den neuen Industriegebieten angesiedelt, um der Provinz den deutschen Charakter zu nehmen. Der italienische Ministerpräsident und Duce, Benito Mussolini, gesteht der deutschsprachigen Bevölkerung keine besonderen Rechte als nationale Minderheit zu. Die deutschsprachigen Südtiroler dagegen beharren auf ihrem Recht auf kulturelle Autonomie, z. B. auf Unterricht in deutscher Sprache.

Am 6. Februar antwortet Mussolini vor der Kammer der Abgeordneten auf die Kritik an der italienischen Politik in Südtirol. Er erhebt den Vorwurf, daß im Deutschen Reich eine anti-italienische Kampagne entstanden sei, und weist die Anschuldigungen von Held und der deutschen Presse als unbegründet zurück, bezeichnet die Lage in Südtirol als inneritalienische Angelegenheit und beharrt auf dem Recht seiner Regierung, Südtirol zu italienisieren. Als Drohung wertet das Ausland die Äußerung Mussolinis, Italien könne, wenn nötig, seine Fahne auch über die Brennergrenze hinaustragen.

Der deutsche Außenminister Gustav Stresemann nimmt am 9. Februar im Reichstag Stellung zur Mussolini-Rede. Er weist die Angriffe zurück und verwahrt sich dagegen, Pressemeldungen mit der Auffassung der Reichsregierung gleichzusetzen.

In seiner Erwiderung auf Stresemann beharrt Mussolini am 10. Februar auf seinem Standpunkt.

Gedächtnisfeier für den Tiroler Freiheitshelden Andreas Hofer auf dem Berg Isel; die Ansprache hält Landeshauptmann Franz Stumpf

Ernst Thälmann (l.), Vorsitzender der KPD, mit Wassili Kolarow

Internationale ist zerstritten

17. Februar. In Moskau kommen die Delegierten zum 6. Plenum der Dritten Internationale zusammen (sie tagen bis zum 15. 3.), einem Zusammenschluß der verschiedenen kommunistischen Parteien.

Beherrschendes Thema ist die Auseinandersetzung mit der Linken, mit Kommunisten, die eine andere Politik als die Linie von Josef Stalin verfolgen wollen. Dies betrifft vor allem die Streitfragen in der KPD (→ 19. 8./S. 137).

Harte Machtkämpfe in der Sowjetunion

Seit dem Parteitag der KPdSU im Dezember 1925 treten die Gegensätze in der Führungsspitze der Partei offen zutage. Josef Stalin, dem Generalsekretär des Zentralkomitees der KPdSU, steht innerhalb der kommunistischen Partei eine linke Gruppierung gegenüber, die Lew Kamenew und Grigori Sinowjew vertreten und der sich auch Leo Trotzki anschließt.

Die Linke fordert eine Beschleunigung der Industrialisierung des Staates, wendet sich gegen den Einfluß der Kulaken (Groß- und Mittelbauern) auf dem Land und opponiert gegen die Machtkonzentration in den Händen Stalins. Seit dem Tod Wladimir Iljitsch Lenins (1924) baut Stalin zielstrebig seine Führungsposition in der Partei aus. Er besetzt den Parteiapparat mit seinen Anhängern, verdrängt seine Gegner aus den Führungspositionen – Sinowjew wird Anfang 1926 aus der Leitung des Leningrader Sowjets ausgeschaltet – und kritisiert scharf die politischen Auffassungen seiner Kontrahenten.

Stalin vollzieht zudem die Wende zu einer national ausgerichteten Politik.

Bis 1924 galt unangefochten die These, daß sich die Revolution in der Sowjetunion nur durchsetzen könne, wenn auch in anderen Ländern das Proletariat an die Macht käme (→ 14.–23. 7./S. 123).

Demonstrationszug mit Fahnen und Transparenten durch Moskau

Februar 1926

Juden wandern in Palästina ein

25. Februar. Großbritannien gibt bekannt, daß im vergangenen Jahr 31 660 Juden nach Palästina eingewandert sind; die Auswanderung dorthin nimmt in den 20er Jahren zu. Palästina steht als Völkerbundmandat unter britischer Verwaltung. 1917 sagte der britische Außenminister Arthur James Balfour den Zionisten Unterstützung bei dem Aufbau einer nationalen Heimstätte (nicht eines Staates) in Palästina zu (Balfour-Deklaration).
Der Zionismus entstand im 19. Jahrhundert als Reaktion auf den anwachsenden Nationalismus und anhaltenden Antisemitismus in Europa. Er verband religiöse Vorstellungen – Verheißung des Landes Israel – mit politischen Forderungen nach einem eigenen Staat. Der österreichische Journalist Theodor Herzl organisierte den Zionismus als politische Kraft; 1897 fand in Basel der erste Zionistenkongreß statt. Die Schlußresolution formulierte als Ziel der Bewegung die »Schaffung einer öffentlich-rechtlich gesicherten Heimstatt in Palästina«. Seit dieser Zeit wird die Besiedlung Palästinas aktiv betrieben.
Der Zionismus stellt jedoch nur eine Variante jüdischer Identitätsfindung dar. Viele Juden fühlen sich dem Land zugehörig, in dem sie leben, und versuchen erfolgreich, sich zu assimilieren.

Beerdigung eines im Gefängnis gestorbenen Deutschen in Oberschlesien

Deutsche in Polen

26. Februar. Die Abgeordneten der Deutschen Vereinigung stellen im polnischen Parlament eine Anfrage zu den Vorgängen in der Woiwodschaft Schlesien (Polnisch-Oberschlesien). Die Geschäftsräume der Deutschen Vereinigung sind durchsucht worden, deutsche Beamte sind aufgefordert worden, Polen zu verlassen, Deutsche sind auf der Straße belästigt worden.
Oberschlesien wurde 1921 gemäß den Bestimmungen des Versailler Friedensvertrages zwischen dem Deutschen Reich und Polen aufgeteilt. Die Frage der Behandlung der deutschen Minderheit in Polnisch-Oberschlesien ist mit der Grenzfrage verknüpft. Das Deutsche Reich strebt nach einer Revision der Grenzziehung.
Die Maßnahmen auf polnischer Seite – u. a. wirtschaftlicher und gesellschaftlicher Boykott – zielen darauf, die Deutschen zum Verlassen des Landes zu bewegen, um einem Anspruch auf eine Grenzrevision vorzubeugen. Die deutsche Politik dagegen ist bestrebt, den deutschen Einfluß in Oberschlesien zu erhalten. Sie unterstützt das deutsche Schul- und Vereinswesen.

Schlag gegen die Mafia in Sizilien

28. Februar. Der italienischen Polizei ist es gelungen, auf Sizilien 400 Briganten (Straßenräuber) und Anhänger der Mafia zu verhaften.
Die Polizei auf Sizilien führt seit einiger Zeit einen Feldzug gegen das Brigantenunwesen. Sie hat zahlreiche Polizeistreifen im Innern der Insel eingerichtet, um der Bevölkerung die Angst vor der Mafia zu nehmen. Zudem ist das Gebiet, das der Mafia für ihre Operationen zur Verfügung steht, eingegrenzt worden. Die Maßnahme rief Konkurrenzkämpfe zwischen den einzelnen Banden hervor und führte dazu, daß sie sich gegenseitig verrieten.
Große Teile der Briganten hatten sich daraufhin in Gangi verschanzt, einem Ort hoch in den Madonischen Bergen. Nach einer längeren Belagerung durch die Polizei blieb den Briganten nichts anderes übrig, als sich zu ergeben. Sie wurden auf eine kleine Insel verbannt. Weil die Bevölkerung die Rückkehr der Mafia nicht mehr fürchtet, gelingt es der Polizei, Zeugenaussagen gegen die Briganten zu sammeln.
Die Mafia entstand im 18. Jahrhundert in Sizilien und breitete sich über weite Teile Italiens aus. Sie entwickelte sich zu einer beherrschenden Macht im Lande, indem sie die Bevölkerung einschüchterte und auf Polizei, Justiz und Verwaltung Druck ausübte.

Millionen Menschen sind arbeitslos

15. Februar. Im Deutschen Reich sind 2,4 Millionen Menschen arbeitslos; die Arbeitslosigkeit hat nach einem Rückgang seit März 1924 einen neuen Höchststand erreicht. Im Lauf des Jahres 1926 geht sie geringfügig zurück.
Auch die Anzahl der Kurzarbeiter hat zugenommen, wobei der Prozentsatz der kurzarbeitenden Frauen (32,3%) höher liegt als der der Männer (14,7%).
Die hohe Arbeitslosigkeit bildet eines der drängendsten Probleme der Weimarer Republik. Zwar hat 1924 eine relative Stabilisierung des Wirtschaftslebens eingesetzt, aber die Erhöhung der Produktion geht auf eine Verbesserung der Arbeitsmethoden zurück und hat eine Steigerung der Arbeitsleistung pro Stunde bewirkt. Die Arbeitslosigkeit in der Weimarer Republik liegt weitaus höher als in den Vorkriegsjahren. Arbeitslosigkeit zieht gravierende Folgen für die Betroffenen nach sich. Die Arbeitslosenunterstützung, die 39 Wochen gezahlt wird, reicht nicht aus, um eine Familie angemessen zu ernähren. Neben der finanziellen Notlage sind die Arbeitslosen von psychischen Problemen betroffen: Der Verlust des Arbeitsplatzes bedeutet für viele auch einen Verlust an Identität. Finanzielle Sorgen und Untätigkeit belasten das Familienleben und führen zu einem Ansteigen von Krankheiten. Besondere Probleme bereitet die Arbeitslosigkeit der Jugendlichen.

Auszahlung von Unterstützungsgeldern an ausgesperrte Arbeiter

Februar 1926

Schreibsaal mit Stenotypistinnen; die Zahl der Frauen, die im Büro als Angestellte arbeiten, steigt

Telefonistin – ein typischer Frauenberuf, der allerdings bald durch Selbstwähltelefone überflüssig wird

Die Kultur der Angestellten

3. Februar. Die Existenzunsicherheit in der arbeitenden Bevölkerung, die das soziale Leben der Weimarer Republik kennzeichnet, wächst auch unter den Angestellten: 200 000 Angestellte sind arbeitslos, der Anteil der Frauen beträgt etwa 65 000.

Der Berufsstand der Angestellten ist noch neu und hat in den letzten Jahrzehnten durch den Ausbau der Bürokratie in allen gesellschaftlichen Bereichen einen Aufschwung erfahren. Die Zahl der Angestellten beträgt etwa 3,5 Millionen, davon sind 1,2 Millionen Frauen.

Vor allem der Anteil der Frauen bei den Angestellten erfuhr einen rapiden Zuwachs, zwischen 1907 und 1925 hat er sich von 28% auf 40% erhöht. Die Büroarbeit hat sich in eine typische Frauenarbeit umgewandelt. Der Einzug der Frauen in die Büros begann mit der Einführung der Schreib- und der Buchungsmaschine, Frauen wurden für diese mechanischen Tätigkeiten als besonders geeignet angesehen.

Von den Besuchern der Handelsschulen steigen die Männer meist zu Sachbearbeitern auf, die Frauen bleiben Stenotypistinnen. Das Einkommen der Frauen liegt 10 bis 15% niedriger als das der Männer und reicht nicht aus, um den Lebensunterhalt zu verdienen.

Die Angestellten kennzeichnet eine besondere Mentalität, sie sind unpolitisch und individualistisch. Es fehlt ihnen ein Bewußtsein für ihre reale gesellschaftliche und soziale Situation. Wirtschaftlich gesehen findet eine Proletarisierung der Angestellten statt; ihre eigenen Vorstellungen sind jedoch von mittelständischen Idealen geprägt. Sie halten sich für sozial höher stehend als die Arbeiterklasse, weil sie keine Hand-, sondern Kopfarbeit verrichten, und suchen den Schein, zur bürgerlichen Gesellschaft zu gehören, zu wahren (z. B. durch Kleidung).

Ihr Verhalten prägt entweder eine Aufsteigermentalität, der Glaube, daß der Tüchtige sich durchsetzt, oder Abstumpfung durch eintönige, monotone Arbeit und die vor allem für Frauen kaum vorhandene Möglichkeit, Karriere zu machen. Letztere kompensieren diesen Mangel mit Zerstreuung und Ablenkung, folgen der neuesten Mode und besuchen die Cafés und Lokale, die Kinos und Revuen.

Die Angestelltenkultur der Großstädte bietet Zerstreuung, wie z. B. die Berliner Haller-Revue

Tanz auf der Terrasse des Schwedenpavillons in Berlin-Wannsee

Winzer stürmen das Finanzamt

25. Februar. Vor einer Großkundgebung in Bernkastel an der Mosel, mit der 4000 bis 5000 Weinbauern auf ihre Notlage aufmerksam machen wollen, kommt es zu einem Zwischenfall. Einige aufgebrachte Winzer ziehen zum Finanzamt und zur Finanzkasse von Bernkastel, dringen in das Gebäude ein, mißhandeln einige Beamte, zerstören das Mobiliar und werfen Steuerakten auf die Straße, wo sie verbrannt werden.

Die eigentliche Versammlung, zu der die Zentrumspartei aufgerufen hat, verläuft ruhig; die Redner distanzieren sich von den Gewalttaten. Der Vorstand der Winzerschaft weist darauf hin, daß die Weinbauern an Mosel, Saar und Ruwer trotz sinkenden Absatzes hohe Steuern zahlen müssen. Seit 1921 hat es kein gutes Weinjahr mehr gegeben, die Einfuhr ausländischer Weine steigt. Zur Milderung der Schwierigkeiten der Weinbauern sind die Vergabe großzügigerer Kredite und ein Einwirken auf Bahnhofsgaststätten und Speisewagen, keine ausländischen Weine zu führen, in der Diskussion.

Die Industrie braucht Erdöl

1. Februar. In der Provinz Hannover werden neue Erdölfunde erschlossen. Die Erdölvorkommen im Deutschen Reich decken jedoch nur einen kleinen Teil des Bedarfs.

Die Gewinnung von Erdöl mittels Bohrungen hat um 1860 eingesetzt; bereits 1857 ist in der Lüneburger Heide nach Erdöl gebohrt worden. Den Weltmarkt beliefern vor allem die USA, die UdSSR, Rumänien, Niederländisch-Indien (Indonesien), Mexiko, der Irak und der Iran.

Die Entwicklung der petrochemischen Industrie, die Synthetisierung von Chemikalien aus Erdöl, setzte zu Beginn des 20. Jahrhunderts ein. Vor allem der Aufschwung der Autoindustrie und ihr Bedarf an billigen Lacken förderte den neuen Industriezweig. Chemikalien wurden vorher u. a. aus Teer gewonnen.

Seit 1900 findet Erdöl als Maschinenfeuerung und als Treibstoff für Automobile mit Benzin- und Dieselmotoren Verwendung.

Februar 1926

Bildung 1926:
Schule zwischen Reform und Drill

Jungen und Mädchen werden getrennt unterrichtet, hier eine Volksschulklasse für Mädchen

Die Bibliothek im Auto, eine Einrichtung der Stadtbibliothek in Worms, um auch die Landbevölkerung mit Büchern zu versorgen

Die pädagogischen Vorstellungen in der Mitte der 20er Jahre sind von Enthusiasmus geprägt, von dem Glauben an die Möglichkeit, durch Erziehung alle Fähigkeiten der Menschen freizusetzen und das gesellschaftliche Leben zu demokratisieren. Die von der Jugendbewegung beeinflußten Reformbestrebungen wenden sich gegen die überkommenen autoritären Erziehungs- und Unterrichtsstile, gegen einen einseitigen Intellektualismus.

Entfaltung aller schöpferischen Kräfte, selbständiges Erarbeiten des Lehrstoffs, praktische Tätigkeiten, verstanden als Teilbereich der allgemeinen Menschenbildung oder als gezielte berufliche Vorbereitung, kennzeichnen die Reformpädagogik. Psychologen und Pädagogen entwickeln Verständnis für die Psyche von Kindern und Jugendlichen; der Titel eines Buchs der Schwedin Ellen Key (→ 25.4./S. 77), »Das Jahrhundert des Kindes« (1900), wird zum Schlagwort der erzieherischen Bemühungen. Derartige Bestrebungen bestimmen die Erziehung in den Landerziehungsheimen, den Waldorf- und Odenwaldschulen, den Privatschulen wie der von Berthold Otto in Berlin-Lichterfelde, den Kindergärten und Kinderhäusern von Maria Montessori in Italien.

Reformpädagogische Überlegungen finden zwar auch Eingang in den normalen Schulalltag, vor allem bei der Veränderung der Lehrpläne. Die höheren Schulen sind seit 1925 angehalten, das deutsche Kulturgut zu pflegen. Es wird mehr Wert auf Kunst- und Leibeserziehung sowie auf Werkunterricht gelegt, es gibt Spielnachmittage und Wandertage. 1926 reformiert Preußen die Volksschullehrerausbildung: An die Stelle der alten Seminare tritt eine besondere Hochschule, die Pädagogische Akademie, die das Abitur voraussetzt und in vier Semestern zum ersten Lehrerexamen führt.

Dennoch kennzeichnet vielfach noch Drill den Schulalltag. Der Besuch einer weiterführenden Schule erfolgt nach klassenspezifischer

Technische Berufe sind bei den männlichen Volksschulabgängern beliebt

Schulbesuch 1926/27

Schultyp	Anzahl der Schüler
Volksschule	6 702 171
Berufsschule	1 543 978
Fachschule	373 269
Mittlere Schule	271 474
Höhere Schule für Jungen	551 588
Höhere Schule für Mädchen	249 927
Frauenschule	7 490
Vorschulklassen an höheren Schulen	22 532

Auslese: Knapp 7% der Volksschüler gehen auf eine höhere Schule, der Anteil der Arbeiterkinder beträgt nur 4%. Der Einfluß der Jugendbewegung schlägt sich auch in der Erwachsenenbildungsarbeit nieder. Es entsteht eine Reihe von Volkshochschulen.

Schulreformerin Maria Montessori mit Doktorhut und Robe

Übertragung einer Radiosendung ins Klassenzimmer (Großbritannien)

Bei der Arbeitsschule in Berlin-Charlottenburg wird die theoretische und praktische Ausbildung kombiniert

Februar 1926

Reichspräsident Paul von Hindenburg (M., sitzend) bei der Eröffnung der Leipziger Frühjahrsmesse

Unbefriedigende Frühjahrsmessen

Die Frühjahrsmessen im Deutschen Reich, die Ostmesse, die Leipziger Messe und die Grüne Woche, stehen unter dem Zeichen der angespannten Wirtschaftslage, u. a. der gesunkenen Kaufkraft. Die Abschlüsse stellen die Aussteller, die ohnehin keine großen Erwartungen hegten, nicht zufrieden (→ 14. 4./S. 73).
Zur Leipziger Frühjahrsmesse kommen 3000 Aussteller weniger als im Vorjahr; die Messe wird zum größten Teil von Ausländern besucht.

Werbeumzug der Besitzer deutscher Schäferhunde durch Berlin anläßlich der Grünen Woche, die vom 20. bis 28. Februar stattfindet

Jugend braucht mehr Freizeit

4. Februar. Der Reichsausschuß der Deutschen Jugendverbände fordert mehr Freizeit für Jugendliche.
Begründet wird diese Forderung mit den schweren gesundheitlichen Schäden, die Jugendliche infolge zu langer Arbeitszeiten davontragen.
Im einzelnen stellt der Reichsverband folgende Forderungen auf, die gesetzlich geregelt werden sollen:
▷ Ausdehnung der Schutzbestimmungen für Lehrlinge und jugendliche Arbeiter und Angestellte vom 14. bis zum 18. Lebensjahr
▷ Drei Wochen bezahlten Urlaub für arbeitende Jugendliche unter 16 Jahren und zwei Wochen bezahlten Urlaub für Jugendliche zwischen 16 und 18 Jahren
▷ Begrenzung der Arbeitswoche auf höchstens 48 Stunden (Fachunterricht ist in der Zeitspanne eingeschlossen)
▷ Beginn des Wochenendes bereits am Sonnabendnachmittag oder Gewährung eines freien Nachmittags in der Woche
▷ Festsetzung ausreichender Arbeitspausen
▷ Verbot der Nachtarbeit für Jugendliche
Der Reichsausschuß begründet seine Forderungen mit dem Recht der Jugendlichen auf ausreichende Freizeit.

Kundgebung des Kommunistischen Jugendverbandes Deutschlands

Großstädte ziehen Menschen an

Februar. Jüngere Statistiken ermöglichen es, die Großstädte der Welt nach ihrer Einwohnerzahl neu einzustufen. Im Vergleich zu früheren Volkszählungen haben sich einige Verschiebungen ergeben.
Städte, in denen sich eine bestimmte Industrie konzentriert, wie die Filmstadt Los Angeles und die Ford-Automobilstadt Detroit, verzeichnen einen großen Einwohnerzuwachs.
In anderen Städten ist ein Einwohnerrückgang eingetreten, wie z. B. in Tokio, das seine Stellung als größte japanische Stadt an Osaka abtrat.
Große Unterschiede weist die Bevölkerungsdichte in den Weltstädten auf. Die meisten Bewohner auf 1000 m² verzeichnen die Städte New York (10,3), Moskau (21,3), Hamburg (13,7) und Glasgow (12,9).
Die Entstehung der Großstädte setzte mit der Industrialisierung Mitte des 19. Jahrhunderts ein. Ihre Einwohnerzahl ist seitdem in allen hochentwickelten Ländern rapide angestiegen. So hat sich z. B. im Deutschen Reich die Anzahl der Menschen, die in Großstädten wohnen, seit der Reichsgründung (1871) von zwei Millionen auf 16,6 Millionen (1925) erhöht.

Großstädte der Welt

Stadt	Einwohnerzahl
New York	8 000 000
London	7 476 000
Berlin	4 024 165
Paris	3 500 000
Chicago	2 995 239
Leningrad	2 300 000
Osaka	2 114 809
Tokio	1 995 303
Philadelphia	1 979 364
Wien	1 865 000
Buenos Aires	1 720 000
Moskau	1 490 000
Hankau	1 475 000
Detroit	1 242 044
Peking	1 200 000
Bombay	1 176 000
Rio de Janeiro	1 158 000
Hamburg	1 079 126
Glasgow	1 035 000
Los Angeles	1 000 000
Warschau	936 000
Budapest	926 000
Mailand	862 265
Liverpool	803 000
Boston	781 529
Madrid	751 000
Rom	746 788
Köln	700 222
München	680 704
Leipzig	679 159
Dresden	619 157
Breslau	557 139
Essen	470 524
Frankfurt am Main	467 520

Rekorde mit dem Flugzeug

Die Krone der russischen Zaren und andere Kronjuwelen

Kronjuwelen von Sowjets verkauft

23. Februar. Eine Gruppe französischer Juweliere sticht das britisch-amerikanische Angebot aus und erwirbt für 603 000 Pfund Sterling (rund 12,3 Millionen RM) einen Teil der russischen Kronjuwelen.
Nach Frankreich gehen die Diamantkrone der letzten Zarin, mehrere Armbänder sowie 54 000 Karat einzelne Diamanten und je 10 000 Karat Smaragde und Saphire.
Der Gesamtwert der russischen Kronjuwelen wird auf rund 1,048 Milliarden RM geschätzt.

Fortschritte bei Telefonverbindung

13. Februar. Die Sprechverbindung über das drahtlose Telefon verzeichnet Fortschritte: Zwischen den Radiostationen Rugby in Großbritannien und Long Island bei New York (USA) ist ein Telefondienst eingerichtet worden, der 15 Stunden lang eine klare und deutliche Verständigung ermöglicht hat.
Die erste Funksprechübertragungsstrecke (drahtlose Fernsprechverbindung) über den Atlantik wurde 1915 zwischen Arlington in Virginia (USA) und dem Pariser Eiffelturm hergestellt. In den 20er Jahren gehen mehrere Langwellen-Funktelefoniersysteme in Betrieb.

10. Februar. Tausende von Menschen bereiten dem spanischen Major Ramon Franco und seinen Begleitern bei ihrer Landung in Buenos Aires einen begeisterten Empfang. Franco ist es als erstem gelungen, den Atlantik in einem einzigen Flugzeug zu überfliegen; bislang haben die Flieger bei Atlantiküberquerungen verschiedene Flugzeuge benutzt. Die erste Atlantiküberquerung gelang 1919 auf der Strecke Neufundland–Irland. Francos erfolgreicher Atlantikflug beweist, daß Flugzeuge auch für den Verkehr zwischen den Kontinenten geeignet sind.
Franco, ein Bruder des Offiziers Francisco Franco, dem späteren spanischen Diktator, ist am 22. Januar mit seiner Maschine, die den Namen »Ne plus ultra« trägt, in Begleitung eines Navigationsoffiziers in der südspanischen Hafenstadt Palos gestartet.
Sein Flug führte Franco über die vor der afrikanischen Küste gelegenen Kanarischen und Kapverdischen Inseln nach Conception Bay auf der Brasilien vorgelagerten Insel San Fernando, wo er am 30. Januar eintraf. Von dort ging sein Flug weiter über Pernambuco und Rio de Janeiro nach Buenos Aires.
Er legte die 10 120 km lange Strecke in einer reinen Flugzeit von 60 Stunden und einer Gesamtdauer von 20 Tagen zurück. Seine Tagesleistung lag bei 500 km, sein Flugzeug erreichte eine Geschwindigkeit von 175 km/h.
Er ist mit dem Flugboot Wal der Firma Dornier geflogen. Der Wal hat Dornier zu einer international berühmten Firma gemacht. Die Flugzeugwerft wurde 1914 von Claude Dornier in Friedrichshafen gegründet; den Wal entwickelte er 1922, er konnte jedoch nicht im Deutschen Reich hergestellt werden, da den Deutschen der Bau von Flugzeugen dieser Größe durch den Versailler Friedensvertrag verboten war. Das Flugzeug wurde deshalb in Marina di Pisa in Italien produziert. Wal-Flugzeuge benutzt auch der Norweger Roald Amundsen bei seinen Polarexpeditionen.
Die Erprobung von Flugzeugen auf Langstreckenflügen ist immer noch ein Abenteuer und verlangt hohe Navigationskünste. Immer mehr Flieger wagen es jedoch, die Verkehrstüchtigkeit von Flugzeugen unter Beweis zu stellen.
Am 17. Februar wird der britische Flieger Alan Cobham bei seiner Ankunft in Kapstadt stürmisch gefeiert. Cobham ist am 25. November 1925 in London zu seinem 8000-Meilen-Flug quer über Westeuropa und den gesamten afrikanischen Kontinent aufgebrochen. Sein Rekordflug belegt die Möglichkeit, eine Luftverbindung zwischen Großbritannien und dem südafrikanischen Dominion herzustellen. Schwierigkeiten während des Fluges gab es beim Start in Bulawayo in Ostafrika. Das Flugzeug kam erst nach einer Gewichtsentlastung hoch, ein Mitflieger und Teile des Gepäcks mußten mit der Bahn weiterreisen. Nach Cobhams Auffassung können in dieser Gegend wegen der dünnen Luft keine Handelsflugzeuge aufsteigen (→ 1. 10./S. 169).
Die Flüge von Franco und Cobham legen Grundlagen für die wirtschaftliche Nutzung der Flugzeuge.

Niederländischer Frachter aus schwerer Seenot gerettet

Die »Westphalia« nimmt die Besatzung der »Alkaid« an Bord

1. Februar. Der deutsche Dampfer »Westphalia« der Hamburg-Amerika-Linie rettet die Mannschaft des niederländischen Frachtdampfers »Alkaid« aus schwerer Seenot.
Am 31. Januar hat die »Westphalia« auf dem Atlantischen Ozean die Seenotrufe des niederländischen Dampfers aufgefangen und seine Position mit Hilfe der Funkpeilung ermittelt.
Der herrschende schwere Sturm hat die »Alkaid« stark beschädigt, die Deckaufbauten sind weggespült und die Rettungsboote zertrümmert. Infolge des hohen Seegangs war es am 31. Januar nicht möglich, sich dem niederländischen Schiff zu nähern.
Am 1. Februar kann ein Rettungsboot übersetzen und die 27 Mann Besatzung des beschädigten Schiffes aufnehmen. Die »Alkaid« wird in Brand gesteckt, um eine Gefährdung der Schiffahrt durch das auf dem Atlantik treibende Wrack zu verhindern.

Februar 1926

Gesellschaft 1926:
Herausbildung neuer Schichten

In der Weimarer Republik vollzieht sich die Wandlung zu einer pluralistischen Gesellschaft. Neue soziale Schichten bilden sich heraus. Infolge des Anwachsens der Verwaltung entsteht ein Mittelstand von Beamten und Angestellten (→ 3. 2./S. 36), die zwar meistens nicht mehr als Arbeiter verdienen, sich jedoch an bürgerlichen Vorstellungen orientieren.

In den großen Unternehmen dominieren nicht mehr nur die Besitzer, sondern auch die Manager, in den Aktiengesellschaften bestimmen Aufsichtsräte und Vorstände das Geschehen. Im gesellschaftlichen Leben gewinnen die Verbände und Berufsorganisationen wie die Unternehmervereinigungen, die mittelständischen Organisationen und die Gewerkschaften an Einfluß.

An der Spitze der Gesellschaft stehen Großgrundbesitzer, Fabrikanten, Bankiers, höhere Beamte und Offiziere. Sie sind konservativ eingestellt und lehnen vielfach die Demokratie als Staatsform ab. Der Adel hat zwar seine beherrschende Stellung und alle Vorrechte verloren, wird jedoch bei der Vergabe von Stellen im Offiziers- und diplomatischen Korps immer noch bevorzugt.

Das Leben konzentriert sich zunehmend in den Städten; von 100 Menschen wohnen etwa 65 in Gemeinden mit mehr als 2000 Einwohnern. Etwa 30% aller Beschäftigten arbeitet in der Landwirtschaft.

Nach den immensen Verlusten an Menschen während des Weltkrieges wächst die Bevölkerung im Deutschen Reich wieder an. 1926 beträgt der Geburtenüberschuß 493 541, insgesamt sinkt die Geburtenrate allerdings.

Veränderungen vollziehen sich in der Stellung der Frau. Die Frauen drängen verstärkt ins Berufsleben, zum einen aus wirtschaftlicher Not, zum anderen aber auch aus dem Wunsch nach Selbständigkeit und Unabhängigkeit. Ihre Bildungschancen haben sich verbessert, sie nehmen sich ihr Recht auf eine freie Lebensgestaltung.

Offiziere des Kreuzers »Hamburg« besuchen den Filmregisseur Ernst Lubitsch in Los Angeles

Modekönigin Sonja Iowanowicz (M.) auf dem Ball der Reklamefachleute in Berlin

Paul Henckels im Faschingskostüm als Großstadtmensch

V. l.: Lilian Harvey, Lucie Dorain, Hanni Weiß, Cläre Rommer, Begleiterin, Blanche Dergan; zu Gast im Kurort Baden-Baden

Mitglieder des britischen Königshauses, 2. v. l.: König Georg V., davor Königin Maria

Die Bühnengenossenschaft veranstaltet im Berliner Sportpalast den »Böse-Buben«-Faschingsball

Februar 1926

Modernisierung in der Türkei

18. Februar. Die türkische Nationalversammlung hat beschlossen, das Gesetzeswesen und damit die Rechtsprechung zu reformieren. Die neuen Gesetze lösen die islamische, religionsgeprägte Gesetzespraxis ab; sie gehen auf europäische Vorbilder zurück und übernehmen Vorschriften aus dem Schweizer Zivilrecht, dem italienischen Strafrecht und dem deutschen Handelsrecht.

Mit der Einführung der Einehe und der Möglichkeit, einen Beruf zu ergreifen, verbessert sich auch die Stellung der Frau in der Gesellschaft.

1923 wurde in der Türkei die Republik ausgerufen und Mustafa Kemal Pascha (Kemal Atatürk) zum Staatspräsidenten gewählt. 1924 hat die Nationalversammlung das Kalifat aufgehoben. Der letzte Sultan, Muhammad VI., mußte bereits 1922 das Land verlassen (→ 16. 5./S. 89). Seit seinem Amtsantritt geht Mustafa Kemal Pascha daran, die Türkei in einen modernen, nach westeuropäischen Vorbildern orientierten Nationalstaat umzuwandeln. Die Abwendung von den Traditionen des Osmanischen Reiches, aus dem die Türkei hervorgegangen ist, äußert sich am deutlichsten in der Ablehnung des Islams als ideologischer Grundlage des Staates.

Die Geistlichkeit verliert ihre beherrschende Stellung. Die Koranschulen werden geschlossen, die religiösen Orden und Klöster aufgelöst. Auch in der Kleiderordnung setzen sich europäische Vorstellungen durch: Das Tragen des Fes wird verboten, der Schleier verpönt.

In der Außenpolitik bemüht sich Mustafa Kemal Pascha um einen Ausgleich mit den Siegermächten des Weltkriegs.

Innenpolitisch regiert er mit diktatorischen Vollmachten. Neben seiner Staatspartei, den Kemalisten, duldet er nur vorübergehend andere politische Organisationen. Die Verfassung von 1924 enthält die Prinzipien des Kemalismus: Nationalismus, Säkularismus und Modernismus.

Mustafa Kemal Pascha (Kemal Atatürk), der sein Land nach europäischem Vorbild reformieren will, mit seiner Frau (Foto aus dem Jahr 1924)

Weniger Geburten in der Schweiz

25. Februar. Die neuesten statistischen Erhebungen in der Schweiz verzeichnen einen leichten Geburtenrückgang.

Die Geburtenrate ist allerdings immer noch höher als die Todesrate; die Einwohnerzahl der Schweiz ist seit 1920 um 37 800 Menschen gestiegen.

Der Geburtenrückgang betrifft vor allem die Städte – in Genf ist die Zahl der Todesfälle bereits höher als der Geburten –, macht sich jedoch auch auf dem Land bemerkbar. Insgesamt beträgt der Geburtenüberschuß nur noch 6,7 auf 1000 Einwohner.

Das Rhönrad kommt in Mode

Das Rhönrad, ein 1925 entwickeltes Sportgerät, setzt sich durch. Es besteht aus zwei Stahlrohrreifen, die in gleichmäßigen Abständen von 41 bis 47 cm durch Querstangen verbunden sind.

Das Rhönrad wird durch Bewegungen des ganzen Körpers in Umlauf gebracht.

Es dient zum einen als Trainingsgerät für Sportler, die mit den Bewegungen alle Muskeln durcharbeiten und Körperbeherrschung üben wollen, zum anderen findet es als Sportgerät für akrobatische Turnübungen Verwendung.

Akrobatische Turnübung eines Duos von Rhönrad-Sportlern

Erleichterungen im Reiseverkehr

1. Februar. Für Reisen zwischen dem Deutschen Reich und den Niederlanden reicht künftig der Besitz eines gültigen Reisepasses aus; die Verpflichtung, ein Visum zu beantragen, ist weggefallen.

Eine Aufhebung des Visumzwangs erreicht das Deutsche Reich 1926 auch von anderen europäischen Ländern. Die Maßnahme trägt zur Normalisierung der Beziehungen zwischen den europäischen Staaten nach dem Weltkrieg bei und erleichtert darüber hinaus den Reiseverkehr, wovon u. a. die Tourismus-Industrie profitiert.

Die Reisebüros bieten schon Pauschalreisen an. Fünf Tage Urlaub in Bad Gastein kosten 33 Reichsmark (RM), ein Aufenthalt in Lugano beläuft sich auf 40 RM, fünf Tage in Taormina werden für 50 RM und in St. Moritz für 55 RM angeboten. Pauschalarrangements gibt es für die Schweiz, Spanien und Portugal, nach Venedig, Abbazia, Budapest und Wien, ja sogar nach Ägypten mit Anschlußreisen nach Jerusalem.

Ein Städtereiseprogramm Hamburg–London für acht Tage kostet 450 RM, eine siebentägige Fahrt von Köln nach Paris 225 RM.

Bei der Buchung müssen die Reisenden 20% des Gesamtpreises bezahlen; bei einem Rücktritt vor Reisebeginn fallen 10% der Gesamtkosten an. Die Reisegesellschaften übernehmen keine Haftung für Unfälle, Verluste und Verspätungen.

Umstrittenes Duellgesetz

3. Februar. Der Deutsche Reichstag beschließt, Duelle unter Militärpersonen mit einer Freiheitsstrafe von einem halben bis zu zwei Jahren zu ahnden und die Duellteilnehmer aus dem Dienst zu entlassen.

Die Deutschnationalen (DNVP) wenden sich gegen das Duellgesetz, weil es eine Sonderregelung für das Militär bedeute. Die Regierungsparteien stellen deshalb am 19. Februar den Antrag, die Verkündigung des Gesetzes auszusetzen.

Die Duellanhänger sehen das Duellrecht als Privileg an; in den rechten Parteien gibt es nur wenige, die den Zweikampf verwerfen.

Februar 1926

Der US-amerikanische Filmkomiker Charlie Chaplin in einer Szene des Films »Goldrausch«

Chaplin mit seinem Hund auf Goldsuche in der verschneiten Winterlandschaft von Alaska

»Goldrausch« in Berlin

23. Februar. In Berlin hat der 1925 uraufgeführte Stummfilm »Goldrausch« (»Gold rush«) von und mit Charles »Charlie« Chaplin Premiere. Er ist einer der erfolgreichsten Filme von Chaplin.

Chaplin spielt einen Goldsucher in Alaska, der die mannigfachen Gefahren in der Wildnis mit Naivität und Rechtschaffenheit besteht. Nach manchen Abenteuern beutet er schließlich mit seinem Partner eine Goldmine aus und gewinnt die von ihm geliebte Tänzerin. Viele Sequenzen des Films gehen in die Filmgeschichte ein, so die Episode, in der Chaplin voller Verzweiflung einen Schuh kocht und die Schuhsohle wie ein Feinschmecker verzehrt, oder seine Traumvorstellung, die Tänzerin sei zu Besuch gekommen, wobei er mit zwei auf Gabeln aufgespießten Brötchen den »Brötchentanz« vorführt.

Mit den Mitteln der Satire verspottet Chaplin in seinem Film die Jagd nach Gold und Besitz. Im Mittelpunkt steht, wie auch in anderen Chaplin-Produktionen, das Geschick des »kleinen Mannes«, dessen Leiden und Behauptungswillen gezeigt werden und dem, zumindest im Film, Gerechtigkeit widerfährt.

Chaplins überragende Bedeutung liegt in der Entwicklung der Figur des Tramps. Der Tramp bewahrt auch in den verzweifeltsten Situationen einen Rest von Würde, er engagiert sich gegen Ungerechtigkeit und kämpft, um zu überleben.

Charles Chaplin: Genie des Films

Charles Chaplin, einer der bedeutendsten Stummfilm-Komiker, wurde am 16. April 1889 in London geboren. Bereits als Kind führte er in Varietés Tanznummern vor. In den USA trat er 1913 erstmals in Slapstick-Komödien auf und kreierte die Figur des Tramps. 1919 gehörte er zu den Mitgründern der United Artists, einer Filmgesellschaft von Filmschaffenden.

Für seine Filme verfaßt Chaplin das Drehbuch, führt Regie und spielt die Hauptrolle. Der Erfolg seiner Stummfilme ermöglicht es ihm, monatelang an einem Projekt zu arbeiten.

Verleihfirma für sowjetischen Film

2. Februar. Die Firma Prometheus Film-Verleih und Vertriebs GmbH wird ins Handelsregister eingetragen. Sie ist von Willi Münzenberg, Emil Unfried und Richard Pfeiffer als Gegengewicht zur Ufa gegründet worden und trägt vor allem zur Verbreitung der sowjetischen Filme im Deutschen Reich bei. Die Prometheus übernimmt u. a. den Verleih für den Stummfilm »Panzerkreuzer Potemkin« (→ 24. 3./S. 62) von Sergei M. Eisenstein.

Willi Münzenberg

Vorher hat die von Willi Münzenberg ins Leben gerufene Internationale Arbeiterhilfe (IAH) sowjetische Filme verliehen. Die seit 1925 geltenden Kontingentbestimmungen erlauben es jedoch nur solchen Gesellschaften, einen Film aus einem Land einzuführen, die in dasselbe Land auch einen Film exportieren. Aus diesem Grund plante Münzenberg die Gründung einer eigenen Produktionsfirma. Die Prometheus-Film GmbH entsteht aus der Fusion der Verleihorganisation der IAH mit der privaten Deka-Schatz-Kompanie.

Die Tätigkeit der Prometheus führt dazu, daß mehr sowjetische Filme ins Deutsche Reich kommen.

Der deutsche Schriftsteller Carl Zuckmayer (Aufnahme von 1929)

Lustspiel bewirkt Theaterskandale

22. Februar. Die Münchner Polizei untersagt eine Vorstellung des Lustspiels »Der fröhliche Weinberg« von Carl Zuckmayer, um rechtsradikale Störungen zu vermeiden.

Das im Dezember 1925 in Berlin erfolgreich uraufgeführte Stück wird von rechten Kreisen als anstößig angeprangert und bekämpft. Bei Aufführungen kommt es in verschiedenen Städten im Lauf des Jahres 1926 zu Störaktionen; die Besucher reisen z. T. von weither an, um einen Abbruch der Vorstellung zu erzwingen. In Leipzig wird das Stück im Februar auf Betreiben nationalistischer Organisationen abgesetzt.

Die Karikatur des »Simplicissimus« zeigt einen Corpsstudenten, der seine Verlobte verläßt, nachdem sie den »Fröhlichen Weinberg« gesehen hat. Das Lustspiel zeigt Verwicklungen vor der Verlobung einer Weinbauerntochter. Ihr Vater verlangt von dem zukünftigen Ehemann, daß er vor der Hochzeit seine Zeugungsfähigkeit beweist. Die derbe Komik und Sinnlichkeit des Stückes rufen die heftigen Proteste hervor.

Februar 1926

Menschen und Modelle von prähistorischen Tieren erscheinen in dem Film »Die verlorene Welt« durch Trickaufnahmen auf einem Bild

Science-fiction kommt ins Kino

5. Februar. Im Ufa-Palast am Berliner Zoo läuft der 1925 von Harry Hoyt gedrehte Trickfilm »Die verlorene Welt« nach dem gleichnamigen Roman des englischen Schriftstellers Arthur Conan Doyle an.

In diesem frühen Science-fiction-Film treffen Forscher im südamerikanischen Dschungel auf Tiere aus der Prähistorie. Nach einem Vulkanausbruch nimmt die Expedition einen noch lebenden Brontosaurier mit zurück nach London. Dort befreit sich das Tier und läuft in den Straßen Amok.

In dem Film treten etwa 50 verschiedene Trickfiguren auf. Für jede Filmeinstellung wird die Haltung der Saurier etwas verändert, so daß der Eindruck einer fortlaufenden Bewegung und Lebendigkeit der Tiere entsteht.

Museen erinnern an Lovis Corinth

20. Februar. In Berlin wird die Dritte Gedächtnisausstellung für den Maler Lovis Corinth eröffnet. Sie dokumentiert dessen graphisches Werk. Bereits seit Januar zeigt die Berliner Sezession Corinths Handzeichnungen, und die Nationalgalerie stellt Ölgemälde und Aquarelle aus.

Der deutsche Maler und Graphiker Lovis Corinth ist am 17. Juli 1925 in Zandvoort gestorben. Er zählt mit Max Liebermann und Max Slevogt zu den bedeutendsten Künstlern des deutschen Impressionismus.

Corinth, geboren am 21. Juli 1858 in Tapiau bei Königsberg, studierte in München und Paris. 1902 zog er nach Berlin, wo er ein führendes Mitglied der Berliner Sezession wurde, einer Künstlervereinigung, die sich vom akademischen Stil abwandte und den Impressionismus und später den Expressionismus propagierte. Seit 1899 gehörte er

Der Maler Lovis Corinth

zum Vorstand, 1915 wurde er Präsident der Berliner Sezession.

Corinth malte Porträts, Akte, Landschaften und Stilleben. Seine frühen Bilder sind dunkel und schwer gehalten, die späteren strahlen Licht und Farbe aus. Sie erinnern z. T. an barocke Malweise. Ein Schlaganfall, der ihn 1911 linksseitig lähmte, trug zu den verinnerlichten und visionären Zügen seines Spätwerks bei.

Zu seinen bekanntesten Werken zählen »Rudolf Rittner als ›Florian Geyer‹« (1906), »Beim Friseur« (1911), »Ostern am Walchensee« (1922) und »Ecce Homo« (1925).

Ein Mythos wird verkauft

Die bekannte Münchner Wochenzeitschrift »Jugend«, die maßgeblich an der Verbreitung des Jugendstils beteiligt war, wird am 1. Februar an den Verlag Richard Pflaum verkauft.

Otto Hirth, ein Sohn des 1916 gestorbenen Zeitungsgründers Georg Hirth, ist mit seinem Versuch gescheitert, in München ein Konkurrenzblatt zur »Berliner Illustrirten Zeitung« herauszubringen. Zur Deckung seiner Schulden muß er die »Jugend« und das Buchlager des väterlichen Verlages verkaufen.

Die erste Nummer der »Jugend«, der Münchner illustrierten Wochenschrift für Kunst und Leben, erschien im Januar 1896. Ziel der Neugründung war es, die »Moderne«, die künstlerische Avantgarde, zu propagieren. Sie bot jungen, von Georg Hirth entdeckten und geförderten Malern, Literaten und Graphikern Raum. Es gelang der »Jugend«, verschiedene Kunstformen miteinander zu verbinden, die einzelnen Elemente Illustration, Ornament, Text, Schrift und Typographie aufeinander abzustimmen und so eine Zeitschrift von bis dahin ungewohnter Qualität herzustellen. Die meist farbigen Titelblätter wurden ausschließlich für die »Jugend« hergestellt. Die Zeitschrift erfaßte Themenbereiche aus dem kulturellen und gesellschaftlichen Leben. Sie verlieh einer bürgerlichen, unspezifischen Protestbewegung Ausdruck.

Der Wahl des Titels lag das Programm zugrunde: Jugend als Symbol des Unverbrauchten, noch nicht Gedachten. »Jugend ist Daseinsfreude, Genußfähigkeit, Hoffnung und Liebe, Glaube an die Menschen – Jugend ist Leben, Jugend ist Farbe, ist Form und Licht«, hieß es in der ersten Nummer der Zeitschrift.

Farbige Titelblätter von Ausgaben des Jahres 1926 der Münchner Wochenzeitschrift »Jugend«

Februar 1926

Der französische Tennisstar Suzanne Lenglen, genannt »Die Göttliche« (vorn), bringt mit ihrer gefürchteten Vorhand ihre amerikanische Gegnerin Helen Wills beim Match in Cannes immer wieder in Bedrängnis

Match der Tennis-Primadonnen

16. Februar. Zwei Tennisprimadonnen tragen in Cannes einen inoffiziellen Kampf um die Weltmeisterschaft aus: Die Weltmeisterin Suzanne Lenglen aus Frankreich, von dem französischen Schriftsteller Claude Anet »Die Göttliche« genannt, spielt gegen die US-amerikanische Tennismeisterin Helen Wills, die den Beinamen »Miss Pokerface« erhalten hat, weil sie weder nach Siegen noch nach Niederlagen eine Gemütsbewegung zeigt.

Den mit Spannung erwarteten Schaukampf gewinnt Suzanne Lenglen in einem überaus spannenden Wettkampf 6:3 und 8:6.

Im ersten Satz behauptet Helen Wills zunächst die Oberhand, und nach dem dritten Spiel steht das Match zu ihren Gunsten. Danach übernimmt jedoch Suzanne Lenglen die Führung, die sie bis zum Ende des Satzes behält. Sie gewinnt das erste, vierte, fünfte, sechste, achte und neunte Spiel des ersten Satzes; dreimal bringt sie ihren eigenen Aufschlag durch, dreimal durchbricht sie den von Helen Wills. Bereits im ersten Satz wendet Suzanne Lenglen ihre bekannte Erschöpfungstaktik an. Sie wechselt zwischen kurzen geschnittenen und scharfen langen Bällen.

Im zweiten Satz erweist sich die Amerikanerin zunächst wieder als die Stärkere, sie gewinnt das erste, dritte und vierte Spiel, dann jedoch beginnt sie zu ermüden. Suzanne Lenglen holt auf und entscheidet das fünfte, das sechste, achte und zehnte Spiel für sich.

Ihr besseres Ergebnis im zwölften Spiel, das ihr eigentlich schon den Endsieg gebracht hätte, macht ihr ein Schiedsrichter streitig, indem er nachträglich einen Ball beanstandet. In der Wiederholung gewinnt Helen Wills das zwölfte Spiel, Suzanne Lenglen behält jedoch die Nerven und entscheidet die beiden nächsten Spiele für sich, womit sie als Siegerin aus dem gesamten Match hervorgeht. Ausschlaggebend für den Sieg von Suzanne Lenglen sind ihre größere Kampfroutine und ihre stärkere Nervenkraft.

Illustrierten-Titelblatt mit Helen Wills (o.) und Suzanne Lenglen

Deutscher Boxer setzt sich durch

12. Februar. Der Boxkampf zwischen dem Deutschen Franz Diener und dem Spanier Paolino Uzcudun vor 10 000 Zuschauern in der Arena am Kaiserdamm in Berlin endet mit einer Überraschung: Nach zehn Runden entscheiden die Schiedsrichter auf unentschieden.

Paolino Uzcudun, der spanische Meister im Schwergewicht und Sieger in 34 Kämpfen, galt als Favorit. Im Nahkampf zeigt sich Paolino Uzcudun zwar überlegen, aber Diener vermag sich gut zu decken und behauptet in der achten und neunten Runde einen leichten Vorteil.

Diener gewinnt 1926 die Deutsche Meisterschaft im Schwergewicht; Paolino Uzcudun wird Box-Europameister.

Der Kampf zwischen Max Schmeling und Max Dieckmann in den Rahmenkämpfen geht über acht Runden und endet unentschieden.

Neue Rekordzeit beim Wasalauf

21. Februar. Den Wasalauf, das größte sportliche Ereignis in Schweden, gewinnt Per Erik Hedlund in der neuen Rekordzeit von 5:36:07 Stunden. Der Wasalauf von Sälen nach Mora (Mittelschweden), ein Skiwettbewerb über 90 km, geht auf ein historisches Ereignis zurück. 1520 flüchtete der spätere schwedische König Gustav I. Wasa auf dieser Strecke vor dänischen Verfolgern. Die Bevölkerung, die Gustav Wasa für den Kampf gegen die dänische Besetzung zu gewinnen suchte, eilte ihm auf Skiern nach.

Die ungewöhnliche Karriere der Suzanne Lenglen, genannt »Die Göttliche«

Die ungewöhnlich erfolgreiche Tennislaufbahn der Französin Suzanne Lenglen, die ihr die Beinamen »Die Göttliche« und »Die Diva« eintrug, beruhte auf einem harten Training und großer Zielstrebigkeit.

Ihr Vater, Charles Lenglen, bereitete sie systematisch auf eine erfolgreiche Tenniskarriere vor. Seine Tochter sollte die Siege erringen, die ihm selbst als Sportler versagt blieben. Er verlangte von ihr täglich ein stundenlanges Training mit Gymnastik und Langläufen. Der Erfolg blieb nicht aus, bereits im Alter von 15 Jahren wurde Suzanne Lenglen Weltmeisterin. Bei den Hartplatz-Weltmeisterschaften gewann sie zehnmal den Titel.

Ihre Erfolgsserie in Wimbledon dauerte von 1919 bis 1925. Als erste aktive Sportlerin gewann sie in Wimbledon alle drei Konkurrenzen: Das Dameneinzel, das Damendoppel und das Mixed. Diese überragende Leistung gelang ihr dreimal: 1920, 1922 und 1925. Insgesamt holte sie in Wimbledon nicht weniger als 15 Titel, sechs im Einzel, sechs im Doppel und drei im Mixed.

Ihren größten Triumph erzielte sie bei den Olympischen Spielen 1920 in Antwerpen (von 1896 bis 1924 stand Tennis auf dem olympischen Programm). Suzanne Lenglen gewann zwei Goldmedaillen und eine Bronzemedaille. Im Finale besiegte sie die Britin Dorothy Holmann mit 6:0, 6:1. Ihre zweite Goldmedaille erzielte sie im Gemischten Doppel mit Landsmann Max Decugis gegen die Briten Kitty McKane/Max Woosman (6:4, 6:2). Bronze holte sie im Damendoppel mit Elisabeth d'Ayen. Im Sommer 1926 wird sie Profi.

Februar 1926

Die neuen Weltmeister im Eiskunstlauf der Paare, Andrée Joly und Pierre Brunet, beeindrucken die Berliner Zuschauer durch ihre Eleganz

Der Österreicher Willi Böckl wird Weltmeister im Eiskunstlauf

Die Eiskunstlauf-Elite in Berlin

14. Februar. Bei den Weltmeisterschaften im Eiskunstlaufen siegen die Franzosen Andrée Joly/Pierre Brunet im Paarlaufen; den Weltmeistertitel im Herreneinzel gewinnt der Österreicher Willi Böckl.

Die Weltmeisterschaften in diesen beiden Disziplinen werden in Berlin ausgetragen, zum erstenmal seit Ende des Weltkriegs.

Die Weltmeisterschaften der Damen fanden in Stockholm statt. Am 8. Februar siegte die österreichische Eiskunstläuferin Herma Jaross-Szábo vor der erst 14jährigen Norwegerin Sonja Henie und gewann damit zum fünften Mal den Weltmeistertitel.

An der Entscheidung im Paarlaufen nehmen zehn Paare teil. Den Glanzpunkt des Abends bildet die Kür der Norweger Sonja Henie/Arne Lie. Für ihre temporeiche, mit akrobatischen Figuren versehene Kür erhalten sie den weitaus größten Beifall. Sie belegen den fünften Platz in der Konkurrenz. Das neue Weltmeisterpaar Andrée Joly/Pierre Brunet besticht durch die Eleganz seines Vortrags. Den zweiten Platz belegen die Wiener Lilly Scholz/Otto Kaiser, denen vor allem die Todesspirale glänzend gelingt. Dritte werden die Weltmeister von 1925, die Österreicher Herma Jaross-Szábo/Ludwig Wrede.

Bei den Herren starten neun Teilnehmer. Willi Böckl, der auch bei schwierigen Figuren eine vollendete Haltung zeigt und mit einer flüssigen Kür beeindruckt, gewinnt seinen zweiten Weltmeistertitel.

Die Schiedsrichter sind z. T. selbst ehemalige Weltmeister, den Vorsitz führt der Schwede Ulrich Salchow.

Im Zusammenhang mit der Weltmeisterschaft im Eiskunstlaufen veranstaltet der Berliner Schlittschuhclub ein internationales Eishockeyturnier, das der Berliner Schlittschuhclub nach einem überraschenden 3:2-Sieg über die bislang ungeschlagenen Canadian Students (Eishockeyclub Paris) gewinnt. Den zweiten Platz belegen die Canadian Students vor dem Wiener Eislaufverein und Slavia Prag.

Sport als Ideal für das Theater

6. Februar. Der deutsche Schriftsteller Bertolt Brecht stellt im Berliner »Börsen-Courier« die Forderung nach »mehr gutem Sport« auf und regt die Theaterregisseure dazu an, sich in ihren Inszenierungen an Sportveranstaltungen zu orientieren.

Die Faszination durch den Sport ist bei Intellektuellen dieser Zeit weit verbreitet; sie setzen sich mit dem Sport als Unterhaltungsform auseinander und verfassen Werke mit Themen aus dem Sportbereich.

Brecht, der 1926 bereits eine Rolle im Berliner Theaterleben spielt, vertritt die Auffassung, daß die Bühne im Theater wie ein hellerleuchteter Ring erscheinen und auf jede Mystik verzichten solle. Sein Ideal ist ein kritisches, schlagfertiges Publikum, das wie bei einem Boxkampf reagiert, das genau beobachtet, beim Zuschauen seinen Verstand gebraucht und Spaß an der Vorstellung hat.

Brecht geht auch in seinen Werken auf das Thema Sport ein; er schreibt eine Kurzgeschichte »Der Kinnhaken« und einen Teil der Autobiographie des Mittelgewichtsboxers Paul Samson-Körner, die 1926 in der Sportzeitschrift »Die Arena« abgedruckt wird.

Die 14jährige norwegische Eisläuferin Sonja Henie wird Zweite bei der Weltmeisterschaft

Im Rahmen der Weltmeisterschaften im Eiskunstlauf in Berlin wird ein Eishockey-Turnier ausgetragen; hier das Spiel der Canadian Students (Paris) gegen Slavia Prag, das die Pariser Mannschaft überlegen 8:1 gewinnt

Schriftsteller Bertolt Brecht, ein begeisterter Sportanhänger

Februar 1926

Die im Admiralspalast in Berlin aufgeführte Revue »An und aus« von Hermann Haller, Rideamus und Willi Wolff (Musik: Walter Kollo) mit den Tiller-Girls ist einer der größten Revueerfolge des Jahres 1926

Ballettpantomime »Die grüne Flöte« von Hofmannsthal

Revuen ziehen das Publikum an

19. Februar. Im Renaissance-Theater in Berlin findet die Uraufführung der Revue »Laterna magica« statt, die Texte und die Musik stammen von Friedrich Holländer, der auch Regie führt.

Die Popularität der Revuen nimmt stetig zu; Berlin ist seit der Jahrhundertwende eine Hochburg der Revue im Deutschen Reich. Charakteristisch für die Revuen ist die Aneinanderreihung einzelner Szenen, die in keinem inhaltlichen Zusammenhang stehen. Text-, Gesangs-, Tanz- und artistische Nummern wechseln einander ab.

Die Revue stellt eine Form von Montage dar, der neuen Kunstform, die vom Film kommt. Wichtig ist nicht der Inhalt, sondern die Form der Darbietung: Glitzernde Kostüme, prunkvolle Dekorationen und eine aufwendige Bühnentechnik sollen Auge und Ohr berauschen, Träume und Phantasien verkörpern.

Die großen Berliner Ausstattungsrevuen im Admiralspalast, Metropoltheater und Wintergarten benötigen bis zu 500 Mitwirkende. Bekannte Revuekomponisten sind Friedrich Holländer, Eric Charell, Hermann Haller und Rudolph Nelson. Als Stars treten u. a. Fritzi Massary, Trude Hesterberg und Guido Thielscher auf.

Die modernen Unterhaltungsformen Jazz und Girltanz machen einen wesentlichen Bestandteil der Revue aus. Sie sind vom Amerikanismus, dem vorherrschenden Trend der Kulturindustrie, beeinflußt und geben den Rhythmus der Großstadt wieder.

Die gleichförmigen Bewegungen der Tänzerinnen werden als Abbild der mechanisierten Lebensprozesse, der rationalisierten Arbeit gedeutet. Die Musik des Jazz gilt als Ausdruck ursprünglicher Gefühle.

Die Revue dient der Unterhaltung und Zerstreuung eines Publikums, das abends keine Konzentration für Probleme mehr aufbringen kann und sich von einem gleichförmigen Alltag, wirtschaftlichen und politischen Schwierigkeiten ablenken lassen will.

Leichtbekleidete Varietékünstlerin in der Berliner »Scala«

Die Wiener Schauspielerin Paula Wessely in Prag

Ernst Matray als »Nigger« und Katta Sterna als Blumenmädchen (vor der Litfaßsäule) in dem Stück »Broadway« von Ernst Matray und Jaap Kool, das die Hektik des modernen Großstadtmenschen darstellt

»Proletkult-Kassel« in dem Stück »Gestern und Morgen«

Februar 1926

Szene aus dem Drama »Ostpolzug« von Arnolt Bronnen mit Fritz Kortner

Max Reinhardt, Leiter der Reinhardt-Bühnen in Berlin und des Theaters in der Josefstadt, Wien

»Der Sturm« von William Shakespeare in einer Aufführung des Stadttheaters Halle

Theater 1926:

Die Theaterbühne als Spiegel der Zeit

Ein lebendiges Theaterleben, in dem sich, bedingt durch die politischen Entwicklungen und die Konkurrenz von Film und Revue, neue Inszenierungsstile entwickeln, kennzeichnet die kulturelle Szene der Weimarer Republik. Wegweisende Aufführungen stammen von Erwin Piscator, der sich vom Kino inspirieren läßt und die Technik, das Charakteristikum für den Fortschritt, in die Bühnenarbeit einbezieht. Mit seiner Uraufführung von Alfons Paquets »Sturmflut« am 20. Februar in der Volksbühne in Berlin entwickelt er das Dokumentartheater und die dramatische Montage. Das Stück schildert eine Intrige zur Zeit der russischen Oktoberrevolution. Die Neuartigkeit von Piscators Regie liegt in der Einbeziehung einer großen Kinoleinwand, auf die eine Seeschlacht und Massenszenen projiziert werden. Den Einsatz von theaterfremden Medien kennzeichnen auch weitere Inszenierungen von Piscator im Jahr 1926. Die akustische Übertragung von Straßenlärm, Autohupen und Angstschreien sowie die Einblendung von Leuchtschriften kennzeichnen die Inszenierung des »Nachtasyls« von Maxim Gorki. Das dokumentarische Material in Verbindung mit einem Stück von sozialer Bedeutsamkeit soll das Publikum dazu bringen, die dargestellten Probleme nach dem Ende der Vorstellung weiter zu diskutieren. Montage und Dokumentation kennzeichnen die Stilrichtung der Neuen Sachlichkeit, der beherrschenden Richtung aller Künstler in der Mitte der 20er Jahre, der es um Unmittelbarkeit, Objektivität und Authentizität geht und die individuelles Erleben ablehnt.

Aktualität bildet neben dem revolutionären Impetus das Hauptkriterium des Arbeitertheaters der Weimarer Republik. Die 1921 von der Schauspielerin Ilse Berend-Groa gegründete und mit Laienschauspielern arbeitende Agitationspropaganda - Theatergruppe Proletkult Kassel führt im März 1926 Szenenfolgen zur Unterstützung der Volksabstimmung zur Fürstenenteignung vor und entwickelt die Szenenfolge »Gestern und Morgen«, die Begebenheiten aus der Märzrevolution von 1848 herausstreicht.

Gustav Rickelt, der Präsident der Deutschen Bühnengenossenschaft (stehend), hält die Eröffnungsrede zum Ersten Internationalen Schauspieler-Kongreß im Kaisersaal des Zoologischen Gartens in Berlin

März 1926

Mo	Di	Mi	Do	Fr	Sa	So
1	2	3	4	5	6	7
8	9	10	11	12	13	14
15	16	17	18	19	20	21
22	23	24	25	26	27	28
29	30	31				

1. März, Montag

In etwa 60 Orten der deutschsprachigen Gebiete der Tschechoslowakei finden Protestversammlungen gegen die Sprachenverordnung statt, die Tschechisch als Amtssprache bestimmt.

Das norwegische Kabinett tritt zurück. Die Opposition fordert eine Verringerung der Staatsausgaben und eine schnellere Tilgung der Schulden. Am 6. März tritt das neue Minderheitskabinett Ivar Lykke sein Amt an.

Die österreichische Regierung will beim Völkerbund einen Kredit in Höhe von 12 Millionen Schilling zur Förderung der Molkereiwirtschaft beantragen. Der Kredit soll eine Laufzeit von fünf bis zehn Jahren haben.

Ein österreichisches Gericht beschließt zum ersten Mal, zur Beweisführung in einem Vaterschaftsprozeß Blutproben des Kindes, der Mutter und des vermeintlichen Vaters heranzuziehen.

Italienische Bärenführer und Wandermusikanten erhalten keinen Auslandspaß mehr, weil ihre Darbietungen laut Meinung der Regierung das Ansehen Italiens schädigen.

2. März, Dienstag

Die deutschsprachigen Bewohner des Hultschiner Ländchens, das nach dem Weltkrieg vom Deutschen Reich an die Tschechoslowakei gefallen ist, dürfen ihre Kinder nicht mehr auf die deutschen Schulen in Troppau (heute Opava) schicken.

Zum neuen Präsidenten von Brasilien wird Washington Luiz Pereira de Souza gewählt, er übernimmt am 15. November sein Amt von Arturo da Silva Bernardes.

Nachdem die Berliner Volksbühne das Theater am Schiffbauerdamm übernommen hat, bringt sie als erste Premiere das Drama »Der Tausch« des französischen Schriftstellers Paul Claudel heraus.

3. März, Mittwoch

Im Freistaat Danzig tritt der neue Hohe Kommissar des Völkerbunds, Joost Adriaan van Hamel, sein Amt an. → S. 53

Das britische Kriegsministerium kündigt eine Herabsetzung des Heeresetats um zwei Millionen Pfund Sterling an.

4. März, Donnerstag

Im Deutschen Reich beginnt die Einschreibung in die Listen für das Volksbegehren zur Fürstenenteignung. Bis zum 17. März tragen sich 12 523 939 Personen in die Listen ein, die erforderliche Stimmenzahl ist damit weit überschritten. → S. 54

Angesichts der schwierigen Wirtschaftslage verzichtet die Stadt Hamm auf eine Feier zu ihrem 700jährigen Bestehen.

Der deutsche Tänzer, Tanzpädagoge und -theoretiker Rudolf von Laban gründet in Würzburg eine Hochschule für Bewegungskunst.

5. März, Freitag

Österreich und die Tschechoslowakei unterzeichnen einen Schiedsvertrag. Ein ständiger Vergleichsrat, der aus drei Personen besteht, soll Rechtsstreitigkeiten aufklären und einen Vergleich anstreben. Scheitert eine Einigung, soll der Haager Internationale Gerichtshof angerufen werden.

In einer belebten Prager Straße explodiert die Bombenladung eines von zwei Pferden gezogenen Militärlastwagens. Die Bombe zerfetzt die beiden Kutscher, mehr als 70 Personen werden verletzt. → S. 59

In der Nacht zum 5. März hat die Deutsche Therese Neumann ihre ersten Visionen vom Leiden Christi erlebt und ist stigmatisiert worden. → S. 59

6. März, Sonnabend

Nachdem die französische Deputiertenkammer die Erhöhung der staatlichen Ausgaben abgelehnt hat, demissioniert der französische Ministerpräsident Aristide Briand mit seinem Kabinett. → S. 55

Für das Geschäftsjahr 1924/25 gibt die Friedrich Krupp AG einen Verlust von 15 Millionen Reichsmark (RM) bekannt.

In Indien breitet sich am oberen Stromgebiet des Ganges eine Pestepidemie aus; im Laufe einer Woche sind bereits 1143 Personen an der Seuche gestorben.

7. März, Sonntag

Mit einer Feier im Festsaal der Neuen Hofburg zu Wien wird die Zehnte Wiener Internationale Messe eröffnet. Sie geht bis zum 13. März. Der Abschluß der Geschäfte übertrifft die geringen Erwartungen. Bedarfsartikel werden bevorzugt, Luxuswaren sind kaum gefragt.

Die rheinhessische Bauernschaft protestiert gegen die geplante Aufführung des Lustspiels »Der fröhliche Weinberg« von Carl Zuckmayer in Mainz. Am 6. März haben sich bereits die Mainzer Bischöfe gegen die Aufführung gewandt. Am 10. März geht das Stück ohne Störungen über die Mainzer Bühne (→ 22. 2./S. 42).

8. März, Montag

In Genf wird die 39. Tagung des Völkerbundes eröffnet; das wichtigste Verhandlungsthema ist die Aufnahme des Deutschen Reiches in den Völkerbund (→ 17. 3./S. 52).

Alle Abgeordneten der indischen Svaraj-Partei verlassen vor der Abstimmung über das Budget das Parlament in Delhi. Die Svaraj-Partei tritt für die Unabhängigkeit Indiens von Großbritannien ein und verfolgt die Taktik, das Parlament von innen durch Obstruktion (Verzögerung) zu bekämpfen.

Der Landesverband Schleswig der Deutschnationalen Volkspartei (DNVP) protestiert gegen den Plan der preußischen Regierung, für die dänische Minderheit im Grenzgebiet Volksschulen einzurichten, in denen in dänischer Sprache unterrichtet wird.

Der österreichische Bundespräsident Michael Hainisch eröffnet in Wien die erste »Agrarische Woche«, die als jährlich wiederkehrende Einrichtung geplant ist.

9. März, Dienstag

Chinesische regionale Heerführer nehmen im chinesischen Bürgerkrieg das Taku-Fort von Tientsin ein. → S. 55

Im Staatlichen Schiller-Theater in Berlin findet die deutsche Erstaufführung des Dramas »Spiel des Lebens« des norwegischen Dichters Knut Hamsun statt.

In New York benutzen Banken und Juweliere zunehmend Panzerwagen mit Schießscharten, um Geld und Wertpapiere zu transportieren. Die New Yorker Panzerwagengesellschaft verfügt bereits über einen ansehnlichen Wagenpark. Auf dem bisher größten Transport haben vier Panzerautos mit 30 schwer bewaffneten Begleitern Wertpapiere im Betrag von 75 Millionen Dollar vom New Yorker Rathaus zur National City Bank gebracht.

10. März, Mittwoch

Der französische Ministerpräsident Aristide Briand stellt sein neues Kabinett vor. (→ 6. 3./S. 55).

Die diplomatischen Vertreter von Frankreich, Großbritannien, Japan, den USA und dem Deutschen Reich protestieren in Peking gegen die Sperrung des Peiho-Flusses bei Tientsin und die Beschießung ausländischer Schiffe während der Kämpfe um die Hafenstadt Tientsin (→ 9. 3./S. 55).

Auf der Nordsee und an der Elbmündung herrscht ein Sturm mit Windstärke 10 bis 11. Die Keller in den niedrig gelegenen Stadtteilen von Hamburg sind überflutet.

Kowno, die Hauptstadt Litauens, ist von einer Überschwemmung bedroht.

Die New Yorker Philharmoniker unter der Leitung des deutschen Dirigenten Wilhelm Furtwängler geben in Washington ein Konzert mit den Werken deutscher Komponisten, das großen Beifall erhält.

11. März, Donnerstag

Eamon de Valera tritt als Vorsitzender der irischen Partei Sinn Féin zurück, weil sein Antrag, die im letzten Wahlkampf errungenen Mandate auszuüben, falls die britische Regierung keinen Treueid verlange, von der eigenen Partei abgelehnt worden ist. Die Sinn Féin hat bislang ihre Oppositionspolitik nur außerhalb des Parlaments ausgeübt.

Drei Tage nach der Umbildung des niederländischen Kabinetts gibt der neue Ministerpräsident Dirk Jan de Geer seine Regierungserklärung ab.

Aus einem Probenzimmer der Mailänder Scala wird eine Orchesterpartitur und ein Auszug für Gesang und Klavier der Oper »Nachtigall« des russischen Komponisten Igor Strawinski gestohlen.

12. März, Freitag

Die Tarifverhandlungen in der Metallindustrie im Bezirk Schlesien sind gescheitert. Die Gewerkschaftsverbände lehnen die Forderungen der Arbeitgeber ab, die Löhne für Akkordarbeit herabzusetzen.

Der Verband der Berliner Bühnenleiter fordert die Abschaffung der Vergnügungsteuer oder ihre Herabsetzung auf 3%, weil die Berliner Theater, die 10% Vergnügungsteuer zahlen müssen, vor dem wirtschaftlichen Zusammenbruch stehen.

13. März, Sonnabend

Auf einer Fahrt von Triest nach Buenos Aires sind auf dem Dampfer »Belvedere« 30 Personen an Masern oder Lungenentzündung gestorben. Die überwiegende Zahl der Erkrankten waren Auswanderer.

14. März, Sonntag

Auf der Eisenbahnbrücke über den Virillafluß in Costa Rica ereignet sich ein Eisenbahnunglück. → S. 59

Vor mehr als 40 000 Zuschauern gewinnt die österreichische Mannschaft in Wien mit 2 : 0 ein Fußball-Länderspiel gegen die Tschechoslowakei.

15. März, Montag

Der britische Premierminister Stanley Baldwin eröffnet in London die internationale Arbeitskonferenz. → S. 59

Das diplomatische Korps in Peking versichert, daß die Westmächte nicht im chinesischen Bürgerkrieg intervenieren wollen (→ 9. 3./S. 55).

Der handvermittelte Fernsprechverkehr zwischen London und Berlin, Bremen, Frankfurt am Main, Hamburg und Köln wird aufgenommen.

16. März, Dienstag

Dem amerikanischen Raketenforscher Robert Hutchinson Goddard gelingt der Start der ersten Flüssigkeitsrakete. → S. 58

Die Amerika-Reise des deutschen Schwimmers Erich »Ete« Rademacher, der alle Weltrekorde im Brustschwimmen hält, gibt das Titelblatt der »Berliner Illustrirten Zeitung« vom 7. März 1926

7. März 1926
Nummer 10
35. Jahrgang

Berliner
Illustrirte Zeitung
Verlag Ullstein Berlin SW 68

Preis des Heftes
20 Pfennig

Die Sportfahrt eines deutschen Weltrekordmannes nach Amerika.
Rademacher, der Inhaber sämtlicher Weltrekorde im Bruftschwimmen, der mit Fröhlich nach Amerika gereist ist, um dort Wettkämpfe zu bestreiten.
(Das Bild zeigt Erich Rademacher in seinem typischen Endkampfstil.)

Phot. Ruge.

49

März 1926

Die Deutschnationalen (DNVP) und die Deutsche Volkspartei (DVP) erklären in einer Sitzung des bayerischen Landtags, daß Adolf Hitler (NSDAP) früher in nationalen Kreisen auf Sympathien gestoßen wäre, er jedoch durch den Putsch vom November 1923 jeden politischen Kredit verloren und sich als Gegner des Staates erwiesen hätte.

Beide Parteien verlangen die Aufrechterhaltung des Redeverbotes für Adolf Hitler.

17. März, Mittwoch

In Genf scheitern die Verhandlungen des Völkerbundes über die Aufnahme des Deutschen Reiches, weil die Delegierten keine Einigung über die Erweiterung und Verteilung der Ratssitze erzielen können. → S. 52

18. März, Donnerstag

Das deutsche Reichskabinett billigt einstimmig die Haltung der deutschen Delegation bei der Völkerbundtagung in Genf.

Die amerikanische Regierung hält es für unwahrscheinlich, daß der Völkerbund in den nächsten zwei Jahren über Abrüstung verhandeln, und sieht auch keine Möglichkeit, eine eigene Abrüstungskonferenz einzuberufen. Washington behauptet, keine europäische Nation sei an der Abrüstung interessiert.

Im Berliner Tauentzien-Palast findet die Uraufführung des Films »Die letzte Droschke von Berlin« statt, bei dem Carl Boese Regie geführt hat.

19. März, Freitag

Eine Feuersbrunst zerstört den Justizpalast in Gent (Belgien). Das Archiv mit zahlreichen wertvollen Dokumenten verbrennt.

Im Sugamo-Viertel in Tokio bricht durch eine Explosion in einer Feuerwerksfabrik ein Großfeuer aus. Das Feuer zerstört 800 Häuser, 7000 Menschen werden obdachlos.

Die deutsche Uraufführung des Kriegsstücks »Das Grab des unbekannten Soldaten« des französischen Dramatikers Paul Raynal findet im Kleinen Theater Berlin statt. Die Inszenierung, die der deutsche Dichter und Regisseur Berthold Viertel herausgebracht hat, leitet die Aufführungen einer Reihe von Kriegsstücken im Deutschen Reich ein.

20. März, Sonnabend

Die Dritte Reichskonferenz des Rotfrontkämpferbundes (Verband der KPD) beginnt in Halle an der Saale. Sie beschließt, eine breite Kampffront gegen die nationalistischen Verbände herzustellen.

Das Deutsche Reich schließt mit Dänemark und Portugal einen Handelsvertrag, beide Abkommen sehen Zollbegünstigungen vor.

21. März, Sonntag

Der deutsche Reichspräsident Paul von Hindenburg besucht den von der Besatzung befreiten Teil des Rheinlands. → S. 55

Die »Berliner Illustrirte« stellt die ersten Hochhäuser im Deutschen Reich vor: Das Düsseldorfer Wilhelm-Marx-Haus, das Hochhaus am Hansaring in Köln, die Bremer Rolandmühle und das Lochnerhaus in Aachen. → S. 56

Die Berliner Nationalgalerie feiert ihr 50jähriges Bestehen. 1876 wurde der nach Plänen von Friedrich August Stüler und Heinrich Strack errichtete Bau fertiggestellt.

22. März, Montag

In der Aussprache des Deutschen Reichstags über den gescheiterten Beitritt des Reiches zum Völkerbund stellen die Deutschnationalen (DNVP), die Deutsch-Völkische Freiheitspartei und die Kommunisten (KPD) den Antrag, das Gesuch um Aufnahme in den Völkerbund zurückzuziehen (→ S. 17. 3./S. 52)

Der Deutsche Reichstag will zur Förderung des Kleinwohnungsbaus 200 Millionen Reichsmark (RM) für Kredite bereitstellen. → S. 57

23. März, Dienstag

Der Präsident der Deutschen Reichsbank, Hjalmar Schacht, spricht sich für eine neue Kolonialpolitik des Deutschen Reiches aus. → S. 54

Im Deutschen Theater Berlin findet die Uraufführung der Tragödie »Der Mord« des deutschen Schriftstellers Walter Hasenclever statt. Regie führt Erich Engel. Im Mittelpunkt des Stückes steht ein Mann, der plant, seine Frau zu ermorden, dann aber wegen eines Mordes angeklagt wird, den er nicht begangen hat.

24. März, Mittwoch

Der preußische Innenminister löst die Ortsgruppe Elmshorn des rechtsgerichteten Bundes »Werwolf« auf, weil die Mitglieder an Kriegswaffen ausgebildet worden sind, was nach dem Versailler Friedensvertrag verboten ist.

Im Berliner Gloria-Palast findet die Uraufführung des psychoanalytischen Films »Geheimnisse einer Seele« statt. Regie hat Georg Wilhelm Pabst geführt. → S. 62

Der 1925 uraufgeführte Stummfilm »Panzerkreuzer Potemkin« des sowjetischen Regisseurs Sergei M. Eisenstein wird wegen Staatsgefährdung von der Filmprüfstelle in Berlin zum ersten Mal verboten. → S. 62

25. März, Donnerstag

Die City von London verleiht dem britischen Außenminister Joseph Austen Chamberlain in Anerkennung seiner öffentlichen und politischen Verdienste in der Guildhall das Ehrenbürgerrecht.

Bei einem Grubenunglück in der Gutehoffnungshütte in Oberhausen sterben zwölf Bergleute.

26. März, Freitag

Zum Schutz der Reichsbank wird in Österreich der Diskontsatz von 8% auf 7% gesenkt. Im Deutschen Reich liegt der Diskontsatz bei 7%.

In Wien findet die Uraufführung der Operette »Die Zirkusprinzessin« des ungarischen Komponisten Emmerich Kálmán statt. → S. 62

Der deutsche Schriftsteller Hans Fallada (eigtl. Rudolf Ditzen) wird wegen Unterschlagung in Kiel zu zweieinhalb Jahren Gefängnis verurteilt. Seine Erfahrungen während der Haftzeit gehen in seinen Roman »Wer einmal aus dem Blechnapf frißt« (1934) ein.

Am ersten Zeichnungstag der Spendensammlung zum Wiederaufbau des abgebrannten Shakespeare-Gedächtnis-Theaters in Stratford-upon-Avon gehen 5000 Pfund Sterling ein. Benötigt werden 250 000 Pfund.

27. März, Sonnabend

Der Deutsche Reichstag nimmt den Etat für 1926 an und beschließt das Steuermilderungsgesetz, das u. a. die Luxussteuer und die Weinsteuer aufhebt. → S. 54

Der dänische Reichstag in Kopenhagen nimmt das Krisenschutzgesetz an. Der Staat gewährt notleidenden Betrieben Kredite in Höhe von vier Millionen Kronen.

In Dresden findet die Uraufführung der Oper »Protagonist« des deutschen Komponisten Kurt Weill statt. Der Text stammt von dem deutschen Schriftsteller Georg Kaiser und ist ursprünglich als Schauspiel konzipiert gewesen (→ 25. 4./S. 78).

Auf der Themse zwischen Putney und Mortlake gewinnt die Mannschaft von Cambridge das traditionelle Ruderrennen zwischen den Achtermannschaften der britischen Universitäten Oxford und Cambridge. Die Ruderer von Cambridge benötigen für die Strecke 19:29 Minuten.

28. März, Sonntag

Zu Ehren des in Berlin weilenden österreichischen Bundeskanzlers Rudolf Ramek gibt der deutsche Reichskanzler Hans Luther ein Essen. Während des Berlin-Aufenthaltes von Ramek führen die österreichische Delegation und das deutsche Auswärtige Amt Gespräche über die internationale Lage und die Beziehungen zwischen den beiden Staaten.

Die Große Nationalversammlung in Konstantinopel verabschiedet eine Petroleumverordnung. Sie spricht dem türkischen Staat das alleinige Schürf- und Ausbeutungsrecht der Erdöllager in der Türkei zu, stellt ihm jedoch frei, das Recht auf Privatpersonen und Gesellschaften zu übertragen. Das Gesetz begegnet der bislang üblichen Praxis, Konzessionen zu erwerben, um sie weiterzuverkaufen, statt die Bodenschätze zu heben.

29. März, Montag

In Freiburg im Breisgau findet die Beisetzung des am 26. März verstorbenen ehemaligen deutschen Reichskanzlers Konstantin Fehrenbach statt (→ 26. 3./S. 54).

30. März, Dienstag

Der Gemeinderat der Stadt Stuttgart beschließt, mit einem Teil der Summe des Wohnungsbauprogramms eine Modellsiedlung, die Weißenhofsiedlung, zu finanzieren, die 1927 auf einer Werkbund-Ausstellung zu sehen sein wird. Leitender Architekt dieser Modellwohnungen wird Ludwig Mies van der Rohe. → S. 57

Mit dem Beginn der warmen Witterung begibt sich ein neuer Strom von Goldsuchern aus den USA und Kanada zu den unerschlossenen Goldfeldern im Red-Lake-Distrikt (Kanada). Das bisher abgesteckte Gebiet erstreckt sich über 240 Quadratmeilen. → S. 59

Der deutsche Schwimmer Erich »Ete« Rademacher stellt in Philadelphia (USA) erneut einen Weltrekord auf: Für die 500-m-Strecke benötigt er 7:35,4 Minuten. Am 27. März hat er in Buffalo mit 2:49 Minuten einen Weltrekord über 200 m Brust aufgestellt und am 9. März in New Haven mit 5:50,2 Minuten einen Weltrekord über 400 m Brust. → S. 63

31. März, Mittwoch

Im Deutschen Reich wird der Staatsgerichtshof aufgehoben. Er hat über Verstöße gegen das Gesetz zum Schutz der Republik verhandelt. Für derartige Strafsachen sind nunmehr die ordentlichen Gerichte zuständig.

In der Kohleförderung steht das Deutsche Reich im ersten Vierteljahr 1926 mit 33 226 000 Tonnen hinter den USA (142 454 000 Tonnen) und Großbritannien (69 060 000 Tonnen) an dritter Stelle der Weltförderung. Die Zahlen entsprechen in ihren Relationen denen von 1913.

Die »Verfassungslinde« in Nürnberg ist in der Nacht zum 31. März zerstört worden, die Täter haben sie in einer Höhe von 1,90 m durchsägt. Die Linde ist am 9. August 1925 zur Erinnerung an die Weimarer Verfassung gepflanzt worden.

Gestorben:

5. Groß-Flottbek bei Hamburg: Otto Ernst (*7. 10. 1862, Ottensen bei Hamburg), deutscher Schriftsteller.

17. Moskau: Alexei A. Brussilow (*31. 8. 1853, Tiflis), russischer General.

26. Freiburg im Breisgau: Konstantin Fehrenbach (*11. 1. 1852, Wellendingen), deutscher Politiker. → S. 54

Geboren:

16. Newark (USA): Jerry Lewis, amerikanischer Filmkomiker.

17. Lyck (Ostpreußen): Siegfried Lenz, deutscher Schriftsteller.

Die US-amerikanische Zeitschrift »House Beautiful« mit einer Frühlings-Garten-Nummer vom März 1926

März 1926

Die Vertreter bedeutender Staaten beim Völkerbund in Genf; v.l.: Chamberlain (Großbritannien), de Oliveira (Brasilien), Stresemann (Deutsches Reich, noch nicht dem Völkerbund beigetreten), Briand (Frankreich), da Costa (Portugal), Yanguas (Spanien) und Scialoja (Italien)

Veto gegen Deutsches Reich

17. März. In der Völkerbundsversammlung in Genf, wo über die Aufnahme des Deutschen Reiches entschieden werden soll, wird die Debatte darüber ergebnislos abgebrochen. Die Delegierten vertagen die Entscheidung auf den September (→ 10. 9./S. 150).

Die Aufnahme scheitert, weil mehrere Staaten neben dem Deutschen Reich ebenfalls einen ständigen Sitz im Völkerbundsrat fordern. Alle Kompromißvorschläge werden abgelehnt.

Dem Deutschen Reich ist 1925 in den Verträgen von Locarno nicht nur die Aufnahme in den Völkerbund zugesichert worden, sondern auch die Erteilung eines ständigen Sitzes im Rat. Daraufhin haben Polen, Spanien, Brasilien und China ebenfalls einen ständigen Sitz gefordert. Das Deutsche Reich jedoch besteht darauf, in den Völkerbund als ständiges Ratsmitglied einzuziehen, ohne daß gleichzeitig andere Staaten einen Ratssitz erhalten.

Wiederholte Aussprachen zwischen den einzelnen Delegationen, in denen es darum geht, die einzelnen Länder umzustimmen, prägen die am 8. März eröffnete Völkerbundsversammlung. Das Deutsche Reich weigert sich, später für eine Erweiterung der ständigen Ratssitze zu stimmen. Brasilien beharrt auf seinem Standpunkt, ein Veto gegen die Aufnahme des Deutschen Reiches einzulegen, wenn es nicht auch einen ständigen Ratssitz erhalte, der ihm entsprechend der Bedeutung des südamerikanischen Kontinents in der Welt und der Bedeutung Brasiliens in Amerika gebühre. Weil die Abstimmung über die Erteilung eines Ratssitzes einstimmig erfolgen muß, ist die Aufnahme des Deutschen Reiches vorerst gescheitert.

Die Funktionen des Völkerbunds

Die Gründung des Völkerbundes geht auf eine Forderung des US-amerikanischen Präsidenten Woodrow Wilson zurück, eine internationale Organisation zu schaffen, die Konflikte zwischen einzelnen Staaten beilegen kann.

Die Satzung des Völkerbundes bildet den ersten Teil des Versailler Friedensvertrags und ist am 28. April 1919 in Kraft getreten. Der Völkerbund soll die politische und territoriale Integrität und Unabhängigkeit der Mitgliederstaaten schützen und bei Streitfragen den Schiedsspruch des Internationalen Gerichtshofs im Haag anerkennen. Gegen Mitglieder, die einen Krieg verursachen, können Sanktionen verhängt werden. Dem Völkerbund steht das Mandat über ehemalige Kolonien und Territorien zu, die noch keine eigene Verwaltung erhalten.

Die wichtigsten Organe des Völkerbundes sind die Bundes- oder Vollversammlung, in der jedes Mitglied eine Stimme besitzt, und der Völkerbundsrat. Dem Völkerbundsrat gehören ständige Mitglieder an und nichtständige; letztere werden auf drei Jahre von der Vollversammlung gewählt. Ständige Ratssitze haben Großbritannien, Frankreich, Italien und Japan. Das Sekretariat leitet ein Generalsekretär, 1926 Eric Drummond. Sitz des Völkerbundes ist Genf.

Blick in den Sitzungssaal der Völkerbundsversammlung in Genf; 1500 Personen aus 48 Staaten nehmen teil

März 1926

Pressestimmen zur Tagung in Genf

Die internationale Presse reagiert auf das Scheitern der Aufnahme des Deutschen Reiches in den Völkerbund zum größten Teil mit Bedauern und mit der Feststellung, daß sich der Völkerbund in einer Krise befindet. Im Deutschen Reich schwankt die Meinung zwischen der Ablehnung jeder weiteren Verständigungspolitik und einem Festhalten an dem Kurs der Aussöhnung.

Die konservative Kreuzzeitung meint: »Die Politik, die die Herren Dr. Luther und Dr. Stresemann seit mehr als einem Jahr geführt haben, ist so gründlich zusammengebrochen, daß ein Wechsel mit den Männern... wie mit der Politik selbst als das Gebot der Stunde erscheint.«

Der sozialdemokratische »Vorwärts« setzt dagegen: »Und würde die gegenwärtige Regierung gestürzt, so könnten wir als ihre Nachfolgerin nur eine Regierung dulden, die noch klarer und noch energischer das Wort der Verständigung mit unseren Nachbarn betreibt und an der notwendigen inneren Erneuerung des Völkerbundes aufrichtig mitzuarbeiten bereit ist.«

Die französische Zeitung »Temps« bedauert die Vertagung, hält sie aber für besser als einen Bruch oder einen Kompromiß, der nur Erbitterung hinterlassen hätte.

Die schwedische Zeitung »Svenska Morgenbladet« schreibt: »Es war ein merkwürdiges Schauspiel, welches, so lange der Völkerbund bestehen wird, als eine Schande und Schmach für ihn empfunden werden muß. Es gab von Anfang bis zu Ende nur Intrigen und Ränkespiel.«

Die britische Presse führt aus, daß sich die deutsche Delegation korrekt verhalten habe. Die US-Presse streicht heraus, daß der Völkerbund versagt habe, als zum ersten Mal die Ausweitung zu einer wirklichen Gesellschaft der Nationen zur Debatte gestanden habe. Die Schuld an dem Ausgang wird mehr oder weniger allen beteiligten Staatsmännern zugeschrieben.

Die spanische Presse stellt sich hinter das Verhalten ihrer Delegation und weist darauf hin, daß nach dem Weltkrieg der soziale und moralische Einfluß einer Nation für die Bewertung maßgebend war, ob sie als erstklassige oder zweitklassige Macht anzusehen sei.

Völkerbund-Pyramide, u. r. Luther und Stresemann, die sie zum Einsturz zu bringen drohen (Karikatur aus der »Berliner Illustrirten«)

Völkerbund-Schutz für Stadt Danzig

3. März. In Danzig trifft der neue Hohe Kommissar des Völkerbunds, Joost Adriaan van Hamel, ein. In seiner ersten Pressekonferenz beschreibt er seine Aufgaben: »Der Vertreter des Völkerbundes kann nur als Schiedsrichter zwischen Danzig und Polen arbeiten... Die internationale Völkergemeinschaft hat unbedingt ein großes Interesse daran, daß Danzig und das Hinterland des großen polnischen Staates in Harmonie leben.«

Danzig wurde nach dem Weltkrieg ohne Volksbefragung zur »Freien Stadt« erklärt und erhielt eine eigene Regierung mit Senat und Volkstag. Die Stadt steht unter dem Schutz des Völkerbundes, der zur Schlichtung von Streitfällen mit Polen einen Hohen Kommissar für die Stadt bestellt hat.

Die Ausgliederung Danzigs aus dem Deutschen Reich erfolgte 1919, um Polen, das 1918 seine Unabhängigkeit wiedergewonnen hatte, einen freien Zugang zur Ostsee zu ermöglichen. 1922 erfolgte der zoll- und wirtschaftspolitische Anschluß der Freien Stadt an Polen. Polen vertritt Danzig im Ausland. Zudem verwaltet es die Eisenbahn, während Hafen und Wasserwege einem paritätischen Ausschuß unterstehen.

Umfrage zu einer möglichen europäischen Einigung

Auf eine Umfrage der Zeitschrift »Paneuropa« mit den Themen: »1. Halten Sie das Zustandekommen der Vereinigten Staaten von Europa für notwendig? 2. Halten Sie es für möglich?«, haben führende Persönlichkeiten in Europa u. a. folgendermaßen geantwortet:

Hugo von Hofmannsthal, österreichischer Dichter:

»1. Neue internationale Zusammenhänge herzustellen und die politische Form für sie zu finden, halte ich für das eine Notwendige.

2. Das Notwendige ist immer möglich. Das historische Geschehen vollzieht sich, indem ein kaum Geglaubtes von Wenigen so behandelt wird, als ließe es sich unmittelbar verwirklichen.«

Albert Einstein, deutscher Physiker:

»1. Ja, unbedingt.
2. Materiell sicher. Psychologisch?«

Thomas Mann, deutscher Schriftsteller:

»1. Ja, unbedingt. Wenn auch natürlich nicht genau nach dem Muster der USA.

2. Nur in ganz pessimistischen Stunden hält man das Notwendige nicht für möglich.«

Romain Rolland, französischer Schriftsteller:

»Nein. Der Augenblick ist vorüber. Im gegenwärtigen Augenblick wären beim heutigen Stande der Mentalität aller Regierungen und der Majorität der Völker Europas diese begrenzten Vereinigten Staaten von Europa ein gefährlicheres Verteidigungs- und Angriffsbündnis – man weiß, was heutzutage das Wort ›Verteidigung‹ im Munde aller Regierungen bedeutet, daß es zu jeder Eroberung und zu jedem Angriff ermächtigt –, ein Übernationalismus, viel mörderischer in Kampfstellung gegen die übrige Welt, vor allem gegen die nächsten Nachbarn... Die Union, die ich will..., ist die der freien Geister der ganzen Welt.«

Fritz von Unruh, deutscher Schriftsteller:

»1. Die Notwendigkeit der ›Vereinigten Staaten von Europa‹ beweisen die in den Jahrhunderten für nationalistische Sonderinteressen geschlachteten Soldaten.

2. Wenn es möglich war, daß Soldaten mit dem Gewehr in der Hand dem ›Feind‹-Soldaten über den Stacheldraht hin die Hand des Bruders reichten – warum sollten sich nicht endlich am grünen Tisch die Herren der Macht die Hände reichen!«

März 1926

Plakat zur Volksabstimmung über die Fürstenenteignung

Erster Schritt zur Fürstenenteignung

4. März. Im Deutschen Reich werden die Listen ausgelegt, in die sich die Befürworter einer entschädigungslosen Enteignung der ehemals regierenden Fürsten eintragen können. Dieses Volksbegehren stellt eine erforderliche Vorstufe vor dem eigentlichen Volksentscheid dar (→ 20. 6./S. 108). Bis Mitte März zeichnen sich 12,5 Millionen Wahlberechtigte in die Listen ein, erheblich mehr als die vorgeschriebenen 10%. Die Gegner der Fürstenenteignung versuchen, das Volksbegehren zu behindern: Sie verweigern die Annahme der Listen.

Wunsch nach Kolonien

23. März. Der Präsident der Deutschen Reichsbank, Hjalmar Schacht, befürwortet in einer Rede vor der Deutschen Kolonialgesellschaft in Berlin eine neue Kolonialpolitik. Seiner Auffassung nach ist es an der Zeit, dem Deutschen Reich wieder eine koloniale Betätigung zu ermöglichen. Er hält es für einen wirtschaftlichen Mangel, daß das Deutsche Reich nach dem Weltkrieg seine Kolonien verloren hat. Ein Aufschwung der Wirtschaft, eine Stabilisierung der Währung und eine Erleichterung der Reparationslasten seien nur erreichbar, wenn das Reich wieder über Kolonien verfüge. Die Siedlung in Kolonien könne das Problem der Überbevölkerung lösen und neue Rohstoffquellen erschließen.
Schacht schlägt ein neues System kolonialer Betätigung vor, die Gründung privater kolonialer Gesellschaften, Chartered Companies, die auch mit ausländischem Kapital arbeiten. Diesen Gesellschaften soll ein geeignetes Territorium überlassen werden, in dem Deutsche siedeln können und wohin die deutsche Industrie expandieren kann.
Die Kolonialfrage wird im Deutschen Reich seit einiger Zeit auch in offiziellen Kreisen wieder häufiger diskutiert. In einem Artikel im »Berliner Tageblatt« verkündet der deutsche Innenminister Wilhelm Külz: »Die Wiedereinreihung Deutschlands in die Kolonialmächte der Welt ist uns eine Sache des deutschen Rechtes, eine Sache der deutschen Ehre und eine Sache der wirtschaftlichen, politischen und kulturellen Gleichberechtigung...«
Die »Frankfurter Zeitung« gibt angesichts derartiger Überlegungen zu bedenken, daß die Zeit der Kolonialreiche sich ihrem Ende nähert. Sie fragt, ob es für das Deutsche Reich, einen Staat ohne Macht, wirklich erstrebenswert sei, sich wieder in die Reihe der Großmächte zu drängen. Den Ausführungen Schachts hält sie entgegen, daß der Handel mit den Kolonien 1913 nur einen geringen Teil des gesamten Außenhandels ausgemacht habe.

Hjalmar Schacht, der Präsident der Reichsbank, spricht in Berlin

Früherer Kanzler Fehrenbach stirbt

26. März. Der ehemalige deutsche Reichskanzler Konstantin Fehrenbach stirbt im Alter von 74 Jahren in Freiburg im Breisgau.
Fehrenbach studierte zunächst katholische Theologie, wandte sich aber dann der Rechtswissenschaft zu und machte sich als Strafverteidiger einen Namen. In den 80er Jahren des 19. Jahrhunderts begann seine politische Karriere in der Zentrumspartei, die er zunächst in der badischen Zweiten Kammer (1885–1887, 1901–1913) und seit 1903 im Reichstag vertrat. Im Juni 1918 wurde er der letzte Reichstagspräsident des Kaiserreichs.

K. Fehrenbach

Der Weimarer Nationalversammlung stand er 1919/20 ebenfalls als Präsident vor. Im Juni 1920 wurde er Reichskanzler und regierte mit einer Minderheitsregierung aus Zentrum, Deutscher Volkspartei (DVP) und Deutscher Demokratischer Partei (DDP). Im Mai 1921 trat er mit seinem Kabinett zurück, nachdem im März französische und belgische Truppen wegen ausstehender Reparationszahlungen das Ruhrgebiet besetzt und die USA die Rolle eines Vermittlers abgelehnt hatten.

Der Reichsetat für 1926 ist ausgeglichen

27. März. Der Deutsche Reichstag nimmt den Etat für 1926 an, gegen die Regierungsvorlage stimmen die Deutsch-Völkische Freiheitspartei und die Kommunisten (KPD). Zum ersten Mal seit 1911 hat der Reichstag die Etatberatungen innerhalb der vorgeschriebenen Frist erledigt.
Die Gesamtausgaben des Reiches betragen 1926 7,419 Milliarden Reichsmark (RM), ihnen stehen Gesamteinnahmen in Höhe von 7,42 Milliarden RM gegenüber; der Haushalt ist demnach ziemlich ausgeglichen.
Die Aufstellung des Haushalts stand vor dem Problem, daß sich infolge der schlechten wirtschaftlichen Lage und der hohen Arbeitslosigkeit die Einnahmen verringern, die Ausgaben dagegen erhöhen. Die Wirtschaft soll jedoch nicht mit weiteren Steuern belastet werden. Im Rahmen der Haushaltsdebatten beschließt der Reichstag deshalb Steuererleichterungen: Die Umsatz- und die Vermögenssteuer werden gesenkt, die Luxus-, Wein- und Salzsteuer sowie die Fusionssteuer bei Betriebszusammenschlüssen werden aufgehoben. Die Steuermilderungen senken die Staatseinnahmen um etwa 550 Millionen RM.
Von den Ausgaben des Staates fallen 1926 454 Millionen RM auf Reparationszahlungen und mehr als 2 Milliarden RM auf Beamtengehälter und Versorgungsleistungen.

Das neue Kabinett von Reichskanzler Hans Luther (vorn, 3. v. l.)

März 1926

Bürgerkrieg in der Republik China

9. März. Im chinesischen Bürgerkrieg zwischen den regionalen Heerführern erobern die Armeen der Generäle Tschang Tso-lin und Wu Pei-fu das Taku-Fort der Hafenstadt Tientsin.
Ende März rückt Wu Pei-fu auf Peking vor, wo es zu verlustreichen Kämpfen kommt.
China besitzt zwar eine Zentralregierung in Peking, ihr Einfluß reicht jedoch nur bis in die umliegenden Provinzen. Das Land ist in verschiedene Machtbereiche aufgesplittert, in denen regionale Heerführer herrschen. 1926 üben sechs sog. Warlords über jeweils mehrere Provinzen die Regierungsgewalt aus. Die Warlords bekämpfen sich untereinander und gehen wechselnde Bündnisse ein.
Seit 1916, dem Tod des Militärführers Yüan Shih-k'ai, der 1912 kurz nach der Gründung der Republik China Präsident wurde, herrscht in China Bürgerkrieg.

Präsident Hindenburg besucht das befreite Rheinland

21. März. Der deutsche Reichspräsident Paul von Hindenburg trifft zu einem Besuch in der von der französischen und belgischen Besatzung befreiten Stadt Köln ein. In seiner Rede auf der Festveranstaltung in der großen Halle des Rheinparkes betont Hindenburg, der waffenlose Kampf der Rheinländer um ihre Freiheit habe die Überzeugung vermittelt, »daß Deutschlands Sendung noch nicht erfüllt ist und sein Weg nicht im Niedergang endet«. Nach der Veranstaltung formieren sich etwa 65 000 Mitglieder des Reichsbanners Schwarz-Rot-Gold (politischer Kampfverband der SPD) zu einem Festumzug. Rechtsstehende Zeitungen und Politiker äußern sich ablehnend über die starke Beteiligung des Reichsbanners an den Feierlichkeiten. Am 22. März besucht Hindenburg Bonn, wo ihn die Bevölkerung ebenfalls begeistert begrüßt (2. v. l.).

Briand tritt zurück

6. März. Der französische Ministerpräsident Aristide Briand tritt mit seinem Kabinett zurück, weil die Deputiertenkammer die von der Regierung vorgeschlagenen Steuererhöhungen abgelehnt hat.
Das Kabinett will neue Steuergesetze verabschieden, um das Defizit des Staatshaushalts auszugleichen und die Finanzen zu sanieren. Die französische Wirtschaftslage ist von einer hohen Staatsschuld und einem Währungsverfall geprägt.
In der Kammersitzung geht es um die Erhöhung und Einführung neuer Steuern. Die Abgeordneten lehnen zunächst höhere Preise für Tabak sowie höhere Steuern für Alkohol, Salz und Zucker ab. Es folgt die Debatte über die umstrittene Einführung einer Zahlungssteuer, die jedes Kaufgeschäft, das den Wert von 100 Francs überschreitet, mit einer Steuer von 1,2% belegen will. Vor der Abstimmung erklärt Briand, er sei nicht bereit, zur Völkerbundstagung nach Genf zu fahren, wenn die Kammer bei ihren bisherigen Entscheidungen beharre. Trotzdem wird die Vorlage mit 274 zu 221 Stimmen abgelehnt.
Briand tritt zurück, will aber dennoch nach Genf reisen. Es gelingt ihm, bis zum 10. März ein neues Kabinett zu bilden. Neuer Finanzminister wird Raoul Péret. Am 25. März verabschiedet die Kammer das Finanzgesetz (→ 23. 6./S. 109).

Der französische Ministerpräsident Aristide Briand muß zurücktreten

General Tschang Tso-lin, einer der Warlords im Bürgerkrieg

März 1926

Die ersten Hochhäuser

21. März. Die »Berliner Illustrirte« bildet die ersten Hochhäuser ab, die im Deutschen Reich errichtet worden sind: Das Wilhelm-Marx-Haus in Düsseldorf, das Hochhaus am Hansaring in Köln, das Hochhaus der Bremer Rolandmühle und das Lochnerhaus in Aachen, das sich noch in Bau befindet.

Die Begeisterung für Hochhäuser hat im Deutschen Reich erst vor einigen Jahren eingesetzt. Die ersten Wolkenkratzer, die gegen Ende des 19. Jahrhunderts in Chicago und New York entstanden, wirkten auf die Europäer als bauliche Ungeheuer.

Die hohen Kosten, u. a. für den Feuerschutz und die Aufzüge, behindern zunächst im Deutschen Reich die Ausführung vieler Pläne. In den USA stehen dagegen bereits mehrere hundert Wolkenkratzer mit 20 bis 30 Stockwerken.

Die hohen Grundstückspreise in Chicago und New York, die Notwendigkeit, mit dem Baugrund sparsam umzugehen, führten zur Konstruktion der ersten Wolkenkratzer, deren Höhe nur vom Stand der Bautechnik bestimmt wurde. Die Voraussetzungen für die Architektur der Hochhäuser lieferten Eisen- bzw. Stahlskelettkonstruktionen, feuerfeste Ummantelungen der metallenen Bauteile und sichere Aufzugssysteme. Jedoch verursachen nicht nur wirtschaftliche Erwägungen den Wunsch nach immer höheren Gebäuden, sie gelten auch als Symbole von Macht und Erfolg, als Ausdruck des kapitalkräftigen, aufstrebenden Amerika.

Die ersten Wolkenkratzerarchitekten in Chicago, wie Louis Sullivan, bevorzugten einen schlichten Baustil, in New York dagegen entstanden »Kathedralen des Kommerzes«, die Elemente der abendländischen Architektur aufnehmen. Das Woolworth Building (1913) erinnert an eine gotische Kathedrale, der um die Jahrhundertwende erbaute Metropolitan Life Tower bildet den Campanile auf dem Markusplatz in Venedig nach.

Die deutschen Hochhaus-Architekten der 20er Jahre bevorzugen wieder eine schlichtere Bauweise. Mit seinem 1924/25 erbauten Hansahaus in Köln gelingt Jakob Koerfer die Konstruktion des bislang höchsten Hauses in Europa. Das 17stöckige Gebäude erreicht eine Höhe von 66 m. 1923/24 entstand in Düsseldorf das Wilhelm-Marx-Haus von Wilhelm Kreis.

Das Wilhelm-Marx-Haus in Düsseldorf, entworfen von Wilhelm Kreis; eine doppelte Maßwerkgalerie krönt den 17stöckigen Hochhausturm

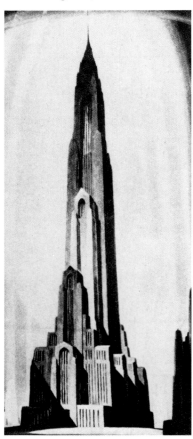

Futuristisches Modell eines 70stöckigen Hochhauses, das einer gotischen Kirche nachempfunden ist

Das Hansahaus in Köln, erbaut nach Plänen von Jakob Koerfer aus Eisenbeton mit Klinkerverkleidung

Das Hochhaus der Bremer Rolandmühle, entworfen von dem Architekten Heinrich Behrens-Nicolai

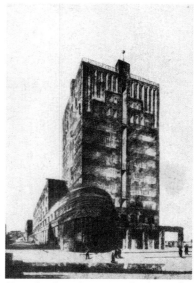

Das Lochnerhaus in Aachen, der Entwurf stammt von dem Architekten Emil Gustav Fahrenkamp

März 1926

Inneneinrichtung eines Cafés mit Ausstellungskojen in Düsseldorf von Fritz August Breuhaus

Etagenhäuser aus der von Bruno Taut geplanten Großsiedlung in Berlin-Britz

Die hufeisenförmige Anlage der Siedlung in Britz ist auf dem Modell deutlich zu erkennen

Wohnen 1926:

Funktionales Wohndesign

Eine Schrankwand mit Ankleidespiegel, entworfen von Walther Sobotka (Wien)

Eine zweckmäßige Einrichtung, eine funktionale Bauweise und ein nüchtern-sachlicher Stil kennzeichnen die moderne Wohnkultur des Jahres 1926. Sowohl bei den Möbeln als auch bei den Häuserfassaden wird auf Repräsentativität verzichtet, Verzierung und Dekor, Pomp und Plüsch stoßen auf Ablehnung. Der von den Architekten und Zeitschriften propagierte neue Stil, bei dem Funktionalität die Ästhetik prägt, sagt jedoch zum überwiegenden Teil nur der jungen Generation des Bürgertums zu.

Die zweckgerichtete Innen- und Außenarchitektur entspricht den Prinzipien der Neuen Sachlichkeit, der vorherrschenden Kunstrichtung, aber auch den Erfordernissen des Wohnungsmarkts. Bereits seit der Zeit vor dem Weltkrieg besteht im Deutschen Reich Mangel an Wohnungen. Die wirtschaftliche Krisensituation führt dazu, daß die meisten Menschen keine hohe Miete zahlen können. 1926 beginnt in vielen Gemeinden ein großzügiges Wohnungsbauprogramm mit Siedlungsbauten an der Peripherie der Städte; allein in diesem Jahr werden 200 000 neue Wohnungen gebaut. Die Architekten – u. a. Ludwig Mies van der Rohe, Bruno Taut, Ernst May – entwickeln wirtschaftliche Bautechniken, damit die Miete niedrig bleibt.

Die zweckbestimmte Möblierung weist ein schlichtes Design und solide Materialien auf. Wegweisend wirkt die 1926 von Grete Schütte-Lihotzky entworfene sog. Frankfurter Küche mit ihrer raum- und zeitsparenden Einrichtung. Einbauschränke, Klappbetten und doppelstöckige Kinderbetten schaffen Raum in den Zimmern; Anbaumöbel und Stahlrohrstühle vollenden das moderne Design.

Speisezimmer des Düsseldorfer Innenarchitekten Breuhaus

Platzsparende Einrichtung eines kombinierten Wohn-Schlafzimmers, von Philipp Ginther

Schlaf- und Frühstückszimmer mit Bettnische, entworfen von dem Bielefelder Architekten Paul Griesser

März 1926

 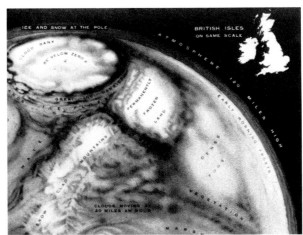

Über die Beschaffenheit des Mars' gibt es nur Vermutungen, die auf Teleskopbeobachtungen beruhen (l. Landschaft des Mars-Südpols, r. Schemazeichnung der Südhalbkugel); nun rückt die Erforschung durch Raketen näher

Neuer Raketenantrieb erprobt

16. März. In Auburn/Massachusetts bei Boston in den USA startet der US-amerikanische Physikprofessor Robert Hutchinson Goddard die erste mit flüssigem Treibstoff angetriebene Rakete. Auf ihrem Flug, der zweieinhalb Minuten dauert, erreicht die Flüssigkeitsrakete eine Geschwindigkeit von 90 km/h und legt 600 m zurück.

Seit 1920 beschäftigte sich Goddard mit der Entwicklung einer Flüssigkeitsrakete, nachdem Versuche mit Feststoffraketen, die mit Schießpulver angetrieben wurden, nicht zu den erwünschten Ergebnissen geführt hatten; diese Raketen entwickelten bei den Tests keine ausreichende Schubkraft.

Nach Experimenten mit verschiedenen leicht brennbaren Flüssigkeiten entschied sich Goddard für Benzin als Raketentreibmittel und Sauerstoff als Brennmittel.

Der spektakuläre erste Start der Goddardschen Flüssigkeitsrakete macht die Öffentlichkeit darauf aufmerksam, daß die Erforschung des Weltraums nicht mehr nur utopische Fiktion ist.

Schon 1924 veröffentlichte der sowjetische Mathematiker Konstantin E. Ziolkowski in seiner Studie »Die Rakete in den kosmischen Raum« Pläne für eine mit Flüssigkeit (flüssiger Wasserstoff und flüssiger Sauerstoff) angetriebene Weltraumrakete. Als Form schlug er den später üblichen zigarrenförmigen Zylinder vor. Auch dachte er schon an die Bündelung von mehreren Antrieben und die stufenweise Zündung, um auf diese Weise die Schubkraft der Raketen zu steigern.

Als Pionier der Raketentechnik und Weltraumfahrt im Deutschen Reich gilt der Mathematiker Hermann Oberth.

Gerüst mit der ersten erfolgreich gestarteten Flüssigkeitsrakete

Erstes neues Torpedoboot

Im März läuft das erste neue Torpedoboot, das die Reichsmarine nach dem Weltkrieg gebaut hat, in Wilhelmshaven vom Stapel. Fregattenkapitän Nikolaus Graf Dohna-Schlodien tauft das Schiff auf den Namen »Möwe«. Graf Dohna war im Weltkrieg Kommandant des Hilfskreuzers »Möwe«, der für seine kühnen Kreuzfahrten bekannt war. Torpedoboote sind kleine Kriegsschiffe, die eine hohe Geschwindigkeit erreichen und Unterwassergeschosse abfeuern. Der Versailler Vertrag schränkt den Schiffspark der deutschen Marine auf zwölf Torpedoboote, zwölf Zerstörer, sechs Linienschiffe und sechs Kleine Kreuzer ein.

Stapellauf des festlich geschmückten Torpedobootes »Möwe« im deutschen Nordseehafen Wilhelmshaven

März 1926

Für Achtstundentag

15. März. Die Arbeitsminister von Großbritannien, Frankreich, Belgien, Italien und dem Deutschen Reich treffen in London zu einer internationalen Arbeitszeitkonferenz zusammen.

Sie beraten über das nicht ratifizierte Washingtoner Arbeitszeitabkommen von 1919, das den Achtstundentag bzw. die 48-Stunden-Woche in gewerblichen Betrieben vorsieht, und klären einzelne Bestimmungen des Abkommens. Dem Baugewerbe wird zugestanden, während der Saison den Achtstundentag zu überschreiten, wenn im Jahresdurchschnitt die 48-Stunden-Woche erreicht wird.

Das Washingtoner Abkommen kann im Fall eines Krieges oder einer die Landessicherheit gefährdenden Krise außer Kraft gesetzt werden. Hiervon ausgenommen sind Krisen, die nur einzelne Wirtschaftszweige betreffen. Diese Bestimmung ist für das Deutsche Reich wegen der Reparationsleistungen einzelner Wirtschaftsbereiche von Bedeutung.

Bauarbeiter bei Reparaturen am Eiffelturm in Paris; das Washingtoner Abkommen von 1919 soll auch die Arbeitszeit im Baugewerbe regeln

Therese Neumann, die Stigmatisierte von Konnersreuth

Visionen vom Leiden Christi

5. März. Die durch ein langes Krankenlager geschwächte Therese Neumann aus Konnersreuth erlebt in der Nacht ihre ersten Visionen von Christus am Ölberg und wird stigmatisiert. 1918 erblindete Therese Neumann und wurde gelähmt. Als die von ihr verehrte Schwester Therese von Lisieux seliggesprochen wurde (29. 4. 1923), erlangte sie ihr Sehvermögen zurück, und am Tag der Heiligsprechung (17. 5. 1925) konnte sie auch wieder gehen.

Eisenbahn stürzt in den Virilla-Fluß

14. März. In Costa Rica ereignet sich ein schweres Eisenbahnunglück. Zwischen Alajuola und Cartago entgleist auf der Brücke über den Virilla-Fluß ein mit etwa 1000 Ausflüglern, zumeist Familien, besetzter Eisenbahnzug.

Die sechs letzten Waggons des Zuges stürzen in den Fluß. Das Unglück fordert 193 Todesopfer und 72 Schwerverletzte. Erst fünf Stunden nach dem Absturz trifft ein Hilfszug mit Ärzten und Sanitätern am Unglücksort ein.

Der Präsident von Costa Rica, Ricardo Jiménez Oreamuno, ordnet eine dreitägige Staatstrauer an. Die United Fruit Company, der die Bahnlinie gehört, erklärt sich bereit, die Opfer zu unterstützen.

Umfangreiche Untersuchungen sollen die Unglücksursache klären. Die Vermutungen gehen in verschiedene Richtungen: Einige nehmen an, daß der Bahndamm unterwaschen war; andere führen das Unglück auf einen Schienenbruch zurück; wieder andere sprechen davon, daß sich das Zugpersonal und die Veranstalter des Ausflugs unvorsichtig verhalten hätten.

Der Präsident der USA, Calvin Coolidge, und die meisten lateinamerikanischen Staatsoberhäupter sprechen Costa Rica ihr Beileid aus.

In Prag explodiert Militärlastwagen

5. März. In der belebten Prager Tischlergasse ereignet sich ein schweres Explosionsunglück. Eine Kiste mit Granaten fällt von einem von zwei Pferden gezogenen Militärlastwagen, der Munition geladen hat, entzündet sich, und der ganze Wagen fliegt in die Luft.

Die Bomben zerfetzen die beiden Kutscher, zwei Soldaten, und verletzen mehr als 70 Personen – Passanten und Bewohner der umliegenden Häuser – z. T. schwer. Die Wucht der Detonation beschädigt die angrenzenden Häuser, ganze Fassaden werden zerstört und Dächer abgedeckt. Die Detonation ist in ganz Prag zu hören und wird weiter vom Unglücksort entfernt für ein Erdbeben gehalten. Das Kriegsministerium will alle Schäden ersetzen.

400-Jahr-Feier in der Schweiz

März. In Genf findet während der Tagung des Völkerbundes eine Feier zum 400jährigen Jubiläum des Zusammenschlusses der Kantone Genf, Freiburg und Bern statt.

Im Februar 1526 schlossen Genf, Bern und Freiburg ein Burgrecht, die Vertragspartner kamen überein, sich bei jedem Angriff gegenseitig beizustehen und den wechselseitigen Handelsverkehr zu sichern. Der Vertrag wurde von Herzog Karl III. von Savoyen als Provokation empfunden. Genf lag inmitten des savoyischen Gebietes, besaß aber eigenes Stadtrecht. 1530 schloß Karl III. Genf mit seinen Truppen ein; die Berner kamen Genf zu Hilfe und zwangen den Savoyer zum Abzug. Im Friedensschluß sagte der Herzog zu, auf Genf zu verzichten.

Festzug zur 400-Jahr-Feier der Kantonsvereinigung in Genf

Gold in Kanada lockt Schürfer

30. März. Mit Beginn der warmen Witterung bricht ein neuer Strom von Goldsuchern aus Kanada und den Vereinigten Staaten zu den unerschlossenen Goldfeldern im Red-Lake-Distrikt in Kanada auf.

Die Landvermessungsbüros der Regierung sind Tag und Nacht mit der Registrierung der Claims beschäftigt; das bislang abgesteckte Gebiet erstreckt sich bereits über 240 Quadratmeilen.

Der Witterungsumschwung hat die Transportverhältnisse verbessert und verbilligt. Nunmehr können Flugzeuge anstelle von Hundeschlitten eingesetzt werden. Ein Flug kostet nur 100 Dollar, während die Goldsucher für einen guten Ziehhund bis zu 200 Dollar bezahlen mußten.

März 1926

Die neueste Frisurenmode: Ein kinnlanger, gescheitelter und leicht gewellter Bubikopf

Die Filmschauspielerin Maria Mindszenti in einem mit Spitzen besetzten rosa Nachtgewand

Maria Burg, Schauspielerin am Wiener Burgtheater, in einem Sommer-Abendkleid

Mode 1926:

Kniekurze Kleider

Schauspieler der Wiener Theater präsentieren Gesellschaftsmode für den eleganten Herrn

Der Bubikopf und der kurze Rock, knielang oder kniefrei, die knabenhafte Linie und der Herrenschnitt, z. B. bei der neu aufkommenden Smokingjacke, das sind die vorherrschenden Merkmale der Frauenmode von 1926. Die zweckbestimmte Mode entspricht dem neuen Selbstverständnis der Frauen, die selbständig sind, einen Beruf ausüben und Sport treiben.

Die Frauen tragen einteilige Kleider oder Rock mit Pullover (Jumper). An das gerade, lose fallende Oberteil der Kleider wird in Hüfthöhe ein plissierter oder glockiger Rock angesetzt. Die Mäntel sind in Herrenfacon gearbeitet, die lose geschnittenen Jacken reichen bis über die Hüfte und werden in der Taille mit einem Gürtel oder einem Knopf geschlossen. Die Abendkleider zeigen dieselbe Linie wie die Tagesmode, erhalten nur einen aufwendigeren Putz und sind, auch im Rücken, tief ausgeschnitten. Pelzbesatz und Pelze gehören zum Modetrend.

Die Männer bevorzugen einen leger geschnittenen Sakkoanzug und bei feierlichen Anlässen den Stresemann, eine gestreifte Hose zu einem schwarzen Jackett.

Zu den legeren Jumperkleider passen die kleinen, schmalkrempigen Frühjahrshüte

Reklame für einen Büstenhalter mit Seitenverschluß der Firma Felina; die Zeit der einengenden Fischbein-Korsetts ist endgültig vorbei

Festliche und elegante Schuhmode aus Wien stellt die Tänzerin Ria Guenzel vor: Schwarze Seidenschuhe mit straßbesetzten Absätzen

März 1926

Presse beeinflußt Öffentlichkeit

12. März. Die »Frankfurter Zeitung« meldet, daß im Deutschen Reich 3812 Zeitungen und 4309 Zeitschriften erscheinen. Zeitungen zählen in der Weimarer Republik – neben dem Kino – zu den wichtigsten Massenmedien und beeinflussen die öffentliche Meinung maßgeblich.

Das Pressewesen konzentriert sich in Berlin; hier erscheinen 112 Zeitungen, und hier sind die drei großen Zeitungsverlage der 20er Jahre ansässig: Mosse, Ullstein und Scherl. Die August Scherl GmbH gehört Alfred Hugenberg, dem deutschnationalen, völkisch eingestellten Reichstagsabgeordneten und Financier. Hugenberg baut in der Weimarer Republik einen Medienkonzern auf, der fast zwei Drittel der gesamten deutschen Presse kontrolliert. Die seinem Konzern angeschlossenen Zeitungen werden auch in den Mittel- und Kleinstädten gelesen, wohingegen die Ausgaben von Mosse und Ullstein nur in Berlin und der näheren Umgebung Verbreitung finden und sich die überregionale Presse auf den Leserkreis des gebildeten Bürgertums beschränkt. Der Hugenberg-Konzern erreicht somit den größten Einfluß auf die öffentliche Meinung.

Das parteipolitische Spektrum der Tageszeitungen im Deutschen Reich ergibt folgendes Bild: 51,7% bezeichnen sich als parteilos – was jedoch wegen der Abhängigkeit von Anzeigen nicht mit neutral gleichzusetzen ist –, 22,9% als konservativ, 5,0% als sozialdemokratisch, 4,8% als liberal und 12,1% rechnen sich dem Zentrum zu.

Im Journalismus setzt sich allmählich der neue Stil der Reportage durch, bei dem die Tatsachen für sich selber sprechen sollen. Das Genre ist im Deutschen Reich vor allem durch den tschechischen Journalisten Egon Erwin Kisch – »Der rasende Reporter« (1925) – bekannt geworden. Seine Berichte verbinden genaue Beobachtungen mit einem glänzenden Stil.

Die renommierte »Berliner Illustrirte Zeitung« wird im Ullstein-Verlag Berlin herausgegeben. (Abb.: Titelblatt der Ausgabe vom 14. 3. 1926 mit einer Zeichnung von Theo Matejko, einen Arbeiter am Hochspannungsmast darstellend)

März 1926

Kosaken schießen von der Treppe in Odessa in die fliehende Menge; Szene aus »Panzerkreuzer Potemkin«

Eisenstein-Film wird zensiert

24. März. Mit dem Verbot der Filmprüfstelle in Berlin, den Stummfilm »Panzerkreuzer Potemkin« (1925) des sowjetischen Regisseurs Sergei M. Eisenstein im Deutschen Reich zu zeigen, beginnt eine scharfe Auseinandersetzung um die Zulassung dieses Films.

Eine Zensur gibt es zwar nach der Weimarer Verfassung nicht, jedoch können Filme verboten werden, wenn sie die öffentliche Sicherheit und Ordnung gefährden.

Der Stummfilm zeigt eine Meuterei auf dem russischen Panzerkreuzer »Potemkin« vor Odessa am Schwarzen Meer während der Revolution in Rußland im Jahr 1905.

Eisensteins Montagetechnik, in der kontrastierende Bilder in schnellen Schnitten die Vorgänge kommentieren, begründet eine neue Ära in der Filmkunst.

Im Deutschen Reich setzen sich rechte Kreise für das Verbot des Revolutionsfilms ein, während sich breite Bevölkerungsschichten für eine Freigabe aussprechen.

Am 10. April gestattet die Oberprüfstelle Berlin die Vorführung, allerdings in einer gekürzten Fassung, die den Gehalt des Films verunstaltet. Beispielsweise ist kaum noch zu erkennen, daß die Kosaken von einer Treppe in Odessa auf die Menge schießen.

Am 16. Juli wird der Film auf Antrag der Länder Bayern, Württemberg, Thüringen und Hessen erneut verboten. Eine endgültige Freigabe für 1926 erfolgt am 2. Oktober durch die Oberprüfstelle Berlin.

Stummfilm wirbt für Psychoanalyse

24. März. Als eine Offenbarung erleben die Kritiker die Berliner Uraufführung des Stummfilms »Geheimnisse einer Seele« von Georg Wilhelm Pabst, der den Erfolg einer psychoanalytischen Behandlung vorführt. Zwei Mitarbeiter von Sigmund Freud, Karl Abraham und Hanns Sachs, haben bei dem Projekt als Berater mitgewirkt.

Im Mittelpunkt der Handlung steht ein Chemiker, gespielt von Werner Krauss, der sich vor Messern und scharfen Gegenständen fürchtet und an Impotenz leidet. Eine Analyse seiner Kindheitserinnerungen und Träume führt zu seiner Heilung. Besonders eindrucksvoll ist die Inszenierung eines langen Alptraums.

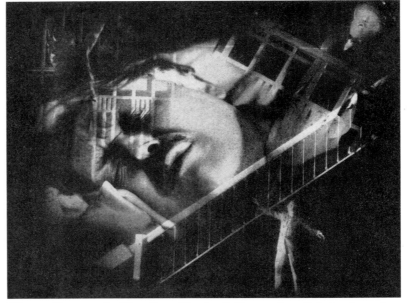

Werner Krauss als Chemiker Martin Rellmann in »Geheimnisse einer Seele«; durch Überblendungen erzielt Pabst beeindruckende Effekte

Kálmán-Operette feiert Premiere

26. März. Im Theater an der Wien in Wien erlebt die Operette »Die Zirkusprinzessin« des ungarischen Komponisten Emmerich Kálmán ihre Uraufführung. Die Tragikomödie behandelt eine scheinbar unstandesgemäße Liebe und eine Intrige, die aus einem veralteten Ehrbegriff resultiert. Die Musik ist auf die wechselnden Schauplätze der Operette – Zirkus, Wiener Hotel, Salon in Petersburg – abgestimmt, sie erinnert an Kálmáns größten Erfolg, die »Gräfin Mariza« (1924).

Emmerich Kálmán zählt mit Franz

Komponist Emmerich Kálmán

Lehár, Leo Fall und Robert Stolz zu den wichtigsten Vertretern der Wiener Operette, die durch das Werk von Lehár eine Erneuerung erfahren hat.

Nach wie vor gehört die um die Mitte des 19. Jahrhunderts entstandene Operette zu den beliebtesten Unterhaltungsformen. Die moderne Operette wandelt sich unter dem Einfluß der Revue, der großen Publikumsattraktion der 20er Jahre (→ 19. 2./S. 46). Die Tanzgruppen der Girls finden Eingang in die Operette, und die Handlung nimmt schwankhafte Züge an. Ein Beispiel hierfür ist die Operette »Die tanzenden Fräuleins« von Rudolph Nelson.

In Berlin findet vor allem der österreichische Komponist Franz Lehár viel Anklang, einer der gefeiertsten Operettenstars ist der Tenor Richard Tauber.

März 1926

Bootstaufe beim Ruderverband

Schießsport für Damen

Der Deutsche Damen-Automobilclub

Sportvereine veranstalten einen Frühjahrs-Werbelauf für das Frauenturnen in Berlin

Meisterinnen der verschiedensten Sportdisziplinen präsentieren sich dem Fotografen

Frauen begeistern sich für Sport

Sprintstrecken sind bei Frauen besonders beliebt

Die sportliche Betätigung von Frauen nimmt immer mehr zu. Bei den Frauen selber hat sich die Erkenntnis durchgesetzt, daß regelmäßiger Sport der Gesundheit dient, und sie haben ihre Begeisterung für sportliche Wettkämpfe entdeckt. Darüber hinaus sehen sie es als ein Zeichen von Emanzipation an, Sport zu treiben, ihren Körper zu beherrschen, sich von den Zwängen eines unbeweglichen Daseins zu befreien. Auch die Gesellschaft akzeptiert allmählich, daß Frauen ihren Körper trainieren.

Die Frauen erobern immer mehr Sportarten für sich, sie schwimmen, turnen, betreiben Leichtathletik, reiten, spielen Golf und Hockey, sie dringen sogar in männliche Sportgebiete ein und fahren Motorrad oder nehmen an Geschicklichkeitswettbewerben im Autofahren teil. »Warum soll eine Frau, die doch häufig im Leben steuert und führt, nicht auch ein Motorrad regieren können«, kommentiert eine Illustrierte.

In Wettbewerben stellen die Frauen unter Beweis, daß sie sportliche Höchstleistungen erbringen können; 1922 fanden in Paris die ersten offiziellen Leichtathletik-Frauenweltspiele statt, bei denen die Frauen 18 Weltrekorde aufstellten. Der Kampfgeist der Frauen stößt jedoch auch noch auf Ablehnung, an Olympischen Spielen durften bislang Leichtathletinnen nicht teilnehmen.

Handballspiel zweier Vereins-Damenmannschaften

»Ete« Rademacher sammelt Rekorde

30. März. Die Rekordserie des deutschen Schwimmers Erich »Ete« Rademacher auf seiner Amerika-Tournee reißt nicht ab: In Philadelphia verbessert er seinen eigenen Weltrekord über 500 m Brust auf 7:35,4 Minuten.

Rademacher schwimmt gegen eine Staffelmannschaft von fünf amerikanischen Schwimmern. Am 27. März hat Rademacher in Buffalo mit 2:49 Minuten einen Weltrekord über 200 m Brust aufgestellt und am 9. März in New Haven mit 5:50,2 Minuten einen Weltrekord über 400 m. Rademachers Stärke liegt in seinem Endspurt, in dem er sein Tempo enorm steigern kann.

Rademacher (M.)

Im Alter von 18 Jahren gewann Rademacher zum ersten Mal die Deutsche Meisterschaft über 100 m Brust. Seit dieser Zeit wird das Sportidol als »Nurmi des deutschen Schwimmsports« gefeiert.

Rademachers Vereinskamerad, der Deutsche Meister im Rückenschwimmen, Gustav Frölich, der bei den ersten Wettkämpfen in den USA nicht in guter Form war, gewinnt in Philadelphia die 100-Yard-Strecke.

Die beiden Sportler werden bei der Rückkunft in Deutschland begeistert begrüßt.

Erich »Ete« Rademacher sammelt in den Vereinigten Staaten Rekorde

April 1926

Mo	Di	Mi	Do	Fr	Sa	So
			1	2	3	4
5	6	7	8	9	10	11
12	13	14	15	16	17	18
19	20	21	22	23	24	25
26	27	28	29	30		

1. April, Donnerstag

Die französische Nationalversammlung nimmt mit 236 gegen 159 Stimmen den lange Zeit umstrittenen Steuergesetzentwurf an. Mit der Erhöhung der Zölle und Umsatzsteuer soll das Budgetdefizit ausgeglichen werden (→ 6. 3./S. 55).

Die Mailänder Universitätsbehörde löst den sechsten italienischen Philosophen-Kongreß auf. → S. 75

Das Schulgeld an den staatlichen höheren Schulen Preußens wird aufgrund der schlechten Finanzlage von Staat und Gemeinden auf 200 Mark jährlich erhöht. → S. 71

Der Stahltrust der Vereinigten Stahlwerke AG wird nach der Senkung der Fusionssteuer im Deutschen Reich gegründet. → S. 72

Die japanische Regierung führt für alle Schüler und Studenten im Alter von 16 bis 20 Jahren obligatorische Militärkurse ein. Sie umfassen jährlich 200 Unterrichtsstunden, von denen die Hälfte für militärische Übungen vorgesehen ist.

2. April, Karfreitag

Nach der Umbildung der rumänischen Regierung stellt der neue Ministerpräsident Alexandru Averescu sein Regierungsprogramm vor. Die Regierung tritt für eine Beteiligung ausländischen Kapitals an inländischen Unternehmen ein, für die Steigerung der Produktivität, eine Reform der Armee und freie kulturelle Betätigung für alle Nationalitäten und Konfessionen.

3. April, Sonnabend

Italien erhält eine neue Arbeitsgesetzgebung. Die Tarifautonomie wird beseitigt, Streik und Aussperrung werden verboten. → S. 70

In Großbritannien sind laufmaschensichere Strümpfe vorgestellt worden; diese Erfindung revolutioniert die Strumpfwarenfabrikation. → S. 77

In Maine (USA) hat der Ingenieur William Franko einen Bankbeamten erschossen, der ihm zum Verwechseln ähnlich sah. → S. 74

4. April, Ostersonntag

Der Weltkongreß der russischen Flüchtlinge wird in Paris eröffnet, er dauert bis zum 11. April. Die etwa 400 Delegierten aus europäischen Ländern und den USA streben die Gründung einer Zentralorganisation an, die gegenüber den einzelnen Regierungen und dem Völkerbund die Anliegen der Flüchtlinge vertritt.

Die Osternummer der »Vossischen Zeitung« bringt eine Diskussion zu dem Thema »Stirbt das Drama?«. Schriftsteller, Schauspieler und Regisseur behandeln die Frage, ob die neuen Medien Film und Rundfunk das traditionelle Theaterdrama verdrängen könnten. → S. 80

5. April, Ostermontag

Im Senat in Washington beginnt die Debatte über das 1920 in Kraft getretene Prohibitionsgesetz, das die Herstellung, den Transport und den Verkauf von Alkohol verbietet. → S. 74

Den indischen Behörden ist es gelungen, die religiösen Unruhen und blutigen Auseinandersetzungen zwischen Hindus und Moslems in Kalkutta zu unterbinden. → S. 70

6. April, Dienstag

Die Deutsche Lufthansa AG nimmt mit sieben Linien den innerdeutschen Flugverkehr auf. Mit 110 Maschinen fliegt sie 57 Städte an. → S. 72

Der Plan einer New Yorker Juwelenfirma, der Freiheitsstatue aus Reklamezwecken eine riesige Armbanduhr anzuhängen, scheitert. → S. 73

In Südwestafrika, in der Nähe von Beersheba, soll ein Sonnenobservatorium eingerichtet werden. → S. 76

7. April, Mittwoch

Bei einem Attentatsversuch wird der italienische Ministerpräsident Benito Mussolini an der Nase verletzt. → S. 69

Die kürzlich gegründete Liga zur Verteidigung der Freiheit tritt mit einem Aufruf in der französischen Zeitung »Quotidien« erstmals an die Öffentlichkeit. Die Liga will dem Faschismus mit den Waffen des Geistes entgegentreten. Ihr gehören Intellektuelle aus den meisten europäischen Ländern an.

Der deutsche Reichspräsident Paul von Hindenburg begeht sein 60. Militärdienst-Jubiläum. → S. 68

In der Zellulosefabrik Hoesch & Co. in Heidenau bei Pirna explodiert ein Kochkessel. Die Explosion zerstört das ganze Gebäude und fordert acht Todesopfer.

8. April, Donnerstag

In Wien wird das 150jährige Bestehen des Burgtheaters gefeiert. In der Festvorstellung am Abend spielt das traditionsreiche Ensemble »Minna von Barnhelm« von Gotthold Ephraim Lessing. → S. 79

Der Film »Die Biene Maja und ihre Abenteuer« wird im Berliner Capitol uraufgeführt. Der Film entstand nach Motiven des gleichnamigen Buches von Waldemar Bonsels. → S. 82

9. April, Freitag

In Saloniki (Griechenland) meutern einige Garnisonen. Sie verlangen den Rücktritt des Diktators und Ministerpräsidenten Theodoros Pangalos, die Einsetzung einer neutralen Regierung und freie Präsidentenwahlen. Regierungstreue Truppen schlagen die Meuterei am 10. April nieder; ein Ausnahmegericht verurteilt die Führer des Aufstands am 13. April zum Tode (→ 4./11. 4./S. 70).

Leo Trotzki und Lew Kamenew fordern auf der Tagung des Zentralkomitees der KPdSU über die wirtschaftliche Situation (6.–9. 4.) eine raschere Industrialisierung.

Auf dem Mississippi stoßen das niederländische Tankschiff »Silvanus« und das amerikanische Tankschiff »Thomas H. Wheeler« zusammen. Die »Silvanus« explodiert; die gesamte Mannschaft (36 Personen) kommt ums Leben.

10. April, Sonnabend

Das Haus Hohenzollern, das frühere deutsche Kaiserhaus, ist mit der Zahlung von Steuern in Höhe von sieben Millionen Mark im Rückstand.

Die Frankfurter Frühjahrsmesse wird eröffnet, sie dauert bis zum 14. April. Die Zahl der Aussteller ist infolge der schlechten Wirtschaftslage zurückgegangen; nur die Textilbranche verzeichnet ein zufriedenstellendes Ergebnis (→ 14. 4./S. 73).

In Köln findet die Uraufführung der Oper »Die Opferung des Gefangenen« des österreichischen Komponisten Egon Wellesz statt. Die Vorlage für die Oper bildet ein mexikanisches Tanzschauspiel (→ 25. 4./S. 78).

Die Oberprüfstelle Berlin gibt den im März verbotenen Film »Panzerkreuzer Potemkin« von Sergei Eisenstein nach entscheidenden Kürzungen frei (→ 24. 3./S. 62).

11. April, Sonntag

Mit überwältigender Mehrheit gewinnt der griechische Ministerpräsident Theodoros Pangalos die Präsidentschaftswahlen in Griechenland. → S. 70

Die preußischen Junglehrer verlangen auf einer Kundgebung im Berliner Lehrervereinshaus die Herabsetzung der Klassenstärken, um die Lehrerarbeitslosigkeit zu senken (→ 1. 4./S. 71).

Das Exekutivkomitee der Sozialistischen Internationale lehnt auf seiner Tagung in Zürich den Vorschlag ab, gemeinsam mit den Kommunisten eine neue Internationale zu gründen.

Der italienische Ministerpräsident Benito Mussolini trifft zu einem Besuch in Tripolis (Libyen) ein, der bis zum 16. April dauert. Der Besuch demonstriert italienische Macht. → S. 69

12. April, Montag

In der Nähe von Bagdad (Irak) ist am Tigris ein Deich gebrochen. Die Umgebung von Bagdad steht unter Wasser, auch der Königspalast, der außerhalb der Stadt steht, ist überschwemmt worden. Am 14. April fällt das Wasser des Tigris wieder, am 16. April wird der Deichbruch ausgebessert.

Die Nationalsozialisten haben in Köln für den Abend eine öffentliche Veranstaltung mit dem Referat »Enteignet die Fürsten, der Jude braucht Geld« angekündigt. Da die Kölner Bevölkerung gegen die aufhetzerischen Ankündigungsplakate protestiert hat, verbietet die Polizei diese Veranstaltung.

13. April, Dienstag

In Warschau finden vor dem Arbeitsministerium Kundgebungen von Arbeitslosen statt. Die Polizei zerstreut die Demonstranten; 36 Personen – darunter zehn Frauen – werden verhaftet. Auch in Lodz kommt es zu Massenversammlungen von Arbeitslosen. In Polen sind 400 000 Arbeitslose gemeldet.

14. April, Mittwoch

Das Oberste Verwaltungsgericht in Prag verhandelt über eine Beschwerde des Stiftes Tepl gegen die Enteignung der Kurhäuser und Heilquellen Marienbads. → S. 74

15. April, Donnerstag

Die Regierung des Königreiches der Serben, Kroaten und Slowenen (heute Jugoslawien) wird umgebildet (→ 8. 4./S. 70).

In Berlin wird eine internationale Schiffahrtskonferenz eröffnet. Sie berät über die Sicherung und Aufrechterhaltung der Freiheit des Schiffverkehrs.

Der Konflikt innerhalb der sächsischen Landtagsfraktion der SPD spitzt sich zu. → S. 71

Die Dortmunder Zeche Kaiserstuhl kündigt 600 Bergleuten, weil sie über zu große Haldenbestände verfügt.

Die Komödie »Zweimal Oliver« des deutschen Schriftstellers Georg Kaiser wird im Dresdner Staatstheater und gleichzeitig in mehreren anderen Städten uraufgeführt. → S. 82

16. April, Freitag

Der rumänische Bandit Tomescu, der »König der Wälder und Berge«, ist von einem Mitglied seiner Bande verraten und ermordet worden. Tomescu hatte sich während seiner Militärdienstzeit ein Vergehen zuschulden kommen lassen und war daraufhin in die Berge geflohen. Hier sammelte er eine Bande um sich und kämpfte gegen Gendarmen und Steuereinnehmer. Bei den Bauern war er so populär, daß sie ihn gegen die Gendarmerie unterstützten.

Der Budapester Magistrat verfügt die Absetzung des Stückes »Reigen« des österreichischen Schriftstellers Arthur Schnitzler vom Spielplan, mit der Begründung, das Theaterstück, das in zehn Szenen jeweils ein Paar vor und nach dem Beischlaf zeigt, verletze das sittliche Empfinden der Theaterbesucher.

Der Osterreigen als Titelblatt der Zeitschrift »Die Gartenlaube« vom 1. April

April 1926

17. April, Sonnabend
Die Kämpfe der rivalisierenden chinesischen Truppen um Peking sind beendet, die Führer der Volksheere haben sich zurückgezogen. In Peking selbst herrscht Hungersnot.

In Berlin gründen die führenden Theaterdirektoren Max Reinhardt (Deutsches Theater und Kammerspiele), Victor Barnowsky (Theater in der Königgrätzer Straße) und Eugen Robert (Berliner Theater) eine Arbeitsgemeinschaft. Sie wollen ein gemeinsames Ensemble für ihre Theater bilden und zahlreiche Abonnementspreise senken. → S. 80

In Dortmund beginnt der elfte Kongreß der Christlichen Gewerkschaften in Deutschland. Der Vorsitzende Adam Stegerwald fordert eine stärkere Beteiligung der Arbeiter an den Entscheidungsprozessen in der Wirtschaft.

18. April, Sonntag
In Marokko beginnen Friedensverhandlungen zwischen den Vertretern des marokkanischen Emirs Abd El Krim und den Delegierten Frankreichs und Spaniens. → S. 69

In der Aula der Berliner Universität wird die Reichsgesundheitswoche eröffnet. Sie setzt es sich zum Ziel, die Bevölkerung mit Ausstellungen, Vorträgen und Filmen über eine gesunde Lebensführung zu informieren. → S. 71

Die deutsche Mannschaft gewinnt in Düsseldorf das 57. Fußball-Länderspiel gegen die Niederlande 4:2.

An der Ostküste der USA ist ein schwerer Schneesturm niedergegangen. Zwei Menschen sind ums Leben gekommen, zahlreiche Telefon- und Telegraphenverbindungen wurden unterbrochen.

19. April, Montag
Die französischen Truppen in Syrien beginnen eine Offensive gegen die Drusen. Syrien ist seit 1920 Mandatsgebiet des Völkerbunds und steht unter französischer Kontrolle, d. h. die Verwaltung des Landes wird von Frankreich unter Aufsicht des Völkerbunds ausgeübt. 1925 begann ein Volksaufstand gegen die Franzosen. → S. 69

20. April, Dienstag
Die Sozialdemokratische Partei Polens tritt aus dem Koalitionskabinett Alexander Skrzyński aus. (→ 21. 4./S. 70)

Frauen sollen demnächst Beamtenstellen bei der Berliner Polizei erhalten, sie können Kriminalsekretärinnen und später Kriminalkommissarinnen werden. Bis jetzt arbeiten Frauen lediglich als Kriminalgehilfinnen.

Der Ausbruch eines Vulkans auf der Insel Hawaii dauert mit unverminderter Heftigkeit an. Die Lavamassen haben bereits zwei Dörfer unter sich begraben. Unter der Bevölkerung ist eine Panik ausgebrochen. → S. 76

21. April, Mittwoch
Der polnische Staatspräsident Stanislaw Wojciechowski beruft nach dem Rücktritt der Sozialdemokraten aus dem Kabinett eine Konferenz ein, an der auch der frühere polnische Staatschef Józef Klemens Pilsudski teilnimmt. Es gelingt jedoch nicht, die Regierungskrise zu beheben. → S. 70

Das Schauspiel »Brennende Erde« von dem deutschen Dichter Klabund (eigtl. Alfred Henschke) wird im Schauspielhaus Frankfurt am Main uraufgeführt. Das Stück spielt zur Zeit der russischen Revolution; die einzige weibliche Rolle spielt Carola Neher. → S. 82

Der deutsche Architekt Otto Bartning übernimmt die Leitung der Staatlichen Hochschule für Handwerk und Baukunst in Weimar, die aus dem früheren Bauhaus hervorgegangen ist.

22. April, Donnerstag
Der deutsche Reichsrat stimmt dem neuen Entwurf zum Duellgesetz zu. Das bereits im Februar verabschiedete Gesetz war nicht verkündet worden. Der neue Entwurf ändert die Bestimmung, wonach Offiziere, die an einem Duell teilgenommen haben, entlassen werden mußten, in die Möglichkeit um, daß sie aus dem Dienst entlassen werden können. Am 29. April nimmt der Deutsche Reichstag das Duellgesetz an (→ 3. 2./S. 41).

Die erste Nummer der »Pressemitteilungen« des Allgemeinen Deutschen Gewerkschaftsbundes erscheint. Die Mitteilungen enthalten Informationen über Gewerkschaftsfragen und werden an alle Gewerkschaftszeitungen und Bezirkssekretäre verschickt.

23. April, Freitag
Italienische Truppen schlagen in Italienisch-Somaliland einen Aufstand der Somalis nieder. Der Aufstand brach aus, weil sich einige Häuptlinge geweigert haben, die italienische Oberhoheit zu akzeptieren. Somaliland (heute Somalia) ist seit der Jahrhundertwende italienische Kolonie.

Der britische Premierminister Stanley Baldwin übernimmt offiziell die Vermittlung im Tarifkonflikt zwischen Arbeitgebern und Arbeitnehmern der Kohleindustrie. Die Verhandlungen zwischen beiden Tarifparteien sind gescheitert, weil keine Einigung über die Senkung der Löhne und die Festsetzung von Minimaleinkommen erzielt werden konnte (→ 3. 5./S. 90).

Die südafrikanische Regierung erklärt ihr Einverständnis, mit Indien über das Problem der indischen Einwanderer in Südafrika zu verhandeln. Südafrika übt Druck auf die Inder aus, wieder in ihre alte Heimat zurückzukehren. → S. 70

Nachdem die österreichische Zeitung »Abend« bereit war, gegen Bezahlung die Tendenz ihrer Artikel zu verändern, wird in Österreich ein neues Pressegesetz diskutiert. Die Veröffentlichung von unrichtigen Informationen, die den Betroffenen in seinem Fortkommen oder Ansehen schädigen, soll künftig bestraft werden. → S. 73

Ein Vortrag über Geburtenrückgang und sexuelle Fragen, den der Münchner Arzt Julian Marcuse am Abend in München auf einer Frauenversammlung halten wollte, wird von der Polizei verboten. Der Arzt tritt für eine Reform des § 218 (Verbot des Schwangerschaftsabbruchs) ein. → S. 71

24. April, Sonnabend
Der sowjetische Botschafter in Berlin, Nikolai N. Krestinski, und der deutsche Außenminister Gustav Stresemann unterzeichnen den Freundschafts- und Neutralitätsvertrag (Berliner Vertrag) zwischen dem Deutschen Reich und der Sowjetunion. → S. 68

25. April, Sonntag
Resa Pahlawi wird in einer prunkvollen Zeremonie in Teheran zum neuen Schah von Persien gekrönt; die iranische Nationalversammlung hat ihn 1925 zum neuen Schah bestimmt. → S. 75

Die Uraufführung der Oper »Turandot« des italienischen Komponisten Giacomo Puccini findet in der Mailänder Scala unter der Leitung des italienischen Dirigenten Arturo Toscanini statt. → S. 78

Das Drama »Fegefeuer in Ingolstadt« der deutschen Schriftstellerin Marie-Luise Fleißer wird von der Jungen Bühne Berlin uraufgeführt. Das Stück schildert die beklemmende Atmosphäre in einer Provinzstadt. → S. 82

26. April, Montag
In Wien und in Niederösterreich beginnt ein Bierboykott. Aus Protest gegen die Erhöhung der Bierpreise durch das Brauereikartell wollen die Gastwirte kein Bier mehr ausschenken. Der Boykott wird am 30. April beendet, nachdem die Regierung zugesichert hat, die Bierpreiserhöhung zu überprüfen.

In Moskau herrscht Hochwasser. Das Wasser ist auch in die unteren Räume der Tretjakow-Galerie eingedrungen, gefährdete Gemälde wurden jedoch rechtzeitig in den Kreml gerettet.

27. April, Dienstag
80% der Arbeiter im Salgo-Tarjaner Kohlebecken in Ungarn beginnen ohne Vorankündigung einen Streik. Seit einem Jahr wird in den Bergwerken nur an zwei Tagen in der Woche gearbeitet; viele Familien leiden an Hunger. Die Kohleförderung ist zurückgegangen, weil Kohlen aus Polen zu Dumpingpreisen in Ungarn abgesetzt werden.

28. April, Mittwoch
Der Deutsche Industrie- und Handelstag tritt in Berlin zu seiner 46. Vollversammlung zusammen. In seiner Eröffnungsrede weist der deutsche Reichskanzler Hans Luther darauf hin, daß der Export seit Ende 1925 wieder steigt.

Der Kölner Domschatz kann wieder von der Öffentlichkeit besichtigt werden. Er wurde 1918 in ein Verlies eingemauert und auch nach dem Ende des Weltkriegs verborgen gehalten; man wollte auf diese Weise einer Beschlagnahme durch die Alliierten entgehen. → S. 81

Die Vorführung des ägyptischen Fakirs Rahman Bey in einem Londoner Hotel ruft Aufsehen und Grauen hervor. Die Zuschauer empfinden seine Darbietungen als grausam. → S. 77

Der britische Automobilrennfahrer J. G. Parry Thomas stellt in Pendine (Großbritannien) mit 275,222 km/h einen Geschwindigkeitsweltrekord auf.

29. April, Donnerstag
Die USA und Frankreich schließen ein Abkommen über die Schuldenrückzahlung. Frankreich hat bei den USA Schulden in Höhe von 4,2 Milliarden Dollar, die bis 1987 in gestaffelten Beträgen zurückzuzahlen sind. Die Schulden resultieren aus Krediten, die Frankreich während des Weltkriegs erhalten hat.

Neuer Vorsitzender der Zentrumsfraktion im Deutschen Reichstag wird Wilhelm Marx.

30. April, Freitag
Die Verhandlungen im Tarifkonflikt der britischen Kohleindustrie werden ergebnislos abgebrochen. Um Mitternacht treten die Bergarbeiter in den Streik (→ 3. 5./S. 90).

Das belgische Kultusministerium fordert die Schulen auf, im Unterricht auf die Bedeutung des Völkerbundes einzugehen, und erklärt sich dazu bereit, Schulbücher zurückzuziehen, die Rassen- oder Völkerhaß gutheißen.

Gestorben:
4. Schloß Landsberg: August Thyssen (*17. 5. 1842, Eschweiler), deutscher Industrieller. → S. 72

25. Strand: Ellen Key (*11. 12. 1849, Sundshom), schwedische Reformpädagogin. → S. 77

30. Wien: Richard Weiskirchner (*24. 3. 1861, Wien), österreichischer Politiker.

Geboren:
2. München: Max Greger, München, deutscher Orchesterleiter.

21. London: Elisabeth II., Königin von Großbritannien (→ 29. 5./S. 97).

23. Essen: Ruth Leuwerik, deutsche Schauspielerin.

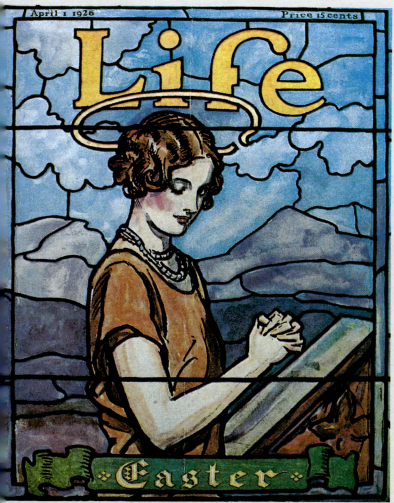

Die US-amerikanische Zeitschrift »Life« mit einem Titel zur Glaskunst

Titelbild der »Berliner Illustrirten Zeitung« vom 18. April 1926 anläßlich der Internationalen Kunstausstellung in Venedig

April 1926

Unterzeichnung des deutsch-sowjetischen Vertrags in Berlin durch Stresemann (M.) und Krestinski (2. v. r.)

Deutsch-sowjetisches Bündnis

24. April. Zwischen dem Deutschen Reich und der Sowjetunion wird in Berlin ein Freundschafts- und Neutralitätspakt geschlossen; Unterzeichner des Berliner Vertrags sind der deutsche Außenminister Gustav Stresemann und der sowjetische Botschafter Nikolai N. Krestinski.
Der Vertrag enthält folgende Bestimmungen:
▷ Beide Staaten verpflichten sich, alle sie angehenden Fragen freundschaftlich und auf dem Wege der Verständigung zu lösen
▷ Die Vertragspartner sichern sich Neutralität in jedem Konflikt zu, in den einer der beiden Staaten durch den kriegerischen Angriff einer anderen Macht verwickelt wird
▷ Die Neutralitätsverpflichtung gilt auch für den Fall, daß einer der vertragschließenden Staaten einem wirtschaftlichen Boykott ausgesetzt ist
Die beiden letzten Punkte gelten allerdings nur, wenn ein Vertragspartner bei eigenem friedlichen Verhalten Ziel eines Angriffs von außen wird.
Der Berliner Vertrag stellt eine Fortsetzung der deutsch-sowjetischen Vertragspolitik dar, die zum Abschluß der Vereinbarungen von Rapallo am 16. April 1922 geführt hatte. Damals hatten beide Staaten die diplomatischen Beziehungen wiederaufgenommen.

Die sowjetische Seite hatte auf den Abschluß eines neuerlichen Freundschaftsvertrages gedrängt. Sie fürchtete, das Deutsche Reich könnte eine einseitige Bindung an den Westen vollziehen und sich schließlich gegen die Sowjetunion

Beziehungen zu Sowjetrußland

5. 11. 1918: Das Deutsche Reich bricht die diplomatischen Beziehungen zu Sowjetrußland ab.
16. 4. 1922: Vertrag von Rapallo: Das Deutsche Reich und Sowjetrußland vereinbaren die Wiederaufnahme diplomatischer Beziehungen und verzichten gegenseitig auf den Ersatz von Kriegskosten und Kriegsschäden, die sie sich im Weltkrieg zugefügt haben. Ferner wird die Gewährung der Meistbegünstigung in den künftigen Wirtschaftsbeziehungen beschlossen.
Mit dem Rapallo-Vertrag will die Reichsregierung einer Isolation des Deutschen Reiches gegenüber den ehemaligen Kriegsgegnern in Ost und West entgegenwirken.
12. 10. 1925: Abschluß eines deutsch-sowjetischen Handelsvertrags in Moskau.

richten. Anlaß zu dieser Besorgnis waren der deutsche Antrag auf Aufnahme in den Völkerbund (→ 8. 2./S. 32) und der Abschluß der Verträge von Locarno am 16. Oktober 1925. In Locarno hatte das Deutsche Reich seinen westlichen Nachbarn Frankreich und Belgien die Unverletzlichkeit der deutschen Westgrenze zugesichert und auf Gebietsforderungen verzichtet.
Die Außenpolitik der Reichsregierung ist zwar an einer Annäherung an den Westen und – damit einhergehend – an einer Erleichterung der Bestimmungen des Versailler Friedensvertrags interessiert, ein militärisches Bündnis mit dem Westen strebt Außenminister Gustav Stresemann jedoch nicht an. Er hatte in den Locarno-Verträgen im Gegenteil erreicht, daß Artikel 16 der Völkerbundsatzung, der alle Staaten zur Mitwirkung an Sanktionen verpflichtet (militärische Hilfe eingeschlossen), nur in abgeschwächter Form für das Deutsche Reich Gültigkeit bekam. Damit war die Hauptsorge der Sowjets, das Deutsche Reich könnte gemeinsam mit den Westmächten Polen in einem möglichen Krieg gegen die Sowjetunion unterstützen, bereits beschwichtigt worden. Die Reichsregierung hofft langfristig auf eine Revision der deutschen Ostgrenze auf Kosten Polens; eine solche Lösung wäre nur gemeinsam mit der Sowjetunion zu erreichen.

Hindenburg als Jubilar gefeiert

7. April. Reichspräsident Paul von Hindenburg begeht die 60. Wiederkehr seines Eintritts in die Armee. Anläßlich der Jubiläumsfeierlichkeiten schreitet der Generalfeldmarschall eine Ehrenkompanie ab, die Fahnen derjenigen Regimenter mit sich führt, in denen er gedient hat. Reichswehrminister Otto Geßler (DDP) und der Jubilar betonen in ihren Festreden die Kontinuität zwischen der kaiserlichen Armee und der Reichswehr der Republik.
Hindenburg, der aus einer Offiziers- und Gutsbesitzerfamilie stammt, nahm am Deutschen Krieg 1866 und am Deutsch-Französischen Krieg 1870/71 teil; 1903 wurde er Kommandierender General.
1911 trat Hindenburg in den Ruhestand, wurde jedoch bei Ausbruch des Weltkriegs reaktiviert und übernahm zusammen mit General Erich Ludendorff die Führung der 8. Armee (mit der er bei Tannenberg im August 1914 einen Sieg über die russischen Truppen erkämpfte). Im August 1916 übernahm Hindenburg zusammen mit Ludendorff die Dritte Oberste Heeresleitung.
Als Symbolfigur konservativ-monarchistischer Kreise wurde Hindenburg von rechtsorientierten Parteien als Kandidat für die Nachfolge des verstorbenen Reichspräsidenten Friedrich Ebert (SPD) aufgestellt und am 26. April 1925 zum Reichspräsidenten gewählt.

Hindenburg (M., im Portal) begrüßt die Fahnen der Regimenter

April 1926

Der italienische Ministerpräsident und Duce Benito Mussolini (im Auto) wird bei seiner Ankunft in Tripolis mit dem »römischen Gruß« empfangen

Rom auf Expansion aus

11. bis 16. April. Zu einer Demonstration italienischen Expansionsstrebens gestaltet sich die Reise von Ministerpräsident und Duce Benito Mussolini nach Tripolis (Libyen). Mussolini fährt mit dem Panzerschiff »Graf Cavour« in die nordafrikanische Küstenstadt.
Libyen war nach dem italienisch-türkischen Krieg von 1911/12 an Italien gefallen. Die islamische Bruderschaft der Senussi leistete gegen die Kolonialherren jedoch Widerstand und erhielt dabei während des Weltkriegs Unterstützung von deutscher und türkischer Seite; Italien waren schließlich nur die Küstenplätze in Libyen verblieben.
Nach Kriegsende bemühte sich Italien um eine Rückeroberung ihres libyschen Einflußbereichs; bis 1925 konnte ein Teil des Gebiets – Tripolitanien – wieder unter italienische Herrschaft genommen werden.
Die Reise von Mussolini nach Tripolis löst Besorgnis in Paris aus. Die französische Regierung geht davon aus, daß die italienische Machtdemonstration in Tripolis auf Tunesien zielt, das seit 1881 französisches Protektorat ist, jedoch von italienischen und französischen Kolonisten in etwa gleicher Stärke besiedelt ist. Mussolini bestärkt solche Ängste mit der Erklärung: »Das Mittelmeer war schon einmal ein römisches Meer. Ich hoffe, die Wiederkehr dieser Zeit zu erleben.«

Kolonialmächte in Marokko siegreich

18. April. In Marokko werden Friedensverhandlungen zwischen dem marokkanischen Emir Abd El Krim und französischen sowie spanischen Delegationen aufgenommen.
Marokko ist seit 1912 französische Kolonie, der Nordteil steht unter spanischer Kolonialherrschaft. Formal hat der marokkanische Sultan Jusuf die Souveränität über das Gesamtgebiet inne.
Abd El Krim führt mit dem Stamm der Rifkabylen einen Kampf gegen die Kolonialmächte, der gegen Spanien 1921 erfolgreich ist, jedoch mit einer Niederlage endet, als er 1925 auf die französische Zone übergreift (→ 26. 5./S. 91).

Ministerpräsident Benito Mussolini mit Nasenverband

Attentat auf Benito Mussolini

7. April. Der italienische Ministerpräsident und Duce Benito Mussolini wird auf dem Platz des Kapitols in Rom bei einem Attentatsversuch leicht verletzt.
Als Tatverdächtige wird die irische Adlige Violet Albina Gibson (50) festgenommen; sie soll einen Revolverschuß abgegeben haben, der den Faschistenführer an der Nase getroffen hat. Ihr Geisteszustand wird in Frage gestellt. Infolge des Gerüchts, die Attentäterin sei slawischer Herkunft, versucht eine Gruppe von Studenten, die Sowjetbotschaft zu stürmen.

Drusen gegen die Franzosen

19. April. Die französischen Truppen in Syrien starten eine neuerliche Offensive gegen die Drusen. Diese aus dem schiitischen Islam hervorgegangene Sekte befindet sich seit 1925 im Aufstand gegen die Franzosen, die das Land seit 1920 als Völkerbundmandat verwalten.
Der ehemaligen osmanischen Provinz Syrien war es im Weltkrieg mit Unterstützung von Großbritannien gelungen, sich von der türkischen Herrschaft zu befreien. Im Sykes-Picot-Abkommen, einem 1916 zwischen Frankreich und Großbritannien geschlossenen Vertrag über die Aufteilung des Osmanischen Reiches, wurde Syrien zur französischen Einflußsphäre deklariert.
Ein Aufstandsversuch der syrischen Nationalisten führte 1920 zur Ausrufung eines unabhängigen Königreichs Groß-Syrien unter Einschluß von Palästina, Transjordanien und Libanon mit König Faisal I. an der Spitze. Dieser Aufstand wurde von den Franzosen brutal niedergeschlagen, König Faisal I. wurde aus dem Land vertrieben und Syrien als Völkerbundsmandat unter französische Verwaltung gestellt. Ein Mandat bedeutet nach der Satzung des Völkerbundes die Vormundschaft »fortgeschrittener Nationen (über) Völker, die noch nicht imstande sind, sich selbst zu leiten«. Syrien gilt formal als A-Mandat, d. h., die staatliche Selbständigkeit ist fest in Aussicht genommen.
Die Franzosen regierten in dem Mandat fortan nach dem Prinzip »Teile und herrsche«. Libanon und Palästina wurden abgetrennt, es wurden selbständige Distrikte für die Drusen und die Religionsgemeinschaft der Alawiten geschaffen.
In den religiösen Auseinandersetzungen zwischen Moslems und Christen, die von den Franzosen noch geschürt werden, stützt sich Paris auf die christlichen Maroniten, die seit dem 19. Jahrhundert enge Bindungen an Frankreich unterhalten und zur Oberschicht des Landes gehören.
Die syrischen Nationalisten fordern weiterhin ein unabhängiges und wiedervereinigtes Groß-Syrien. Die Rebellion der Drusen gegen die französischen Besatzungstruppen weitet sich zu einem allgemeinen Volksaufstand aus.

Verwundete Kämpfer aus dem Stamm der marokkanischen Rifkabylen, Anhänger Abd El Krims, werden mit Pferden ins Krankenhaus gebracht

April 1926

Südafrika bereit zur Verhandlung

23. April. Die Regierung von Südafrika erklärt sich bereit, vor der Verabschiedung von Sondergesetzen für farbige Einwohner ihres Landes mit der indischen Regierung zu einer Round-Table-Konferenz zusammenzukommen.

Die südafrikanische Regierung unter Ministerpräsident James Barry Munnick Hertzog verfolgt eine Politik der Rassentrennung, die vorrangig darauf ausgerichtet ist, die schwarze Bevölkerung des Landes ebenso wie Mischlinge und Inder in besonderen Reservaten zusammenzudrängen. Für die 160 000 Inder in den Provinzen Transvaal und Natal ist nach den bisherigen Plänen der Regierung ein schmaler Küstenstreifen vorgesehen, auf dem die Besiedlungsdichte allerdings so groß sein würde, daß mit der Auswanderung Tausender von Indern zu rechnen wäre.

Seit 1913 ist die Einwanderung von Indern nach Südafrika nicht mehr gestattet – zuvor waren sie als billige Arbeitskräfte ins Land geholt worden. Die südafrikanische Regierung erklärt, dieses Einwanderungsverbot könne allenfalls für diejenigen Inder aufgehoben werden, die auf europäische Weise leben und in Südafrika einen Lebensstandard aufrechterhalten, der westlichen Ansprüchen genügt. Premierminister Hertzog und seine Nationale Partei verfolgen einen antibritischen Kurs (→ 18. 11./S. 181).

Bei den Religionsunruhen in der indischen Stadt Kalkutta muß die Polizei wiederholt einschreiten, um die Sprengung von Gebäuden zu verhindern

Religionsunruhen in Kalkutta

April. Auseinandersetzungen zwischen Hindus und Moslems in der indischen Stadt Kalkutta flackern im Verlauf des Monats auf.

Am 5. April scheint es den indischen Behörden gelungen zu sein, die Ruhe wiederherzustellen. Die Bilanz der blutigen, religiös motivierten Auseinandersetzungen während der vorangegangenen drei Tage: 45 Tote, 500 Schwerverletzte.

Am 24. April verschärft sich die Lage erneut und weitet sich von Kalkutta aus nach Nordindien aus. Die Behörden setzen Panzer und Maschinengewehr-Patrouillen ein.

Der hinduistische Sheba-Tempel in Kalkutta, von Moslems bei den Auseinandersetzungen zerstört

Nationalitäten im Konflikt

8. April. Das Königreich der Serben, Kroaten und Slowenen (heute Jugoslawien) erhält einen neuen Ministerpräsidenten: Nikola Uzunović löst Nikola Pašić ab.

Die Ursache für den Regierungswechsel liegt in den ungelösten Nationalitätenproblemen des Königreichs, in dem die Serben eine Dominanz anstreben. Sowohl Pašić wie Uzunović sind Serben.

Dagegen agitiert der Vorsitzende der kroatischen Bauernpartei, Stjepan Radić, der am 15. April zusammen mit zwei weiteren kroatischen Ministern aus der Regierung Uzunović ausscheidet.

Kabinettskrise erschüttert Polen

21. April. Aufgrund von Meinungsverschiedenheiten über die Mittel zur Beilegung der Wirtschaftskrise beschließt das polnische Kabinett seinen Rücktritt.

Am 20. April scheiden die Sozialdemokraten aus der Koalition unter Regierungschef Alexander Graf Skrzyński aus. Sie lehnen es ab, den Beamtenetat durch Zurückziehung der Teuerungszulage zu kürzen. Einen Tag darauf reicht das Gesamtkabinett ein Rücktrittsgesuch ein. Staatspräsident Stanislaw Wojciechowski nimmt die Demission jedoch nicht an (→ 12.–14. 5./S. 89).

Scheinwahlen in Griechenland

4./11. April. An zwei Tagen finden in Griechenland Präsidentschaftswahlen statt. Theodoros Pangalos, der sich am 3. Januar (→ S. 18) zum Diktator ausgerufen hat, erringt einen überwältigenden Sieg. Da die Wahlen unter strengsten Sicherheitsvorkehrungen und Ausschaltung der Pressefreiheit durchgeführt werden, spricht die ausländische Presse von einer Farce und von Scheinwahlen.

Pangalos hatte die Position des Präsidenten durch eine Verfassungsänderung, mit der die Rechte des Parlaments eingeschränkt werden, gestärkt. In einer am 8. April amtlich veröffentlichten Verordnung wird

Diktator Theodoros Pangalos wird Ministerpräsident in Athen

u. a. festgelegt, daß der griechische Präsident jederzeit die Möglichkeit zur Auflösung des Parlaments während der Wahlperiode habe. Ferner wird das Recht des Parlaments, dem Präsidenten das Mißtrauen auszusprechen, eingeschränkt: »Während ein und derselben Session ist es nicht erlaubt, gegen die Regierung, die bereits ein Vertrauensvotum erhalten hat, einen Mißtrauensantrag einzubringen.«

Eine militärische Meuterei in Saloniki wird am 9. April von regierungstreuen Truppen rasch niedergeschlagen, die Anführer des Aufstands werden zum Tode verurteilt, später jedoch begnadigt (→ 22. 8./S. 138).

Italien beseitigt Tarifautonomie

3. April. Im Zuge der Herausbildung eines faschistischen Einheitsstaates erhält Italien eine neue Arbeitsgesetzgebung, mit der die Tarifautonomie beseitigt wird. Für den Abschluß von Arbeitsverträgen ist künftig allein der Staat zuständig.

Die bestehenden Gewerkschaften und Arbeitgeberverbände werden aufgelöst, an ihre Stelle treten regierungsfreundliche Berufsverbände der Unternehmer und die faschistischen Gewerkschaften. Arbeitgeber- und Arbeitnehmerorganisationen einzelner Berufssparten werden kooperativ zusammengeschlossen. Das Streikrecht wird aufgehoben.

April 1926

Zur Eröffnung der Reichsgesundheitswoche, die in allen Teilen des Deutschen Reiches zur Förderung des Gesundheitsbewußtseins veranstaltet wird, findet in Hamburg eine öffentliche Turnveranstaltung statt

Eine Woche für die Gesundheit

18. April. In der Aula der Berliner Universität wird die Reichsgesundheitswoche feierlich eröffnet. Zugleich finden Eröffnungsveranstaltungen in mehr als 1000 Orten des Deutschen Reiches statt.
Die Reichsgesundheitswoche, die auf eine Initiative der zentralen Krankenkassenverbände zurückgeht, hat zum Ziel, »die allgemeine Aufmerksamkeit auf die Wichtigkeit der Gesundheitspflege hinzuweisen, die gesundheitliche Aufklärung auf wissenschaftlicher Grundlage zu vertiefen und das persönliche Verantwortlichkeitsgefühl jedes einzelnen gegenüber seinen gesundheitlichen Pflichten zu stärken«. Zu diesem Zweck werden Vorträge gehalten, Ausstellungen organisiert, Filme gezeigt und Belehrungsschriften verteilt.
Besondere Schwerpunkte der Aufklärungsaktionen sind:
▷ *Tuberkulose:* Die Zahl der an Tbc erkrankten Menschen ist zwar gegenüber dem Inflationsjahr 1923 statistisch gesehen von 1,78 auf 1,32 Erkrankte je 1000 Lebende deutlich zurückgegangen, in den Großstädten aber immer noch erschreckend hoch. Ursachen sind vor allem die schlechte Wirtschaftslage, mangelhafte Ernährung und städtische Wohnungsnot.
▷ *Geschlechtskrankheiten:* Neben dem Appell, Behandlungen zu Ende zu führen (nur 10% der Syphilitiker bringen eine Behandlung zum Abschluß), steht die Aufklärung über Symptome und Übertragungsmöglichkeiten im Vordergrund. Besonders gut besucht ist der Aufklärungsfilm »Dürfen wir schweigen« von Richard Oswald mit Conrad Veidt
Ein weiteres Schwerpunktthema sind die niedrigen Geburtenzahlen im Deutschen Reich.

Spaltung der sächsischen SPD

15. April. Die sozialdemokratischen Bezirksvorstände in Sachsen schließen 23 Vertreter der Rechtssozialisten, einschließlich der sozialdemokratischen Minister in der sächsischen Regierung, aus der Partei aus. Als Vertreter der offiziellen Sozialdemokratie im sächsischen Landtag gelten fortan nur die 18 linkssozialistischen Abgeordneten. Die Rechtssozialisten, die an der sächsischen Regierung in einer Großen Koalition mit den Demokraten (DDP) und der DVP beteiligt sind, hatten am 25. März gegen eine Parlamentsauflösung, die von den Linkssozialisten gefordert worden war, gestimmt.

Abtreibungen bleiben tabu

23. April. Der Arzt Julian Marcuse, ein Befürworter der Reform des Abtreibungsparagraphen 218, wird von der Münchener Polizei daran gehindert, auf einer Frauenversammlung einen Vortrag zu halten.
Der Paragraph 218 sieht für Frauen, die abtreiben, eine Zuchthausstrafe bis zu fünf Jahren vor. Vor allem Frauen der Unterschicht gehen dennoch zu Kurpfuschern und geraten so in die Mühlen der Justiz, während Frauen der gehobeneren Schichten die Möglichkeit haben, den Schwangerschaftsabbruch im Ausland vornehmen zu lassen (→ 14. 5./S. 99).

Schulen leiden unter Geldmisere

1. April. Wegen der schlechten Finanzlage von Staat und Kommunen wird das Schulgeld in Preußen drastisch angehoben. Künftig müssen Eltern für den Schulbesuch jedes Kindes 200 Reichsmark (RM) pro Jahr zahlen.
Die Finanznot der öffentlichen Kassen hat eine hohe Lehrerarbeitslosigkeit zur Folge. Auf einer Versammlung der im Preußischen Lehrerverein zusammengeschlossenen Junglehrer in Berlin wird am 11. April darauf hingewiesen, daß auf 150 jährlich freiwerdende Stellen in Preußen 30000 Lehramtsbewerber kommen.

Arbeiterkinder, deren Eltern der SPD und KPD nahestehen, demonstrieren für eine weltliche, von konfessionellen Einflüssen freie Schule

Plakat von Käthe Kollwitz für die Abschaffung des Paragraphen 218

April 1926

Die Flugsaison wird eröffnet

6. April. Nach sechsmonatiger Winterpause wird zunächst der inländische, später auch der internationale Flugverkehr von deutschen Flughäfen wieder aufgenommen. Erstmals wird der Passagierverkehr von nur einer Fluggesellschaft, der Deutschen Lufthansa AG (→ 6. 1./S. 19), betrieben.

Folgende Linien werden am 6. April eröffnet:
- Berlin-Halle-Erfurt-Stuttgart-Zürich
- Berlin-Magdeburg-Köln
- Berlin-Hamburg-Kiel-Flensburg
- Essen-Dortmund-Frankfurt am Main
- Dortmund-Essen-Köln-Frankfurt am Main-München
- Hamburg-Bremen-Dortmund-Essen-Düsseldorf-Köln
- Bremen-Hannover-Braunschweig-Leipzig-Chemnitz

Bis zum Monatsende kommen nahezu alle weiteren Linien des Flugnetzes hinzu. Insgesamt fliegt die Deutsche Lufthansa AG mit ihren 110 Maschinen von Junkers, Dornier und Fokker 57 Orte an.

Die Preise halten sich im Rahmen. So kostet ein Kurzflug von Essen nach Dortmund (20 Minuten Flugzeit) 20 Reichsmark (RM), für die Strecke Dortmund-Frankfurt am Main muß man 40, für Frankfurt am Main-München bei einer Flugzeit von 2:45 Stunden 70 RM bezahlen. Jeder Flugreisende darf 10 kg Freigepäck mit an Bord nehmen, weitere Fracht ist gebührenpflichtig.

Eines der viermotorigen Udet-Verkehrsflugzeuge, das die Lufthansa AG in Dienst gestellt hat, vor dem Abflug auf dem Flughafen Berlin-Tempelhof

Ein viermotoriges Flugzeug der Deutschen Lufthansa AG nach der Landung auf dem Flughafen in Travemünde (Ostsee)

Großindustrieller August Thyssen tot

4. April. Kurz vor Vollendung des 84. Lebensjahrs stirbt auf Schloß Landsberg bei Kettwig der Industrielle August Thyssen, einer der größten deutschen Montanunternehmer.

August Thyssen war der Sohn des Direktors eines Drahtwalzwerkes. Nach dem Besuch der Technischen Hochschule in Karlsruhe und des Höheren Handelsinstituts in Antwerpen gründete er 1867 in Duisburg das Puddel- und Eisenwalzwerk Thyssen, Tossoul & Co., das er wenige Jahre später mit Gewinn liquidierte. 1871 begann er – gemeinsam mit dem Vater – den Aufbau der Thyssen & Co. Kommanditgesellschaft in Mülheim an der Ruhr, zunächst ein Band- und Stabeisenwalzwerk mit 70 Beschäftigten. Mit dem Erwerb von Maschinenfabriken, Steinkohlefeldern, Eisenhüttenwerken sowie französischen Fabriken entstand schließlich der Thyssen-Konzern, der neben Krupp zum größten deutschen Montanunternehmen im ersten Viertel des 20. Jahrhunderts wurde. Bereits vor dem Weltkrieg waren 50 000 Menschen beim Thyssen-Konzern beschäftigt.

Nach dem Krieg betrieb August Thyssen den Aufbau der Vereinigten Stahlwerke (→ 1. 4./S. 72), die sein ältester Sohn Fritz leitet. Während August Thyssen der rheinischen Zentrumspartei nahesteht, unterstützt sein Sohn seit 1923 die Nationalsozialisten.

August Thyssen, einer der mächtigsten Industriellen im Kaiserreich und in der Weimarer Republik

Ein Stahltrust der Superlative

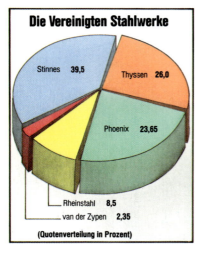

Die Vereinigten Stahlwerke
- Stinnes 39,5
- Thyssen 26,0
- Phoenix 23,65
- Rheinstahl 8,5
- van der Zypen 2,35

(Quotenverteilung in Prozent)

1. April. Sieben führende deutsche Montanunternehmen schließen sich zusammen und gründen die Vereinigte Stahlwerke AG (Vestag), Düsseldorf, eines der größten Industrieunternehmen der Weimarer Republik. Der Zusammenschluß wird am 5. Mai vollzogen, gilt jedoch rückwirkend ab 1. April.

An den Vereinigten Stahlwerken sind u. a. die Stinnes-, die Thyssen- und die Phoenix-Gruppe, ferner die Rheinische Stahlwerke AG und die Vereinigten Stahlwerke van der Zypen beteiligt. Der Mammutkonzern der Vereinigten Stahlwerke verfügt über ein Aktienkapital von 800 Millionen Reichsmark (RM), er produziert über 40% des deutschen Rohstahls und fördert 20% der deutschen Steinkohle. 200 000 Menschen sind in dem Stahltrust beschäftigt. Die Gründung der Vereinigten Stahlwerke ist der zweite große Schritt zur Monopolbildung in der deutschen Wirtschaft. 1925 hatten sich führende Chemieunternehmen zur IG Farbenindustrie zusammengeschlossen. Über Aktien der Rheinischen Stahlwerke ist die Stahl-AG mit IG Farben verbunden. – Die Reichsregierung hat den Weg zum Stahlzusammenschluß durch Senkung der Fusionssteuer geebnet.

April 1926

Mitglieder des eidgenössischen Bundesrats beim Besuch der 10. Schweizer Mustermesse in Basel

Messe leidet unter Flaute

14. April. Nach fünftägiger Dauer geht die Frankfurter Frühjahrsmesse, die traditionell als zuverlässiges Konjunkturbarometer gilt, zu Ende. Die Aussteller zeigen sich mit den Geschäftsabschlüssen im allgemeinen unzufrieden; lediglich die Damenkonfektion meldet gute Ergebnisse.

Dabei ist weniger die Zahl als – wegen Kapitalknappheit der Käufer – vielmehr der Umfang der einzelnen Messeabschlüsse erheblich zurückgegangen.

Die Aussteller sind allerdings auch nur mit geringen Erwartungen an den Main gekommen. Wegen der schlechten Wirtschaftslage waren im März die Kölner und die Kieler Frühjahrsmesse bereits abgesagt

Reichspräsident Hindenburg auf der Frankfurter Messe

worden. Der von der Reichsregierung beschworene Wirtschaftsaufschwung ist bislang ausgeblieben. Als Ursachen für die schwache Konjunkturlage im Deutschen Reich werden u. a. mangelnde Inlandsnachfrage, fehlende Konkurrenzfähigkeit deutscher Produkte im Ausland und – als zusätzliches Erschwernis – der niedrige Kurs der französischen und belgischen Währung genannt.

Von der Schweizer Mustermesse, der Brüsseler Internationalen Messe, der Mailänder Mustermesse und der »Efficiency«-Schau in Amsterdam, die alle im April stattfinden, werden insgesamt erheblich bessere Geschäftsergebnisse gemeldet.

Ist die Presse in Wien bestechlich?

23. April. Nach der Verurteilung des Chefredakteurs des Wiener Blattes »Der Abend«, der bestimmte Nachrichten gegen Bezahlung verschwiegen hatte, wird in Österreich über ein neues Pressegesetz diskutiert. Es sieht eine Bestrafung von Journalisten vor, die unrichtige Informationen veröffentlichen und damit den Betroffenen schaden.

»Abend«-Chefredakteur Alexander Weiß war wegen der Annahme von Schweigegeldern zu sieben Monaten Kerker, sein Inseratenagent Artur Fuchs zu vier Monaten verurteilt worden.

Freiheitsstatue als Werbeobjekt

6. April. Der Plan eines New Yorker Juweliers, die Freiheitsstatue als Reklameobjekt zu benutzen, scheitert. US-Kriegssekretär Dwight Davis verweigert ihm die Genehmigung, das Nationalmonument mit einer riesigen Armbanduhr zu schmücken. Die Uhr hätte gewaltige Ausmaße annehmen müssen, denn die Figur, die am Hafeneingang von New York steht, ist immerhin 46 m hoch, der Arm, den sie zum Himmel richtet, über 10 m lang. Nach dem Vorstoß des Juweliers hatten andere Branchen – Hutmacher, Kürschner, Unterwäsche-Hersteller – sich um die Nutzung der Freiheitsstatue zu Werbezwecken beworben.

Boxen und Golf auf dem Atlantik

8. April. Der neue Passagierdampfer »Hamburg« tritt die erste Überfahrt an. Der von der Hamburger Schiffahrtsgesellschaft Hapag in Dienst gestellte Dampfer fährt in der Hamburg–Amerika-Linie von der Hansestadt nach New York.

Bei einer durchschnittlichen Reisegeschwindigkeit von 16 Knoten (etwa 30 km/h) dauert die Atlantik-Überquerung acht Tage. Eine neuartige Antischlingeranlage und zahlreiche Unterhaltungsmöglichkeiten an Bord sorgen für eine angenehme Überfahrt. So gibt es z. B. ein Sonnendeck, das auch Passagieren der zweiten Klasse offensteht, außerdem ein Sportdeck, wo Tennis, Fußball und Handball gespielt werden können. Ein Boxring, Golfanlagen und Möglichkeiten zum Kegeln sind ebenfalls vorhanden.

Die »Hamburg« hat bei einem Gewicht von 21 000 Bruttoregistertonnen Platz für 1157 Passagiere, 221 in der ersten, 480 in der zweiten und 456 in der dritten Klasse.

Die deutsche Seeschiffahrt befindet sich 1926 insgesamt in einer schwierigen wirtschaftlichen Situation. Der Norddeutsche Lloyd, die Konkurrenz der Hapag, die von Bremen aus nach New York fährt, meldet Mitte März, daß für das Geschäftsjahr 1925 keine Dividendenauszahlung erfolgt. Bei der Hapag ist der Frachtverkehr nicht ausgelastet, während das Passagiergeschäft seit 1925 einen Aufschwung verzeichnet.

Die Schiffahrtsgesellschaften erhoffen sich eine Verbesserung ihrer ökonomischen Situation durch die Lösung der Frage des deutschen Eigentums in den Vereinigten Staaten. Die USA hatten als Pfand für die Schäden, die ihnen im Weltkrieg von deutscher Seite zugefügt worden waren, auch einige Schiffe beschlagnahmt. Nun zeichnet sich ab, daß dafür eine Entschädigung gezahlt werden soll (→ 18. 12./S. 197).

Die Freiheitsstatue in New York, ein Geschenk Frankreichs an die USA aus dem Jahre 1886

April 1926

Alkoholschmuggler, die mit dem Auto flüchten und sich durch Rauchwolken der Sicht ihrer Verfolger entziehen

Streitthema Alkoholverbot

5. April. Der US-amerikanische Senat in Washington führt eine heftige Debatte über das Prohibitionsgesetz, das Herstellung, Transport und Verkauf von Alkohol verbietet.

Die »drys« (»Trockenen«) und die »wets« (»Nassen«), wie Anhänger und Gegner des Alkoholverbots genannt werden, lassen sich nicht bestimmten Parteien zuordnen. Nach Schätzungen sind etwa 100 Abgeordnete des Repräsentantenhauses strikte Gegner, ebenso viele befürworten jedoch die Aufhebung der Prohibition; die restlichen über 200 sind eher unentschieden.

Das Prohibitionsgesetz wurde am 18. Dezember 1918 als 18. Verfassungszusatz verabschiedet, es trat am 29. Januar 1920 in Kraft. Seitdem ist der Alkoholkonsum in den USA jedoch nicht zurückgegangen, sondern hat sogar zugenommen. Es gibt mehrere Möglichkeiten, die Bestimmungen zu umgehen:
▷ Alkoholschmuggel (»Bootlegging«), für 1926 auf 3,6 Milliarden Dollar geschätzt
▷ Heimliche Brauerei und Schwarzbrennerei (»Bathub Liquor«)
▷ Besuch getarnter Kneipen (»Speakeasies«)

Durch die Verlagerung des Alkoholhandels in den Untergrund ist nicht nur die organisierte Kriminalität angestiegen, es wurde auch das Rechtsbewußtsein der Bevölkerung beeinträchtigt. Ferner schadet der Genuß selbstgebrannten Schnapses der Gesundheit.

Gefäße zur Aufbewahrung und Apparaturen zur illegalen Herstellung von alkoholischen Getränken werden von Vertretern der Behörden zerstört

Frank Lane, einer der größten Schnapsschmuggler von Chicago

Chicagos Ex-Bürgermeister Thompson begünstigte den Schmuggel

Ingenieur tötet Doppelgänger

3. April. Ein tragischer Mord wird aus dem US-Bundesstaat Maine gemeldet. Ein Ingenieur erschießt einen Bankbeamten, der ihm zum Verwechseln ähnlich sieht.

Der Ingenieur war einige Tage vor der Tat, als er bei der Bank Geld abheben wollte, auf die Existenz des Doppelgängers aufmerksam geworden. In der Bank und bei einer späteren Begegnung im Theater soll er außerordentlich erregt gewesen sein. Als er mit ansehen muß, wie ein Bote nicht ihm, sondern seinem Doppelgänger einen Brief von seiner Braut überreicht, zieht er den Revolver.

Schnapsprobleme auch in Schweden

1. April. Vor den Verkaufsständen für Alkohol bilden sich in den schwedischen Städten lange Warteschlangen, da sich der Käuferandrang in diesem Jahr wegen der Osterfeiertage auf einen Tag konzentriert.

In Schweden ist freier Verkauf von Alkohol nicht gestattet. Allerdings stehen jedem, der nachweislich nicht trunksüchtig ist, pro Monat 2–4 l Schnaps zu, die er unter Vorlage einer Spritkarte an bestimmten Verkaufsstellen erwerben kann. Da diese Stellen am Karfreitag und Ostersonnabend (2./3. 4.) geschlossen sind, bleibt nur der Monatserste, um die April-Ration vor Ostern einzukaufen.

Heilquellen in Staatseigentum

14. April. Das Oberste Verwaltungsgericht in Prag hat darüber zu befinden, ob der Übergang der Kureinrichtungen und Heilquellen in dem traditionsreichen Kurort Marienbad, dessen Mineralquellen seit dem 17. Jahrhundert genutzt werden, in Staatseigentum rechtmäßig ist. Das Gericht entscheidet, daß einige Einrichtungen, die den Kern des Kurbetriebs ausmachen, nicht enteignet werden dürfen. Andererseits sollen der Eichbrunnen, die Rudolfsquelle und die Ferdinandsquelle Staatseigentum bleiben.

April 1926

Schah-Krönung in Teheran

25. April. In einer prunkvollen Zeremonie wird in der persischen Hauptstadt Teheran Resa Pahlawi zum neuen Schah von Persien gekrönt.

Der neue Schah hatte am 21. Februar 1921 als höchster Offizier einer Kosakenbrigade einen Staatsstreich unternommen und war danach Kriegsminister und Oberbefehlshaber der persischen Armee geworden. 1923 wurde er Ministerpräsident von Persien, am 12. Dezember 1925 wurde er von der persischen Nationalversammlung nach der Absetzung von Schah Ahmed Mirza, der sich seit 1923 im Ausland aufhält, zum neuen erblichen Schah ausgerufen. Damit war die Pahlawi-Dynastie begründet.

Schah Resa Pahlawi regiert Persien despotisch und gestützt auf eine wohlorganisierte Armee mit einer privilegierten Offiziersschicht. Demokratisch-parlamentarische Traditionen werden unterdrückt, Aufstände verschiedener in Persien lebender Völkerschaften brutal niedergeschlagen.

Die Agrarreformen, die der neue Herrscher durchführen läßt, begünstigen die Großgrundbesitzer, beschleunigen die Verarmung der Kleinbauern und führen schließlich dazu, daß Schah Resa Pahlawi über den größten Grundbesitz in Persien verfügt.

Schah Resa Pahlawi bei der Krönungszeremonie in Teheran auf dem Thron, der aus der Zeit von Nadir Schah (1688–1747) stammt

Mit drahtloser Bildtelegrafie von Jamaica nach Paris gefunktes Bild vom Endkampf eines Pferderennens

Auflösung einer Philosophentagung

1. April. Der sechste italienische Philosophen-Kongreß, der mit namhaften Vertretern in Mailand tagt, wird von der faschistischen Universitätsbehörde aufgelöst.

Die Maßnahme erfolgt als Reaktion auf eine Rede, in der die Notwendigkeit der Wissenschaftsfreiheit betont wird. Sie findet den lebhaften Beifall der Zuhörerschaft, unter der sich auch der Geschichtsphilosoph Benedetto Croce befindet, der bereits 1925 in einem Manifest seine Gegnerschaft zum Faschismus dokumentiert hat.

Auf eine Gegenrede von faschistischer Seite, die mit dem »römischen Gruß« unterstrichen wird, folgt die offizielle Auflösung der Tagung.

Die Schauspielerin Henny Porten in einem Funkbild

Bilder drahtlos nach Österreich

2. April. Erstmals gelingt die drahtlose Übertragung von Bildern aus dem Deutschen Reich über längere Distanz: Von Berlin werden Aufnahmen mit dem »Carolus-Telefunken-System« nach Wien gesandt.

Mit dieser neuen Technik, die – so die Einschätzung der »Vossischen Zeitung« – »eine neue Epoche im Weltnachrichtenverkehr« einleitet, sollen nicht nur normale Schwarz-Weiß-Fotografien, sondern bald auch Originaldokumente übermittelt werden können. Für die Bildübertragung wird der Sender Königs-Wusterhausen benutzt.

April 1926

In der Hoopuloa-Bucht ergießt sich der heiße Lavastrom von dem Vulkanausbruch auf dem Berg Mauna Loa (Hawaii) ins Meer

Eine Menschenmenge beobachtet, wie sich die heiße Lava vom Mauna Loa dem Meer nähert und auf dem Weg Zerstörungen anrichtet

Dörfer auf Hawaii von Lava bedeckt

20. April. Zehn Tage nach dem Ausbruch eines Vulkans auf der Insel Hawaii hält die Eruption noch immer mit unverminderter Heftigkeit an. Zwei Dörfer hat die Lavamasse mit einer bis zu 15 m dicken Schicht bereits bedeckt.
Obwohl die Insel häufig von Vulkanausbrüchen heimgesucht ist, bricht unter der Bevölkerung Panik aus.
Der Vulkanausbruch erfolgt auf dem Mauna Loa, mit 4170 m Höhe der zweithöchste Berg der Insel. Die Haupteruption, die in einer Höhe von 2300 m erfolgt, ist von 14 kleineren Ausbrüchen begleitet. Da der Lavastrom das Meer erreicht, ist zusätzlich mit einer Flutwelle zu rechnen. – Die Landwirtschaft ist von dem Lavastrom kaum betroffen.
Der letzte Ausbruch des Mauna Loa liegt sechseinhalb Jahre zurück. Innerhalb der letzten hundert Jahre hat der Berg 30mal Feuer gespien und Lava ausgespuckt.
Die Bilanz der diesjährigen Eruption, die von heftigen Erdstößen begleitet ist:
▷ 50 Häuser sind unter glühender Lava verbrannt
▷ Mehrere hundert Gebäude hat der Lavastrom unter sich begraben
▷ Die Lava, die der Vulkan oberhalb des Meeresspiegels zutage gefördert hat, hat ein Gesamtvolumen von 88 000 000 m³
▷ Hinzu kommen nach Schätzungen von Geologen 90 000 m³ Lava unterhalb des Meeresspiegels
▷ Der Lavastrom bedeckt eine Fläche von 34,7 km²
Die Beobachtung des Naturschauspiels ist durch eine riesige Rauchwolke erschwert.

Jetzt Neuigkeiten aus der Luft

April. In Berlin nehmen drei Flugzeuge den Betrieb auf, die vom Ullstein-Verlag speziell für den Transport von Zeitungen gebaut worden sind. Sie sind für die Auslieferung der »B. Z. am Mittag« zuständig.
Die Flugzeuge haben unter dem Rumpf eine neuartige Eisenkonstruktion, in der die Zeitungspakete eingehängt werden. Für die Auslieferung der Zeitungen an mehreren Ortschaften braucht das Flugzeug nicht jeweils zeitraubend zu landen und dann wieder zu starten, sondern der Pilot kann die Zeitungen durch Ziehen eines Hebels von der Luft aus abwerfen.
Der Ullstein-Verlag erkämpft mit diesem neuen Zeitungstransport einen Zeitvorsprung.

Start eines Zeitungsflugzeugs, das der Berliner Ullstein-Verlag für den Transport und die schnelle Auslieferung der »B. Z. am Mittag« bauen ließ

Klimabeobachtung in Südwestafrika

6. April. In Bukkards in Südwestafrika soll ein Sonnenobservatorium errichtet werden, das durch Beobachtung der Sonnenstrahlen sowie des Zusammenhangs von Sonnenwärme und Witterungsverhältnissen eine verbesserte Wetterprognose und zuverlässige Vorhersagen über Wochen und eventuell sogar Monate ermöglichen soll.
Nach Mitteilung des Leiters der astronomischen Studienkommission des US-amerikanischen Smithson-Institutes, Charles G. Abbott, ist die Wahl auf Südwestafrika gefallen, weil dort die atmosphärischen Störungen gering sind.
Zuvor waren Belutschistan und Nordafrika im Gespräch.

April 1926

Brandkatastrophe in Kalifornien

7. April. Ein Blitzeinschlag in einen Tank auf den kalifornischen Ölfeldern, die zu den größten der Welt zählen, hat verheerende Folgen: Die gesamte Tankanlage der Union Oil Company in San Luis Obispo wird ein Opfer der Flammen. Siedlungen in der Umgebung der Ölfelder müssen evakuiert werden.

Die Feuerwehrleute stehen dem Riesenbrand machtlos gegenüber. Es dauert zwei Wochen, bis das Feuer gänzlich niedergebrannt ist. Bilanz der Katastrophe: Zwei Tote – Vater und Sohn – sind zu beklagen, fünf Millionen Barrel Öl sind verbrannt, der Sachschaden beläuft sich nach ersten Schätzungen auf 20 Millionen Dollar.

Strümpfe endlich ohne Laufmaschen

3. April. Eine bahnbrechende Erfindung wird aus Großbritannien gemeldet. In den Strickereifabriken von Leicester und Nottingham werden laufmaschensichere Strümpfe hergestellt. 40 besondere Strickstühle sind dort für die Produktion dieser Strümpfe in Betrieb genommen worden. Die neuartige Herstellungsmethode, die für Seide, Kunstseide und Baumwolle gleichermaßen geeignet ist und nicht mehr kostet als die herkömmliche Produktion, geht auf eine französische Erfindung zurück, die in der Schweiz weiter verfeinert worden ist.

Deutsche Seidenstrumpf-Fabrikate sind noch nicht laufmaschensicher

Weißer Elefant kommt mit dem Kran

14. April. Ein weißer, aus Birma stammender Elefant, der in den Sommermonaten in Großbritannien Schaulustigen gezeigt werden soll, trifft im Hafen von Tilbury ein. Wegen der Gezeiten kann der Dickhäuter das Schiff, das ihn zur Britischen Insel gebracht hat, nicht selbst verlassen, sondern muß mit einem Kran von Bord gehievt werden. Der Elefant ist allerdings nicht rein weiß, sondern rosafleischfarben; er wird wegen seiner ungewöhnlichen Hauttönung in Birma als heilig verehrt.

Im Hotel auf Nägeln gebettet

28. April. In einem Londoner Hotel führt der indische Fakir Rahman Rey seine Künste vor: Auf Nägeln gebettet, hält er es tagelang in einem gläsernen Sarg aus. In Mannheim muß ein Fakir auf seinem Nagelbett geweckt werden: Sein Manager ist mit den Einnahmen aus dem Kartenverkauf durchgegangen.

Für das Recht von Frau und Kind

25. April. Im Alter von 76 Jahren stirbt auf Strand am Vättersee die schwedische Schriftstellerin, Pädagogin und Frauenrechtlerin Ellen Key. Mit der Schrift »Das Jahrhundert des Kindes« (1900) wurde Ellen Key, die als Lehrerin und Dozentin in Stockholm tätig war, weit über die Grenzen Schwedens hinaus bekannt.

In der Hoffnung, im anbrechenden 20. Jahrhundert ließe sich die Vervollkommnung des menschlichen Individuums durch eine entsprechende Erziehung erreichen, führt die Verfasserin einen leidenschaftlichen Kampf gegen die sozialen Institutionen, in

Schriftstellerin Ellen Key

denen die kindliche Selbstverwirklichung – ihrer Meinung nach – nicht möglich ist. Ellen Key wendet sich an die Eltern mit dem Appell, die Entwicklung ihrer Kinder zu fördern, statt sie durch Strafen zu unterdrücken. Die Studien, die in dem Werk »Das Jahrhundert des Kindes« zusammengefaßt sind, tragen u. a. die programmatischen Titel:

▷ »Das Recht des Kindes, seine Eltern zu wählen«
▷ »Das ungeborene Geschlecht und die Frauenarbeit«
▷ »Die Seelenmorde in den Schulen«
▷ »Die Schule der Zukunft« – die Vision einer koedukativen Gemeinschaftsschule für Angehörige aller sozialen Schichten
▷ »Kinderarbeit und Kinderverbrechen«.

In Indien dient den berühmten Fakiren unter anderem das Liegen auf dem Nagelbrett der Meditation

April 1926

Turandot stellt dem unbekannten Prinzen im Kaiserpalast das Rätsel, von dessen Lösung sie die Einwilligung zur Ehe abhängig macht

Oper 1926:

»Turandot« — eine Oper im großen Stil

25. April. Fast eineinhalb Jahre nach dem Tod von Giacomo Puccini wird dessen letzte (unvollendet gebliebene) Oper »Turandot« an der Mailänder Scala uraufgeführt. Dirigent Arturo Toscanini wird ebenso wie die Sopranistin Rosa Raisa enthusiastisch gefeiert. Puccinis Oper begeistert durch den lyrischen Schmelz und die sinnliche Glut der Arien, durch die Dramatik der musikalischen Gestaltung und durch die Imitation exotischer Elemente. Die Uraufführung beschließt die Epoche der großen italienischen Komponisten, unter denen Giuseppe Verdi und Puccini eine Sonderstellung einnehmen.

Bei der Premiere wird die Oper nur so weit gezeigt, wie sie aus Puccinis Feder stammt; am Abend darauf folgt die Aufführung mit den letzten beiden Szenen, die Franco Alfano vollendet hat.

Während Puccinis Musik ihre Faszination aus den Mitteln des 19. Jahrhunderts – schwelgerische Melodik und ansprechende Harmonik – bezieht, beruht der Effekt des avancierten deutschen Musiktheaters auf der Aufnahme pantomimisch-tänzerischer Szenen, auf einem deklamatorischen Sprechgesang, der Handlung und musikalische Gestaltung zu einer Einheit verschmelzen läßt, und auf eingängigen, schwungvollen Rhythmen. Egon Wellesz' Oper »Die Opferung des Gefangenen«, die am 10. April in Köln Premiere hat, wird vielfach abgelehnt, das Talent des erst 25jährigen Kurt Weill, dessen Oper »Der Protagonist« (Libretto: Georg Kaiser) am 27. März in Dresden zur Uraufführung gelangt, wird dagegen gelobt.

Szene aus dem ersten Akt der Uraufführung in Mailand: Vor den Toren des Kaiserpalastes wird der junge Prinz von Persien, der das Rätsel der Turandot nicht hat lösen können, zur Hinrichtung geführt

April 1926

150 Jahre Burgtheater

8. April. Wien feiert das 150jährige Bestehen des Burgtheaters. Zum Jubiläum gibt das Ensemble (Direktor: Franz Herterich) in der Festvorstellung »Minna von Barnhelm« von Gotthold Ephraim Lessing.
Das »Theater nächst der Burg« ist 1741 gegründet worden; als eigentliche Geburtsstunde gilt jedoch die Erhebung zum Hof- und Nationaltheater durch Kaiser Joseph II. Am 8. April 1776 fand die Eröffnung des Nationaltheaters mit den Lustspielen »Die Schwiegermutter« von Franz Fuß und »Die indianische Witwe« nach Etienne Framéry von Josef von Pauersbach statt. Der erste Direktor war der Jurist Josef von Sonnenfels.
Nach Ausbruch der Französischen Revolution litt die Qualität des Theaters unter strengen Zensurbestimmungen. So war es verboten, historische Begebenheiten, die für das Haus Habsburg nachteilige Folgen hatten, auf der Bühne darzustellen. Auch Franz Grillparzers Geschichtsdrama »König Ottokars Glück und Ende« konnte erst nach Auseinandersetzungen mit den Zensurbehörden 1825 im Burgtheater uraufgeführt werden. Unter der Direktion von Heinrich Laube (1850–1867) und Freiherr Franz von Dingelstedt (1870–1881) gelang der Aufstieg des Burgtheaters zur führenden Schauspielbühne deutscher Sprache; es entstand ein festes Ensemble.
Der Niedergang des Burgtheaters setzte mit dem Umzug 1888 ein. Die Bühne, die bisher im Ballhaus am Michaeler Platz untergebracht war, zog in ein neues, nach Plänen von Gottfried Semper und Carl Hasenauer errichtetes Gebäude an der Ringstraße um. Der Bau veränderte die Atmosphäre des Theaters, das bisher besonders die intime Schauspielkunst gepflegt hatte. Berlin konnte der Donaumetropole in der Folge die Spitzenstellung in der Theaterlandschaft abtrotzen.
Die Jubiläumsfeiern sollen dazu beitragen, an Ruhm und Glanz vergangener Theaterepochen zu erinnern und Schritte in die Zukunft zu tun.

Franz Herterich

J. v. Sonnenfels

Heinrich Laube

F. v. Dingelstedt

Die Sklavin Liu (Maria Zamboni, r. am Fuß der Treppe) weigert sich, Turandot den Namen des Prinzen preiszugeben

Der Tenor Michele Fleta in der Rolle des unbekannten Prinzen

Die Sopranistin Rosa Raisa in der Rolle der Turandot

Der dekorative Vorhang zur »Turandot«-Uraufführung in der Mailänder Scala, der eine stilisierte chinesische Landschaft zeigt

Blick auf das Wiener Burgtheater an der Ringstraße vom Rathausturm aus gesehen; im Hintergrund der Stephansdom, das berühmte Wahrzeichen der österreichischen Hauptstadt

April 1926

Konkurrenz von Film und Theater

4. April. Die Osternummer der »Vossischen Zeitung« bringt eine Diskussion zu dem Thema »Stirbt das Drama«?, an der sich berühmte Schauspieler, Regisseure und Dramatiker, darunter Elisabeth Bergner, Rudolf Forster, Arnolt Bronnen, Klabund, Berthold Viertel, Ludwig Berger, Bertolt Brecht und Leopold Jessner, beteiligen.

Die Frage, ob durch die neuen Medien Film und Rundfunk das traditionelle Theater auf der Bühne verdrängt werden könnte, ist ein vieldiskutiertes Thema in der Mitte der 20er Jahre. Während die These, Rundfunk und Film könnten als »unkünstlerisch« einfach abgetan werden, immer weniger Befürworter findet, beharren doch viele Bühnenleute – darunter Regisseur Max Reinhardt – darauf, das »lebendige Theater« sei durch die »seelenlose Mechanik des Films« nicht zu ersetzen.

Andere, den neuen Medien aufgeschlossener gegenüberstehende Schriftsteller und Regisseure beginnen über die Auswirkungen von Rundfunk und Film auf die überkommenen Formen geschriebener Literatur nachzudenken und selbst damit zu experimentieren. Brecht konstatiert z. B., daß ein Mensch, der Filme sieht, auch Erzählungen anders liest, andere Autoren weisen darauf hin, daß das »tönende Wort« im Rundfunk einer besonderen literarischen Gestaltung bedürfe.

Berliner Bühnen sind vereinigt

17. April. Die Direktoren dreier Berliner Theater – Max Reinhardt, Victor Barnowsky und Eugen Robert – schließen ihre Bühnen zu einer Arbeitsgemeinschaft zusammen.
Künftig sollen die Ensembles des Deutschen Theaters, der Kammerspiele, des Theaters an der Königgrätzer Straße, des Komödienhauses und der Tribüne vereinigt und in langfristigen Verträgen von der Arbeitsgemeinschaft gemeinsam engagiert werden. Ferner soll der Fonds allen gemeinsam zur Verfügung stehen. Die Kostenersparnis soll dem Publikum zugute kommen.

Vor Beginn der Restaurierungsarbeiten: Der Rumpf der Sphinx ist mit Sand bedeckt

Nach der Ausbesserung: Die Gestalt ist wieder erkennbar, Erosionsschäden sind beseitigt

Die Sphinx wird restauriert

Die berühmte, neben der Cheopspyramide stehende Sphinx von Gise wird von ägyptischen Altertumswissenschaftlern einer gründlichen, aber schonenden Restaurierung unterzogen.

In der ägyptischen Kunst ist die Sphinx eine Mischgestalt, die aus dem Körper eines Löwen und dem Kopf eines Königs (seltener einer Königin) entstanden ist; sie soll den Herrscher Ägyptens in symbolischer Gestalt wiedergeben. Die Sphinx von Gise, die um 2500 v. Chr. erbaut worden ist, stellt vermutlich König Chephren dar.

Die Statue, die etwa 20 m hoch und 73,5 m lang ist, war vor der Restaurierung teilweise bis zu den Schultern mit Sand bedeckt und wies starke Erosionsschäden auf. Als vordringliche Aufgabe sahen die Wissenschaftler die Notwendigkeit, die Sphinx vom Sand zu befreien; dabei wurden die ursprüngliche Konzeption des Bildhauers und auch spätere Hinzufügungen sichtbar. So ist das Mauerwerk, aus dem die Zehen der Vorderpfoten gearbeitet sind, erst unter König Thutmosis IV. (Regierungszeit: 1412–1402 v. Chr.) hinzugefügt worden.

Der Kopf der Statue ist in einem schlechten Zustand. Das Gesicht wird trotz Erosionsschäden unverändert gelassen, im Nacken werden jedoch Ausbesserungen mit Mauerwerk vorgenommen, heruntergefallene Teile des Kopfschmucks werden wieder hinzugefügt, Rillen werden gefüllt, da andernfalls damit zu rechnen wäre, daß der Kopf wegen der Verlagerung des Schwerpunkts in kurzer Zeit vornüberfällt.

Trotz der Sorgfalt in der Durchführung klagen Ägypten-Reisende, die Sphinx habe durch die Restaurierung ihr Mysterium verloren.

Das Profil der Sphinx lassen die Archäologen trotz der Schäden unverändert

Der Nacken, der besonders stark von Erosion betroffen ist, wird mit Mauerwerk ausgebessert

April 1926

Domschatz wird wieder gezeigt

28. April. Der Kölner Domschatz kann wieder von der Öffentlichkeit besichtigt werden. Die Schätze des Kölner Doms waren 1918 in ein Verlies eingemauert und nach Kriegsende vor den Alliierten verborgen gehalten worden, um eine Beschlagnahme zu verhindern.

Die Schatzkammer zählt zu den bedeutendsten in Europa. Sie enthält als besonders kostbares Stück den Petrusstab, einen antiken Reliquienstab aus Holz mit Elfenbeinknauf aus dem 4. Jahrhundert, der als Unterpfand für die Nachfolge des Kölner Erzbischofs vom Apostel Petrus angesehen wird, ferner reichgeschmückte mittelalterliche Evangeliare und Monstranzen.

Der kostbare Dreikönigsschrein

Der Kölner Dom, das Wahrzeichen der Rheinmetropole (Seitenansicht)

Polit-Kunst in Kaufhäusern

In den Warenhäusern von Berlin veranstaltet der Künstler Otto Nagel Gemäldeausstellungen, die breite Schichten der Bevölkerung mit dem fortschrittlichen künstlerischen Schaffen in der Weimarer Republik bekannt machen sollen.

In den ausgestellten Werken, die alle einem sozialkritischen Ansatz in der bildenden Kunst verpflichtet sind, wird vor allem äußerste menschliche Not gezeigt: Armut und Arbeitslosigkeit, Elend im Alter, krasse Gegensätze zwischen arm und reich. Die ausgestellten Künstler – darunter Otto Dix, George Grosz, Hans Baluscheck und Käthe Kollwitz – wollen in ihren Bildern eine schonungslose Widerspiegelung der Gegenwart liefern.

Die Maler, die in der Mehrzahl der KPD angehören oder zumindest mit den Kommunisten sympathisieren, stellen ihr Werk in den Dienst des Klassenkampfes. Durch Konfrontation mit der eigenen Situation sollen die Betrachter der Ausstellung dazu angeregt werden, sich für eine Verbesserung ihrer Lebensverhältnisse aktiv einzusetzen.

Die Verschlechterung der wirtschaftlichen Bedingungen in der Unterschicht führt – so die Annahme der Veranstalter der Ausstellung – notwendig zum Entstehen eines revolutionären Potentials.

Otto Dix und George Grosz sind zwei der wichtigsten Vertreter des sozialkritischen Verismus im Deutschen Reich.

König Georg V. überreicht den Cup

23. April. Die Fußballbegeisterung auf den Britischen Inseln erreicht ihren alljährlichen Höhepunkt: Mehr als 90 000 Zuschauer verfolgen im Londoner Wembleystadion das Endspiel um den Pokal der englischen Football Association zwischen Bolton Wanderers und Manchester City.

Das Spiel endet 1:0 für die Mannschaft von Bolton, die damit nach dem Sieg über West Ham United im Pokalfinale 1923 zum zweiten Mal innerhalb von vier Jahren den begehrten Cup gewinnt. Der britische König Georg V., der das Spiel in der Ehrenloge verfolgt hat, überreicht Mannschaftskapitän Joe Smith die Trophäe.

Während das Endspiel 1923 von heftigen Zuschauertumulten begleitet war – der Anpfiff verzögerte sich um eine Stunde, weil Fans, die ohne Eintrittskarten in das Stadion eingedrungen waren, das Spielfeld stürmten –, werden beim diesjährigen Pokalfinale die Fairneß der Spieler und das disziplinierte Verhalten der Londoner Zuschauer sowie der Schlachtenbummler aus Bolton und Manchester von den Kommentatoren hervorgehoben. Die Polizei hatte Kontrollen durchgeführt.

Donald Jack (knieend) schießt das Siegtor für Bolton Wanderers im englischen Cup-Endspiel gegen Manchester City

Maja und der Blumenelf in einer Trickmontage

Dreharbeiten zur Szene mit dem Kampf der Spinnen

»Die Biene Maja« wird verfilmt

8. April. Der Film »Die Biene Maja und ihre Abenteuer« nach dem gleichnamigen Erfolgsbuch des Schriftstellers Waldemar Bonsels wird im Berliner Capitol-Filmtheater uraufgeführt.

Die Filmhandlung basiert auf der Erzählung Bonsels, die seit dem ersten Erscheinen 1912 in fast einer halben Million Exemplaren im Deutschen Reich verkauft worden ist.

Bonsels schildert, wie eine Biene aus dem heimatlichen Bienenstock ausbricht und eine Reihe von gefährlichen, aber auch erfreulichen Begegnungen mit anderen Insekten hat. Am Ende warnt sie das eigene Bienenvolk vor einem Angriff der Hornissen, den die Bienen daraufhin zurückschlagen können, und wird in Anerkennung ihrer Verdienste wieder in die Bienen-Gemeinschaft aufgenommen.

Überfall eines Hornissenkriegers auf die Biene Maja, die sich in einem Beet niedergelassen hat

Der Film zeigt die Tiergeschichte in faszinierenden Aufnahmen. Kritiker bemängeln jedoch, daß die Orientierung am Handlungsfaden der Erzählung und die damit einhergehende Psychologisierung der Tiergestalten den Eindruck der Bilder schmälert. Die Zwischentexte, in denen vom Seelenleben der Insekten die Rede ist, passen nicht zu den Aufnahmen, und der filmische Fluß wird unnötig unterbrochen. So fehlt dem Film der Zauber, der Tausende – nicht nur Kinder und Jugendliche – für das Buch begeistert hat.

Eine rein naturkundliche Darstellung der Lebensweise von Insekten wäre vermutlich von größerer Wirkung gewesen.

Beklemmende Provinz

25. April. Das Schauspiel »Fegefeuer in Ingolstadt« von Marie-Luise Fleißer wird an der Jungen Bühne in Berlin uraufgeführt. Die Regie für die einmalige Matineevorstellung führt Paul Bildt.

Das Stück der Ingolstädter Autorin stellt in beklemmenden Bildern und in einer äußerst expressiven Sprache dar, welchen sexuellen Deformationen Heranwachsende in einer katholischen Provinzstadt unterworfen sind. Moralischer Druck und religiöse Enge wirken bis in das Innere der beiden Hauptfiguren – Olga, die behauptet, ein uneheliches Kind zu erwarten, und Roelle, ein häßlicher, von Wahnvorstellungen getriebener Jugendlicher – hinein und richten die beiden Außenseiter zugrunde.

Marie-Luise Fleißer wird von Bertolt Brecht gefördert. Auf Wunsch der Jungen Bühne hat sie ihrem Stück, das ursprünglich »Die Fußwaschung« hieß, einen eingängigeren Titel gegeben.

Identitätsproblem auf der Bühne

15. April. In Dresden sowie an zahlreichen kleineren deutschen Bühnen wird das Drama »Zweimal Oliver« von Georg Kaiser uraufgeführt, in dem die Identitätsproblematik anhand eines Verwandlungskünstlers im Varieté gestaltet wird. Die Kritik lehnt das Drama als zu kopflastig ab: »Das Stück leidet an Problemfülle. Sein geistiger Reichtum ist seine vitale Schwäche«, schreibt Kritiker Bernhard Diebold.

»Brennende Erde« mit Carola Neher

21. April. In Frankfurt am Main wird am Schauspielhaus das Stück »Brennende Erde« von Klabund (eigtl. Alfred Henschke) uraufgeführt. Die weibliche Hauptrolle spielt die Frau des Autors, die Schauspielerin Carola Neher.

Klabund, der vor allem durch seine expressionistische Lyrik, seine Nachdichtungen aus dem Chinesischen und durch sein Drama »Der Kreidekreis« (1925) bekannt geworden ist, gestaltet in dem Stück das Schicksal eines jungen, im Kloster aufgezogenen Mädchens während der russischen Revolution.

Der Dichter wendet sich gegen Vorwürfe, sein Stück sei antibolschewistisch: »Das Drama ›Brennende Erde‹ spielt in einem heutigen, legendären Rußland. Es treibt keine innere und äußere Politik und wird nicht von ihr getrieben. Es will Menschen auf die Bühne stellen, Herzen schlagen lassen, im Guten und Bösen, sonst nichts.«

»Brennende Erde« ist das erste Schauspiel, das Klabund für seine Frau Carola Neher, mit der er seit Mai 1925 verheiratet ist, geschrieben hat. Die junge Schauspielerin wird mit Lobeshymnen überhäuft. So schreibt die Frankfurter Zeitung: »Die knabenhafte, irgendwie an die Bergner erinnernde Gestalt dieser jungen Schauspielerin, ihre seltene Naivität und berückende Uninteressiertheit, das Gerade und Spontane ihres Wesens – strömten das poetische Fluidum über die Szene.«

Die Schauspielerin Carola Neher feiert in dem Stück »Brennende Erde« Triumphe

April 1926

Werbung für Jagdwaffen (Autotypie nach B. Wennerberg)

Werbung der »Brissago« (Farblithographie, 1926)

Reklamepostkarte für Ersatzkaffee (Farblithographie)

Werbung 1926:

Reklame als Massenkunst

Der Zeitgeist der Goldenen Zwanziger Jahre findet sich u. a. in der Gestaltung von Reklameplakaten und Werbegraphiken wieder. Seit der Währungsreform Ende 1923 hat die Produktwerbung im Deutschen Reich einen großen Aufschwung genommen. Namhafte Künstler stellen sich in ihren Dienst und entwerfen Gebrauchsgraphiken und Anzeigen.

Für die beteiligten Künstler geht es dabei weniger um die Förderung einer bestimmten Marke, sondern vielmehr um die Umsetzung neuer Trends und Entwicklungen – Technikbegeisterung, Funktionalismus, Sportlichkeit und Lässigkeit. So heißt es in der Zeitschrift »Das Kunstblatt« in einer Rückschau, die Werbekunst sei »wahrhaft sozial, kollektiv, wahrhafte Massenkunst: die einzigste, die es heute noch gibt. Sie schafft dem namenlosen Kollektivum der Öffentlichkeit seine optischen Gewohnheiten. Von den Plakatsäulen her hämmert sich – direkt gar nicht immer beachtet – allmählich eine künstlerische Haltung der Massenseele ein...«

In der Reklamekunst finden sich die modernen Kunststile in ihrer ganzen Vielfalt wieder:

▷ *Art Deco:* Dieser eher ornamentale Stil, der durch eine Vorliebe für spitze Formen und manierierte Figuren bestimmt ist, wird in der Werbung für Kosmetika und Hygieneartikel bevorzugt

Die Dürkoppwerke AG, Bielefeld, werben auf einer Reklamepostkarte mit Afrika-Motiven für die Tropentauglichkeit ihrer Produkte

Werbung für Waschmittel (Farblithographie, um 1925)

▷ *Konstruktivismus:* Geometrische und stereometrische Formen, für diese Stilrichtung typisch, finden sich u. a. bei den Werbegraphiken von Kurt Schwitters und El Lissitzky, u. a. für die Keksfabrik Bahlsen und die Pelikanwerke in Hannover

▷ *Photomontage:* Meister dieser Technik ist John Heartfield, der außer politischen Plakaten vor allem Buchumschläge entwirft

Lediglich der Expressionismus, der durch starkes Pathos gekennzeichnet ist, kann sich in der Werbung kaum durchsetzen.

Die Zeitschrift »Uhu« wirbt mit dem Modell eines Ferienzuges, der durch die Berliner Straßen Reklame fährt

Zigarettenwerbung aus Südamerika

Mai 1926

Mo	Di	Mi	Do	Fr	Sa	So
					1	2
3	4	5	6	7	8	9
10	11	12	13	14	15	16
17	18	19	20	21	22	23
24	25	26	27	28	29	30
31						

1. Mai, Maifeiertag
Der Internationale Gewerkschaftsbund hat dazu aufgerufen, am 1. Mai für den Achtstundentag, das Mitbestimmungsrecht in der Industrie und einen dauernden Weltfrieden zu demonstrieren. → S. 92

Die britischen Bergarbeiter legen in allen Zechen die Arbeit nieder, weil am 30. April die Tarifverhandlungen ergebnislos abgebrochen worden sind. Die Gewerkschaften und die Arbeitgeber konnten keine Einigung über die Senkung der Löhne und die Festsetzung von Minimallöhnen für die Bergarbeiter erzielen (→ 3. 5./S. 90).

Die Deutsche Lufthansa AG nimmt die erste Nachtfluglinie auf, sie führt von Berlin nach Königsberg mit einem Anschluß nach Moskau. Der Pilot orientiert sich an Signalfeuern. → S. 99

Der neue Dampfer »Rheinland«, der erste neugebaute Rheindampfer seit dem Weltkrieg, unternimmt seine erste Fahrt. → S. 96

2. Mai, Sonntag
Im Frankfurter Römer wird die Ausstellung »Frankfurt – Amerika« eröffnet. Sie zeigt die Geschichte der politischen, wirtschaftlichen und kulturellen Beziehungen zwischen der Stadt Frankfurt am Main und den USA.

Drei leichte Erdstöße wurden in der Nacht zum 2. Mai in Süddeutschland verspürt. Ein Heuschober ist eingestürzt.

Die Staatsoper Unter den Linden in Berlin wird wegen Baufälligkeit des Bühnenhauses geschlossen; geplant sind Anbauten an beiden Seiten. → S. 101

3. Mai, Montag
In Großbritannien beginnt ein Generalstreik, an dem sich neben den Bergarbeitern die Drucker, Eisenbahner, Transport-, Eisen- und Stahlarbeiter, die Bau-, Chemie-, Gas- und Elektrizitätsarbeiter beteiligen. → S. 90

Während einer Aufführung des Lustspiels »Der fröhliche Weinberg« des deutschen Schriftstellers Carl Zuckmayer in Halle kommt es zu einem Theaterskandal: Von außerhalb angereiste Störer, die im ersten Akt ununterbrochen johlen und pfeifen, werden von der Polizei des Hauses verwiesen (→ 22. 2./S. 42).

In einigen preußischen Gefängnissen erhalten die Gefangenen durch gute Führung Milderungen im Strafvollzug. → S. 93

4. Mai, Dienstag
Der Kongreß von Nicaragua ruft den Ausnahmezustand aus, weil einige liberale Offiziere gegen die Diktatur Emiliano Chamorros einen Aufstand unternommen haben. → S. 94

Die Uraufführung der Tragödie »Medea« des deutschen Schriftstellers Hans Henny Jahnn findet am Staatlichen Schauspielhaus in Berlin statt. → S. 102

Die deutsche und die dänische Regierung heben den Visumzwang bei Grenzübertritten auf. Die Regelung tritt am 20. Mai in Kraft.

5. Mai, Mittwoch
Der deutsche Reichspräsident Paul von Hindenburg erläßt eine neue Flaggenverordnung. Die deutschen Auslandsvertretungen müssen neben der schwarz-rot-goldenen Reichsflagge auch die schwarz-weiß-rote Handelsflagge, die nur in ihrer einen Ecke die Farben der Weimarer Republik zeigt, hissen (→ 17. 5./S. 88).

Im Rotterdamer Hafen bricht ein Großfeuer aus, es verbrennen u. a. 4000 Tonnen Chilesalpeter. Der Schaden beläuft sich auf etwa eine Million Gulden.

Die deutsche Erstaufführung der Komödie »Krieg der Frauen« von dem französischen Schriftsteller Honoré de Balzac findet im Frankfurter Schauspielhaus statt.

6. Mai, Donnerstag
Der Deutsche Reichstag lehnt mit 236 gegen 142 Stimmen den Gesetzesentwurf zur Enteignung der im Kaiserreich regierenden Fürsten ab. Die Ablehnung bedeutet, daß im Juni (→ 20. 6./S. 108) das Volksbegehren über die Fürstenenteignung durchgeführt wird.

Der österreichische Arzt und Psychoanalytiker Sigmund Freud wird vom Wiener Gemeinderat zum Ehrenbürger der Stadt Wien ernannt. → S. 97

Die Verhandlungen zwischen Frankreich, Spanien und den Rifkabylen, die einen Aufstand gegen die französisch-spanische Herrschaft in Marokko unternommen haben, werden ergebnislos abgebrochen (→ 26. 5./S. 91).

Die Transportarbeiter von Antwerpen (Belgien) haben beschlossen, die Ausfuhr von Kohle nach Großbritannien zu verhindern. Sie wollen damit die streikenden Bergarbeiter in Großbritannien unterstützen (→ 3. 5./S. 90).

7. Mai, Freitag
Nachdem es in der Nacht zum 7. Mai in einigen Vierteln von Damaskus (Syrien) erneut zu Kämpfen zwischen den Drusen und Franzosen gekommen ist, bombardieren die Franzosen Damaskus. 500 Zivilisten werden getötet und 300 Häuser zerstört (→ 19. 4./S. 69).

Das Deutsche Reich und Spanien schließen einen Handelsvertrag. Das Deutsche Reich gewährt Spanien die Meistbegünstigung bei Einfuhrzöllen, Wein und Südfrüchte können billiger importiert werden. Die Exportartikel der deutschen Industrie erhalten 20 Prozent Zollermäßigung.

Der Bundesausschuß des Allgemeinen Deutschen Gewerkschaftsbundes beschließt, die streikenden Bergarbeiter in Großbritannien zu unterstützen. Die Sammlungen und Spenden erbringen eine Summe von mehr als 1,1 Millionen Reichsmark (→ 3. 5./S. 90).

Die Schriftsteller Thomas Mann, Gerhart Hauptmann, Arno Holz, Hermann Stehr und Ludwig Fulda erhalten einen Ruf in die neugegründete Sektion für Dichtkunst der Preußischen Akademie der Künste. → S. 101

8. Mai, Sonnabend
Die »Große Ausstellung für Gesundheitspflege, soziale Fürsorge und Leibesübungen« (Gesolei) wird in Düsseldorf eröffnet. Sie verzeichnet einen großen Besucherandrang. → S. 93

Die Vossische Zeitung beginnt mit dem Abdruck des autobiographischen Romans »Meine Universitäten« (1922) von dem sowjetischen Schriftsteller Maxim Gorki. Eine deutsche Buchausgabe erscheint erst 1953. → S. 102

9. Mai, Sonntag
Die Amerikaner Richard Evelyn Byrd und Floyd Bennett überfliegen als erste den Nordpol. Ihre Angaben lassen sich allerdings nicht überprüfen. → S. 95

Die Konferenz der Gewerkschaftsinternationale in Ostende stellt sich geschlossen hinter die streikenden Bergarbeiter in Großbritannien. Sie fordert die Gewerkschaftsmitglieder auf, den Kohlenexport nach Großbritannien zu behindern und die Streikenden finanziell zu unterstützen (→ 3. 5./S. 90).

Die nordfranzösischen Kohlengrubenbesitzer und die Arbeitervertreter beschließen ein neues Lohnabkommen, womit ein drohender Streik abgewendet wird. Die Arbeiter erhalten ab 15. Mai 10% mehr Lohn und eine Erhöhung des Teuerungszuschlags um 15%.

Die Deutsche Erdöl AG zahlt erstmals seit der Inflationszeit eine Dividende, sie beläuft sich auf 4%.

10. Mai, Montag
In Berlin gründet sich der Deutsche Akademikerinnen-Bund. → S. 92

Der amerikanische Schriftsteller Sinclair Lewis hat die Annahme des Pulitzerpreises verweigert, der ihm für seinen Roman »Arrowsmith« (1925) zuerkannt wurde. Er lehnt Literaturpreise ab, weil sie eine Bewertungsinstanz darstellen, gegen die sich kein Schriftsteller zur Wehr setzen kann.

11. Mai, Dienstag
Die Berliner Polizei deckt einen rechtsgerichteten Zirkel auf, der einen Putsch zur Errichtung der Diktatur vorbereitet hat. → S. 92

Ein Frosteinbruch in Süd- und Mitteldeutschland hat in der Nacht zum 11. Mai Schäden an Kartoffeln, Bohnen und Weinreben angerichtet.

12. Mai, Mittwoch
Die deutsche Reichsregierung unter Reichskanzler Hans Luther tritt zurück, da der Reichstag einem Mißbilligungsantrag der DDP gegen die Regierung zugestimmt hat (→ 17. 5./S. 88).

Der Generalrat des Britischen Gewerkschaftsausschusses bricht den Generalstreik ab, um neue Verhandlungen zwischen den Bergarbeitern und den Bergwerksbesitzern zu ermöglichen. Der Streik der Bergarbeiter dauert weiter an (→ 3. 5./S. 90).

Der Norweger Roald Amundsen und der Italiener Umberto Nobile überfliegen in dem Luftschiff »Norge« den Nordpol. → S. 95

13. Mai, Christi Himmelfahrt
Der polnische Marschall Jósef Klemens Pilsudski, der am 12. Mai mit 15 Regimentern nach Warschau marschiert ist, entscheidet die Kämpfe mit regierungstreuen Truppen für sich. → S. 89

14. Mai, Freitag
Konrad Adenauer, Oberbürgermeister von Köln, lehnt es ab, nach dem Rücktritt der deutschen Reichsregierung eine neue Regierung zu bilden, weil die DVP seinen Vorschlag zurückgewiesen hat, eine große Koalition zu bilden (→ 17. 5./S. 88).

Im Kreis Flensburg ist die erste dänische Privatschule gegründet worden. Nach einem Erlaß der preußischen Regierung darf die dänische Minderheit in Schleswig-Holstein eigene Schulen betreiben.

Der Deutsche Reichstag verabschiedet in dritter Lesung eine Reform des Abtreibungsparagraphen 218. → S. 99

Das Deutsche Reich und Schweden schließen einen Handelsvertrag ab.

15. Mai, Sonnabend
Der deutsche Reichspräsident Paul von Hindenburg betraut Reichsjustizminister Wilhelm Marx (Zentrum) mit der Führung der Geschäfte des Reichskanzlers (→ 17. 5./S. 88).

Marschall Jósef Klemens Pilsudski wird nach seinem erfolgreichen Putsch gegen die polnische Regierung Kriegsminister (→ 12.–14. 5./S. 89).

Die Großmachtpläne des italienischen Duce Benito Mussolini als Titelblatt der satirischen Zeitschrift »Simplicissimus« vom 3. Mai 1926

Mai 1926

16. Mai, Sonntag

Vom 16. Mai bis zum 6. Juni findet im Hessischen Landesmuseum in Kassel eine Luftfahrtausstellung statt.

Eine außerordentliche Tagung des deutschen Schriftstellerverbandes beginnt in Freudenstadt, sie geht bis zum 20. Mai. Die Redner sprechen sich gegen das geplante Gesetz zur Bewahrung der Jugend vor Schund- und Schmutzschriften (→ 3. 12./S. 192) aus, weil die Begriffe nicht eindeutig definiert seien und die Gefahr von Zensur bestehe.

17. Mai, Montag

Der deutsche Reichspräsident Paul von Hindenburg ernennt Wilhelm Marx (Zentrum) zum neuen Reichskanzler. → S. 88

Bei einem Attentat auf die US-amerikanische Botschaft in Buenos Aires entsteht Sachschaden.

Oberitalien wird von einer Hochwasserkatastrophe heimgesucht, der Po, der Etsch und der Comer See sind über die Ufer getreten. Die Schäden für die Landwirtschaft belaufen sich auf mehrere Millionen Lire.

18. Mai, Dienstag

In Genf beginnt die vom Völkerbund einberufene vorbereitende Abrüstungskonferenz. Delegierte aus 20 Ländern beraten über die Frage von Abrüstung und Sicherheit.

Das deutsche Reichsgericht hat erstmals entschieden, daß literarische Werke, die vom Rundfunk übertragen werden, urheberrechtlich geschützt sind. Das Gericht gibt damit den Klagen der Schriftsteller Gerhart Hauptmann (Deutsches Reich) und Hugo von Hofmannsthal (Österreich) auf Schadenersatz wegen unbefugter Ausstrahlung ihrer Werke nach.

19. Mai, Mittwoch

In seiner Regierungserklärung bekennt sich der neue deutsche Reichskanzler Wilhelm Marx dazu, an der umstrittenen Flaggenverordnung festzuhalten (→ 17. 5./S. 88).

Die Verhandlungen zwischen Großbritannien und Frankreich über die Rückzahlung der Schulden aus dem Weltkrieg sind gescheitert.

In Südtirol sind alle Flüsse über die Ufer getreten, das Hochwasser hat vier Orte überschwemmt.

20. Mai, Donnerstag

In Belgien wird die neue Regierung unter Henri Jaspar vereidigt. Am 6. Mai hat die alte Regierung ihren Rücktritt eingereicht. Die Regierungskrise wurde durch Finanzprobleme ausgelöst, mehrere Minister wandten sich dagegen, einen Kredit bei der Nationalbank aufzunehmen, weil dadurch eine Inflation ausgelöst werde.

Eine Explosion in einer Pulverfabrik in Haßloch (Bayern) zerstört den größten Teil des Gebäudes. Das Unglück fordert elf Todesopfer; der Schaden beläuft sich auf eine Million Reichsmark.

In Heggen bei Attendorn ist eine neue Tropfsteinhöhle entdeckt worden, den Eingang legte eine Sprengung frei.

In Berlin wird der Film »Wehe, wenn sie losgelassen« von dem Regisseur Carl Froelich uraufgeführt. Henny Porten glänzt in einer Doppelrolle: Sie verkörpert eine Dame der Berliner Gesellschaft und deren Dienstmädchen. → S. 103

21. Mai, Freitag

Die faschistische Partei Italiens verbietet es Mädchen und Frauen, die Uniform des Faschismus, das schwarze Hemd, zu tragen. Das Schwarzhemd symbolisiere den Kampfgeist der Partei und stehe daher Frauen, die sich karitativen Aufgaben widmen sollen, nicht zu. → S. 94

Kinderarbeit ist in verschiedenen Industrien der USA weit verbreitet, vor allem in der Tabakindustrie im Süden und Nordosten. → S. 94

Die große Berliner Kunstausstellung wird eröffnet. Sie zeigt u. a. Werke der Bauhaus-Künstler Wassily Kandindsky und Paul Klee.

In Berlin findet die Uraufführung des expressionistischen Dramas »Das trunkene Schiff« von dem deutschen Schriftsteller Paul Zech statt. Der Regisseur Erwin Piscator bezieht den Film in die Inszenierung mit ein; das Bühnenbild stammt von George Grosz.

In Münster wird die Tanzdichtung »Tanztragödie« von dem deutschen Tänzer und Choreographen Kurt Jooss uraufgeführt.

22. Mai, Sonnabend

Das deutsch-französische Luftfahrtabkommen tritt in Kraft. Es befreit das Deutsche Reich von den Einschränkungen im Luftschiffbau, die der Versailler Friedensvertrag festlegte. Das Abkommen rettet u. a. die Zeppelin-Werke in Friedrichshafen. Am 26. Mai wird die Flugstrecke Berlin–Paris eröffnet. → S. 96

Der Wiener Hungerkünstler Fred Ellern stellt einen Weltrekord auf: Er hat 46 Tage und sechs Stunden in einem Glaskasten gehungert. → S. 98

23. Mai, Pfingstsonntag

In Clermont-Ferrand beginnt ein Parteitag der französischen Sozialisten (bis 26. Mai). Die Delegierten lehnen eine Beteiligung der Sozialisten an einer bürgerlichen Regierung und eine Einheitsfront mit den Kommunisten ab. Sie fordern eine striktere Befolgung des Fraktionszwangs im Parlament.

Der Rote Frontkämpferbund, eine auf Initiative der KPD gegründete Kampforganisation gegen Militarismus und Faschismus, kommt in Berlin zu seinem zweiten Reichstreffen zusammen. Die Kundgebung mit 30000 Teilnehmern verläuft friedlich. → S. 92

24. Mai, Pfingstmontag

Der Ausbruch des Vulkans Tokachi auf der japanischen Insel Hokkaido fordert 150 Todesopfer. Ein Dorf ist von den Schwefel- und Lavamassen verschüttet worden. Der von einem Erdbeben begleitete Vulkanausbruch löst Springfluten aus.

Der finnische Läufer Paavo Nurmi stellt in Berlin mit 8:25,4 Minuten einen Weltrekord über 3000 m auf.

25. Mai, Dienstag

Die Regierung der Türkei beschließt, ab 1927 den christlichen Kalender einzuführen. In der Türkei gilt der islamische Kalender. Auf den 31. Dezember 1324 wird Neujahr unmittelbar der 1. Januar 1927 folgen.

Die italienische Regierung will die Villa San Martino auf Elba restaurieren, in der Napoleon I., Kaiser von Frankreich, während seiner Verbannung 1814/15 lebte.

Ein Eisenbahnunglück auf dem Münchner Ostbahnhof fordert 28 Todesopfer und 167 Verletzte. Ein mit Ausflüglern besetzter Personenzug ist auf einen vor dem Bahnhof haltenden Zug aufgefahren.

26. Mai, Mittwoch

Der marokkanische Emir Abd El Krim, der Führer des Aufstands der Rifkabylen gegen die spanische und französische Herrschaft in Marokko, ergibt sich. Nach dem Abbruch der Friedensverhandlungen am 6. Mai haben französische und spanische Truppen eine erfolgreiche Offensive begonnen. Die Kapitulation beendet den Krieg. → S. 91

Der Gerichtshof in Budapest fällt das Urteil im Frankenfälscherprozeß, die Hauptangeklagten Prinz Ludwig Windischgrätz und der Landespolizeichef Emmerich Nadossy werden zu vier Jahren Zuchthaus verurteilt. Das Gericht billigt ihnen patriotische Motive zu. → S. 99

Der mexikanische Präsident Plutarco Elias Calles unterzeichnet das Nationalisierungsgesetz, das sämtliche Bodenschätze des Landes zum Staatseigentum erklärt. Die Verfügung wendet sich gegen die Ausbeutung der mexikanischen Bodenschätze durch ausländische Kapitalgeber. → S. 91

27. Mai, Donnerstag

In Großbritannien wird der Kohleverbrauch eingeschränkt, weil noch kein Ende des Streiks der Bergarbeiter abzusehen ist. Die Fabriken dürfen nur noch die Hälfte des Normalbedarfs an Kohle verbrauchen (→ 3. 5./S. 90).

Der deutsche Schriftsteller Gerhart Hauptmann lehnt es ab, Mitglied der Sektion Dichtkunst an der preußischen Akademie der Künste zu werden, weil es »eine bewußte Führung auf dem Gebiete der Dichtkunst nicht gebe« (→ 7. 5./S. 101).

28. Mai, Freitag

General Manuel de Oliveira Gomes da Costa gelangt in Portugal durch einen Militärputsch an die Macht und setzte die republikanische Verfassung außer Kraft. → S. 89

Die Uraufführung der Ballette »Don Morte« und »Die Vogelscheuche« von dem Schweizer Tänzer und Choreographen Max Terpis (eigtl. Max Pfister) findet in Berlin statt. Das Orchester dirigiert Erich Kleiber.

29. Mai, Sonnabend

Der Dritte Internationale Sozialistische Jugendkongreß geht in Amsterdam zu Ende. Die Delegierten fordern u. a. ein Arbeitsverbot für schulpflichtige Jugendliche, das Verbot von Akkord- und Nachtarbeit für Jugendliche und einen bezahlten Urlaub bis zum 18. Lebensjahr. Im Anschluß an die Konferenz wird der Internationale Verband für sozialistische Studien gegründet.

30. Mai, Sonntag

Vom 30. Mai bis 6. Juni tagt in Paris der 10. Kongreß des Weltbundes für das Frauenstimmrecht. Teilnehmerinnen aus 40 Ländern beraten über Möglichkeiten zur Durchsetzung der Gleichberechtigung. → S. 93

Die Junkersflugwerke in Dessau haben 700 Arbeiter entlassen und wollen weiteren 800 Beschäftigten kündigen. Das Werk hat 18 Millionen Reichsmark (RM) Schulden, vor allem, weil es zum Flugzeugbau spezielle Aluminiumrohre verwendet, die nur gegen die Abnahme einer bestimmten Menge bezogen werden können.

31. Mai, Montag

Jósef Klemens Pilsudski wird zum Staatspräsidenten von Polen gewählt, nimmt die Wahl jedoch nicht an (→ 12.–14. 5./S. 89).

An der Universität von Hannover hindern Studenten den Philosophieprofessor Theodor Lessing daran, seine Vorlesung zu halten (→ 18. 6./S. 111).

Gestorben:

16. San Remo: Muhammad VI. (*1861), letzter osmanischer Sultan. → S. 89

Geboren:

15. London: Peter Shaffer, britischer Dramatiker.

19. Berlin: Peter Zadek, deutscher Regisseur.

25. Bayreuth: Max von der Grün, deutscher Schriftsteller.

31. Helgoland: James Krüss, deutscher Schriftsteller.

Die Zeitschrift »Jugend« vom Mai 1926 mit einer Zeichnung zur Frühjahrsmode

Mai 1926

Regierungswechsel wegen Flaggenstreit

Symbolträchtige deutsche Farben

Die Auseinandersetzung um die deutsche Flagge hat ihren Ursprung in der nationalstaatlichen Bewegung des 19. Jahrhunderts. Der republikanische und der monarchistische Flügel wählten unterschiedliche Farben als Symbole.

Schwarz-Rot-Gold geht auf die Uniformen des im Befreiungskrieg gegen Napoleon kämpfenden Lützowschen Freikorps zurück: Die Soldaten trugen schwarze Röcke mit roten Aufschlägen und goldenen Knöpfen. 1817 übernahmen die Burschenschaften diese Farben; sie galten fortan als Symbol für die Hoffnung auf ein demokratisches Deutschland.

Schwarz-Weiß-Rot verknüpft die Farben Preußens (weiß und schwarz) mit denen der Hanse (weiß und rot). Diese Farbkombination wurde vom Norddeutschen Bund 1866 gewählt und nach heftigem Streit als Nationalfarben 1871 vom Deutschen Reich übernommen.

Die Republik entschied sich im November 1918 für Schwarz-Rot-Gold. Schwarz-Weiß-Rot mit den Reichsfarben im inneren oberen Geviert kam als Handelsflagge hinzu.

Schwarz-weiß-rote Flagge der Reichsbehörden zur See

17. Mai. Reichspräsident Paul von Hindenburg ernennt den Zentrumspolitiker Wilhelm Marx zum neuen Reichskanzler. Vorgänger Hans Luther ist gescheitert, da er seine Zustimmung zu einer neuen Flaggenverordnung gegeben hatte.

Der Reichspräsident hatte am 5. Mai eine neue Flaggenverordnung erlassen, wonach die deutschen diplomatischen und konsularischen Vertretungen in Übersee und in den europäischen Seehäfen neben der schwarz-rot-goldenen Reichsflagge auch die schwarz-weiß-rote Handelsflagge (mit Schwarz-Rot-Gold in der inneren oberen Ecke) zeigen müssen. Hindenburgs neue Verordnung entspricht vor allem den Wünschen der Deutschnationalen (DNVP) und vieler nationalistisch gesinnter Auslandsdeutscher, die sich in den Farben des Kaiserreichs besser vertreten sehen als in den republikanischen Schwarz-Rot-Gold.

Die Gegenzeichnung der Flaggenverordnung durch Reichskanzler Hans Luther verstimmt die Anhänger der Republik, insbesondere die SPD, auf deren Tolerierung das Minderheitskabinett des Reichskanzlers angewiesen ist; aber auch die DDP, die zusammen mit dem Zentrum und der DVP die Regierung stellt, ist gegen die Verordnung.

Nach einer zweitägigen heftigen Debatte im Reichstag stellt die DDP am 12. Mai den Antrag, das Verhalten des Reichskanzlers in der Frage der Flaggenverordnung zu mißbilligen. Der Antrag erhält die Zustimmung der kommunistischen und der sozialdemokratischen Fraktion und wird mit 177 gegen 146 Stimmen angenommen. Am gleichen Tag reicht der parteilose Reichskanzler Luther sein Rücktrittsgesuch ein.

Um eine Regierungsneubildung auf breiterer Basis bemühen sich Reichswehrminister Otto Geßler (DDP) und der Kölner Oberbürgermeister Konrad Adenauer (Zentrum), der eine Große Koalition unter Einschluß der Sozialdemokraten anstrebt, jedoch am Einspruch der DVP scheitert.

Die geschäftsführend weiterhin tätige Reichsregierung wendet sich daher selbst an den Reichspräsidenten und schlägt Reichsjustizminister Wilhelm Marx (Zentrum) als neuen Reichskanzler vor. Marx übernimmt dieses Amt am 17. Mai; die Zusammensetzung der Regierung bleibt unverändert.

Eine Ausweitung der Regierungskoalition nach links ist – trotz der Billigung der Außenpolitik von Gustav Stresemann durch die SPD – nicht möglich, da sich die Sozialdemokraten in der Frage der Fürstenenteignung (→ 20. 6./S. 108) in einem scharfen Gegensatz zu den regierenden Parteien befinden. Daß eine Koalitionserweiterung nach rechts (Aufnahme der Deutschnationalen) nicht in Frage kommt, hat die Auseinandersetzung um die Flaggenverordnung gezeigt: Hans Luther wurde ja gerade von der DDP vorgeworfen, vor den konservativen und nationalistischen Kreisen kapituliert zu haben.

Reichskanzler Hans Luther scheitert an der Flaggenverordnung

Titelblatt der Berliner »Vossischen Zeitung« vom 6. März 1926. Die Zeitung berichtet ganzseitig über die Flaggenverordnung

Mai 1926

Staatsstreich in Warschau

12. bis 14. Mai. Mit nur 15 ihm ergebenen Regimentern marschiert Marschall Jósef Klemens Pilsudski in Warschau ein und übernimmt nach dreitägigen heftigen Kämpfen die Macht in Polen. Ausschlaggebend für das Gelingen des Staatsstreichs ist die Ausrufung des Generalstreiks, die einen Transport weiterer regierungsfreundlicher Truppen nach Warschau unmöglich macht.

Das Mitte-Links-Kabinett von Ministerpräsident Alexander Graf Skrzyński war nach der Krise im April (→ 21. 4./S. 70) am 5. Mai endgültig zurückgetreten. An seine Stelle rückte am 10. Mai eine Mitte-Rechts-Regierung mit Bauernführer Wincenty Witos an der Spitze, die von den Linksparteien ebenso wie von Pilsudski abgelehnt wurde.

Akuter Auslöser der Regierungskrise, die Pilsudski mit seinem Staatsstreich abrupt beendet, ist die katastrophale Wirtschaftslage. Die Zahl der Arbeitslosen ist auf 400 000 gestiegen, fast täglich werden aus polnischen Städten Demonstrationen gemeldet. Eine Hauptursache für die Wirtschaftsprobleme ist der Zollkrieg, den das Deutsche Reich seit Sommer 1925 gegen Polen führt: Nach dem Auslaufen entsprechender Bestimmungen über Oberschlesien ist der Export polnischer Kohle nach Deutschland nicht mehr garantiert.

Der weitere Verlauf der Ereignisse nach dem Staatsstreich: Noch am 14. Mai treten Staatspräsident Stanislaw Wojciechowski und Ministerpräsident Witos zurück. Am 15. Mai wird auf Wunsch Pilsudskis ein »Kabinett der Fachleute« unter Kazimierz Bartel gebildet, dem der Marschall als Kriegsminister angehört. Am 31. Mai wird Pilsudski vom Parlament zum Staatspräsidenten gewählt. Er ist mit 274 von 546 Stimmen über den Gegenkandidaten der Rechten in einer geheimen Abstimmung siegreich.

Der Marschall nimmt die Wahl jedoch nicht an, da die Befugnisse des Staatspräsidenten-Amtes in der polnischen Verfassung stark eingeschränkt sind, und bleibt lieber der starke Mann im Hintergrund. Zum Staatspräsidenten wird auf seine Empfehlung am 1. Juni der politisch bislang wenig hervorgetretene Ignacy Mościcki gewählt.

Pilsudski stützt sich in der Folgezeit vor allem auf die Armee; die Linken entziehen ihm bald die Unterstützung (→ 2. 8./S. 138).

Ein Geschütz mit Artillerie-Mannschaften in Warschau während des polnischen Staatsstreichs von Marschall Jósef Klemens Pilsudski

Pilsudski – Held von der Weichsel

Der neue starke Mann Polens, Marschall Jósef Klemens Pilsudski, kämpfte während des Weltkriegs zunächst auf seiten Deutschlands und Österreichs für die staatliche Unabhängigkeit Polens, geriet ab 1916 aber in immer stärkeren Gegensatz zu den Mittelmächten. Nach dem Ende des Weltkrieges wurde er im November 1918 der erste Staatschef der wiedererstandenen Republik Polen. Im anschließenden Krieg gegen Sowjetrußland wurde Pilsudski als Held gefeiert (»Wunder an der Weichsel«). 1922 zog er sich vorübergehend aus der Politik auf seinen Landsitz zurück.

General Manuel de Oliveira Gomes da Costa übernimmt die Macht

In Portugal putscht Militär

28. Mai. Durch einen erfolgreichen Staatsstreich unter der Führung von General Manuel de Oliveira Gomes da Costa übernimmt das Militär die Macht in Portugal.

Gomes da Costa stützt sich auf die Geistlichkeit, den Großgrundbesitz und das Militär. Er setzt die Regierung der Demokratischen Partei ab, löst das Parlament auf und hebt die Verfassung auf (→ 9. 7./S. 122).

Seit der Ausrufung der Republik in Portugal (1910) ist die innenpolitische Situation des Landes durch Instabilität gekennzeichnet.

Muhammad – letzter türkischer Sultan

16. Mai. Im Exil in San Remo stirbt der letzte Sultan des Osmanischen Reiches, Muhammad VI., im Alter von 60 Jahren.

Muhammad VI. hatte kurz vor Ende des Weltkriegs ohne jede politische Erfahrung das Amt des Sultans übernommen, er befand sich nach Kriegsende völlig in der Hand Großbritanniens.

Am 2. November 1922 wurde er im Lauf der nationalen Erhebung in der Türkei abgesetzt, blieb jedoch zunächst geistliches Oberhaupt der Türken (Kalif) und lebte auf der Insel Malta.

Das gestürzte polnische Kabinett mit Bauernführer Wincenty Witos (4. v. l.) als Ministerpräsident

Das neue polnische Kabinett mit Marschall Jósef Klemens Pilsudski (l.) als Kriegsminister

Mai 1926

Generalstreik erschüttert Großbritannien

3. Mai. Zur Unterstützung der Bergarbeiter, die sich seit dem 1. Mai im Ausstand befinden, ruft der Trade Union Congress (TUC), die zentrale britische Gewerkschaftsorganisation, zum Generalstreik auf.

An den Streikaktionen beteiligen sich Drucker, Eisenbahner, Transportarbeiter, Eisen- und Stahlarbeiter, Bau-, Chemie-, Gas- und Elektrizitätsarbeiter – insgesamt mehr als zwei Millionen Menschen.

Das öffentliche Leben in Großbritannien kommt weitgehend zum Erliegen. Mittels Notstandsmaßnahmen versucht die konservative Regierung unter Premierminister Stanley Baldwin, die öffentlichen Funktionen aufrechtzuerhalten und damit den Streik zu unterlaufen. Schatzkanzler Winston Churchill befürwortet ein scharfes Vorgehen der Regierung; Militär kommt jedoch nicht zum Einsatz.

Der Kohlenarbeiter- und der darauffolgende Generalstreik sind vor dem Hintergrund einer schweren Krise in der britischen Kohleindustrie von den Gewerkschaften ausgerufen worden. Die britischen Bergwerke sind veraltet und arbeiten häufig unrentabel, die Produktion von Kohle in Großbritannien ist im Zeitraum von 1913 bis 1925 von 287 auf 247 Millionen t jährlich zurückgegangen. Zahlreiche Bergarbeiter sind, bei einer Gesamtarbeitslosenquote von 12,3% (1924: 10,2%; 1925: 11,0%) von Arbeitslosigkeit betroffen bzw. bedroht. Die Bergwerksunternehmen wollen in dieser Situation Lohnkürzungen und eine Verlängerung der Arbeitszeit der Grubenarbeiter durchsetzen.

Am 21. Juli 1925 (»Red Friday«) war eine Lösung des Tarifkonflikts zunächst aufgeschoben worden. Es wurde eine Regierungskommission eingesetzt, die einen Bericht über die Lage der Kohlewirtschaft ausarbeiten sollte. Bis zur Vorlage des Kohleberichts zahlte die Regierung den Bergarbeitern Überbrückungsgelder (Subsidien), um ihr Lohnniveau aufrechtzuerhalten.

In dem Kohlebericht, der am 10. März 1926 vom Kabinett veröffentlicht wurde, stellte die Kommission fest, daß eine grundlegende Reorganisation und eine Modernisierung der Bergwerksindustrie erfolgen müsse, die auch die Schließung einiger Gruben zur Folge hätte. Ferner wurden folgende Maßnahmen beschlossen bzw. den Tarifparteien vorgeschlagen:
▷ Die Subsidien-Zahlungen werden zum 1. Mai beendet
▷ Die gegenwärtige Arbeitszeit von durchschnittlich 7,5 Stunden soll beibehalten, die Löhne sollen jedoch gesenkt werden
▷ Einzelheiten des Tarifvertrags sind für die verschiedenen Regionen unterschiedlich auszuhandeln

Die Unternehmer hatten eine drastische Lohnsenkung und eine Verlängerung der Arbeitszeit gleichzeitig durchsetzen wollen. Die Bergarbeitergewerkschaft fordert dagegen die Nationalisierung der Kohleindustrie und einen allgemeinen, für die ganze Nation gleichen Lohnvertrag, da sie bei Differenzierung nach einzelnen Regionen eine Verschlechterung ihrer Arbeitsbedingungen und der Unterstützung für Arbeitslose befürchten. Während die Bergarbeiter noch monatelang weiterstreiken (→ 19. 11./S. 181), wird der Generalstreik am 12. Mai abgebrochen; Baldwin hatte u. a. die vorläufige Fortzahlung der Subsidien bis zum Abschluß eines Tarifvertrags und die Festsetzung von Mindestlöhnen in Aussicht gestellt.

Die Gewerkschaften gehen aus dem Generalstreik geschwächt hervor. So müssen die Streikenden unterschreiben, mit dem Ausstand einen Vertragsbruch begangen zu haben.

William Pyke, der Bürgermeister von London, dankt Polizeieinheiten für ihren Einsatz im Generalstreik

Auf dem Londoner Bahnhof sammeln sich Postsäcke an, die nicht befördert werden

Führer der Labour Party, v. l.: Arthur Henderson, Ramsey MacDonald, John Thomas

Die Londoner Polizei geht gegen eine Demonstration aus Anlaß des Generalstreiks vor

Mai 1926

Angeschlagenes Britisches Reich

Nach dem Weltkrieg, aus dem die britische Wirtschaft – obwohl Großbritannien zu den Siegermächten gehört – geschwächt hervorgegangen ist, verschärfen sich auf der Insel die Strukturprobleme, die sich bereits in der Vorkriegszeit bemerkbar gemacht haben.

Großbritannien gelingt es nicht, wieder zu einer führenden Industrienation aufzusteigen. Die USA erweisen sich mit ihren Großbetrieben und den rationelleren Fertigungsmethoden als überlegen auf dem Weltmarkt, und auch das besiegte Deutsche Reich ist ein mächtiger Konkurrent in den modernen Industriezweigen wie Chemie und Elektrotechnik. Viele traditionelle Abnehmerländer haben inzwischen eigene Industrien aufgebaut.

Die Industriezweige, in denen Großbritannien traditionell stark ist, weisen ein erhebliches Modernisierungsdefizit auf; dies gilt für die Bereiche Schiffbau, Textilien, Eisen und Stahl und vor allem für die Kohleindustrie. Strukturell bedingte Arbeitslosigkeit ist die Folge: Zwischen 1923 und 1929 schwankt die Zahl der Beschäftigungslosen (in England, Schottland und Wales) zwischen 1,5 und 2,5 Millionen.

Die Organisationen der britischen Arbeiterschaft haben nach dem Krieg einen deutlichen Aufschwung zu verzeichnen. Die Labour Party ist neben den Konservativen und den Liberalen zur dritten großen politischen Kraft aufgestiegen und hat 1924 – allerdings nur für ein Dreivierteljahr – erstmals die Regierung übernommen. Die Gewerkschaften haben ihre Mitgliederzahl gegenüber der Vorkriegszeit mehr als verdoppeln können.

Die beiden Organisationen werden dennoch vielfach von links als zu anpassungsbereit kritisiert. Bereits 1921 hatte ein Streik der Bergarbeiter, Eisenbahner und Transportarbeiter mit einer Niederlage für die Arbeiter geendet.

Emir Abd El Krim, der Führer des marokkanischen Stamms der Rifkabylen, muß vor der spanisch-französischen Übermacht aufgeben

Bodenschätze sind Staatseigentum

27. Mai. Der mexikanische Präsident Plutarco Elias Calles unterzeichnet ein Nationalisierungsgesetz, wonach alle Bodenschätze des südamerikanischen Landes in Staatseigentum übergehen.

Die Verfügung wendet sich gegen die Ausbeutung der Bodenschätze Mexikos vor allem durch ausländische Kapitalgeber; das Erdöl, das in der mexikanischen Industrie eine immer stärkere Bedeutung erhält, ist in dem Nationalisierungsgesetz ebenfalls mit eingeschlossen.

Plutarco Calles

In den 30 Jahren der Diktatur von Präsident Porfirio Diaz (1877–1880, 1884–1911) hatte sich das südamerikanische Land für ausländisches Kapital geöffnet. Seit der Revolution von 1917 betrachtet sich Mexiko als sozialistisches Land und ist bemüht, den Auslandseinfluß abzubauen.

Berberstämme im Aufstand

26. Mai. Abd El Krim, der Anführer der marokkanischen Berberstämme der Rifkabylen, muß vor den Kolonialmächten in Marokko – Spanien und Frankreich – bedingungslos kapitulieren. Der Versuch, die Autonomie für sein Volk zu erkämpfen, ist gescheitert.

Die Kämpfe zwischen Abd El Krims Soldaten auf der einen sowie französischen und spanischen Truppen auf der anderen Seite waren am 6. Mai wieder ausgebrochen, da die Friedensverhandlungen, die im April im Lager Berteaux bei Udscha aufgenommen worden waren, ohne Ergebnis blieben (→ 18. 4./S. 69).

Die französische und die spanische Delegation forderten bei diesen Friedensverhandlungen von den Vertretern der Rifkabylen die Anerkenntnis folgender Vorbedingungen:
▷ Unterwerfung der Aufständischen unter die Autorität des marokkanischen Sultans Jusuf
▷ Entfernung Abd El Krims aus dem Kampfgebiet
▷ Entwaffnung der Rifkabylen
▷ Austausch von Gefangenen

Ferner sollten die Rifkabylen akzeptieren, daß sich spanische und französische Einheiten aufeinander zu bewegen. Die Rif-Delegierten weigern sich, diese Vorbedingungen anzunehmen. Die Stämme nehmen die Kampfhandlungen wieder auf, müssen jedoch, als sie eingekreist sind, die Waffen strecken (→ 13. 7./S. 123).

Das französische Konsulatsgebäude in der marokkanischen Stadt Udschas, in dem die Friedensverhandlungen geführt werden

Mai 1926

Die Fahnenabordnung des Roten Frontkämpferbundes auf dem Reichstreffen der Organisation in Berlin

Rote Frontkämpfer in Berlin

23. Mai. Zu Pfingsten kommen Mitglieder des Rote Frontkämpferbundes (RFB), einer auf Initiative der KPD gegründeten Kampforganisation, zum zweiten Reichstreffen in Berlin zusammen. Die Kundgebung, an der 30 000 Menschen teilnehmen, verläuft ohne Zwischenfälle.
Der Rote Frontkämpferbund ist 1924 als Wehr- und Schutzorganisation gegründet worden. Er steht der KPD nahe, obwohl die Mehrheit der Mitglieder nicht der Partei angehören. Aus der klassenkämpferischen Natur des Bundes macht der Vorsitzende Ernst Thälmann jedoch keinen Hehl:

»Der RFB ist seiner Zusammensetzung und Führung nach eine rein proletarische und seinen Zielen und Bestrebungen nach eine revolutionäre Organisation des Klassenkampfes. Er ist keine kommunistische Organisation... Aber der RFB ist seinen Bestrebungen nach ein Teil der kommunistischen Gesamtbewegung. Er hat Aufgaben zu erfüllen, die die Partei als solche nicht erfüllen kann, zu deren Durchführung ihn die Partei aber in jeder Weise fördern muß.«

Ebenfalls 1924 ist als republikanische Kampforganisation der »Reichsbanner Schwarz-Rot-Gold« ins Leben gerufen worden, der zwar formal überparteilich ist, jedoch der Sozialdemokratie nahesteht.
Diese beiden militärisch organisierten Verbände sind als Reaktion auf den rechtsgerichteten »Stahlhelm« entstanden, einem Zusammenschluß von Soldaten des Weltkriegs, dessen Gründung bereits in das Jahr 1918 fällt und der seit 1924 auch Nicht-Kriegsteilnehmern offensteht. Der »Stahlhelm« gibt sich zwar überparteilich, verfolgt jedoch nationalistisch-konservative Ideen und identifiziert sich mit den antidemokratischen und antirepublikanischen Rechtsparteien.

Maifeiern ohne Zwischenfälle

1. Mai. Die traditionellen Maifeiern der Arbeiterschaft verlaufen friedlich und ohne Zwischenfälle.
Der Internationale Gewerkschaftsbund hat dazu aufgerufen, für den Achtstundentag und die Erhaltung des Friedens zu demonstrieren. Anders als in Österreich, wo der 1. Mai Staatsfeiertag ist, besteht im Deutschen Reich keine allgemeine Arbeitsruhe. Aus Berlin wird gemeldet, daß in einzelnen Betrieben bis zu 90% der Beschäftigten der Arbeit ferngeblieben sind.

Titelblatt der Zeitschrift »Lachen links« vom 30. April 1926 mit einem Aufruf zum Internationalismus

Putschpläne der politischen Rechten

11. Mai. Die Berliner Polizei deckt bei einer Hausdurchsuchung auf, daß rechtsgerichtete Kreise Putschgedanken hegen und bereits Pläne für eine Rechtsdiktatur entwickelt haben.
Alfred Hugenberg (DNVP) ist in der fiktiven Rechtsregierung das Amt des Finanzdirektors zugeteilt.
Bei den Ermittlungen der Berliner Polizei kommt außerdem heraus, daß die Alldeutschen von einer Rückkehr des Kaisers nicht nur träumen, sondern den im Exil in den Niederlanden lebenden Ex-Kaiser Wilhelm II. bereits brieflich von ihren monarchistischen Plänen in Kenntnis gesetzt haben.

Der Deutschnationale Alfred Hugenberg, der in den Putschplänen der Rechten genannt ist

Bund der Uni-Frauen

10. Mai. Im Lyzeum-Club in Berlin wird der Deutsche Akademikerinnen-Bund gegründet, ein Zusammenschluß von 7000 deutschen Studentinnen und Wissenschaftlerinnen aller Fakultäten. Zur Vorsitzenden wird die Germanistin Agnes von Zahn-Harnack gewählt.
Der Zusammenschluß versteht sich als Verband zur Durchsetzung der beruflichen Interessen von Akademikerinnen; ferner verfolgt er das Ziel, »den Einfluß und die Geltung der akademisch gebildeten Frauen im deutschen Kulturleben zu sichern«.
Wichtige Stationen in der Durchsetzung des Frauenstudiums in Deutschland sind:

1896: Einige deutsche Universitäten nehmen Gasthörerinnen auf.
1901: Heidelberg und Freiburg sind die ersten deutschen Universitäten, die regulär Studentinnen immatrikulieren.
1908: Mit der Neuordnung des Mädchenschulwesens erhalten Mädchen, die nach Durchlaufen einer 13klassigen Oberschule das Abitur ablegen, die Zulassungsberechtigung für ein Universitätsstudium.
1920: Frauen erhalten das Recht, sich zu habilitieren.
1923: Die Botanikerin Margarethe von Wrangell und die Soziologin und Pädagogin Mathilde Vaerting sind die ersten ordentlichen Professorinnen.

Mai 1926

Blick auf das Ausstellungsgelände (Aquarell)

Feuerwehrturm und Hauptweg der Gesolei

Deutschland – ein kerngesundes Land

8. Mai. In Düsseldorf wird die »Große Ausstellung für Gesundheitspflege, soziale Fürsorge und Leibesübungen« (Gesolei) feierlich eröffnet.

Die Schau am rechten Rheinufer und im Hofgarten, deren Vorbereitung elf Millionen Reichsmark (RM) gekostet hat, soll einen Überblick über die Anstrengungen zur Verbesserung der Gesundheitsfürsorge und der öffentlichen Wohlfahrt im Deutschen Reich geben. Hauptattraktion beim Publikum sind ein 44 m hoher Feuerwehrturm, der innerhalb von 40 Tagen erbaut worden ist, sowie eine auf dem Ausstellungsgelände fahrende Kleinbahn.

Die Organisationen der freien Wohlfahrtspflege können beachtliche Zahlen über ihre Leistungen in der sozialen Fürsorge vorlegen. Die größten Wohlfahrtsverbände im Deutschen Reich sind der Deutsche Karitasverband, der 50 000 Pflegekräfte in 10 200 Fürsorgeanstalten beschäftigt, die Innere Mission mit 34 000 Pflegekräften in knapp 3400 Fürsorgeeinrichtungen und die Arbeiterwohlfahrt mit knapp 18 000 Pflegekräften in knapp 5000 Einrichtungen. Motto der Ausstellung sind die Zeilen des Düsseldorfer Dichtersohnes Heinrich Heine: »Deutschland hat ewigen Bestand, es ist ein kerngesundes Land.«

Blick auf die Düsseldorfer Rheinhalle mit Wasserspielen (Aquarell, Erich von Perfall)

Wohnungsnot in einer Darstellung auf der Gesolei. Nur jedes fünfte Brautpaar kann nach der Hochzeit eine eigene Wohnung beziehen

Blick auf die Rheinhalle durch den Ehrenhof

Weltkongreß für Frauenrechte

30. Mai. Teilnehmerinnen aus 40 Ländern kommen zum 10. Kongreß des Weltbundes für Frauenstimmrecht nach Paris, um ihre politischen Forderungen zu beraten und aufeinander abzustimmen. Der Kongreß dauert bis zum 6. Juni.

Da das Frauenstimmrecht in der weitaus überwiegenden Zahl der Staaten, aus denen die Teilnehmerinnen stammen, inzwischen verwirklicht ist, konzentriert sich die Arbeit des Kongresses auf umfassendere Forderungen zur Emanzipation der Frau.

Folgende Themen werden u. a. in Paris besprochen:
▷ Gleichstellung lediger Mütter und ihrer Kinder
▷ Klärung der Staatsangehörigkeit von Frauen, die mit einem Ausländer verheiratet sind
▷ Gleiche Arbeitsbedingungen für Mann und Frau

Über den letzten Punkt wird besonders kontrovers diskutiert. Während die Teilnehmerinnen aus Großbritannien eine völlige rechtliche Gleichstellung der Frau im Berufsleben ohne jede Sonderbehandlung befürworten, halten die deutschen Delegiertinnen an einer »Schutzgesetzgebung« für arbeitende Frauen fest. Der britische Antrag, gesetzliche Ausnahmeregelungen für Frauen abzulehnen, wird schließlich mit 91 gegen 78 Stimmen vom Kongreß verworfen.

Preußen versucht Resozialisierung

3. Mai. Das preußische Justizministerium gibt bekannt, es werde in ausgewählten Haftanstalten Möglichkeiten erproben, durch Förderung der Selbständigkeit von Inhaftierten zu deren späterer gesellschaftlichen Wiedereingliederung beizutragen. Sollten sich die Versuche im Wittlicher Jugendgefängnis sowie in den Strafgefängnissen von Plötzensee, Anrath, Lüttringhausen und Halle an der Saale als erfolgreich erweisen, werden sie auch in anderen preußischen Strafanstalten eingeführt. Den Gefangenen mit guter Führung wird u. a. ein Raum für sonntägliche Zusammenkünfte zur Verfügung gestellt.

Mai 1926

Kinder arbeiten als Spindeljungen in einer Baumwollspinnerei im US-Bundesstaat Georgia

Schwarzhemd für Frauen verboten

21. Mai. Italienischen Frauen und Mädchen wird von der faschistischen Partei Italiens das Tragen von Schwarzhemden, der Uniform des Faschismus, untersagt. Zur Begründung wird angegeben, daß Frauen sich karitativen Aufgaben zu widmen hätten, eine kämpferische Kleidung stehe ihnen nicht zu.

Für die italienischen Männer schreitet die Uniformierung im Gegenzug voran. Nach Wagenführern und Schuhputzern wird auch den Fleischverkäufern die Bekleidung vorgeschrieben: Ein knielanger weißer Kittel mit hohem Kragen.

Kinderarbeit bei US-Farmern

21. Mai. Nach einem Bericht des US-Arbeitsministeriums ist die Kinderarbeit in den USA – vor allem in der Landwirtschaft – noch immer weit verbreitet.

Besonders betroffen ist die Tabakindustrie im Süden und Nordosten der Vereinigten Staaten. Unter den Tausenden von Kindern, die in den Tabakplantagen arbeiten, sind nach Angaben des Ministeriums ein Drittel jünger als zwölf Jahre, ein Fünftel sogar jünger als zehn Jahre. Ein Drittel der in der Tabakindustrie arbeitenden Kinder sind Mädchen.

Die meisten der Kinder arbeiten täglich zehn Stunden, vereinzelt kommen aber auch Arbeitszeiten von 12 bis 13 Stunden vor.

Während das Wirtschaftsleben in den USA allgemein durch eine seit 1922 anhaltende Prosperität und steigenden Wohlstand gekennzeichnet ist, gibt es in der Landwirtschaft weiterhin Probleme. Die US-Farmer leiden unter einer Überproduktion; Ursache dafür ist die starke Kapazitätsausweitung, die sie im Weltkrieg vorgenommen haben.

Die relative Verarmung der ländlichen Bevölkerung im Vergleich zur städtischen Arbeiterschaft und zum Bürgertum zeigt sich auch an der hohen Kinderarbeitsquote auf dem Lande.

Der Kaplan des US-Repräsentantenhauses, James Shera Montgomery (am Rednerpult), spricht das Gebet zur Eröffnung der Sitzungsperiode

US-Interessen in Nicaragua

2. Mai. Der Kongreß von Nicaragua ruft den Ausnahmezustand aus, da liberale Offiziere einen Putsch gegen Präsident Emiliano Chamorro Vargas, der seit Januar 1926 im Amt ist, unternommen haben. US-Kriegsschiffe laufen nach Nicaragua aus, um – wie es in Washington heißt – die US-Interessen zu schützen.

In Nicaragua herrscht seit Jahrzehnten ein immer wieder aufflackernder Bürgerkrieg zwischen den sog. Liberalen und den Konservativen. 1909 hatten die USA den damaligen Präsidenten José Santos Zelaya, der nicht bereit war, den Vereinigten Staaten Kanalrechte abzutreten, gestürzt und mit Marinetruppen das Land besetzt. Die USA hatten sich erst 1925 militärisch aus dem mittelamerikanischen Staat zurückgezogen, sie betrachten Nicaragua jedoch weiterhin als zu ihrem Interessenbereich gehörend (→ 23.12./S. 195).

Die Ureinwohner von Australien fordern einen eigenen Musterstaat

10. Mai. Die »Bewegung zur Errichtung eines großen Musterstaates in Mittelaustralien« wendet sich mit einer Petition an die Abgeordneten des australischen Bundesparlaments, in der die Schaffung einer selbständigen staatlichen Einheit für die Ureinwohner Australiens gefordert wird.

Seit einiger Zeit gibt es Bestrebungen in der Urbevölkerung Australiens, sich durch die Schaffung eines selbständigen Staates vor der Ausrottung zu schützen. Die nomadisierenden Ureinwohner leiden besonders unter der Getreidewirtschaft der weißen Siedler und unter dem Ausbau des Eisenbahnnetzes, wodurch ihre Wanderbewegungen erheblich eingeschränkt sind.

Der Musterstaat soll durch ein Tribunal der Ureinwohner verwaltet werden; auch der Verweser, der dem Tribunal vorsteht, soll kein Weißer sein. Der Staat der australischen Ureinwohner soll eine Vertretung im Bundesparlament haben – vergleichbar mit der Vertretung der eingeborenen Maoris im benachbarten Neuseeland.

Weiße sollen den Musterstaat nur mit ausdrücklicher Genehmigung betreten dürfen, die Sitten und Gesetze der Ureinwohnerschaft sollen – sofern sie nicht durch besondere Grausamkeit (Kannibalismus) gekennzeichnet sind – bestehenbleiben. Die freie Ausübung der religiösen Riten soll gewährleistet sein.

Die Chancen zur Durchsetzung der Forderungen der Ureinwohner werden gering eingeschätzt.

Mai 1926

Das Luftschiff »Norge« in Spitzbergen, startbereit zum Nordpolflug

Seitenansicht auf die »Norge« vor der Polarüberquerung

Begrüßung der Flieger in New York, l. Amundsen, r. Byrd

Übergabe der »Norge« auf dem Flughafen Rom

Karte mit der Flugroute der »Norge« nach Alaska

Zwei Flüge über den Nordpol

9./12. Mai. Zwei Teams kämpfen um den Triumph, als erste den Nordpol in der Luft überquert zu haben: Der US-amerikanische Marineflieger Richard Evelyn Byrd und sein Begleiter Floyd Bennett auf der einen, der norwegische Polarforscher Roald Amundsen und der italienische Konstrukteur Umberto Nobile auf der anderen Seite.
Byrd/Bennett werden Sieger: Es gelingt ihnen, ein geeignetes Flugzeug per Schiff zur Kings-Bai in Spitzbergen zu bringen und von dort aus am 9. Mai zu starten. Byrd/Bennett drehen einige Kreise über dem Nordpol und kehren noch am gleichen Tag nach Spitzbergen zurück. Sie beanspruchen die erste Nordpol-Überquerung per Luft für sich, ihre Behauptung, daß sie bis zum Pol gekommen sind, läßt sich allerdings nicht überprüfen.
Roald Amundsen startet am 12. Mai mit dem Luftschiff »Norge« ebenfalls von der Kings-Bai aus. Das Luftschiff wird von dessen Konstrukteur, General Umberto Nobile, geflogen. Die »Norge« überquert den Pol noch am Tag des Starts, das Luftschiff kehrt jedoch nicht nach Spitzbergen zurück, sondern fliegt nach Alaska weiter. Dort verliert die Besatzung in dichtem Nebel die Orientierung; erst nach 72stündigem Flug landet die »Norge« 90 Meilen nördlich von Nome.

Obwohl die Polflüge ohne größere wissenschaftliche Bedeutung sind, werden sie von der Öffentlichkeit mit Spannung verfolgt. Neben persönlichem Forscherehrgeiz spielen bei den Fliegern auch finanzielle Motive mit: Sie vermarkten ihre Erlebnisse in Presse- und Buchveröffentlichungen.
Der Wettlauf zum Pol in der Luft war durch Amundsen ausgelöst worden. Er startete am 21. Mai 1925 zu einem ersten Versuch zusammen mit dem US-Amerikaner Lincoln Ellsworth und einer vierköpfigen Besatzung mit zwei schwerfälligen, mit Notvorräten überladenen Dornier-Flugbooten Richtung Pol. Nach einem Acht-Stunden-Flug glaubten sich die Forscher am Ziel und landeten; tatsächlich waren sie jedoch noch etwa 120 Seemeilen vom Pol entfernt. Es dauerte 24 Tage, bis sie mit ihrem Flugzeug – eine Maschine war bei der Landung zu Bruch gegangen – wieder starten konnten.

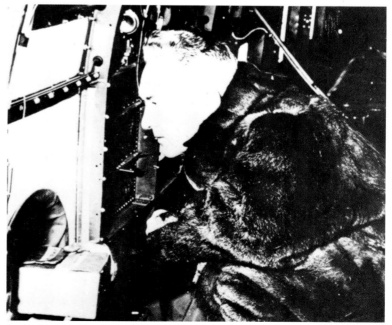
Der US-amerikanische Marineoffizier Richard Evelyn Byrd an Bord des Flugzeugs, mit dem er zu seinem Nordpolflug startet

Mai 1926

Die Hecktrommel des Kabeldampfers »Neptun«, über die das Seekabel bei der Verlegungsfahrt ausläuft

Das Seekabel wird in Köln-Mülheim auf Güterwagen verladen, um nach Nordenham gebracht zu werden

1700 Tonnen Kabel verlegt

Mai. Der deutsche Kabeldampfer »Neptun« verlegt ein neues Seekabel für den Telefonverkehr zwischen den Niederlanden und Großbritannien. Das Kabel, das vom Carlswerk in Köln-Mülheim produziert worden ist, hat eine Gesamtlänge von 165 km und ein Gesamtgewicht von 1700 t.
Vor der Umladung auf den Kabeldampfer ist das Kabel mit 55 Spezialgüterwagen von 15 m Länge und 35 t Ladegewicht von Köln nach Nordenham gebracht worden.

Verglichen mit den transatlantischen Telegraphenkabeln nimmt sich die Telefonverbindung zwischen den Niederlanden und Großbritannien eher bescheiden aus. Ein Rückblick verdeutlicht jedoch, wie rasch der Aufschwung in der Kabeltechnik vorangegangen ist: Bis 1919 war das Fernsprechkabel zwischen Duhnen bei Cuxhaven und Helgoland das längste Fernsprechkabel der Welt; wenig später wurde es von den deutschen Ostseekabeln – u. a. dem 170 km langen Ostpreußenkabel – übertroffen. Das neue Seekabel, das vom Carlswerk im Auftrag der Niederlande hergestellt worden ist, verbindet Domburg in den Niederlanden mit der britischen Stadt Alderburgh; es ermöglicht den ununterbrochenen Fernsprechverkehr vom Deutschen Reich nach Großbritannien und ist daher auch für die deutsche Wirtschaft von Bedeutung. Mit dem neuen Kabel können zwölf Ferngespräche und sechs Telegramme gleichzeitig übertragen werden.

Rheindampfer nimmt Fahrt auf

1. Mai. Als erster nach dem Weltkrieg neu erbauter Rheindampfer wird das Schiff »Rheinland« in Dienst gestellt. Hunderte von Schaulustigen säumen das Rheinufer, als der Dampfer mit geladenen Gästen aus Wirtschaft und Politik zur ersten Fahrt von Düsseldorf nach Uerdingen und von dort aus stromaufwärts zurück nach Köln startet.
Die »Rheinland« soll auf der Strecke Düsseldorf–Mainz eingesetzt werden. Das Doppeldecker-Salonschiff, dessen Baukosten sich auf 420 000 Reichsmark (RM) belaufen, bietet 2500 Personen Platz. Das Schiff hat eine größte Länge von 79 m, eine mittlere Höhe der Seitenwände von 2,8 m und etwa 1 m Tiefgang. Das mit Dampf angetriebene Schiff erreicht stromaufwärts eine Geschwindigkeit von 17,5 km/h. Die Ausstattung des neuen Rheindampfers ist äußerst komfortabel. Alle Räume haben elektrische Beleuchtung, die Personalräume können mit Dampfheizungen beheizt werden. Den Schiffsreisenden stehen ein geräumiger Speisesaal, ein Rauchsalon, eine Tanzdiele sowie mehrere Ruheräume – jeweils in unterschiedlichen Farben gehalten – zur Verfügung.
Der letzte deutsche Rheindampfer war 1914 gebaut worden.

Luftschiffbau ist freigegeben

21. Mai. In Paris wird das deutsch-belgisch-französische Luftfahrtabkommen unterzeichnet, mit dem die Beschränkungen im Flugzeugbau, denen das Deutsche Reich durch die Bestimmungen des Versailler Vertrages unterworfen sind, aufgehoben werden.
Sämtliche technischen Beschränkungen – bisher durften in Deutschland nur Verkehrsflugzeuge bis zu 120 km/h im Inlandsverkehr und bis zu 160 km/h für Auslandsflüge gebaut werden – sind damit hinfällig. Ferner wird der Bau von Luftschiffen wieder freigegeben; die im Zuge des Versailler Vertrages beschlagnahmten Luftschiffhallen werden kostenlos den deutschen Besitzern zurückgegeben.

Das erste Flugzeug der Linie Paris–Berlin, ein Farman-Eindecker, auf dem Flughafen Berlin-Tempelhof

Mai 1926

Herzogin Elisabeth von York mit ihrer Tochter Elisabeth, der ersten Enkelin des britischen Königs

Taufe im Buckingham-Palast

29. Mai. Das britische Herrscherpaar, König Georg V. von Großbritannien und seine Ehefrau Maria, freut sich über das erste Enkelkind. Die Tochter ihres zweitältesten Sohnes, Herzog Albert von York, und dessen Gattin, Herzogin Elisabeth von York, wird auf den Namen Elisabeth Alexandra Maria getauft. Der Täufling kam am 21. April 1926 in London zur Welt.

Die Taufzeremonie wird in der Privatkapelle im Buckingham-Palast vom Erzbischof von York vollzogen. Die Taufe erfolgt mit Jordanwasser, für die Zeremonie ist ein kleiner goldener Taufstein aus Schloß Windsor in den Palast gebracht worden.

Der Täufling (die spätere britische Königin Elisabeth II.) trägt ein Taufkleid aus Brüsseler Spitze, das bereits für die Kinder von Königin Viktoria verwendet worden ist. Bei der Taufe sind Eltern und Großeltern sowie andere Mitglieder des Königshauses anwesend. Nach der Taufe geben die Eltern eine kleine Teeparty.

Ehrenbürgerwürde für Sigmund Freud

6. Mai. Dem Psychoanalytiker Sigmund Freud wird vom Wiener Gemeinderat die Ehrenbürgerwürde der Stadt Wien verliehen. Freud erhält die Auszeichnung in Würdigung der Verdienste, die er sich um die medizinische Forschung und den Ruf der Stadt als Pflegestätte der Wissenschaft erworben hat.

Sigmund Freud

Damit hat der Begründer der Psychoanalyse, der wegen der hervorragenden Rolle, die er der Sexualität im Seelenhaushalt des Menschen einräumt, in der Vergangenheit häufig angefeindet worden ist, eine schon lange erwartete Würdigung erhalten.
Der Wiener Bürgermeister Karl Seitz überreicht Freud das Ehrenbürgerdiplom.
Der Akademische Verein für medizinische Psychologie veranstaltet an der Wiener Universität eine Feier zu Ehren Freuds.
Der aus Freiberg in Mähren stammende Freud wurde 1885 Dozent in Wien, später eröffnete er eine psychiatrische Praxis in der Donaumetropole. Seit 1902 ist er Professor.

Urteil nach acht Jahren revidiert

25. Mai. Ein denkwürdiger Justizirrtum wird aus dem US-Bundesstaat New Jersey gemeldet. Ein gewisser Rafaello Morello, der wegen der Ermordung seiner Frau vor acht Jahren zu lebenslangem Zuchthaus verurteilt worden war, erreicht die Aufhebung des Urteils.
Morello war damals an seinen mangelnden englischen Sprachkenntnissen gescheitert. Die Richter legten ihm seine undeutlichen Aussagen als Schuldbekenntnis aus. In der Haft konnte Morello seine Sprachkenntnisse so erweitern, daß es ihm schließlich gelang, den tatsächlichen Tathergang korrekt wiederzugeben: Seine Frau hatte mit Gift Selbstmord begangen, als sie erfuhr, daß er zum Militär eingezogen werden sollte.

Mai 1926

Das deutsche Flettner-Rotorschiff »Baden-Baden« vor den Wolkenkratzern von New York

Rotorschiff in New York begrüßt

10. Mai. Ein begeisterter Empfang wird dem Rotorschiff »Baden Baden« und seinem Konstrukteur Anton Flettner, der sich an Bord befindet, bei der Ankunft im New Yorker Hafen bereitet. Rotierende meterhohe Zylinder tragen zum Antrieb des Schiffes, das zusätzlich mit einem Motor versehen ist, bei. Nach Angaben Flettners hat die »Baden Baden« die Strecke vom Alten Kontinent in die Neue Welt zu 70 % mit Rotorbenutzung zurückgelegt.
Trotz der großen Brennstoffersparnis durch den Rotorbetrieb hat sich der neuartige Schiffstyp noch nicht durchsetzen können.

100 Jahre Seebad: Helgoland feiert

Helgoland in Feststimmung: Die nur gut 2 km² große Nordseeinsel begeht die 100. Wiederkehr der Ernennung zum Seebad.
Die 65 km nordwestlich von Cuxhaven gelegene Sandsteininsel hat eine wechselvolle Geschichte hinter sich. Seit mehr als 6000 Jahren wohnen Menschen auf der Insel, 1402 wurde Helgoland dem Herzogtum Schleswig zugeschlagen, 1490 dem Gottorfer Anteil dieser Linie übergeben, 1714 gelangte die Insel an Dänemark, 1807 wurde sie von Großbritannien besetzt (1814 rechtmäßig besiegelt). Seit 1890 ist die vor der deutschen Nordseeküste gelegene Insel wieder deutsch und blieb es auch nach der deutschen Niederlage im Weltkrieg. 100 Jahre nach der Ernennung zum Seebad blüht der Fremdenverkehr auf Helgoland: Jährlich werden mehr als 30 000 Besucher verzeichnet.

Mit einem Blasmusikorchester feiern die Bewohner der Nordseeinsel Helgoland das 100jährige Jubiläum

Weltrekord im Schauhungern

22. Mai. Von der Donau wird ein neuer Weltrekord gemeldet: Der Wiener Hungerkünstler Fred Ellern hat 46 Tage und sechs Stunden lang keine Nahrung zu sich genommen.
Das Schauhungern ist derzeit en vogue in Europa. Als Zentrum gilt neben Wien die Reichshauptstadt Berlin. Die Hungerkünstler sind in einem Glaskäfig eingeschlossen und

Der Hungerkünstler Jolly

können gegen Bezahlung besichtigt werden. Der Hungerkünstler Jolly hat Ende März in Berlin einen Weltrekord aufgestellt – 44 Tage ohne Nahrung – und dabei über 100 000 Reichsmark (RM) verdient.
Am 21. April wurde gemeldet, das Duo Harry und Fastello, das gemeinsam in einem Glaskasten in einem Berliner Restaurant gefastet hatte, habe die Hungeraktion nach 45 Tagen abgebrochen und damit Jollys Rekord gebrochen. Die beiden haben jedoch kein Geschäft gemacht: Die Ausgaben für die Einrichtung des Käfigs überstiegen ihre Einnahmen aus dem Verkauf von Eintrittskarten.
Da das öffentliche Interesse am Schauhungern nachläßt, versuchen Varietékünstler auf andere Weise die Aufmerksamkeit des Publikums zu erregen: Mehrfach wird in der Presse von Tobsuchtsanfällen der Männer berichtet, die in den Glaskäfigen fasten. Auf der anderen Seite ist auch immer wieder von Betrugsmanövern die Rede. Hungerkünstler werden verhaftet, weil sie heimlich Kraftnahrung zu sich genommen haben sollen.

Mai 1926

Die Residenz des chinesischen Kaisers Pu-yi in der japanischen Konzession von Tient-sin

Der letzte chinesische Kaiser Pu-yi (2. v. l.) im Kreise von Beratern und Besuchern

Ex-Kaiser von China im Exil

20. Mai. Während die Tageszeitungen immer neue Meldungen über die bürgerkriegsmäßigen Auseinandersetzungen in China bringen (→ 19. 7./S. 123), erfreut sich die Illustrierten-Leserschaft in Europa an Bildern des letzten chinesischen Kaisers Pu-yi, aufgenommen in dessen Exil in der japanischen Konzession der chinesischen Stadt Tient-sin.

Pu-yi wurde 1908 im Alter von drei Jahren Kaiser von China. Nach Ausbruch der bürgerlichen Revolution in China dankte er am 12. Februar 1912 ab, behielt jedoch den kaiserlichen Titel und lebte zunächst weiter in der Verbotenen Stadt in Peking. Einige Jahre lang wurden die Beziehungen zwischen der Mandschu-Dynastie, der Pu-yi entstammt, und der republikanischen chinesischen Regierung ausdrücklich als gut bezeichnet. Im November 1924 wurde der Ex-Herrscher jedoch von General Feng Yü-hsiang, einem der rivalisierenden regionalen Militärführer im chinesischen Bürgerkrieg, aus der Verbotenen Stadt vertrieben.

Ex-Kaiser Pu-yi (l.) mit britischen Gästen beim Rennen

Die Frau von Pu-yi, eine mandschurische Prinzessin

Urteil gegen Frankenfälscher

26. Mai. Nach 20 Verhandlungstagen fällt der Budapester Gerichtshof das Urteil im sog. Frankenfälscher-Prozeß. Die beiden Hauptangeklagten, Prinz Ludwig Windischgrätz und Landespolizeichef Emmerich Nadossy, werden zu je vier Jahren Zuchthaus, 10 Millionen Kronen Geldstrafe, drei Jahren Amtsverlust und Konfiszierung der politischen Rechte verurteilt; gegen weitere Angeklagte aus dem staatlichen Kartographischen Institut werden kürzere Haft- und geringere Geldstrafen verhängt.

Die Verurteilten, deren Festnahme im Januar (→ 4. 1./S. 18) erfolgte, hatten bereits 1923 damit begonnen, in großem Umfang falsche französische Franc-Noten herzustellen und in Umlauf zu bringen. Die Blüten wurden – ohne daß dies den ungarischen Behörden bekannt gewesen sein soll – im staatlichen Kartographischen Institut gedruckt.

Das Budapester Gericht billigt den Angeklagten mildernde Umstände zu. Sie hatten erklärt, die Tat aus politischen Motiven begangen zu haben: Sie hätten der Siegermacht im Weltkrieg durch die Herstellung des Falschgelds wirtschaftlichen Schaden zufügen wollen.

Ungarn hatte im Vertrag von Trianon am 4. Juni 1920 die Friedensbedingungen der Alliierten akzeptieren müssen, die den Verlust von 68% des ungarischen Vorkriegsgebietes und 59% der Vorkriegsbevölkerung sowie eines Großteils seiner Bodenschätze beinhalteten. Die Frankenfälscher-Affäre hat die Beziehungen zwischen Ungarn und Frankreich belastet und dem Ansehen des Magyarenstaates geschadet.

Nachtfluglinie der Lufthansa

1. Mai. Die Lufthansa AG nimmt ihre erste Nachtfluglinie – zwischen Berlin und Königsberg – auf. Die Junkers G 24 mit einer Reisegeschwindigkeit von 182,4 km/h startet um 2 Uhr nachts in Tempelhof und landet um 7 Uhr morgens in Königsberg. Der Nachtflug wird durch Signalfeuer ermöglicht, die im Abstand von 7 bis 8 km im Streckenverlauf auf dem Boden aufgestellt sind.

Mit der Nachtfluglinie ist eine direkte Flugverbindung London–Berlin–Königsberg–Moskau geschaffen. Diese Transkontinentallinie war bisher durch eine Schnellzugverbindung zwischen Berlin und Königsberg unterbrochen. Nun kann der Reisende die Gesamtstrecke in 24 Stunden Flugzeit zurücklegen; dabei hat er aufgrund des Flugplans neun Stunden Zeit für Besprechungen in Berlin.

Strafmilderung bei Abtreibung

14. Mai. Der Deutsche Reichstag verabschiedet in dritter Lesung eine Reform des Abtreibungsparagraphen 218 (→ 23. 4./S. 71).

Die Abtreibung bleibt weiterhin strafbar; allerdings ist eine Strafmilderung vorgesehen. Die bislang angedrohte Zuchthausstrafe von fünf Jahren wird in eine Gefängnisstrafe umgewandelt. Bei mildernden Umständen sind niedrigere Strafen möglich.

Der Chauffeur von Windischgrätz bringt Essen ins Gefängnis

Mai 1926

Verkehr 1926:
Verkehrsprobleme in den Großstädten

Der rasche Anstieg der Zulassungszahlen für Kraftfahrzeuge führt nicht nur in den USA, sondern auch in deutschen Großstädten zu Verkehrsproblemen.

Die Zahl der Personenkraftwagen in aller Welt ist innerhalb von zehn Jahren von vier Millionen (1916) auf 25 Millionen angestiegen. In den Vereinigten Staaten verstopfen 19 Millionen Automobile die Straßen, im Deutschen Reich gibt es 93 000 Kraftfahrzeuge, davon allein in Berlin 70 000. Durch die Massenproduktion von Kraftfahrzeugen und durch den Konzentrationsprozeß in der Automobilindustrie (→ 28. 6./S. 112) ist dieses moderne Fortbewegungsmittel erheblich im Preis gesunken.

Zur Bewältigung der hohen Verkehrsdichte werden erste Ordnungsmaßnahmen auf den deutschen Straßen eingeführt: Die Fahrbahnen sind in Berlin durch einen Mittelstreifen getrennt, die ersten Verkehrsampeln werden eingeführt (→ 1. 10./S. 170).

Über Möglichkeiten zur Beseitigung der Verkehrsprobleme gehen die Meinungen auseinander. Während einerseits behauptet wird, Staus und langsames Fortkommen in den Großstadtstraßen seien auf die zu starke Regelung des Verkehrs zurückzuführen, werden in der Presse zunehmend städtebauliche Lösungen – wie die Konstruktion von Verkehrstunneln und Straßenbrücken – diskutiert. Die Studiengesellschaft für Automobilbau hat im März ein Programm für den Ausbau der Überlandstrecken vorgelegt. Danach sollen die deutschen Landstraßen auf insgesamt 15 325 km Länge ausgebaut werden.

Die Straßen in den US-amerikanischen Großstädten sind verstopft – Blick in die 51. Straße in New York von der 5. Avenue aus

Mai 1926

Die Berliner Staatsoper Unter den Linden, im Hintergrund die katholische Hedwigskirche (Stahlstich)

Umbau der Berliner Staatsoper

2. Mai. Die Staatsoper Unter den Linden in Berlin wird wegen Umbauten vorübergehend geschlossen. Nach Plänen der preußischen Bauverwaltung sollen am hinteren Teil des Gebäudes etwa 6 m breite Seitenteile für zusätzliche Garderoben- und Requisitenräume angebaut werden. Der Kostenvoranschlag sieht eine Summe von vier Millionen Reichsmark (RM) vor. Das Berliner Opernhaus ist 1741 bis 1743 nach Plänen von Georg Wenzeslaus von Knobelsdorff in klassizistischem Stil errichtet worden. Die Frontseite liegt zur Prachtstraße Unter den Linden, an der rechten Seite schließt sich das Gebäude der Staatlichen Bibliothek an, hinter der Oper liegt die katholische Hedwigskirche, die einzige Berliner Rundkirche. Der geplante Anbau des Opernhauses werde – so fürchten Kritiker des Bauvorhabens – die Hedwigskirche, die durch das danebenliegende sechsstöckige Gebäude der Dresdner Bank ohnehin bedrängt ist, ganz erdrücken. Bedenken erheben vor allem die Abgeordneten der katholischen Zentrumspartei.

Opernstar Fjodor Schaljapin

25. Mai. In der Covent Garden Opera in London hat das Werk »Mefistofele« des italienischen Komponisten Arrigo Boito Premiere. Star des Abends ist der russische Baßbariton Fjodor I. Schaljapin.
Nach Engagements in Petersburg (1894) und an einem Moskauer Privattheater kam Schaljapin 1899 an das Bolschoi-Theater in Moskau. Der dramatische Baßbariton wurde bald über die Grenzen Rußlands hinaus bekannt. 1901 debütierte er an der Mailänder Scala, 1907 hatte er das erste Gastspiel an der Metropolitan Opera. 1910 sang er die Titelpartie in »Don Quichotte« von Jules Massenet in Monte Carlo. Während des Weltkriegs trat Schaljapin nicht im Ausland auf. 1920 verließ er Sowjetrußland, seit 1921 gehört er der Metropolitan Opera an.

Der russische Baßbariton Fjodor I. Schaljapin in der Rolle des Mefistofele in der gleichnamigen Oper von Arrigo Boito, die in London Premiere hat

Dichter an die Akademie berufen

7. Mai. Der preußische Kultusminister Carl Becker beruft die ersten Mitglieder an die neu zu gründende Sektion Dichtkunst der Preußischen Akademie der Künste. Der Ruf ergeht an Thomas Mann, Hermann Stehr, Ludwig Fulda, Arno Holz und Gerhart Hauptmann. Hauptmann lehnt jedoch mit der Begründung ab, daß es »eine bewußte Führung auf dem Gebiet der Dichtkunst nicht gibt«. Auch Stefan George, an den später die Berufung ergeht, lehnt diese ab.

G. Hauptmann

Die Sektion Dichtkunst in der Preußischen Akademie ist die erste akademische Organisation für Autoren. Daneben gibt es Schriftstellervereinigungen in der Weimarer Republik, die Standesinteressen verfolgen bzw. zu politischen Fragen Stellung beziehen: Der Schutzverband Deutscher Schriftsteller (SDS) ist 1909 in Berlin gegründet worden. Bereits vor dem Weltkrieg gehörten alle bedeutenden deutschen Autoren dem Verband an, der »den Schutz, die Vertretung und Förderung der wirtschaftlichen, rechtlichen und geistigen Berufsinteressen seiner Mitglieder« bezweckt. In der Weimarer Republik sind nahezu alle prominenten Schriftsteller im SDS organisiert.

Arno Holz

Thomas Mann

Der internationale PEN-Club ist 1921 in Großbritannien gegründet worden; er hat sich u. a. den Kampf gegen »Rassen- und Völkerhaß« und für den Weltfrieden zum Ziel gesetzt. Viele deutsche Autoren gehören beiden Organisationen an (→ 3. 12./S. 192).

Eine schwarze Medea

4. Mai. Am Staatlichen Schauspielhaus in Berlin erlebt die Tragödie in einem Bild »Medea« von Hans Henny Jahnn ihre Uraufführung. Dank der Inszenierung von Jürgen Fehling und der Schauspielkunst von Agnes Straub in der Titelrolle wird das Stück, dem Kritiker vielfach ablehnend gegenüberstehen, zu einem Publikumserfolg.

Die Titelheldin des Dramas, Medea, entstammt der griechischen Sagenwelt. Nach dem antiken Mythos ist sie eine griechische Königstochter, die dem Argonauten Jason durch Zauberei zum erhofften Goldenen Vlies verhilft. Als Jason ihr eine Jüngere vorzieht, tötet Medea aus Zorn, verletzter Eigenliebe und Eifersucht sowohl die Nebenbuhlerin wie auch ihre eigenen beiden Söhne, die sie aus der Ehe mit Jason hat.

Jahnn verleiht dem Medea-Stoff neue Akzente, indem er die Titelfigur mit schwarzer Hautfarbe ausstattet und sie zu einer Tempeldienerin werden läßt, die dem ägyptischen Isis-Osiris-Kult anhängt. In Jahnns Version verwandeln sich die getöteten Söhne in archaische Götter, Medea verläßt nach ihrer Bluttat die griechische Zivilisation.

Damit will Jahnn u.a. die moderne Rassenproblematik aufgreifen. So wie die Griechen alle Fremden als Barbaren denunzierten, so behandeln in der modernen Zeit die Weißen Angehörige farbiger Völker.

Die bedeutendsten Dramen, die das Medea-Thema zum Gegenstand haben, stammen von Euripides (um 430 v. Chr.), Pierre Corneille (1635) und Franz Grillparzer (1822).

Agnes Straub als schwarze Medea in der Uraufführung

Romane in Zeitungen

Wer literarisch auf dem laufenden sein will, braucht nur in die Zeitungen zu blicken: Alle großen deutschen Tageszeitungen und illustrierten Zeitschriften bieten ihren Lesern – teilweise anspruchsvolle – Fortsetzungsromane.

Während z. B. die »Berliner Illustrirte« ihre Leser seit der letzten Aprilnummer mit dem Roman »Feme« der österreichischen Unterhaltungsschriftstellerin Vicki Baum erfreut, beginnt die »Vossische Zeitung« am 8. Mai mit dem Vorabdruck von Maxim Gorkis Roman »Meine Universitäten«. Der dritte und letzte Teil eines autobiographischen Romanzyklus' von Gorki ist 1923 in der Sowjetunion erschienen, er gilt als das bedeutendste Werk des sozialistischen Schriftstellers in der nachrevolutionären Zeit. Gorki schildert darin die für seine künstlerische und politische Entwicklung entscheidende Zeitspanne von 1885 bis 1888, als er in Kontakt mit der politisierten und verfolgten russischen Intelligenz kommt.

Als besonderen Service bieten die Zeitungen und Zeitschriften ihren Lesern an, daß sie die Folgen, die sie versäumt haben, beim Verlag nachbestellen können.

Schriftstellerin Vicki Baum

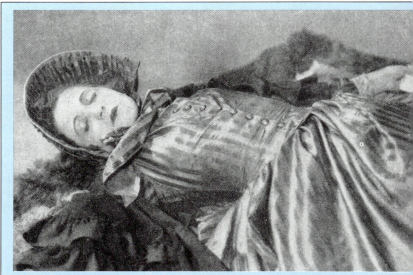

Elisabeth Bergner bei den Dreharbeiten zu dem Film »Liebe« von Paul Czinna, der Anfang 1927 Premiere hat

Die Schauspielerin Pola Negri in dem Film »Hotel Imperial«

Die US-amerikanische Filmschauspielerin Mary Pickford

Gunther Plüschow in einer Szene seines Kulturfilms »Segelfahrt ins Wunderland«, in dem er die Urwaldlandschaft Südamerikas zeigt

Mai 1926

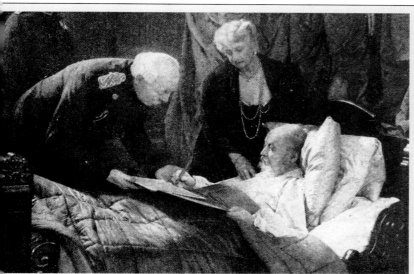

Reichskanzler Otto von Bismarck, gespielt von Robert Leffler, am Sterbebett von Kaiser Wilhelm I. (Adolf Klein) in dem Film »Bismarck«

Film 1926:
Witz und Unterhaltung

Die Filmszene des Jahres 1926 in Deutschland ist, wie Kritiker meinen, durch ein Übergewicht ausländischer Produktionen gekennzeichnet. Die Auswirkungen des Vertrags, den die Ufa (Universum Film-AG) Ende 1925 mit den US-Filmgesellschaften Paramount/Metro-Goldwyn geschlossen hat, machen sich bemerkbar. Die Ufa hatte sich darin verpflichtet, den Hollywood-Gesellschaften 25% der Vorführzeiten in ihren Kinos zu überlassen, und dafür einen Millionenkredit erhalten.

So überschwemmen US-amerikanische Streifen den deutschen Markt. Neben konfektionierter Dutzendware mit vorprogrammiertem Happy-End stehen die Filme berühmter amerikanischer Komiker im Vordergrund. Charlie Chaplin, der kleine Mann, der immer wieder nach oben kommt, begeistert mit der deutschen Uraufführung von »Goldrausch« (→ 23. 2./S. 42), Buster Keaton, der Mann, der niemals lacht und in der Hektik der technisierten Welt immer die Ruhe bewahrt, beeindruckt als Regisseur und Schauspieler in »Der Boxer« (→ 22. 8./S. 144) und »Der General« (beide Filme werden vorerst nur in den USA gezeigt).

Aus der Sowjetunion kommen einige wichtige Produktionen von Revolutionsfilmen nach Deutschland. Neben »Panzerkreuzer Potemkin« von Sergei M. Eisenstein (→ 24. 3./S. 62) findet »Die Mutter« von Wsewolod J. Pudowkin nach Motiven des gleichnamigen Romans von Maxim Gorki Anklang bei Kritik und Publikum. Die erste deutsch-sowjetische Koproduktion, »Überflüssige Menschen«, von Sowjetregisseur Alexander Rasumni mit den deutschen Schauspielern Werner Krauss, Heinrich George, Hedwig Wangel und Fritz Rasp ist weniger überzeugend.

Von den Produktionen der deutschen Filmindustrie haben Kultur- und Naturfilme (Titel wie »Urwelt im Urwald«, »Wunder des blauen Golfs«), ferner sog. Aufklärungsfilme (»Die falsche Scham« von Regisseur Rudolf Biebrach) und bei den Spielfilmen das Genre der leichten Unterhaltung (»Wehe wenn sie losgelassen« von Carl Froelich mit Henny Porten) Erfolg.

Als neuer Trend gilt der sog. Querschnittsfilm, der sich nicht um die Darstellung individueller Erlebnisse bemüht, sondern eine Gesamtdarstellung des gesellschaftlichen Lebens geben will. Eines der ersten Beispiele ist »K. 13513 – Die Abenteuer eines Zehnmarkscheins« von Berthold Viertel.

Die Arbeiter-Illustrierte-Zeitung, die der KPD nahesteht, beklagt in ihrer Ausgabe Nr. 18 von 1926 den Niedergang des deutschen Films

Der deutsch-amerikanische Filmregisseur Ernst Lubitsch (3. v. l.), der seit 1923 in den USA dreht, mit Conrad Veidt (M.) in Hollywood

Juni 1926

Mo	Di	Mi	Do	Fr	Sa	So
	1	2	3	4	5	6
7	8	9	10	11	12	13
14	15	16	17	18	19	20
21	22	23	24	25	26	27
28	29	30				

1. Juni, Dienstag
In Königsberg und in München werden die durch den Versailler Friedensvertrag eingesetzten Abteilungen der Interalliierten Militärkontrollkommission aufgelöst (→ 12.12./S. 193).

Zum ersten Mal seit dem Weltkrieg findet im Münchner Glaspalast wieder eine internationale Kunstschau statt. Gezeigt werden Werke in- und ausländischer Künstler, u. a. von Vincent van Gogh, Edvard Munch, Max Beckmann, Emil Nolde, Franz Marc und Ernst Barlach.

2. Juni, Mittwoch
Der deutsche Außenminister Gustav Stresemann und der dänische Gesandte Herluf Zahle unterzeichnen in Berlin einen Schiedsgerichts- und Vergleichsvertrag zwischen dem Deutschen Reich und Dänemark. Ziel des Abkommens ist es, politische und juristische Streitfragen auf friedlichem Weg und gemäß internationalem Recht beizulegen.

Die sozialdemokratische Regierung von Schweden tritt zurück, nachdem sie im Parlament eine Abstimmungsniederlage in der Frage der Arbeitslosenunterstützung erlitten hat. Seit 1925 verhindern die bürgerlichen Parteien die Verabschiedung von sozialpolitischen Gesetzesvorlagen der Regierung. Am 6. Juni stellt sich das neue Kabinett vor; neuer Ministerpräsident wird Karl Gustav Ekmann (Freisinnige Partei) anstelle von Richard Sandler.

Die Industriearbeiter in Luxemburg erhalten einen bezahlten Jahresurlaub. Je nach Dauer ihrer Beschäftigung stehen ihnen fünf bis zwölf bezahlte Ferientage zu. Der Urlaub soll in den Monaten zwischen April und November genommen werden.

Die Zweigverbände des deutschen Lebensmittel- und Kolonialwarenhandels sowie der Edeka-Verband haben sich in München zum Reichsverband des deutschen Kolonialwaren- und Lebensmittelhandels zusammengeschlossen.

Das englische Galoppderby in Epsom/Surrey endet mit einer Überraschung: Mit fünf Längen Vorsprung siegt Coronach aus dem Stall Woolavington, der Favorit Colorado wird nur Dritter. → S. 117

3. Juni, Donnerstag
Bei Wahlen in Südwestafrika (heute Namibia), einer ehemaligen Kolonie des Deutschen Reiches, haben die Deutschen sieben von zwölf Parlamentssitzen gewonnen. → S. 109

In Lübeck beginnen die Feierlichkeiten zum 700jährigen Bestehen der Stadt als Reichsstadt. Im Rahmen der Veranstaltungen hält der deutsche Schriftsteller Thomas Mann am 5. Juni in seiner Heimatstadt eine Rede. → S. 111

In Düsseldorf findet die deutsche Erstaufführung des Chorwerks »König David« des französisch-schweizerischen Komponisten Arthur Honegger statt.

4. Juni, Freitag
Der Untersuchungsausschuß des US-Senats, der sich mit der Frage der Änderung des Prohibitionsgesetzes, des Verbotes von Alkohol, befaßt hat, empfiehlt, das Alkoholverbot aufrechtzuerhalten. Er sieht das Prohibitionsgesetz als moralisch richtig an (→ 5. 4./S. 74).

Auf die Gesandtschaft der Vereinigten Staaten in der Hauptstadt Uruguays, Montevideo, wird ein Anschlag verübt.
In der Halle des Gebäudes explodiert eine Bombe, die jedoch keinen größeren Schaden anrichtet.

In Frankfurt am Main veranstalten das Soziale Museum und das Institut für Wirtschaftswissenschaft die Sechste Tagung für Werkspolitik. Die Teilnehmer diskutieren über die Fließbandarbeit. → S. 114

5. Juni, Sonnabend
In der türkischen Hauptstadt Ankara wird der britisch-türkisch-irakische Mossulvertrag unterzeichnet. → S. 109

Der österreichische Bundespräsident Michael Hainisch eröffnet im Österreichischen Museum für Kunst und Industrie in Wien die erste Verkehrsschutzausstellung. → S. 112

6. Juni, Sonntag
Die deutschen Konsularbehörden in Spanien sind durch das Auswärtige Amt angewiesen worden, bei einem Besuch deutscher Kriegsschiffe in Spanien am 8. Juni dem neuen Flaggenerlaß zu folgen und neben der schwarz-rot-goldenen Reichsflagge auch die schwarz-weiß-rote Handelsflagge zu hissen.
Die Anordnung widerspricht den Zusagen der Reichsregierung, die Flaggenverordnung erst Ende Juli gleichzeitig in allen Auslandsniederlassungen in Kraft treten zu lassen (→ 17. 5./S. 88).

Bei den Landtagswahlen in Mecklenburg-Schwerin siegen die Sozialdemokraten. Die SPD gewinnt 20 Sitze, die KPD drei, die DDP zwei, die DVP vier, die DNVP zwölf, die Freiheitsbewegung fünf und die WP drei Sitze.

Nach dem Ausschluß von 23 Abgeordneten des sächsischen Landtags aus der SPD gründen diese in Dresden die »Alte Sozialdemokratische Partei Sachsens« (→ 15. 4./S. 71).

Das Sekretariat der 1921 gegründeten Internationalen Arbeiterhilfe (IAH) beschließt, die sozialpolitische Tätigkeit auszubauen, vor allem die Kinderhilfe und die Unterstützung der Arbeitslosen. → S. 108

Den Giro d'Italia, das nach der Tour de France bedeutendste internationale Etappenrennen im Radsport, gewinnt der italienische Radrennfahrer Giovanni Brunero.

7. Juni, Montag
Ein Brief des deutschen Reichspräsidenten Paul von Hindenburg wird veröffentlicht, in dem er sich gegen den bevorstehenden Volksentscheid über die Enteignung der ehemals regierenden Fürstenhäuser ausspricht. Seine Stellungnahme ruft Proteste der Parteien und der Öffentlichkeit hervor (→ 20. 6./S. 108).

In Lübeck beginnt eine Tagung von Pressevertretern aus dem Deutschen Reich, Dänemark, Norwegen, Schweden, Finnland und den baltischen Staaten Estland, Lettland und Litauen. Die Journalisten wollen die internationalen Pressebeziehungen, die durch den Weltkrieg zerstört worden sind, wieder aufnehmen.

8. Juni, Dienstag
In Polen wird eine neue Regierung gebildet. Kazimierz Bartel, der am 4. Juni zurückgetreten ist, stellt sein neues Kabinett vor.

Die deutsche Polizei beschlagnahmt in Großbieberau im Odenwald ein Waffenlager rechtsextremer Verbände. Sie stellt 74 Militärgewehre und mehrere Kisten Munition sicher.

Der moderne Frauenhaarschnitt, der Bubikopf, findet staatliche Anerkennung: El Salvador hat eine Briefmarke herausgebracht, die eine Frau mit Bubikopf zeigt. → S. 114

9. Juni, Mittwoch
Der Völkerbund hebt die 1922 verhängte Finanzkontrolle über Österreich auf, weil die österreichische Währung wieder stabil ist (→ 30. 6./ S. 111).

Der spanische Ministerpräsident Miguel Primo de Rivera erklärt, daß Spanien aus dem Völkerbund austreten werde, wenn es keinen ständigen Ratssitz erhalte (→ 26. 8./S. 136).

Die erste Seilschwebebahn Österreichs für den Personenverkehr auf die Rax in Niederösterreich wird in Betrieb genommen. → S. 113

10. Juni, Donnerstag
In Kairo tritt das neu gewählte ägyptische Parlament zu seiner ersten Sitzung zusammen. → S. 109

In den Kämpfen zwischen italienischen Kolonialtruppen und der einheimischen Bevölkerung der Cyrenaika (heute Libyen) hat die italienische Armee mehrere Lagerstätten der Aufständischen zerstört. Dabei sind 168 Personen getötet worden (→ 11.–16. 4./S. 69).

11. Juni, Freitag
Der ungarische Journalist Simon Justh ohrfeigt zwischen zwei Sitzungen der Völkerbundsvollversammlung in Genf den ungarischen Ministerpräsidenten István Graf Bethlen von Bethlen. → S. 109

In Genf wird eine Internationale Automobilausstellung eröffnet.

Die Köln-Düsseldorfer Rheindampfschiffahrt feiert ihr 100jähriges Bestehen. → S. 113

12. Juni, Sonnabend
Brasilien tritt aus dem Völkerbund aus. Die brasilianische Regierung protestiert mit diesem Schritt dagegen, daß nur die Großmächte einen ständigen Sitz im Völkerbundsrat innehaben sollen. → S. 109

Die britische Regierung protestiert dagegen, daß die sowjetische Gewerkschaft die streikenden britischen Bergarbeiter mit Geldzuwendungen unterstützt. Großbritannien sieht die Unterstützung als Einmischung in seine inneren Angelegenheiten an. Die Sowjetunion weist die Vorwürfe zurück (→ 19. 11./S. 181).

Der Haushaltsausschuß des Deutschen Reichstags befürwortet es, der Firma Mannesmann eine Kreditgarantie zu gewähren, um die Besitzungen des Unternehmens in Spanisch-Marokko zu sichern. → S. 112

Erstmals seit 14 Jahren wird in Dresden die Internationale Kunstausstellung wieder veranstaltet. Die bis September geöffnete Schau zeigt etwa 1000 Gemälde und Plastiken und bietet einen Überblick über die moderne Kunst. → S. 116

13. Juni, Sonntag
Das von Ludwig Mies van der Rohe entworfene Denkmal für die Opfer der Novemberrevolution und des Spartakusaufstands 1918/19 sowie der ermordeten Revolutionäre Rosa Luxemburg und Karl Liebknecht wird auf dem Friedhof Friedrichsfelde in Berlin enthüllt. Die Einweihung findet am 11. Juli statt. → S. 117

Die Spielvereinigung (SpVgg) Fürth wird Deutscher Fußballmeister; im Endspiel in Frankfurt am Main besiegt sie Hertha BSC (Berlin) 4:1. → S. 117

14. Juni, Montag
In Paris beginnt die französisch-spanische Marokkokonferenz. Nach der Niederschlagung des marokkanischen Aufstands gegen die französisch-spanische Kolonialherrschaft (→ 26. 5./S. 91) beraten Spanien und Frankreich über die Grenzziehung zwischen der französischen und der spanischen Zone Marokkos.

Rumänien, die Tschechoslowakei und das Königreich der Serben, Kroaten und Slowenen (heute Jugoslawien) verlängern das zwischen ihnen bestehende Verteidigungsbündnis, die Kleine Entente, um zwei Jahre.

Die Präsidentenwahl in Polen und die Weigerung des Diktators Jósef Pilsudski, die Wahl anzunehmen, als Aufmachung der »Frankfurter Zeitung« vom 1. Juni 1926

Juni 1926

15. Juni, Dienstag

Der französische Ministerpräsident Aristide Briand und sein Kabinett treten zurück (→ 23. 6./S. 109).

Der Haushaltsausschuß des Repräsentantenhauses der USA beschließt, die Beratungen über das Gesetz zur Freigabe des deutschen Eigentums bis auf weiteres zurückzustellen. Das Gesetz soll die Bedingungen festschreiben, unter denen das während des Weltkriegs beschlagnahmte deutsche Eigentum freigegeben werden könnte (→ 18. 12./S. 197).

Die Zahl der Arbeitslosen im Deutschen Reich beträgt rd. 1,75 Millionen. Die Anzahl der Arbeitslosen ist seit Februar zurückgegangen, wie die Kohleförderung im Ruhrgebiet infolge des britischen Bergarbeiterstreiks zugenommen hat (→ 3. 5./S. 90).

In Paris findet im Théâtre des Arts die Uraufführung des Dramas »Orpheus« des französischen Dichters Jean Cocteau statt. → S. 115

16. Juni, Mittwoch

Der österreichische Unterrichtsminister Emil Schneider tritt zurück. → S. 111

17. Juni, Donnerstag

Die alliierten Besatzungsmächte im Rheinland gestatten es den Mitgliedern der Freiwilligen Sanitätskolonnen wieder, Sanitätsuniformen zu tragen. Das Verbot ist 1925 erlassen worden, weil die Sanitätsuniformen den Reichswehruniformen ähnlich sehen, letztere aber im besetzten Gebiet nicht getragen werden dürfen.

Eine Kommission, in der Chilenen, Peruaner und US-Amerikaner vertreten sind, hält den Plan für undurchführbar, den Konflikt um die Salpeterprovinzen Tacna und Arica, auf die Chile und Peru Anspruch erheben, durch eine Volksabstimmung zu lösen. → S. 110

Ein Eisenbahnunglück in der Nähe von Pittsburg im Staat Pennsylvania (USA) fordert 20 Todesopfer. Ein Schnellzug ist auf einen anderen Zug aufgefahren, der wegen eines Maschinendefekts auf offener Strecke gehalten hat.

18. Juni, Freitag

Die Polizei in Izmir (Türkei) hat eine Verschwörergruppe verhaftet, die geplant hatte, den Staatspräsidenten Mustafa Kemal Pascha zu ermorden. An der Verschwörung sind mehrere Politiker beteiligt (→ 16. 6./S. 110).

Der deutsche Philosophieprofessor Theodor Lessing verzichtet unter dem Druck rechtsgerichteter und antisemitischer Kreise auf seine Professur an der Technischen Hochschule Hannover. → S. 111

19. Juni, Sonnabend

Ein Schöffengericht in Trier fällt die Urteile im Prozeß gegen 29 Winzer, die am → 25. Februar (S. 36) während einer Großkundgebung das Finanzamt von Bernkastel gestürmt haben. Elf der Angeklagten werden freigesprochen, die anderen erhalten Gefängnisstrafen zwischen zwei und acht Monaten.

Etwa 8000 Frauen versammeln sich im Londoner Hydepark zu einer Kundgebung für Frieden und Abrüstung. Die Frauen sind aus allen Landesteilen Großbritanniens zu Fuß nach London gekommen.

20. Juni, Sonntag

Der Volksentscheid zur entschädigungslosen Enteignung der ehemals regierenden Fürstenhäuser scheitert. → S. 108

Das 58. Fußball-Länderspiel zwischen dem Deutschen Reich und Schweden in Nürnberg endet 3:3.

21. Juni, Montag

Die Oberstaatsanwaltschaft in Hagen hat Flugblätter der deutschen Friedensgesellschaft beschlagnahmt, die darlegen, daß das Deutsche Reich geheime Aufrüstung betreibt und daß die rechten vaterländischen Verbände mit der Reichswehr zusammenarbeiten (→ 22. 11./S. 182).

Im Berliner Capitol-Filmpalast wird der Film »Das schwarze Geschlecht« uraufgeführt. → S. 117

22. Juni, Dienstag

Die britische Regierung veröffentlicht einen Gesetzentwurf zur Regelung der Krise in der Bergwerksindustrie. Der Entwurf sieht u. a. den Zusammenschluß von Betrieben zu gestatten und den von den Gewerkschaften abgelehnten Achtstundentag einzuführen (→ 19. 11./S. 181).

Die Studentenschaft der Technischen Hochschule Hannover bedauert es, daß dem Philosophieprofessor Theodor Lessing nicht die Lehrerlaubnis entzogen worden ist (→ 18. 6./S. 111).

23. Juni, Mittwoch

Dem bisherigen französischen Ministerpräsidenten Aristide Briand ist es gelungen, ein neues Kabinett zu bilden. Briand wird erneut Ministerpräsident. → S. 109

Der britische Nationalökonom John Maynard Keynes hält an der Berliner Universität einen Vortrag über »Das Ende des laissez faire – Privat- oder Gemeinwirtschaft?« → S. 114

Auf der ersten Internationalen Schauspielerkonferenz, die am 26. Juni in Berlin zu Ende geht, gründen die Teilnehmer aus 18 Staaten eine Schauspieler-Internationale (→ 26. 6./S. 115).

24. Juni, Donnerstag

Nach dem gescheiterten Volksentscheid über die entschädigungslose Enteignung ehemals im Deutschen Reich regierender Fürstenhäuser fordert in Österreich die Konservative Volkspartei, das Gesetz aufzuheben, das 1919 die Einziehung des Vermögens des habsburgischen ehemaligen Kaiserhauses verfügte.

25. Juni, Freitag

Die spanische Polizei hat die Anhänger einer revolutionären Bewegung verhaftet, die gegen die Diktatur von Ministerpräsident Miguel Primo de Rivera gekämpft haben.

Die Stadt Leon in Mexiko ist zum zweiten Mal in ihrer Geschichte durch einen Dammbruch zerstört worden. Die Wasserfluten haben Hunderte von Menschenleben gefordert und etwa die Hälfte der Gebäude hinweggespült. 20000 Familien sind obdachlos.

26. Juni, Sonnabend

Das Deutsche Reich und Finnland schließen einen Handelsvertrag. Beide Länder verpflichten sich, keine Aus- und Einfuhrverbote zu erlassen (eine Ausnahme bildet der Export von Alkohol nach Finnland, der auch künftig verboten bleibt).

Das umgebaute Staatliche Museum für Völkerkunde in Berlin wird zum 100. Geburtstag seines Begründers Adolf Bastian wiedereröffnet.

In Halle an der Saale finden vom 26. bis 28. Juni die Arbeiter-Händel-Festspiele statt.

27. Juni, Sonntag

Das neue griechische Strafgesetzbuch sieht strenge Strafen für Duelle und Ehebruch vor. Auf Ehebruch steht zwei Jahre Kerker. Personen, die an einem Duell teilgenommen oder jemanden dazu aufgefordert haben, werden mit sechs Monaten Gefängnis bestraft. Endet der Zweikampf mit dem Tod eines Duellanten, so muß der andere mit zwei bis fünf Jahren schweren Kerkers rechnen.

Der Grand Prix des französischen Automobilclubs in Miramas gewinnt der französische Autorennfahrer Jules Goux.

28. Juni, Montag

Zur Senkung der Arbeitslosigkeit verabschiedet der Deutsche Reichstag ein Arbeitsbeschaffungsprogramm. → S. 108

Der kanadische Ministerpräsident William Lyon Mackenzie King (Liberale Partei) tritt zurück, weil das Parlament in der vergangenen Woche einen Gesetzentwurf der Regierung zur Bekämpfung des Schmuggels an der kanadisch-amerikanischen Grenze nicht angenommen hat. Am 29. Juni übernimmt der Konservative Arthur Meighen das Amt des Ministerpräsidenten (→ 2. 7./S. 122).

Die beiden ältesten Kraftwagenwerke der Welt, die Daimler-Motorengesellschaft und die Firma Benz und Cie., Rheinische Gasmotorenfabrik, schließen sich zur Daimler-Benz AG zusammen. → S. 112

Bei Ausgrabungen an einer Stufenpyramide im ägyptischen Sakkara ist zum ersten Mal in Ägypten eine vollständig erhaltene Mumie eines Pferdes gefunden worden.

29. Juni, Dienstag

Nach dem Ausschluß mehrerer Reichstagsabgeordneter von der KPD haben sich in Berlin die Allgemeine Arbeiterunion, der Industrieverband für das Verkehrsgewerbe und die Opposition der Kommunistischen Partei Deutschlands zu einem neuen Spartakusbund zusammengeschlossen. Der Spartakusbund vereinigt die linkskommunistischen Organisationen und knüpft an das alte Spartakusprogramm von Rosa Luxemburg und Karl Liebknecht an.

Bei einer Vorführung des Films »Panzerkreuzer Potemkin« des sowjetrussischen Regisseurs Sergei M. Eisenstein im Wiener Burgkino kommt es zu einem Zwischenfall. Als während der Revolutionsszene die Marseillaise gespielt wird, reagiert ein Teil der Zuschauer mit Pfuirufen und stimmt das Deutschlandlied an (→ 24. 3./S. 62).

30. Juni, Mittwoch

Der italienische Ministerrat billigt einen Gesetzesvorschlag zur Hebung der Produktion und zur Senkung des Verbrauchs an Luxusgütern. Ab 1. Juli wird der Arbeitstag um eine Stunde verlängert. Ebenfalls ab 1. Juli ist der Bau von Villen und Herrschaftshäusern sowie die Eröffnung von Bars und Kaffeehäusern verboten.

Während einer Militärübung bei Kowel in Polen explodiert eine Granate, 37 Soldaten werden getötet und 30 schwer verletzt.

Gestorben:

10. Barcelona: Antonio Gaudi y Cornet (*25. 6. 1852, Reus), spanischer Architekt. → S. 115

22. Basel: Hermann Suter (*28. 4. 1870, Kaiserstuhl), Schweizer Komponist.

Geboren:

1. Los Angeles: Marilyn Monroe (eigtl. Norma Jean Mortensen, †4. 8. 1962), US-amerikanische Schauspielerin.

3. Naumburg: Martin Gregor-Dellin, (†23. 6. 1988, München), deutscher Schriftsteller.

3. Newark (New Jersey): Allen Ginsberg, US-Schriftsteller.

14. Hamburg: Hermann Kant, deutscher Schriftsteller.

22. Nowa Wilejka (Wilna): Tadeusz Konwicki, polnischer Schriftsteller, Drehbuchautor und Regisseur.

25. Klagenfurt: Ingeborg Bachmann (†17. 10 1973, Rom), österreichische Schriftstellerin.

30. Wien: Peter Alexander, österreichischer Schauspieler und Sänger.

The Illustrated London News« vom 19. Juni 1926 mit einem Bildbericht vom Besuch des britischen Königs Georg V. und der Königin Mary beim Galopprennen in Ascot

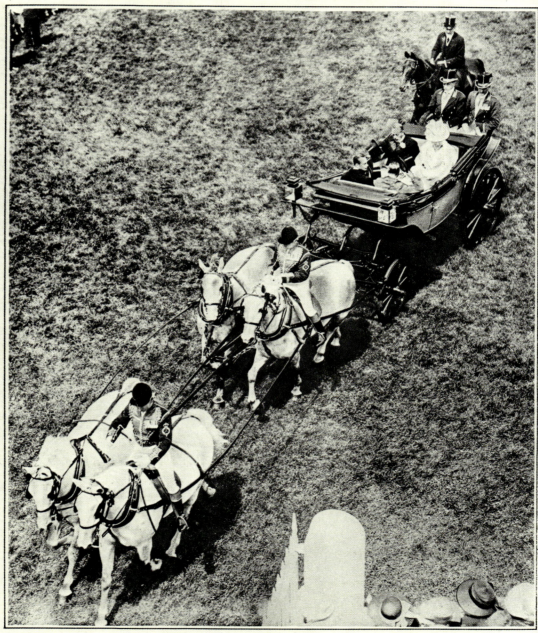

Juni 1926

Fürsten werden nicht enteignet

20. Juni. Der Volksentscheid für die entschädigungslose Enteignung der ehemals im Deutschen Reich regierenden Fürstenhäuser ist trotz der knapp 14,5 Millionen Ja-Stimmen (gegenüber nur 586 Nein-Stimmen) gescheitert: Die erforderliche Mehrheit aller stimmberechtigten Bürger (knapp 20 Millionen von 39,7 Millionen Menschen) hat sich an dem Entscheid nicht beteiligt (→ 23. 1./S. 16, → 4. 3./S. 54).

Nachdem die Gesetzesvorlage der SPD und KPD zur entschädigungslosen Enteignung am 5. Mai im Reichstag keine Mehrheit gefunden hat, konnte sie nur noch über einen Volksentscheid Gesetzeskraft erlangen. SPD und KPD können mit dem Ausgang des Volksentscheids – trotz der Niederlage in der Frage der Fürstenenteignung – zufrieden sein. Sie haben einen breiten Einbruch in das Lager der bürgerlichen Mitte erreicht und konnten etwa drei Millionen mehr Bürger für das Anliegen ihrer Parteien mobilisieren als z. B. bei der letzten Reichstagswahl am 7. Dezember 1924.

Dies ist SPD und KPD trotz einer breitangelegten Kampagne der bürgerlichen Parteien gegen den Volksentscheid gelungen, in die auch Reichspräsident Paul von Hindenburg hineingezogen worden ist. Auf Anfrage des Staatsministers Friedrich Wilhelm von Loebell, dem Vorsitzenden des Reichsbürgerrats, einer 1919 gegründeten bürgerlich-nationalistischen Selbstschutzorganisation, erläuterte Hindenburg seine persönliche Auffassung zur Fürstenenteignung. Sie stelle einen »Verstoß gegen das Gefüge des Rechtsstaats« dar und verletze die »Grundlage der Moral und des Rechts«. Loebell spielte einen entsprechenden Brief des Reichspräsidenten Anfang Juni der Presse zu.

Nach der Ablehnung des Volksentscheids wird der Regierungskompromiß zur Frage der Fürstenenteignung vom → 2. Februar (S. 33) in leicht revidierter Fassung in dritter Lesung im Reichstag verhandelt. Da KPD, SPD und DNVP das Kernstück der Vorlage, nämlich die Schaffung eines Sondergerichts, das über die vermögensrechtlichen Auseinandersetzungen mit den Fürstenhäusern zu entscheiden habe, ablehnen, zieht die Regierung ihre Gesetzesvorlage zurück.

Demonstration der Vaterländischen Verbände gegen den Volksentscheid

Titelblatt der Juli-Ausgabe der Zeitschrift »Arbeiter-Hilfe«, in der Willi Münzenberg zu einer Einheitsfront von SPD und KPD aufruft

Der Staat will Arbeit beschaffen

28. Juni. Alle im Deutschen Reichstag vertretenen Parteien außer den Kommunisten (KPD) stimmen einem Arbeitsbeschaffungsprogramm zu, das die Regierung eingebracht hat. Es sieht die Förderung des Wasserstraßen-, Straßen- und Wohnungsbaus, die Kultivierung von landwirtschaftlichem Ödland und eine beschleunigte Elektrifizierung der Reichsbahn vor.

Die Zahl der Arbeitslosen mit Anspruch auf Unterstützung ist von 473 000 im Herbst 1925 auf 2,4 Millionen im Februar 1926 angewachsen, seitdem ist die Zahl leicht rückläufig (15. Mai: 1,742 Millionen). Reichsarbeitsminister Heinrich Brauns (Zentrum) erläutert vor dem Reichstag, wo seiner Ansicht nach die Ursachen für den Anstieg der Arbeitslosigkeit zu suchen sind: Im Rückgang der Weltkonjunktur, in einer inflationären Entwicklung in anderen Staaten, in den Rationalisierungsmaßnahmen der deutschen Wirtschaft, im Kaufkraftmangel in der Landwirtschaft und in Beschränkungen des Baugewerbes.

Internationale Arbeiterhilfe

6. Juni. Das Sekretariat der Internationalen Arbeiterhilfe (IAH) beschließt auf seiner Reichskonferenz in Deutschland, die sozialpolitische Tätigkeit der Organisation auszubauen. Neben verstärkter Informationsarbeit ist u. a. die Schaffung von Freitischen für Arbeiter, die seit längerer Zeit erwerbslos sind, und deren Familien vorgesehen.

Die Internationale Arbeiterhilfe ist am 12. August 1921 auf Veranlassung des sowjetischen Regierungschefs und Führers der kommunistischen Partei, Wladimir Iljitsch Lenin, von dem deutschen kommunistischen Politiker und Publizisten Willi Münzenberg gegründet worden. Ursprünglich eine Organisation zur Unterstützung der Bevölkerung Sowjetrußlands, die nach einer Dürrekatastrophe von einer schweren Hungersnot betroffen war, verlagerte die IAH den Schwerpunkt ihrer Arbeit zunehmend auf die Hilfe für notleidende Arbeiter in den kapitalistischen Staaten.

Juni 1926

Der ägyptische König Fuad I. (auf dem Thron), dessen Position durch den Wahlsieg der Unabhängigkeitspartei von Sad Saghlul Pascha vorübergehend ins Wanken geraten war, besucht eine Turnierveranstaltung

Beschränkungen für Ägypten

10. Juni. In Kairo tritt das aus Neuwahlen hervorgegangene ägyptische Parlament zusammen. In einer Thronrede, die vom neuen Ministerpräsidenten Adli Jegen Pascha vor dem Parlament verlesen wird, erklärt der ägyptische König Fuad I., daß sich die Regierung um eine gute Zusammenarbeit mit Großbritannien bemühen werde.

Ägypten ist seit 1922 formal eine unabhängige Monarchie, in der Großbritannien jedoch militärische Rechte und Präsenz besitzt. Aus den Parlamentswahlen am 24. Mai war die Unabhängigkeitspartei (Wafd-Partei) unter Führung von Sad Saghlul Pascha als Sieger hervorgegangen. Saghlul lehnte die Forderungen der Briten auf Mitsprache bei der Regierungsbildung ab und verzichtete auf die Ministerpräsidentschaft. Statt dessen wurde Adli Jegen Pascha Ministerpräsident.

Briand bildet neue Regierung

23. Juni. Der bisherige französische Ministerpräsident Aristide Briand stellt ein neues Kabinett – das zehnte unter seiner Führung – vor. Die Regierung ist als republikanische Konzentration mit Linkseinschlag zu charakterisieren. Die Minister gehören folgenden politischen Gruppierungen an: Republikanische Sozialisten, Demokratische Linke, Unabhängige Sozialisten, Linksrepublikaner, Radikalsozialisten und Linksradikale (→ 27. 7./S. 123).

Das neunte Kabinett Briand (→ 6. 3./S. 55) war am 15. Juni zurückgetreten. Kurz zuvor hatte Finanzminister Raoul Péret seine Demission eingereicht, weil die Regierung sich nicht auf Maßnahmen zur Behebung der Finanzkrise und zur Stützung des vom Währungsverfall bedrohten Franc einigen konnte.

Um die Bildung einer neuen Regierung hatte sich auch Edouard Herriot, der von 1924 bis 1925 französischer Ministerpräsident gewesen war, vergeblich bemüht.

Eröffnungssitzung des ägyptischen Parlaments in Kairo mit König Fuad I.; rechts das neue Kabinett mit Ministerpräsident Adli Jegen Pascha

Vertrag über Erdöl

5. Juni. In der türkischen Hauptstadt Ankara wird der Mossulvertrag zwischen Großbritannien, dem Irak und der Türkei unterzeichnet.

Die Türkei tritt das erdölreiche Gebiet um Mossul an den Irak ab und wird mit 10% an den Steuern beteiligt, die der Irak künftig auf die Petroleumproduktion erhebt.

Die Staatsgrenze im Mossulgebiet ist ein Streitpunkt zwischen dem Irak und der Türkei seit dem Ende des Osmanischen Reiches nach dem Weltkrieg. Der Irak gehörte bis 1917 zum Osmanischen Reich, dessen Nachfolgestaat die Türkei ist, und kam danach als Völkerbundsmandat unter britische Verwaltung.

Ministerpräsident wird geohrfeigt

11. Juni. Am Rand der Völkerbundstagung in Genf kommt es zu einem Eklat: Zwischen zwei Sitzungen der Vollversammlung ohrfeigt der ungarische Journalist Simon Justh den ungarischen Ministerpräsidenten István Graf Bethlen von Bethlen. Justh, der 1919 aus Ungarn flüchten mußte, erklärt, er werde seit Jahren von der ungarischen Regierung verfolgt.

Am 12. Juni beschließt die ungarische Regierung, die Auslieferung des Journalisten auf diplomatischem Weg von der Schweiz zu verlangen.

Brasilien verläßt den Völkerbund

12. Juni. Beim Generalsekretariat des Völkerbundes in Genf trifft ein Telegramm ein, in dem die brasilianische Regierung erklärt, das Land werde bei der Völkerbundsversammlung nicht mehr erscheinen. Zwei Tage zuvor wurde auf der Völkerbundsitzung eine Erklärung verlesen, in der die brasilianische Regierung ihren Verzicht auf den nichtständigen Ratssitz für Brasilien mitteilte.

Der Austritt Brasiliens aus dem Völkerbund hängt mit dem Aufnahmegesuch des Deutschen Reiches zusammen. Das deutsche Ersuchen auf einen ständigen Ratssitz hatte u. a. Brasilien veranlaßt, einen ebensolchen Sitz für sich zu fordern (→ 17. 3./S. 52).

In Südwestafrika Deutsche gewählt

3. Juni. Die deutschstämmigen Einwohner haben bei den Parlamentswahlen in Südwestafrika (heute Namibia) die Mehrheit der Sitze gewonnen. Sieben der zwölf Parlamentssitze sind künftig von Deutschen besetzt. Südwestafrika war von 1884 bis 1915 deutsche Kolonie. 1909 gewährten die deutschen Kolonialbehörden den Weißen eine begrenzte Selbstverwaltung. Nach der deutschen Niederlage im Weltkrieg wurde das Gebiet 1920 der Südafrikanischen Union als Völkerbundmandat zugesprochen.

Juni 1926

Der letzte Kaiser von Korea nach altem Brauch bestattet

10. Juni. *Der verstorbene Prinz Yi, bis 1910 letzter Kaiser von Korea, wird nach traditionellem Landesbrauch in einer prunkvollen Zeremonie bestattet.*

2700 Träger in der koreanischen Trauerfarbe Gelb tragen den Katafalk mit dem verstorbenen Monarchen den 13 km langen Weg von der Hauptstadt Seoul zur Begräbnisstätte. In dem Trauerzug werden acht Attrappen von Pferden mitgeführt und am Grab verbrannt. Ihre lebenden Gegenstücke sollen – so der Glaube der Koreaner – den Toten auf dem Weg ins Jenseits begleiten. An der Trauerzeremonie sind 20000 Soldaten, 25000 Studenten, 2000 Priester, 3000 Musiker und 4000 Polizisten beteiligt.

Yi wurde von den Japanern, die Korea seit 1906 besetzt hielten, 1910 abgesetzt. Der koreanische Prinz durfte jedoch im Lande bleiben.

Verschwörung in Izmir aufgedeckt

16. Juni. Ein geplantes Attentat auf den türkischen Staatspräsidenten Mustafa Kemal Pascha (später: Kemal Atatürk) wird von der Polizei vereitelt. Der Staatspräsident sollte am darauffolgenden Tag, am 17. Juni, bei seiner Ankunft in Izmir ermordet werden. Ein Autovermieter, der den Verschwörern nach der Tat zur Flucht verhelfen sollte, hatte jedoch den Polizeibehörden einen Hinweis gegeben.

Am 18. Juni nimmt die Polizei eine Gruppe mutmaßlicher Verschwörer fest, von denen einige als Abgeordnete der Oppositionsparteien, z. B. der Partei »Einigung und Fortschritt«, dem türkischen Parlament angehören. Im Prozeß gegen die Verschwörer spricht das Unabhängigkeitsgericht in Izmir am 13./14. Juli 15 Todesurteile aus; einige Angeklagte werden freigesprochen.

Mustafa Kemal Pascha ist der Begründer der modernen Türkei, des Nachfolgestaates des Osmanischen Reiches, das an der Seite der Mittelmächte Deutschland und Österreich-Ungarn zu den Verlierern des Weltkriegs gehörte. Er rief am 19. Oktober 1923 die Republik aus.

Vom Emir zum König

10. Juni. Der afghanische Emir Aman Ullah gibt bekannt, er werde künftig den Titel König von Afghanistan tragen.

Aman Ullah ist nach der Ermordung seines Vaters Habib Ullah am 20. Februar 1919 an die Spitze des asiatischen Staates gelangt. Er konnte im dritten britisch-afghanischen Krieg noch im gleichen Jahr die Unabhängigkeit seines Landes von Großbritannien durchsetzen. Seitdem bemüht er sich um eine politische und soziale Modernisierung Afghanistans, das während des 19. Jahrhunderts Zankapfel zwischen den beiden Großmächten Großbritannien und Rußland war.

Der Emir von Afghanistan, Aman Ullah, der sich zum König ausgerufen hat, wendet sich in einer Ansprache in Kabul an seine Untertanen

Streit um die Salpeterprovinzen

17. Juni. Die Abstimmungskommission in den Provinzen Tacna und Arica im Osten Südamerikas erklärt den geplanten Volksentscheid über die Zugehörigkeit der Gebiete zu Chile oder Peru für praktisch undurchführbar.

Beide Provinzen, die wegen ihres Salpetervorkommens von erheblicher wirtschaftlicher Bedeutung sind, waren 1883, nach der Niederlage Perus im sog. Salpeterkrieg, an Chile gefallen. Die chilenische Regierung verpflichtete sich damals, in-

US-Präsident Calvin Coolidge befürwortet die Aufteilung der Salpeterprovinzen Tacna und Arica

nerhalb von zehn Jahren in dem Gebiet eine Volksabstimmung abzuhalten, was jedoch unterblieb.

Obwohl Chile und Peru am 26. März 1926 – wie bereits wiederholte Male – ihren Verzicht auf die Abstimmung erklärten, wurde einen Tag später mit der Registratur der Stimmen begonnen. Der Kommission, die nun den Volksentscheid für undurchführbar erklärt, gehören neben Experten aus Chile und Peru auch Vertreter der USA an.

Die USA, die in den Konflikt eingeschaltet worden sind, befürworten die Aufteilung des Gebiets unter Chile, Peru und Bolivien bzw. die Schaffung eines selbständigen Staates Tacna-Arica. Zum Jahresende kommt der Vorschlag ins Gespräch, das ganze Gebiet Bolivien zuzuschlagen.

Österreich kann frei entscheiden

30. Juni. Der Niederländer Alfred Zimmermann, Generalkommissar des Völkerbundes in Österreich, stellt seine Tätigkeit ein. Die Finanzkontrolle des Völkerbundes ist seit dem 9. Juni aufgehoben.

Damit ist eine internationale Aktion zur Sanierung der österreichischen Finanzen abgeschlossen. Nach einem rapiden Verfall der österreichischen Währung beantragte 1922 der damalige österreichische Bundeskanzler Ignaz Seipel unter Vorlage eines Sanierungsplans beim Völkerbund eine Anleihe, die in Höhe von 650 Millionen Goldkronen gewährt wurde. Die Signatarmächte des Finanzabkommens, Großbritannien, Frankreich, Italien und die Tschechoslowakei, verpflichten sich in diesem Zusammenhang zur Wahrung und Sicherung der politischen Unabhängigkeit sowie der territorialen Unverletzlichkeit Österreichs und bürgen für die Anleihe, deren Verwendung unter der Aufsicht eines Generalkommissars des Völkerbundes stehen sollte.

Ein wichtiger Schritt zur Beseitigung der Inflation in Österreich war die Einführung einer neuen Schilling-Währung im Dezember 1924.

Wien: Streitpunkt Religionsstunden

16. Juni. Der österreichische Unterrichtsminister Emil Schneider tritt zurück; zu seinem Nachfolger wird am 25. Juni Karl Rintelen ernannt. Schneider war wegen seiner Politik hinsichtlich des Religionsunterrichtes an staatlichen Schulen von seiner eigenen Partei, den Christlichsozialen, heftig angegriffen worden.

Das Kultusministerium hatte zunächst versucht, die Verpflichtung zur Teilnahme am Religionsunterricht, die nach dem Weltkrieg von den Sozialdemokraten abgeschafft worden war, wieder einzuführen und den Religionsunterricht stärker in den Vordergrund zu rücken. Nach Protesten der Wiener Lehrer und des Wiener Stadtschulrates mußte der Kultusminister zumindest für die Hauptstadt von dem Vorhaben Abstand nehmen. Wegen des Rückzugs war Schneider in der eigenen Partei auf heftige Kritik gestoßen.

Juni 1926

Der Festzug zur 700-Jahr-Feier ist 9 km lang

Das Holstentor, Wahrzeichen von Lübeck

Lübeck begeht 700-Jahr-Feier

Schriftsteller Thomas Mann

3. Juni. In Lübeck werden die Jubiläumsfeierlichkeiten anläßlich der vor 700 Jahren erfolgten Erhebung der Stadt zur Reichsstadt eröffnet. Lübeck war 1226 Reichsstadt geworden und entwickelte sich im 14. Jahrhundert zur Führungsmacht im Städtebund der Hanse. Am 5. Juni hält Schriftsteller Thomas Mann in seiner Heimatstadt die vielbeachtete Rede »Lübeck als geistige Lebensform«. Mit der Ernennung zum Professor durch den Lübecker Senat gewinnt Thomas Mann das Ansehen in der Stadt zurück, das durch seinen Roman »Buddenbrooks« (1901), den die Lübecker Bürgerschaft als Kritik an ihrer Lebensweise aufgefaßt hatte, abhanden gekommen war.

Kampagne gegen Theodor Lessing

18. Juni. Der Kulturphilosoph und Sozialkritiker Theodor Lessing, Professor an der Technischen Hochschule Hannover, erklärt gezwungenermaßen seinen Rücktritt. Lessing gibt sich mit dem Angebot des preußischen Kultusministeriums, einen Forschungsauftrag zu übernehmen, zufrieden. Theodor Lessing zieht damit die Konsequenzen aus einem wochenlangen Kesseltreiben, das die Studentenschaft der Hochschule und rechte Kreise in ganz Deutschland gegen seine Person betrieben haben.

Die Kampagne richtete sich gegen seine 1924 publizierte Schrift »Haarmann. Die Geschichte eines Werwolfs«, in der er die Gesellschaft für die Taten des Mörders Fritz Haarmann mitverantwortlich macht.

Auch gegen die jüdische Herkunft des Kulturphilosophen wird heftig polemisiert.

Am 31. Mai war Lessing wegen Studentenkrawallen zum Vorlesungsabbruch gezwungen worden. Später konnte er nur unter Polizeischutz die Hochschule verlassen, weil er tätlich bedroht wurde. Die Studentenschaft boykottierte – unter Beifall weiter Kreise der Öffentlichkeit – schließlich die Technische Hochschule Hannover, um Lessings Fortgang zu erzwingen.

Studenten, die wegen Theodor Lessing die Vorlesungen in Hannover boykottieren, treffen in Braunschweig ein, um dort ihr Studium fortzusetzen

Juni 1926

Fusion von Daimler und Benz

28. Juni. Die beiden ältesten Kraftwagenwerke der Welt, die Daimler-Motorengesellschaft Stuttgart–Berlin und die Firma Benz & Cie., Rheinische Gasmotorenfabrik Mannheim, fusionieren zur Daimler-Benz AG. Die neue Firma hat ihren Sitz in Berlin-Charlottenburg.

Die beiden traditionsreichen Unternehmen, von denen die Benz AG die wirtschaftlich gesündere ist, hatten bereits 1924 eine Interessengemeinschaft gebildet. Die Fusion stellt einen Höhepunkt in dem Konzentrationsprozeß der deutschen Automobilindustrie dar. Noch 1924 war die Situation auf dem deutschen Kraftfahrzeugmarkt durch scharfe Konkurrenz und eine Vielzahl von Produzenten und Wagentypen gekennzeichnet: 86 Automobilhersteller hatten nicht weniger als 140 Wagenmodelle entwickelt.

Exklusiv ausgestattete Nobelgefährte, die vor allem als Prestigeobjekt gehandelt und häufig von einem bediensteten Chauffeur gesteuert werden, sind sehr teuer. Nur gehobene Käuferschichten, die sich vielleicht auch einen Chauffeur leisten können, erwerben solch ein Fahrzeug, für dessen Geldwert ein Arbeiter im Durchschnitt drei Jahre lang seinen gesamten Lohn zurücklegen müßte.

Von der Inflation und der damit einhergehenden Wirtschaftskrise 1923 wurde auch die deutsche Automobilindustrie betroffen. Die Einkommenseinbußen wohlhabender Kreise führten dazu, daß die Verkaufszahlen der Automobilhersteller zurückgingen. Darum verlegte sich die Industrie auf die Produktion kleinerer und billiger Volksautos. Vorreiter waren dabei die Firmen Opel und Hanomag.

Die Daimler-Benz AG ist auf die Herstellung von Nutzfahrzeugen spezialisiert. So wirbt sie pünktlich zur Fusion mit dem Angebot eines 5-t-Pritschenwagens mit Planabdeckung, mit Licht- und Anlasseranlage, Signalhorn, Elastikbereifung für 15 500 Reichsmark (RM).

Kompressor-Sportwagen mit 95 PS der Firma Mercedes-Benz

Geschichte des Automobils

Die Daimler-Motoren-Gesellschaft wurde 1890 gegründet. Daimler hatte 1883 zusammen mit Wilhelm Maybach eine Experimentierwerkstatt gegründet, in der er den schnelllaufenden Verbrennungsmotor entwickelte. Er wurde 1883 patentiert. 1885 bauten Gottlieb Daimler und Wilhelm Maybach das erste Benzinmotorrad der Welt.
Die Benz & Cie., Rheinische Gasmotorenfabrik Mannheim von 1883, ist eine Gründung des Ingenieurs Carl Friedrich Benz.

Umstrittene Subventionen

12. Juni. Die Mehrheit der Abgeordneten im Haushaltsausschuß des Deutschen Reichstags befürwortet eine Kreditgarantie in Höhe von 8,5 Millionen Reichsmark (RM) für die Unternehmungen der Gebrüder Mannesmann.

Das Auswärtige Amt hatte die Gewährung der Kreditgarantie mit dem Argument gefordert, nur auf diese Weise könne der deutsche Besitz in der spanischen Zone von Marokko gesichert werden – die Brüder Mannesmann sind an den dortigen Erzkonzessionen beteiligt. Kritiker bemängeln dagegen, daß die Subventionen tatsächlich den Mulag-Automobilwerken von Mannesmann zukämen. Über die Kreditvergabe ist noch nicht endgültig entschieden.

Der Verkehr soll sicherer werden

5. Juni. In der österreichischen Hauptstadt Wien wird im Museum für Kunst und Industrie eine Verkehrsausstellung vom österreichischen Bundespräsidenten Michael Hainisch eröffnet.

Die Verkehrsschutzausstellung, die eine Arbeitsgemeinschaft für das Kraftfahrwesen in Österreich veranstaltet, ist die erste ihrer Art. Sie gibt eine Übersicht über Maßnahmen zur Verhütung von Verkehrsunfällen, die in Ländern mit hohem Verkehrsaufkommen bisher getroffen worden sind. Aus dem Deutschen Reich sind die Polizeibehörden aus Berlin, Hamburg und München vertreten. Aus Berlin kommt am Eröffnungstag der Ausstellung die Nachricht, daß neue Ausführungsbestimmungen über die Aufstellung von Warntafeln für den Kraftfahrzeugverkehr erlassen werden. Insbesondere sollen die Warntafeln an Bahnübergängen im Deutschen Reich vereinheitlicht werden.

Aus Fulda wird am 10. Juni gemeldet, die Reichsbahndirektion habe ein Ersuchen der hessischen Regierung nach Aufstellung von Schranken an verkehrsreichen Bahnübergängen u. a. mit der Begründung abgelehnt, von Automobil- und Pferdegespannfahrern sei die gleiche Aufmerksamkeit wie von Lokführern zu erwarten.

Der erste von Gottlieb Daimler konstruierte Motorwagen; im Fond der Erfinder Gottlieb Daimler, vorn am Steuer sein Sohn Adolf Daimler

Spektakulärer Sturz eines Autorennfahrers in der Kurve

Juni 1926

Österreichs erste Seilschwebebahn

9. Juni. Die Seilbahn auf die Rax in Niederösterreich, den Hausberg der Wiener, wird für den Personenverkehr freigegeben.
Es ist die erste in Österreich gebaute Seilschwebebahn; sie ist 2150 m lang und wurde in einer Bauzeit von drei Jahren fertiggestellt. Die Bahn fährt bereits seit dem 15. April 1926 als Materialseilbahn.

König Friedrich Wilhelm III. reist mit dem Dampfboot (1826)

Jubiläum der Rheinschiffahrt

11. Juni. Die deutsche Rheinschiffahrt feiert ihr 100jähriges Bestehen. Eine Festveranstaltung im Beisein von Prominenz aus Kultur, Wirtschaft und Politik – darunter Kölns Oberbürgermeister Konrad Adenauer – findet auf dem Dampfer »Vaterland« statt.
Am 11. Juni 1826 erging eine königliche Kabinettsorder, die der Preußisch-Rheinischen Dampfschiffahrtsgesellschaft eine Konzession zum Schiffsbetrieb auf dem Rhein erteilte. Niederländische und britische Dampfer befuhren damals schon seit zehn Jahren den Rhein. Die ersten deutschen Rheindampfer nahmen 1827 den Verkehr auf; die erste Linie fuhr zwischen Köln und Mainz.
1836 wurde die »Dampfschiffahrt für Nieder- und Mittelrhein« mit Sitz in Düsseldorf gegründet, die mit der »Preußisch-Rheinischen« 1852 zur »Köln-Düsseldorfer Dampfschiffahrtsgesellschaft« fusionierte.

Faszinierende Himmelserscheinungen durch Kometen

Ende Juni. Meldungen über den Pon's-Winnecke's-Kometen, der sich in seiner Umlaufbahn um die Sonne der Erde nähert, werden in den Illustrierten veröffentlicht.
Der Komet befindet sich nach Berechnungen des Meteorologischen Instituts der sowjetischen Akademie der Wissenschaften in Moskau in einer ähnlichen Position relativ zur Erde wie am 30. Juni 1908, als er von den Britischen Inseln aus eine faszinierende Himmelserscheinung bot: Hellerleuchtete, weiße Wolken machten die Nacht zum Tag.
Schweif und Umfang eines Kometen entstehen durch Gase und Materietrümmer, die aus seinem Kopf durch die Anziehungskraft der Sonne herausgeschleudert werden. Einige dieser Trümmer und die Gaswolke sind von der Erde aus sichtbar.

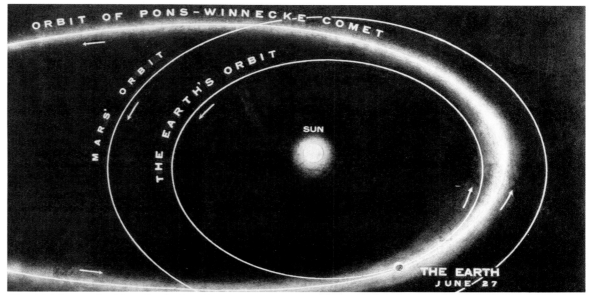

Eine Zeichnung der Zeitschrift »London News« zeigt die Umlaufbahnen von Erde, Mars und dem Kometen

Flüsse treten über die Ufer

Juni. Starke und lang anhaltende Regenfälle im Deutschen Reich führen dazu, daß in vielen Gegenden Flüsse und Seen über die Ufer treten und Hunderte von Menschen durch das Hochwasser obdachlos werden.
Am 5. Juni wird Hochwasser aus Heidelberg gemeldet; der Neckar muß für die Schiffahrt bis auf weiteres gesperrt werden. Aus Friedrichshafen am Bodensee kommt die Nachricht, daß große Teile des Luftschiffbaugeländes unter Wasser stehen. Auch in die Häuser der Stadt ist Wasser eingedrungen. Konstanz meldet Überschwemmungen nördlich des Überlinger Sees.
Am 7. des Monats führen starke Regengüsse in Sachsen dazu, daß die Bahnlinie Berlin-Tetschen-Wien unterbrochen ist. In Bodenbach stehen ganze Stadtteile unter Wasser. In der zweiten Monatshälfte setzen wieder heftige Regenfälle ein. In der Oberlausitz treten am 16. nahezu alle Flüsse über die Ufer, die Erdgeschosse vieler Häuser stehen unter Wasser, Brücken sind eingestürzt. Am 22. tritt der Bodensee auf der Schweizer Seite über die Hafenmauern der Ortschaften. Am 27. wird Sachsen von einer Überschwemmung heimgesucht, Elbe und Oder sind über die Ufer getreten, zwei Dämme sind gebrochen. Die Schäden belaufen sich auf 25 bis 30 Millionen Reichsmark (RM).

Freiwillige Helfer sind dabei, die Schäden der wolkenbruchartigen Regenfälle in der Ortschaft Schmilka in der Sächsischen Schweiz zu beseitigen

Juni 1926

»Rhythmisch-beschwingte« Arbeit am Fließband

4. Juni. *Auf der sechsten Tagung für Werkspolitik, die das Soziale Museum und das Institut für Wirtschaftswissenschaft in Frankfurt am Main veranstalten, diskutieren Wissenschaftler, Unternehmens- und Gewerkschaftsvertreter über die Fließbandarbeit. Diese neue Arbeitsform, die 1913 in den USA von der Ford Motor Company in Detroit eingeführt und ein Jahrzehnt später von einigen Firmen der deutschen Automobilindustrie übernommen worden ist, wird allgemein positiv bewertet. Der rhythmisch-beschwingte Arbeitsfluß wirke sich positiv auf die Motivation der Arbeiter aus, es sei eine »lückenlose Ausnutzung und Beschäftigung aller Menschen und Maschinen im Betrieb« gewährleistet (Abb.: Blinde Fließbandarbeiter).*

Bubikopf als Briefmarkenmotiv

8. Juni. Der Bubikopf, der Haarschnitt der modernen Frau, hat offizielle Anerkennung gefunden: Erstmals ist eine Frau mit Bubikopf auf einer Briefmarke abgebildet. Es handelt sich um die neueste 35-Centavos-Marke des mittelamerikanischen Staates El Salvador, die eine Salvadorianerin mit einem gepflegten Bubikopf.
Der Damenkopf ist von zwei Kaffeezweigen umrahmt, eine Inschrift auf der Marke weist darauf hin, daß El Salvador den besten Kaffee liefere. So ist die Briefmarke zugleich ein Werbemittel.

Die Schauspielerin Pola Negri mit modischer Bubikopf-Frisur

Befürworter von Staatseingriffen

23. Juni. In der dicht gefüllten Aula der Berliner Friedrich-Wilhelms-Universität hält der Engländer John Maynard Keynes, Ökonomieprofessor aus Cambridge, unter dem Titel »Das Ende des Laissez-faire« eine vielbeachtete Rede.
Keynes geht davon aus, daß die aus dem 19. Jahrhundert stammende Lehre des kapitalistischen Liberalismus, wonach das freie Spiel der Marktkräfte die besten Ergebnisse für die Gesamtwirtschaft zeitige, keine Gültigkeit mehr habe. Die Annahme, daß privates Eigeninteresse und allgemeines Wohl im Wirtschaftsleben miteinander harmonierten, habe sich als irrig erwiesen. Keynes befürwortet daher staatliche Eingriffe in die Wirtschaft, insbesondere zur Lösung des Arbeitslosenproblems.
Der Nationalökonom war der Delegationsführer des britischen Schatzamtes bei den Friedensverhandlungen nach dem Ende des Weltkriegs. Weil er die von den Alliierten geforderten deutschen Reparationsleistungen aus wirtschaftlichen Gründen ablehnte, trat er 1919 von diesem Amt zurück.

Schau in Philadelphia

1. Juni. Bei der Ausstellung zur 150. Wiederkehr der amerikanischen Unabhängigkeitserklärung in Philadelphia wird der Publikumsverkehr zugelassen. Die eigentliche feierliche Eröffnung der Leistungsschau findet am Jubiläumstag, dem 4. Juli, im Beisein von US-Präsident Calvin Coolidge statt.
Auf der Ausstellung präsentieren sich neben kleineren ausländischen Abteilungen – die deutsche Industrie ist nicht vertreten – vor allem die Bundesstaaten der USA, von denen jeder ein eigenes Haus zur Präsentation der speziellen Landesprodukte besitzt.
Die Gesamtkosten für die Ausstellung belaufen sich auf 15 Millionen Dollar. In der Mitte des Ausstellungsgeländes ist ein Stadion für 100 000 Menschen errichtet worden. Es wird mit einem starken Besucherandrang gerechnet.

Anläßlich der 100-Jahr-Feier der Unabhängigkeit der Vereinigten Staaten fand 1876 ebenfalls in Philadelphia eine Weltausstellung statt (Zeichnung)

6000 Artisten ohne Anstellung

Juni. Die Varietés im Deutschen Reich kämpfen um ihre wirtschaftliche Existenz. Die Hälfte der an Varietés und anderen Vergnügungsstätten tätigen 12 000 Artisten ist ohne Engagement.
Die hohe Zahl an beschäftigungslosen Unterhaltungskünstlern ist darauf zurückzuführen, daß seit dem Inflationsjahr 1923 die Zahl der Vergnügungsstätten erheblich zurückgegangen ist. Während es damals allein in Berlin 2000 solcher Betriebe gab, sind es nunmehr im ganzen Deutschen Reich lediglich 787.
Ein Vergleich der Städte Paris und Berlin zeigt, daß die Reichshauptstadt auf dem Gebiet der leichten Muse ins Hintertreffen geraten ist. Gibt es an der Seine sechs große Varietés mit 20 000 Sitzplätzen, 18 Revuetheater, acht große Varieté-Cafés und 49 Kabaretts, sind es an der Spree nur drei große und neun kleine Varietés und 39 Kabaretts.

Juni 1926

»Royal Ascot« – Treffpunkt der britischen »Society«

15. Juni. *Eher ein gesellschaftliches als ein sportliches Ereignis ist das traditionelle Pferderennen im englischen Ascot. Die »Society« des britischen Königreichs trifft sich am Rand der Rennbahn; vor allem die Damen lassen sich mit ihren neuesten Kreationen der Hut- und Kleidermode bewundern. Am Eröffnungstag der Rennen fahren König Georg V. von Großbritannien und Nordirland und weitere Angehörige der königlichen Familie in Gala die Rennbahn ab (Abb.). Die königliche Kutsche wird von vier grauen Pferden mit Postillionen in prächtigen Uniformen gezogen. Ihr folgen sieben Kutschen, in denen die Mitglieder des Königshauses sitzen. Die Pferderennen auf der 3,5 km langen Rennbahn, die knapp 10 km von Windsor gelegen ist, finden alljährlich im Juni statt. Die Rennveranstaltungen ziehen sich über eine Woche hin.*

Der Erbauer der »Sagrada Familia«

10. Juni. Der spanische Architekt Antonio Gaudí y Cornet stirbt im Alter von 73 Jahren in Barcelona. Gaudí studierte in Barcelona und schuf – Elemente der spanischen Gotik und den maurischen Mudéjarstil aufgreifend – originelle Bauwerke im sog. Neukatalanischen Stil, die in Konstruktion und Dekor eine eigenwillige Parallele zum europäischen Jugendstil darstellen. Als sein Hauptwerk gilt die unvollendet gebliebene Kirche »Sagrada Familia« in Barcelona, mit deren Bau er 1883 beauftragt wurde. Sie weist maurische und gotische Züge auf.

Balustraden im Parc Güell in Barcelona von Antonio Gaudí

Vereinigung der Schauspieler

26. Juni. Der erste Internationale Schauspieler-Kongreß, an dem Vertreter aus 19 Nationen teilnehmen, geht nach viertägiger Dauer in Berlin zu Ende.
Die Delegierten vertreten 73 000 Schauspieler aus aller Welt. Ziel des Kongresses ist es, eine Interessenvertretung der Schauspieler als Arbeitnehmer zu gründen.
Die Sowjetunion lehnt eine Teilnahme an der Schauspieler-Internationale ab, weil sie sich auf dem Kongreß u. a. mit ihrer Forderung, die Mitgliedschaft von Theaterdirektoren in der Interessenvertretung ausdrücklich zu verbieten, nicht durchsetzen kann.

Der französische Dichter Jean Cocteau, der nicht nur als Autor, sondern auch als Filmregisseur und Ballett-Dramaturg tätig ist

Neue Version der »Orpheus«-Sage

15. Juni. Im Théâtre des Arts in Paris findet die Uraufführung des Dramas »Orpheus« von dem französischen Dichter Jean Cocteau statt. Cocteau hat den antiken Stoff über den thrakischen Dichter Orpheus, der seine verstorbene Frau Eurydike durch Gesang aus der Unterwelt befreit und zum zweiten Mal verliert, als er sie – entgegen dem in der Unterwelt geleisteten Gelübde – anschaut, in einer modernen Version gestaltet. Es treten ein sprechendes Pferd, ein Glaser und der vom Körper losgelöste Kopf des Orpheus auf. Cocteau will mit dem Stück zeigen, daß Poesie erst in der Ruhe des Todes wirklich werden kann.

Juni 1926

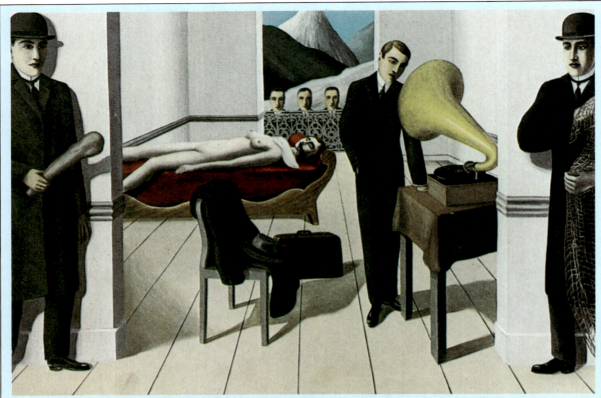

»Der bedrohte Mörder« (Gemälde, René Magritte, 1926; Museum of Modern Art, New York); Magritte gilt als einer der bedeutendsten surrealistischen Maler, seine Bilder sind eine Herausforderung des Verstandes

»Stützen der Gesellschaft« (George Grosz, 1926; Berlin)

»Der Kunsthändler Alfred Flechtheim« (Otto Dix, 1926; Berlin)

Sachliche und nüchterne Objektbeschreibung – »Stilleben mit Gitarre« (Gemälde von Alexander Kanoldt, 1926; Staatsgalerie, Stuttgart)

Malerei 1926:
Sachlichkeit und Surrealismus

12. Juni. In Dresden wird bis zum September die Internationale Kunstausstellung mit etwa 1000 Gemälden und Plastiken aus dem In- und Ausland gezeigt.

International hat sich als aktueller Stil die sog. Neue Sachlichkeit durchgesetzt. Der Name für diese Bewegung geht auf den Titel einer Ausstellung in Mannheim im Jahre 1925 zurück. Hauptvertreter der gesellschaftskritischen Richtung innerhalb der Neuen Sachlichkeit sind die deutschen Maler George Grosz und Otto Dix.

Grosz (eigtl. Georg Ehrenfried Groß) hat sich nach einer dadaistischen Phase, in der die Mittel der Kollage und Photomontage vorherrschend waren, seit Mitte der 20er Jahre wieder dem Ölgemälde zugewandt. Seine Bilder sind schonungslose Darstellungen der Schattenseiten der Weimarer Republik, bis zur Karikatur verzerrte Porträts ihrer Gegner, der Monarchisten, Militaristen und Nationalisten. Otto Dix hält in seinen Gemälden mit Szenen aus dem Großstadtleben und in seinen Porträts, die desillusionierend, vielfach sogar abstoßend wirken, der modernen Gesellschaft mit ihrer Dekadenz und Heuchelei einen Spiegel vor.

Eine andere Spielart der Neuen Sachlichkeit bemüht sich um eine neutrale und nüchterne Objektbeschreibung und Personenporträtierung. Hauptvertreter dieses Zweiges sind in Deutschland die Maler Alexander Kanoldt und Georg Schrimpf. Die Bilder von Schrimpf, meist Landschaften oder Figuren darstellend, sind durch eine schlichte Plastizität gekennzeichnet und wirken durch ihre ruhige Komposition. Während Grosz und Dix der politischen Linken zuzurechnen sind, manifestiert sich in den Bildern von Kanoldt und Schrimpf ein rechtsgerichtetes Ordnungsstreben.

Eine weitere wichtige Kunstrichtung, die sich seit Mitte der 20er Jahre vor allem in Frankreich durchzusetzen beginnt, ist der Surrealismus. Dieser Stil bezieht traumhafte, unbewußte und irrationale Elemente in die künstlerische Darstellung mit ein. Dem Surrealismus ist u. a. das Werk des französischen Malers René Magritte zuzurechnen.

Juni 1926

Faszinierende Afrika-Expedition

21. Juni. Im Berliner Capitol-Filmpalast wird der französische Film »Das schwarze Geschlecht« in einer deutschen Fassung uraufgeführt.

Der Dokumentarfilm, der seit Monaten in einem Pariser Großkino läuft, schildert eine Expeditionsreise mit einem speziell ausgerüsteten Citroën-Automobil quer durch den afrikanischen Kontinent – von der Mittelmeerküste bis zum Indischen Ozean.

Die Rezensenten des Films schreiben begeistert von den Löwenjagden und Elefantendressuren, Steppenbränden, orgiastischen Tänzen und geheimnisvollen Zeremonien der afrikanischen Völker, die gezeigt werden.

Über die Qualität der filmischen Gestaltung gehen die Meinungen der Kritiker auseinander. Während die Rezension des »Kunstblattes« bemängelt, der Streifen zerfalle in Einzelteile, es fehle »die gewaltige Kontinuität des Eroberungszuges«, sieht die Kritik in der »Frankfurter Zeitung« die Bewegung des Films als unausweichlichen Strudel ins Dunkle, Tier- und Triebhafte.

Fürth Deutscher Fußballmeister

3. Juni. Die Spielvereinigung (SpVgg) Fürth wird durch einen 4:1-Erfolg über Hertha BSC (Berlin) vor 50 000 Zuschauern in Frankfurt am Main Deutscher Fußballmeister 1926.

»Die Meisterschaft 1926 gehört der Geschichte an« – so kommentiert die Presse enthusiastisch das Fußballendspiel, das sich durch ein ebenso schönes wie schnelles Angriffsspiel auf beiden Seiten auszeichnet. Die Fürther erweisen sich dabei in Schuß- und Kampfkraft, in Routine und Technik als überlegen. Auf Vorstöße der Berliner weiß die Hintermannschaft der Süddeutschen elastisch und sicher zu reagieren. Hertha ist in der 10. Minute in Führung gegangen, der Halbzeitstand ist 3:1.

Die SpVgg Fürth ist durch einen 3:1-Sieg über Holstein Kiel in der Vorschlußrunde ins Finale gelangt. Hertha BSC hat den Hamburger SV durch ein 4:2 im Halbfinale ausgeschaltet.

Mies van der Rohes Revolutionsdenkmal in Berlin

13. Juni. Im Beisein von Delegationen der KPD, des Kommunistischen Jugendverbandes, der Internationalen Arbeiterhilfe, des Roten Frontkämpferbundes und anderer Organisationen wird das »Denkmal der Novemberrevolution« von Ludwig Mies van der Rohe auf dem städtischen Friedhof Friedrichsfelde in Berlin enthüllt. Die offizielle Einweihung des Denkmals findet am 11. Juli durch einen eineinhalbstündigen Vorbeimarsch der Arbeiterschaft statt.

Der Architekt Mies van der Rohe hat zum Gedenken an die Opfer der Novemberrevolution und des Spartakusaufstands 1918/19, insbesondere der ermordeten Spartakusführer Karl Liebknecht und Rosa Luxemburg, ein Mahnmal geschaffen, das sich durch eine ungegenständliche, auf alle figurativen Elemente verzichtende Gestaltung auszeichnet. Als Material für den etwa 12 m langen, 4 m breiten und 6 m hohen Block, der aus gegeneinander versetzten Quadern besteht, ist Oldenburger Hartbrandklinker verwendet worden. Auf der Vorderseite des Denkmals sind ein Sowjetstern von 2 m Durchmesser und eine Fahnenstange angebracht.

Das »Denkmal der Novemberrevolution« von Ludwig Mies van der Rohe findet wegen seiner avantgardistischen Form nicht die einhellige Zustimmung der Arbeiter, die es mit ihren Spenden finanziert haben

Finish des Derbys im englischen Epsom; Coronach aus dem Stall Woolavington gewinnt mit fünf Längen Vorsprung in einer Zeit von 2:47,5 Minuten vor Lancegaye und dem abgeschlagenen Favoriten Colorado

Überraschungssieg mit fünf Längen

2. Juni. Das weltbekannte Derby im englischen Epsom, Grafschaft Surrey, endet bei äußerst schlechtem Wetter mit einem Überraschungssieg: Gewinner mit fünf Längen Vorsprung ist das Pferd Coronach aus dem Stall Woolavington. Der Favorit des Rennens, Colorado aus dem Stall Derby, wird lediglich Dritter.

Captain Cuttle, ein Halbbruder von Coronach, war bereits beim Derby von 1922 siegreich. Beide Pferde werden von Fred Darling trainiert. Der Jockey des Siegpferdes hat zuvor noch keine größeren Siege verzeichnet.

Das Derby findet – traditionsgemäß – im Beisein von Angehörigen des britischen Königshauses, darunter auch König Georg V. von Großbritannien und Nordirland, statt.

Juli 1926

Mo	Di	Mi	Do	Fr	Sa	So
			1	2	3	4
5	6	7	8	9	10	11
12	13	14	15	16	17	18
19	20	21	22	23	24	25
26	27	28	29	30	31	

1. Juli, Donnerstag

Im Deutschen Reich tritt die Sektsteuer in Kraft, sie beträgt eine Reichsmark pro Flasche.

Das spanische Königspaar trifft zu einem Besuch in London ein. König Alfons XIII. konferiert mit der britischen Regierung über den Wunsch Spaniens, im Völkerbundsrat einen ständigen Sitz zu erhalten (→ 11. 9./S. 152).

Die Einwanderungsbehörden der USA richten in den deutschen Seehäfen Einwanderungsinspektionen zur Überprüfung der Auswanderer nach den USA ein. → S. 122

In Basel wird die Internationale Ausstellung für Binnenschiffahrt und Wasserkraftnutzung eröffnet, an der sich Aussteller aus 14 europäischen Ländern und aus den USA beteiligen. Sie dauert bis zum 15. September. Das Deutsche Reich zeigt eine 16 m lange Reliefkarte des Rheingebietes von Emmerich bis zum Bodensee, eine der größten Landkarten der Welt.

In Berlin wird Robert Gilberts Operette »Die leichte Isabell«, eine Verwechslungsgeschichte mit Happy-End, uraufgeführt.

2. Juli, Freitag

Die deutsche Reichsregierung zieht den Gesetzentwurf zur Fürstenabfindung zurück, weil die Deutschnationalen und die Sozialdemokraten das Gesetz ablehnen (→ 20. 6./S. 108).

Nach einem Mißtrauensvotum gegen die neue kanadische Regierung, die am 29. Juni gebildet worden ist, löst Ministerpräsident Arthur Meighen das Parlament auf und setzt Neuwahlen für Anfang September fest. → S. 122

Im Ruhrbergbau sind in der vergangenen Woche erstmals seit der Absatzkrise keine Feierschichten gefahren worden.

3. Juli, Sonnabend

In Weimar findet der Reichsparteitag der NSDAP statt. Adolf Hitler setzt sich gegen Gregor und Otto Strasser durch. → S. 124

Das Sachverständigenkomitee zur Stabilisierung der französischen Währung schlägt in seinem Gutachten vor, die indirekten Steuern zu erhöhen.

Das Riesengebirge ist von wolkenbruchartigen Regenfällen heimgesucht worden. Zahlreiche Flüsse sind über die Ufer getreten.

In Wimbledon gehen die 50. All-England-Tennismeisterschaften zu Ende. Im Dameneinzel siegt Kitty Godfree (Großbritannien), im Herreneinzel Jean Borotra (Frankreich). → S. 130

4. Juli, Sonntag

Zum 150. Jubiläum der amerikanischen Unabhängigkeitserklärung gibt die Münze in Philadelphia eine neue Halbdollarmünze mit dem Bildnis von Präsident Calvin Coolidge heraus. Zum ersten Mal in der Geschichte der USA wird das Bild eines amtierenden Präsidenten auf eine Münze geprägt. → S. 122

Vom 4. bis 11. Juli finden in Köln die Zweiten Deutschen Kampfspiele statt; sie werden, nach dem Abzug der alliierten Truppen aus der ersten Rheinlandzone (→ 30. 1./S. 17), als nationales Olympia gefeiert. → S. 130

Führende deutsche Architekten, u. a. Walter Gropius, Ludwig Mies van der Rohe, Hans Scharoun, gründen in Berlin die Architektenvereinigung »Der Ring«. → S. 127

In Dresden findet die deutsche Erstaufführung der Oper »Turandot« des italienischen Komponisten Giacomo Puccini statt (→ 25. 4./S. 78).

In Woltersdorf, einem beliebten Berliner Ausflugsort, stürzt die Kegelbahn eines Restaurants ein; das Unglück fordert 13 Todesopfer.

5. Juli, Montag

Die deutsche Reichsregierung ernennt den ehemaligen Reichskanzler Hans Luther zum Mitglied des Verwaltungsrates der Reichsbahn-Gesellschaft. Die Reichsregierung übergeht dabei den Anspruch Preußens, die Stelle zu besetzen.

Die österreichische Zugspitzbahn wird eingeweiht. Sie überwindet eine Strecke von 3500 m in 16 Minuten. → S. 125

Die Komödie »Der Herr Monsier« von Hanns Johst wird in Krefeld uraufgeführt. Mit diesem Stück wendet sich Johst nationalsozialistischen Themen zu.

6. Juli, Dienstag

Die Militärkommission der vorbereitenden Abrüstungskonferenz in Genf schlägt vor, Abrüstungsmaßnahmen nur auf die Friedensrüstung zu beziehen, d. h. auf das stehende Heere, nicht auf Reservisten.

700 Fahrer und Weichensteller der New Yorker Untergrundbahn treten in den Streik, weil Verhandlungen über eine Lohnerhöhung gescheitert sind. → S. 126

Die Feiern zum Todestag des tschechischen Reformators Jan Hus (6. 7. 1415) bilden den Höhepunkt des Kongresses der tschechischen Turnerschaft (Sokol) in Prag. Tausende von Gästen aus dem Ausland nehmen an den Feierlichkeiten teil.

In der Sowjetunion wird die erste elektrifizierte Eisenbahnstrecke eröffnet, sie führt von Baku (Aserbaidschan) nach Sabunci.

7. Juli, Mittwoch

Das Bezirksamt Tiergarten benennt zwar die »Königsplatz« gemäß eines Beschlusses der Berliner Stadtverordnetenversammlung in »Platz der Republik« um, läßt aber der Straße, die um den Platz herumführt, ihren alten Namen: »Straße am Königsplatz«. Das Bezirksamt Tiergarten hatte dem Wechsel von einem monarchischen zu einem republikanischen Namen von Anfang ablehnend gegenüber gestanden.

Der »Bund deutscher Arbeiterjugend« wird als Jugendorganisation der NSDAP gegründet. → S. 124

8. Juli, Donnerstag

Nach dem Wahlsieg der linken Parteien in Mecklenburg-Schwerin bildet Paul Schroeder (SPD) eine neue Regierung.

Der Sturz des französischen Franc ist nicht mehr aufzuhalten; der US-Dollar liegt bei 40, das britische Pfund bei 194,5 Francs.

9. Juli, Freitag

In Portugal putscht das Militär unter General Antonio Oscar Fragoso Carmona, setzt Präsident Manuel de Oliveira Gomes da Costa gefangen und zwingt ihn zum Rücktritt. → S. 122

Die Hafenarbeiter von Antwerpen (Belgien) beenden ihren Streik, nachdem die Arbeitgeber eine Lohnerhöhung zugesichert haben.

In Dieburg in Hessen ist ein Mithrastempel mit Altarplatten, Statuen und Inschriften entdeckt worden. Der persische Sonnengott Mithras war hauptsächlich von Soldaten des Römischen Reiches verehrt worden.

Während einer Aufführung des Volksstücks »Darüber läßt sich reden« in der Berliner Volksbühne protestiert ein Teil der Zuschauer lauthals gegen die Darbietung von Operetten und Unterhaltungsstücken, so daß die Vorstellung abgebrochen werden muß.

10. Juli, Sonnabend

Italien tritt dem Tangerstatut bei und erhält denselben Anteil an der Lokalverwaltung wie Großbritannien, Frankreich und Spanien. Die marokkanische Hafenstadt Tanger hat 1923 internationalen Status erhalten (→ 26. 8./S. 136).

Wegen der anhaltenden Hitzewelle übernachten 130 000 New Yorker im Freien am Strand von Coney Island.

Im Metropol-Theater in Berlin beginnt das Gastspiel der amerikanischen Neger-Revue »Black People«. → S. 128

Ein Blitzschlag löst in einem US-Munitionsdepot bei Dover (New Jersey) eine Explosion aus, die das Depot völlig vernichtet. 17 Menschen sterben und 300 Gebäude werden zerstört. → S. 125

11. Juli, Sonntag

An der Kieler Förde wird der Grundstein zu einem deutschen U-Boot-Ehrenmal gelegt. An der Feier nehmen ehemalige Offiziere und Mannschaften der Marine teil. → S. 128

Der deutsche Rennfahrer Rudolf Caracciola gewinnt den Großen Preis von Deutschland auf der Berliner Avus. → S. 131

Mitglieder des deutschen Reichsbanners Schwarz-Rot-Gold (Kampfverband der SPD) und des österreichischen Republikanischen Schutzbundes nehmen an einem Aufmarsch vor dem Parlament in Wien teil, sie treten für Großdeutschland und die republikanische Staatsform ein. Delegierte des deutschen Reichsbanners haben an der Bundestagung des österreichischen Republikanischen Schutzbundes teilgenommen.

12. Juli, Montag

Der deutsche Reichsaußenminister, Gustav Stresemann, erfährt von der Deutschen Botschaft in Moskau erstmals das Ausmaß der militärischen Zusammenarbeit zwischen der Deutschen Reichswehr und der Roten Armee. → S. 124

Der französische Finanzminister, Joseph Caillaux, trifft zu einem Besuch in London ein und erzielt eine Einigung über die Rückzahlung französischer Kriegsschulden an Großbritannien.

13. Juli, Dienstag

Frankreich und Spanien unterzeichnen in Paris ein Abkommen über Marokko. Es regelt die Grenzziehung zwischen der französischen und der spanischen Zone in dem nordafrikanischen Land. → S. 123

Im Smyrnaer Prozeß gegen die Gruppe, die geplant haben soll, den türkischen Staatspräsidenten Mustafa Kemal Pascha (Kemal Atatürk) zu ermorden, werden die Urteile gefällt: 15 Angeklagte erhalten die Todesstrafe, die meisten anderen, in der Regel Mitglieder der Oppositionsparteien, werden freigesprochen (→ 16. 6./S. 110).

Die Schriftsteller Oskar Maria Graf und Thomas Mann haben sich auf einer Veranstaltung des Jungmünchner Kulturbundes gegen den Gesetzentwurf zum Schutz der Jugend vor Schmutz- und Schundliteratur ausgesprochen. Sie lehnen diese Zensurmaßnahmen durch den Staat ab und bezeichnen das Gesetz als Knebelung der geistigen Freiheit (→ 3. 12./S. 192).

14. Juli, Mittwoch

Das Deutsche Reich und die Schweiz schließen einen Handelsvertrag, er beruht auf dem Prinzip der Meistbegünstigung. → S. 125

Sportveranstaltungen und das neue Sportgerät, Rhönrad, auf dem Titel der Familienzeitschrift »Daheim« vom 3. Juli 1926

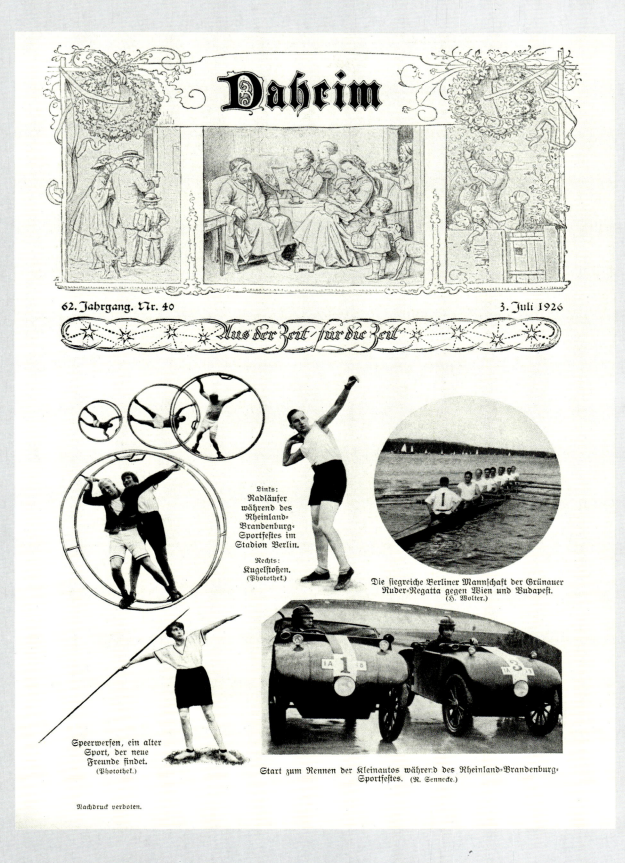

Juli 1926

Während der großen Parade zur Feier des französischen Nationalfestes kommt es in Paris zu einer Protestkundgebung gegen die Anwesenheit des spanischen Diktators Miguel Primo de Rivera. Gegenkundgebungen führen zu tätlichen Auseinandersetzungen.

Zum ersten Mal in der Geschichte der römisch-katholischen Kirche hat eine Frau eine Stelle als Beamtin beim Vatikan erhalten. Crostarossa Ocipioni ist zur Bibliothekarin im Vatikan ernannt worden.

15. Juli, Donnerstag
Die Göttinger Universitätsbibliothek hat die Handschrift des Gedichtes »Lenore« von Gottfried August Bürger von einer Prager Buchhandlung für 5000 Reichsmark (RM) erworben.

16. Juli, Freitag
In Belgien tritt ein Ermächtigungsgesetz in Kraft, das dem belgischen König besondere Vollmachten zur Stützung des belgischen Franc verleiht.

Die deutsch-belgisch-luxemburgischen Grenzverhandlungen schließen in Aachen mit einem Abkommen über Erleichterungen im kleinen Grenzverkehr zwischen den drei Ländern. → S. 125

Nach dem Rücktritt der Regierung Prüm im Juni ist in Luxemburg eine neue Regierung gebildet worden: Ministerpräsident wird Joseph Bech. Die Sozialisten lehnen die Mitarbeit an einer bürgerlichen Regierung ab.

Die Oberprüfstelle Berlin verbietet zum zweiten Mal die Vorführung des sowjetischen Revolutionsfilms »Panzerkreuzer Potemkin« von Sergei M. Eisenstein (→ 24. 3./S. 62).

17. Juli, Sonnabend
Das französische Kabinett Aristide Briand stürzt bei einer Abstimmung über ein Gesetz zur Behebung der Finanzkrise (→ 27. 7./S. 123).

Vom 17. bis zum 20. Juli findet in Wien ein Wehrwettturnen von Teilnehmern aus Österreich, dem Deutschen Reich und dem Sudetenland statt (→ 20. 6./S. 130).

18. Juli, Sonntag
Die Heuschreckenplage in der Sowjetunion, die den Ernteertrag gefährdet, wird mit Giftgas und Feuer bekämpft. Eine Heuschreckenkolonne von 6,5 km Länge und 4 km Breite bewegt sich auf Sewastopol zu.

Der finnische Leichtathlet Paavo Yrjölä stellt in Viipuri (Finnland) mit 6651 Punkten einen Weltrekord im Zehnkampf auf.

19. Juli, Montag
Truppen der chinesischen Kanton-Regierung unter Chiang Kai-shek beginnen einen Feldzug nach Norden, um China zu einigen. → S. 123

Athanasios Evtaxias wird neuer Ministerpräsident von Griechenland. Er löst Theodoros Pangalos ab, der am → 4./11. April (S. 70) zum Präsidenten gewählt worden war. Pangalos behält das Recht, politische Streitfragen durch Dekrete zu regeln.

Die Regierung von Abessinien (heute Äthiopien) protestiert in einer Note an den Völkerbund in Genf gegen das italienisch-britische Abkommen, das Konzessionen zum Bau von Straßen und Staudämmen auf abessinischem Gebiet erteilt. → S. 123

Der tschechoslowakische Außenminister Eduard Beneš verzichtet auf sein Abgeordnetenmandat, bleibt aber Mitglied seiner Partei, den linksbürgerlichen National-Sozialisten. Der Konflikt zwischen Beneš und seiner Partei war ausgebrochen, nachdem die National-Sozialisten aus der bürgerlichen Koalitionsregierung ausgetreten waren.

Der neue österreichische Unterrichtsminister Anton Rintelen zieht den Erlaß seines Vorgängers, Emil Schneider, zurück, der eine stärkere Betonung der religiösen Erziehung gefordert hat. Damit ist der Konflikt zwischen der christlichsozialen Regierung und der sozialdemokratischen Opposition beigelegt (→ 16. 6./S. 111).

Der Radikalsozialist Edouard Herriot bildet ein neues französisches Kabinett, er wird Ministerpräsident und Außenminister. Da er jedoch nicht das Vertrauen des Parlaments gewinnt, tritt er am 21. Juli zurück. Am 23. Juli stellt Raymond Poincaré sein neues Kabinett vor (→ 27. 7./S. 123).

20. Juli, Dienstag
Die 120 Flugzeuge der Deutschen Lufthansa fliegen täglich 75 Flughäfen an, 15 davon liegen im Ausland.

21. Juli, Mittwoch
Im Deutschen Reich (ohne Saargebiet) leben nach der Volkszählung vom 16. Juni 1925 62 410 619 Einwohner, 30,2 Millionen Männer und 32,2 Millionen Frauen. → S. 124

In Paris wird eine Konferenz der Bergarbeiterinternationale eröffnet, die bis zum 25. Juli dauert. Die Delegierten werfen dem britischen Bergarbeiterverband vor, während des Streiks Geldzuwendungen von sowjetischen Gewerkschaften angenommen zu haben.

22. Juli, Donnerstag
Das britische Unterhaus nimmt in dritter Lesung das Budget für 1926/27 an. Es entspricht mit umgerechnet 16 Milliarden Reichsmark dem des Vorjahrs und sieht die Einführung neuer Steuern, u. a. von Wettsteuern, vor.

Die Mönche und der Abt des spanischen Klosters Montserrat stehen unter dem Verdacht, katalanische Separatisten zu sein, u. a., weil im Kloster eine Übersetzung der Bibel in die katalanische Sprache angefertigt wird. Der Abt hat der Polizei unter Hinweis auf das Kirchenrecht eine Durchsuchung der Klosterzellen verweigert.

23. Juli, Freitag
Das Arbeitsbeschaffungsprogramm der deutschen Reichsregierung findet die Zustimmung der Länder. Vorgesehen sind der Ausbau der Verkehrswege und der Bau neuer Wohnungen. Die Förderungsmaßnahmen sollen in Bezirken mit hoher Arbeitslosigkeit vorgenommen werden (→ 28. 6./S. 108).

Die Deutsche Lufthansa erprobt die Flugverbindung in den Fernen Osten. Zwei Maschinen fliegen von Berlin über Moskau nach Peking. Sie kehren am 26. September zurück. Für die etwa 20 000 km lange Strecke haben sie 140 Flugstunden gebraucht.

24. Juli, Sonnabend
Die britischen Bischöfe, die an den letzten gescheiterten Bemühungen, im Bergarbeiterstreik zu vermitteln, beteiligt waren, rufen die britische Regierung dazu auf, neue Verhandlungen mit den Gewerkschaften einzuleiten (→ 19. 11./S. 181).

Die Hitzewelle in den USA hat mehrere Hundert Todesopfer gefordert; allein in Boston sind 60 Menschen gestorben, in New York 50.

Ein Gewitter zwingt ein Flugzeug der Deutschen Lufthansa in der Nähe der Insel Juist zu einer Notlandung, bei der alle fünf Insassen ums Leben kommen.

25. Juli, Sonntag
Das Zentralkomitee der Kommunistischen Partei der Sowjetunion (KPdSU) veröffentlicht den Beschluß, Grigori J. Sinowjew aus dem Politbüro des Zentralkomitees abzuberufen (→ 14.–23. 7./S. 123).

Die Reichspartei des Deutschen Mittelstandes, die Wirtschaftspartei, gibt sich auf ihrem 6. Parteitag in Görlitz (24.–26. 7.) ein Programm. Es sieht u. a. die Beseitigung der indirekten Steuern vor, die Senkung der Einkommensteuer und die Privatisierung der Staatsbetriebe.

Auf dem 6. Donaueschinger Kammermusikfest (seit 24. 7.) werden Kompositionen für mechanische Instrumente von Paul Hindemith uraufgeführt. → S. 129

26. Juli, Montag
Die antiamerikanische Propaganda in Großbritannien und in Frankreich, die mit der ungeklärten Frage der Rückzahlung der Kriegsschulden zusammenhängt, verstärkt die US-amerikanische Haltung, sich aus Europa zurückzuziehen. Vor allem eine Karikatur in der Londoner Daily Mail, die Onkel Sam (Symbol für die USA) als Onkel Shylock (Titelfigur in Shakespeares Drama »Der Kaufmann von Venedig«) zeigt, hat die Beziehungen verschlechtert.

Zum 70. Geburtstag des Schriftstellers George Bernard Shaw veranstalten die Sozialisten ein Festessen. → S. 129

27. Juli, Dienstag
Die Sitzung der Deputiertenkammer, auf der der neue französische Ministerpräsident, Raymond Poincaré, sein Kabinett vorstellt und seine Regierungserklärung abgibt, wird von Tumulten der linken Parteien unterbrochen. → S. 123

Zum ersten Mal wird im Deutschen Reich ein Lehrauftrag für Friedensforschung vergeben, den Walter Schücking erhält.

28. Juli, Mittwoch
In der Schweiz geht auf dem Furka- und Grimsel-Paß ein Schneesturm nieder.

In Berlin wird der Film »Das deutsche Mutterherz« von Geza von Bolvary uraufgeführt. Der Schauspieler Heinz Rühmann debütiert in diesem Film in der Rolle eines deutschen Spions im Weltkrieg.

29. Juli, Donnerstag
Die Freie Stadt Danzig wird vom Völkerbund eine Anleihe zum Ausbau des Hafens erhalten.

Die Berliner Illustrirte stellt ein in Hufeisenform angelegtes Siedlungsprojekt des Architekten Bruno Taut vor. Es entsteht in Berlin-Britz und soll über 2800 Wohnungen enthalten. → S. 127

30. Juli, Freitag
Der britische Geistliche Stanley Russel hat in einer Londoner Kirche eine Kinderkundgebung für den Frieden veranstaltet.

In Hamburg wird im Rahmen einer Kolonialausstellung der Film »Ich hatt' einen Kameraden« von Conrad Wiene uraufgeführt.

31. Juli, Sonnabend
In Mexiko tritt ein neues Kirchengesetz in Kraft, das u. a. die Umwandlung des Kirchengutes in Staatseigentum vorsieht. → S. 122

Im Ruhrgebiet ist zum ersten Mal pro Tag mehr Kohle gefördert worden als vor dem Weltkrieg.

Gestorben:

2. Nancy: Emile Coué (* 26. 2. 1857, Troyes), französischer Apotheker. → S. 128

20. Felix E. Dserschinski (* 11. 9. 1877, Wilna), sowjetischer Politiker.

Geboren:

1. Gütersloh: Hans Werner Henze, deutscher Komponist.

24. Wuppertal: Hans Günter Winkler, deutscher Springreiter.

27. Dornbirn (Vorarlberg): Margret Dünser († 5. 7. 1980), österreichische Fernsehjournalistin.

Eine Badeschönheit verkündet den Beginn des Ferienmonats in der »Berliner Illustrirten Zeitung« vom 4. Juli 1926

Juli 1926

Zielhafen aller Einwanderer in die Vereinigten Staaten von Amerika ist der Hafen von New York

Westeuropäer sind bevorzugt

1. Juli. Die Einwanderungsbehörden der USA richten in den deutschen Seehäfen Einwanderungsinspektionen zur Überprüfung von Personen ein, die in die Vereinigten Staaten auswandern wollen.
Für die deutschen Auswanderer hat diese Überprüfung auf deutschem Boden zur Folge, daß sie bei der Ankunft in New York nicht mehr nach Ellis Island gebracht werden, sondern das Schiff direkt verlassen können. Solche Einwanderungsinspektionen bestehen bereits in Großbritannien, Irland und Belgien und sollen auch in Dänemark und Norwegen eingerichtet werden.

Zulässige Einwanderer (pro Jahr)

Dänemark	2 789
Deutsches Reich	51 227
Frankreich	3 954
Großbritannien	34 007
Irland	28 567
Italien	3 845
Niederlande	1 648
Norwegen	6 453
Österreich	785
Polen	5 982
Schweiz	2 081
Sowjetunion	2 248
Tschechoslowakei	3 073

Die USA verfolgen seit Beginn der 20er Jahre – im Zuge des Isolationismus und der Besinnung auf Werte des »echten Amerika« – eine strenge Einwanderungspolitik, die nahezu jeden nicht-weißen Menschen von der Einwanderung ausschließt und die westeuropäischen gegenüber den süd- und osteuropäischen Staaten bevorzugt. Die Anzahl derjenigen Personen, die jährlich aus den verschiedenen Staaten in die USA einwandern dürfen, berechnet sich danach, wie viele Angehörige aus dem betreffenden Staat im Jahr 1890 bereits in den USA lebten: 2% von dieser Quote dürfen jährlich hinzukommen. Die Einwanderung aus Süd- und Osteuropa hat erst nach 1890 verstärkt eingesetzt.

USA feiern den 150. Geburtstag

4. Juli. Mit Feuerwerk, Konfetti und zahlreichen Gedenkveranstaltungen feiern die US-Amerikaner die 150. Wiederkehr der Erlangung der Unabhängigkeit.
Die Münze in Philadelphia, dem Sitz der Gedenkschau (→ 1. 6./S. 114), gibt ein neues Halbdollarstück mit dem Bildnis des Präsidenten Calvin Coolidge heraus. Zum ersten Mal in der US-Geschichte wird damit das Bild des amtierenden Staatsoberhaupts auf einer Münze gezeigt.
13 britische Kolonien in Nordamerika hatten am 4. Juli 1776 die Unabhängigkeit vom Mutterland erklärt.

Die Silhouette des nächtlichen New York mit seinen erleuchteten Wolkenkratzern, vom Woolworth-Turm gesehen

Rücktritt wegen Alkoholschmuggel

2. Juli. Der erst seit vier Tagen amtierende kanadische Ministerpräsident Arthur Meighen löst das Parlament auf und kündigt Neuwahlen für den September an.
Am 28. Juni war das Kabinett des liberalen Ministerpräsidenten, William Lyon Mackenzie King, zurückgetreten. Es hatte wegen der Verwicklung in eine Zoll- und Alkoholschmuggelaffäre dreimal eine Abstimmungsniederlage im Parlament erlitten. Nachfolger von King wurde der Konservative Arthur Meighen; er scheiterte jedoch an einem Mißtrauensantrag, den die liberale Fraktion eingebracht hatte.

Kirchen mit Gewalt geräumt

31. Juli. In Mexiko tritt ein neues Kirchengesetz in Kraft, das u. a. die Verstaatlichung der kirchlichen Güter sowie die Ausweisung aller nichtmexikanischen Geistlichen vorsieht.
In der katholischen Geistlichkeit regt sich scharfer Widerstand gegen das Gesetz. Die Priester weigern sich, weiterhin Messen zu lesen, und drohen denjenigen, die dem Gesetz Folge leisten – also auch Präsident Plutarco Elias Calles selbst – mit Exkommunikation. Bei der Räumung einer Kirche in Mexiko Stadt kommt es zu blutigen Zusammenstößen zwischen Gläubigen und der Polizei.

Minister setzt Präsidenten ab

9. Juli. Portugal erlebt den zweiten Staatsstreich des Jahres 1926: General Antonio Oscar Fragoso Carmona läßt Präsident Manuel de Oliveira Gomes da Costa gefangennehmen und erzwingt dessen Rücktritt.
Gomes da Costa hatte erst am → 28. Mai (S. 89) die Macht übernommen. Als eher unpolitischer Militär verfügte er jedoch nicht über ein konkretes Programm zur Neugestaltung des Landes und verlor daher die Unterstützung der Armee. Carmona war unter Gomes da Costa Außenminister.

Juli 1926

Moskau: Sinowjew wird entmachtet

14. bis 23. Juli. Auf der gemeinsamen Sitzung des Zentralkomitees der Kommunistischen Partei der Sowjetunion (KPdSU) und der Zentralen Kontrollkommission der Partei werden scharfe Differenzen in der Führungsspitze der sowjetischen Kommunisten deutlich. Das Gremium billigt, wie am 25. Juli bekannt wird, u. a. den Ausschluß von Grigori J. Sinowjew aus dem Politbüro, dem obersten Führungsorgan der Partei. Nach der Erkrankung von Parteiführer Wladimir Iljitsch Lenin im Jahr 1922 hatten Sinowjew, Josef Stalin und Lew Kamenew die kollektive Führung in Sowjetrußland übernommen.

G. Sinowjew

Nach Lenins Tod am 21. Januar 1924 entbrannte ein Machtkampf innerhalb des Politbüros, dem neben der »Troika« Leo Trotzki sowie drei weitere Personen angehörten. Stalin wußte die Politbüromitglieder geschickt gegeneinander auszuspielen. Seit dem 14. Parteikongreß der KPdSU vom Dezember 1925 befinden sich Trotzki, Kamenew und Sinowjew in einer gemeinsamen Oppositionsgruppe gegen Stalin. Sie mißbilligen seine Doktrin vom »Sozialismus in einem Land« (→ 23.–26. 10./S. 166).

Chiang Kai-shek (Mitte) mit zwei Wächtern vor dem Eingangstor zu den Gräbern der chinesischen Ming-Dynastie (1368–1644) in Nanking

Aufbruch nach Norden

19. Juli. Unter der militärischen Führung von Chiang Kai-shek beginnen Truppen der »Nationalregierung der Republik China« (Kanton-Regierung) von der im Südosten gelegenen Provinz Kwangtung aus einen Feldzug nach Norden, um ganz China, das unter der Herrschaft einzelner regionaler und lokaler Kriegsherren steht, zu einigen.
Chiang Kai-shek ist eine der führenden Persönlichkeiten der Kuomintang, einer Partei, die 1923 – zehn Jahre nach der Auflösung – mit sowjetischer Hilfe wiederaufgebaut worden war. Sie bildete im gleichen Jahr mit der KP Chinas eine Einheitsfront; die Kommunisten traten – unter Fortbestehen der eigenen Partei – als Einzelmitglieder auch in die Kuomintang ein.
Die Einheitsfront stützt sich auf die verarmten chinesischen Bauern und auf die Arbeiterschaft. Am 1. Juli 1925 war die Kanton-Regierung gebildet worden; von dort aus wird nun die Nordexpedition gestartet. Viele der Teilnehmer des Feldzugs sind auf der Whampoa-Militärakademie, die 1924 von sowjetischen Militärberatern eingerichtet worden war, geschult worden.

Abessiniens Note an den Völkerbund

19. Juli. Die Regierung von Abessinien (heute Äthiopien) wendet sich in einer Note an den Völkerbund in Genf, in der sie gegen den britisch-italienischen Vertrag vom Dezember 1925 protestiert. In dem Abkommen hatten Großbritannien und Italien, deren Kolonien Sudan, Kenia (britisch) und Somaliland (italienisch) an Abessinien grenzen, Konzessionen zum Bau von Straßen, Eisenbahnlinien und Staudämmen auf abessinischem Gebiet erteilt, ohne die Regierung des Landes darüber zu informieren.
In der Note an den Völkerbund weist die Regierung des afrikanischen Staates darauf hin, daß gemäß den Satzungen des Völkerbundes alle Mitglieder gleich behandelt werden müßten und die Souveränität der Mitgliedsländer nicht verletzt werden dürfe. Das Abkommen, in dem sich Großbritannien und Italien gegenseitige Hilfe bei der Verfolgung ihrer Projekte in Abessinien zusichern, stelle eine Verletzung der Unabhängigkeit Abessiniens dar.
Die britische und italienische Regierung erklären dem Völkerbund, die Angelegenheit beruhe auf einem Mißverständnis. Es sei nicht beabsichtigt, Zwang auf Abessinien auszuüben. Die abessinische Regierung zieht ihre Beschwerde zurück.

Abd El Krim muß nach Madagaskar

13. Juli. Im Anschluß an die Kapitulation der aufständischen Berberstämme unter Abd El Krim (→ 26. 5./S. 91) in Marokko regeln die beiden Kolonialmächte Frankreich und Spanien in einem Abkommen ihr weiteres gemeinsames Vorgehen in dem nordafrikanischen Land. Abd El Krim wird auf die Insel Madagaskar verbannt.
Das Marokko-Abkommen bekräftigt die Abgrenzung der französischen und der spanischen Zone in Marokko, wie sie 1912 vereinbart worden ist, und sieht Aktionen der beiden Mächte in den von Aufständen der Rifkabylen bedrohten Gebieten vor. Durch gleichgerichtete Maßnahmen in den beiden Zonen soll eine völlige Befriedung Marokkos erreicht werden.

Erneuter Wechsel

27. Juli. Die Regierungserklärung des seit dem 23. Juli amtierenden französischen Ministerpräsidenten Raymond Poincaré vor der Deputiertenkammer wird von Tumulten und Zwischenrufen der Linksparteien unterbrochen. Poincaré kündigt zur Behebung der Finanzprobleme u. a. die Erhöhung der indirekten Steuern an und erhält für ein entsprechendes Finanzprogramm am 31. Juli und am 4. August die Zustimmung der beiden Kammern des Parlaments.
Die Situation in Frankreich ist durch einen rapiden Währungsverfall gekennzeichnet. Weil die Staatskasse leer ist, weigert sich die Bank von Frankreich, der Regierung weitere Mittel zur Verfügung zu stellen. Das Kabinett von Ministerpräsident Aristide Briand, das erst am → 23. Juni (S. 109) gebildet worden war, scheiterte am 17. Juli mit dem Versuch, die Finanzprobleme auf dem Verordnungsweg zu lösen: Die Deputiertenkammer verweigerte ihm die entsprechenden Vollmachten. Auch der Radikalsozialist Edouard Herriot, der zwei Tage später ein Kabinett bildete, konnte sich am 21. Juli in der Kammer nicht durchsetzen.
Die Erfolgsaussichten der Regierung Poincaré werden positiv beurteilt.

Vorn v. l.: Raymond Poincaré, Gaston Doumergue, Louis Barthou

Juli 1926

Immer noch Frauenüberschuß

21. Juli. In den Zeitungen werden die Ergebnisse der letzten, am 16. Juni 1925 durchgeführten Volkszählung im Deutschen Reich veröffentlicht. Danach hat das Reich (ohne das Saargebiet) 62 410 619 Einwohner. Gegenüber der letzten, vor dem Weltkrieg durchgeführten Zählung, ergibt sich ein Minus: 1910 wurden noch 65 Millionen Deutsche gezählt. Dieser Rückgang ist jedoch allein auf die Gebietsabtretungen nach der Niederlage im Krieg zurückzuführen. Auf dem Reichsgebiet der Zählung von 1925 ist die Bevölkerungszahl gegenüber 1910 um 4,5 Millionen angestiegen.

Bei der Geschlechterverteilung ergibt sich ein leichter Frauenüberschuß: Auf 1067 Frauen kommen 1000 Männer – 1919, ein Jahr nach Kriegsende, war das Verhältnis noch 1101 zu 1000.

Der Verstädterungsprozeß hat sich verlangsamt: Während sich der Anteil der städtischen Bevölkerung an der Gesamteinwohnerschaft von 36% (1871) auf 64% (1910) erhöht hat, liegt er nach der Zählung von 1925 nur unwesentlich höher: 64,4% der Bevölkerung des Deutschen Reiches lebt in städtischen Gemeinden. Auch diese Entwicklung ist u. a. auf die Auswirkungen des Versailler Vertrags zurückzuführen. 3,5 Millionen Menschen aus der Landbevölkerung lebten 1910 in Gebieten, die nun nicht mehr zum Reich gehören. Einen rapiden Zuwachs verzeichnen die Großstädte.

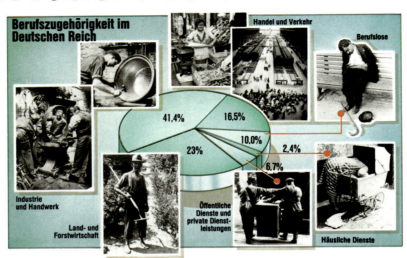

Machtkämpfe in der NSDAP

3. Juli. Von der Presse nur mit geringer Aufmerksamkeit bedacht, wird in Weimar der Zweite Reichsparteitag der Nationalsozialistischen Deutschen Arbeiterpartei (NSDAP) eröffnet – der Erste Reichsparteitag nach der Neugründung der Partei, die nach Adolf Hitlers Entlassung aus der Festungshaft am 27. Februar 1925 erfolgt ist.

Der Parteitag, auf dem Hitler zum Thema »Politik, Idee und Organisation« spricht, ist durch eine Überwindung der Parteispaltung in Nord und Süd gekennzeichnet. Hitler kann sich gegenüber den Brüdern Gregor und Otto Strasser, die in Norddeutschland und im Rheinland an Boden gewonnen hatten, durchsetzen (→ 14. 2./S. 33).

Die Strassers vertreten – neben den antisemitischen und völkischen Elementen der nationalsozialistischen Ideologie – antikapitalistische Positionen: Sie treten für Enteignungen in der Großindustrie und im Großgrundbesitz ein.

In der Frage der Fürstenabfindung (→ 20. 6./S. 108) hatten sich die Brüder Strasser und ihre Anhänger innerhalb der NSDAP für die entschädigungslose Enteignung der ehemals regierenden Häuser ausgesprochen. Hitler dagegen hatte dieser Frage keine grundsätzliche Bedeutung beigemessen und die Anhänger einer Entschädigung der Fürsten nicht verprellen wollen.

Nach heftigen parteiinternen Diskussionen hat sich Hitler mit seiner Position durchsetzen können. Entscheidend war dabei u. a. der Sinneswandel Joseph Goebbels', der anfangs mit den Strassers sympathisiert hatte und sogar vorgeschlagen haben soll, Hitler aus der Partei auszuschließen, schließlich jedoch zu diesem überlief (→ 1. 11./S. 182).

Der Parteitag in Weimar ist von Krawallen und Schlägereien begleitet.

Die Parteiführung der Nationalsozialisten, v. l.: Gregor Strasser, Christian Weber, Adolf Hitler, Franz Xaver Schwarz, Max Amann, Ulrich Graf

Zusammenarbeit mit Roter Armee

12. Juli. Reichsaußenminister Gustav Stresemann wird von der Deutschen Botschaft in Moskau erstmals über das Ausmaß der militärischen Zusammenarbeit zwischen der Deutschen Reichswehr und der sowjetischen Roten Armee informiert. Der Kontakt zwischen Roter Armee und Reichswehr reicht bis ins Jahr 1920 zurück. Die militärische Zusammenarbeit wurde schon vor der Aufnahme diplomatischer Beziehungen zwischen beiden Staaten (1922) begonnen. Während das Deutsche Reich den Sowjets beim Aufbau der Rüstungsindustrie Unterstützung leistete und Offiziere der Roten Armee an der Ausbildung von Truppenführern und Generalstäblern teilnehmen ließ, erhielt die Reichswehr auf sowjetischem Boden die Möglichkeit zur Erprobung von Waffen, die gegen die Bestimmungen des Versailler Vertrags verstoßen. Die Entwaffnungsbestimmungen des Vertrags verbieten dem Deutschen Reich das Aufstellen von schwerer Artillerie, Panzer- und Luftwaffe. Seit 1921 wurden solche Waffen von der Reichswehr in der Sowjetunion heimlich getestet.

Die militärische Zusammenarbeit war mit Wissen und Billigung des damaligen Reichskanzlers Joseph Wirth aufgenommen worden. Nun wird auch Gustav Stresemann, der immerhin bereits seit August 1923 Reichsaußenminister ist, davon in Kenntnis gesetzt.

Hitlerjugend ist gegründet

7. Juli. Der »Bund deutscher Arbeiterjugend« (später: Hitlerjugend) wird als Jugendorganisation der nationalsozialistischen Kampfverbände gegründet. Mit dem Neuaufbau der Sturmabteilung (SA) als politischer Parteitruppe der NSDAP ist 1925 auf lokaler Ebene begonnen worden, am 9. November 1925 wurde die Schutzstaffel (SS) als Sonderorganisation zum persönlichen Schutz hoher Parteifunktionäre gegründet. Die Gründung der Jugendabteilung ist im Zusammenhang mit der Absicht Adolf Hitlers zu sehen, der Partei eine militärische Organisationsform zu verleihen.

Juli 1926

Seilbahn auf die Zugspitze pünktlich fertiggestellt

5. Juli. In einem Festakt wird die österreichische Seilbahn auf den Alpengipfel Zugspitze eröffnet. Vertreter der österreichischen und deutschen Staatsregierungen sowie der bayerischen und Tiroler Landesregierung und andere Ehrengäste sind mit Sonderzügen nach Ehrwald im österreichischen Tirol gereist, um an den Feierlichkeiten teilzunehmen.

Trotz Neuschnees auf dem Gipfel ist das Wetter bei der Einweihung freundlich. Festredner rühmen die Bahnanlage als technische Wunderleistung.

Die Seilbahn führt von der Unterstation in Ehrwald bis zum Sattel zwischen dem östlichen und westlichen Gipfel der Zugspitze. Sie ist 3500 m lang und überwindet – mit nur sechs Stützen – einen Höhenunterschied von 1574 m innerhalb von 16 Minuten.

Einen Tag nach der feierlichen Einweihung wird der Fahrbetrieb aufgenommen. Alle 20 Minuten verkehrt eine Gondel, die 19 Fahrgästen Platz bietet.

Die im Wettersteingebirge gelegene Zugspitze ist mit 2963 m der höchste Gipfel der deutschen Alpen.

Handelsvertrag mit der Schweiz

14. Juli. In Bern wird der deutsch-schweizerische Handelsvertrag, der ein über sechsjähriges Provisorium in den Wirtschaftsbeziehungen zwischen dem Deutschen Reich und der Eidgenossenschaft beendet, unterzeichnet.

Die beiden Staaten sichern sich in dem Vertrag die Meistbegünstigung zu, d. h., sie räumen sich gegenseitig alle handelspolitischen Vergünstigungen ein, die sie auch anderen Staaten gewähren. Ferner wird eine Senkung der Zölle vereinbart.

Der alte, aus dem Jahr 1891 stammende und 1904 erneuerte Handelsvertrag zwischen beiden Staaten hatte formal auch während des Weltkriegs Bestand. Er war jedoch von Schweizer Seite zum 31. März 1920 gekündigt worden, weil sie eine Überschwemmung der Alpenrepublik mit deutschen, durch die inflationäre Entwicklung im Reich besonders günstigen Waren verhindern wollte. Die schweizerischen Einfuhrbeschränkungen für deutsche Produkte waren erst am 1. Oktober 1925 gänzlich fortgefallen.

Die Schweiz steht als Handelspartner des Deutschen Reiches beim Export (440,3 Millionen Reichsmark) an fünfter, beim Import (485,9 Millionen RM) an achter Stelle in der Rangliste (Zahlen von 1925). Allerdings bahnt sich für 1926 ein erheblicher Rückgang der schweizerischen Ausfuhren ins Deutsche Reich an.

Riesenexplosion im Munitionsdepot

10. Juli. Durch einen Blitzschlag wird in einem Munitionsdepot bei Dover im US-Bundesstaat New Jersey eine Explosion ausgelöst, die 17 Menschenleben und über 200 Verletzte fordert.

300 Gebäude fliegen durch die Wucht der Explosion in die Luft, zwei kleinere Orte werden nahezu vollständig vernichtet, vier weitere Ortschaften müssen geräumt werden. Der Sachschaden wird auf 100 Millionen Dollar geschätzt.

Das explodierte Munitionsdepot enthielt etwa ein Achtel der gesamten Munitionsvorräte der US-Marine.

Vor der Explosion: Das Munitionsdepot der US-Marine im Bundesstaat New Jersey, dessen Lagerhallen nach einem Blitzeinschlag abbrennen

Erleichterungen im Grenzverkehr

16. Juli. Die deutsch-belgisch-luxemburgischen Grenzverhandlungen gelangen zu einem erfolgreichen Abschluß. In Aachen wird ein Abkommen zwischen dem Deutschen Reich und der belgisch-luxemburgischen Wirtschaftsunion unterzeichnet, das Erleichterungen im kleinen Grenzverkehr vorsieht.

Das Abkommen gewährt Zollbefreiungen für den Warenaustausch, der im Interesse der Grenzbevölkerung liegt. Zusammen mit dem Abkommen über Paßerleichterungen im kleinen Grenzverkehr soll es dazu beitragen, die gutnachbarlichen Beziehungen zu fördern.

Juli 1926

Züge entgleist – zwölf Todesopfer

3./30. Juli. Zwei schwere Zugunglücke, die zwölf Menschenleben und zahlreiche Verletzte fordern, erschüttern die französische Öffentlichkeit.

Am 3. Juli entgleist der Le-Havre–Paris-Express in der Nähe von Achières bei einem starken Sturm. Die Lokomotive überschlägt sich, fünf Eisenbahnwaggons verkeilen sich ineinander. Die Bilanz des Unglücks: Acht Menschen werden getötet, über 70 z. T. schwer verletzt.

In den frühen Morgenstunden des 30. Juli verunglückt der Postzug von Bâle nach Paris in Noisy-le-Sec, kurz vor dem Eintreffen in Paris, bei einer Geschwindigkeit von über 80 km/h. Die ersten Waggons, darunter drei der Postbeförderung dienende Gepäckwagen, entgleisen. Vier Menschen werden getötet, etwa 15 weitere verletzt. Sämtliche Opfer des Unglücks sind Beschäftigte bei der französischen Post.

Die französischen Zeitungen fordern eine genaue Untersuchung der Ursachen für die Unglücksfälle.

Bei einem Zusammenstoß zweier Expreßzüge bei Fontainebleau kommen fünf Menschen ums Leben, 22 Personen werden zum Teil schwer verletzt

Streik bei der New Yorker U-Bahn

6. Juli. Zwei Millionen Fahrgäste sind von dem Streik betroffen, den 700 New Yorker U-Bahn-Fahrer und Weichensteller aufnehmen, um ihre Forderung nach Erhöhung des Stundenlohns von 75 Cents auf einen Dollar durchzusetzen.

Weil sich das Scheitern der Lohnverhandlungen bereits seit Tagen abzeichnet, hat die betroffene U-Bahn-Gesellschaft für Ersatzfahrer gesorgt, um die wichtigsten Linien aufrecht zu erhalten. Ferner verstärken die Betreiber anderer öffentlicher Verkehrsmittel den Einsatz, und die Warenhäuser, die Telefongesellschaft und andere große Betriebe richten Fahrdienste ein, um ihre Angestellten zur Arbeitsstelle zu bringen. Infolge der Streikbrüche wird der Arbeitskampf zum Monatsende eingestellt.

Arbeiter beim U-Bahn-Bau

Seltsame Unglücksfälle mit dem Mordauto von Sarajevo

1. Juli. Das Auto, in dem der österreichisch-ungarische Thronfolger, Erzherzog Franz Ferdinand, im Juni 1914 ermordet worden ist, findet seit einiger Zeit als Postauto in Bosnien Verwendung. Weil den vorherigen Besitzern des Fahrzeugs ungewöhnlich viele Unglücksfälle damit geschehen sind, glaubt die Bevölkerung an einen Spuk und bekreuzigt sich, wenn das hellrot angestrichene Auto vorbeifährt.

Die Ermordung von Erzherzog Franz Ferdinand und seiner Frau Sophie, der Herzogin von Hohenberg, am 28. Juni 1914 in der bosnischen Hauptstadt Sarajevo war unmittelbarer Anlaß für den Ausbruch des Weltkriegs. Der 19jährige Gymnasiast Gavrilo Princip hatte aus unmittelbarer Nähe zwei Schüsse auf den im offenen Wagen vorbeifahrenden Franz Ferdinand und dessen Frau abgegeben. Er begründete seine Tat damit, daß er für die Unterdrückung der Bosnier durch die Serben Rache nehmen wollte.

Nach dem Mord von Sarajevo war das Auto in den Besitz eines Generals gelangt. Der erste Nachkriegsbesitzer verkaufte es schon nach kurzer Zeit, da er es für verhext hielt. Der nächste Eigentümer, ein reicher bosnischer Arzt, wollte an einen Spuk nicht glauben und mußte – so wird erzählt – seinen Leichtsinn mit dem Leben bezahlen: Bei einer seiner ersten Fahrten überschlug sich das Fahrzeug; er wurde tot unter dem Auto hervorgezogen. Seitdem hat das Mordauto mehrfach den Besitzer gewechselt.

Der österreichisch-ungarische Thronfolger, Erzherzog Franz Ferdinand, und seine Frau Sophie im Mordauto von Sarajevo (1914)

Vor den Omnibushaltestellen in New York bilden sich wegen des U-Bahn-Streikes Warteschlangen

Juli 1926

Die von Architekt Bruno Taut entworfene Hufeisensiedlung in Berlin-Britz; eine der städtischen Großsiedlungen, die auch den Arbeiterfamilien Komfort, Licht, Luft und Sonne bieten soll und auf eine hierarchische Gliederung verzichtet (Blick in den Innenhof der Anlage)

Ein Repräsentationsbau mit traditionellen architektonischen Mitteln ist die neue Stadthalle in Mülheim an der Ruhr

Architektur 1926:

Wohnen in Großsiedlungen

Exaktheit, Rationalität, Zweckmäßigkeit und Funktionalität – das sind die Kennzeichen der Bauten, die namentlich von deutschen Architekten – inspiriert von der Bewegung der Neuen Sachlichkeit – entworfen werden. Die Architektenvereinigung »Der Ring« (Gründungsdatum: 4. 7. 1926), zu deren prominentesten Mitgliedern Walter Gropius, Ludwig Mies van der Rohe, Hans Scharoun, Erich Mendelsohn und Peter Behrens gehören, setzt sich zum Ziel, internationale Kontakte zu knüpfen und so in größerem Rahmen Bauformen zu entwickeln, die der Zeit angemessen sind.

Ein wichtiger Bereich, auf den die Architekten ihr Augenmerk richten, sind großstädtische Siedlungen in aufgelockerter Bauweise mit preisgünstigen Mietwohnungen. Als exemplarisch ist das Siedlungsprojekt in Berlin-Britz anzusehen, mit dessen Planung Bruno Taut, der zusammen mit seinem Bruder Max in der Spreemetropole ein Architekturbüro unterhält, 1925 begonnen hat. Beide gehören dem »Ring« an.

In der Ausgabe vom 29. Juli stellt die »Berliner Illustrirte« das Bauvorhaben vor. Das Zentrum der Siedlung bildet eine großzügige hufeisenförmige Wohnanlage, die – unter Verzicht auf eine hierarchische Gliederung – ein architektonisches Bekenntnis zum Gleichheitsgrundsatz darstellt. Von den über 2800 Wohnungen, die in der Siedlung in Berlin-Britz entstehen, werden 1400 von der Gemeinnützigen Heimstätten-, Spar- und Bau-Aktiengesellschaft (GEHAG) errichtet, die hauptsächlich mit SPD-Mitgliedern besetzt ist und von den Gewerkschaften finanziert wird.

Dem Ziel, Wohnungen mit niedrigen Mieten, die auch für Arbeiterfamilien tragbar sind, zu schaffen, dient u. a. die Verwendung kostengünstiger, standardisierter Formen und Bauteile.

Ähnliche Siedlungen sind in anderen deutschen Großstädten – Hamburg, Köln, Leipzig, Dresden, Stuttgart, Frankfurt am Main – in Planung bzw. schon in Bau.

Die Friedrich-Ebert-Wohnsiedlung im Arbeiterviertel Wedding der Reichshauptstadt Berlin, benannt nach dem ersten Reichspräsidenten

Walter Gropius, Gründungsmitglied der Architektenvereinigung »Der Ring«, (Foto von 1929)

Der bekannte deutsche Architekt Hans Scharoun

Juli 1926

»Black People« in Berlin zu Gast

10. Juli. Im Berliner Metropol-Theater gastiert die US-amerikanische Neger-Revue »Black People« mit einer von Tänzer Louis Douglas eingerichteten und dirigierten Show.
Die Revue begeistert mit wilden Jazzrhythmen, die das Ensemble zu immer neuen Charleston-, Step- und Bluestänzen hinreißen. Höhepunkt ist ein Parademarsch, bei dem sich die »Black People« – unter ständiger Beschleunigung des Tempos – zu einem erregenden Tanz zusammenfinden. Den Vergleich mit der Neger-Revue der »Chocolate Kiddies«, die 1925 in Berlin zu Gast waren, halten die »Black People« nach Ansicht von Kritikern jedoch nicht aus.

Ehrenmal zum U-Boot-Krieg

11. Juli. Auf dem Gelände der ehemaligen Möltenorter Schanze an der Kieler Förde findet die Grundsteinlegung für ein U-Boot-Ehrenmal statt. Nach der Feier wird eine Kapsel, die eine Liste der im Weltkrieg gefallenen deutschen U-Boot-Soldaten sowie eine der 199 verlorengegangenen deutschen U-Boote und andere Urkunden enthält, geschlossen und eingemauert. Das Ehrenmal soll die Gestalt eines massiven Turms erhalten. Auf der Spitze soll ein Kreuz stehen, das durch ein U-Boot und ein Sehrohr gebildet ist.

Philosoph Tagore auf Europareise

12. Juli. *Im Rahmen einer Europareise hält sich der indische Philosoph und Dichter Rabindranath Tagore in Wien auf. Tagore, der seit Beginn der 20er Jahre – vor allem durch sein philosophisches Werk »Sadhana« (»Der Weg der Vollendung«, 1913, deutsch 1921) – eine große Anhängerschaft im Abendland gefunden hat, ist wegen eines schweren Herzleidens zur ärztlichen Behandlung in die österreichische Hauptstadt gekommen. Er hält dort, wie auch während seiner Reise durch mehrere deutsche Städte, Vorträge, in denen er sein Ideal der allgemeinen, aus dem Geistigen gespeisten Menschenliebe vor allem der Jugend nahebringen will. – Tagore war 1913 mit dem Nobelpreis für Literatur ausgezeichnet worden. Seitdem ist sein Ruhm vor allem im Abendland ungebrochen (Abb.: Tagore mit einer indischen Reisebegleiterin).*

Siegfried Wagner leitet Festspiele

22. Juli. Im Weimarer Nationaltheater werden die ersten »Deutschen Festspiele« eröffnet; sie enden am 31. Juli. Die künstlerische Leitung hat Siegfried Wagner, der Sohn von Richard Wagner.
Bei den »Deutschen Festspielen« wird u. a. die Siegfried-Wagner-Oper »Der Bärenhäuter« aufgeführt, deren Handlung im Dreißigjährigen Krieg spielt. Im Mittelpunkt steht ein junger Soldat, der durch einen Pakt mit dem Teufel dazu gezwungen ist, eine schmutzige Bärenhaut zu tragen. Durch die Treue eines Mädchens wird er befreit. Auf dem Programm in Weimar stehen ferner das Lustspiel »Münchhausen« von dem völkischen Dichter Friedrich Lienhard und das Bühnenspiel »Longinus« des rechtsgerichteten Schriftstellers Hans von Wolzogen.

Der Dirigent und Komponist Siegfried Wagner leitet die Festspiele

Emile Coué, Begründer einer Heilmethode durch Autosuggestion

Die Heilkräfte des Geistes

2. Juli. Im Alter von 69 Jahren stirbt in Nancy der französische Apotheker und Heilkundige Emile Coué, der Begründer des sog. Couéismus, eines Heilverfahrens, das auf Autosuggestion beruht.
Etwa 60 bis 80 Patienten haben sich seit 20 Jahren täglich in der Praxis des Apothekers in der französischen Stadt Nancy versammelt – meist Menschen, die von der Schulmedizin als unheilbare Fälle aufgegeben worden sind.
Die Methode Coués beruht auf der Überzeugung, daß durch die Kraft der Einbildung körperliche Veränderungen – und damit auch Heilungen – hervorgerufen werden können. Die Patienten sind dazu angehalten, durch ständige Wiederholungen von Sätzen wie »Die Schmerzen verschwinden« oder »Ich werde gesund« selbst Einfluß auf ihren Körper auszuüben.
Der Schriftsteller Arnold Zweig würdigt den französischen Heilkundigen in einem Nachruf in der »Vossischen Zeitung«: Durch Coué seien die Wunderheilungen, wie sie etwa im französischen Wallfahrtsort Lourdes stattfänden, erklärbar geworden; Coué habe dem westlichen Menschen östliche Weisheit wieder zugänglich gemacht und – vergleichbar mit der Psychoanalyse von Sigmund Freud – die Einheit von Seele und Körper wiederhergestellt, »das Reich des Geistes vergrößert, die Bildbarkeit und den Gehorsam des Körpers erwiesen, neue Handgriffe der Seele am Leib auch des Erwachsenen angebracht«. Durch die suggestiven Heilungen von Coué wurde – so schreibt Arnold Zweig in seinem Nachruf – »die Macht des Geistes, dessen Kind das Wort ist – die Macht des Wortes über das Leiden und den Körper offenbar«.

Juli 1926

Gebrauchsmusik von Hindemith

25. Juli. Auf dem 6. Donaueschinger Kammermusikfest, das am 24. Juli eröffnet worden ist, gelangen Kompositionen für mechanische Instrumente von Paul Hindemith zur Uraufführung: Die Bearbeitung eines Rondos und die Originalkomposition einer Toccata für mechanisches Klavier sowie die Musik zum »Triadischen Ballett«, für das der Bauhauskünstler Oskar Schlemmer die Figuren geschaffen hat, für mechanische Orgel.

Die Veranstalter des Musikfests hatten sich an mehrere Komponisten mit der Bitte um Werke für mechanische Instrumente gewandt. Diese Instrumente, wie z. B. das 1904 erfundene Welte-Mignon Walzenklavier, ermöglichen es, jeden subjektiven Interpretationseinfluß bei der Wiedergabe eines Musikstücks auszuschalten. Ein weiterer Themenschwerpunkt ist die Marschmusik.

Die Veranstaltung steht ganz im Zeichen der »Gebrauchsmusik«, die sich um die Erkundung neuer praktischer Funktionen und konkreter Betätigungsfelder für Komponisten und Musiker bemüht. Die neue Musik soll nicht mehr lediglich den Spezialisten vorbehalten sein, sondern auch dem musikalischen Laien zugänglich und sogar von ihm selbst zu gestalten sein. So komponiert z. B. Hindemith Chor- und Instrumentalwerke, die auch von Amateurmusikanten, sogar von Anfängern gesungen und gespielt werden können.

Das Amar-Quartett mit dem Komponisten Paul Hindemith (M.), Mitinitiator des Kammermusikfestes

Der anglo-irische Dramatiker George Bernard Shaw wird wegen seiner Mitgliedschaft in der sozialistischen Fabian-Society vielfach angefeindet

Maulkorb für Dramatiker Shaw

26. Juli. Zum 70. Geburtstag des Dramatikers George Bernard Shaw veranstaltet die britische sozialistische Labour-Partei ein Festessen in einem Londoner Hotel.

Ursprünglich hatten die Sozialisten im Unterhaus des britischen Parlaments eine Festveranstaltung zu Ehren des Schriftstellers abhalten wollen. Das Postministerium der konservativen britischen Regierung unter Premierminister Stanley Baldwin hatte die Rundfunkübertragung der Rede, die der Dichter selbst zu diesem Anlaß hatte halten wollen, davon abhängig gemacht, ob Shaw ausdrücklich auf Stellungnahmen zu umstrittenen tagespolitischen Fragen verzichtete. Diesen Maulkorb hatte sich Shaw nicht umbinden lassen.

Der anglo-irische Dramatiker ist durch sozialkritische Stücke und satirische Gesellschaftskomödien (»Pygmalion«, 1913) bekannt geworden. Seit 1884 ist er Mitglied der Fabian Society, einer Vereinigung linksgerichteter Intellektueller.

Schlager mit Nonsens-Texten erfreuen Schallplattenhörer

Die Unterhaltungsindustrie in den »Goldenen Zwanzigern« ist durch schnellebige Moden gekennzeichnet – Stars und Hits wechseln einander ab. Im Jahr 1926 erfreuen sich Schlager mit Nonsens-Texten besonderer Beliebtheit, bei denen sich die Schallplattenhörer über Wortspiele und groteske Situationen amüsieren können. Einige Beispiele von Produktionen aus dem Jahre 1926:

»Was macht der Maier am
  Himalaya?
Wie kommt der Maier, der kleine
  Maier
auf den großen Himalaya?
Rauf, ja, das kunnt' er.
Ich frag' mich aber, wie kommt er
  runter?

Ich hab so Angst um den Maier,
er macht 'nen Rutsch und ist
  futsch.«

»Wo sind deine Haare,
August, August,
deine gold'nen Jahre,
August, August?
Keiner hatte Locken so wie du,
keiner trug die Socken so wie du!
Keiner war gekämmt so wie du,
trug das steife Hemd so wie du!
Oh, du lieber Augustin,
alles ist hin!«

»In Nischni-Nowgorod,
in Nischni-Nowgorod,
da hat man Salz und Brott,
das macht die Wangen rott.
Und einen Rostopschin
stellt man zu jedem hin
und singt und trinkt.
In Nischni-Nowgorod,
in Nischni-Nowgorod,
dort gibt's kein Kußverbot
und keine Hungersnot
und es wird Morgenrot
und es wird Abendrot
und alle schlafen dann wie tott.«

Plattencover

Richard Tauber, Vera Schwarz

Ernie Kaiser, Kitty Lorenz

Juli 1926

V.l.: Jean Borotra, Howard Kinsey

V.l.: Lili de Alvarez, Kitty Godfree, Gegner in Wimbledon

Wimbledon: Treffpunkt der Stars

3. Juli. In Wimbledon gehen die All-England-Tennismeisterschaften nach zweiwöchiger Dauer zu Ende. Tennisstars von einst und jetzt sind zu diesen Jubiläumsmeisterschaften – es ist das 50. Wimbledon-Turnier – gekommen, um zu spielen oder sich der Öffentlichkeit zu zeigen. König Georg V. von Großbritannien und Nordirland und seine Frau Maria begrüßen die ehemaligen Wimbledon-Sieger, die sämtlich – sofern sie noch am Leben sind – nach Wimbledon geladen sind, um eine Medaille in Empfang zu nehmen.

Die Ergebnisse in den Endspielen von 1926: Im Herreneinzel gewinnt der Franzose Jean Borotra gegen den US-Amerikaner Howard O. Kinsey 8:6, 6:1, 6:3; im Dameneinzel schlägt Kitty Godfree (Großbritannien) die Spanierin Lili de Alvarez 6:2, 4:6, 6:3; im Damendoppel ist Kitty Godfree mit E. L. Colyer dem amerikanischen Duo Mary K. Browne/Elizabeth Ryan 1:6, 1:6 unterlegen; im Herrendoppel schlagen die Franzosen Jacques Brugnon/Henri Cochet das amerikanische Duo Kinsey/Vincent Richards 7:5, 4:6, 6:3, 6:2. Im – inoffiziellen – Gemischten Doppel siegt erstmals ein Ehepaar: Kitty und Leslie Allison Godfree schlagen Kinsey/Browne 6:3, 6:4.

Die Damen treten im kniekurzen weißen Dreß, die Herren in eleganten langen weißen Hosen an.

Tennisstar Suzanne Lenglen, die Wimbledon-Siegerin von 1925, hatte am 29. Juni nach einer Reihe von unglücklichen Auftritten erklärt, sie werde wegen Krankheit am weiteren Wettbewerb nicht teilnehmen (→ 16. 2./S. 44).

V.l.: Jacques Brugnon, Henri Cochet, Gewinner im Doppel

Kinsey (r.) nach einem Sieg in der Vorrunde

Der Franzose Henri Cochet (r.) verläßt das Feld

V.l.: Elizabeth Ryan, Kitty Godfree

Die US-Spielerin Molla Bjurstedt-Mallory

Adenauer eröffnet die Kampfspiele

4. Juli. In Köln werden die Zweiten Deutschen Kampfspiele vom Kölner Oberbürgermeister Konrad Adenauer feierlich eröffnet. Bis zum 11. Juli finden zahlreiche Schauveranstaltungen sowie Wettkämpfe und Turniere in den verschiedenartigsten Disziplinen statt, darunter Leichtathletik, Schwimmen, Fußball, Handball, Schlagball, Faustball, Rugby und Hockey.

Die Kampfspiele stehen allen Deutschen, gleich welche Staatsangehörigkeit sie besitzen, offen. Die Mehrzahl der etwa 6000 Kampfspielteilnehmer stammt aus dem Deutschen Reich. Es sind aber auch Delegationen aus Österreich, der Tschechoslowakei, aus dem Saargebiet, aus Danzig und Oberschlesien und sogar Deutschstämmige aus den USA vertreten. Die Veranstaltung wird – nach dem Abzug der alliierten Truppen aus Köln (→ 30. 1./S. 17) als nationales Olympia gefeiert.

Die Ersten Deutschen Kampfspiele waren 1922 in Berlin abgehalten worden, um dem Ausschluß der deutschen Sportler von den Olympischen Spielen, der nach dem Weltkrieg erfolgt war, zu begegnen. Dieser Zweck ist bei den Zweiten Kampfspielen fortgefallen: Nun verstehen die Turner und Sportler die Kampfspiele als Vorbereitung auf die Olympischen Spiele von 1928 in Amsterdam, zu denen erstmals seit 1912 wieder deutsche Sportler zugelassen sind.

Wetturnen in voller Montur

20. Juli. In der österreichischen Hauptstadt Wien geht nach viertägiger Dauer ein »Wehrwetturnen« des Deutschen Turnerbundes zu Ende. Teilnehmer aus dem Deutschen Reich, aus Österreich und dem Sudetenland sind zusammengekommen, um in voller militärischer Ausrüstung – ein Eisenstab ersetzt das Gewehr – ihre Kräfte in Übungen wie Hürdenspringen, Grabenspringen, Überklettern von Zäunen und anderen Hindernissen sowie Wurfkeulen-Schleudern zu messen. Nicht nur Militärs heben die Absicht, zur Erziehung »wehrhafter« Sportler beizutragen, lobend hervor.

Juli 1926

Rudolf Caracciola, der Gewinner des Großen Preises von Deutschland, in seinem Erfolgsrennwagen vom Typ Mercedes »Monza«

Caracciola gewinnt Avus-Rennen

11. Juli. Sieger des Avus-Automobilrennens in Berlin und damit Gewinner des Großen Preises von Deutschland ist der deutsche Fahrer Rudolf Caracciola auf einem 2-Liter-Achtzylinder-Mercedes, Typ »Monza«. Das Rennen ist von schweren Unglücksfällen, die zwei Todesopfer unter den Zuschauern fordern, überschattet.

Das Avus-Rennen ist die erste Automobilsport-Großveranstaltung mit internationaler Beteiligung im Deutschen Reich. Neben den deutschen Fabrikaten – außer Mercedes starten u. a. NSU und NAG – sind aus Frankreich u. a. die Marken Talbot und Bignan, aus Italien Bugatti und Alfa Romeo sowie aus Österreich Austro-Daimler vertreten. Von den 38 Fahrern starten 22 mit deutschen und 16 mit ausländischen Wagen.

Das Rennen wird in drei Etappen gestartet. Pünktlich um zwei Uhr treten die Wagen der 3-Liter-Klasse das Rennen an, zwei Minuten später hebt sich das Startband für die 2-Liter-Wagen, weitere zwei Minuten später folgen die Wagen der 1,5-Liter-Klasse.

Sowohl im Gesamtklassement als auch in den einzelnen Wagenklassen beweisen die deutschen Fabrikate ihre Überlegenheit. Gesamtsieger Rudolf Caracciola, der – trotz starker Regenfälle – eine Durchschnittsgeschwindigkeit von 135,1 km/h erreicht, wird gefolgt von Christian Riecken aus Berlin auf NAG und Willy Cleer aus Frankfurt am Main auf Alfa Romeo. Sieger in der 3-Liter-Klasse ist Riecken, in der 2-Liter-Klasse Caracciola, in der 1,5-Liter-Klasse Georg Klöble aus Neckarsulm auf NSU. Caracciola erhält einen Goldpokal sowie einen Preis von 10 000 Mark.

Die während des Rennens erfolgten Unfälle führen zu scharfer Kritik – besonders aus dem Ausland – an der Abhaltung der Veranstaltung. Bereits während des Trainings war ein italienischer Beifahrer bei einem Zusammenstoß ums Leben gekommen. Während des Rennens ereignen sich vier schwere Unfälle. Dem ersten, bei dem Mercedes-Fahrer Adolf Rosenberger aus Pforzheim, einer der Favoriten des Rennens, mit seinem Wagen schleudert und gegen den Posten der Zeittafel rast, fallen zwei Helfer zum Opfer. Rosenberger selbst erleidet nur leichte Kopfverletzungen. Beim zweiten Unfall nimmt Talbot-Fahrer Hugo Urban-Emmerich aus Prag eine Kurve zu steil und stürzt mit dem Wagen in den Zuschauerplatz; drei Menschen werden verletzt. Bei den weiteren Unfällen erleiden lediglich die Fahrer Verletzungen.

Rudolf Caracciola fährt mit dem Acht-Zylinder-Mercedes, der mit einem Siegerkranz geschmückt ist, die Ehrenrunde auf der Avus-Rennbahn

Geschichte des Automobilsports

Kurze Zeit nach der Entwicklung des mit Benzinmotor angetriebenen Kraftwagens (1885/86) finden die ersten Automobilrennen statt. Wichtige Etappen in der Geschichte des Rennsports sind:

1887: Das erste Rennen mit einem Dampf-Vierrad findet auf der Strecke Paris–Versailles (32 km) statt.

1894: Die Wagen der französischen Automobilfirmen Peugeot und Panhard/Levassor gewinnen das Rennen Paris–Rouen mit einer Durchschnittsgeschwindigkeit von 17 km/h.

1895: Levassor gewinnt das Rennen Paris–Bordeaux–Paris (1178 km), das als erster Grand Prix gezählt wird.

1898: Das erste Automobilrennen in Deutschland findet auf der Strecke Berlin–Potsdam–Berlin statt.

1904: Automobile werden nach Maßen und Gewichten in verschiedene Klassen eingeteilt.

1905: Auf der Insel Man wird die erste Tourist Trophy veranstaltet.

1911: Das erste 500-Meilen-Rennen in Indianapolis findet statt.

1923: Erstmals wird das 24-Stunden-Rennen von Le Mans abgehalten.

August 1926

Mo	Di	Mi	Do	Fr	Sa	So
						1
2	3	4	5	6	7	8
9	10	11	12	13	14	15
16	17	18	19	20	21	22
23	24	25	26	27	28	29
30	31					

1. August, Sonntag

Die Außenminister von Polen, Lettland, Estland und Finnland sagen eine für August geplante Konferenz ab. Die Absage dient vermutlich dazu, den sowjetischen Verdacht abzuwehren, die Staaten planten einen Zusammenschluß unter polnischer Führung.

In Barcelona scheitert ein Attentatsversuch des Anarchisten Domingo Masacho Torrente auf den spanischen Ministerpräsidenten Miguel Primo de Rivera.

In Assisi (Italien) beginnen die Feierlichkeiten zum 700. Todestag von Franz von Assisi († 3. 10. 1226). → S. 138

Ein neues Gesetz in der Sowjetunion legt fest, daß die Landwirte ihre Steuern in Geld und nicht mehr in Naturalien entrichten müssen.

34 Goldmünzen aus dem 2. bis 4. Jahrhundert v. Chr. sind aus dem Victoria-and-Albert-Museum in London gestohlen worden. Sie gehören zu den kostbarsten Münzen der Welt und haben einen Wert von etwa zehn Millionen Goldmark. Wenige Tage später werden 20 der Münzen wieder aufgefunden.

In Berlin findet die Uraufführung der Operette »Yvonne« von Hugo Hirsch statt. Im Mittelpunkt der Handlung steht ein Graf, der, um seinen Gläubigern zu entgehen, zum Schein eine arme junge Frau heiratet und sich dann in sie verliebt.

Victor Linart (Belgien) gewinnt in Turin die Rad-Weltmeisterschaften der Steher. Linart siegt zum dritten Mal bei Weltmeisterschaften. → S. 145

2. August, Montag

Der italienische Ministerrat verfügt Einschränkungen im Verbrauch von Lebensmitteln. Ein Einheitsbrot wird eingeführt, das zu 80 bis 85% aus reinem Weizenmehl besteht. Der Verkauf von Süßigkeiten, die aus Weizenmehl hergestellt sind, wird verboten.

Das Deutsche Friedenskartell fordert die Reichsregierung auf, das Kleinkaliberschießen zu verbieten, die Kleinkaliber-Schützenvereine aufzulösen und die Organisationen, die mit Kleinkaliber-Gewehren ausgerüstet sind, zu entwaffnen.

Der Sejm, die zweite Kammer des polnischen Parlaments, beschließt eine Verfassungsänderung der Republik Polen, die die Stellung des Staatsoberhauptes wesentlich stärkt. → S. 138

3. August, Dienstag

Der französische Tennisstar Suzanne Lenglen wechselt ins Profilager. Für 100 000 Dollar wird Lenglen im September eine viermonatige Tennisreise durch die USA unternehmen (→ 16. 2./S. 44).

Die Berliner Verkehrspolizei hat beschlossen, ihre Beamten nach und nach in der Verkehrsregelung auszubilden.

4. August, Mittwoch

Der Landtag von Braunschweig beschließt, den Bau des Mittellandkanals fortzusetzen, und regelt die Kostenübernahme. Der Kanal ist vor dem Weltkrieg nur bis Peine gebaut worden. → S. 140

Auf dem Deutschen Studententag in Bonn loben die Redner das Verhalten der Studenten der Technischen Hochschule Hannover gegenüber dem Philosophieprofessor Theodor Lessing und weisen die Berichte über tätliche Angriffe auf den Professor als Übertreibungen zurück (→ 18. 6./S. 111).

5. August, Donnerstag

Der britische Bergarbeiterverband hat an die Bergarbeiterorganisationen aller Länder appelliert, die seit Mai (→ 3. 5./S. 90) streikenden Bergarbeiter wenigstens noch für vier weitere Wochen finanziell zu unterstützen.

Das Deutsche Reich und Frankreich schließen ein vorläufiges Wirtschaftsabkommen und eine Vereinbarung über einen Warenaustausch zwischen dem Reich und dem Saargebiet. → S. 141

6. August, Freitag

Die polnische Regierung erweitert die Funktionen des Generalinspekteurs der Armee; dieses Amt übt zur Zeit Marschall Jósef Klemens Pilsudski aus, der im Mai (→ 12.–14. 5./S. 89) die Regierung gestürzt hat. Der Generalinspekteur erhält das Oberkommando im Krieg und Frieden und entscheidet über alle wichtigen Personalfragen (→ 2. 8./S. 138).

7. August, Sonnabend

Die rechtsgerichteten Wehrverbände Stahlhelm, Wehrwolf, Wiking, Reichsflagge und Jungdo haben sich angesichts der bevorstehenden Landtagswahlen in Sachsen zusammengeschlossen und fordern die rechtsgerichteten bürgerlichen Parteien auf, ihrem Bündnis beizutreten. Hinter der Aktion steht der ehemalige Marineoffizier und Führer eines Freikorps, Hermann Ehrhardt. Die Parteien lehnen ein solches Bündnis jedoch ab.

Die US-Amerikanerin Gertrud Ederle durchschwimmt als erste Frau den Ärmelkanal. Sie braucht 14:32 Stunden und stellt damit einen Weltrekord auf (→ 30. 8./S. 139).

8. August, Sonntag

Die deutsche Reichsregierung hat die Regierungen von Frankreich, Großbritannien, Italien, Belgien und den USA aufgefordert, die Stärke der alliierten Truppen im Rheinland von 85 000 auf 50 000 herabzusetzen.

Der Berliner Magistrat beschließt, den Bau des Mittellandkanals »Totentanz« in der Marienkirche, eins der bedeutendsten mittelalterlichen Kunstwerke der Stadt, restaurieren zu lassen.

9. August, Montag

Der deutsche Reichspräsident Paul von Hindenburg spricht sich gegenüber Reichskanzler Wilhelm Marx erneut dafür aus, vor einem zweiten Aufnahmegesuch an den Völkerbund die Herabsetzung der Truppenstärke der alliierten Besatzungsmächte im Rheinland sicherzustellen (→ 10. 9./S. 150).

Der ehemalige französische Ministerpräsident Georges Clemenceau tritt in einem offenen Brief an den Präsidenten der USA, Calvin Coolidge, dafür ein, daß die Vereinigten Staaten Frankreich die Kriegsschulden erlassen sollten.

In Pretoria ist ein Flaggenkomitee gegründet worden, das dafür eintritt, den britischen Union Jack, die Fahne der ehemaligen Kolonialmacht, in die zukünftige Nationalflagge der Südafrikanischen Union einzubeziehen. Das Komitee steht im Gegensatz zu dem Plan der Regierung, den Union Jack als Symbol der militärischen Unterwerfung auszuschalten.

10. August, Dienstag

Die britischen Bergarbeiter lehnen in einer Urabstimmung den Vermittlungsvorschlag der Bischöfe im Arbeitskonflikt ab. Der Vorschlag hatte die sofortige Wiederaufnahme der Arbeit zu den Bedingungen vor Ausbruch des Streiks vorgesehen (→ 19. 11./S. 181).

Italien und Spanien schließen einen Freundschaftsvertrag, beide Staaten sichern sich Neutralität im Falle eines Angriffs zu.

Der ehemalige Deutsche Kaiser Wilhelm II. hat in Kapstadt einen Prozeß verloren, in dem er auf die Rückgabe seiner Farmen in Südafrika klagte, die aufgrund des Versailler Vertrags konfisziert worden waren.

Bei einer nächtlichen Schießübung deutscher Torpedoboote in der Ostsee wird der dänische Segler »Sigrid« von einem Torpedo getroffen und sinkt. Die Mannschaft des Seglers rettet sich auf das Torpedoboot.

11. August, Mittwoch

In der Festrede zum Jahrestag der Verabschiedung der Weimarer Verfassung im Deutschen Reichstag bekennt sich Innenminister Wilhelm Külz zur republikanischen Staatsform.

Im Anschluß an die Feier zum Jahrestag der Verabschiedung der Weimarer Verfassung in der Frankfurter Paulskirche wird ein Ehrenmal für den ersten deutschen Reichspräsidenten, Friedrich Ebert, enthüllt.

12. August, Donnerstag

Das Deutsche Reichskabinett beschließt, sich erneut um den Eintritt des Reiches in den Völkerbund zu bemühen. Es lehnt ein Junktim zwischen Völkerbund-Beitritt und vorhergehender Rheinlandräumung ab (→ 17. 3./S. 52, 10. 9./S. 150).

In einer Munitionsfabrik auf der Donauinsel Csepel bei Budapest ereignet sich ein schweres Explosionsunglück. Das Feuer zerstört einen großen Teil der Fabrikanlagen.

Die Gobelinsammlung der Könige von Spanien, eine der schönsten und kostbarsten der Welt, soll der Öffentlichkeit in einem Museum im Schloß von Aranjuez, südlich von Madrid, zugänglich gemacht werden.

Im Hamburger Stadtpark wird das Heinrich-Heine-Denkmal von dem Bildhauer Hugo Lederer enthüllt. Die Rede zu diesem Anlaß hält der Kritiker Alfred Kerr. → S. 144

13. August, Freitag

Französische Truppen haben erneut einen Aufstand in Damaskus und Umgebung niedergeschlagen (→ 19. 4./S. 69).

Ein Zugunglück in der Nähe von Langenbach (Bayern) fordert zwölf Todesopfer.

Die beiden Verlage Paul und Bruno Cassirer werden nach 25 Jahren wieder vereinigt.

Anläßlich des 50. Jahrestages der Eröffnung der Bayreuther Festspiele läßt die Stadt Bayreuth Kränze an den Gräbern von Richard Wagner, Franz Liszt und Hans Richter niederlegen. Eine offizielle Feier im Festspielhaus findet nicht statt.

14. August, Sonnabend

Das Reichsbanner Schwarz-Rot-Gold, ein an der Sozialdemokratie orientierter politischer Kampfverband, feiert in Nürnberg den Jahrestag der Verabschiedung der Weimarer Verfassung (→ 29. 8./S. 137).

In Frankfurt am Main wird die erste Deutsche Photographie-Ausstellung nach dem Ende des Weltkriegs eröffnet. → S. 142

15. August, Sonntag

Die ersten Berliner Selbstwähltelefone werden in Betrieb genommen; Teilnehmer in Lichterfelde und Wannsee benötigen nicht mehr die Vermittlung durch ein Amt. → S. 141

Die Alte Mainbrücke, die Frankfurt mit Sachsenhausen verbindet, wird nach zwölfjähriger Umbauzeit dem Verkehr übergeben. Die Frankfurter feiern das Ereignis mit einem Volksfest. → S. 140

Die New Yorker Zeitschrift »Vanity Fair« mit einer Illustration zu den Badefreuden des Sommers

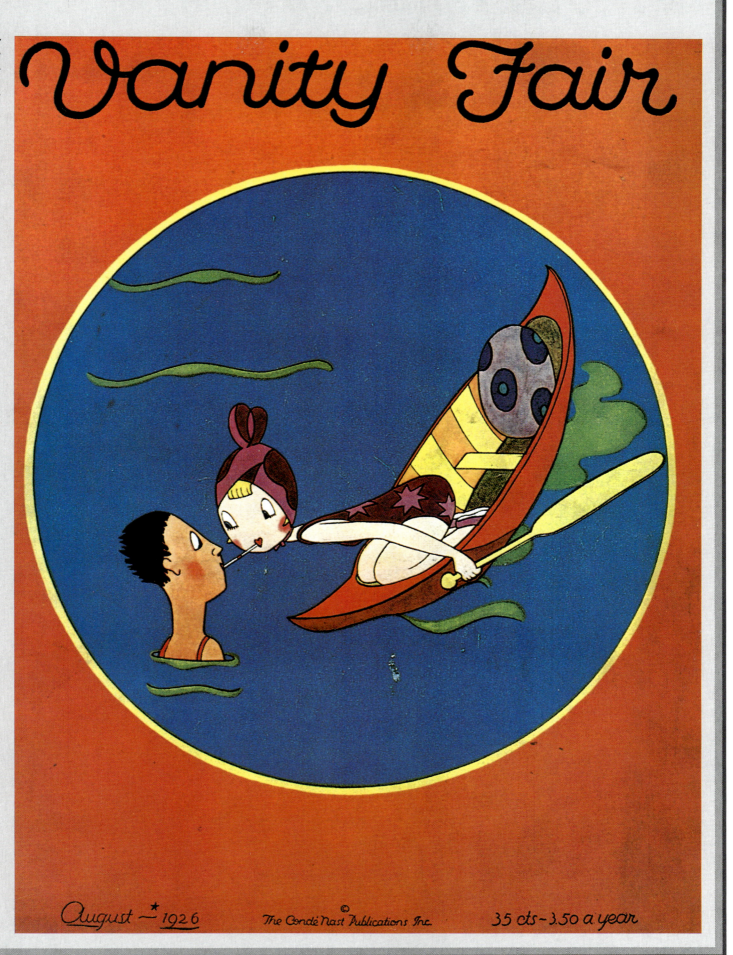

August 1926

16. August, Montag

Der spanische Ministerpräsident, Miguel Primo de Rivera, stellt die Forderung auf, daß die marokkanische Hafenstadt Tanger in die spanische Marokkozone einbezogen werden soll. Tanger untersteht seit 1923 einer internationalen Kontrolle. (→ 26. 8./S. 136).

Die amerikanischen Behörden nehmen an der kalifornisch-mexikanischen Grenze zwei mexikanische Offiziere und 150 bewaffnete Leute fest, die in Mexiko einen Putschversuch unternehmen wollten. Sie sind Anhänger des ehemaligen mexikanischen Präsidenten Adolfo de la Huerta.

Der sowjetische Politiker Lew Kamenew ist als Volkskommissar für Innen- und Außenhandel abgesetzt worden. Kamenew gehört der Opposition gegen Josef Stalin an (→ 23.–26. 10./S. 166).

17. August, Dienstag

Das Deutsche Reich und Polen unterzeichnen in Oppeln ein Abkommen, das die Grenzstrecke der Oder regelt.

Die Prager Polizeidirektion hat die Bildung von Organisationen verboten, die nach militärischem Vorbild aufgebaut sind, d. h. von faschistischen Organisationen. Das Auftreten derartiger Verbände hat in letzter Zeit zur Störung von Ruhe und Ordnung geführt.

Griechenland und das Königreich der Serben, Kroaten und Slowenen (heute Jugoslawien) schließen in Athen einen Friedens- und Freundschaftsvertrag sowie ein Verkehrsabkommen. Die Belgrader Regierung überträgt Griechenland ihre Rechte an den Orientbahnen. Das jugoslawische Freigebiet in Saloniki wird vergrößert.

18. August, Mittwoch

Abd Al Asis Ibn Saud, König des Nadschd und Hedschas (heute Saudi-Arabien), und Jahia Muhammad, Imam des Jemen, schließen in Mekka einen Freundschaftsvertrag. Er bedeutet einen entscheidenden Schritt auf dem Weg zu einem großarabischen Reich. → S. 136

Zwischen Meinersen und Leiferde entgleist ein D-Zug Berlin–Hannover. Das Unglück fordert 21 Todesopfer und ist durch einen Anschlag verursacht worden. → S. 140

In Bonn wird ein Institut für geistig und seelisch behinderte Kinder eröffnet. Die Leitung übernimmt der Professor für Psychiatrie und Neurologie, Otto Löwenstein.

Im Berliner Admiralspalast findet die Uraufführung der witzig-schwungvollen Revue »An und aus« von Hermann Haller statt. Die Musik komponierte u. a. Walter Kollo, das Bühnenbild stammt von dem Maler Ludwig Kainer.

19. August, Donnerstag

Ruth Fischer, Arkadij Maslow und Karl Tiedt werden vom Zentralkomitee der KPD aus der Partei ausgeschlossen. Ihnen wird der Versuch der Spaltung der Partei vorgeworfen. Ruth Fischer und Arkadij Maslow haben bereits 1925 ihre Positionen im Vorstand der KPD wegen ultralinker Auffassungen verloren. → S. 137

Der deutsche Außenminister Gustav Stresemann hält vor der Heidelberger Goethegesellschaft einen Vortrag über »Goethe und die Freiheitskriege«.

Der umgebaute Ufa-Palast am Zoo in Berlin wird mit der Uraufführung des Films »Wie einst im Mai« von Willi Wolff eröffnet. Der Film zeigt die verwickelten Liebesgeschichten zwischen den Angehörigen zweier Familien von 1849 bis 1926.

20. August, Freitag

In den Bezirken Nottinghamshire und Derbyshire wird der Arbeitskampf im britischen Bergbau beigelegt. Die Arbeiter haben ein Abkommen mit der Arbeitgebern abgeschlossen, das die alten Lohnsätze bei einer siebeneinhalbstündigen Arbeitszeit vorsieht (→ 19. 11./S. 181).

Der französische Ministerrat billigt die vom Kabinett beschlossenen Maßnahmen gegen die Teuerung, sie sehen u. a. vor, daß in den Restaurants nur noch zwei Gänge angeboten werden und der Verbrauch von frisch gebackenem Brot eingeschränkt wird.

Im Rahmen der Salzburger Festspiele (7. 8.–29. 8.) findet die erste Vorstellung in der Felsenreitschule statt: Max Reinhardt inszeniert die Komödie »Der Diener zweier Herren« von dem italienischen Dichter Carlo Goldoni. → S. 144

21. August, Sonnabend

Die Gespräche zwischen dem Deutschen Reich und Belgien über eine Rückgabe von Eupen-Malmedy an das Deutsche Reich sind vorläufig gescheitert. Das belgisch-deutsche Grenzgebiet ist 1920 nach den Bestimmungen des Versailler Vertrags an Belgien gefallen.

Die französische Regierung hat dem Ersuchen einer niederländischen Reisegesellschaft entsprochen, die Besatzung vom Schloß Oranienstein bei Diez an der Lahn zurückzuziehen. Oranienstein gehörte dem niederländischen Herrscherhaus verwandten Fürsten von Nassau-Diez und ist im Zug der Rheinlandbesetzung mit Truppen besetzt worden.

In Breslau beginnt der 65. Deutsche Katholikentag (bis 24. 8.). Die Redner sprechen sich dafür aus, in Gebieten, in denen die Bevölkerung es wünscht, konfessionelle Schulen einzurichten.

22. August, Sonntag

General Georgios Kondylis stürzt durch einen unblutigen Putsch den griechischen Diktator Theodoros Pangalos. → S. 138

Bei Johannesburg in Südafrika sind riesige Diamantenfelder entdeckt worden. Mehr als 50 000 Menschen strömen zu den neuen Funden. → S. 136

In den USA wird der Film »Battling Butler« (»Der Killer von Alabama«/»Der Boxer«) von und mit Buster Keaton uraufgeführt. → S. 144

23. August, Montag

Die US-amerikanische Regierung will zwölf Millionen Dollar für den Kauf neuer Marineflugzeuge ausgeben, die Lufrüstung soll um 282 Flugzeuge vermehrt werden.

In Königsberg in Ostpreußen wird die 13. Deutsche Ostmesse eröffnet, sie ist mit einer Landwirtschaftsschau verbunden. → S. 140

24. August, Dienstag

Als erstes südamerikanisches Land hat Uruguay die Sowjetunion diplomatisch anerkannt.

Max Schmeling wird in Berlin Deutscher Halbschwergewichtsmeister im Boxen. Durch K.o. in der ersten Runde besiegt er Max Dieckmann. → S. 145

25. August, Mittwoch

Alle Parteiführer Griechenlands erkennen Pavlos Konduriotis als neuen Staatspräsidenten an. Konduriotis erklärt, daß nach dem Sturz von Theodoros Pangalos die Diktatur in Griechenland beendet sei (→ 22. 8./S. 128).

In Berlin ist der größte Hoteltrust Europas entstanden, als das Bankhaus Gebrüder Arnhold die Aktienmajorität der Hotelbetriebsgesellschaft übernommen hat. → S. 141

26. August, Donnerstag

Die Verhandlungen zwischen Italien und Ägypten über die Oase Dscharabub in Ägypten, die Italien im Februar besetzt hat, sind gescheitert. Die italienischen Ansprüche auf die Oase gehen auf einen Vertrag zwischen Großbritannien und Italien von 1919 zurück. Nachdem Ägypten die Unabhängigkeit erhalten hat (1922), hat sich Großbritannien, die frühere Kolonialmacht in Ägypten, auf den Standpunkt gestellt, Italien müsse mit Ägypten über das strittige Gebiet verhandeln.

Ein Gericht in Ankara, der Hauptstadt der Türkei, verurteilt vier Mitglieder der Jungtürkischen Bewegung, denen die Beteiligung am Komplott gegen den türkischen Staatspräsidenten Mustafa Kemal Pascha (Kemal Atatürk) vorgeworfen wird, zum Tod. Das Urteil wird noch in der Nacht vollstreckt (→ 16. 6./S. 110).

Die spanische Regierung erklärt in einer Note an Paris, London, Rom und Washington, daß sie auf einen ständigen Ratssitz im Völkerbund verzichte, wenn sie ein Völkerbundmandat über die marokkanische Hafenstadt Tanger erhält. Tanger steht unter internationaler Kontrolle. → S. 136

27. August, Freitag

Im Berliner Gloria-Palast wird der Film »Im weißen Rössl« mit Liane Haid unter der Regie von Richard Oswald uraufgeführt.

Vom 27. bis 29. August finden die Leichtathletik-Weltfestspiele der Frauen in Göteborg statt. → S. 145

28. August, Sonnabend

Die Sowjetunion unterbreitet der lettischen und der polnischen Regierung ein Angebot, sofort über den Abschluß eines Garantievertrages zu verhandeln. Die UdSSR hat bereits Finnland und Estland einen Garantievertrag angeboten.

Ein Wirbelsturm in Oberschlesien hat schwere Verwüstungen angerichtet. Die Dächer vieler Häuser sind abgedeckt, Hunderte von Bäumen geknickt und zahlreiche Telefonleitungen zerstört.

29. August, Sonntag

In Nürnberg findet der von rechten Verbänden organisierte Gedenktag für Heer und Marine statt. → S. 137

Die Leipziger Herbstmesse wird eröffnet (bis 1. 9.). Gegenüber der Frühjahrsmesse ist die Zahl der Teilnehmer nochmals rückläufig, von 11 000 auf 8000. → S. 140

Beim Großen Preis von Deutschland für Motorräder auf der Berliner Avus gewinnen die deutschen Fahrer vier von sechs Rennen.

30. August, Montag

Der deutsche Meisterschwimmer Ernst Vierkötter durchschwimmt den Ärmelkanal in der Rekordzeit von 12:42 Stunden. → S. 139

31. August, Dienstag

Das Deutsche Reich gibt bekannt, vom 1. September 1924 bis zum 31. August 1926, den beiden ersten Jahren des Dawes-Plans, Reparationssachlieferungen im Wert von über einer Million Reichsmark (RM) geleistet zu haben. → S. 137

Das Repräsentantenhaus der Philippinen hat einen Gesetzesentwurf angenommen, der eine Volksabstimmung zur Frage der Unabhängigkeit der Inselgruppe vorsieht. Die Philippinen gehören seit 1898 zu den Vereinigten Staaten.

Gestorben:

23. New York: Rudolph Valentino (eigtl. Rodolfo Guglielmi di Valentino, *6. 5. 1895, Castellaneta), italienisch-amerikanischer Schauspieler, Stummfilmstar. → S. 142

Geboren:

15. Long Branch (New York, USA): Julius Katchen (†29. 4. 1969), amerikanischer Pianist.

Der neue Badegast oder Kleider machen Leute

Karikatur der Münchner Zeitschrift »Jugend« über Mode und Badeleben

Das Morgenblatt der »Frankfurter Zeitung« vom 1. August 1926 berichtet über das Kilometer-Rennen des ADAC bei Freiburg und das Bergrennen auf den Schauinsland im Schwarzwald

August 1926

Diamantenfieber in Südafrika

22. August. Die US-amerikanische Nachrichtenagentur United Press meldet, daß in der Nähe von Johannesburg in Südafrika riesige Diamantenfelder entdeckt worden sind. Mehr als 50 000 Menschen – vorwiegend Weiße – strömen in das Gebiet, um dort als Schatzsucher ihr Glück zu machen. Innerhalb von wenigen Tagen sollen Diamanten im Wert von 27 000 Pfund Sterling gefunden worden sein. Der Diamantenfund wird als der größte in der Geschichte Südafrikas apostrophiert.

Während die Suche nach dem begehrten Edelstein in dem neuentdeckten Feld zunächst wie in alten Zeiten vor Ort mit dem Sieb erfolgt, ist die Diamantenförderung in den erschlossenen Gebieten – sie liegt in der Regel in der Hand der Gesellschaft Consolidates Mines Ltd. – bereits mechanisiert.

Der gesamte Wüstensand wird bei dieser mechanisierten Förderung bis zu einer bestimmten Tiefe im Tagesabbau abgetragen und mit Eisenbahnwaggons zu einer zentralen Wäsche gebracht. Dort werden mittels eines komplizierten Systems von Sieben und Schüttelrosten (aufgrund des unterschiedlichen spezifischen Gewichts von Diamanten und anderen Mineralien) die Diamanten vom Wüstensand geschieden. Mit Pinzetten werden sie dann von schwarzen Arbeitern herausgelesen. Für das Geschäftsjahr 1925/26 meldet die Consolidated Mines Ltd. eine Diamantenförderung im Wert von 1,75 Millionen Pfund Sterling.

Der Abbau des Edelsteins in Südafrika hat vor mehr als einem halben Jahrhundert begonnen. 1870 wurden in den Hochflächen der Kreeberge erstmals primäre Diamantenfelder entdeckt, ein Jahr später wurde die Kimberley-Mine eingerichtet. Die Entdeckung reicher Goldfelder 1884 führte zu einer raschen industriellen Entwicklung Südafrikas. Die Auseinandersetzungen zwischen den Burenrepubliken und den britischen Kolonien in Südafrika hatten auch ökonomische Gründe. 1910 wurde das britische Dominion Südafrikanische Union gegründet.

Aus Deutsch-Südwestafrika (heute Namibia) wurden 1907 große Diamantenvorkommen gemeldet. Auch dort ist die Consolidates Mines Ltd. im Diamantenabbau tätig.

Mechanisierte Diamantensuche in Südwestafrika: Der Wüstensand wird in einen Transportzug gebaggert und zur zentralen Wäsche gebracht

Der bereits nach dem begehrten Edelstein durchsuchte Sand wird in riesigen Hügeln in der Nähe der zentralen Waschanlage aufgehäuft

Schachtanlage der Otavi-Minengesellschaft in dem Ort Tsumeb in Südwestafrika, das seit 1920 unter südafrikanischer Verwaltung steht

Spanien bringt Tanger ins Spiel

26. August. Spanien wendet sich mit einem Memorandum an die britische, französische und italienische Regierung, in dem es seine Forderung nach Einbeziehung der marokkanischen Hafenstadt Tanger, die seit 1912 internationalen Status hat, in die spanische Marokkozone erläutert.

Die spanische Regierung verknüpft in dem Memorandum das Tanger-Problem mit ihrem Verzicht auf einen ständigen Ratssitz im Völkerbund, der wiederum mit dem Beitritt des Deutschen Reiches zu der Organisation zusammenhängt (→ 11. 9./S. 152).

Zur Begründung für die spanischen Ansprüche heißt es:
▷ Spanien könne seine koloniale Aufgabe im übrigen Marokko nicht erfüllen, wenn Tanger weiterhin Zufluchtsort für Aufständische sei – gemeint sind die Rifkabylen von Abd El Krim (→ 26. 5./S. 91)
▷ Die internationale Zone in Tanger sei auf Dauer nicht lebensfähig

Paris und London antworten ablehnend auf den spanischen Vorschlag, die italienische Regierung reagiert wohlwollend, denn der Faschistenführer und Ministerpräsident Benito Mussolini ist dem diktatorisch regierenden spanischen Ministerpräsidenten Miguel Primo de Rivera freundschaftlich verbunden.

Erster Schritt zu Groß-Arabien

18. August. Abd Al Asis Ibn Saud, König des Nadschd und Hedschas (heute Saudi-Arabien) und Jahia Muhammad, Imam des Jemen, schließen einen Freundschaftsvertrag, der in der Presse als erster Schritt zur Schaffung eines großarabischen Reiches gewertet wird.

Kommentatoren weisen darauf hin, daß die gesamte zwischen dem Roten Meer und dem Persisch-Arabischen Golf gelegene Arabische Halbinsel – abgesehen von den britischen Schutzstaaten am Golf von Aden und dem Emirat Assir – im Besitz der beiden Mächte liegt, die den Freundschaftsvertrag geschlossen haben (→ 8. 1./S. 19).

August 1926

Reparationen werden gezahlt

31. August. Das Deutsche Reich gibt bekannt, es habe in den ersten beiden Jahren, seit der Dawes-Plan die deutschen Reparationen neu regelt, Reparationssachlieferungen im Wert von 1 099 550 Reichsmark (RM) geleistet.

Der Dawes-Plan, der auf einem Gutachten des US-amerikanischen Sachverständigen Charles G. Dawes beruht, war nach Zustimmung des Reichstags am 1. September 1924 in Kraft getreten. In ihm wird festgesetzt, daß nach einer Anlaufzeit von fünf Jahren ab 1. September 1929 jährlich Geld- und Sachlieferungen im Wert von 2,4 Milliarden Goldmark zu leisten seien. Auf eine endgültige Festsetzung der Höhe der Reparationen wird verzichtet.

Zur Stabilisierung der deutschen Währung wird dem Reich zunächst ein Auslandskredit in Höhe von 800 Millionen Goldmark gewährt. Daran schließen sich weitere Kredite des Auslands an. Dadurch wird die deutsche Wirtschaft beträchtlich angekurbelt, das Deutsche Reich gerät aber zugleich in eine immer stärkere Abhängigkeit von der wirtschaftlichen Entwicklung des Auslands. Ohne die Auslandskredite jedoch könnte das Deutsche Reich, dessen Handelsbilanz weiterhin passiv ist, die Reparationszahlungen nicht leisten. Der Dawes-Plan ist zugleich mit einer Reihe von Einschränkungen der deutschen Hoheitsrechte verknüpft (im Bereich der Reichsbahn und Reichsbank).

Reparationen nach dem Dawes-Plan

Deutsches Reich

In Milliarden Goldmark	
1924/25	Freijahr
1925/26	1
1926/27	1,22
1927/28	1,2
1928/29	1,75
ab 1. 9. 1929	2,4

USA

Gedenktage für Links und Rechts

29. August. Zum Gedenktag für Heer und Marine versammeln sich Mitglieder rechtsgerichteter Organisationen zu einer Kundgebung in Nürnberg. Die Veranstaltung soll eine Gegendemonstration zur Verfassungsfeier des Reichsbanners Schwarz-Rot-Gold, des Kampfverbandes der SPD, sein, die am 14. August am gleichen Ort abgehalten worden ist. Während an der Reichsbanner-Kundgebung nahezu 100 000 Menschen teilgenommen haben, kommen zur rechtsgerichteten Veranstaltung lediglich 22 000.

Das Reichsbanner Schwarz-Rot-Gold, der Kampfverband der SPD, versammelt sich in Nürnberg, um den Jahrestag der Verfassung zu feiern

Richtungskämpfe in der KPD

19. August. Die kommunistischen Reichstagsabgeordneten Ruth Fischer, Arkadij Maslow und Karl Tiedt sowie zwei KPD-Abgeordnete des preußischen Landtags werden aus der Partei ausgeschlossen.

Den Ausgeschlossenen werden »ultralinke Abweichungen« vorgeworfen. Ruth Fischer und Maslow hatten bis zum Sommer 1925 an der Spitze der KPD gestanden. Weil sie jedoch nicht bereit waren, auf eine gewisse Selbständigkeit der deutschen Kommunisten gegenüber den Direktiven der sowjetischen Schwesterpartei (KPdSU) zu verzichten, waren sie von dem moskaufreundlichen Ernst Thälmann abgelöst worden. Er ist seit dem 1. September 1925 Vorsitzender der KPD. Nun folgt der Ausschluß von Fischer und Maslow aus der Partei. Ein Zusammenhang mit den Richtungskämpfen in der Sowjetunion liegt auf der Hand (→ 23.–26. 10./S. 166).

Die kommunistische Reichstagsabgeordnete Ruth Fischer, die nun aus der Partei ausgeschlossen wird, spricht vor Arbeitslosen in Berlin

Intellektuelle zur Wehrpflicht

In der deutschen Presse wird am 27. August ein »Internationales Manifest gegen die Wehrpflicht« veröffentlicht, das von namhaften Künstlern, Wissenschaftlern und anderen Persönlichkeiten des öffentlichen Lebens unterzeichnet worden ist, u. a. von Albert Einstein, Mahatma Gandhi, Romain Rolland und Bertrand Russell. Das Dokument hat folgenden Wortlaut:

»Viele Männer und Frauen aller Länder, die das Joch des Militarismus zerbrochen, die Schrecken des Krieges auf immer beseitigt sehen möchten, die hoffnungsfreudig den Völkerbund als Weg zu diesem Ziele begrüßt haben, verlangen, daß endlich ein entschiedener Schritt zur vollständigen Entwaffnung, vor allem aber zur moralischen Abrüstung getan werde.

Die wirksamste Maßnahme hierzu wäre die Abschaffung der Wehrpflicht. Wir fordern daher den Völkerbund auf, die Abschaffung der Heeresdienstpflicht als ersten Schritt zu einer wirklichen Abrüstung vorzuschlagen. Wir glauben, daß auf der Wehrpflicht aufgebaute Heere mit einem großen Stab von Berufsoffizieren eine schwere Bedrohung des Friedens darstellen. Zwangsdienst bedeutet Entwürdigung der freien menschlichen Persönlichkeit, das Kasernenleben, der militärische Drill, der blinde Gehorsam gegenüber noch so ungerechten und sinnlosen Befehlen, das ganze System der Trainierung zum Töten untergraben die Achtung vor Persönlichkeit, Demokratie und dem menschlichen Leben. Die Wehrpflicht fügt diesen Schaden dem ganzen Volke zu ...

Ein Staat, der sich für berechtigt hält, seine Bürger zum Kriegsdienste zu zwingen, wird auch in Friedenszeiten die gebührende Rücksicht auf das Wohl und Wehe des einzelnen vermissen lassen. Eine Regierung, die sich auf die Wehrpflicht stützt, kann leichter den Krieg erklären und sofort die Stimme der Opposition durch die Mobilmachung zum Schweigen bringen. Regierungen, die der freiwilligen Unterstützung ihrer Völker bedürfen, werden notwendigerweise in ihrer auswärtigen Politik viel vorsichtiger sein ...«

August 1926

Das Präsidentenpalais in Athen, wo nach dem Umsturz Konduriotis wieder einzieht

Der auf der Flucht verhaftete Diktator Pangalos (l.) wird auf der Insel Salamis ins Gefängnis gebracht

Die Rückkehr zur Demokratie

22. August. In Griechenland stürzt in einem unblutigen Putsch General Georgios Kondylis mit Unterstützung von Heer und Flotte Theodoros Pangalos, der sich am → 3. Januar (S. 18) selbst zum Diktator ausgerufen hat und seit den Scheinwahlen vom → 4./11. April (S. 70) griechischer Staatspräsident ist.

In einer Proklamation kündigt Kondylis, der zunächst das Amt des Regierungschefs übernimmt, eine baldige Rückkehr zu normalen Verhältnissen, Freiheit für die Presse, eine gerechte Justizverwaltung und eine loyale Regierung an.

Der am 18. März zurückgetretene Staatspräsident Pavlos Konduriotis wird erneut in das Amt eingesetzt. Pangalos, der nach dem Staatsstreich mit einem Torpedoboot zu fliehen versucht, wird nach einem Seegefecht gestellt und den Behörden der neuen Machthaber übergeben. Der Ex-Diktator hat eine strenge Strafverfolgung zu gewärtigen (→ 7. 11./S. 181).

Polens Parlament verliert an Macht

2. August. Der Sejm, das polnische Parlament, verabschiedet eine Änderung der Verfassung Polens, mit der die Rechte des Präsidenten gegenüber dem Parlament gestärkt werden.

Das Recht zur Parlamentsauflösung, das bisher dieser Versammlung selbst zustand, besitzt künftig der Präsident. Die Sitzungsperioden der Kammer werden zeitlich eingeschränkt.

Obwohl die Verfassungsänderung formal zunächst nur Präsident Ignacy Moscicki betrifft, hat sich damit der starke Mann im Hintergrund, Marschall Józef Klemens Pilsudski, durchgesetzt. Er hat die Umwandlung des parlamentarischen Systems zu einer autokratischen Regierungsweise mit scheinparlamentarischen Formen vollzogen. Innerhalb der polnischen Parteien hat sich die Einstellung zu Pilsudski inzwischen völlig verändert: Während die Linken dem neuen Regime die Unterstützung entzogen haben, sind die Rechtsparteien zu Pilsudski umgeschwenkt (→ 12.–14. 5./S. 89).

Feiern zu Ehren des heiligen Franz in Assisi eröffnet

1. August. In der italienischen Stadt Assisi beginnen die Feierlichkeiten zu Ehren des italienischen Heiligen und Ordensstifters Franz von Assisi, dessen Todestag sich am 3. Oktober 1926 zum 700. Mal jährt. Die Jubiläumsfeiern, die sich bis Anfang Oktober hinziehen, werden um Mitternacht mit einem hohen Pontifikalamt im Dom zu Assisi eröffnet.

Die faschistische Regierung Italiens wandelt die kirchlichen Feiern zu einem nationalen Jubiläum um: Zu dem Pontifikalamt werden nicht nur die Kirchenglocken geläutet, sondern es donnern auch Ehrensalute von der Zitadelle Assisis; neben katholischen Würdenträgern sind auch Vertreter der Staats- und Militärbehörden sowie ausländische Diplomaten bei der nächtlichen Messe anwesend. Franz von Assisi (eigtl. Giovanni Bernardone) kam 1181/82 in Assisi zur Welt und zog seit 1208 Buße predigend umher. Bald bildeten sich in ganz Italien, ab 1219 auch in zahlreichen anderen europäischen Ländern, franziskanische Brüderschaften, die seinem Gebot eines Lebens in Armut und Askese Folge leisteten.

Festzug auf dem Weg zur Kirche San Francisco in Assisi

Nach der mitternächtlichen Messe formieren sich geistliche und weltliche Würdenträger zur Prozession

Bewohner von Assisi ziehen nach Santa Maria degli Angeli zur Erinnerung an den Heiligen Franz

August 1926

Die US-amerikanische Schwimmerin Gertrud Ederle vor der Durchquerung des Ärmelkanals; sie ist zum Schutz gegen Kälte mit Fettcreme bedeckt

Blick auf die Schwimmerin Gertrud Ederle, der während der Kanaldurchschwimmung ein Begleitboot folgt

Rekordjagd durch den Ärmelkanal

30. August. Der deutsche Meisterschwimmer Ernst Vierkötter (25) durchschwimmt den Ärmelkanal in 12:42 Stunden und bricht damit den Weltrekord über diese Strecke, den die US-Amerikanerin Gertrud Ederle (19) erst drei Wochen zuvor aufgestellt hatte.

Vierkötter startet um 1:35 Uhr in der Nacht von Kap Gris Nez nahe der französischen Stadt Calais in Begleitung eines Bootes. Um sich gegen die Kälte zu schützen, ist er am ganzen Körper mit einer Fettcreme bedeckt. Um 2:17 Uhr nachmittags kommt er in Londonstairs, etwa 2 km nördlich von Dover, an der englischen Küste an und wird von einer jubelnden Menge begrüßt.

Vierkötter, der 1922 und 1923 die Deutsche Meisterschaft über die 1500-m-Krauldistanz gewonnen hatte und seit 1923 »Meister der deutschen Ströme« ist, hat vor zwei Wochen seinen ersten Versuch, den Kanal zu durchschwimmen, kurz vor dem Ziel wegen Nebels abbrechen müssen.

Durch den Erfolg von Vierkötter wird der einzige absolute sportliche Weltrekord, den eine Frau innehatte, wieder dem »starken Geschlecht« zurückerobert. Gertrud Ederle, Weltrekordhalterin über 400 m Kraul und Goldmedaillengewinnerin in der US-amerikanischen 4 × 100-m-Kraulstaffel bei den Olympischen Spielen 1924 in Paris, hatte am 7. August 14:32 Stunden für die Durchquerung des Kanals gebraucht. Sie war die erste Frau, der es überhaupt gelang, den Ärmelkanal

Gertrud Ederle, die erste Frau, die den Ärmelkanal durchschwommen hat, wird bei ihrer Ankunft in der englischen Küstenstadt Dover gefeiert

Kanal-Rekordhalter Ernst Vierkötter wird bei der Ankunft in Berlin-Tempelhof enthusiastisch begrüßt

zu durchschwimmen. Einen ersten Versuch im Jahre 1925 hatte sie wegen Erschöpfung abbrechen müssen; sie wurde – noch 15 km von der englischen Küste entfernt – fast bewußtlos ins Begleitboot gezogen.

Der Ärmelkanal ist an der schmalsten Stelle etwa 33 km breit. Sportkommentatoren weisen darauf hin, daß die Schwimmer die Strecke jedoch nicht in Luftlinie zurücklegen, sondern insgesamt etwa 50 km im Wasser unterwegs sind.

1926 geht als »Kanaljahr« in die Geschichte ein. Vierkötters Rekord hält nur bis zum 11. September; dann übertrifft ihn der Franzose Georges Michel mit einer Zeit von 11:06 Stunden.

Acht Schwimmer bezwingen Kanal

Obwohl bereits Hunderte den Versuch unternommen haben, ist es erst acht Menschen gelungen, den Kanal zu bezwingen:

25. 8. 1875: Kapitän Matthew Webb (Großbritannien) durchschwimmt den Kanal im zweiten Versuch in 21:45 Stunden.

4. 11. 1911: Dem Engländer Thomas W. Burgess gelingt es im 19. Versuch, den Kanal zu bezwingen. Er schwimmt die Strecke in 23:40 Stunden.

1. 8. 1923: Major Henry Sullivan (USA) durchschwimmt den Kanal – im dritten Versuch – in 27:23 Stunden.

12. 8. 1923: Enrico Tiraboschi aus Argentinien legt die Strecke in nur 16:23 Stunden zurück.

7. 9. 1923: Der US-Amerikaner Charles Toth bleibt in seinem zwölften Versuch zur Durchschwimmung des Ärmelkanals nur eine halbe Stunde hinter der Rekordzeit von Tiraboschi zurück (16:54 Stunden).

7. 8. 1926: Gertrud Ederle (USA) durchschwimmt den Kanal in neuer Rekordzeit: 14:32 Stunden.

28. 8. 1926: Lilian Carson (USA) ist die zweite erfolgreiche Ärmelkanalschwimmerin; sie bleibt mit ihrer Zeit (15:31 Stunden) jedoch hinter Gertrud Ederle zurück.

30. 8. 1926: Der Deutsche Ernst Vierkötter durchschwimmt den Ärmelkanal in 12:42 Stunden.

August 1926

Alte Mainbrücke in Frankfurt nach Umbau wiedereröffnet

15. August. *Die Alte Mainbrücke, die von Frankfurt am Main über die Maininsel nach Sachsenhausen führt, wird in neuer Gestalt dem Verkehr übergeben. Der Umbau der Brücke war 1914 begonnen und – durch den Weltkrieg und die nachfolgenden Inflationsjahre unterbrochen – erst 1924 wiederaufgenommen worden.*

Die Frankfurter begehen die Einweihung mit einem Volksfest, das durchaus politische Züge trägt. Die ganze Stadt ist mit schwarz-rot-goldenen Fahnen geschmückt. Höhepunkt der offiziellen Feiern ist die Zerschneidung des Brückenbandes und die Hissung des Reichsbanners am Ufer – Auftakt für den Marsch der deutschen landsmannschaftlichen Verbände, die – unter Einschluß der Österreicher – von Norden und Süden in geordneten Zügen auf die Brücke strömen. Als sie sich in der Mitte treffen, werden die Flaggen der deutschen Länder am Fahnenmast hochgezogen. Die Einweihungsfeier soll so den Einheitswillen der Deutschen dokumentieren.

Anschlag auf einen Zug

18. August. Einem Eisenbahnunglück zwischen Meinersen und Leiferde fallen 21 Menschen zum Opfer. Der Schnellzug Berlin–Hannover entgleist um 2:10 Uhr in der Nacht. Der Unfall ist auf einen Anschlag zurückzuführen: Ein Schienenstoß und Schwellenschrauben sind gelockert worden. Für die Ergreifung der Täter setzt die Reichsbahn eine Belohnung von 25 000 Reichsmark (RM) aus. Zwei Tatverdächtige werden gefaßt, überführt und zum Tod verurteilt.

Zwei Waggons haben sich bei dem Schnellzug Berlin–Hannover, der zwischen Meinersen und Leiferde entgleist ist, ineinander geschoben

Mittellandkanal wird weitergebaut

4. August. Der Landtag von Braunschweig faßt den Beschluß, den Bau des Mittellandkanals wiederaufzunehmen, der Rhein, Weser und Elbe miteinander verbinden und bis an die Havel nach Berlin führen soll.

Vor dem Weltkrieg war der Kanal, der im Ruhrgebiet beginnt, lediglich bis Peine gebaut worden. Nun soll er – unter finanzieller Beteiligung der Reichsregierung sowie der Länder Braunschweig, Preußen, Sachsen, Thüringen und Anhalt – vollendet werden.

Die Bauzeit wird auf 15 Jahre geschätzt. Die Baukosten betragen voraussichtlich 550 Millionen Reichsmark (RM), von denen das Reich im Rahmen des Arbeitsbeschaffungsprogramms (→ 28. 6./S. 108) 365 Millionen RM trägt, der Rest verteilt sich auf die beteiligten Länder. Die Regierung von Braunschweig will zunächst den 13 km langen Abschnitt von Peine bis Watenbüttel in Angriff nehmen.

Leipziger Messe kein Geschäft

29. August. In Leipzig wird die traditionelle Herbstmesse eröffnet (bis 1. 9.); die Zahl der Aussteller ist gegenüber der Frühjahrsmesse noch weiter – von 11 000 auf 8000 – zurückgegangen (→ Februar/S. 38), das Messegeschäft verläuft wegen der allgemeinen Wirtschaftsflaute nur schleppend.

Die deutsche Industrie leidet weiterhin unter dem Verfall des belgischen und französischen Franc, der die internationale Wettbewerbsfähigkeit deutscher Produkte – bei festem Reichsmark-Kurs – herabsetzt. Besonders stark betroffen sind die Textilwarenfabrikanten.

Tagung des Reichsverbandes der deutschen Industrie

Handelskontakt mit dem Osten

23. August. Die 13. Ostmesse wird in der ostpreußischen Stadt Königsberg eröffnet.

Die Ostmesse verfolgt das Ziel, die Handels- und Wirtschaftskontakte des Deutschen Reiches zu den östlichen Nachbarn zu pflegen und auszubauen – Königsberg ist aufgrund seiner geographischen Lage für diese Aufgabe besonders geeignet.

Vertreter der Reichsregierung betonen, sie seien ernsthaft bestrebt, den wirtschaftlichen Kampf mit Polen, unter dem Ostpreußen, das vollkommen von polnischem Gebiet umgeben ist, naturgemäß besonders leidet, möglichst bald zu beenden.

August 1926

Starke Männer der Wirtschaft

31. August. Auf einem Kongreß in Breslau fordert der Allgemeine Deutsche Gewerkschaftsbund (ADGB) die Durchsetzung demokratischer Prinzipien im Wirtschaftsleben. Die Situation der deutschen Tarifparteien ist durch einen starken Konzentrationsprozeß auf der einen (→ 1. 4./S. 72, 1. 9./S. 155) und durch eine Zersplitterung der Gewerkschaften auf der anderen Seite gekennzeichnet. Die größten Gewerkschaften sind:
▷ Der SPD-nahe ADGB, dessen Mitgliederzahl seit 1922 von acht auf vier Millionen geschrumpft ist, Vorsitzender: Theodor Leipart
▷ Der Deutsche Gewerkschaftsbund, ein Zusammenschluß der christlichen Gewerkschaften mit 1,2 Millionen Mitgliedern, geleitet vom Reichstagsabgeordneten Adam Stegerwald (Zentrum)
▷ Die Hirsch-Dunckerschen Gewerkschaften mit 760 000 Mitgliedern, deren Leitung der Reichstagsabgeordnete Ernst Lemmer (DDP) innehat
Diesen stehen starke Unternehmerpersönlichkeiten gegenüber: Fritz Thyssen, Leiter der Vereinigten Stahlwerke; Carl Duisberg und Carl Bosch, Vorsitzende der IG Farben; Rudolf Brennecke, Leiter des oberschlesischen Montantrusts; Felix Deutsch, Generaldirektor der AEG; Carl Friedrich von Siemens, Leiter des Siemens-Konzerns.

 *Fritz Thyssen*
 *Carl Duisberg*
 *Carl Bosch*
 *Rudolf Brennecke*
 *Felix Deutsch*
 *Ernst Lemmer*
 *Theodor Leipart*
 *Adam Stegerwald*
 *C. F. von Siemens*

Handelsbeziehung wird normalisiert

5. August. In Paris werden ein vorläufiges Wirtschaftsabkommen zwischen dem Deutschen Reich und Frankreich sowie eine Teilvereinbarung über den Warenaustausch zwischen dem Reich und dem Saargebiet, das seit 1920 unter treuhänderischer Verwaltung des Völkerbundes steht, unterzeichnet.
Der provisorische deutsch-französische Handelsvertrag, der am 20. August in Kraft tritt, ist zunächst auf sechs Monate begrenzt; danach soll er durch ein endgültiges Abkommen abgelöst werden. Der Vertrag soll die Voraussetzungen für eine Normalisierung der Handelsbeziehungen, wie sie vor dem Weltkrieg zwischen beiden Staaten bestanden hatten, schaffen. Wichtigster Vertragspunkt ist die Sicherung der deutschen Exportindustrie vor übermäßigen Zollgebühren, die Frankreich im Zusammenhang mit dem Verfall seiner Währung anordnen könnte.
Die Vereinbarung über das Saargebiet sieht Erleichterungen in der Versorgung mit deutschen Produkten vor, die über die Vereinbarungen der Zollunion, die seit 1925 zwischen dem Saargebiet und dem Deutschen Reich besteht, hinausgehen.
Die unter den beiden Staaten umstrittene Eisenindustrie ist von den Handelsverträgen ausgeschlossen. Der Schwerindustrie wird eine privatwirtschaftliche Regelung überlassen.

Europas größter Hoteltrust

Wintergarten im renommierten Berliner Hotel Esplanade in Berlin, das sich durch eine gepflegte und luxuriöse Atmosphäre auszeichnet

25. August. An der Berliner Börse wird bekannt, daß ein Konsortium unter der Führung des Bankhauses Gebrüder Arnhold die Aktienmehrheit der Berliner Hotelbetriebsgesellschaft übernommen hat. Weil das Bankhaus bereits an anderen Hotel-Aktiengesellschaften in Berlin beteiligt ist, ist damit der größte Hoteltrust in Europa entstanden.
Zu dem neuen Trust gehören u. a. Hotel Bristol, Zentral-Hotel, Hotel Bellevue, Palast-Hotel, Hotel Kaiserhof, Hotel Baltio und Hotel Fürstenhof mit einer Gesamtkapazität von weit über 2000 Betten.
Die Hotelbetriebsgesellschaft verfügt über ein Kapital von rund 15,5 Millionen Reichsmark (RM).

Telefonieren ohne Telefonfräulein

15. August. In den Berliner Bezirken Lichterfelde und Wannsee werden die ersten Selbstwähltelefone in Betrieb genommen. Die Teilnehmer benötigen nicht mehr die Vermittlung durch das Amt, sondern können selbst durchwählen.
Die »Vossische Zeitung« erläutert ihren Lesern die Bedienung der technischen Neuheit: »Wie geht die Verbindung vor sich? Das ›Zifferblatt‹ des neuen Apparates zeigt im umgekehrten Sinn des Uhrzeigers von 1 bis 0. Es ist drehbar und für jede Zahl mit einem Loch verbunden. In dies Loch tut man den Finger und dreht die Scheibe bis zu einem Schlußhebel...«

August 1926

Berittene Polizisten gehen gegen Valentino-Fans vor, die sich vor dem Krankenhaus versammelt haben

Herzensbrecher Valentino tot

23. August. Im Alter von nur 31 Jahren stirbt in einem New Yorker Krankenhaus Rudolph Valentino (eigtl. Rodolfo Guglielmi di Valentino), der in der Rolle des südländischen Liebhabers mit seinen Filmen die Herzen unzähliger Frauen in aller Welt erobert hat.

Der in Italien gebürtige, später in die USA übergesiedelte Valentino trat zunächst als Eintänzer und gelegentlich als Tanzkomparse auf.

Seine ersten Filmerfolge feierte er mit »Der Scheich« (1921) und »Blut und Sand« (1922), in denen er mit seiner männlichen Ausstrahlung vor allem die weiblichen Zuschauer beeindruckte.

Rudolph Valentino in dem Film »Der Sohn des Scheichs« (1926)

In den späteren eigenen Produktionen (»Der Adler«, 1926) ging Valentino über das Rollenklischee, auf das er bisher festgelegt war, hinaus und stellte ironische und humorvolle Helden dar.

Die letzten Tage der Krankheit des großen Stummfilmstars – er litt an einer Lungenentzündung – waren von hysterischen Reaktionen seiner weiblichen Fans begleitet. Zahllose seiner Verehrerinnen nehmen sich nach dem Ableben ihres Idols aus Verzweiflung das Leben.

Berliner Treff Romanisches Café

Treffpunkt der Berliner Boheme ist das »Romanische Café« – Verleger und Autoren, Journalisten und Fotografen, Ärzte und Wissenschaftler, Regisseure und Schauspieler von Theater und Film, verkannte Dichter und noch unentdeckte Leinwandstars sitzen hier zusammen, um den letzten Klatsch auszutauschen, einen Mäzen zu finden, Geschäfte zu machen oder über die neuesten politischen Ereignisse zu diskutieren. Der bürgerliche Berliner Verleger Bruno Cassirer ist ebenso Stammgast wie etwa der kommunistische Journalist Egon Erwin Kisch.

Eine riesige Menschenmenge versammelt sich vor dem Bestattungsinstitut in New York, wo die Leiche des verstorbenen italienisch-amerikanischen Stummfilmidols Rudolph Valentino aufgebahrt ist

---

Fotografie als Dokument

Parallel zur »Neuen Sachlichkeit« in der Malerei und zur »Neuen Musik« entwickelt sich in der Mitte der 20er Jahre auch eine Bewegung der sog. »Neuen Fotografie«, die das neue Medium in seinen spezifischen Möglichkeiten erforschen und ihm ästhetischen Eigenwert verleihen will. In dieser Bewegung lassen sich zwei Tendenzen voneinander abgrenzen:

▷ Die Experimentalfotografie erprobt neue Techniken und fotografische Verfahrensweisen, mit denen – unter Einbeziehung außerfotografischer Mittel – besondere Effekte und multimediale Wirkungen erzielt werden können. Vertreter dieser Richtung sind u. a. El Lissitzky und László Moholy-Nagy, die beide von der Fotomontage zur Fotografie gekommen sind

▷ Eine andere Richtung der »Neuen Fotografie« bemüht sich um die Besinnung auf die Eigengesetzlichkeit der fotografischen Kunst, die sich z. B. aus der Technik der Kameraobjektive ergibt. Ein wichtiger Vertreter dieser Richtung, die den Maßstab zur ästhetischen Beurteilung eines Lichtbilds aus der technischen Beherrschung des Mediums ableitet, ist Albert Renger-Patzsch

Die Fotografie bietet, so die Annahme der »Neuen Fotografen«, die Möglichkeit zur objektiven und dokumentarischen Abbildung der Wirklichkeit. Zur dokumentarischen Fotografie im weiteren Sinne ist auch das Werk von August Sander zu rechnen, der seit 1924 an einer Sammlung »Menschen des 20. Jahrhunderts« arbeitet, in der er einen Querschnitt durch alle Berufe, Klassen und Lebensbereiche der Weimarer Republik geben will. Seine Aufnahmen verzichten auf alle »malerischen« Mittel und sind sofort als technische Produkte erkennbar. Ein Außenseiter in der Fotografie der 20er Jahre ist Hugo Erfurth, der an einem ehrgeizigen Projekt arbeitet: Seit 1923 fotografiert er Porträts für die Reihe »Große Köpfe meiner Zeit«.

August 1926

 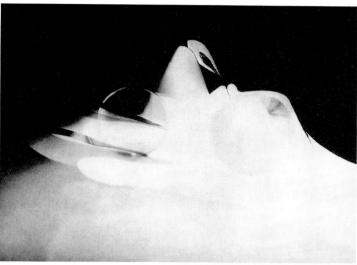 

Joachim Ringelnatz (Foto von Hugo Erfurth)

Meister der Experimentalfotografie, die vielfach abstrakte Bildmotive wählt, ist der Bauhaus-Künstler László Moholy-Nagy

László Moholy-Nagy, einer der »Neuen Fotografen«, in einer Aufnahme von Hugo Erfurth

Mit der Sammlung »Menschen des 20. Jahrhunderts« will August Sander einen Querschnitt durch alle Berufe geben (Zirkusleute, 1926)

Der Maler Ludwig E. Ronig und seine Frau (Fotografie, August Sander, 1926), aus der Sammlung »Menschen des 20. Jahrhunderts«

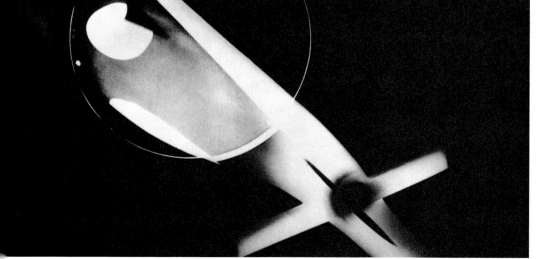 

Experimentalfoto von László Moholy-Nagy; durch Erprobung der technischen Mittel des neuen Mediums Fotografie erreicht der Bauhauskünstler abstrakte Bildkompositionen

Kleinstadtehepaar (Fotografie, August Sander, 1926/27, aus »Menschen des 20. Jh.«)

August 1926

Luis Rainer als König Timur in Max Reinhardts »Turandot«-Inszenierung *Oskar Homolka in »Turandot«*

Felsenreitschule eingeweiht

20. August. Im Rahmen der Salzburger Festspiele wird erstmals eine Vorstellung in der Felsenreitschule gegeben: Der Regisseur Max Reinhardt zeigt dort eine Inszenierung der Komödie »Der Diener zweier Herren« von dem italienischen Dichter Carlo Goldoni.
Die Felsenreitschule in Salzburg ist aus einem Steinbruch entstanden. 1693 ließ der damalige Erzbischof von Salzburg, Johann Ernst Graf von Thun, aus der Felswand in drei Geschossen Galerien mit insgesamt 96 Logen brechen. Diese Logen verwendet Reinhardt nun als Bühnenhintergrund, die Arena der ehemaligen Sommerreitschule wird zum Zuschauerraum, die Schauspieler spielen unter freiem Himmel auf einer provisorischen Bretterbühne.
Mit »Der Diener zweier Herren«, einem Lustspiel aus dem Jahre 1745, hat Reinhardt – im Zuge der allgemeinen Goldoni-Renaissance – 1924 das Theater in der Josefstadt in Wien mit einer beispielhaften Inszenierung eröffnet.
Ein weiteres italienisches Stück aus dem 18. Jahrhundert steht auf dem Festspielprogramm in Salzburg: Die Tragikomödie »Turandot« von Carlo Gozzi (Uraufführung 1762), ebenfalls in der Inszenierung von Max Reinhardt.
Zu den musikalischen Höhepunkten in Salzburg gehören neben Aufführungen zweier Opern von Wolfgang Amadeus Mozart die Operette »Die Fledermaus« von Johann Strauß (Sohn), dirigiert von Bruno Walter, und »Ariadne auf Naxos« von Richard Strauss, dirigiert von Clemens Krauss.
Damit wird erstmals seit der Eröffnung der Salzburger Festspiele (1920) eine zeitgenössische Oper ins Programm aufgenommen.

Buster Keaton als Millionärssohn

22. August. In den USA wird der Film »Battling Butler« (»Der Killer von Alabama«/»Der Boxer«) uraufgeführt. Die Hauptrolle spielt der amerikanische Filmkomiker Buster Keaton, der auch die Regie führt.
Wieder gelingt es Keaton, dem Mann mit dem unbeweglichen Gesicht, schwierige Situationen auf unkonventionelle Weise zu meistern und sich so dem kämpferischen Heldentyp als überlegen zu erweisen. Keaton spielt einen Sohn aus reichem Hause, der nur durch die Verwechslung mit einem gleichnamigen Boxchampion die Liebe eines Mädchens vom Lande gewinnen kann.

Der amerikanische Filmkomiker Buster Keaton, der in seinen Filmen auch die unangenehmsten Situationen mit unbewegtem Gesicht meistert

Völkischer Roman »Volk ohne Raum«

Beim Verlagshaus Langen in München ist der zweibändige Roman »Volk ohne Raum« von Hans Grimm erschienen, ein von völkischer Ideologie geprägtes Werk.
In demagogischer Weise versucht Grimm, der in seinem Buch u. a. den Hitlerputsch von 1923 verherrlicht, dem Leser zu vermitteln, daß die Misere des deutschen Arbeiters von der Überbevölkerung im Deutschen Reich und der sich daraus ergebenden »Raumnot« herrühre. Damit will er ihn für seine wahnwitzigen imperialistischen Pläne einer »Eroberung neuen Lebensraumes« – vor allem im Osten – gewinnen.
Cornelius Friebott, die Hauptfigur des Romans, die aus einfachen Verhältnissen stammt, kann es trotz »deutscher Tugenden« von Tüchtigkeit, Anständigkeit und Ehrlichkeit in der Heimat zu nichts bringen und wandert daher nach Südafrika aus. Friebott muß nach dem verlorenen Weltkrieg nach Deutschland zurückkehren und wird dort bei einer seiner Reden für den »Volk ohne Raum« – Gedanken von einem »Roten« erschlagen.
Das Buch wird selbst in rechtsliberalen Zeitungen positiv besprochen und entwickelt sich zu einem Verkaufserfolg.

Denkmal für den Dichter Heine

12. August. Im Hamburger Stadtpark wird das Denkmal des deutschen Dichters Heinrich Heine, das der Bildhauer Hugo Lederer geschaffen hat, feierlich enthüllt. Die Ansprache hält der Kritiker Alfred Kerr, der sich 20 Jahre lang für ein Heine-Denkmal eingesetzt hat.
Wegen seiner satirischen Kritik an den deutschen Zuständen (die ihn ins Exil nach Paris trieb), aber auch wegen seiner jüdischen Herkunft ist der Geehrte – 70 Jahre nach seinem Tod – immer noch umstritten. Der gebürtige Düsseldorfer Heine war Hamburg vielfältig verbunden: Hier lebte sein Onkel, der Bankier Salomon Heine, hier betrieb Julius Campe, bei dem seine Werke gedruckt wurden, einen Verlag und kämpfte mit ihm darum, die Zensurbestimmungen zu umgehen.

August 1926

Frauen-Sport in Göteborg

27. August. In Göteborg (Schweden) werden die Zweiten Leichtathletik-Weltfestspiele der Frauen eröffnet. Bei der dreitägigen Veranstaltung stehen sich Sportlerinnen aus neun Nationen gegenüber. In der Länderwertung siegt Großbritannien vor Frankreich und Schweden.
Die Frauen-Weltfestspiele bieten den Leichtathletinnen, die von den Olympischen Spielen noch ausgeschlossen sind, die Möglichkeit, ihre Kräfte auf internationaler Ebene zu messen. Auf dem gleichzeitig veranstalteten Kongreß der Sportlerinnen werden die deutschen Frauen in den Internationalen Frauensport-Verband aufgenommen.

1000 Siege für Jockey Varga

8. August. Die »Berliner Illustrirte« stellt ihren Lesern den Jockey Lajos Varga vor, der insgesamt in 1000 Läufen bei Pferderennen siegreich war.
Der gebürtige Ungar, der seit 1925 für den Stall Oppenheim startet, war vor allem in Österreich und Italien tätig. 1921 wurde er mit 109 Siegen in nur 353 Ritten italienischer Champion. Für seine 1000 Siege hat Varga insgesamt lediglich 5013 Ritte benötigt. Seinen Jubiläumserfolg erzielte er auf der Berliner Rennbahn Hoppegarten.

Der erfolgreiche ungarische Jockey Lajos Varga feiert Jubiläum

Max Schmeling, Deutscher Meister im Halbschwergewichtsboxen, nach dem Kampf gegen Max Dieckmann in Berlin, r. Alexander Bülow, Chefredakteur der Zeitschrift »Boxsport«, der Schmeling entdeckt hat

Max Schmeling wird Meister

24. August. Noch nicht einmal 21jährig, wird der Boxer Max Schmeling in Berlin Deutscher Meister im Halbschwergewichtsboxen. Die Begegnung zwischen Schmeling und dem von der Boxsport-Behörde zu seinem Gegner bestimmten Max Dieckmann findet in einem Boxring unter freiem Himmel im Berliner Lunapark statt; 4000 Besucher verfolgen den Kampf, der allerdings bereits nach 30 Sekunden zu Ende ist: In der ersten Runde schlägt Schmeling seinen Gegner (ohne daß dieser jemals selbst zum Schlagen gekommen ist) mit einer vollen Rechten auf die Kinnspitze k.o. Für die Meisterschaft erhält Schmeling eine Prämie von 1500 Reichsmark (RM).
Nach Ansicht der Presse berechtigt Schmeling zu den größten Hoffnungen. So heißt es in der Zeitschrift »Boxsport«: »Dieckmann unterlag einem Größeren, einem Großen. Der deutsche Boxsport hat einen neuen Meister, auf den er wieder bauen kann, vielleicht einen Stern am Boxhimmel, der die Kräfte besitzt, alle Einstigen und Vorhandenen zu übertreffen.«

Linart gewinnt die Steher-WM

1./16. August. Bei den Radweltmeisterschaften im italienischen Turin wird der Belgier Victor Linart am 1. August Weltmeister der Steher über 100 km in einer Gesamtzeit von 1:24:17 Stunden. Linart hatte den ersten Startplatz und blieb bis zum Ende des Rennens überlegen an der Spitze. Der inzwischen schon 37jährige belgische Radsportler kann damit nach seinen Erfolgen von 1921 und 1924 zum dritten Mal den Titel des Steher-Weltmeisters für sich erobern.
Am 16. August stirbt Franz Hofmann, der »König der Schrittmacher«, an den Folgen eines Sturzes. Bei den Steherrennen, die auf der Bahn ausgetragen werden, fahren die Radsportler hinter spezialgefertigten Motorrädern her, auf denen die Schrittmacher »stehen«; sie geben das Tempo an. Aufgabe des Radfahrers ist es, durch vereinbarte Zeichen dem Schrittmacher zu verstehen zu geben, bis zu welcher Geschwindigkeit er mithalten kann, und immer so dicht hinter der Auffahrrolle des Motorrads zu bleiben, daß er vom Windschatten profitiert. Wegen der so erreichten Geschwindigkeiten – Linart stellte 1921 einen Stundenweltrekord von 86,28 km auf – ist diese Disziplin beim Publikum außerordentlich beliebt.

Franz Hofmann, der bedeutendste Schrittmacher im ersten Viertel des 20. Jahrhunderts (hier mit Robert Walthour) stirbt nach einem Sturz

September 1926

Mo	Di	Mi	Do	Fr	Sa	So
		1	2	3	4	5
6	7	8	9	10	11	12
13	14	15	16	17	18	19
20	21	22	23	24	25	26
27	28	29	30			

1. September, Mittwoch
Für die Grenzübertritte zwischen dem Deutschen Reich und Luxemburg entfällt der Visumzwang.

Die deutsche IG Farben übernimmt die Erdöl- und Kohleverwertung AG und wird damit zur größten deutschen Aktiengesellschaft. → S. 155

Die Entgleisung des Postzugs Barcelona–Valencia in der Nähe von Tortosa fordert 24 Todesopfer. Ein Erdrutsch, der durch starke Regengüsse hervorgerufen worden ist, hat das Unglück verursacht.

Zum ersten Mal im Deutschen Reich wird auf der Radrennbahn in Hannover Fußball bei künstlicher Beleuchtung gespielt. Das Spiel zwischen der türkischen Elf aus Konstantinopel (Istanbul) und einer Mannschaft aus Braunschweig und Hannover endet 2:2. → S. 161

2. September, Donnerstag
Das iranische Kabinett unter Ministerpräsident Mirza Hasan Chan tritt zurück. Die Stellung der im Mai gewählten Regierung ist durch Militärrevolten in Südpersien und Khorassan erschüttert. Am 28. September stellt Mirza Hasan Chan ein neues Kabinett vor.

Im Ufa-Palast am Zoo in Berlin findet die Uraufführung des Stummfilms »Die Boxerbraut« statt; in diesem Film erzielt Willy Fritsch einen seiner ersten Filmerfolge.

3. September, Freitag
Die Regierung der Freien Stadt Danzig beschließt ein Programm zur Sanierung der Finanzen. Es sieht die Aufnahme einer Staatsanleihe in Höhe von 60 Millionen Gulden (der Danziger Währung), die Kürzung der Beamtengehälter und einen Zuschlag zur Einkommensteuer vor.

Der Reichsverband der Deutschen Industrie fordert auf einer Tagung in Dresden (bis 4. 9.) die Senkung der indirekten Steuern. Der Vorschlag einiger Industrieller, zur Förderung der Wirtschaft mit der Sozialdemokratie zusammenzuarbeiten, stößt bei anderen auf vehemente Kritik. → S. 153

In Berlin wird mit der Eröffnung der Dritten Deutschen Funkausstellung (3. 9.–12. 9.) der 138 m hohe Funkturm eingeweiht. → S. 155

4. September, Sonnabend
Der Völkerbundsrat in Genf beschließt, das Deutsche Reich nach seinem Eintritt in den Völkerbund zum ständigen Mitglied des Rates zu ernennen und die Zahl der nicht-ständigen Sitze auf neun zu erhöhen. Die Völkerbundsversammlung nimmt diesen Beschluß am 8. September an (→ 10. 9./S. 150).

Eine Explosion in einer Kohlengrube in Tahoka (Texas, USA) fordert 16 Todesopfer.

Das Drama »Cromwell« des deutschen Dichters Klabund (eigtl. Alfred Henschke) wird im Berliner Lessing-Theater uraufgeführt. Regie führt Karl-Heinz Martin, einer der bedeutenden expressionistischen Regisseure.

5. September, Sonntag
Zwischen der Sowjetunion und der chinesischen Regierung in der Mandschurei ist erneut ein Konflikt wegen der chinesischen Ostbahn ausgebrochen (→ 24. 1./S. 23). Die Chinesen haben Warenlager und Schiffe, die zur unter sowjetischer Verwaltung stehenden chinesischen Ostbahn gehören, beschlagnahmt.

Britische Kanonenboote und chinesische Truppen unter Wu Pei-fu liefern sich am Oberlauf des Jangtsekiang ein Gefecht. Die Briten werden zum Rückzug gezwungen. Der Konflikt ist ausgebrochen, weil die Chinesen zwei Handelsdampfer beschlagnahmt haben. → S. 153

Die Entgleisung des Ausflugszugs »Scenic Special« zwischen Salt Lake City und Denver (USA) fordert 15 Todesopfer. Mehrere Wagen sind in den Arkansas River gestürzt.

6. September, Montag
In Spanien ist der Belagerungszustand verhängt worden, alle Artillerieoffiziere mit Ausnahme derjenigen, die in der Kolonie Marokko stationiert sind, werden aus dem Heer ausgestoßen. Die Artillerieoffiziere haben gegen die neuen Beförderungsmaßnahmen rebelliert. Am 7. September ist die Ruhe wiederhergestellt.

Im Londoner Hyde-Park ist eine Verkehrsregelung für Reiter eingeführt worden: Es dürfen nur noch vier Personen nebeneinander reiten.

7. September, Dienstag
Ein Taifun in Japan hat beträchtliche Schäden angerichtet, mehr als 30 Menschen sind gestorben.

Zur Eröffnungsfeier des restaurierten Bechstein-Saals nahe dem Potsdamer Platz in Berlin singt Julia Culp Lieder von Franz Schubert und Johannes Brahms. Den Umbau hat der Architekt Oskar Kaufmann geleitet, einer der führenden Baumeister auf dem Gebiet des Theaterbaus.

Die europäische Uraufführung des Films »Ben Hur« von Fred Niblo findet im Ufa-Pavillon am Nollendorfplatz in Berlin statt. → S. 159

8. September, Mittwoch
Die Truppen der nationalchinesischen Kanton-Regierung unter Chiang Kai-shek sind bis zum Jangtsekiang vorgedrungen. In der Stadt Hanjang haben sie das größte Waffenarsenal Chinas erobert (→ 19. 7./S. 123).

Die Kriminalpolizei von Hannover hat Willi Weber und Otto Schlesinger festgenommen, denen der Anschlag auf den D-Zug Berlin–Köln bei Leiferde (→ 18. 8./S. 140) vorgeworfen wird. Beide haben ein Geständnis abgelegt. Sie werden am 4. November zum Tod verurteilt.

9. September, Donnerstag
In Athen wird ein Putschversuch der republikanischen Garde niedergeschlagen. Die republikanische Garde hat die Herrschaft des abgesetzten Diktators Theodoros Pangalos gestützt (→ 22. 8./S. 138).

Die Komödie, ein neues Kammerspielhaus in Dresden, wird mit dem Stück »Man kann nie wissen« des britischen Schriftstellers George Bernard Shaw eröffnet. Direktorin der neuen Bühne ist Hermine Körner.

Die Gemeinde Feldafing am Starnberger See stellt in den Parkanlagen beim Ort ein Denkmal für Kaiserin Elisabeth von Österreich auf. Die Kaiserin hatte oftmals während des Sommers in Feldafing geweilt. Die Gemeinde hat das Denkmal von der tschechischen Stadt Franzensbad erhalten.

10. September, Freitag
Das Deutsche Reich wird in den Völkerbund aufgenommen. Der deutsche Außenminister Gustav Stresemann hält vor der Völkerbundsversammlung in Genf eine vielbeachtete Antrittsrede. → S. 150/51

Das Koblenzer Abkommen zwischen dem Deutschen Reich und den Besatzungsmächten sichert den deutschen Bewohnern in den rheinischen Gebieten Amnestie für Straftaten zu, die während der Besatzungszeit begangen worden sind. Ausgenommen sind Straftaten des allgemeinen Rechts und Spionage.

Der Franzose Georges Michel stellt einen neuen Rekord im Durchschwimmen des Ärmelkanals auf: Er benötigt 11:06 Stunden (→ 30. 8./S. 139).

In der Komischen Oper in Berlin wird die Rokoko-Operette »Adrienne« von Walter W. Goetze uraufgeführt. Die Operette spielt im 18. Jahrhundert und behandelt die Liebesgeschichte zwischen der Schauspielerin Adrienne Lecouvreur und Moritz von Sachsen.

11. September, Sonnabend
Der italienische Ministerpräsident und Duce Benito Mussolini entgeht in Rom einem Bombenattentat des Anarchisten Ermete Giovannini. Weil der Attentäter als Emigrant in Frankreich gelebt hat, kommt es zu italienisch-französischen Presseangriffen gegen die Emigranten. Italien fordert die Auslieferung bzw. Überwachung der Emigranten. → S. 152

Spanien erklärt seinen Austritt aus dem Völkerbund; der Schritt hängt damit zusammen, daß der Völkerbund nicht über die Tanger-Frage verhandeln will. Spanien hat verlangt, die seit 1912 internationalistische marokkanische Hafenstadt Tanger seiner Marokkozone anzugliedern. → S. 152

Die Räume mit den Möbeln des bayerischen Königs Ludwig II. im Münchner Residenz-Museum werden der Öffentlichkeit zugänglich gemacht.

Der deutsche Läufer Otto Peltzer schlägt den Finnen Paavo Nurmi und den Schweden Edvin Wide in Berlin über 1500 m in der Weltrekordzeit von 3:51,0 Minuten. → S. 161

Erwin Piscators gegenwartsbezogene Inszenierung der »Räuber« von Friedrich Schiller hat im Berliner Schauspielhaus Premiere. Spiegelberg trägt die Züge des russischen Revolutionärs Leo Trotzki. → S. 158

12. September, Sonntag
In seinen Memoiren, die in der französischen Zeitung »Echo de Paris« veröffentlicht werden, sagt der Führer des marokkanischen Aufstands gegen Frankreich und Spanien, Abd El Krim, daß er nur über 3800 reguläre Soldaten verfügt habe (→ 13. 7./S. 123).

13. September, Montag
Bei einer nicht geheim durchgeführten Volksabstimmung in Spanien sprechen sich sechs Millionen der 22,1 Millionen Einwohner für die Diktatur aus.

14. September, Dienstag
Der deutsche Schriftsteller Kurt Tucholsky äußert sich in der Zeitschrift »Weltbühne« skeptisch zur republikanischen Gesinnung im Deutschen Reich; er hält den Sieg des republikanischen Gedankens für »eine optische Täuschung«.

Ein Internationaler Freimaurerkongreß tagt in Belgrad. Die Freimaurer bekennen sich zum Frieden und zur Wiederherstellung der internationalen Eintracht. → S. 154

15. September, Mittwoch
Bei den Unterhauswahlen in Kanada erreicht die Liberale Partei die meisten Stimmen, sie erhält 116 der 245 Mandate. Am 25. September tritt der neue Ministerpräsident William Lyon Mackenzie King sein Amt an (→ 2. 7./S. 122).

Heinz Tietjen wird Generalintendant der staatlichen preußischen Opernhäuser. → S. 158

Der deutsche Schriftsteller Klaus Mann liest in Berlin aus Werken, die 1926 veröffentlicht werden: »Tanzpantomime« (später »Der fromme Tanz«) und »Kindernovelle«.

Der Weltrekord im Kanalschwimmen durch Ernst Vierkötter in 12 Stunden und 42 Minuten auf der Titelseite der »Berliner Illustrirten Zeitung« am 12. September 1926

Im Revuestil zeigt die Karikatur der Zeitschrift »Simplicissimus« die Verbindung der alten Aristokratie mit der neuen rechtsradikalen nationalsozialistischen Bewegung

September 1926

16. September, Donnerstag
Die Völkerbundsversammlung in Genf wählt die neun nicht-ständigen Mitglieder des Völkerbundsrates. Sitze erhalten Kolumbien, Polen, Chile, El Salvador, Belgien, Rumänien, die Niederlande, China und die Tschechoslowakei.

Der italienische Ministerpräsident und Duce Benito Mussolini sowie der rumänische Ministerpräsident Alexandru Avarescu unterzeichnen in der Villa Torlonia (Italien) den rumänisch-italienischen Freundschaftsvertrag.

Die deutsche und die tschechische Gewerkschaftszentrale in der Tschechoslowakei schließen sich zusammen. Die Vereinigung stellt einen Schritt zur Aufhebung der nationalen Gegensätze in der Tschechoslowakei dar.

Im Metropol-Theater in Berlin findet die Uraufführung der Revue »Wieder Metropol« von Hugo Hirsch statt, in der u. a. Hans Albers mitwirkt.

17. September, Freitag
Der deutsche Außenminister Gustav Stresemann und der französische Außenminister Aristide Briand konferieren bei einem Frühstück in Thoiry (Frankreich) über die deutsch-französischen Beziehungen. Die Presse ist bei dieser historischen Begegnung ausgeschlossen. → S. 152

In Stettin tagt der Deutsche Städtetag (bis 18. 9.). Die Städte klagen, daß sich ihre Finanzlage verschlechtert hat, und fordern eine Neuregelung des Finanzausgleichs. → S. 153

18. September, Sonnabend
Die spanische Regierung hat in einer Note an die britische und französische Regierung darauf verzichtet, daß die marokkanische Hafenstadt Tanger in die spanische Marokkozone einbezogen wird. Statt dessen schlägt Spanien vor, daß Italien an der Verwaltung Tangers, das unter internationaler Kontrolle steht, beteiligt wird (→ 11. 9./S. 152).

Ein Tornado in Florida (USA) richtet schwere Verwüstungen an: 1500 Menschen sind ums Leben gekommen; der Badeort Miami ist zu einem großen Teil zerstört worden. → S. 154

Die Berliner Straßenbahnen werden für den Winter mit elektrischen Heizkörpern ausgestattet; die Wagen sollen eine Temperatur von mindestens 10° erhalten. → S. 156

19. September, Sonntag
In Wien findet die Uraufführung des Lustspiels »Der gläserne Pantoffel« des ungarischen Schriftstellers Franz Molnar statt.

In Leipzig wird die Arbeiter-, Turn- und Sportschule eröffnet, in ihr finden Lehrgänge für die Übungsleiter der Arbeiter-Sportvereine statt. → S. 161

20. September, Montag
Der belgische König Albert verkündet die Verlobung seines Sohnes, des Thronfolgers Prinz Leopold, mit Prinzessin Astrid von Schweden, einer Nichte des schwedischen Königs Gustav V. (→ 4./10. 11./S. 180).

Die seit Anfang September in Hannover herrschende Typhuswelle flaut langsam ab. Insgesamt sind 1728 Personen erkrankt und 73 an Typhus gestorben. Als Ursache für die Typhuswelle wird infiziertes Leitungswasser angenommen. → S. 156

Eine Gußbetonbrücke über die Oder in der pommerschen Stadt Garz, die am kommenden Sonntag eingeweiht werden sollte, stürzt ein; vier Arbeiter finden bei dem Unglück den Tod.

21. September, Dienstag
In Breslau kommt es zu blutigen Zusammenstößen zwischen Demonstranten und der Polizei. Die Demonstranten haben sich vor dem Rathaus versammeln wollen, in dem über Notstandsarbeiten verhandelt wird. Bei Notstandsarbeiten werden Arbeitslose beschäftigt.

Das Lustspiel »Die Schule von Uznach oder Neue Sachlichkeit« des deutschen Schriftstellers Carl Sternheim wird im Deutschen Schauspielhaus Hamburg und zugleich von Theatern in Köln und Mannheim uraufgeführt. Das Stück versucht, den neuen, selbstbewußten Frauentyp darzustellen.

22. September, Mittwoch
Der Präsident der Deutschen Reichsbank, Hjalmar Schacht, gibt die Höhe der deutschen Auslandsverschuldung mit fünf Milliarden Reichsmark (RM) an.

Die deutsche Reichsregierung übernimmt das renommierte Hotel Kaiserhof in der Reichshauptstadt Berlin, sie plant, die Räume als Verwaltungsbehörde zu nutzen. Die Reichsbehörden sollen um den Wilhelmsplatz zentriert werden.

23. September, Donnerstag
Die deutsche Delegation unter der Leitung von Außenminister Gustav Stresemann wird bei ihrer Rückkehr von der Völkerbundstagung in Genf in Berlin begeistert begrüßt (→ 10. 9./S. 150).

Der griechische Ministerpräsident Georgios Kondylis tritt zurück, führt jedoch die Geschäfte bis nach den Wahlen im Oktober weiter. Der Plan von Kondylis, nach dem Sturz des Diktators Theodoros Pangalos (→ 22. 8./S. 138) ein großes Koalitionskabinett zu bilden, ist an den Gegensätzen zwischen den Parteien gescheitert (→ 7. 11./S. 181).

Der Herausforderer Gene Tunney (USA) besiegt Jack Dempsey (USA) bei der Boxweltmeisterschaft im Schwergewicht in Philadelphia vor 120 000 Zuschauern über zehn Runden nach Punkten. → S. 160

24. September, Freitag
Für die deutschen Rundfunksender sind Überwachungsausschüsse gebildet worden. Sie entscheiden über alle politischen Fragen der Programmgestaltung. Die Rundfunkgesellschaften müssen ihre Programme den Überwachungsgesellschaften vorlegen und auf Anforderung auch Inhaltsangaben liefern. → S. 153

Das deutsche Reichskabinett billigt die Verhandlungen von Außenminister Gustav Stresemann in Genf und Thoiry (→ 17. 9./S. 152).

25. September, Sonnabend
In Berlin wird die Internationale Polizeiausstellung eröffnet, sie führt moderne Methoden der Verbrechensbekämpfung vor. In ihrem Rahmen findet am 27. September auch eine internationale Polizeikonferenz statt. Wegen der Teilnahme ehemaliger Feindstaaten des Deutschen Reiches im Weltkrieg wird die Ausstellung vielfach als »Locarno der Polizei« bezeichnet. → S. 154

Der US-amerikanische Automobilproduzent Henry Ford führt in seinen Werken den Achtstundentag unter Beibehaltung der Fünftagewoche ein.

Das Schauspiel »Mann ist Mann« des deutschen Schriftstellers Bertolt Brecht wird gleichzeitig im Landestheater Darmstadt und im Städtischen Theater in Düsseldorf uraufgeführt. → S. 159

In Breslau findet die Uraufführung der Operette »Lady Hamilton« des deutschen Komponisten Eduard Künnecke statt. Die Operette behandelt die Liebesgeschichte zwischen Lady Hamilton und Admiral Horatio Viscount Nelson.

26. September, Sonntag
Das neue Bühnenhaus der Hamburger Staatsoper wird mit der Oper »Die Meistersinger von Nürnberg« von Richard Wagner eingeweiht.

27. September, Montag
Nach dem Tod von José Maria Orellana wird Lázaro Chacón neuer Präsident von Guatemala.

In der Nacht zum 27. September schießt in Germersheim ein französischer Unterleutnant auf vier deutsche Passanten und verletzt einen tödlich.

Der 5. Deutsche Soziologentag in Wien beschäftigt sich mit dem Problem der Demokratie.

28. September, Dienstag
Die Sowjetunion und Litauen unterzeichnen einen Neutralitätspakt, sie sichern sich gegenseitige Unterstützung im Fall eines Angriffs von dritter Seite zu.

Das deutsche Motorschiff »Rio Bravo« hat in der Nacht zum 28. September 109 Schiffbrüchige geborgen, die mit dem amerikanischen Dampfer »Mexico« auf dem Madagaskar-Riff im Golf von Mexiko gestrandet sind.

29. September, Mittwoch
Die Berliner Presse enthüllt, daß Prinz Wilhelm von Preußen, der älteste Sohn des ehemaligen Deutschen Kronprinzen, vom 14. August bis zum 9. September am Reichswehrmanöver in Münsingen (Württemberg) teilgenommen hat. → S. 154

30. September, Donnerstag
Der britische Außenminister Joseph Austen Chamberlain und der italienische Ministerpräsident und Duce Benito Mussolini führen bei Livorno (Italien) auf einer Yacht, wie der britische Außenminister gehört, eine Unterredung über die europäische Politik, in der sie zu übereinstimmenden Einschätzungen kommen. Die Presse bewertet das Gespräch als britisch-italienische Annäherung nach der deutsch-französischen Verständigung in Thoiry (→ 17. 9./S. 152).

Die sowjetische Politikerin und Schriftstellerin Alexandra M. Kollontai wird zur Gesandten der UdSSR in Mexiko ernannt. Sie ist die einzige Frau in einer so hohen diplomatischen Stellung. → S. 152

In Brüssel bilden das Deutsche Reich, Frankreich, Belgien und Luxemburg eine internationale Rohstahlgemeinschaft. → S. 153

Die im Allgemeinen Deutschen Gewerkschaftsbund (ADGB) zusammengeschlossenen Organisationen haben fast vier Millionen Mitglieder.

Im Berliner Capitol findet die Uraufführung des Stummfilms »In Treue stark« mit Otto Gebühr statt.

Das umgebaute Züricher Schauspielhaus wird mit dem Schauspiel »Cymbeline« von William Shakespeare eröffnet.

Gestorben:
14. Jena: Rudolf Eucken (*5. 1. 1846, Aurich, Ostfriesland), deutscher Philosoph.

21. Berlin: Richard Fischer (*3. 4. 1855, Hannover), deutscher Politiker.

26. Guatemala: José Maria Orellana (*11. 7. 1872, Guatemala), Präsident von Guatemala.

Geboren:
4. Wien: Ivan Illich, amerikanischer Sozialreformer.

6. Hitzacker: Claus von Amsberg, Prinz der Niederlande.

14. Mons-en-Barœul: Michel Butor, französischer Schriftsteller des Nouveau Roman.

24. Linz: Veit Relin, österreichischer Schauspieler und Regisseur.

30. Paris: Baron Edmond de Rothschild, französischer Industrieller.

Titelblatt-Illustration der »Gartenlaube« im Stil des 19. Jahrhunderts vom September 1926

September 1926

Deutsches Reich ist Völkerbundsmitglied

10. September. In einer feierlichen Sitzung vollzieht die Völkerbundsversammlung in Genf die Aufnahme des Deutschen Reiches in den Völkerbund. Deutschland erhält einen ständigen Sitz im Völkerbundsrat zuerkannt.

Die Nachricht, daß der Völkerbund die Aufnahme des Deutschen Reiches beschlossen hat, erreichte die Reichsregierung am 8. September durch ein Telegramm von Generalsekretär Eric Drummond. Am 9. September traf die deutsche Delegation in Genf ein, und am 10. September bereitet ihr die Vollversammlung einen grandiosen Empfang. Ovationen folgen auf die Rede des deutschen Außenministers Gustav Stresemann, der sich zu einer Politik der Verständigung, des Ausgleichs und des Friedens bekennt.

Nach Stresemann betritt der französische Außenminister Aristide Briand die Rednertribüne. Er hebt hervor, daß der Eintritt des Deutschen Reiches in den Völkerbund ein Zeichen der Versöhnung zwischen Deutschen und Franzosen sei: »Das Zeichen des heutigen Tages ist der Friede für Deutschland und Frankreich, das will heißen: Zu Ende ist die Serie der blutigen und schmerzlichen Zusammenstöße, von denen alle Blätter der Geschichte der Vergangenheit erfüllt sind, zu Ende ist der Krieg zwischen uns...«

Die Aufnahme des Deutschen Reiches in den Völkerbund war durch das Vertragswerk von Locarno am 16. Oktober 1925 ermöglicht worden. In den Vertrag war eine Garantie der bestehenden Westgrenzen des Deutschen Reiches gegeben und damit dem Sicherheitsbedürfnis Frankreichs entsprochen worden. Die Aufnahme des Deutschen Reiches in den Völkerbund, die im Vertrag von Locarno (zusammen mit einem ständigen deutschen Ratssitz im Völkerbundsrat) beschlossen worden war, bindet Deutschland zwar stärker an die Westmächte, durch die für Deutschland geänderten Bestimmungen des Artikels 16 der Völkerbundssatzung bleiben die Bindungen an die Sowjetunion jedoch bestehen. Deutschland verpflichtet sich nur in abgeschwächter Form zu den darin vorgesehenen Sanktionen im Fall eines Angriffskriegs gegen ein Mitglied des Völkerbundes (Eventualfall: Sowjetisch-polnischer Krieg; → 24. 4./S. 68).

Nachdem der Antrag des Deutschen Reiches auf Aufnahme in den Völkerbund am → 17. März (S. 52) an den Ansprüchen Brasiliens, Spaniens, Chinas und Polens, ebenfalls einen ständigen Ratssitz zu erhalten, gescheitert war, wurde ein Prüfungsausschuß eingesetzt, um eine Ratsreform des Völkerbundes auszuarbeiten und so einen Kompromiß zu erreichen. Diesem Ausschuß gehörten Argentinien, Polen, China, die Schweiz und auch Vertreter des Deutschen Reiches an. Der Ausschuß hielt daran fest, die Zahl der ständigen Ratsmitglieder nach der Aufnahme Deutschlands nicht weiter zu erhöhen.

Trotz einer Reihe von Kompromißvorschlägen in der Frage der nichtständigen Ratssitze verlassen daraufhin Brasilien (→ 12. 6./S. 109) und Spanien (→ 11. 9./S. 152) den Völkerbund. China und Polen geben sich mit dem Kompromiß – Erhöhung der Zahl der nichtständigen Mitglieder im Rat von sechs auf neun, Möglichkeiten zur Wiederwahl von nichtständigen Mitgliedern in besonderen Ausnahmefällen – zufrieden.

Vorn v. l.: Reichsinnenminister Wilhelm Külz, Reichskanzler Wilhelm Marx, Reichsaußenminister Stresemann vor der Genf-Reise Stresemanns

Tagung des Völkerbundsrates in Genf mit Briand (1), Generalsekretär Eric Drummond (2) und Chamberlain (3)

September 1926

Das erste Auftreten des Deutschen Reiches vor dem Völkerbund: Reichsaußenminister Gustav Stresemann spricht zur Völkerbundsversammlung

Politisches Echo auf den Beitritt

Eduard Beneš, Präsident des Völkerbundsrates: »Es ist zweifellos, daß eine neue Epoche der Politik beginnt. Ich wünsche aufrichtig, daß sie eine Periode des Friedens und der freundschaftlichen und ehrlichen Zusammenarbeit sein möge.«

Emile Vandervelde, belgischer Außenminister: »Ich brauche... nicht viel Worte zu machen, damit man mir glaubt, wie ehrlich erfreut ich darüber bin, daß die schöne Sonne von Locarno, die im März von Wolken verhüllt wurde, sich nun hier in Genf wieder rein und klar zeigt.«

Joseph Austen Chamberlain, britischer Außenminister: »Der Völkerbund hat eine große Probe in den letzten Monaten bestanden.«

Verständnis und gegenseitige Achtung der Völker

In seiner vielbeachteten Rede vor der Völkerbundsversammlung in Genf am 10. September führt Reichsaußenminister Gustav Stresemann u. a. aus:

»... Deutschland tritt mit dem heutigen Tage in die Mitte von Staaten, denen es zum Teil seit langen Jahrzehnten in ungetrübter Freundschaft verbunden ist, die zum anderen Teil im letzten Weltkrieg gegen Deutschland verbunden waren. Es ist von geschichtlicher Bedeutung, daß Deutschland und diese letzteren Staaten sich jetzt im Völkerbund zu dauernder, friedlicher Zusammenarbeit zusammenfinden. Diese Tatsache zeigt deutlicher, als Worte und Programme es können, daß der Völkerbund berufen sein kann, dem politischen Entwicklungsgang der Menschheit eine neue Richtung zu geben...

Eine starke Gärung der Gedanken kämpft unter den Völkern der Erde. Die einen vertreten das Prinzip der nationalen Geschlossenheit und verwerfen die internationale Verständigung, weil sie das national Gewordene nicht durch den allgemeinen Begriff der Menschheit ersetzen wollen. Ich bin der Meinung, daß keine Nation, die dem Völkerbund angehört, dadurch ihr nationales Eigenleben irgendwie aufgibt. ... Der wird der Menschheit am besten dienen, der, wurzelnd im eigenen Volke, das ihm seelisch und geistig Gegebene zur höchsten Bedeutung entwickelt und damit, über die Grenze des eigenen Volkes hinauswachsend, der gesamten Menschheit etwas zu geben vermag... Das Zusammenarbeiten der Nationen im Völkerbund muß und wird dazu führen, auch für diese moralischen Fragen im Völkerleben die gleiche Antwort zu geben. Denn das sicherste Fundament für den Frieden ist eine Politik, die getragen wird von gegenseitigem Verstehen und gegenseitiger Achtung der Völker. Deutschland hat sich schon vor seinem Eintritt in den Völkerbund bemüht, im Sinne friedlichen Zusammenwirkens zu arbeiten...«

September 1926

Frühstück der Staatsmänner

17. September. Streng vor der Presse abgeschirmt, treffen die Außenminister Frankreichs und Deutschlands, Aristide Briand und Gustav Stresemann, zu einem politischen Frühstück in dem französischen Dorf Thoiry zusammen. Obwohl Stresemann und Briand in Erklärungen an die Presse hervorheben, daß die Begegnung von einer äußerst freundschaftlichen Atmosphäre bestimmt gewesen sei, endet sie enttäuschend.

Die folgenden deutschen Ansprüche waren Gegenstand des Gesprächs:
▷ Rückgabe des Saargebiets – ob mit oder ohne Abstimmung – an das Deutsche Reich. Das Saargebiet steht seit 1920 unter treuhänderischer Verwaltung des Völkerbundes
▷ Vollständige Räumung des besetzten Rheinlandes (→ 30. 1./S. 17)
▷ Rückgabe von Eupen-Malmedy, des deutsch-belgischen Grenzgebiets, das gemäß dem Versailler Vertrag Belgien zugeschlagen worden ist
▷ Beendigung der alliierten Militärkontrolle in Deutschland (→ 12. 12./S. 193)

Die französische Seite wollte die Befriedigung der deutschen Wünsche mit einem Beitrag des Deutschen Reiches zur Lösung der französischen Währungskrise verbinden. Außenminister Stresemann stand dieser »Kommerzialisierung« der Annäherung von vornherein zurückhaltend gegenüber.

V.l.: Gustav Stresemann (Deutsches Reich), Joseph Austen Chamberlain (Großbritannien), Aristide Briand (Frankreich), Staatssekretär Schubert

Mussolini entgeht Attentat

11. September. Der italienische Ministerpräsident und Duce Benito Mussolini entgeht in Rom erneut einem Attentatsversuch (→ 7. 4./S. 69). Er bleibt bei dem Bombenanschlag auf sein Auto unverletzt, sieben Personen werden verletzt, davon eine schwer.

Als Tatverdächtiger wird der erst 18jährige Anarchist Ermete Giovannini festgenommen. Weil er erst kürzlich aus Frankreich eingereist sein soll, erheben die Italiener schwere Vorwürfe gegen den Nachbarstaat und fordern die französische Regierung auf, alle politischen Emigranten aus Italien, die sich in Frankreich aufhalten, auszuweisen. Nach heftigen Angriffen auf die französischen Konsulate in Italien zieht Frankreich Truppen an der Grenze zusammen. Der Konflikt kann jedoch friedlich beigelegt werden (→ 31. 10./S. 167).

Benito Mussolini greift nach dem Attentat Frankreich an

Eine Menschenmenge versammelt sich vor dem Palazzo Chigi in Rom, als bekannt wird, daß Mussolini das Attentat unverletzt überstanden hat

Spanien verläßt den Völkerbund

11. September. Die spanische Regierung teilt dem Völkerbund in Genf – einen Tag nach der Aufnahme des Deutschen Reiches – ihren Entschluß mit, die Organisation zu verlassen.

Spanien hat sich mit seiner Forderung, wie Deutschland einen ständigen Sitz im Völkerbundsrat zu erhalten (→ 17. 3./S. 52), ebensowenig durchsetzen können wie mit dem Vorschlag, als Kompensation für den Verzicht auf den Ratssitz ein Mandat über die einen internationalen Status besitzende marokkanische Hafenstadt Tanger zu erhalten (→ 26. 8./S. 136).

Alexandra M. Kollontai (M.) vertritt künftig die Sowjetunion als Botschafterin in Mexiko

Eine Frau wird Botschafterin

30. September. Die sowjetische Politikerin und Schriftstellerin Alexandra M. Kollontai wird zur Gesandten der Sowjetunion in Mexiko ernannt. Sie ist die einzige Frau, die einen so hohen diplomatischen Posten innehat. Alexandra Kollontai, Revolutionärin der ersten Stunde, war Volkskommissarin für soziale Fürsorge in der ersten Sowjetregierung 1917. Ihr Buch »Wege der Liebe« – drei Erzählungen über Frauen in der russischen Revolution – ist 1925 im Berliner Malik-Verlag auf deutsch erschienen.

September 1926

Britisch-chinesisches Scharmützel auf dem Jangtsekiang

5. September. *Britische Kanonenboote und Truppen des Mittelchina beherrschenden Militärmachthabers Wu Pei-fu liefern sich am Oberlauf des Jangtsekiang (Abb.) ein mehrstündiges Gefecht, in dessen Verlauf u. a. sieben britische Soldaten getötet werden.*
Der Konflikt ist ausgebrochen, weil die Chinesen zwei britische Handelsschiffe beschlagnahmt haben. Großbritannien hat Kriegsschiffe im Jangtsekiang liegen, um die ausländischen Niederlassungen in der nahe gelegenen Stadt Hangkau vor Übergriffen der »Roten« (gemeint ist die Armee der Kantonregierung Chiang Kai-sheks) zu schützen. Chiang Kai-shek erobert die Stadt, die bisher zu Wu Pei-fus Machtbereich gehört hat, zwei Tage nach dem Zwischenfall.

Schwerindustrie bildet Kartell

30. September. Das Deutsche Reich, Frankreich, Belgien und Luxemburg beschließen in Brüssel die Bildung einer internationalen Rohstahlgemeinschaft.
Das Stahlkartell sieht Kontingentabsprachen zwischen den Schwerindustrien der beteiligten Länder vor. Durch Ausschaltung der gegenseitigen Konkurrenz sollen die Exportpreise für Rohstahl hoch gehalten werden.
Die Quoten für die Stahlproduktion verteilen sich wie folgt:
▷ Deutsches Reich: 43%
▷ Frankreich: 31%
▷ Belgien: 12%
▷ Luxemburg: 8%
▷ Saargebiet: 6%
Es ist eine jährliche Gesamtproduktion von 27,5 Millionen t vorgesehen; bei Überschreitung der Quote muß das betreffende Land vier Dollar pro Tonne in die Kasse des Kartells einzahlen.
Das europäische Stahlkartell wird von Reichsaußenminister Gustav Stresemann begrüßt.

Unternehmer für SPD

3./4. September. Die Tagung des Reichsverbandes der Deutschen Industrie in Dresden endet mit einer Überraschung. Präsidiumsmitglied Paul Silverberg, der Vorsitzende des Rheinischen Braunkohlensyndikats, spricht den deutschen Gewerkschaften »große Verdienste« zu und

Der rheinische Großindustrielle Paul Silverberg (Zeichnung)

erklärt, daß die Arbeiterschaft und folglich auch die SPD an der Regierung beteiligt werden solle.
Wörtlich führt Silverberg vor der Tagung des Unternehmerverbandes aus: »Man sagte einmal, es kann nicht gegen die Arbeiterschaft regiert werden. Das ist nicht richtig. Es muß heißen: Es kann nicht ohne die Arbeiterschaft regiert werden. Und wenn das richtig ist, muß man den Mut zur Konsequenz haben, es soll nicht ohne die Sozialdemokratie, in der die überwiegende Mehrheit der deutschen Arbeiterschaft ihre politische Vertretung sieht, regiert werden.«
Die Ausführungen Silverbergs stoßen innerhalb des Reichsverbandes, u. a. bei dem Schwerindustriellen Fritz Thyssen, auf Kritik. Ausdrücklich wird hervorgehoben, daß die Meinung Silverbergs nicht die offizielle Ansicht des Verbandes sei.
Die SPD ist seit dem 30. November 1923 nicht mehr an der Reichsregierung beteiligt. Sie steht im Reichstag in der Opposition, obwohl sie dort die stärkste Fraktion stellt.

Städte klagen über Geldnot

17./18. September. Hauptthema des Deutschen Städtetages in Stettin ist die angespannte Finanzlage der Städte. Der Nachtragshaushalt der Reichshauptstadt Berlin weist z. B. ein Defizit von 50 Millionen Reichsmark (RM) auf.
Wegen dieser Geldnot wird auf dem Städtetag wiederholt gefordert, den Finanzausgleich zwischen Kommunen, Ländern und dem Reich, der die Verteilung der Steuereinnahmen in den einzelnen Bereichen festlegt, zugunsten der Städte neu zu regeln.
Vertreter der Kommunen verteidigen sich gegen den Vorwurf der Großmannssucht, den Industrie und Handel, aber auch das Reichsfinanzministerium vielfach gegen die Gemeinden (u. a. wegen des Baus großzügiger Sportanlagen) erhoben hatten.
Die Städte wenden ein, daß 80 bis 90% ihres Haushalts auf Pflichtaufgaben entfielen, die gesetzlich festgelegt seien und auf deren Höhe die Stadtverwaltungen ohnehin keinen Einfluß nehmen könnten.

Überwachung des Radioprogramms

24. September. Für die Rundfunksender im Deutschen Reich sind Überwachungsausschüsse gebildet worden, die eine Kontrolle über die ausgestrahlten politischen Sendungen ausüben sollen.
Mit der Annahme der Betriebserlaubnis hatten sich die Rundfunkgesellschaften mit einer Überwachung ihrer Programme einverstanden erklären müssen. Die nun eingerichteten, in der Regel dreiköpfigen Ausschüsse üben zu-

Tragbares Radio

nächst lediglich eine Nachzensur aus, bald fordern sie jedoch die Vorlage der geplanten Programme und Einsicht in Manuskripte, die ausgestrahlt werden sollen. Die Auswahl der Ausschußvertreter von Reich und Ländern erfolgt vielfach nach dem Parteienproporz.

September 1926

Erstmals seit dem Ende des Weltkriegs werden wieder größere Manöver abgehalten; hier ein gegen die Entdeckung vom Flugzeug aus getarntes Geschütz bei den Herbstübungen der Reichswehr in Mergentheim

Kronprinzensohn beim Manöver

29. September. Die Berliner Presse deckt auf, daß der älteste Sohn des Kronprinzen, Wilhelm, an den Reichswehrmanövern vom 14. August bis 9. September in Münsingen (Württemberg) teilgenommen und dabei die Felduniform des 1. Garderegiments zu Fuß (dem er bis 1918 angehörte), also eine Uniform der alten kaiserlichen Armee, getragen hat. Die Erlaubnis zur Teilnahme am Manöver hatte der Chef der Heeresleitung, Hans von Seeckt, dem Kronprinzensohn erteilt, ohne Reichswehrminister Otto Geßler zu informieren.

In einem politischen Klima, das von der Auseinandersetzung um die deutschen Farben (→ 17. 5./S. 88) und die Frage der Fürstenabfindung (→ 20. 6./S. 108) geprägt ist, wird die – schon formal unzulässige – Teilnahme eines Familienangehörigen der Hohenzollern an einem Reichswehrmanöver als Gefährdung der Republik empfunden. Den zunächst nur in der Presse vorgetragenen Angriffen gegen Seeckt schließen sich die sozialistische Opposition im Reichstag und Teile der Regierungsparteien an (→ 8. 10./S. 168).

Reichswehrminister Otto Geßler von der DDP

Große Polizeiausstellung in Berlin

Das auf der Internationalen Polizeiausstellung eingerichtete Kriminalmuseum gibt einen Überblick über die Geschichte der Strafverfolgung

25. September. In Berlin wird eine Große Internationale Polizeiausstellung eröffnet. Auf der Ausstellung sind neben den Polizeibehörden der Länder des Deutschen Reiches auch solche des Auslands vertreten.

Die Ausstellung führt moderne kriminalistische Methoden – Fernidentifizierung mit Mitteln der Nachrichtentechnik, neue mikroskopische und chemische Analysemethoden zur Spurensicherung – vor.

Zu einem Eklat kommt es, als bekannt wird, daß die Behörden vor der Eröffnung einige Ausstellungsgegenstände, darunter die Maschinenpistole, mit der 1922 der damalige Reichsaußenminister Walther Rathenau erschossen worden war, entfernt haben.

Internationaler Freimaurertreff

14. September. In Belgrad tagt ein Internationaler Freimaurerkongreß. Die Freimaurer bekennen sich zu Frieden und Völkerverständigung und begrüßen die vom Völkerbund unternommenen Anstrengungen, Streitigkeiten zwischen den Staaten gewaltlos beizulegen.

Die Haltung der deutschen Freimaurer zur Frage der internationalen Verständigung ist – trotz des Verbotes, in der Organisation politische Fragen zu behandeln – gespalten. Während der linksliberale »Freimaurerbund zur aufgehenden Sonne« an Kontakten zu ehemaligen Feindstaaten Deutschlands festhält, wenden sich die humanitären und vor allem die sog. altpreußischen Großlogen gegen einen solchen Internationalismus. In diesen Großlogen, der »Großen Landesloge von Deutschland«, der »Großen National-Mutterloge Zu den drei Weltkugeln«, der »Großen Loge von Preußen genannt Zur Freundschaft«, in denen etwa 70% der deutschen Freimaurer organisiert sind, ist ein Bekenntnis zum christlichen Glauben und deutschen Volkstum eine notwendige Voraussetzung für die Aufnahme.

Diese Logen stehen der Weimarer Republik im allgemeinen ablehnend gegenüber. Sie sehnen sich nach einem neuen, auf den preußischen Idealen gegründeten Deutschland.

Wirbelsturm über US-Staat Florida

18. September. Durch einen Wirbelsturm, der über dem US-Bundesstaat Florida wütet und Windgeschwindigkeiten bis zu 190 km/h erreicht, kommen 1500 Menschen ums Leben, mehr als 20 000 werden verletzt, die Zahl der Obdachlosen geht in die Zehntausende, der Sachschaden wird auf 350 Millionen Dollar geschätzt. Besonders betroffen von dem Tornado, der Dächer abdeckt und Gebäude eindrückt, ist das bekannte Seebad Miami. Die ganze Stadt ist eine einzige Ruine, sogar 20stöckige Gebäude liegen in Trümmern. In Florida wird das Kriegsrecht verhängt, weil sich Banden gebildet haben, die das Chaos für Plünderungen ausnutzen.

September 1926

Berliner Funkturm eingeweiht

3. September. *Anläßlich der Eröffnung der Dritten Großen Deutschen Funkausstellung auf dem Berliner Messegelände (3.–12. 9.) wird der Berliner Funkturm offiziell eingeweiht. Die Stahlkonstruktion hat bei einer Seitenlänge der Basis von nur 18 m eine Gesamthöhe von 138 m. Architekt des Stahlgerüsts ist Heinrich Straumer. Er hat den Turm und seine Anbauten in Zusammenarbeit mit der Berliner Konstruktionsfirma Hein, Lehmann u. Co. errichtet. Mit dem Bau des Turms ist bereits 1924 begonnen worden, im Herbst 1925 ist der Sendebetrieb aufgenommen worden. Nun werden auch der Aussichtspunkt und ein Café in 120 m Höhe sowie ein Restaurant in 55 m Höhe eröffnet.*

U-Bahn erweitert

13. September. Nach Fertigstellung des letzten Bauabschnitts zwischen den Haltestellen Clapham und Mordon ist die »City and South London Railway« mit einer Gesamtstrecke von über 4 km die längste U-Bahn-Linie der Welt.

Die Geschichte der Londoner Untergrundbahn reicht weit ins 19. Jahrhundert zurück. 1863 wurde hier die erste U-Bahn-Linie der Welt, die »Metropolitan Line«, eingeweiht, die mit Dampfkraft betrieben wurde. 1990 wurde die »City and South London Railway«, die nunmehr ausgebaut worden ist, als erste elektrische Untergrundbahn der Welt in Betrieb genommen. Inzwischen besteht das Londoner U-Bahn-Netz aus neun Linien.

Als einzige deutsche Großstädte bieten Berlin (seit 1902) und Hamburg (seit 1906) ihrer Bevölkerung die Beförderung mit der U-Bahn.

Der erste Zug der U-Bahn-Linie Edgware–Mordon (»City and South London Railway«) läuft in den Bahnhof von Mordon ein, gesteuert vom Staatssekretär im Tansportministerium, James Moore-Brabazon

IG Farben expandiert

1. September. Der Chemiekonzern IG Farben (Interessengemeinschaft Farbenindustrie AG) übernimmt die Erdöl- und Kohleverwertung AG und wird damit zur größten deutschen Aktiengesellschaft. In dem Chemietrust arbeitet nunmehr Kapital von drei Milliarden Reichsmark (RM). Das ist mehr als doppelt soviel als bei den neugegründeten Vereinigten Stahlwerken (→ 1.4./S. 72).

Die IG Farben ist erst im Jahr 1925 unter Beteiligung aller führenden deutschen Chemieunternehmen gegründet worden. Folgende Unternehmen schlossen sich zusammen:

▷ Badische Anilin- & Soda-Fabrik (BASF), Ludwigshafen
▷ Farbwerke vorm. Meister, Lucius und Brüning, Hoechst
▷ Farbenwerke vorm. Friedr. Bayer u. Co., Leverkusen
▷ AG für Anilinfabrikation, Berlin (Agfa-Gevaert-Gruppe)
▷ Chemische Fabriken, vorm. Weiler-ter-Meer, Uerdingen
▷ Chemische Fabrik Griesheim-Elektron, Frankfurt am Main

Weitere Beteiligungen bestehen an den Rheinischen Stahlwerken und der Kupferhütte in Duisburg, an Wacker-Chemie in München und Dynamit Nobel. In der Geschäftsführung sind die einzelnen zur IG Farben zusammengeschlossenen Unternehmen relativ selbständig.

Die IG Farben ist nicht nur die größte deutsche Aktiengesellschaft, sondern auch der größte Chemiekonzern der Welt.

September 1926

Typhuserkrankungen in Hannover

20. September. Die Zahl der Neuerkrankten in Hannover, das von einer Typhuswelle heimgesucht wird, nimmt allmählich ab. Insgesamt sind während der Krankheitswelle, die Anfang September ausgebrochen ist, 1728 Personen erkrankt und 73 gestorben. Diese Zahlen erfassen nicht diejenigen Typhuskranken, die sich einer Einweisung ins Krankenhaus entzogen haben.

Als Ursache für die Typhuswelle ist infiziertes Leitungswasser anzunehmen, das aus einem der drei Wasserwerke der Stadt stammt. Bereits Ende August waren gehäuft Darmerkrankungen aus einigen Stadtteilen gemeldet worden, die Behörden nahmen diese Krankheitsfälle jedoch offensichtlich auf die leichte Schulter. Weil die Inkubationszeit beim Typhuserreger bis zu drei Wochen beträgt, ist davon auszugehen, daß in diesem Zeitraum das Leitungswasser aus dem Wasserwerk auch schon mit Typhusbakterien verseucht war.

Typhus ist eine stark ansteckende Krankheit, die sich in Kopfschmerzen, treppenförmig ansteigendem Fieber sowie Magen- und Darmbeschwerden äußert. Wegen der An-

Mit Sanitätsautos werden Typhus-Kranke in die Krankenhäuser transportiert; Sanitäter tragen lange Kittel, um sich vor Ansteckung zu schützen

steckungsgefahr werden die Kranken in den Krankenhäusern isoliert, zusätzlich werden Isolierstationen in Schulen eingerichtet und – mit Hilfe des Roten Kreuzes – Krankenbaracken aufgestellt.

Die Behörden fordern die Bevölkerung dringlich auf, sich beim Verdacht einer Erkrankung sofort zu melden. Besonders kleine Gewerbetreibende, die mit Nahrungsmitteln zu tun haben, schrecken vor einer Meldung häufig zurück, da sie eine Schließung ihres Geschäfts bei Typhusverdacht befürchten. Mehr als 30 000 Hannoveraner machen von der Möglichkeit Gebrauch, sich gegen Typhus impfen zu lassen.

Junges Glück in einem Zimmer

19. September. Der Wiener Architekt Otto Niedermoser stellt in der Presse eine Möglichkeit vor, wie ein junges Ehepaar eine Einzimmerwohnung geschmackvoll und praktisch einrichten kann.

Wichtig bei nur einem Wohnraum sind variable und zweckmäßige Möbel: Eine bis zur Decke reichende Kastenkabine, die durch eine Tapetentür zu betreten ist, ersetzt den traditionellen Kleiderschrank; auf ein Doppelbett wird verzichtet, das Bett des Mannes dient tagsüber als Sofa; in eine niedrige Kommode ist eine herunterklappbare Schreibplatte eingelassen; der Eßtisch läßt sich zusammenklappen.

Architekt Niedermoser rät, auf überladene Ausstattung zu verzichten. Das Zusammenleben eines jungen Ehepaars in einem selbständigen Haushalt – selbst auf so engem Raum – sei immer noch angenehmer, als bei den Schwiegereltern wohnen zu müssen.

Von Otto Niedermoser entworfene Ein-Zimmer-Wohnung für ein junges Ehepaar; Blick auf das Bett des Mannes und die Kaminecke

Auf der Suche nach Urbausteinen

23. September. Auf der Tagung der Naturforscher in Düsseldorf erläutert der Wiener Physiker Felix Ehrenhaft seine durch Experimente erhärtete These, daß Elektronen teilbar seien.

Die Atomspaltungsversuche von Ernest Rutherford und die darauf aufbauende Theorie von Niels Bohr haben zu Beginn des Jahrhunderts die Annahme widerlegt, Atome seien die kleinsten, nicht teilbaren Bestandteile der Materie. Seitdem gelten die Elektronen, die den Atomkern umkreisen, als nicht teilbare Elementarbausteine. Ehrenhaft stellt diese Hypothese mit seinen Zertrümmerungsexperimenten wieder in Frage.

Namensstreit um Südtirol

24. September. Auf eine parlamentarische Anfrage bezüglich der korrekten Bezeichnung für Südtirol antwortet der italienische Ministerpräsident und Duce Benito Mussolini in Rom, die amtliche Bezeichnung für das Gebiet laute »Alto Adige« (Oberetsch). Seit einiger Zeit haben sich Gruppen von Trienter Faschisten gebildet, denen dieser Name zu wenig italienisch klingt; sie sprechen von »Alto Trentino« (Obertrient). Das österreichische Tirol ist nach dem Weltkrieg geteilt worden. Das überwiegend deutschsprachige Südtirol gehört seitdem zu Italien.

Straßenbahnen werden beheizt

18. September. Die Straßenbahn-Betriebsgesellschaft in Berlin teilt mit, daß die Berliner Straßenbahnwagen im kommenden Winter erstmals elektrisch beheizt werden, so daß eine Temperatur von mindestens 10° gewährleistet ist.

Im vergangenen Winter hatte die Gesellschaft in einem Teil der Straßenbahnen elektrische Heizkörper einbauen lassen, jedoch keine befriedigenden Ergebnisse erzielt. Nun sollen die Heizkörper mit dem Fahrstrom betrieben werden.

September 1926

Jubiläum der Gasbeleuchtung

22. September. Aus Anlaß des hundertjährigen Jubiläums der Gasbetriebsgesellschaft in Berlin und damit der gesamten deutschen Gasindustrie treffen Vertreter der europäischen Gasindustrie bei der Deutschen Kontinentalen Gasgesellschaft, die Hauptaktionärin der Berliner Gesellschaft ist, zusammen.
Am 20. September 1826 erstrahlte erstmals eine Berliner Straße im Lichte der Gasbeleuchtung; zuvor dienten Öllampen der nächtlichen Erhellung der Stadt. Die »Königlich privilegirte Berlinische Zeitung von Staats und gelehrten Sachen« (»Vossische Zeitung«) schrieb zu dem Ereignis unter dem Datum des 21. September 1826:

»Gestern abend sahen wir zum ersten Male die schönste Straße der Hauptstadt, die zugleich unser angenehmster Spaziergang ist, die Linden, im hellsten Schimmer der Gasbeleuchtung. Eine große Menge Neugieriger war durch dieses Schauspiel herbeigelockt worden und alle schienen davon überrascht; denn heller haben wir selbst bei glänzenden Illuminationen die Linden nicht gesehen. Nicht in dürftigen Flämmchen, sondern in handbreiten Strömen schießt das blendende Licht hervor, das so reich ist, daß man in einer Entfernung von 20 bis 25 Schritten von den größeren Laternen einen Brief recht gut lesen konnte... Bald werden auch die anderen Hauptstraßen auf gleiche Weise erleuchtet werden...«

Anfangs diente das Gas allein der öffentlichen Beleuchtung; die Zahl der Gasflammen in Berlin ist von etwa 2000 im Jahr 1850 auf 69 000 im Jahr 1926 angestiegen – nach Ausbesserung der Kriegsschäden werden wieder etwa 92 000 Gaslampen die Reichshauptstadt erleuchten. Im gleichen Zeitraum hat sich der Gasverbrauch pro Kopf der Berliner Bevölkerung von 20 auf 150 Kubikmeter jährlich erhöht, allerdings wird nur noch ein geringer Bruchteil für die öffentliche Beleuchtung verwendet (10%). 50% des Gasverbrauchs entfallen auf das Kochen und Heizen in privaten Haushalten, 40% auf Gewerbe und Industrie.

Die »Berliner Illustrirte« widmet dem Jubiläum eine ganze Seite der Ausgabe vom 29. August

Zum 100jährigen Jubiläum der Berliner Gaswerke: Bericht der „Vossischen Zeitung" von 1826 über die erste Beleuchtung der Straße „Unter den Linden" mit Gaslicht.

HUNDERT JAHRE GAS
Zum 100jährigen Jubiläum der Berliner Gaswerke

Der Laternenanzünder von 1830. Lithographie von Dörbeck.

Die erste Berliner Gas-Anstalt vor dem Halleschen Tore 1826.

Heute: Ofenhäuser des Gaswerks Berlin-Tegel.

September 1926

»Räuber« als Zeitgenossen

11. September. Im Staatlichen Schauspielhaus zu Berlin hat das Sturm-und-Drang-Drama »Die Räuber« von Friedrich von Schiller in der Inszenierung von Erwin Piscator Premiere. Der Regisseur hat den Schillerschen Stoff in die moderne Zeit versetzt. Die Schauspieler tragen Straßenanzüge, und Paul Bildt in der Rolle des Spiegelberg erscheint in der Maske von Leo Trotzki. Piscator will mit seiner aktualisierenden Inszenierung das Revolutionspathos von Schiller entlarven. Die Rebellion von Karl Moor und seiner Räuberbande soll so als Aufstand der Jugend und nicht als politisches Aufbegehren dargestellt werden. Spiegelberg erscheint dagegen als »Vertreter unserer harten sozialen Lage, Verbindungsmann vom Heute zum Gestern«.

Über die Inszenierung ist die Meinung geteilt. Während der Rezensent der »Deutschen Allgemeinen Zeitung«, Paul Fechter, meint: »Herr Piscator gehört mehr in den Roten Frontkämpferbund zum Arrangieren von Umzügen als ins Staatstheater zum Umbringen von Klassikern«, urteilt die kommunistische »Rote Fahne«: »Es war die Gestaltungskraft eines Mannes, der dem Theater von gestern den Krieg erklärt hat.«

Paul Bildt in der Maske des sowjetischen Revolutionärs Leo Trotzki; Szene aus der »Räuber«-Aufführung von Erwin Piscator in Berlin

Szenenfoto aus der »Räuber«-Inszenierung

Bühnenbild-Entwurf von Traugott Müller

Opernhäuser an der Spree

15. September. Der Preußische Pressedienst teilt mit, daß Heinz Tietjen zum General-Intendanten der staatlichen preußischen Opernhäuser ernannt worden ist. Tietjen übernimmt damit die Intendanz an den Opernhäusern in Wiesbaden und Kassel sowie an den beiden staatlichen Opernhäusern in Berlin, der Staatsoper Unter den Linden und der Staatsoper am Platz der Republik (Kroll-Oper). Ferner behält er die Intendanz des dritten Berliner Opernhauses, der Städtischen Oper. Die musikalische Leitung an den Berliner Opernhäusern haben hochkarätige Dirigenten inne: Bruno Walter ist Generalmusikdirektor an

Heinz Tietjen, Generalintendant der preußischen Opernhäuser

Erich Kleiber, Generalmusikdirektor an der Staatsoper in Berlin

der Städtischen Oper, Erich Kleiber hat diesen Posten an der Staatsoper Unter den Linden inne (→ 2. 5./S. 101). Zum Direktor der Staatsoper am Platz der Republik wird Otto Klemperer ernannt. Er tritt das Amt zum November 1927 an.

September 1926

Die Hollywood-Produktion »Ben Hur« setzt neue Maßstäbe als Monumentalfilm

7. September. *Im Ufa-Pavillon am Nollendorfplatz in der Reichshauptstadt Berlin wird der US-amerikanische Film »Ben Hur« des Regisseurs Fred Niblo in europäischer Uraufführung gezeigt.*

Die aufwendige Hollywood-Produktion, die vier Millionen Dollar gekostet hat, beeindruckt durch verschwenderische Ausstattung und durch hervorragende Außenaufnahmen, u. a. von Seeschlachten (Abb.: Für den Film nachgebaute Galeere). Als Monumentalfilm, bei dem an Zeit, Geld, Komparsen und Filmmaterial nicht gespart wird, setzt »Ben Hur« neue Maßstäbe im Stummfilmgenre. Die Handlung, die auf dem gleichnamigen historischen Erfolgsroman von Lew Wallace aus dem Jahre 1880 beruht, spielt im alten Rom und im römisch besetzten Jerusalem kurz nach Christi Geburt. Der Film schildert die Bekehrung Ben Hurs, der aus einer reichen jüdischen Familie stammt, zum Christentum und die Verfolgung, der er daraufhin ausgesetzt ist. Berichte über Unglücks- und Todesfälle während der dreijährigen Dreharbeiten haben den Film schon vor der Premiere in die Schlagzeilen der Presse gebracht.

»Forsyte-Saga« fortgeschrieben

Einer der beliebtesten englischen Schriftsteller ist John Galsworthy, der Schöpfer des breitangelegten Familien- und Gesellschaftsromans »Forsyte-Saga«, dessen fünfter Band, betitelt »The silver spoon« (deutsch »Der silberne Löffel«), 1926 erscheint. Die letzten Bände der »Forsyte-Saga« zeigen den Verfall der Familie und der bürgerlichen Gesellschaft in den 20er Jahren. Im Mittelpunkt der Handlung des fünften Bandes steht Fleur, die ihr Leben damit ausfüllt, eine gesellschaftliche Rolle zu übernehmen. Durch einen Skandal wird ihre Position unterminiert. Ihr Mann vertritt die Ideen des Foggartismus, der eine Lösung des Arbeitslosenproblems durch Auswanderung erhofft.

Der Dramatiker Bertolt Brecht in seiner Berliner Wohnung; mit dem sozialkritischen Stück »Mann ist Mann« hat er einen neuen Stil gefunden

Kritiker reisen nach Darmstadt

25. September. Im Hessischen Landestheater in Darmstadt wird das Stück »Mann ist Mann« von Bertolt Brecht mit der Musik von Paul Dessau uraufgeführt. Brecht ist durch seine Dramen »Trommeln in der Nacht« (1922) und »Im Dickicht der Städte« (1924) so bekannt, daß die großen Berliner Kritiker anreisen, um das Ereignis mitzuerleben. Der Eindruck, den Brechts Parabel hinterläßt, ist zwiespältig. Während Herbert Ihering lobt: »Brecht ist der erste deutsche Bühnendichter, der die Mechanik des Maschinenzeitalters weder feiert noch angreift, sondern selbstverständlich nimmt«, ist Alfred Kerr enttäuscht: »Ärmlicher als im Durchschnittsfilm. Literatur der forschen Dürftigkeit.«

September 1926

120 000 Zuschauer verfolgen im Stadion von Philadelphia den Kampf zwischen Jack Dempsey und Gene Tunney um die Weltmeisterschaft

Dempsey verliert den WM-Titel

Jack Dempsey (l.) gratuliert Gene Tunney zur Weltmeisterschaft

23. September. Herausforderer Gene Tunney (USA) besiegt im »Kampf des Jahrhunderts« um die Boxweltmeisterschaft im Schwergewicht vor 120 000 Zuschauern in Philadelphia Titelverteidiger Jack Dempsey (USA) über zehn Runden nach Punkten.
Dempsey hat den Weltmeistertitel 1919 durch einen K.o.-Sieg in der dritten Runde über Jess Willard gewonnen und seitdem in fünf Weltmeisterschaftskämpfen erfolgreich verteidigt. Die letzte Titelverteidigung – ein K.o.-Sieg in der vierten Runde gegen den Argentinier Luis Firpo in New York – liegt allerdings schon drei Jahre zurück. Seitdem hat Boxidol Dempsey vor allem als Filmschauspieler und Weltreisender von sich reden gemacht, was seine Popularität zwar noch erhöht, seiner Kondition aber offensichtlich geschadet hat.
Der neue Weltmeister Tunney, der den Beinamen »Fighting Marine« (Der kämpfende Matrose) trägt, hat bis zum Titelkampf 73 Kämpfe als Profiboxer bestritten; davon hat er lediglich einen – nach Punkten – verloren.
Trotz seiner Erfolge erreicht der in der Ausstrahlung blasse Tunney nie den Ruhm von Dempsey.

Boxen – Sport mit Tradition

Boxen ist eine der ältesten Sportarten überhaupt; bereits in der Antike wurden Faustkämpfe ausgetragen. Das moderne Boxen wurde im 18. Jahrhundert in England wiederbelebt. Als erste offizielle Schwergewichts-WM gilt der Kampf John L. Sullivan gegen Paddy Ryan am 7. Februar 1882. Seitdem gibt es folgende Titelträger:

1882 John L. Sullivan (USA)
1892 James J. Corbett (USA)
1897 Bob Fitzsimmons (USA)
1898 James J. Jeffries (USA)
1905 Marvin Hart (USA)
1906 Tommy Burns (Kanada)
1908 Jack Johnson (USA)
1915 Jess Willard (USA)
1919 Jack Dempsey (USA)
1926 Gene Tunney (USA)

September 1926

Otto Peltzer läuft Weltrekord

11. September. In einem spannenden Lauf schlägt der deutsche Leichtathlet Otto Peltzer bei einem Sportfest in Berlin die beiden Favoriten Paavo Nurmi (Finnland) und Edvin Wide (Schweden) über die 1500-m-Distanz und stellt mit einer Zeit von 3:51,0 Minuten einen neuen Weltrekord auf.

Der 26jährige Peltzer ist vielfacher Deutscher Meister – über 400, 800 und 1500 m sowie über 400 m Hürden. Er hat 1926 bereits über 800 m mit 1:51,6 Minuten einen neuen Weltrekord aufgestellt. Dennoch gilt sein Sieg über Nurmi und Wide als Überraschung, da Peltzer bisher über die 1500-m-Distanz nicht zur internationalen Spitzenklasse gerechnet worden ist.

Paavo Nurmi, der Wunderläufer aus Finnland, hat die Sportwelt auf den letzten Olympischen Spielen 1924 in Paris begeistert. Er wurde dort Olympiasieger über 1500 m (in 3:53,6 Minuten), über 5000 m und im Querfeldeinrennen; hinzu kamen zwei Goldmedaillen in Mannschaftswettbewerben. Anders als Peltzer, der im Kampf Mann gegen Mann Höchstleistungen erzielt, bereitet sich Nurmi systematisch im Training auf bestimmte Zeiten vor, die er dann – mit Uhrenkontrolle während des Wettkampfs – bis auf Zehntelsekunden einhält. Der Schwede Edvin Wide gilt als besonders spurtstark. Er stellt am 12. September in Berlin mit 9:04,4 Minuten einen neuen Weltrekord über zwei Meilen auf.

Die letzte Runde, v. l.: Edvin Wide, Otto Peltzer, Paavo Nurmi, Böcher

Begeisterte Zuschauer im Berliner Sportstadion nach Peltzers Sieg

Fußballspiel im Lampenlicht

1. September. In Hannover wird das erste Fußballspiel im Deutschen Reich bei Lampenlicht ausgetragen. Die Attraktion hat 10 000 Zuschauer angelockt; allerdings ist das Verfolgen des Balles bei der künstlichen Beleuchtung nicht einfach.

Die Spieler haben sich dagegen schnell mit dem Lampenlicht zurechtgefunden. Es stehen sich eine Elf aus der türkischen Stadt Konstantinopel (Istanbul) und eine Auswahl des Südbezirks im Norddeutschen Fußballverband, Hannover-Braunschweig, gegenüber. Das Spiel endet 2:2.

Sport für Arbeiter

19. September. Im Beisein von Richard Lipinski (SPD) und Hugo Eberlein (KPD) wird in Leipzig die Arbeiter-Turn- und Sportschule eröffnet.

Die Unterrichtsstätte in Leipzig gehört dem Arbeiter-Turn- und Sportbund (ATSB), in dem rund eine Million – in der Regel der KPD oder der SPD angehörende – Mitglieder organisiert sind.

Die Arbeitersportbewegung im Deutschen Reich sieht ihre Aufgabe vor allem in der Förderung des Breitensports, so auch die neue Schule in Leipzig: »Die Schüler werden in der Überzeugung gestärkt, daß nicht das Emporzüchten einzelner Sportgrößen die körperliche Tüchtigkeit eines Volkes ausmacht, sondern daß es darum geht, den Gesamtdurchschnitt der körperlichen Leistung der Masse zu heben.«

Die Leipziger Schule, die mit einem Kostenaufwand von 1,25 Millionen Reichsmark (RM), davon die Hälfte aus Spenden der Arbeitersportler, in einer Bauzeit von zwei Jahren errichtet worden ist, wird vom Dachverband der bürgerlichen Sportorganisationen, dem Deutschen Reichsausschuß für Leibesübung (DRA), wegen der großzügigen und modernen Anlagen mit Neid betrachtet.

Vom Erfolg überrascht

Otto Peltzer, der neue Rekordhalter über 1500 m, schildert in einem Bericht für die Presse den Weltrekordlauf aus seiner Sicht:

»Ich war bisher noch den Beweis schuldig geblieben, daß ich auch über 1500 m zur ersten internationalen Klasse gehöre. Der Beweis ist mir nun recht viel leichter zu erbringen möglich gewesen, als man wohl erwartete... Eine Stunde vor dem Lauf versuchte ich einen leichten Rundenlauf, und zu meiner eigenen Überraschung lief ich sehr leicht, es mußte also doch gehen, so leicht, wußte ich da, würde mir Nurmi nicht durch Tempolauf davongehen können. Mit einem gewissen Selbstvertrauen und mit dem Bewußtsein, daß ich eine deutsche Sache vertrat, ging ich also ins Rennen.

[Edvin] Wide führte die ersten 300 m in mittlerem Tempo, dann ging [Paavo] Nurmi vor, ohne aber wesentlich auf das Tempo zu drücken; ich glaubte, er würde alle Kraft für die dritte Runde aufsparen, doch für mich war dies kein Nachteil, dann sparte ich eben auch Kraft, und tatsächlich war ich noch so frisch, daß ich ihn dann mehrmals leicht angriff, ihn also so beunruhigte, daß er wahrscheinlich bei dem nächsten ernsten Angriff widerstandslos alles über sich ergehen lassen müßte. Er sah sich bei 1300 m nervös nach links innen um und gewahrte so gar nicht, daß im selben Augenblick Wide an ihm rechts vorbeiging. Als er dies gewahrte, gab er den Kampf wohl schon verloren. Ich folgte Wide bald, noch ehe die letzte Kurve beendet war, und wußte, daß ich jetzt nicht mehr geschlagen werden konnte.

Wenn Nurmi oder Wide noch etwas schneller gelaufen wären, würde ich sicher auch noch schneller gelaufen sein, darum war ich einigermaßen überrascht, daß die Endzeit doch Weltrekord geworden war. Dies ist sicher nicht zuletzt darauf zurückzuführen, daß ich stets gute Zeiten laufen kann, wenn gute Läufer führen. Nie kann ich das aber allein...«

Oktober 1926

Mo	Di	Mi	Do	Fr	Sa	So
				1	2	3
4	5	6	7	8	9	10
11	12	13	14	15	16	17
18	19	20	21	22	23	24
25	26	27	28	29	30	31

1. Oktober, Freitag

In Berlin werden die ersten Verkehrsampeln in Betrieb genommen. → S. 170

Neue Schöpfungen der deutschen Tänzerin Mary Wigman (eigtl. Marie Wiegmann) haben in Berlin Premiere. Sie führt u. a. die Tänze »Festliches Präludium«, »Hexentanz« und »Rhapsodischer Tanz« vor. → S. 172

Der deutsche Schriftsteller Erich Mühsam gibt die erste Nummer seiner Monatszeitschrift »Fanal« heraus.

Die beiden führenden deutschen Radiozeitschriften, »Funk- und Radioamateur« und die »Fachblätter« des Funkvereins, schließen sich zu der Wochenschrift »Funk« zusammen.

2. Oktober, Sonnabend

In einer Rede auf dem Parteitag der Deutschen Volkspartei (DVP) in Köln bezeichnet Außenminister Gustav Stresemann die deutsch-französische Verständigung als den Kernpunkt jeder europäischen Verständigung.

Nach den Konflikten zwischen der polnischen Regierung und dem Sejm (Abgeordnetenkammer) über Budgetfragen und die Politik von Jósef Klemens Pilsudski, der im Mai (→ 12.–14. 5./S. 89) die Regierung gestürzt hat, übernimmt Pilsudski das Ministerpräsidentenamt.

Liberia vergibt eine Konzession für den Anbau von Kautschuk an die Firestone-Company; diese Konzession macht Liberia ökonomisch von den USA abhängig.

Die Filmoberprüfstelle gibt den Revolutionsfilm »Panzerkreuzer Potemkin« des sowjetischen Regisseurs Sergei M. Eisenstein in der gekürzten Fassung endgültig frei und hebt das Verbot für Jugendliche auf (→ 24. 3./S. 62). Nur in Bayern bleibt der Film verboten.

3. Oktober, Sonntag

Zur Feier des 700. Todestages von Franz von Assisi († 3. 10. 1226, Assisi) versucht die Stadt Assisi, sich das Aussehen zu geben, das sie im 12. und 13. Jahrhundert hatte. Die Fassaden der Häuser werden mit einem Farbton zwischen Rosa und Braun gestrichen (→ 1. 8./S. 138).

Die deutsche Schauspielerin Marlene Dietrich erhält ein Engagement für die Charell-Revue »Von Mund zu Mund«, die im Oktober ihre 50. Aufführung erlebt. → S. 172

4. Oktober, Montag

Vor einiger Zeit ist Anna Dshaman, eine der Führerinnen der Frauenbewegung in Turkestan (UdSSR), von ihren Verwandten ermordet worden. Ihre Familie hat es als Schande empfunden, daß sie sich für die Befreiung der moslemischen Frauen eingesetzt und gegen die Tradition des Frauenkaufs protestiert hat. Der Hauptverantwortliche für den Mord ist nun in einem Prozeß zum Tod verurteilt worden.

Im Rickentunnel in der Schweiz ist das siebenköpfige Personal eines Güterzuges, der im Tunnel steckenblieb, durch Kohlengase tödlich vergiftet worden.

Am Hafen in Konstantinopel (Istanbul) wird ein Denkmal für den türkischen Staatspräsidenten Mustafa Kemal Pascha enthüllt.

Der deutsche Schauspieler Emil Jannings fährt in die USA, wo er ein Engagement bei der Paramount-Filmgesellschaft antritt. → S. 172

5. Oktober, Dienstag

Der preußische Innenminister Carl Severing tritt aus Gesundheitsgründen zurück. Am 6. Oktober ernennt Ministerpräsident Otto Braun den Berliner Polizeipräsidenten Albert Grzesinski zu seinem Nachfolger.

Der deutsche Komponist Richard Strauss schließt mit der Wiener Staatsoper einen Vertrag, in dem er sich dazu verpflichtet, fünf Jahre lang an jeweils 20 Abenden als Gastdirigent zur Verfügung zu stehen und jährlich ein Werk neu einzustudieren. → S. 174

Der Maler Otto Dix erhält eine Professur an der Akademischen Hochschule in Dresden.

Im Lessing-Theater in Berlin findet die deutsche Erstaufführung des Dramas »Mensch und Übermensch« des britischen Schriftstellers George Bernard Shaw statt.

In der Comédie des Champs-Elysées in Paris findet die Uraufführung des Schauspiels »Der Diktator« von dem französischen Schriftsteller Jules Romains statt. Das Stück zeigt die innere Wandlung eines Revolutionärs nach der Machtübernahme.

Violet Piercu ist als erste Frau über die Marathonstrecke gelaufen. Die 42,195 km lange Strecke von Windsor nach London hat sie in 3:40 Stunden zurückgelegt. Der letzte Olympiasieger im Marathonlauf 1924 hat 2:41:22,6 Stunden gebraucht. → S. 175

6. Oktober, Mittwoch

Die preußische Regierung und das Haus Hohenzollern schließen einen Vergleich über die Fürstenabfindung. Die Hauptlinie des Hauses Hohenzollern behält 250 000 Morgen Land; die Kronschlösser verbleiben dem Staat. → S. 168

Im Wiener Konzerthaus geht der Erste Paneuropa-Kongreß (seit 3. 10.) zu Ende. Richard Nicolas Graf Coudenhove-Kalergi, der Gründer der Paneuropa-Bewegung, tritt für einen wirtschaftlichen und politischen Zusammenschluß der europäischen Staaten ein. → S. 167

7. Oktober, Donnerstag

Auf dem Zwölften Deutschen Pazifistenkongreß sprechen sich die Delegierten für die Abschaffung der Todesstrafe aus.

Auf der Tagung des Deutschen Beamtenbundes schließt sich der Beamtenbund mit dem Gesamtverband Deutscher Beamtengewerkschaften zum Deutschen Beamtenbund zusammen.

Ein neues Parteistatut der Faschistischen Partei Italiens setzt Partei und Staat gleich; alle anderen politischen Gruppen werden von der Macht im Staat ausgeschlossen.

Die Deutsch-Hannoversche Partei fordert im Jahrestag der Angliederung Hannovers an Preußen die Bildung eines Landes Niedersachsen.

Im Grand Palais in Paris wird der 20. Automobilsalon eröffnet.

8. Oktober, Freitag

Der Chef der Heeresleitung, Generaloberst Hans von Seeckt, erhält wegen der Affäre um den Prinz Wilhelm von Preußen seinen Abschied. Seeckts Nachfolger wird Generalleutnant Wilhelm Heye. → S. 168

In Essen findet eine Feier zum 100. Todestag von Friedrich Krupp, dem Gründer der Kruppschen Gußstahlfabrik, statt.

Der Stummfilm »Die geschiedene Frau« nach der gleichnamigen Operette des österreichischen Komponisten Leo Fall wird im Berliner Primus-Palast uraufgeführt. Regie führt Viktor Janson.

9. Oktober, Sonnabend

Auf der Schachtanlage Prosper III. der Rheinischen Stahlwerke werden sechs Arbeiter verschüttet, vier können nur noch tot geborgen werden.

In der Berliner Krolloper hat die Oper »Die Liebe zu den drei Orangen« des russischen Komponisten Sergei Prokofjew Premiere. → S. 174

10. Oktober, Sonntag

Im Berliner Reichstagsgebäude wird der Erste Internationale Kongreß für Sexualforschung eröffnet. → S. 169

Ein Flugzeugunglück während einer Flugzeugparade in Pardubitz (Tschechoslowakei) fordert zwei Todesopfer und zwölf Verletzte. Ein Flugzeug ist mit einem Flügel an eine Telegrafenstange gestoßen und in die Zuschauermenge gestürzt.

11. Oktober, Montag

Die Verhandlungen zwischen deutschen und britischen Industriellen in Ramsay (Großbritannien) gehen zu Ende. Die Teilnehmer haben nach dem Abschluß des europäischen Stahlkartells (→ 30. 9./S. 153), an dem Großbritannien nicht beteiligt ist, über Fragen der Zusammenarbeit gesprochen. Entscheidungen sind nicht getroffen worden.

12. Oktober, Dienstag

Nach dem Rücktritt des Beamtenkabinetts Johann Cerný wird Anton Svehla (Tschechische Bauernpartei) neuer Ministerpräsident der Tschechoslowakei. In dem neuen Kabinett erhalten zum ersten Mal auch zwei Deutsche Ministersitze. → S. 167

Die seit einigen Tagen an der Nordsee herrschende Sturmflut hat schwere Schäden angerichtet: Ein Deich auf Norderney ist gebrochen; die Düne auf Helgoland stark beschädigt (→ 10. 10./S. 168).

13. Oktober, Mittwoch

In seinen privaten Aufzeichnungen begründet der deutsche Reichspräsident Paul von Hindenburg die Entlassung des Chefs der Heeresleitung, Generaloberst Hans von Seeckt, mit dem angedrohten Rücktritt der Reichsregierung (→ 8. 10./S. 168).

Im Stuttgarter Landestheater findet die Uraufführung des Schauspiels »Der blaue Boll« des deutschen Bildhauers und Dichters Ernst Barlach statt. Das Stück zeigt die inneren Konflikte eines Gutsbesitzers.

14. Oktober, Donnerstag

In Bordeaux beginnt der Kongreß der Radikalen und der Radikalsozialisten, der stärksten Partei Frankreichs.

Im Berliner Ufa-Palast findet die Uraufführung des Stummfilms »Faust« von Friedrich Murnau mit Emil Jannings, Gösta Ekman und Camilla Horn statt. → S. 175

15. Oktober, Freitag

Das Arbeitsbeschaffungsprogramm der deutschen Reichsregierung (→ 28. 6./S. 108) hat die Zahl der Arbeitslosen bislang auf 1,24 Millionen gesenkt (im Februar: 2,4 Millionen).

Der Bergarbeiterstreik in Großbritannien, bei dem sich über eine Million Arbeiter im Ausstand befinden, dauert mehr als fünf Monate. Er ist damit der bisher längste in der Geschichte der Streiks (→ 19. 11./S. 181).

Der österreichische Bundeskanzler Rudolf Ramek tritt wegen eines angedrohten Streiks der Bundesbediensteten zurück (→ 20. 10./S. 167).

16. Oktober, Sonnabend

Felicia Fischer hat es mit einer Eingabe an den Verfassungsgerichtshof Österreichs erreicht, in Wien Taxi fahren zu dürfen. Der Verfassungsgerichtshof hat mit dem Hinweis auf die gesetzlich garantierte Gleichbehandlung von Frauen und Männern den Paragraphen aufgehoben, der Frauen das Taxifahren untersagt hat.

...bstmode als Titel der New Yorker »Vanity Fair« vom Oktober 1926

Die Opposition des Reichswehrministers Hans v. Seeckt gegen die Weimarer Regierung und die Teilnahme des Hohenzollern-Prinzen Wilhelm an Reichswehrmanövern in einer Karikatur der »Jugend«, Oktober 1926

Oktober 1926

Das Drama »Krankheit der Jugend« des deutschen Autors Ferdinand Bruckner (eigtl. Theodor Tagger) wird gleichzeitig in den Hamburger Kammerspielen und dem Breslauer Lobe-Theater uraufgeführt. Das Stück zeigt die sexuellen Probleme von Jugendlichen.

In Budapest findet die Uraufführung der Oper »Háry János« des ungarischen Komponisten Zoltán Kodály statt.

17. Oktober, Sonntag

Der Fraktionsvorstand der deutschen Zentrumspartei – eine der Regierungsparteien – spricht sich für eine Große Koalition aus, da in nächster Zeit wichtige Gesetzesvorlagen wie das Arbeitsgerichtsgesetz und das Arbeitslosenversicherungsgesetz anstehen.

Die französische Chansonsängerin Yvette Guilbert trägt im Theater am Kurfürstendamm in Berlin ihre Chansons vor. Sie tritt zum zweiten Mal in Berlin auf.

Die deutsche Tänzerin Valeska Gert stellt in Berlin ein neues Tanzprogramm mit dem Titel »Gesprochene und getanzte Grotesken« vor. Sie ist für ihre Tanzpantomimen berühmt. → S. 172

18. Oktober, Montag

Der amerikanische Kommunist Max F. Eastman veröffentlicht in der »Frankfurter Zeitung« einen als Testament bezeichneten Brief von Wladimir Iljitsch Lenin aus dem Jahr 1922, in dem Lenin einen Machtkampf zwischen Leo Trotzki und Josef Stalin vorausgesagt hat. → S. 166

In Norwegen findet eine Volksabstimmung über die Aufhebung des Alkoholverbots statt. 421 202 Wahlberechtigte sprechen sich für das Verbot aus, 531 426 votieren dagegen. → S. 169

19. Oktober, Dienstag

In Großbritannien beginnt die Empire-Konferenz (sie dauert bis zum 18. 11.). Die Dominions (Kolonien mit Selbstverwaltung) erhalten den Status autonomer Gemeinschaften, und das britische Weltreich wird in das »Commonwealth of Nations« umgewandelt (→ 18. 11./S. 181).

Der preußische Finanzminister Hermann Höpker-Aschoff lehnt in Essen den Bau weiterer Kanäle ab, u. a. den vieldiskutierten und nie gebauten Hansa-Kanal. Seiner Auffassung nach wird Kohle zunehmend am Förderort weiterverarbeitet, braucht also nicht in großen Mengen abtransportiert zu werden.

20. Oktober, Mittwoch

Nach dem Rücktritt des österreichischen Bundeskanzlers Rudolf Ramek bildet der christlichsoziale Parteiobmann Ignaz Seipel eine neue Regierung. → S. 167

Die kommunistische Fraktion des Deutschen Reichstags protestiert dagegen, daß eine Zehn-Pfennig-Briefmarke mit dem Porträt König Friedrichs II., des Großen von Preußen, in Umlauf gebracht werden soll. Sie hält diese Briefmarke der neuen Serie »Porträts berühmter Deutscher« für eine Provokation der werktätigen Bevölkerung. Auch die Bayerische Volkspartei erhebt – aus antipreußischen Motiven – gegen die Marke Widerspruch. Das Postwertzeichen erscheint jedoch im November.

Der neue Ozeandampfer »New York« der Hamburg-Amerika-Linie, gebaut von der Werft Blohm und Voss, läuft im Hamburger Hafen vom Stapel. → S. 170

Der Kleistpreis, einer der bedeutendsten deutschen Literaturpreise, geht zur einen Hälfte an Alfred Neumann für den Roman »Der Teufel«, zur anderen an Alexander Lernet-Holenia für die dramatischen Arbeiten »Österreichische Komödie«, »Ollapotrida« und »Demetrius«.

21. Oktober, Donnerstag

Ein Wirbelsturm auf Kuba hat 30 Todesopfer gefordert und auf den Feldern in den Provinzen Havanna, Pinar del Rio und Matanzas schwere Verwüstungen angerichtet.

Die Münchner Trambahn feiert ihr 50jähriges Bestehen.

22. Oktober, Freitag

Das deutsche Reichskabinett beschließt, den Mittellandkanal sofort weiterzubauen, ohne die Regelung zwischen den Ländern abzuwarten. Der erste Spatenstich erfolgt am 25. Oktober (→ 4. 8./S. 140).

Im Berliner Schauspielhaus findet die Uraufführung des Schauspiels »Lulu« des deutschen Schriftstellers Frank Wedekind statt. Das Stück faßt die Dramen »Erdgeist« und »Die Büchse der Pandora« zusammen. Unter der Regie von Erich Engel spielen u. a. Aribert Wäscher und Gerda Müller. → S. 175

Das Ensemble des Frankfurter Schauspielhauses weigert sich, aufzutreten, wenn der Theaterkritiker des Frankfurter Generalanzeigers, Ludwig Marcuse, anwesend ist. Der Verband Frankfurter Kritiker erklärt sich mit Marcuse solidarisch. → S. 175

Der S. Fischer Verlag in Berlin feiert sein 40jähriges Bestehen.

23. Oktober, Sonnabend

Während der Plenarsitzung der Kommunistischen Partei der Sowjetunion (23.–26. 10.) wird der sowjetische Revolutionär Leo Trotzki aus dem Politbüro ausgeschlossen, andere Oppositionelle aus der Politik Josef Stalins, u. a. Lew Kamenew und Grigori Sinowjew, verlieren ebenfalls wichtige Posten. → S. 166

Die Kohleförderung im Ruhrgebiet erreicht mit 401 249 t pro Tag einen neuen Höchststand.

In München wird ein Verein zur Förderung der zeitgenössischen Dichtung gegründet; die Mitglieder nennen sich »Die Argonauten«.

24. Oktober, Sonntag

Papst Pius XI. weiht im Petersdom in Rom sechs chinesische Priester zu Bischöfen. Zum ersten Mal erhalten chinesische Geistliche diesen hohen Rang.

In Wien wird der Eberthof eingeweiht, ein Gebäudekomplex mit 197 Wohnungen, den die Architekten Viktor Mittag und Karl Hauschka errichtet haben. → S. 171

25. Oktober, Montag

Der polnische Ministerpräsident József Klemens Pilsudski trifft auf Schloß Nieświez mit dem Führer des konservativen polnischen Landadels, Fürst Janusz Radziwill, zusammen. Der Adel sichert Pilsudski die Unterstützung der monarchistischen und konservativen Organisationen zu.

26. Oktober, Dienstag

Am ersten Verhandlungstag des zweiten Landsberger Feme-Prozesses erklärt der Angeklagte Paul Schulz, Oberleutnant a. D. und führendes Mitglied der Schwarzen Reichswehr, daß seine illegale Truppe mit Wissen und Billigung der Reichswehr gehandelt hat (→ 2. 2./S. 33, 17. 12./S. 195).

Auf einer Sitzung der Berliner Akademie der Künste werden die ersten Mitglieder der neugegründeten Sektion für Dichtkunst vorgestellt: Ludwig Fulda, Arno Holz, Thomas Mann und Hermann Stehr. Auf der Sitzung kommt es zu einem Eklat, als Arno Holz eine Änderung der Statuten fordert (→ 7. 5./S. 101).

Das Drama »Gneisenau« von Wolfgang Goetz wird im Deutschen Theater Berlin uraufgeführt; die Titelrolle spielt Werner Krauss.

27. Oktober, Mittwoch

Die drei Gesellschaften Gelsenkirchener Bergwerks AG, Deutsch-Luxemburgische Bergwerks- und Hütten-AG und Bochumer Verein für Bergbau- und Gußstahlfabrikation fusionieren. Die neue Gesellschaft verfügt über ein Stammaktienkapital von 250 Millionen Reichsmark (RM).

Der verantwortliche Redakteur der Münchner Zeitung, der das Gedicht »Wenn der Wind im Frühling bläst« von Carl Zuckmayer abgedruckt hat, wird wegen Gotteslästerung zu drei Wochen Gefängnis mit Bewährung verurteilt.

28. Oktober, Donnerstag

Der deutsche Politiker Ernst Reuter übernimmt das vom Berliner Magistrat neugeschaffene Dezernat für den Betrieb und Ausbau der städtischen Verkehrsmittel.

Im Berliner Ufa-Theater findet die Uraufführung des Stummfilms »Die Abenteuer eines Zehnmarkscheins« von Berthold Viertel statt. Am Weg eines Zehnmarkscheins durch verschiedene Hände schildert der Film die Inflationszeit in Berlin.

29. Oktober, Freitag

In Berlin wird die Deutsche Automobilausstellung eröffnet, sie dauert bis zum 7. November. Auf der gut besuchten Ausstellung führen 30 Hersteller 43 verschiedene Typen vor.

In Bochum wird die Komödie »Insel der Affen« von Helmuth Unger uraufgeführt.

30. Oktober, Sonnabend

Dem britischen Archäologen Howard Carter ist es gelungen, zur Schatzkammer im Grab des ägyptischen Pharaos Tutanchamun (Mitte 14. Jh. v. Chr.) vorzudringen. In dem Grabmal hat er ungemein wertvolle Kunstschätze gefunden. → S. 172

Der österreichische Regisseur Max Reinhardt, der das Theaterleben entscheidend prägt, feiert in Berlin sein 25jähriges Bühnenjubiläum. → S. 174

Das Schauspiel »Paulus unter den Juden« des österreichischen Schriftstellers Franz Werfel wird gleichzeitig in München, Köln, Breslau und Wien uraufgeführt.

31. Oktober, Sonntag

Der italienische Ministerpräsident und Duce Benito Mussolini entgeht auf der Via Riccoli in Bologna erneut einem Attentat. Der Täter, der 15jährige Anteo Zamboni, der mehrere Schüsse auf Mussolini abgegeben hat, wird von der Menge erdolcht. → S. 167

Die deutsche Mannschaft gewinnt das 59. Fußball-Länderspiel zwischen dem Deutschen Reich und den Niederlanden in Amsterdam 3:2.

Gestorben:

7. München: Emil Kraepelin (*15. 2. 1865, Neustrelitz), deutscher Psychiater.

17. Dresden: Otto Heubner (*21. 1. 1843, Mühltroff), deutscher Arzt, Mitbegründer der Kinderheilkunde.

27. Heidelberg: Harry Breßlau (*22. 3. 1848, Dannenberg), deutscher Historiker.

Geboren:

15. Plauen: Karl Richter (†15. 2. 1981, München), deutscher Organist und Dirigent.

15. Poitiers: Michel Foucault (†25. 6. 1984, Paris), französischer Philosoph.

18. Zoppot: Klaus Kinski (eigtl. Nikolaus Nakszynski), deutscher Schauspieler.

21. Liegnitz: Eberhard Fechner, deutscher Autor, Regisseur und Schauspieler.

Die Auseinandersetzungen um die Fürstenabfindung als Leitartikel der »Frankfurter Zeitung« vom 16. Oktober 1926

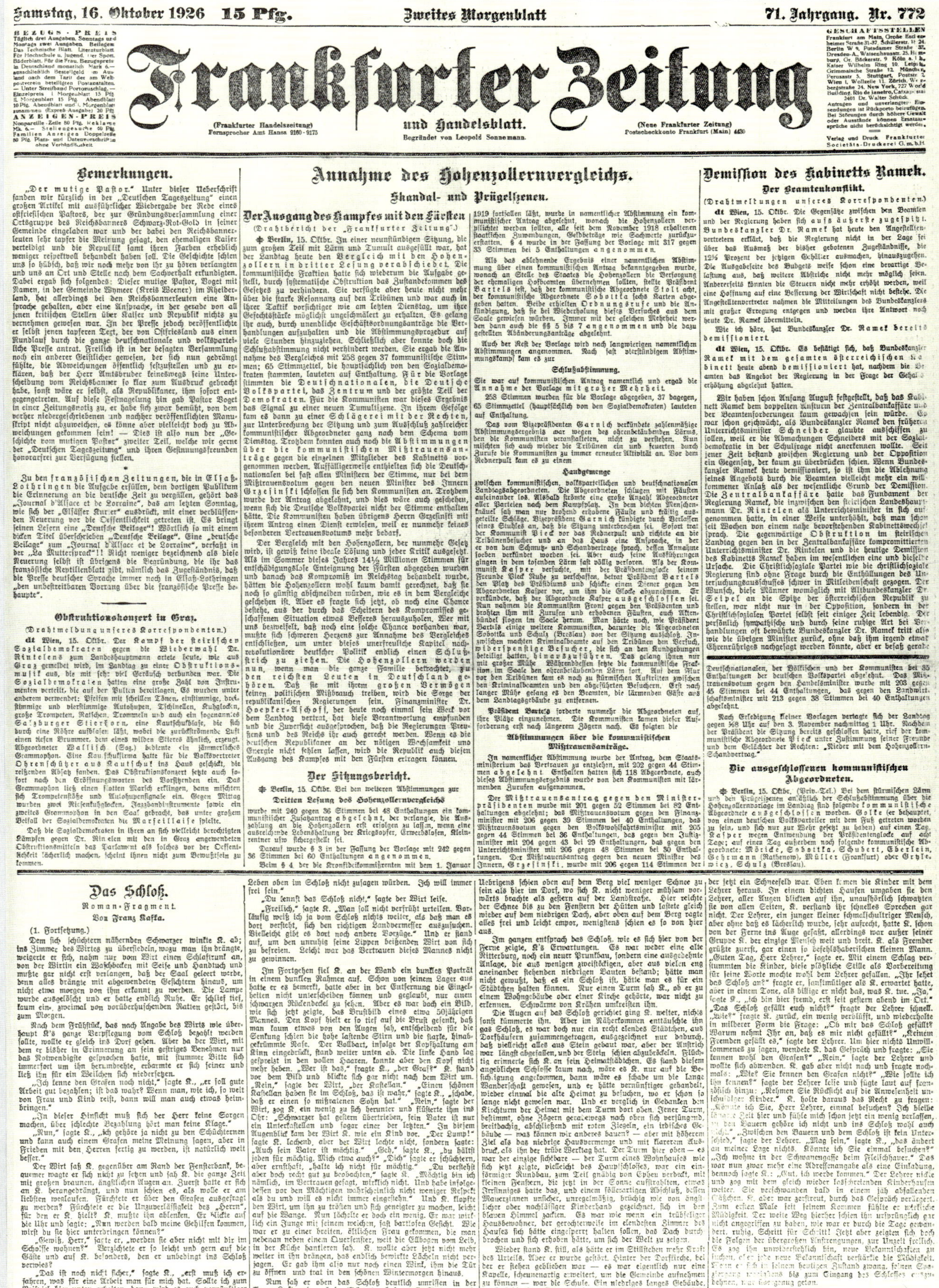

Samstag, 16. Oktober 1926 — 15 Pfg. — Zweites Morgenblatt — 71. Jahrgang. Nr. 772

Frankfurter Zeitung
und Handelsblatt
(Frankfurter Handelszeitung) — (Neue Frankfurter Zeitung)
Begründet von Leopold Sonnemann

Bemerkungen.

„Der mutige Pastor." Unter dieser Ueberschrift bringt ein Mitglied der „Deutschen Tageszeitung" einen großen Artikel mit ausführlicher Wiedergabe der Rede eines offiziellen Pastors, der zur Gründungsversammlung des Ortsgruppe des Reichsbanners Schwarz-Rot-Gold in seiner Gemeinde erschienen war und in einer längeren Rede den Republikanern, den Mitgliedern des Reichsbanners u. s. w. tapfer die Meinung gesagt, den ehemaligen Kaiser verteidigt und die Republik samt ihren Farben erheblich weniger respektvoll behandelt haben soll. Die Mitteilung ist so bündig, daß wir nicht mehr von ihr zu hören verlangen und uns auch Teil und Stelle nicht dem Sachverhalt aufhalten. Dabei ergab sich folgendes: Dieser mutige Pastor, Regner mit Namen, in der Gemeinde Wymeer (Kreis Weener) im Rheiderland, hat allerdings bei den Reichsbannerleuten eine Ansprache gehalten, aber eine Ansprache, in der gerade von einem kritischen Stellen über Kaiser und Republik nichts zu finden gewesen war. [...]

(Text continues in multiple columns; main articles:)

Annahme des Hohenzollernvergleichs.
Skandal- und Prügelszenen.
Der Ausgang des Kampfs mit den Fürsten.
(Drahtbericht der Frankfurter Zeitung.)

✱ Berlin, 15. Oktbr. In einer neunstündigen Sitzung, die in großen Teil mit Lärm und Tumult ausgefüllt war, hat der Reichstag heute den Vergleich mit den Hohenzollern in dritter Lesung verabschiedet. [...]

Demission des Kabinetts Ramek.
Der Beamtenkonflikt.
(Drahtmeldungen unseres Korrespondenten.)

✱ Wien, 15. Oktbr. Der Gegensatz zwischen den beamteten Bundeskanzler Dr. Ramek und den zu hohen Ansprüche angestellten Gehaltsforderungen der Bundesbeamten hat wie uns bereits heute mitgeteilt, zum Rücktritt des jetzigen Kabinetts geführt. [...]

Obstruktionskonzert in Graz.

Das Schloß.
Roman-Fragment.
Von Franz Kafka.

(1. Fortsetzung.)

Den schlechten näherenden Schmerzen wollte K. ab; sein Zimmer, das Bettzeug zu übersehen, wozu man ihn drängte, weigerte er sich, nahm nur dem Wirt ein Schlafstündel an, von der Wirtin ein Kopfkissen mit Beize und Handtuch und mußte gar nicht erst verlangen, daß der Lampf gelöscht werde; dann endlich wachte über abgewendetem Gesichtern Ruhe, er schlief fast, kaum ein — ziemlich von vorüberhuschenden Katen gestört, der ihn wecken. [...]

(Schluß folgt.)

Oktober 1926

Josef Stalin setzt sich durch

23. bis 26. Oktober. In der Sowjetunion hält der Machtkampf zwischen dem Generalsekretär der Kommunistischen Partei (KPdSU), Josef Stalin, und seinen Gegnern in der Parteiführung, Leo Trotzki, Lew Kamenew und Grigori Sinowjew (→ 14.–23. 7./S. 123) an: Auf der Plenarsitzung des Zentralkomitees der KPdSU und der Zentralen Kontrollkommission in Moskau verlieren die drei Oppositionellen weitere wichtige Ämter:
▷ Leo Trotzki wird aus dem Politbüro, der Führungsspitze der Partei, ausgeschlossen
▷ Grigori Sinowjew verliert seinen Posten als Präsident der Kommunistischen Internationale, des Zusammenschlusses aller kommunistischen Parteien mit Sitz in Moskau
▷ Lew Kamenew verliert seine Stellung als Kandidat des Politbüros

Alle drei bleiben jedoch Mitglieder des Zentralkomitees, des weiteren Führungsgremiums der Partei. Sie hatten am 4. Oktober, um einem drohenden Parteiausschluß zu entgehen, in einer öffentlichen Erklärung Selbstkritik geübt.

In der Frage »Sozialismus in einem Land oder Weltrevolution«, die – neben persönlichen Machtrivalitäten – der Auseinandersetzung zwischen Stalin und seinen innerparteilichen Gegnern zugrunde liegt, können sich beide Seiten auf den verstorbenen Parteiführer Wladimir Iljitsch Lenin berufen. Lenin hatte einerseits 1917 Trotzkis These von der permanenten (und sich räumlich ausweitenden) Revolution akzeptiert, andererseits mit der seit 1921 verfolgten »Neuen Ökonomischen Politik«, die das Sozialisierungstempo verlangsamte, eine realistisch-pragmatische Haltung eingenommen, die mit Stalins Theorie von der Konzentration auf den Aufbau des Sozialismus in der Sowjetunion nicht kollidiert.

Stalin (r.) und Trotzki (M.) treten bei der Beisetzung des Leiters der Geheimpolizei, Felix E. Dserschinski, im Juli 1926 zuletzt gemeinsam auf

Chronik des Parteikonflikts

Der Konflikt zwischen Leo Trotzki und Josef Stalin reicht bis in die Zeit vor dem Tod Wladimir Iljitsch Lenins (21. 1. 1924) zurück. Anfangs bestand auch ein Gegensatz zwischen Trotzki und Lew Kamenew/Grigori Sinowjew. Erst seit Dezember 1925 stehen sie in gemeinsamer Opposition gegen Stalin.

8. 10. 1923: Trotzki kritisiert in dem Artikel »Neuer Kurs« die Bürokratisierung unter Stalin/Kamenew/Sinowjew.
15. 12. 1923: Nach weiterer Kritik Trotzkis eröffnet Stalin den Kampf gegen den »Trotzkismus«.
Oktober 1924: Trotzki stellt Kamenew und Sinowjew als »Zauderer« in der Revolution dar.
Dezember 1924: In der Schrift »Die Oktoberrevolution und die Taktik der Kommunisten« entwickelt Stalin erstmals die These vom Aufbau des Sozialismus in einem Land.
17. 1. 1925: Trotzki tritt als Kriegskommissar zurück.
25.–27. 4. 1925: Stalin setzt seine These vom »Sozialismus in einem Land« auf der Parteikonferenz durch.
18.–31. 12. 1925: Trotzki, Sinowjew, Kamenew werden wegen Opposition gegen Stalin auf dem Parteikongreß kritisiert.

Lenin hat die Zwietracht vorhergesehen

Der US-amerikanische Kommunist Max F. Eastman veröffentlicht am 18. Oktober 1926 in der »Frankfurter Zeitung« einen Brief, den der am 21. Januar 1924 verstorbene ehemalige sowjetische Parteiführer Wladimir Iljitsch Lenin geschrieben hat und in dem er einen Machtkampf zwischen Josef Stalin und Leo Trotzki vorhersagt. Dieser als Lenins »Testament« bezeichnete »Brief an den Parteitag« ist zwischen dem 23. Dezember 1922 und dem 4. Januar 1923 geschrieben worden. Es heißt darin u. a.:

»Ich würde sehr empfehlen, auf diesem Parteitag eine Reihe von Änderungen in unserer politischen Struktur vorzunehmen ... In erster Linie rate ich, die Zahl der Mitglieder des ZK auf einige Dutzend oder sogar auf hundert zu erhöhen. Mir scheint, unserem Zentralkomitee würden, wenn wir eine solche Reform nicht vornehmen, große Gefahren drohen, wenn sich der Gang der Ereignisse nicht ganz günstig für uns gestaltet (damit müssen wir aber rechnen). Was [diesen] Punkt betrifft, das heißt die Erhöhung der Zahl der Mitglieder des ZK, so glaube ich, daß das nötig ist, ... um zu verhindern, daß Konflikte kleiner Teile des ZK eine übermäßig große Bedeutung für das ganze Schicksal der Partei erlangen könnten ... Ich denke, ausschlaggebend sind in der Frage der Stabilität ... solche Mitglieder des ZK wie Stalin und Trotzki. Die Beziehungen zwischen ihnen stellen meines Erachtens die größere Hälfte der Gefahr jener Spaltung dar, die vermieden werden könnte und zu deren Vermeidung meiner Meinung nach unter anderem die Erhöhung der Zahl der Mitglieder des ZK auf 50, auf 100 Personen dienen soll.

Genosse Stalin hat dadurch, daß er Generalsekretär geworden ist, eine unermeßliche Macht in seinen Händen konzentriert, und ich bin nicht überzeugt, daß er es immer verstehen wird, von dieser Macht vorsichtig genug Gebrauch zu machen. Anderseits zeichnet sich Genosse Trotzki ... nicht nur durch hervorragende Fähigkeiten aus. Persönlich ist er wohl der fähigste Mann im gegenwärtigen ZK, aber auch ein Mensch, der ein Übermaß von Selbstbewußtsein und eine übermäßige Leidenschaft für rein administrative Maßnahmen hat. Diese zwei Eigenschaften zweier hervorragender Führer des gegenwärtigen ZK können unbeabsichtigt zu einer Spaltung führen, und wenn unsere Partei nicht Maßnahmen ergreift, um das zu verhindern, so kann die Spaltung überraschend kommen ... Stalin ist zu grob, und dieser Fehler, der in unserer Mitte und im Verkehr zwischen uns Kommunisten erträglich ist, kann in der Funktion des Generalsekretärs nicht geduldet werden. Deshalb schlage ich den Genossen vor, sich zu überlegen, wie man Stalin ablösen könnte, und jemand anderen an diese Stelle zu setzen, der sich in jeder Hinsicht von Genosse Stalin nur durch *einen* Vorzug unterscheidet, nämlich dadurch, daß er toleranter, loyaler, höflicher und den Genossen gegenüber aufmerksamer, weniger launenhaft ist. Es könnte so scheinen, als sei dieser Umstand eine winzige Kleinigkeit. Ich glaube jedoch, unter dem Gesichtspunkt der Vermeidung einer Spaltung und unter dem Gesichtspunkt der von mir oben geschilderten Beziehungen zwischen Stalin und Trotzki ist das keine Kleinigkeit oder eine solche Kleinigkeit, die entscheidende Bedeutung gewinnen kann ...«

Oktober 1926

Erstes Zusammentreffen der »Paneuropäer« in Wien

3. bis 6. Oktober. Vertreter von 28 europäischen Staaten treffen im Wiener Konzerthaus zum ersten »Paneuropa-Kongreß« zusammen. Veranstalter ist die 1923 gegründete Paneuropa-Union, die ihren Sitz in der österreichischen Hauptstadt hat.
Der Schriftsteller Richard Nicolas Graf Coudenhove-Kalergi, der Gründer der Paneuropa-Union und seit 1924 Herausgeber der Zeitschrift »Paneuropa«, stellt vor dem Kongreß sein politisches Programm vor, das den Abbau der Grenzen zwischen den europäischen Staaten und die Schaffung eines europäischen Staatenbundes vorsieht. Den Vorsitz des Kongresses hat der deutsche Reichstagspräsident Paul Löbe (SPD) inne, dem Ehrenpräsidium gehören mehrere Staatsmänner an, darunter auch der Parteiobmann der österreichischen Christlichsozialen, Ignaz Seipel, und der tschechoslowakische Außenminister Eduard Beneš. Der »Paneuropa-Kongreß« geht am 6. Oktober mit der Annahme eines Manifestes zu Ende, das die Forderung nach einer paneuropäischen Konferenz zur Vorbereitung des europäischen Staatenzusammenschlusses enthält.

Ausschaltung der Opposition

31. Oktober. Der italienische Ministerpräsident und Duce Benito Mussolini entgeht – weniger als zwei Monate nach dem letzten Attentatsversuch (→ 11. 9./S. 152) – in der Via Riccoli in Bologna unverletzt einem weiteren Anschlag.
Der Täter, der erst 15jährige Anteo Zamboni, hat aus kürzester Entfernung mit einem Repetierrevolver eine Reihe von Schüssen auf den im fahrenden Auto sitzenden Mussolini abgegeben, ohne diesen jedoch zu treffen. Zamboni wird von der aufgebrachten Menge

Mussolini (Büste)

gelyncht. Die faschistische Regierung nimmt den Attentatsversuch zum Anlaß, die politische Opposition auszuschalten und endgültig die Diktatur zu errichten. Anfang November werden alle Parteien und alle Organisationen, die gegen das Regime aufgetreten sind, verboten. Jedes Legionskommando der Miliz erhält eine Abteilung der politischen Polizei.

Seipel kehrt zurück

Neuer Kanzler

Ignaz Seipel, der neue österreichische Bundeskanzler, war Prälat, als er im Oktober 1918 als Arbeits- und Sozialminister ins letzte kaiserliche Kabinett berufen wurde. Der christlichsoziale Politiker war 1919 an der Ausarbeitung der Verfassung maßgeblich beteiligt.

20. Oktober. Fünf Tage nach dem Rücktritt der österreichischen Regierung unter Bundeskanzler Rudolf Ramek wird der Parteiobmann der Christlichsozialen, Ignaz Seipel, erneut Regierungschef in Österreich.
Seipel hatte dieses Amt bereits 1922 bis 1924 inne. In seiner ersten Regierungszeit war es ihm mit Hilfe des Völkerbundes gelungen, die österreichische Währung zu stabilisieren (→ 30. 6./S. 111). Seine Spar- und Deflationspolitik, zu deren wichtigsten Maßnahmen die Drosselung der Staatsausgaben und der Abbau der Beamtenschaft gehörten, belastete jedoch – so die Kritik der Sozialdemokraten – einseitig die sozial Schwächeren, führte zu einer hohen Arbeitslosigkeit und verhinderte eine nachhaltige Sanierung der gesamtwirtschaftlichen Situation.
Nach einem Attentat, bei dem er schwer verletzt wurde, verzichtete Seipel im Herbst 1924 auf die Wiederwahl zum Bundeskanzler. An seine Stelle trat der christlichsoziale Abgeordnete Rudolf Ramek aus Salzburg, dessen christlichsozial-großdeutsches Kabinett vorwiegend aus Politikern der österreichischen Bundesländer gebildet war. Wegen der weiterhin hohen Arbeitslosigkeit und wegen spektakulärer Zusammenbrüche von österreichischen Banken, in deren Geschäfte auch Regierungsmitglieder verwickelt waren, war auch Ramek heftigen Angriffen von seiten der Sozialdemokratie ausgesetzt. Wegen seiner starken Abhängigkeit von Seipel wurde sein Kabinett als »Telefonregierung« verspottet. Anlaß für Rameks Rücktritt am 15. Oktober war ein Konflikt wegen der Gehaltsforderungen der Bundesangestellten. Nun tritt Seipel erneut auf die Bühne der österreichischen Politik.

Deutsche in der Prager Regierung

12. Oktober. Nach dem Rücktritt von Johann Cerný wird Anton Svehla (Tschechische Bauernpartei) neuer Ministerpräsident der Tschechoslowakei. Er beruft erstmals zwei Deutsche ins Kabinett: Robert Mayr-Harting (Deutsche Christlich-Soziale Partei) wird Justiz-, Franz Spina (Deutsche Agrarpartei) Arbeitsminister. Eduard Beneš bleibt Außenminister.

Präsident Masaryk   Eduard Beneš

Oktober 1926

Reichspräsident Paul von Hindenburg in Uniform

Keine Hilfe vom Reichspräsidenten

Hans von Seeckt

Wilhelm Heye

8. Oktober. Reichspräsident Paul von Hindenburg genehmigt das Abschiedsgesuch des Generalobersten Hans von Seeckt als Chef der Heeresleitung.
Seeckt muß wegen der Affäre um die Teilnahme des Kronprinzensohnes Wilhelm an einem Reichswehrmanöver gehen (→ 29.9./S. 154).
Reichswehrminister Otto Geßler, den er über die Teilnahme nicht informiert hatte, verlangt seinen Abschied. Der Reichspräsident, auf den Seeckt gehofft hatte, verweigert dem Chef der Heeresleitung die Unterstützung. Reichskanzler Wilhelm Marx hatte für den Fall, daß Hindenburg das Abschiedsgesuch ablehnen würde, den Rücktritt der Reichsregierung angekündigt.
Seeckt ist wegen seiner ablehnenden Haltung zur parlamentarischen Demokratie seit langem Zielscheibe der Kritik. Sein Nachfolger wird Generalleutnant Wilhelm Heye.

Schwenk bei der SPD

6. Oktober. Das Land Preußen und das ehemals regierende preußische Königshaus der Hohenzollern schließen einen Vergleichsvertrag, der die Frage der Fürstenabfindung einvernehmlich regelt. Die Hauptlinie des Hauses Hohenzollern behält 250 000 Morgen Land; die Kronschlösser verbleiben dem preußischen Staat. Ein Streitpunkt ist, ob die Hohenzollern Kunstwerke, darunter einige Gemälde von Jean Antoine Watteau, behalten dürfen.
Nach dem Scheitern des Versuchs, die Vermögensauseinandersetzungen mit den Fürstenhäusern reichsweit zu regeln – ob als entschädigungslose Enteignung oder als Abfindung –, mußten Vereinbarungen in den einzelnen deutschen Ländern gefunden werden (→ 20.6./S. 108).
Der Vergleich zwischen den Hohenzollern und der preußischen Regierung, einer Koalition aus SPD, Zentrum und Deutscher Demokratischer Partei (DDP) unter dem sozialdemokratischen preußischen Ministerpräsidenten Otto Braun, findet am 8. Oktober die Zustimmung des preußischen Staatsrats und wird am 11./12. Oktober auch vom preußischen Landtag angenommen.
Während die Rechte und die Mitte für den Ausgleich stimmen, enthalten sich die sozialdemokratischen Landtagsabgeordneten der Stimme, oder sie nehmen an der Abstimmung nicht teil. Auf diese Weise tolerieren sie die Entscheidung, die von der SPD-geführten Landesregierung getroffen worden ist, ohne ganz ihr Gesicht zu verlieren. In der Auseinandersetzung um die reichsweite Regelung des Fürstenvermögens hatte die SPD noch zusammen mit der KPD für die entschädigungslose Enteignung in dem von ihr mitgetragenen Volksbegehren gekämpft. Die KPD im preußischen Landtag stimmt gegen das Gesetz.

Kaiser im Exil

Wilhelm II. ist der letzte (Ex-)Regent aus dem preußischen Herrscherhaus der Hohenzollern. Er bestieg am 15. Juni 1888 den Thron als Deutscher Kaiser und König von Preußen. Seit seiner Abdankung 1918, lebt er im Exil in den Niederlanden (Abb.: Wilhelm II. mit seiner zweiten Frau Hermine).

Deutsche Nordseeinseln von Sturmflut schwer getroffen

10. Oktober. *Ein orkanartiger Sturm, der mit Windstärken bis zu elf oder zwölf Sekundenmetern über Mitteleuropa hinwegfegt, führt zu einer schweren Sturmflut, die an der deutschen Nordseeküste und auf den Nordseeinseln starke Schäden hervorruft.*
Besonders schwer betroffen ist Helgoland (Abb.). Während das Unterland der Insel überflutet wird, richtet der Sturm Verheerungen auf der Düne von Helgoland an. Die nördliche Hügelkette wird fast zur Hälfte abgetragen, die Hügelkante an der Nordostseite bricht ab. Von der ostfriesischen Insel Wangerooge wird gemeldet, daß in einen Deich, der erst 1925 gebaut worden ist, das Wasser Löcher gerissen hat. Auf der ostfriesischen Insel Norderney ist ein Deich gebrochen, vor Borkum gerät ein Passagierdampfer infolge des Sturms in Seenot.

Oktober 1926

Sexualforscher im Reichstag

10. Oktober. Im Plenarsaal des Reichstagsgebäudes in Berlin beginnt der Erste Internationale Kongreß für Sexualforschung. Der Ort, an dem die Tagung abgehalten wird, belegt, daß die Sexualwissenschaft inzwischen öffentliche Anerkennung gefunden hat.

Auf dem Kongreß wird die Sexualität des Menschen in ihren psychologischen, physiologischen, medizinischen, völkerkundlichen und bevölkerungspolitischen Aspekten erörtert. Zwei Richtungen stehen sich auf der Tagung gegenüber: Die eine betont die Verbundenheit der

Der Berliner Sexualforscher Magnus Hirschfeld ist bei dem Berliner Kongreß nicht anwesend

Sexualität mit dem Gesamtleben des Individuums und deutet auch andere, z. B. künstlerische oder aggressive Akte als sexuell bestimmt; die andere sucht die Sexualität von den übrigen Lebenssphären, im Extremfall sogar von der erotischen Liebe, abzugrenzen.

Zu den bekanntesten Teilnehmern des Kongresses gehören die Berliner Psychologin Charlotte Bühler und ihr Hamburger Kollege William Stern. Namhafte Vertreter der Psychoanalyse sind auf dem Kongreß jedoch nicht anwesend; auch Magnus Hirschfeld, der Leiter des Berliner Instituts für Sexualforschung, ist offenbar nicht eingeladen.

Die sachliche Kongreßatmosphäre in Berlin wird in der Presse ausdrücklich begrüßt.

Der Flieger Alan Cobham (M.) wird auf der Parlamentsterrasse in London herzlich willkommen geheißen

Alan J. Cobham dreht nach seinem Rekordflug eine Ehrenrunde über der Londoner Innenstadt; im Hintergrund das Parlamentsgebäude

Langstreckenflug nach Australien

1. Oktober. Von einer begeisterten Menge wird der britische Langstreckenflieger Alan Cobham begrüßt, als er nach einigen Schauflügen über London mit dem Flugboot auf der Themse aufsetzt. Cobham kehrt von seinem Flug London–Melbourne (Australien) zurück, bei dem er hin und zurück 45 000 km – das ist mehr als der Äquatorumfang (40 000 km) – im Flugzeug zurückgelegt hat. Cobham ist durch seinen Flug London–Kairo–Kapstadt bekannt geworden (→ 10. 2./S. 39).

Alkoholverbot fällt

18. Oktober. In einer Volksabstimmung entscheiden sich die Norweger dafür, das 1919 eingeführte Verbot des freien Verkaufs von alkoholischen Getränken wieder abzuschaffen.

Für die Beibehaltung des Verbots (Prohibition) sprechen sich 421 202 der Abstimmungsberechtigten aus, für die Abschaffung votieren 531 426 Norweger. Beim Volksentscheid des Jahres 1919 hatten sich noch 489 017 für und lediglich 304 673 gegen das Alkoholverbot ausgesprochen. Der Ausgang der Abstimmung wird u. a. darauf zurückgeführt, daß nunmehr auch die norwegischen Seeleute, sofern sie sich am 18. Oktober mit ihrem Schiff in einem norwegischen Hafen aufhalten, an der Abstimmung teilnehmen dürfen. Sie stimmen – so wird angenommen – in großer Mehrheit gegen das Verbot.

Juwelendiebstahl wird aufgeklärt

12. Oktober. Aus dem französischen Schloß Chantilly rauben Einbrecher äußerst wertvollen Schmuck, darunter den sog. Krondiamanten des Hauses Condé, ein rosaroter Stein, dessen Wert vor dem Weltkrieg auf zehn Millionen Francs geschätzt worden ist.

Die Polizei nimmt am 19. Dezember zwei Tatverdächtige fest; der Krondiamant wird wiedergefunden.

Oktober 1926

Schülerinnen lernen beim Verkehrsunterricht die Zeichen der Verkehrspolizisten an einem Modell

Fiasko durch Verkehrsampeln

1. Oktober. In Berlin werden, ein Jahr nach der Einführung der Mittelstreifen zur Fahrbahnbegrenzung, die ersten Verkehrsampeln in Betrieb genommen.

Ein Netz von Straßen in der Berliner City ist an allen Kreuzungen mit Signalampeln ausgestattet worden, die an Drähten befestigt über den Fahrbahnen hängen. Ihre Signalfolge rot – gelb – grün wird von einem sog. »Verkehrsturm« auf dem Potsdamer Platz zentral gesteuert.

Diese einheitliche Verkehrsregelung mit Ampeln führt am Tag der Einführung zu einem Verkehrschaos in Berlin, das die »Vossische Zeitung« in ihrer Ausgabe vom 2. Oktober so beschreibt:

»Die Verkehrsampeln, die gestern vormittag um 8 Uhr an den Hauptstraßenkreuzungen der City Berlins praktisch in Betrieb gesetzt wurden, haben völlig versagt. Es ist unmöglich, vom Verkehrsturm des Potsdamer Platzes aus den Wagenverkehr der Friedrichstadt, des alten Westens und der Bannmeile gleichzeitig zu regeln. Nach der ersten Stunde hat sich schon gezeigt, daß diese Idee der Berliner Verkehrspolizei, mag sie auch in amerikanischen Großstädten sich durchgesetzt haben, für Berlin undurchführbar ist ... Die Fahrt vom Bahnhof Friedrichstraße, die sonst nur wenige Minuten dauert, hat gestern früh, wie uns ein Droschkenchauffeur berichtet, eine halbe Stunde in Anspruch genommen, denn jede zweite Verkehrsampel, der man unterwegs begegnet, bietet Halt, und jede zweite Verkehrsampel kostet den Fahrgast mindestens zehn Pfennig.«

Von entnervten Benutzern der Autobusse wird berichtet, sie hätten wegen der Verkehrsstockung den Bus verlassen und ihren Weg zu Fuß fortgesetzt. Folgende Maßnahmen werden vorgeschlagen, um trotz der Ampeln einen fließenden Verkehr in Berlin aufrechtzuerhalten:
▷ Bedienung der Ampeln nur von einer Stelle aus, wo die Kreuzung einsehbar ist
▷ Individueller Takt beim Umschalten der Ampeln: Hauptverkehrsstraßen sollten längere Grünphasen erhalten als kleinere Querstraßen
▷ Verlegung der Haltestellen von Straßenbahn und Bus – weg von den Straßenecken

Das Berliner Polizeipräsidium gibt zu, daß es bei der Einführung der Ampeln Probleme, insbesondere beim Linksabbiegen, gegeben habe. Es sei zu erwägen, das Linksabbiegen an bestimmten Kreuzungen zu verbieten.

Die ersten Mittelstreifen zur Fahrbahnbegrenzung in Berlin

Stapellauf eines Ozeandampfers

20. Oktober. Im Hamburger Hafen läuft ein neuer Ozeandampfer, der für die Hamburg-Amerika-Linie bestimmt ist, vom Stapel. Das 22 000 Bruttoregistertonnen (BRT) schwere Schiff wird im Beisein von in- und ausländischen Gästen auf den Namen »New York« getauft. Erbauer des neuen Ozeanriesen ist die traditionsreiche Hamburger Werft Blohm und Voss, die auf eine nahezu 50jährige Geschichte zurückblicken kann. Das Unternehmen ist 1877 gegründet worden und hat im Weltkrieg Schlachtkreuzer und U-Boote für die kaiserliche Marine gebaut. Auch die Schwesterschiffe des neuen Ozeandampfers, »Albert Ballin«, »Deutschland« und »Hamburg« (→ 8. 4./S. 73), sind bei Blohm und Voss, dem größten Hamburger Schiffbau-Unternehmen, fertiggestellt worden.

Aufmerksame Beobachter registrieren, daß beim Festschmuck zum Stapellauf das Reichsbanner mit den Farben der Republik nicht zu sehen ist; Werftbesitzer Walter Blohm sympathisiert mit den Deutschnationalen (DNVP).

Sekttaufe des neuen Dampfers der Hamburg-Amerika-Linie

Oktober 1926

Ein Höhepunkt der Gemeindebauten im Wien der 20er Jahre ist der Karl-Seitz-Hof, mit dessen Bau nach Plänen des Architekten Hubert Gessner 1924 begonnen worden ist. Der monumentale Häuserblock schließt sich zu einem halbrunden Hof

Gemeindebauten im »Roten Wien«

24. Oktober. In Wien wird der Eberthof eingeweiht, ein nach dem ersten deutschen Reichspräsidenten Friedrich Ebert (SPD) benannter Gebäudekomplex mit 197 Wohnungen. Die Wohnanlage ist aus Mitteln der sozialdemokratisch regierten Gemeinde Wien nach Plänen der Architekten Viktor Mittag und Karl Hauschka errichtet worden.

Mit dem kommunalen Wohnungsbau hat der Gemeinderat der Stadt Wien, in dem die Sozialdemokraten die Mehrheit haben, nach dem Ende des Weltkriegs begonnen. 1923 wurde ein Programm verabschiedet, das den Bau von 25 000 Wohnungen bis zum Jahr 1928 vorsieht.

Die neuen, mit kommunalen Mitteln erbauten Wohnungen bestehen meist aus Vorraum, Zimmer, Wohnküche und WC. Sie sind in der Regel 38 bis 48 m² groß, d. h. geräumiger und komfortabler als die Zimmer-Küche-Behausungen in den Arbeitervierteln von Wien.

Das Wohnbauprogramm der Gemeinde Wien verfolgt vorrangig den Zweck, mit geringen Kosten auf schnelle und rationale Weise Wohnraum zu schaffen. Ferner verfolgt der »rote« Gemeinderat von Wien die Absicht, in den neugeschaffenen Wohnanlagen den Arbeitern und ihren Familien die Möglichkeit zu geben, sich in autarken, ein selbständiges Gefüge bildenden Stadtvierteln zusammenzufinden. Die Wohnanlagen sind daher mit Gemeinschaftseinrichtungen wie Großbadeanlagen, Waschküchen, Trockenräumen, Geschäften und Wohlfahrtseinrichtungen wie Kindergärten, Mütterberatungsstellen und Bibliotheken ausgestattet.

Typisch für die Bauten des kommunalen Wohnungsbaus in Wien sind die sog. Superblocks, riesige, um einen Hof gruppierte Anlagen mit wenig aufgelockerter Fassade; aber es finden sich auch Beispiele für eine nicht so dichte, abwechslungsreichere Bauweise in den Stadtrandsiedlungen. Obwohl die Wohnanlagen des »roten Wien« vielfach als »Monumentalpaläste für Arbeiter« kritisiert werden, haben sich führende Architekten an der Planung beteiligt, darunter Adolf Loos, Peter Behrens, Clemens Holzmeister und Josef Frank.

Hof der Wohnhausanlage »Am Fuchsenfeld« in Wien

Portal zum Karl-Seitz-Hof in historisierender, prunkvoller Bauweise

Mieterschutz als Programm

Die Finanzierung des Wiener Mietwohnungsbaus aus Mitteln der Gemeinde ist eine notwendige Folge der Entwicklung, daß der private Wohnungsbau wegen strenger Mieterschutzgesetze praktisch zum Erliegen gekommen ist.

Während des Krieges, Anfang 1917, wurde erstmals eine Mieterschutzverordnung geschaffen, die Familien mit eingezogenen Soldaten vor Mieterhöhungen schützte. In den folgenden Jahren kamen weitere Mieterschutzgesetze sowie Mietpreisverordnungen hinzu, die es den Hauseigentümern unmöglich machten, an der Vermietung noch zu verdienen.

Diesen Mieterschutz sah der sozialdemokratische Gemeinderat als Mittel zur Durchsetzung der Gemeinwirtschaft an.

Zur Finanzierung der nun notwendig gewordenen kommunalen Bautätigkeit wurde Anfang 1923 eine Wohnbausteuer eingeführt, die nach Größe der Wohnung progressiv gestaffelt war, so daß die Bewohner größerer Wohnungen erheblich mehr Steuern bezahlen mußten als die Mieter von Kleinwohnungen. Mit der Wohnbausteuer können jedoch nur rund 40% der Gesamtkosten für den Wohnungsbau gedeckt werden.

Oktober 1926

Marlene Dietrich geht zur Revue

Marlene Dietrich

3. Oktober. Die deutsche Schauspielerin Marlene Dietrich (eigtl. Maria Magdalena von Losch) wird für die erfolgreiche Charell-Revue »Von Mund zu Mund«, die im Oktober zum 50. Mal gezeigt wird, engagiert.
Die nunmehr 25jährige Schauspielerin gehört seit 1922 zum Ensemble des Deutschen Theaters in Berlin. 1923 war sie in dem Stummfilm »Tragödie der Liebe« erstmals auf der Kinoleinwand zu sehen.
Im Februar 1926 ist sie durch ihre Rolle in der Uraufführung von Hans José Rehfischs Schauspiel »Duell am Lido« (Regie: Leopold Jessner) der Berliner Theaterkritik aufgefallen.

Hollywood holt Stummfilmstar

Emil Jannings

4. Oktober. Der Stummfilmstar Emil Jannings verläßt das Deutsche Reich, um ein Engagement bei der Paramount-Filmgesellschaft in Hollywood anzunehmen. Er soll einen Vertrag unterzeichnet haben, der ihm angeblich ein Honorar von 10 000 US-Dollar pro Woche zusichert. Der 1886 in New York geborene, aber bereits als Kind nach Deutschland übergesiedelte Jannings drehte 1914 die ersten Filme. Dem amerikanischen Publikum ist er seit dem Ernst-Lubitsch-Film »Madame Dubarry« (1919) bekannt. Er beeindruckt durch die Darstellung einst starker, gebrochener Männer.

Tanz als Expression

1./17. Oktober. Zwei Tanzabende begeistern das Berliner Publikum: Am 1. Oktober zeigt die deutsche Tänzerin Mary Wigman (eigtl. Marie Wiegmann) u. a. die Tänze »Festliches Präludium«, »Hexentanz« und »Rhapsodischer Tanz«. Am 17. Oktober stellt Valeska Gert, die vor allem durch ihre Tanzpantomimen bekannt ist, ihr neues Programm unter dem Titel »Gesprochene und getanzte Grotesken« vor.

Mary Wigman, eine Schülerin von Rudolf von Laban, dem Theoretiker der modernen Tanzkunst, hat den Ausdruckstanz, der unter Verzicht auf alle musikalischen Bindungen und die akademische Lehre des klassischen Balletts den Tanz allein als Expression seelischer Zustände versteht, zur Perfektion weiterentwickelt. Ihre Tänze sind ohne Handlung, sie stellen ekstatische Emotionen, Visionen und Träume dar.

Die Ausdruckstänzerin Mary Wigman beim »Tänzerischen Auftakt«

Mary Wigman beim Walzer aus den »Ungarischen Tänzen«

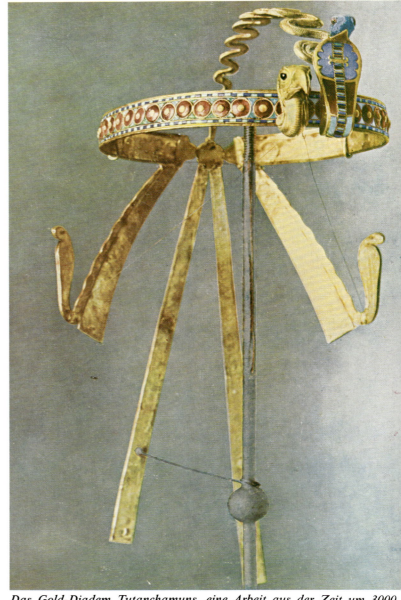
Das Gold-Diadem Tutanchamuns, eine Arbeit aus der Zeit um 3000 v. Chr. Die Schlangen symbolisieren das obere und das untere Reich

Sakralkönigtum und Totenkult

Die Religion im alten Ägypten war von einem ausgeprägten Totenkult, der Vorstellung von der Göttlichkeit des Pharaos (Sakralkönigtum) und der Verehrung einer Vielzahl von Göttern geprägt.
Der Totenglauben, von dem Pyramidentexte, Sargtexte und eine umfangreiche Totenliteratur Zeugnis geben, konzentrierte sich allmählich auf die Vorstellung, daß es möglich wäre, einem Verstorbenen durch magische Mittel ein glückliches Fortleben nach dem Tod zu sichern.
Das Sakralkönigtum geht davon aus, daß der Pharao eine Erscheinungsweise des Falkengottes Horus sei; er verkörpert außerdem das Ordnungsprinzip.
Im ägyptischen Götterpantheon hatte der Gott Amun eine einzigartige Rolle als allgemein verehrter Reichsgott erhalten. Ägyptens Pharao Tutanchamun, der seinen Namen nach dem Gott trug, setzte Amun wieder als Reichsgott ein, nachdem sein Vorgänger und enger Verwandter, Pharao Amenophis IV. Echnaton, den Sonnengott Aton zum Reichsgott erklärt hatte.

Oktober 1926

Schätze im Grab von Pharao Tutanchamun

30. Oktober. Aus Ägypten wird gemeldet, daß der britische Archäologe Howard Carter die Untersuchung der Schatzkammer in der Grabstätte des ägyptischen Pharaos Tutanchamun, der um 1337 v. Chr. gestorben ist, aufgenommen hat.

Carter hatte das Grab im November 1922 im »Tal der Könige« nahe Luxor entdeckt. Zunächst untersuchte er Vorkammer und Sargkammer, von Oktober 1925 bis Mai 1926 schließlich die vier ineinandergeschachtelten Särge und die Mumie des Pharaos.

Nun ist Carter in die sog. Schatzkammer vorgedrungen, die er im Februar 1923 vernagelt hatte, um sich nicht von den Arbeiten in den anderen Räumen ablenken zu lassen. In dem Raum von 4,70 m Länge und 3,75 m Breite finden sich Kunstgegenstände von einmaliger Pracht. Am Eingang hält eine Holzfigur in Gestalt eines Schakals, den Gott Anubis darstellend, Wache. In der Kammer steht der Schrein mit den vier Särgen für die Eingeweide Tutanchamuns, die nach ägyptischem Brauch getrennt von der mumifizierten Leiche bestattet sind. Auf einer Reihe von Kästen, die Goldstatuetten und andere Figuren enthalten, stehen Bootsmodelle, die den Verstorbenen – so die Vorstellung der altägyptischen Religion – im Jenseits befördern sollen. Schatztruhen sind bereits im Altertum von Grabräubern geplündert worden, diese haben aber nur wenige Schmuckstücke mitnehmen können.

Der vierte, innerste Sarg, in dem der ägyptische König Tutanchamun bestattet worden ist, eine Arbeit aus purem, mit Halbedelsteinen besetztem Gold, mit der stilisierten Maske des Pharaos und den Herrscherinsignien

Die Grabstätte von Tutanchamun mit den vier ineinandergeschachtelten Särgen

Relief mit Pharao Thutmosis III. (1490–um 1438), ebenfalls mit Diadem geschmückt

Büste des ägyptischen Pharaos Amasis II. (570/68–526) aus schwarzem Basaltstein

Oktober 1926

Richard Strauss geht nach Wien

5. Oktober. Der Komponist und Dirigent Richard Strauss schließt einen Vertrag mit der Wiener Staatsoper, in dem er sich dazu verpflichtet, fünf Jahre lang an jeweils 20 Abenden als Gastdirigent zur Verfügung zu stehen und jährlich ein Werk neu einzustudieren.

Als erste Inszenierung steht eines seiner eigenen Werke, »Intermezzo« (Uraufführung 1924), auf dem Programm, eine heitere Verwechslungskomödie mit sinfonischen Zwischenspielen.

Der aus München stammende Richard Strauss ist der österreichischen Musikszene auf vielfältige Weise verbunden.

Zum einen besteht eine überaus fruchtbare Zusammenarbeit mit dem österreichischen Dichter Hugo von Hofmannsthal, der die Libretti für die Strauss-Opern »Elektra« (Uraufführung 1909), »Rosenkavalier« (1911), »Ariadne auf Naxos« (1912, neue Fassung 1916), »Die Frau ohne Schatten« (1919) schrieb. Über Hofmannsthal ist Strauss auch den Salzburger Festspielen verbunden. 1922 trat er erstmals als Dirigent bei den Festspielen auf, 1926 ist erstmals eine seiner Opern im Rahmen der Festspiele aufgeführt worden (→ 20. 8./S. 144). Zum anderen bestehen langjährige Bindungen des Komponisten an die Wiener Staatsoper. Dort hatten die Neufassung von »Ariadne auf Naxos« und »Die Frau ohne Schatten« Premiere; 1919 bis 1924 war Strauss zusammen mit Franz Schalk ihr Direktor. Seit seinem Ausscheiden lebt er freischaffend in Wien und in Garmisch.

Der am 11. Juni 1864 in München geborene Richard Strauss (Abb., bei einer Probe) wurde schon zur Jahrhundertwende als »Größter seiner Zeit« apostrophiert. Seitdem ist sein Ruhm ungebrochen. Er beruht vor allem auf den bei aller Kühnheit einprägsamen Opern.

Prokofjew-Oper in Berlin gefeiert

9. Oktober. In der Krolloper am Platz der Republik in Berlin findet die Berliner Erstaufführung der Oper »Die Liebe zu den drei Orangen« des russischen Komponisten Sergei Prokofjew statt; die musikalische Leitung hat Leo Blech. Er wird, ebenso wie der Komponist, der bei der Premiere persönlich anwesend ist, vom Publikum enthusiastisch gefeiert.

Die Oper, deren Handlung auf einem Märchenspiel des italienischen Dichters Carlo Gozzi aus dem Jahre 1761 beruht, beeindruckt durch die Vielfalt der musikalischen Ausdrucksformen, die Farbigkeit der Instrumentierung, durch einprägsame, von der russischen Volksmusik beeinflußte Melodik und durch eine mitreißende rhythmische Gestaltung, besonders in den vielfach verwendeten Märschen. Kritiker stellen Parallelen zum Werk von Richard Strauss fest. Die Uraufführung fand 1921 in Chicago statt.

Jubiläum des Theatermagiers Reinhardt

30. Oktober. Mit einer Festveranstaltung im Deutschen Theater in Berlin begeht der Regisseur Max Reinhardt sein 25jähriges Bühnenjubiläum. Aus diesem Anlaß wird er zum Ehrenmitglied am Moskauer Künstlertheater von Konstantin S. Stanislawski ernannt.

1901 eröffnete Reinhardt in Berlin die Kleinkunstbühne »Schall und Rauch«, 1905 übernahm er die Direktion des Deutschen Theaters in Berlin. Mit seinen Bühnenarbeiten in Berlin und Wien und mit seinen Inszenierungen bei den Salzburger Festspielen war er von entscheidendem Einfluß auf die Theaterlandschaft in Deutschland und Österreich.

Der »Theatermagier« Reinhardt führte die Bühne aus den engen naturalistischen Bindungen heraus und schuf das moderne, magisch-impressionistische Theater des 20. Jahrhunderts. Der Politisierung des Theaters abgeneigt, liegt Reinhardts Stärke in der Inszenierung der großen Klassiker.

Max Reinhardt (3. v. l.) bei der Probe; der Regisseur und Theaterleiter wurde 1873 in Baden bei Wien geboren

Oktober 1926

Gösta Ekman als »Faust«, im Hörsaal, Szene aus dem Film des Regisseurs Friedrich Wilhelm Murnau

Goethes »Faust« als Stummfilm

14. Oktober. Im Ufa-Palast in Berlin hat der Stummfilm »Faust – eine deutsche Volkssage« von Friedrich Wilhelm Murnau Premiere.
In dem Film nach Motiven von Johann Wolfgang von Goethe und der Volkssage sind Emil Jannings als Mephisto, Gösta Ekman als Faust und Camilla Horn als Gretchen zu sehen. Regisseur Murnau gelingt es, den religiös-philosophischen Kern des Fauststoffes mit filmischen Mitteln herauszuarbeiten. Vor der Kulisse einer düsteren mittelalterlichen Stadt entfaltet er die Tragödie des faustischen Menschen.

Lulu – Urgestalt der Weiblichkeit

22. Oktober. Im Staatlichen Schauspielhaus in Berlin hat »Lulu« Premiere, eine Zusammenfassung der Stücke »Erdgeist« (Uraufführung 1898) und »Die Büchse der Pandora« (1903) von Frank Wedekind. Die Zusammenziehung besorgte Erich Engel, der auch die Regie führt. Wedekind bemüht sich, in der »Lulu« eine »Urgestalt des Weibes« einzufangen, die sich – so seine Phantasie von Weiblichkeit – zur Männermörderin entwickelt und schließlich selbst zum Opfer wird. Die Inszenierung von Erich Engel wird von der Kritik positiv aufgenommen.

Der am 28. Dezember 1888 in Bielefeld geborene Friedrich Wilhelm Murnau war zunächst Schauspieler. Zu seinen Erfolgen gehören »Nosferatu« (1922) und »Tartüff« (1925). Murnau wechselt 1926 nach Hollywood (Abb.).

Kritiker verbannt

22. Oktober. Ein beispielloser Vorgang spielt sich in der Theaterszene Frankfurt am Mains ab: Nach einer Reihe von negativen Kritiken, verfaßt vom Theaterkritiker des »Frankfurter Generalanzeigers«, Ludwig Marcuse, wendet sich das Ensemble des Frankfurter Schauspielhauses an den Zeitungsverlag mit der Drohung, es werde nicht länger auftreten, wenn Marcuse im Zuschauerraum säße.
Die Schauspieler fordern den Zeitungsverleger auf, Marcuse zu entlassen und einen neuen Theaterkritiker einzustellen. Das Personal des Neuen Theaters in Frankfurt schließt sich dem Ansinnen an, das der Verlag des »Generalanzeigers« jedoch empört von sich weist.
In einer Erklärung des Verbandes Frankfurter Kritiker wird dieses Vorgehen als ein Eingriff in die Pressefreiheit ebenfalls scharf zurückgewiesen. Der Kritikerverband erklärt sich mit dem angegriffenen Marcuse solidarisch und fordert den Intendanten des Frankfurter Schauspielhauses, Richard Weichert, dazu auf, die Boykottdrohung unverzüglich zurückzunehmen.
Ludwig Marcuse zählt neben Bernhard Diebold von der »Frankfurter Zeitung« zu den angesehensten Theaterkritikern in der Mainmetropole Frankfurt.

Eine Frau läuft Marathonstrecke

5. Oktober. Frauen dringen in weitere Bereiche der traditionell Männern vorbehaltenen Sportdisziplinen ein: Aus Großbritannien wird gemeldet, daß Violet Pierceu als erste Frau die Marathonstrecke vom Park vor dem königlichen Schloß in Windsor bis zum City-Stadion in London gelaufen ist. Die Strecke mit einer Länge von 42,195 km gilt seit 1924 als Maßstab für die moderne Variante des Marathonlaufs. Violet Pierceu hat für ihren Marathonlauf 3:40 Stunden gebraucht, das ist nahezu eine Stunde mehr als der Goldmedaillengewinner bei den Olympischen Spielen von 1924, der Finne Albin Stenros (2:41:22,6).
Einen legendären Frauen-Marathonlauf hat es bereits 1896 gegeben. Zu den ersten Olympischen Spielen der Neuzeit, die vom 6. bis 15. April 1896 in der griechischen Hauptstadt Athen veranstaltet wurden, hatte sich auch eine griechische Sportlerin für den Marathonlauf anmelden wollen; sie erhielt jedoch eine Abfuhr. Unter Hinweis auf die Sportauffassung der Antike, die es Frauen bei Androhung der Todesstrafe sogar verboten hatte, als Zuschauerinnen den Wettspielen beizuwohnen, dekretierte der Begründer der neuzeitlichen Olympischen Spiele, Baron Pierre de Coubertin, daß die Olympischen Spiele allein Männern vorbehalten sein sollten; Aufgabe der Frauen sei es lediglich, »die Sieger zu bekränzen«.
Die griechische Sportlerin startete im April 1896 dennoch – außerhalb der Olympischen Spiele – zu ihrem Lauf. Mit großem Gefolge und kontrolliert vom Bürgermeister von Marathon, legte sie die Strecke in viereinhalb Stunden zurück. Trotz des Widerstands von Pierre de Coubertin fand der Frauensport bald Eingang in die Olympischen Spiele. Bei den Spielen 1904 in St. Louis wurden erstmals Frauenwettbewerbe im Bogenschießen veranstaltet, 1912 in Stockholm kam das Schwimmen und 1924 in Paris auch das Fechten dazu. Leichtathletik gilt jedoch Mitte der 20er Jahre vielfach noch als mit der weiblichen Konstitution und mit dem, was Männer unter Anmut verstehen, nicht vereinbar. Besonders Langstreckenläufe sollen den Frauen nicht »zugemutet« werden (→ 27. 8./S. 145).

November 1926

Mo	Di	Mi	Do	Fr	Sa	So
1	2	3	4	5	6	7
8	9	10	11	12	13	14
15	16	17	18	19	20	21
22	23	24	25	26	27	28
29	30					

1. November, Montag
Joseph Goebbels wird Gauleiter der Nationalsozialistischen Deutschen Arbeiterpartei (NSDAP) in Berlin-Brandenburg. → S. 182

Italienische faschistische Milizen überfallen in dem Grenzort Ventimiglia französische Eisenbahner und dringen in das französische Konsulat ein.

Die deutschen Unternehmerverbände lehnen es trotz hoher Arbeitslosenzahlen ab, den Achtstundentag wieder einzuführen.

Die Westdeutsche Funkstunde AG wird von Münster nach Köln verlegt und erhält den Namen Westdeutsche Rundfunk AG. → S. 182

2. November, Dienstag
In der französischen Stadt Perpignan, an der spanischen Grenze, verhaftet die Polizei 60 spanische Separatisten, die unter der Führung von Francisco Macia einen Aufstand in Katalonien planten.

Bei den Ersatzwahlen zum US-amerikanischen Kongreß müssen die Republikaner, die zur Zeit mit Calvin Coolidge den Präsidenten stellen, Stimmeinbußen hinnehmen. Sie erhalten 21 Sitze, die Demokraten 14.

In den letzten Monaten sind in der Provinz Brandenburg 138 Bauerngüter wegen Zahlungsunfähigkeit der Besitzer versteigert worden. → S. 182

Im Berliner Capitol wird der erste deutsch-sowjetische Gemeinschaftsfilm »Überflüssige Menschen« von Alexander Rasumni uraufgeführt. An der Premiere nehmen u. a. der deutsche Außenminister Gustav Stresemann und der preußische Ministerpräsident Otto Braun teil.

3. November, Mittwoch
Auf ihrem Linzer Parteitag (30. 10.–3. 11.) verabschiedet die österreichischen Sozialdemokraten ein neues Parteiprogramm, das den Übergang von der kapitalistischen zur sozialistischen Gesellschaftsordnung anstrebt. → S. 181

4. November, Donnerstag
In Berlin findet eine Kundgebung gegen das geplante Gesetz zur Bewahrung der Jugend vor Schund- und Schmutzschriften (→ 3. 12./S. 192) statt.

Der deutsche Sportwissenschaftler Carl Diem äußert sich zum Wert der Leibesübungen für die Wirtschaft: Der Sport bedeute eine Verringerung der Kranken- und Unfallkosten sowie ein Hinausschieben der Invalidität.

In Berlin findet die Uraufführung der Operette »Die Königin« von dem österreichischen Komponisten Oscar Straus statt; die Titelrolle spielt Fritzi Massary. In der Operette lernt eine Exkönigin den Präsidenten ihres ehemaligen Reiches kennen und heiratet ihn. → S. 185

In Stockholm findet die standesamtliche Trauung des belgischen Kronprinzen Leopold mit Prinzessin Astrid von Schweden statt. → S. 180

5. November, Freitag
Der deutsche Reichspräsident Paul von Hindenburg stattet dem Rathaus von Berlin, nachdem er bereits seit eineinhalb Jahren im Amt ist, den ersten offiziellen Besuch ab.

Die französische Polizei hat in Nizza den italienischen Oberst Ricciotti Garibaldi festgenommen. Ihm wird vorgeworfen, mit Geheimagenten der italienischen Polizei zahlreiche Italiener, die aus dem faschistischen Italien geflohen sind, verraten zu haben.

6. November, Sonnabend
Ein deutsch-französisches Abkommen über den Austausch von Erzeugnissen deutscher, französischer und saarländischer Industrien wird in Berlin abgeschlossen. Drei Viertel der Produktion der saarländischen Hüttenwerke gehen in das Deutsche Reich, ein Viertel nach Frankreich. Das Abkommen stellt einen Zusatz zum deutsch-französischen Handelsvertrag vom → 5. August (S. 141) dar.

Die Deutsche Welle sendet die erste Arbeiterfunksendung.

Die expressionistische Satire »Kilian oder Die gelbe Rose« von dem deutschen Schriftsteller Paul Kornfeld wird am Frankfurter Schauspielhaus uraufgeführt. → S. 184

7. November, Sonntag
Bei den griechischen Wahlen, den ersten nach dem Sturz des Diktators Theodoros Pangalos (→ 22. 8./S. 138), erzielen die Republikaner die meisten Stimmen. → S. 181

Der deutsche Schriftsteller Heinrich Mann trägt auf einem Dichterabend im Deutschen Reichstag aus seiner Novelle »Der Jüngling« vor.

8. November, Montag
Die polnische Regierung erläßt ein neues Pressegesetz, das es der Presse nahezu unmöglich macht, mehr als die amtlichen Verlautbarungen über die Tätigkeiten und Absichten der Regierung und der Militärbefehlshaber zu berichten.

Die Slowakische Volkspartei der Tschechoslowakei beschließt, in die Regierung einzutreten; ihr sind zwei Ministersitze angeboten worden. Nunmehr sind alle Nationen der Tschechoslowakei – Tschechen, Slowaken, Deutsche, Ungarn – in der Regierung des Vielvölkerstaates vertreten (→ 12. 10./S. 167).

Auf dem Wiener Zentralfriedhof ist ein Denkmal für Viktor Adler und Engelbert Pernerstorfer, zwei Führer der österreichischen Sozialdemokratie, enthüllt worden.

Die Staatliche Postsparkasse in Österreich hat Verluste in Höhe von etwa 110 Millionen Schilling erwirtschaftet, für die der Staat aufkommen muß. Die Verluste entstanden als Folge von verfehlten Spekulationen.

9. November, Dienstag
Im britischen Parlament wird die Höhe der Schäden durch den Bergarbeiterstreik seit dem 1. Mai von 300 Millionen Pfund beziffert. 15,4 Millionen t Kohle sind importiert worden (→ 19. 11./S. 181).

Die indische Presse hat eine Kampagne gegen die in Indien weitverbreitete Unsitte des Mädchenhandels eingeleitet.

In Dresden findet die Uraufführung der Oper »Cardillac« von dem deutschen Komponisten Paul Hindemith statt. Das Libretto lehnt sich an die Erzählung »Das Fräulein von Scudery« des deutschen Dichters E. T. A. Hoffmann an.

10. November, Mittwoch
Die Schweizer Öffentlichkeit äußert sich besorgt darüber, daß die Italiener an der Schweizer Grenze Straßen bauen, die militärischen Zwecken dienen können.

In der Nacht zum 10. November hat die italienische Polizei alle Parteizentralen der verbotenen, also der oppositionellen Parteien besetzt und geschlossen. Am 10. November erlischt das Abgeordnetenmandat der 124 oppositionellen Abgeordneten.

In Brüssel findet die kirchliche Trauung des belgischen Kronprinzen Leopold mit Prinzessin Astrid von Schweden statt. → S. 180

Im Berliner Capitol wird der Stummfilm »Man spielt nicht mit der Liebe« von Georg Wilhelm Pabst mit Lily Damita und Werner Krauss uraufgeführt.

Die Kampagne gegen den Barkenhoff, ein sozialistisches Kinderheim in Worpswede, spitzt sich zu: Die Behörden drohen mit der Schließung des Heims und verlangen die Entfernung einiger Wandbilder von Heinrich Vogeler. → S. 186

11. November, Donnerstag
Die Uraufführung des Stummfilms »Die keusche Susanne« im Ufa-Palast am Berliner Zoo gestaltet sich zu einem großen Erfolg für die Schauspieler Lilian Harvey und Willy Fritsch. → S. 185

Der tschechische Sänger Jan Kiepura gibt sein einziges Konzert in Berlin. Im Blüthner-Saal singt er Arien von Giuseppe Verdi, Giacomo Puccini und Charles Gounod. Darüber hinaus tritt er in mehreren Opernvorstellungen auf.

12. November, Freitag
Adolfo Diaz wird zum neuen Präsidenten von Nicaragua gewählt. Er wird am 15. November vereidigt. Sein Vorgänger, Emiliano Chamorro Vargas, ist zurückgetreten. Ein Teil des Landes befindet sich im Aufstand gegen Diaz (→ 23. 12./S. 195).

In den Münchner Kammerlichtspielen findet die Uraufführung des Stummfilms »Der Jäger von Fall« nach dem gleichnamigen Roman des deutschen Schriftstellers Ludwig Ganghofer statt.

13. November, Sonnabend
Der Deutsche Reichstag nimmt mit den Stimmen der Regierungskoalition und der SPD das Gesetz zur Erhöhung der Arbeitslosenfürsorge an. Die Unterstützung wird um 10 bis 15% erhöht.

Die US-amerikanische Regierung hat den mexikanischen Präsidenten Plutarco Elias Calles ultimativ aufgefordert, das Gesetz, das die Erdölvorkommen Mexikos allein dem mexikanischen Staat und nicht ausländischen Gesellschaften zuspricht, abzuändern (→ 27. 5./S. 91). Andernfalls würden die USA die Anerkennung der mexikanischen Regierung zurückziehen. Im Dezember erkennt Mexiko die Rechte der amerikanischen Gesellschaften an.

Auf Java (Indonesien), einer Kolonie der Niederlande, ist ein Bauernaufstand ausgebrochen, zu dem die kommunistische Partei aufgerufen hat. Die Erhebung scheitert nach einigen Wochen an der Überlegenheit der Kolonialarmee.

14. November, Sonntag
Während eines Propaganda-Umzugs der Nationalsozialisten (NSDAP) durch den Berliner Stadtteil Neukölln kommt es zu schweren Zusammenstößen mit Kommunisten und Passanten, die sich durch das Verhalten der Nationalsozialisten provoziert fühlen.

Zum ersten Mal während der Amerikareise Königin Marias von Rumänien findet in Chicago eine Kundgebung gegen Rumänien statt. Die Demonstranten – Kommunisten – protestieren gegen die Inhaftierung von politischen Gefangenen in Rumänien (→ 6. 12./S. 204).

15. November, Montag
In Österreich soll eine Kommission untersuchen, wie die Bundesbahnen den Verlusten durch die wachsende Konkurrenz der Autos begegnen können. Es besteht bereits die Absicht, unrentable Lokalbahnstrecken stillzulegen, u. a. die Zillertal-Bahn und die Stubaital-Bahn.

November 1926

Das Königreich der Serben, Kroaten und Slowenen (heute Jugoslawien) zieht an der italienischen Grenze Truppen zusammen. In Italien lebende Slowenen sind von Faschisten überfallen worden und über die Grenze geflohen.

Die Deutsche Reichspost bietet erstmals ein Schmucktelegramm an.

Der österreichische Schriftsteller Franz Werfel wird für sein Drama »Juarez und Maximilian« mit dem Grillparzerpreis ausgezeichnet.

16. November, Dienstag

Joseph Goebbels gründet die Berliner Ortsgruppe der NSDAP (→ 1. 11./S. 182).

Maximilian von Hohenberg, ein Sohn des in Sarajevo ermordeten österreichisch-ungarischen Erzherzogs und Thronfolgers Franz Ferdinand, heiratet in Wolfegg Gräfin Elisabeth von Waldburg.

In Warschau wird ein Denkmal für den polnischen Komponisten Frédéric Chopin enthüllt. Das Denkmal stammt von dem polnischen Bildhauer Waclaw Szymanowski.

17. November, Buß- und Bettag

Rechtsanwalt Roland Freisler leitet ein Ermittlungsverfahren gegen die Aufführung des Stückes »Baal« des deutschen Schriftstellers Bertolt Brecht in Kassel ein.

18. November, Donnerstag

Der deutsche Reichspräsident Paul von Hindenburg nimmt an der Eröffnung der Infanterie-Schule in Dresden teil.

Ein Dekret verfügt, daß alle spanischen Artillerieoffiziere, die am 5. September aus der Armee ausgeschlossen worden sind, auf Antrag wieder ihren Dienst aufnehmen können. Ausgenommen sind die Offiziere, die wegen des Putschversuchs bereits verurteilt sind oder gegen die ein Verfahren schwebt.

Die britischen Dominions (Kolonien mit Selbstverwaltung) erhalten den Status autonomer Gemeinschaften; damit wird das britische Weltreich in den »Commonwealth of Nations« umgewandelt. → S. 181

Im Züricher Schauspielhaus wird das Drama »Diana und die Tuda« des italienischen Schriftstellers Luigi Pirandello uraufgeführt. Das Stück zeigt einen Konflikt zwischen einem Bildhauer und seinem Modell.

19. November, Freitag

Der spanische Staatsrat stimmt einem Projekt zu, eine Zeppelin-Linie für Passagiere und Transportgüter von Sevilla nach Buenos Aires einzurichten.

Ein schweres Eisenbahnunglück in der Nähe von Rotherham in Nordengland fordert neun Todesopfer. Ein Schnellzug ist auf den letzten Wagen eines entgleisten Güterzuges aufgefahren und ebenfalls entgleist.

Die britischen Bergarbeiter stimmen über den Kompromißvorschlag der Regierung zur Beendigung des Streiks ab. → S. 181

20. November, Sonnabend

Das Drama »Dorothea Angermann« des deutschen Schriftstellers Gerhart Hauptmann wird gleichzeitig in Wien, München, Düsseldorf und Leipzig uraufgeführt. Die Wiener Aufführung hat Max Reinhardt inszeniert. → S. 184

21. November, Sonntag

Im Deutschen Reich tritt das Gesetz über die Krisenfürsorge für Arbeitslose in Kraft; es verpflichtet die Gemeinden, Arbeitslose, die kein Arbeitslosengeld mehr erhalten, zu unterstützen. 25% der Kosten tragen die Gemeinden, 75% das Reich.

22. November, Montag

In Nordalbanien ist ein bewaffneter Aufstand unter Führung des katholischen Priesters Don Loro Zaka gegen die Regierung ausgebrochen. Die Regierung und Staatspräsident Achmed Zogu wird von Italien und Großbritannien gestützt.

Der Kurt Wolff Verlag in München kündigt das Erscheinen des Romans »Das Schloß« des 1924 gestorbenen deutschsprachigen Dichters Franz Kafka in Prag an, der von dessen Freund Max Brod, entgegen dem Willen Kafkas, aus dem Nachlaß herausgegeben wird. → S. 184

23. November, Dienstag

Im Deutschen Reichstag bemüht sich Außenminister Gustav Stresemann, die Angriffe der Opposition gegen seine Aussöhnungspolitik mit Frankreich zu entkräften. Die Opposition hält seine politischen Bemühungen für illusionär.

Das finnische Minderheitenkabinett Kyösti Kallio tritt zurück, nachdem es in der Debatte über Unregelmäßigkeiten bei Militärlieferungen eine Niederlage erlitten hat. Die Regierung hat sich auf die Bauernpartei und auf rechte Parteien gestützt; die Opposition gegen die Regierung hat sich in letzter Zeit verstärkt, weil das Kabinett hauptsächlich für die Interessen der Bauern eingetreten ist.

24. November, Mittwoch

In dem französischen Dorf Rocquebillière begräbt ein Erdrutsch 20 Häuser unter sich.

Das Haus der amerikanischen Ausdruckstänzerin Isadora Duncan in Neuilly bei Paris wird wegen Schulden in Höhe von 4000 Francs versteigert. Es wird ein Preis von 310 000 Francs erzielt.

25. November, Donnerstag

In Italien wird die Todesstrafe wieder eingeführt.

Die Kohleförderung im Ruhrgebiet erreicht mit 418 308 t pro Tag einen neuen Höchststand.

Die reichsdeutsche Erstaufführung des Dramas »Volpone« des englischen Schriftstellers Ben Jonson in der freien Übersetzung von dem österreichischen Schriftsteller Stefan Zweig findet gleichzeitig in Lübeck und Dresden statt.

Max Liebermann eröffnet die Herbstausstellung der Akademie der Künste. Sie zeigt u. a. Gemälde von Ernst Ludwig Kirchner, Otto Dix und George Grosz sowie Zeichnungen von Käthe Kollwitz und Thomas Theodor Heine.

26. November, Freitag

In Athen wird das neugewählte griechische Parlament eröffnet, das erste seit 1922 und das erste, an dessen Wahl sich alle Parteien beteiligt haben (→ 7. 11./S. 181).

Deutsche und tschechische Sozialdemokraten und Sozialisten protestieren im Prager Parlament gegen das Vorgehen des Innenministeriums. Eine Versammlung, auf der die italienische Sozialdemokratin Angelica Balabanoff über das faschistische System sprach, ist aufgelöst worden, als sie »die Friedhofsruhe, die jetzt in Italien herrsche«, redete.

Die europäischen Mächte haben beschlossen, Ankara als Hauptstadt der Türkei anzuerkennen und die Botschaften dorthin zu verlegen. Ankara löste 1923 Konstantinopel (heute Istanbul) als Hauptstadt ab.

Die Ludwig-Maximilians-Universität in München feiert ihr 100jähriges Bestehen. Sie ist am 15. November 1826 in München eröffnet worden. → S. 186

Die Fraktion der Nationalsozialisten (NSDAP) im Bayerischen Landtag stellt den Antrag, das Redeverbot für Adolf Hitler aufzuheben. Der Antrag wird abgelehnt.

27. November, Sonnabend

Italien und Albanien schließen einen Freundschafts- und Sicherheitsvertrag, den Vertrag von Tirana. Laut dem Abkommen verletzt jede Änderung des Status quo von Albanien die gegenseitigen politischen Interessen.

Die Pantomime »Der wunderbare Mandarin« von dem ungarischen Komponisten Béla Bartók wird in Köln uraufgeführt. → S. 187

Die Uraufführung der Oper »Orpheus und Eurydike« des österreichischen Komponisten Ernst Křenek findet im Staatstheater Kassel statt. Das Libretto stammt von dem österreichischen Maler und Dichter Oskar Kokoschka. In Abänderung des antiken Stoffes hat Eurydike in der Unterwelt ein Verhältnis mit Hades, und Orpheus bringt sie um, als er davon erfährt.

Der Vulkan Vesuv bei Neapel (Italien) ist wieder aktiv.

28. November, Sonntag

Während eines Aufmarsches der Berliner Kreisvereine des Reichsbanners Schwarz-Rot-Gold (sozialdemokratischer Kampfverband) kommt es zu Zusammenstößen mit Nationalsozialisten, die Gegendemonstrationen durchführen. Ein Nationalsozialist schießt von einer Straßenbahn aus auf Reichsbannerleute.

Das Schauspiel »Kampf um Preußen« von Kurt Heynicke wird in den Städtischen Bühnen Hannover uraufgeführt.

29. November, Montag

In den britischen Kohlegruben wird die Arbeit allgemein wiederaufgenommen, der monatelange Streik der Bergarbeiter ist damit beendet (→ 19. 11./S. 181). Die Vereinbarungen zwischen Arbeitern und Bergwerksbesitzern sehen eine Verlängerung der Arbeitszeit und zumeist eine Lohnkürzung vor.

Der Parteirat der Christlichsozialen Partei Österreichs beschließt in Linz ein neues Parteiprogramm. Dem Klassenkampf der Sozialdemokraten (→ 3. 11./S. 181) stellen die Christlichsozialen ein vages ständestaatliches Konzept gegenüber.

Der Sarg mit der Leiche des italienischen Komponisten Giacomo Puccini wird von Mailand nach Torre del Lago überführt, den Ort, wo er längere Zeit gelebt und gearbeitet hat.

30. November, Dienstag

Die chinesischen Zollbehörden und die Polizei in Hankau haben die Arbeit niedergelegt. Vor einigen Tagen haben die chinesischen Seezollbeamten einen Verband gegründet, der die Seezollverwaltung von der ausländischen Leitung befreien soll. Die britische Kolonie in Hankau hat Militär zu ihrem Schutz angefordert.

Die Phöbus Film AG führt den ersten Tonfilmversuch im Deutschen Reich vor. Zu einem filmischen Kabarettprogramm kommt der Ton von einem Grammophon.

Gestorben:

4. St. Justina (Südtirol): Albin Egger-Lienz (*29. 1. 1868, Stribach bei Lienz), österreichischer Maler. → S. 186

10. Heidelberg: Wilhelm Braune (*20. 2. 1850, Großhiemig bei Liebenwerda), deutscher Germanist.

Geboren:

7. Sydney: Joan Sutherland, australische Sängerin.

9. Berlin: Martin Benrath, deutscher Schauspieler.

19. Duncan (USA): Jeane Duane Jordan Kirkpatrick, amerikanische UN-Botschafterin.

28. Berlin: Eberhard von Brauchitsch, deutscher Wirtschaftsmanager.

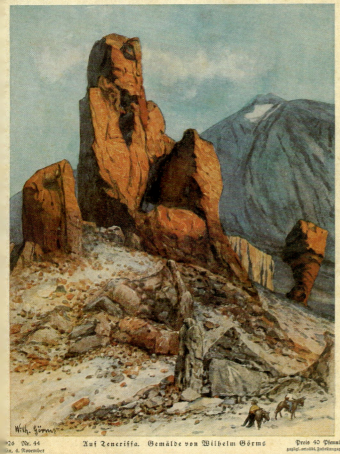

»Gartenlaube« vom November 1926 mit gemalten Reiseimpressionen den Kanarischen Inseln

Die Lage in der UdSSR und das Leben der Schweizer Bürger in Frankreich auf der Titelseite der Zeitung »Neue Zürcher Zeitung« vom 23. November 1926

November 1926

Prinzessin Astrid von Schweden (l.) mit ihren Eltern bei der Ankunft in Antwerpen

Das Brautpaar (Mitte), umgeben von Hochzeitsgästen nach der Ziviltrauung im Königlichen Schloß zu Stockholm

V.l.: Der belgische Kronprinz Leopold, Prinzessin Astrid

Königliche Hochzeit des Jahres

4./10. November. Die Hochzeit zwischen dem belgischen Kronprinzen Leopold und der schwedischen Prinzessin Astrid wird mit großem Gepränge gefeiert.

Die zivile Trauung des jungen Paars – Leopold ist gerade 25 Jahre alt geworden, Astrid ist noch nicht einmal 21 – wird in der Heimat der Braut vollzogen. Im Thronsaal des Königlichen Schlosses zu Stockholm wird im Beisein von 1200 geladenen Gästen die Eheschließung vollzogen. Bei den Feierlichkeiten sind zahlreiche Mitglieder der europäischen Herrscherhäuser vertreten. Neben dem Gastgeber und Onkel der Braut, König Gustav V. von Schweden, sowie dem belgischen König Albert I., dem Vater des Bräutigams, sind auch die Monarchen der anderen beiden skandinavischen Staaten, König Hakon VII. von Norwegen und König Christian X. von Dänemark anwesend.

Nach der Eheschließung trennt sich das Paar und reist auf unterschiedlichen Wegen nach Belgien, wo die kirchliche Trauung stattfinden soll. Als das Schiff mit Astrid und ihren Eltern am 8. November im Hafen von Antwerpen anlegt, begrüßt Leopold seine Braut vor aller Augen mit einer Umarmung und einem Kuß – ein weiterer Beweis dafür, daß es sich bei der Verbindung, bei aller Rücksichtnahme auf die Forderungen der Königshäuser, um eine Liebesheirat handelt. Die kirchliche Trauung findet am 10. November in der St.-Michel-Gudula-Kirche zu Brüssel statt. Etwa 9000 Menschen verfolgen die Zeremonie. Da Astrid nicht katholischen Glaubens ist, wird jedoch keine Messe gelesen.

Leopold, Kronprinz der Belgier, geboren am 3. November 1901 in Brüssel, entstammt der Ehe des Belgierkönigs Albert I. mit Prinzessin Elisabeth von Bayern. Prinzessin Astrid von Schweden, geboren am 17. November 1905 in Stockholm, ist die Tochter von Prinzessin Ingeborg von Dänemark und Prinz Carl von Schweden, dem Bruder von König Gustav V. (Abb.: Die Ziviltrauung).

Europäische Herrscherhäuser

An der Spitze von elf europäischen Staaten stehen Könige als Staatsoberhäupter. Hinzu kommen die Fürstentümer Liechtenstein und Monaco, das Großherzogtum Luxemburg sowie das Königreich Ungarn, das unter Reichsverweserschaft steht. Die folgende Liste nennt die Monarchen mit dem Herrscherhaus und dem Jahr der Thronbesteigung.

Belgien: Albert I. (Sachsen-Coburg-Gotha), seit 1909
Bulgarien: Boris III. (Sachsen-Coburg-Kohary), seit 1918
Dänemark: Christian X. (Schleswig-Holstein-Sonderburg-Glücksburg), seit 1912
Großbritannien: Georg V. (Sachsen-Coburg-Gotha, 1917 umbenannt in Windsor), seit 1910
Italien: Viktor Emmanuel III. (Savoyen), seit 1900
Liechtenstein: Johann II. (Liechtenstein), seit 1858
Luxemburg: Charlotte (Nassau), seit 1919
Monaco: Ludwig II. (Grimaldi), seit 1922
Niederlande: Wilhelmina (Oranien-Nassau), seit 1890
Norwegen: Hakon VII. (Schleswig-Holstein-Sonderburg-Glücksburg), seit 1905
Rumänien: Ferdinand I. (Hohenzollern-Sigmaringen), seit 1914
Schweden: Gustav V. (Bernadotte), seit 1907
Königreich der Serben, Kroaten und Slowenen: Alexander I. (Karadordević), seit 1921
Spanien: Alfons XIII. (Bourbon), seit 1886.

November 1926

Commonwealth of Nations

18. November. Auf der Reichskonferenz des Britischen Empire in London, die seit dem 19. Oktober tagt, wird der Status der Dominions, der nicht zum Mutterland gehörenden britischen Kronländer, neu geregelt und das »Commonwealth of Nations« an die Stelle des »Imperial Commonwealth« gesetzt.

Die Formel, die der ehemalige britische Außenminister Arthur James Earl of Balfour ausgearbeitet hat, bezeichnet die Dominions als »autonome Gemeinschaften innerhalb des Britischen Empire, gleich im Status, in keiner Weise einander in inneren und äußeren Angelegenheiten untergeordnet, obwohl durch eine gemeinsame Bindung an die Krone vereinigt und als Mitglieder des Britischen Commonwealth of Nations frei assoziiert«.

Das Ideal der freien Kooperation und des allgemeinen Fortschritts wird als Leitidee gesehen, wobei in der Verteidigung die Hauptverantwortung weiterhin beim Mutterland bleiben soll..

Zu den Dominions gehören Irland, Kanada, Neufundland, Australien, die Südafrikanische Union und Neuseeland. Das gesamte britische Weltreich umfaßt nahezu ein Viertel der Erde und ein Viertel der Menschheit. Davon leben 46 Millionen im Mutterland Großbritannien, 25 Millionen in den Dominions, 62 Millionen in den Kronkolonien und 390 Millionen in Indien.

Bergarbeiter müssen aufgeben

19. November. Der Streik der britischen Bergarbeiter, der seit mehr als sechs Monaten anhält, endet mit einer Niederlage für die Arbeiter: Sie haben ihre Forderung nach einem allgemeinen, für ganz Großbritannien gültigen Tarifvertrag nicht durchsetzen können und müssen in den einzelnen Distrikten direkt mit den Zechenbesitzern Lohnverhandlungen führen.

An dem Streik der Kohlenarbeiter, der zunächst durch einen Generalstreik unterstützt worden war (→ 3. 5./S. 90), haben sich bis zu 1,1 Millionen Kumpel beteiligt; ein Drittel von ihnen ist inzwischen wieder an die Arbeit zurückgekehrt.

Obwohl sich eine knappe Mehrheit der noch streikenden Bergleute dagegen ausspricht, beschließen die Delegierten der Bergarbeitergewerkschaft am 19. November, einen Kompromißvorschlag der Regierung zu akzeptieren, der die Beibehaltung einer durchschnittlichen täglichen Arbeitszeit von 7,5 Stunden, Lohnsenkungen von durchschnittlich 10% und Einzelverhandlungen in den Distrikten vorsieht. Bei diesen Verhandlungen erzielen die Bergleute teils noch schlechtere Ergebnisse. Von dem Streik haben andere europäische Staaten profitiert. So sind im Deutschen Reich die Kohlenhalden restlos abgebaut.

Streikbrecher in Nottinghamshire, die vorzeitig zur Arbeit zurückgekehrt sind, vor dem Lohnzahlungsbüro

Grubenarbeiter in Nottinghamshire, die bereits im August die Arbeit wiederaufgenommen haben

Griechen können frei wählen

7. November. Nach dem Sturz von Diktator Theodoros Pangalos (→ 22. 8./S. 138) werden erstmals wieder freie Wahlen in Griechenland abgehalten. Dem republikanischen Block gelingt es, 65% der Mandate in der griechischen Abgeordnetenkammer zu erzielen.

Am 4. Dezember wird eine neue Regierung gebildet. Ministerpräsident Georgios Kondylis hatte schon vor der Wahl seinen Rückzug angekündigt. Der neue Regierungschef, Alexander Zaimis, steht einer Großen Koalition vor, an der die liberalen Parteien, die Republikanische Union, die Volkspartei (Konservative und gemäßigte Monarchisten) und der Freisinn beteiligt sind.

Nach dem Sturz der Diktatur schließen sich die demokratischen Parteien in Griechenland – über den Gegensatz Republikaner–Monarchisten hinweg – enger zusammen.

Linz: Absage an die Revolution

3. November. Nach fünftägiger Dauer geht in Linz der Parteitag der Sozialdemokratischen Arbeiterpartei Österreichs zu Ende.

Auf dem Parteitag wird ein neues Programm verabschiedet, das von Parteitheoretiker Otto Bauer ausgearbeitet worden ist. Es ersetzt das veraltete »Wiener Programm« aus dem Jahr 1901 und schreibt die Theorie des Austromarxismus, die im wesentlichen schon vor dem Weltkrieg entwickelt worden ist, fort. Diese österreichische Spielart des Marxismus verfolgt – im Gegensatz etwa zum revolutionären Marxismus-Leninismus – ein reformistisch-evolutionäres Konzept und strebt den Übergang von der kapitalistischen zur sozialistischen Gesellschaftsordnung ohne Umsturz an.

In dem Linzer Programm wird festgestellt, daß große Industriekonzerne der Regierung und dem Parlament ihren Willen aufzwängen; nach der Eroberung der Staatsmacht durch die Sozialdemokratie sollten daher die Produktionsmittel vergesellschaftet werden.

Die österreichischen Sozialdemokraten bekennen sich zum Anschluß an das Deutsche Reich.

November 1926

Berlin ist Sprungbrett für Goebbels' Karriere als Propagandaleiter

Joseph Goebbels wird Gauleiter

1. November. Joseph Goebbels wird zum Gauleiter der NSDAP in Berlin-Brandenburg ernannt. Damit erhält er den Lohn für sein Überwechseln in den Richtungskämpfen der Partei von der Gruppe um Gregor Strasser zu Adolf Hitler (→ 3. 7./S. 124).
Goebbels soll in der Berliner Organisation der Nationalsozialistischen Deutschen Arbeiterpartei, die von internen Machtkämpfen bestimmt ist, für Ordnung sorgen. Der Gau Potsdam wird aufgelöst; zu Goebbels' Bereich gehören Groß-Berlin und die Mark Brandenburg mit Ausnahme von Anhalt-Dessau.

Enthüllungen über die Reichswehr

22. November. In der Öffentlichkeit wird eine Denkschrift der rechtsgerichteten Organisation »Jungdeutscher Orden« (Jungdo) bekannt, die im März Reichspräsident Paul von Hindenburg und Reichswehrminister Otto Geßler überreicht worden ist. Darin ist ausgeführt, daß mit Wissen der Reichswehr Verbände gegründet worden sind, die ihre Mitglieder militärisch ausgebildet und 1923 einen Überfall auf französische Besatzungstruppen geplant hatten. Geßler betont, daß er der Reichswehr Kontakte zu illegalen Organisationen untersagt habe (→ 17. 12./S. 195).

Die Landwirte klagen

2. November. Laut Pressemeldungen mußten in den letzten Monaten in der Provinz Brandenburg 138 Bauerngüter wegen Zahlungsunfähigkeit der Besitzer versteigert werden; ähnliche Zahlen werden auch aus anderen Gebieten des Deutschen Reiches gemeldet. Das Landwirtschaftsjahr 1925/26 kann daher als Krisenjahr bezeichnet werden.
Die deutsche Landwirtschaft hat sich von den Folgen des Weltkriegs noch immer nicht erholt. 14% der landwirtschaftlichen Nutzfläche, die ehemals zum Deutschen Reich gehörten, sind verlorengegangen. Ferner haben die Bodenerträge nachgelassen und der Viehbestand ist geschrumpft; bei Schlachtvieh haben die Landwirte allerdings inzwischen den Vorkriegsstand wieder erreicht.
Nach dem Ende des Krieges standen die Landwirte einer veränderten weltwirtschaftlichen Situation gegenüber. Die Nachbarn Dänemark (Milcherzeugnisse) und die Niederlande (Gartenbauprodukte) hatten ihren Export gewaltig ausgeweitet und waren dem Deutschen Reich zu ernsthaften Konkurrenten auf dem Weltmarkt erwachsen. Ferner hatten im Zuge der fortschreitenden Motorisierung in der Landwirtschaft vor allem die USA, Kanada, Australien und Argentinien ihre Getreideproduktion gesteigert (von 13,5 Millionen t im Jahresdurchschnitt 1909–1915 auf nahezu 25 Millionen t im Jahresdurchschnitt 1922–1926). Dies führt seit Ende 1925 zu einem ständigen Absinken der Getreidepreise.
Mit der Währungsreform von 1923 sind die Landwirte zwar die alten Schulden losgeworden, sie verloren jedoch auch ihr gesamtes Betriebskapital und waren gezwungen – zu ungünstigen Zinssätzen – neue Kredite aufzunehmen.
In der schwierigen Situation der Landwirtschaft bemühen sich die Bauern um Rationalisierungsmaßnahmen (Einführung von Düngerstreuern, Kartoffelrodern, Dreschmaschinen und gummibereiften Traktoren) und darum, sich auf die neuen Gewohnheiten der Stadtbevölkerung einzustellen (Zunahme des Verbrauchs an Eiern, Zucker und Fleisch, Rückgang bei Kartoffeln und Roggenmehl).

Hotelbrand in der Schweiz

18. November. In dem bekannten Schweizer Sommer- und Winterkurort Mürren im Berner Oberland bricht ein Großfeuer aus, das zwei Hotelgebäude vollkommen zerstört und zwei weitere schwer beschädigt.
Von dem Brand, der in dem kleinen 42-Zimmer-Hotel »Edelweiß« in der Nacht aus ungeklärter Ursache ausbricht, ist auch das »Hotel des Alpes« mit 250 Zimmern betroffen. Das Feuer bedroht zeitweilig den ganzen Ort und breitet sich – durch den starken Föhn begünstigt – in den umliegenden Fichtenwäldern aus. Bald einsetzende Schneefälle, die von heftigen Regengüssen gefolgt werden, erleichtern die Löscharbeiten der Feuerwehr. Menschen kommen bei der Brandkatastrophe nicht zu Schaden, weil sich vor Saisonbeginn kaum Gäste in dem Kurort aufhalten.

Westdeutscher Rundfunk in Köln

1. November. Die Westdeutsche Funkstunde AG wird von Münster nach Köln verlegt. Künftig nennt sich die Sendeanstalt Westdeutsche Rundfunk AG. Programmdirektor der Gesellschaft wird der ehemalige Intendant des Kölner Schauspielhauses, Ernst Hardt.
Die Westdeutsche Funkstunde AG ist erst am 12. Dezember 1924 ins Handelsregister eingetragen worden, strahlte aber bereits ab 17. Juli 1924 Versuchssendungen aus. Die Entscheidung für die westfälische Provinzstadt Münster als Sitz der Rundfunkanstalt für Westdeutschland war durch die politischen Verhältnisse bestimmt: Die Interalliierte Rheinlandkommission hatte allen Bewohnern des Rheinlandes den Empfang und die Ausstrahlung von Rundfunkdarbietungen aus Gründen der Spionageabwehr verboten.
Mit der Räumung des Rheinlandes (→ 30. 1./S. 17) ist der Weg frei, um den Rundfunksender an den ursprünglich vorgesehenen Ort, nach Köln, zu verlegen. Auch die Stadt Düsseldorf hatte sich – vergeblich – um den Sitz der Anstalt bemüht.

Das ausgebrannte »Hotel des Alpes« im Schweizer Luftkurort Mürren, von dem Gebäude steht nur noch die Fassade; hinten die Jungfrau

November 1926

Das Disney-Team, v.l.: Ham Hamilton, Roy Disney, Hugh Harman, Walt Disney, Margie Gay, Rudy Ising, Ub Iwerks, Walker Harman

Werbefoto mit Walt Disney für die Serie »Alice in Cartoonland«; die Figur der späteren »Mickey Mouse« ist schon zu erkennen (1926)

Star – eine gezeichnete Maus

In der Zeichentrick-Filmserie »Alice in Cartoonland« aus dem Zeichenstudio von Walt Disney in Hollywood taucht erstmals eine kleine Maus mit runden schwarzen Ohren und einer weißen, im Bogen geschwungenen Gesichtsfläche auf. Diese Figur wird wenig später unter dem Namen »Mickey Mouse« in eigenen Filmen ihren Siegeszug um die Welt antreten. Zeichner der Maus ist nicht Disney selbst (er hat nach eigenen Aussagen nach 1926 keine einzige seiner Figuren mehr selbst gezeichnet), sondern sein Mitarbeiter Ub Iwerks. Disney hat lediglich die für das kleine Wesen typischen Charaktereigenschaften entworfen. Als Erfinderin des Namens für die Maus gilt Disneys Ehefrau Lilian – Walt hat »Mortimer the Mouse« bevorzugt.

In der »Alice in Cartoonland«-Serie tritt ein real abgefilmtes Mädchen zusammen mit gezeichneten Trickfiguren auf.

»Mickey-Mouse«-Filmszene mit deutschem Untertitel

Walt Disneys Erfolgsstory beginnt

Walt Disney wurde am 5. Dezember 1901 als viertes Kind eines in ärmlichen Verhältnissen lebenden Ehepaars in Chicago geboren. Seine Eltern versuchten sich, unter häufigem Wechsel des Wohnorts, in verschiedenen kleinen Geschäften, ohne finanziellen Erfolg zu haben. So war Walt bereits mit neun Jahren dazu gezwungen, im Auftrag seines Vaters in Kansas Zeitungen auszutragen.

Seit 1916 besuchte Walt Disney die Kunstakademie in Chicago und ließ sich im Zeichnen von Comics und Karikaturen ausbilden. Nachdem er sich vergeblich um eine Anstellung als Zeichner bei der Zeitung »Kansas Star« beworben hatte, wurde Disney 1918 Soldat und kam für einige Monate nach Europa.

In die USA zurückgekehrt, beschloß er, nicht weiter als Gehilfe seines Vaters tätig zu sein, sondern sich fortan als Zeichner auf eigene Füße zu stellen. 1919 fand er eine Anstellung in einem Zeichenstudio, und ein Jahr später machte er mit seinem Freund Ub Iwerks ein eigenes Studio auf, das jedoch bald bankrott ging.

1920 trat Disney als Zeichner von Trickfilmen in eine Werbefilmgesellschaft ein, noch im gleichen Jahr gründete er wiederum ein eigenes Studio als Trickfilmer und schuf sieben kurze Streifen mit Märchenstoffen, darunter einen Titel »Alice's Wonderland«. 1922 ging Disney nach Hollywood, ohne jedoch einen festen Job zu finden. Aufgrund der Musterrolle von »Alice's Wonderland« erhielt er jedoch ein Jahr später den Auftrag, eine Serie von zwölf Filmen unter dem Titel »Alice in Cartoonland« zu drehen. Für eine Filmrolle erhielt er 1500 Dollar. Von der siebten Folge an, als Ub Iwerks wieder dabei ist, wird die Serie auch zu einem kommerziellen Erfolg. Die Erfolgsstory von Disney hat begonnen.

Walt Disney beim Drehen eines seiner ersten Filme

Disney-Mitarbeiter Ub Iwerks skizziert eine »Mickey Mouse«

November 1926

Kafkas letzter Roman

22. November. Der Kurt Wolff Verlag in München kündigt das Erscheinen des Romans »Das Schloß« an. Der Autor des Werks, der 1924 in Kierling bei Wien verstorbene deutschsprachige Prager Schriftsteller Franz Kafka, ist lediglich in Literaturkreisen bekannt.

Max Brod, ein Freund und Schriftstellerkollege Kafkas, gibt den 1922 geschriebenen, unvollendet gebliebenen Roman aus dem Nachlaß des Autors heraus. Er setzt sich damit über die Verfügung Kafkas hinweg, alle seine Werke, die nicht zu Lebzeiten erschienen sind, zu vernichten. »Das Schloß« schildert die vielfältigen Bemühungen des Landvermessers K., für seine Arbeit in einem Dorf die Bestätigung des herrschaftlichen Schlosses zu erlangen. Immer wieder versucht er vergeblich, sich dem Schloß und seiner Beamtenhierarchie zu nähern. Der Roman, der sich einem unmittelbaren Zugang verschließt, läßt sich als Kritik an der undurchschaubaren und unmenschlichen Staatsbürokratie, in deren Abhängigkeit der einzelne auch innerlich gerät, verstehen.

Satire auf die Schöngeister

6. November. Am Staatlichen Schauspielhaus in Frankfurt am Main wird die satirische Komödie »Kilian oder die gelbe Rose« von Paul Kornfeld uraufgeführt, die sich zum größten Theatererfolg für den expressionistischen Dramatiker entwickelt. Die Titelrolle spielt Toni Impekoven.

Das Stück schildert, wie ein Buchbinder und ein Philosoph in den philosophisch-geistreichen Zirkeln miteinander verwechselt werden und legt so bloß, daß in den Salons der Schöngeister ein schöpferischer Denker ebensoviel gilt wie jemand, der sein Wissen und seine Anschauungen aus zweiter Hand bezieht.

Der anglo-irische Dramatiker George Bernard Shaw

Wirbel um den Literaturnobelpreis

18. November. George Bernard Shaw, der mit dem Literaturnobelpreis für 1925 ausgezeichnet werden soll, erklärt der Königlich Schwedischen Akademie, er sei zur Annahme des mit der Auszeichnung verbundenen Geldpreises nicht bereit, da er genug Geld verdiene. Der Preis solle statt dessen für die Förderung der künstlerischen Verständigung verwendet werden. Als Shaw erfährt, daß dies nicht möglich ist, entschließt er sich doch zur Annahme (→ 10. 12./S. 194).

Max Brod, bekannt durch den Roman »Tycho Brahe«

Franz Kafka, der Verfasser des rätselhaften Romans »Das Schloß«

Mißerfolg für Gerhart Hauptmann

20. November. Im Theater in der Josefstadt in Wien wird das neueste Schauspiel des naturalistischen Dramatikers Gerhart Hauptmann, »Dorothea Angermann«, in der Inszenierung von Max Reinhardt uraufgeführt.

Hauptmann

Gleichzeitig hat das Stück in München, Hamburg, Düsseldorf, Leipzig, Braunschweig und an zehn weiteren deutschsprachigen Bühnen Premiere.

Hauptmann stellt in seinem Drama dar, wie die Pastorentochter Dorothea Angermann, die ein uneheliches Kind erwartet, von ihrem Vater zur Heirat mit dem Erzeuger gezwungen wird. Ihrem Mann verfallen, gelingt es ihr nicht, sich aus der unglücklichen Beziehung zu befreien. Das Stück endet mit dem Selbstmord der Titelheldin.

Das Drama wird von Publikum und Kritik eher negativ aufgenommen. Der dargestellte Konflikt sei – so heißt es in Rezensionen – hohl und abgenutzt. Das naturalistische Mitleidspathos, das die Dramen Hauptmanns seit jeher bestimmt, scheint dem modernen Theater nicht mehr angemessen. Zudem wird die streckenweise überhöhte Sprache des Dramas kritisiert.

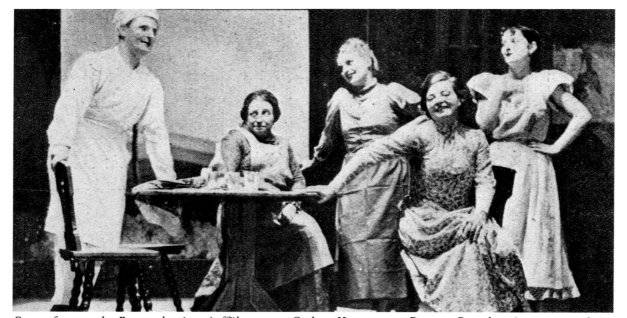

Szenenfoto aus der Braunschweiger Aufführung von Gerhart Hauptmanns Drama »Dorothea Angermann«, 2. v. r. Elisabeth Horn-Harprecht in der Titelrolle des Stücks, das in 17 Städten zur Aufführung gelangt

November 1926

Operettenkönigin Fritzi Massary

4. November. In Berlin findet die Uraufführung der Operette »Die Königin« des österreichischen Komponisten Oscar Straus statt. In der Titelrolle tritt die österreichische Sängerin und Schauspielerin Fritzi Massary (eigtl. Friederike Massarik) auf, die seit mehr als 20 Jahren als Operetten- und Revuestar vor allem in Berlin Triumphe feiert. Erstmals seit Jahren steht sie mit ihrem Mann, dem Charakterkomiker Max Pallenberg, den sie 1918 geheiratet hat, wieder gemeinsam auf der Bühne. Ihre größten Erfolge erlebte die Massary in Operetten von Leo Fall.

Fritzi Massary

Ein Traumpaar auf der Kinoleinwand

11. November. Im Ufa-Palast am Berliner Zoo hat der Film »Die keusche Susanne« von Richard Eichberg mit Willy Fritsch und Lilian Harvey Premiere.
Das deutsch-britische Traumpaar begeistert – obwohl noch nicht auf dem Höhepunkt des gemeinsamen Erfolgs – in dem harmlosen Stummfilm-Lustspiel durch schwungvolle und lebendige Darstellung. Willy Fritsch hat seinen Beruf als Ingenieur an den Nagel gehängt und ist seit 1921 beim Film. Seine aus England stammende Partnerin hat bei Ballett und Revue begonnen; sie dreht vorwiegend in Deutschland. Lilian Harvey ist bei den Vorführungen im Ufa-Palast anwesend.

Ein Traumpaar der Leinwand: Lilian Harvey und Willy Fritsch

Der junge Napoleon Bonaparte, gespielt von Albert Dieudonné, muß mit ansehen, wie Kinder gewaltsam von den Eltern getrennt werden

Der Sturm auf die Bastille, der Ausbruch der Revolution

Monumentalfilm über Napoleon

21. November. Die »Berliner Illustrirte« berichtet von den Dreharbeiten für den Film »Napoleon« des französischen Regisseurs Abel Gance, der 1927 uraufgeführt werden wird.
Gance hat mit den Aufnahmen für den Monumentalfilm bereits 1923 begonnen. Als Geldgeber fungierte zunächst der Industrielle Hugo Stinnes; nach dessen Tod 1924 verzichteten die Schauspieler auf ihre Gage, um die Fertigstellung des Films zu ermöglichen.
Dennoch bleibt der Film ein Torso. Bei der gewaltigen Filmlänge von 16 000 m (das entspricht einer Vorführdauer von nahezu zwölf Stunden) schildert er nicht einmal die ersten 40 Jahre aus dem Leben Napoleons. Nach der Uraufführung in der Pariser Oper kommt der Film zudem gekürzt in die Kinos.
Abel Gance' »Napoleon« beeindruckt vor allem durch die technischen Mittel. Erstmals wird das Verfahren der »Polyvision« eingesetzt, bei dem drei Filmszenen gleichzeitig auf der geteilten Leinwand gezeigt werden. Ferner bedient sich Gance einer äußerst beweglichen Handkamera, die z. B. auf den Rücken eines Pferdes geschnallt oder bei einer Schneeballschlacht hin und her geworfen wird. Die Filmmusik schuf Arthur Honegger.

Verfolgung verdächtiger Frauen auf der Straße in Paris (Szene aus dem Monumentalfilm »Napoleon« von Regisseur Abel Gance)

November 1926

Egger-Lienz malte die Geschichte Tirols

»Der Totentanz von anno neun« (Gemälde, Albin Egger-Lienz, 1906–1908; Österreichische Galerie, Wien)

4. November. Albin Egger-Lienz, einer der bedeutenden Vertreter des monumentalen Realismus in der Malerei, stirbt im Alter von 58 Jahren in St. Justina bei Bozen (Südtirol), wohin er sich schon vor dem Weltkrieg zurückgezogen hat. Egger-Lienz ist vor allem durch seine großflächigen Gemälde mit Szenen aus der Geschichte seiner Heimat Tirol und durch Bilder aus dem Leben der Tiroler Bauern bekanntgeworden. Zu seinen bekanntesten Werken aus diesem Themenbereich gehören »Ave Maria nach der Schlacht am Berge Isel« (1893–1896, Tiroler Landesmuseum Ferdinandeum, Innsbruck) und »Der Totentanz von anno neun«.

Der Stil von Albin Egger-Lienz hat sich – bei gleichbleibender Thematik – um die Jahrhundertwende jedoch entscheidend gewandelt. In seinem frühen Werk orientierte er sich an Franz von Defregger, einem ebenfalls aus Tirol stammenden realistischen Maler, und malte kraftvoll-heimattümelnde Genrebilder. Später bildete er – u. a. beeinflußt von dem Schweizer Maler Ferdinand Hodler – den für sein Spätwerk charakteristischen monumentalen Malstil heraus, der auf Details verzichtet und dessen Wirkung vielfach auf rhythmisch durchkomponierten, mit wenigen Strichen konturierten Figurengruppen beruht.

Jahrhundertfeier an der Isar

26. November. Im Beisein von Prominenz aus Wissenschaft und Politik, darunter auch der bayerische Ex-Kronprinz Ruprecht, der Urenkel des Bayernkönigs Ludwig I., wird das 100jährige Jubiläum der Ludwig-Maximilians-Universität zu München begangen. Anläßlich der Jahrhundertfeier wird u. a. der bayerische Ministerpräsident Heinrich Held (BVP) mit dem Ehrendoktor der Universität ausgezeichnet. Die Ludovica Maximiliana war 1472 vom bayerischen Herzog Ludwig IX. in Ingolstadt gegründet worden; 1826 zog sie nach München um.

Fresken von Heinrich Vogeler im Kinderheim »Barkenhoff« mit Szenen aus der Geschichte der deutschen und russischen Arbeiterbewegung

Konflikt um Worpsweder Heim

10. November. Die Kampagne gegen das sozialistische Kinderheim »Barkenhoff« in der Künstlerkolonie Worpswede spitzt sich zu: Der zuständige Landrat droht die Schließung des Heims und die Entfernung einiger Bilder von Heinrich Vogeler aus dem Gebäude an. Der seit 1894 in Worpswede tätige Vogeler sympathisiert mit dem Kommunismus und malt seit seinem Aufenthalt in der Sowjetunion (1925) im Stil des sozialistischen Realismus. Die Bilder im »Barkenhoff« stellen Szenen u. a. aus der Geschichte der Arbeiterbewegung dar.

November 1926

Musik 1926
Jazz und Neoklassik

Die internationale Musikszene in der Mitte der 20er Jahre ist durch eine Vielfalt kompositorischer Tendenzen bestimmt. Während einerseits akademische Traditionen fortgeführt werden, beziehen andererseits einige Komponisten Jazzelemente sowie Folklore mit ein und kommen so dem Publikumsgeschmack entgegen.

Die Werke der Zwölftöner der »Neuen Wiener Schule« (Arnold Schönberg, Alban Berg, Anton von Webern), die – nach einem strengen Schema komponiert – auf harmonische Zentren vollkommen verzichten, sind dem Hörer schwer zugänglich. Das Haupt dieser Schule, Schönberg, der 1923 diese Technik entwickelt hat, kommt im Januar 1926 als Kompositionslehrer an die Akademie der Künste nach Berlin. Von Alban Berg entsteht 1926 die »Lyrische Suite für Streichquartett«, sein bedeutendstes kammermusikalisches Werk. Anton von Weberns »Fünf Stücke op. 10«, die 1926 beim Weltmusikfest in Zürich uraufgeführt werden, sind 1911 bis 1913 entstanden und nicht in Zwölftontechnik komponiert.

Die Neoklassizisten wie Igor Strawinsky und Paul Hindemith (dessen Oper »Cardillac« am 9. 11. 1926 in Dresden uraufgeführt wird) sind wegen dissonanter Klänge und bizarrer Effekte zwar als »Bürgerschrecks« verschrien, sie finden mit ihren melodischen und rhythmisch schwungvollen, vielfach vom Jazz beeinflußten Werken jedoch größere Aufnahme beim Publikum als die Schönberg-Schule. Jazzelemente finden sich auch bei dem US-Amerikaner Aaron Copland, dessen »Klavierkonzert« 1926 Uraufführung hat. Der zweite Satz trägt den Titel »Essay in Jazz«.

Volksmusik greift der Spanier Manuel de Falla auf, dessen »Konzert für Cembalo (oder Klavier) und fünf Instrumente« 1926 in Barcelona uraufgeführt wird. Folkloristische Anklänge finden sich auch bei dem Ungarn Béla Bartók, dessen Werk zum Neoklassizismus zu rechnen ist. Seine Ballettpantomime »Der wunderbare Mandarin« hat am 28. November 1926 in Köln Weltpremiere. Auf dem Fundament der musikalischen Tradition entfaltet Bartók darin einen »barbarischen« Expressionismus mit aggressiven Klängen.

Die 1. Sinfonie der musikalischen Frühbegabung Dmitri Schostakowitsch ist noch den sinfonischen Mitteln des 19. Jahrhunderts verhaftet, überschreitet diese jedoch zugleich durch ironische Distanzierung. Der Komponist ist zum Zeitpunkt der Uraufführung in Leningrad am 12. Januar 1926 erst 19 Jahre alt.

Der polnische Tenor Jan Kiepura gastiert in Wien und Berlin

Programm eines Singabends (Sozialistische Arbeiterjugend)

Das Mendelssohn-Quartett bei einem Hausmusikabend in Berlin; führende Komponisten bemühen sich um die Laienmusik

Musikblätter-Sonderheft 1926

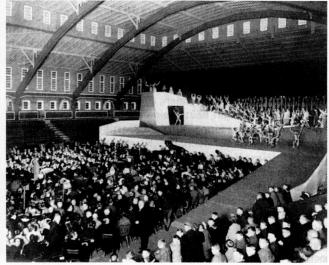
Händelfest der Deutschen Händelgesellschaft in Münster

Der französische Komponist Maurice Ravel

Dezember 1926

Mo	Di	Mi	Do	Fr	Sa	So
		1	2	3	4	5
6	7	8	9	10	11	12
13	14	15	16	17	18	19
20	21	22	23	24	25	26
27	28	29	30	31		

1. Dezember, Mittwoch

Die Parteien der deutschen Minderheitsregierung schlagen der SPD einen Änderungsentwurf der Arbeitszeitverordnung vor, der grundsätzlich den Achtstundentag anerkennt. Der Vorschlag dient als Basis für eine mögliche Koalitionserweiterung unter Einbeziehung der Sozialdemokraten (→ 17. 12./S. 195).

In Italien ist eine Liste mit Personen fertiggestellt worden, die wegen ihrer oppositionellen Haltung zum faschistischen Regime zwangsweise umgesiedelt werden sollen. Es handelt sich zunächst um 522 Personen.

Die Firma Hermann Tietz hat die Warenhäuser der Firma Jandorf & Co. und das Berliner Kaufhaus des Westens gekauft; Tietz ist dadurch zum größten Warenhauskonzern Europas geworden. → S. 196

Die russische Tänzerin Anna Pawlowa beginnt im Berliner Theater des Westens ein Gastspiel. → S. 204

2. Dezember, Donnerstag

Eine Denkschrift enthüllt, daß die Generale der ehemaligen kaiserlichen Wehrmacht generöse Pensionen erhalten: Sie liegen zumeist höher als 10 000 Reichsmark (RM) pro Jahr. → S. 192

Vom 2. bis 5. Dezember findet in Münster das erste Händelfest der Deutschen Händelgesellschaft statt.

3. Dezember, Freitag

Der Deutsche Reichstag nimmt nach heftiger Debatte das umstrittene Gesetz zur Bewahrung der Jugend vor Schund- und Schmutzschriften an. → S. 192

Bei den Wahlen zum Folketing (Parlament) in Dänemark haben die Parteien der Sozialdemokraten und der radikalen Linken, die bislang die Regierung gestellt haben, an Stimmen verloren. Am 14. Dezember stellt Thomas Madsen-Mygdal (Bauernpartei) das neue Kabinett vor.

Die Außenminister Frankreichs und Großbritanniens, Joseph Austen Chamberlain und Aristide Briand, treffen in Paris zu Gesprächen zusammen. Chamberlain bemüht sich, in der Frage der Abberufung der interalliierten Militärkommission aus dem Deutschen Reich zwischen dem deutschen und dem französischen Standpunkt zu vermitteln (→ 12. 12./ S. 193).

Die britische Zeitung »Manchester Guardian« bringt einen ausführlichen Bericht über die Zusammenarbeit zwischen der deutschen Reichswehr und der sowjetischen Roten Armee (→ 17. 12./S. 195).

Am Schauspielhaus in Berlin hat Leopold Jessners Inszenierung des »Hamlet« von William Shakespeare Premiere. Fritz Kortner spielt den Hamlet als Republikaner. → S. 202

4. Dezember, Sonnabend

In der Diskussion um das Rekrutierungssystem der deutschen Reichswehr bestreitet Reichswehrminister Otto Geßler, daß nationalistische Verbände Einfluß auf die Auswahl des Mannschaftsersatzes nehmen.

Das neue, von Walter Gropius gestaltete Bauhaus in Dessau wird eingeweiht. → S. 198

Der Film »Nathan der Weise« nach dem gleichnamigen Schauspiel von Gotthold Ephraim Lessing ist bei der Münchner Filmprüfstelle auf Ablehnung gestoßen, weil ein Jude im Mittelpunkt der Handlung steht und die religiöse Aussage nicht dem katholischen Dogma entspreche. Die Filmoberprüfstelle in Berlin hat den Film jedoch freigegeben.

Anläßlich des 60. Geburtstages des russischen Malers Wassily Kandinsky zeigt die Galerie Neumann-Nierendorf in Berlin eine Ausstellung seiner Werke (→ 4. 12./S. 198).

5. Dezember, Sonntag

Der Vorsitzende der Reichstagsfraktion der Deutschen Volkspartei (DVP), Ernst Scholz, lehnt auf einer Parteiversammlung in Insterburg (Ostpreußen) eine Zusammenarbeit mit der SPD ab. Er steht damit im Gegensatz zu der Auffassung des Parteivorsitzenden Gustav Stresemann.

Auf der Brüsseler Automobil-Ausstellung sind zum ersten Mal seit dem Weltkrieg wieder deutsche Firmen zugelassen. Die neuen Sechs-Zylinder-Modelle von Mercedes erregen Aufsehen. → S. 197

In der Nacht zum 5. Dezember ist in das Reichsfinanz-Zeugamt in Berlin eingebrochen worden. Die Täter haben Steuermarken und Banderolen im Wert von über 400 000 Reichsmark (RM) erbeutet.

6. Dezember, Montag

Die Reichstagsfraktion der SPD legt dem Kabinett eine umfangreiche Dokumentation über die gegen den Versailler Vertrag verstoßenden Rüstungsvorbereitungen (Schwarze Reichswehr) vor (→ 17. 12./S. 195).

Die Mehrheit der Wähler im Land Hessen lehnt in einer Volksabstimmung die von den Rechtsparteien geforderte Auflösung des Landtags ab.

Königin Maria von Rumänien, die Frau von König Ferdinand I., kehrt von einer mehrwöchigen USA-Reise nach Bukarest zurück. → S. 204

7. Dezember, Dienstag

Die chilenische Regierung hat sich bereit erklärt, über die Rückgabe der Salpeterprovinzen Tacna und Arica an Bolivien zu verhandeln, verlangt allerdings, daß das Gebiet entmilitarisiert wird. Nach dem Sieg im Salpeterkrieg zwischen Chile, Peru und Bolivien hat Chile 1883 die beiden Provinzen erhalten (→ 17. 6./S. 110).

Der Schweizer Walter Mittelholzer startet in Zürich zu einem 20 000 km langen Trans-Afrika-Flug. → S. 197

8. Dezember, Mittwoch

In Ungarn finden in 104 Bezirken Abgeordnetenwahlen statt. Der Sieg der Regierungsparteien steht von vornherein fest, weil in 69 Bezirken die oppositionellen Kandidaten an der Einreichung der Wahlanträge gehindert wurden.

In der Nacht zum 8. Dezember ist im Bukarester Königspalast ein Feuer ausgebrochen. Die Flammen haben das Hauptgebäude mit dem Thronsaal und den Empfangsräumen zerstört.

9. Dezember, Donnerstag

Ein deutsch-polnisches Abkommen, das in der deutschen Hauptstadt Berlin unterzeichnet wird, regelt die Eingliederung der polnischen Arbeiter, die sich bereits seit Jahren im Deutschen Reich aufhalten, in die Rückwanderungsbestimmungen.

10. Dezember, Freitag

In Oslo und Stockholm werden die Nobelpreise verliehen. Den Friedensnobelpreis erhalten die Außenminister des Deutschen Reiches und Frankreichs, Gustav Stresemann und Aristide Briand. → S. 194

Der polnische Sejm (Abgeordnetenkammer) setzt das Zensur-Pressegesetz vom 8. November außer Kraft. Allerdings bereitet die Regierung ein neues Pressegesetz vor, das vergleichbare Einschränkungen für die Berichterstattung über die Regierungspolitik enthalten soll.

Ungewöhnlich dichter Nebel über Paris läßt das Sonnenlicht nicht durchdringen, es herrscht tiefste Dunkelheit. Mehrere Elektrizitätswerke sind dem starken Stromverbrauch am Tag nicht gewachsen.

Im Ufa-Theater am Berliner Kurfürstendamm findet die Uraufführung des Stummfilms »Carmen« von Jacques Feyder mit Raquel Meller in der Titelrolle statt.

11. Dezember, Sonnabend

Der deutsche Reichspräsident Paul von Hindenburg erteilt die Genehmigung zur Verleihung der Dienstgrade Generalfeldmarschall und Generaloberst in der Reichswehr.

In Frankfurt am Main findet die Uraufführung des satirischen Stücks »Kleinbürgerhochzeit« des deutschen Schriftstellers Bertolt Brecht statt.

Die nachgelassene Operette »Jugend im Mai« des österreichischen Komponisten Leo Fall wird in der Berliner Städtischen Oper uraufgeführt.

12. Dezember, Sonntag

Eine Botschafterkonferenz in Genf faßt den Beschluß, daß die Interalliierte Kontrollkommission am 31. Januar 1927 ihre Tätigkeit im Deutschen Reich beendet. → S. 193

In Australien wütet ein Buschfeuer. Zahlreiche Farmen sind verbrannt und Tausende von Pferden, Schafen und Rindern umgekommen.

Die deutsche Fußballmannschaft verliert in München das 60. Fußball-Länderspiel gegen die Schweiz 2:3.

13. Dezember, Montag

Dem Führer der finnischen Sozialdemokratie, Väinö (Alfred) Tanner, ist es gelungen, die erste rein sozialistische Regierung Finnlands zu bilden.

Die Deutschnationalen (DNVP) haben im preußischen Landtag einen Antrag gegen den Intendanten des Berliner Staatstheaters, Leopold Jeßner, eingebracht. Sie sehen in seiner Theaterarbeit eine »Gefährdung« von Kultur, Kunst und Sittlichkeit«, insbesondere wenden sie sich gegen die Experimente bei den Klassiker-Inszenierungen (→ 3. 12./S. 202).

Geistliche aller Konfessionen in Südafrika haben einen Feldzug gegen den Modetanz Charleston begonnen, weil er ihrer Meinung nach dem orgiastischen Tanz der Bantu-Neger entspreche. Die Autorität der Weißen würde darunter leiden, wenn die Schwarzen sehen, daß ihre Tänze nachgeahmt würden.

14. Dezember, Dienstag

Der Student Gerhard Kruschke, der bei einer Bestimmungsmensur (einem Duell ohne vorhergehende Beleidigung) seinen Gegner tödlich verwundet hat, wird in Berlin wegen Zweikampfes zu fünf Monaten Festungshaft verurteilt.

15. Dezember, Mittwoch

Der Deutsche Reichstag verabschiedet ein Arbeitsgerichtsgesetz, das alle Streitfragen, die mit einem Arbeitsverhältnis zusammenhängen, besonderen Gerichten überweist. → S. 193

Der US-amerikanische Senat hat eine Änderung des Einwanderungsgesetzes angenommen, die der Familienzusammenführung dienen soll und 35 000 Frauen und Kindern unter 18 Jahren die Einwanderung gestattet. Die Ehemänner oder Väter der Betroffenen müssen vor dem 1. Juli 1920 in die USA gekommen sein und die Absicht erklärt haben, in Amerika bleiben zu wollen.

Der »fascio«, das Rutenbündel mit Beil (lateinisch faszes, Symbol der Amtsgewalt der altrömischen Magistrate und jetzt der italienischen Faschisten), wird italienisches Staatssymbol.

Die Weihnachts-
nummer 1926 der
Münchner Zeit-
schrift »Jugend«

Dezember 1926

Die Erben des 1922 ermordeten deutschen Außenministers Walther Rathenau haben sich entschlossen, Schloß und Park in Bad Freienwalde dem Kreis Oberbarnim zu schenken. Das Schloß, das 1797/98 König Friedrich Wilhelm III. von Preußen von David Gilly hatte erbauen lassen, wurde 1909 von Rathenau erworben und restauriert.

16. Dezember, Donnerstag
Die Schweizerische Bundesversammlung wählt Giuseppe Motta, den bisherigen Vizepräsidenten des Bundesrates (Kabinetts), zum Bundespräsidenten für das Jahr 1927. 1926 amtiert Heinrich Häberlin als Bundespräsident. → S. 195

Zum ersten Mal seit dem Mai-Putsch (→ 12.–14. 5./S. 89) erscheint der polnische Ministerpräsident Jósef Klemens Pilsudski persönlich vor dem Sejm (Abgeordnetenkammer), um den hohen Militäretat – 33% des Gesamtetats – zu begründen. Polen brauche eine starke Armee, weil kein Staat seine Grenzen garantiere.

Der Norddeutsche Lloyd erteilt den Auftrag, zwei große Luxus-Passagierschiffe für die Bremen-New York-Linie zu bauen.

17. Dezember, Freitag
Die deutsche Reichsregierung stürzt wegen der Reichswehraffäre. Ein Mißtrauensantrag wird im Reichstag mit 249 gegen 171 Stimmen angenommen. Das Kabinett unter Wilhelm Marx führt zunächst die Geschäfte weiter. → S. 195

Die Armee und die Rechtsparteien haben in der Nacht zum 17. Dezember die litauische Linksregierung gestürzt und den Staatspräsidenten interniert. Über Litauen ist der Kriegszustand verhängt. Der Führer des Aufstands, Antanas Smetona, wird neuer Staatspräsident, Augustin Voldemaras neuer Ministerpräsident.

Ein Erdbeben in der albanischen Stadt Durres (Durazzo) richtet schwere Verwüstungen an.

Im Ufa-Palast wird der Stummfilm »Der heilige Berg« von Arnold Franck mit Luis Trenker und Leni Riefenstahl uraufgeführt. → S. 203

18. Dezember, Sonnabend
Das britische Außenministerium überreicht den Mächten, die Interessen in China verfolgen, ein Memorandum, in dem ein neues Konzept in der Haltung gegenüber China entwickelt wird. Die Vorschläge sehen eine Revision der sog. ungleichen Verträge mit China und eine Änderung der exterritorialen Stellung der Ausländer in China vor.

Die französische Deputiertenkammer und der Senat einigen sich über das Budget für 1927. Die Budgetberatungen haben nur 36 Tage in Anspruch genommen, die kürzeste Zeit, die bisher ein französisches Parlament benötigt hat. → S. 197

Das US-Repräsentantenhaus nimmt die Vorlage des Finanzausschusses zur Rückgabe des beschlagnahmten deutschen Eigentums in den Vereinigten Staaten an. → S. 197

In Brünn findet die Uraufführung der Oper »Die Sache Makropoulos« von dem tschechischen Komponisten Leos Janáček statt.

19. Dezember, Sonntag
Die deutsche Wirtschaftspresse beurteilt die Entwicklung der deutschen Industrie positiver als zu Beginn des Jahres (→ 24. 12./S. 204).

In Berlin wird die Operette »Spiel um die Liebe« von dem französischen Komponisten Jean Gilbert uraufgeführt.

20. Dezember, Montag
Im Laboratorium der Seifenfabrik Aben in Berlin explodieren ätherische Öle und setzen den Betrieb in Brand. Der Inhaber, Fritz Aben, wird schwer verletzt; der Sachschaden wird auf mehr als 100 000 Reichsmark (RM) geschätzt.

Die Phoebus-Film AG eröffnet den Phoebus-Filmpalast am Anhalter Bahnhof in Berlin mit der Uraufführung des Stummfilms »Dagfin« von Joe May.

21. Dezember, Dienstag
Die US-amerikanischen Behörden, die das Befolgen des Gesetzes überwachen, das die Herstellung und den Besitz von Alkohol verbietet, haben im Jahr 1926 72 700 Personen verhaftet, 12 000 Geheimbrennereien ausgehoben und mehr als eine Million Hektoliter alkoholische Getränke beschlagnahmt (→ 5. 4./S. 74).

Der Parteivorstand der polnischen sozialistischen Partei beschließt, gegen das Regime von Jósef Klemens Pilsudski in die Opposition zu gehen. Die Partei strebte zunächst den Ausschluß der monarchistischen und reaktionären Minister aus dem Kabinett an.

Ein Theater in London führt das Weihnachtsspiel »Bethlehem« in moderner Kleidung auf. Beispielsweise tragen Maria ein Jumperkleid und König Herodes einen Frack.

Das Berliner Schiller-Theater zeigt die deutsche Erstaufführung des Dramas »Drei Schwestern« von dem russischen Schriftsteller Anton Tschechow; Regie führt Jürgen Fehling.

22. Dezember, Mittwoch
Der Vorschlag des deutschen Reichspräsidenten Paul von Hindenburg, Generaloberst a. D. Hans von Seeckt, den ehemaligen Chef der Heeresleitung (→ 8. 10./S. 168), zum besonderen Kommissar für die bevorstehenden Abrüstungsverhandlungen im Völkerbund zu ernennen, wird von Reichskanzler Wilhelm Marx abgelehnt.

In den USA wird der Stummfilm »The general« von und mit Buster Keaton uraufgeführt.

23. Dezember, Donnerstag
Die deutsche Erstaufführung des Schauspiels »Der Diktator« von dem französischen Schriftsteller Jules Romain findet im Berliner Lessingtheater statt.

US-amerikanische Kriegsschiffe landen in Nicaragua. Die Intervention wird mit dem Schutz der amerikanischen Bürger in Nicaragua begründet. → S. 195

In Berlin wird die Operette »Nur du« von Walter Kollo uraufgeführt. → S. 205

24. Dezember, Freitag
In seiner Weihnachtsansprache erklärt der deutsche geschäftsführende Reichskanzler Wilhelm Marx die Arbeitslosigkeit zum drängendsten Problem für Deutschland. → S. 204

Die seit 1924 geplante Renovierung der Erfurter Luther-Gedenkstätten in der Augustinerkirche und dem ehemaligen Augustinerkloster ist nunmehr beschlossen. Die Kosten belaufen sich auf etwa 500 000 Reichsmark (RM).

Im Berliner Metropoltheater findet die reichsdeutsche Erstaufführung der Operette »Die Zirkusprinzessin« von dem ungarischen Komponisten Emmerich Kálmán statt. → S. 205

25. Dezember, 1. Weihnachtstag
Nach dem Tod seines Vaters, Kaiser (Tenno) Joschimito von Japan, besteigt Kronprinz und Regent Hirohito den Thron. → S. 193

Nikola Uzunović hat zum fünften Mal in diesem Jahr im Königreich der Serben, Kroaten und Slowenen (heute Jugoslawien) ein neues Kabinett gebildet.

26. Dezember, 2. Weihnachtstag
Im ganzen Deutschen Reich herrscht klares Frostwetter; im Schwarzwald und in der Rheinebene schneit es. → S. 205

27. Dezember, Montag
Die französische Liga für Menschenrechte fordert auf ihrer Tagung in Metz (Elsaß-Lothringen) die Beibehaltung des Zweisprachensystems an allen Ämtern und eine Amnestie für alle Staatsbeamten, die aus politischen Gründen gemaßregelt wurden.

28. Dezember, Dienstag
Die sich bekämpfenden Parteien in Nicaragua haben einen Waffenstillstand von unbestimmter Dauer geschlossen, um die Gefallenen der letzten Tage beerdigen zu können. In den letzten Kämpfen haben die Rebellen die Regierungstruppen geschlagen (→ 23. 12./S. 195).

In der brasilianischen Provinz Rio Grande sind erneut Unruhen ausgebrochen. Die Rebellen haben die Regierungstruppen zum Rückzug gezwungen.

29. Dezember, Mittwoch
In Rom wird ein deutsch-italienischer Schiedsvertrag unterzeichnet. Beide Staaten verpflichten sich, aufkommende Streitigkeiten durch ein Vergleichsverfahren zu schlichten. → S. 193

In Spanien sind mehrere Züge zwischen Alicante und Albacete im Schnee steckengeblieben. Die ungewöhnliche Kälte hat in der Gegend von Valencia einen großen Teil der Orangenernte vernichtet.

30. Dezember, Donnerstag
Die spanische Regierung hat beschlossen, die Zahl der staatlichen Schulen von 1000 auf 1500 zu erhöhen, um den Analphabetismus zu bekämpfen. Etwa 60% der Bevölkerung sind Analphabeten.

Ein Erdbeben hat die Städte Gauchucal und Aldana in Ecuador zerstört. Das Erdbeben hängt mit einem Vulkanausbruch zusammen.

31. Dezember, Freitag
In Berlin finden 30 große Silvesterbälle statt. → S. 205

Der Dialog »Silvesternacht« des österreichischen Schriftstellers Arthur Schnitzler wird in einer einmaligen Vorstellung im Wiener Theater in der Josefstadt uraufgeführt.

Gestorben:

2. Berlin: Karl Joseph Eberth (*21. 9. 1835, Würzburg), Entdecker des Typhusbazillus.

3. Berlin: Siegfried Jacobsohn (*28. 1. 1881, Berlin), deutscher Journalist, Herausgeber der »Weltbühne«. → S. 202

6. Giverney: Claude Monet (*14. 11. 1840, Paris), französischer Maler. → S. 203

10. Belgrad: Nikola Pašić (*1. 1. 1846, Zaječar), serbischer Politiker.

15. Wien: Fritz Franz Maier (*19. 7. 1844, Znaim), österreichischer Schiffbaukonstrukteur.

25. Tokio: Joschihito (*1879), Kaiser von Japan. → S. 193

29. Val-Mont bei Montreux (Schweiz): Rainer Maria Rilke (*4. 12. 1875, Prag), österreichischer Dichter. → S. 203

Geboren:

8. Berlin: Joachim C. Fest, deutscher Journalist und Schriftsteller.

9. Ulm: Erhard Eppler, deutscher Politiker.

20. Aachen: Otto Graf Lambsdorff, deutscher Politiker.

21. Collnischken: Herbert Ehrenberg, deutscher Politiker.

New Yorker Zeitschrift »The Saturday Evening Post« vom 11. Dezember 1926 mit einem Titelblatt zur Wintermode

Szenenbild aus einem neuen Hollywood-Film über den französischen König Ludwig XI. in der »Berliner Illustrirten Zeitung« vom 12. 12. 1926

Dezember 1926

Wirbel um Schund und Schmutz

3. Dezember. Nach stürmisch geführter Debatte nimmt der Reichstag mit 248 gegen 158 Stimmen bei drei Enthaltungen das Gesetz zur Bewahrung der Jugend vor Schund- und Schmutzschriften in dritter Lesung an.

Während die Befürworter in dem Gesetz ein wirksames Mittel sehen, um Jugendliche vor minderwertigen und pornographischen Schriften zu schützen, bezeichnen Gegner die nun verabschiedeten Jugendschutzbestimmungen als Zensurgesetz, das sie als Eingriff in die Freiheit des Geistes und der Kunst ablehnen.

Besonders scharf wird kritisiert, daß eine genaue Definition dessen, was »Schund und Schmutz« sei, unterblieben ist. Damit ist der Auslegung dieses Begriffs in den Prüfstellen, die über die Aufnahme von Titeln in die Liste jugendgefährdender Schriften zu entscheiden haben, keinerlei Grenze gezogen.

Die Diskussion um das »Schund-und-Schmutz«-Gesetz führt zu einer Krise in der Regierungskoalition der bürgerlichen Mitte (Zentrum, DDP, DVP) unter Reichskanzler Wilhelm Marx. Die Mehrheit der linksliberalen Deutschen Demokratischen Partei (DDP) lehnt, wie sich bereits bei der zweiten Lesung des Gesetzes am 25./26. November abgezeichnet hat, die Jugendschutzbestimmungen in der vorliegenden Form ab, ebenso wie die Sozialdemokraten (SPD) und Kommunisten (KPD).

Die Regierung ist wegen der Spaltung des Koalitionspartners DDP also gezwungen, für das Gesetz die Zustimmung der rechten Parteien zu suchen. Bei der Abstimmung stimmen so das Zentrum, die Deutsche Volkspartei (DVP) und zwölf Abgeordnete der DDP, darunter Theodor Heuss und Gertrud Bäumer, zusammen mit den Deutschnationalen (DNVP) und den Völkischen für die Annahme des Gesetzes und 15 DDP-Abgeordnete mit SPD und KPD dagegen.

Während die Regierung in der Außenpolitik auf die Unterstützung der SPD angewiesen ist, ist sie nun in einer innenpolitischen Frage ein Bündnis mit der Rechten eingegangen (→ 17. 12./S. 195).

Das Gesetz im Wortlaut (Auszüge)

»§ 1. Zum Schutze der heranwachsenden Jugend werden Schund- und Schmutzschriften in eine Liste aufgenommen. Sie sind ... folgenden Beschränkungen unterworfen:
1. Sie dürfen im Umherziehen weder feilgehalten noch angeboten oder angekündigt werden ...
2. Sie dürfen im stehenden Gewerbe ... nicht feilgeboten, angekündigt sowie innerhalb der Verkaufsräume und in Schaufenstern oder an anderen von der Straße aus sichtbaren Orten nicht zur Schau gestellt werden ...
3. Sie dürfen Personen unter 18 Jahren weder zum Kauf angeboten, noch innerhalb des gewerblichen Betriebes entgeltlich oder unentgeltlich überlassen werden ...«

Der den Völkischen nahestehende Ludendorff erhält eine Pension

Generäle erhalten Riesenpensionen

2. Dezember. Das Reichsfinanzministerium veröffentlicht eine Denkschrift über die Pensionszahlungen, die von der Reichsregierung an ehemalige Politiker und Militärs geleistet werden.

Die Pensionen für ehemalige Reichskanzler, Minister, Staatssekretäre und Generäle belasten den Reichsetat mit jährlich 23 Millionen Reichsmark (RM). Die Hälfte der Zahlungen an Zivilpersonen gehen an Politiker aus der Kaiserzeit, die Zahlungen an ehemalige Militärs gehen nahezu ausschließlich an Offiziere der kaiserlichen Armee.

1753 hohe Militärs erhalten Pensionen aus dem Budget der Reichsregierung. Diese Pensionszahlungen liegen im Durchschnitt über 10 000 RM pro Person und Jahr, Spitzen reichen bis zu 18 000 RM Jahrespension (zum Vergleich: 98 % der Lohnsteuerpflichtigen im Deutschen Reich haben ein Jahreseinkommen unter 5000 RM).

Bei diesen Zahlungen der Republik an Funktionsträger des kaiserlichen Deutschland stoßen die Pensionen für Angehörige ehemaliger Herrscherhäuser auf besondere Kritik. Auch die Bayernprinzen Leopold und Ruprecht und die Hohenzollernprinzen Eitel Friedrich, Oskar und Heinrich erhalten z. B. als ehemalige Generäle jährliche Ruhegehälter von 12 000 RM, obwohl sie ihre militärischen Ränge allein wegen der Herkunft erhalten hatten.

Theodor Heuss

Thomas Mann

Kurt Tucholsky

Heinrich Mann

Intellektuelle sprechen sich gegen die Zensur aus

Während der Vorsitzende des »Schutzverbandes Deutscher Schriftsteller«, Theodor Heuss, als Reichstagsabgeordneter der DDP für die Annahme des Gesetzes zur Bewahrung der Jugend vor Schund und Schmutz stimmt, sprechen sich zahlreiche Mitglieder dieser Schriftstellerorganisation (→ 7. 5./S. 101) und andere namhafte Intellektuelle entschieden dagegen aus. Heuss legt daraufhin den Vorsitz nieder.

Thomas Mann: »Die Notwendigkeit, unsere Jugend gegen Schund und Schmutz zu schützen, diese Notwendigkeit, auf die der leider in Rede stehende Gesetzentwurf sich gründen soll, ist für jeden Lesenden und Wissenden nichts als ein fadenscheiniger Vorwand seiner Autoren, um sich durchschlagende Rechtsmittel gegen den Geist selbst und seine Freiheit zu sichern.«

Kurt Tucholsky: »Der Schundentwurf darf in gar keiner Weise Gesetz werden – denn die Bewahrung einer ausgepowerten, wirtschaftlich rechtlosen Jugend vor ästhetischem Schmutz ist lange nicht so wichtig wie das kleine Eckchen Geistesfreiheit, das noch da ist.

Heinrich Mann: »Wir haben gesagt, daß man eine Sache, die man gesetzlich verbieten kann, zuerst deutlich bestimmen, das heißt kennen muß. Bei ›Schund und Schmutz‹ ist dies eingestandenermaßen unmöglich. Es gibt keine allgemeingültige Umschreibung. Jeder, der die Macht, Bücher zu verbieten, in die Hände bekäme, hätte das Recht, nach seiner zufälligen Gesinnung zu verfahren.«

Dezember 1926

Kontrollkommission aufgelöst

12. Dezember. Vertreter der sechs Mächte Großbritannien, Frankreich, Belgien, Italien, Japan und Deutsches Reich unterzeichnen in Genf das sog. Investigationsprotokoll, in dem festgestellt wird, daß fast alle strittigen Fragen bezüglich der Entwaffnung Deutschlands nach den Bestimmungen des Versailler Vertrages von 1919 befriedigend gelöst seien. In dem Protokoll wird daher die Auflösung der Interalliierten Kontrollkommission in Berlin zum 31. Januar 1927 verfügt. Die Kontrolle über die Abrüstung Deutschlands soll künftig vom Völkerbundsrat wahrgenommen werden. Diese Regelung gilt auch für die entmilitarisierte Rheinlandzone, für die keine besonderen Kontrollmechanismen vorgesehen sind.

Das Bestehen der Interalliierten Kontrollkommission war in der Vergangenheit im Deutschen Reich vielfach als empfindlicher Eingriff in die nationale Souveränität empfunden worden. Die Auflösung der Kommission, eine Folge der Verständigungspolitik von Locarno und Genf (→ 10. 9./S. 150), wird in der deutschen Öffentlichkeit – angesichts der innenpolitischen Krise (→ 17. 12./S. 195) – jedoch nur mit wenig Aufmerksamkeit registriert.

Die Bestimmungen des Versailler Friedensvertrages sehen scharfe Einschränkungen in der militärischen Ausrüstung und der Personalstärke der Armee vor. So wird in einem Vertragsabschnitt festgestellt, daß die Stärke des Landheeres 100 000 Mann nicht überschreiten darf, wobei es heißt: »Das Heer ist nur für die Erhaltung der Ordnung innerhalb des deutschen Gebietes und zur Grenzpolizei bestimmt.« Ferner ist darin die Abschaffung der allgemeinen Wehrpflicht verfügt. Schwere Artillerie, Kampfwagen und Panzerzüge sind verboten; Kriegsgerät darf nur unter Aufsicht der Alliierten hergestellt werden. Auch der Marine sind Beschränkungen auferlegt.

Schiedsvertrag Berlin–Rom

29. Dezember. Im Palazzo Chigi zu Rom unterzeichnen der italienische Ministerpräsident und Duce Benito Mussolini sowie der Deutsche Botschafter in Rom, Konstantin Freiherr von Neurath, einen Schiedsvertrag, der die einvernehmliche Regelung von Streitigkeiten durch ein Vergleichsverfahren vorsieht. Die schiedsrichterliche Funktion wird einer ständigen Vergleichskommission, im Eventualfall auch dem Internationalen Gerichtshof im Haag übertragen. Es ist dies der erste Schiedsvertrag, den das Deutsche Reich nach dem Weltkrieg mit einer Großmacht abschließt.

Arbeitsgerichte für Lohnkonflikte

14./15. Dezember. In zweiter und dritter Lesung verabschiedet der Deutsche Reichstag das Gesetz, das die Einrichtung von Arbeitsgerichten zum 1. Juli 1927 vorsieht.

Von diesem Zeitpunkt an sollen alle Rechtsstreitigkeiten der Tarifpartner vor speziellen Arbeitsgerichtsbehörden verhandelt werden. Dabei geht es um Konflikte, die sich aus Arbeitsverträgen ergeben oder mit einem Arbeitsverhältnis in Zusammenhang stehen.

Durch die Ausgliederung der Arbeitsgerichtsbarkeit aus den ordentlichen Gerichten soll dem Interesse des Staates, Lohnstreitigkeiten und Tarifauseinandersetzungen auf friedliche Weise beizulegen, Rechnung getragen werden.

Der Gesetzentwurf war am 27. April 1926 von Reichsarbeitsminister Heinrich Brauns (Zentrum) erstmals im Reichstag eingebracht worden. Dabei hatten die Rechtsparteien die Schaffung von eigenen Gerichten für soziale Fragen prinzipiell abgelehnt. Sie fürchteten, daß durch die Einrichtung von Arbeitsgerichten die juristische Position der Arbeitnehmer gestärkt werden könnte. Bei der nun erfolgten zweiten und dritten Lesung stimmen die Deutschnationalen (DNVP), die Wirtschaftsvereinigung, aber auch die Kommunisten (KPD), denen der Gesetzentwurf nicht weit genug geht, gegen das Arbeitsgerichtsgesetz.

Der japanische Kaiser (Tenno) Joschihito hat 1912 den Thron bestiegen; während seiner Amtszeit wuchs Japan zur Großmacht im Osten heran

Hirohito wird Kaiser von Japan

25. Dezember. Neuer Kaiser von Japan wird nach dem Tod seines Vaters Joschihito der 25jährige bisherige Kronprinz Hirohito.

Er ist der 124. Tenno (»Himmlischer Kaiser«) und genießt, weil er als direkter Nachfahre der Sonnengöttin Amaterasu gilt, religiöse Verehrung. Seit 1921 hat Hirohito bereits für seinen erkrankten Vater die Regentschaft geführt.

Der neue Tenno erlebte seit früher Jugend die Entwicklung Japans zur Weltmacht im Osten. Bereits in der ersten Phase der Industrialisierung hatte der ostasiatische Staat mit imperialistischen Mitteln seinen Machtbereich zu erweitern gesucht, so im Krieg mit China (1894/95) und in der Eroberung Koreas (1910 japanische Kolonie). Im Weltkrieg, an dem Japan als Verbündeter der Entente teilnahm, kamen die deutschen Besitzungen im Südpazifik hinzu. Nach Kriegsende setzte Japan seine expansive Politik fort: Es beteiligte sich an den Kriegen gegen Sowjetrußland (1918–1922) und verschärfte wiederum die Pression gegen China (1919).

Im Krieg erlebte die japanische Wirtschaft einen Aufschwung und konnte ihr ohnehin schon rasantes Industrialisierungstempo noch steigern. Durch eine massive Exportpolitik festigte Japan seine Position als ökonomische Großmacht im Osten. Von Hirohito wird eine Fortsetzung dieser Politik erwartet.

Dezember 1926

Vier Staatsmänner ausgezeichnet

10. Dezember. In der schwedischen Hauptstadt Stockholm und der norwegischen Hauptstadt Oslo werden die Nobelpreise feierlich verliehen. Die beiden Außenminister Gustav Stresemann (Deutsches Reich) und Aristide Briand (Frankreich) werden für ihre Bemühungen um die internationale Verständigung mit dem Friedensnobelpreis 1926 ausgezeichnet. Da im Jahr 1925 keine Nobelpreise verliehen worden sind, hat das Nobelpreiskomitee in Oslo die Möglichkeit, auch den Anteil des britischen Außenministers Joseph Austen Chamberlain am Vertragswerk von Locarno, mit dem die Auf-

Nobelpreisträger 1926
Frieden: Aristide Briand (Frankreich), Gustav Stresemann (Deutsches Reich)
Literatur: Grazia Deledda (Italien, verliehen 1927)
Medizin: Johannes Fibiger (Dänemark, verliehen 1927)
Chemie: Theodor Svedberg (Schweden)
Physik: Jean Baptiste Perrin (Frankreich)

Weitere Verleihungen:
Frieden 1925: Joseph Austen Chamberlain (Großbritannien), Charles Gates Dawes (USA)
Literatur 1925: George Bernard Shaw (Großbritannien)
Chemie 1925: Richard Adolf Zsigmondy (Deutsches Reich)
Physik 1925: James Franck (Deutsches Reich), Gustav Hertz (Deutsches Reich)

nahme des Deutschen Reiches in die internationale Gemeinschaft besiegelt wurde (→ 10.9./S. 150), zu würdigen: Chamberlain erhält den Friedensnobelpreis für 1925, zusammen mit dem US-amerikanischen Vizepräsidenten und Finanzexperten Charles Gates Dawes, der an der Neuregelung der deutschen Reparationszahlungen an die Siegermächte des Weltkriegs maßgeblich beteiligt war (→ 31.8./S. 137).
Die Festrede in Oslo hält der norwegische Polarforscher und Diplomat Fridtjof Nansen, der 1922 für seine Hilfsaktionen für das hungernde Sowjetrußland mit dem Friedensnobelpreis bedacht worden war.
Unter den Preisträgern, denen nachträglich die Nobelpreise für 1925 zuerkannt werden, sind drei Deutsche: Der Göttinger Professor Richard Adolf Zsigmondy (Chemie) sowie James Franck und Gustav Hertz, denen »für ihre Entdeckung der Gesetze, die bei dem Zusammenstoß eines Elektrons mit einem Atom herrschen«, der Preis für Physik verliehen wird.

△ *Gustav Stresemann, geboren am 10. Mai 1878 in Berlin, war 1907 bis 1912 und 1914 bis 1918 Abgeordneter der Nationalliberalen Partei im Reichstag. Nach dem Zusammenbruch des Kaiserreichs 1918 gründete er die Deutsche Volkspartei (DVP). Im August 1923 wurde er Reichskanzler und Außenminister in einer Großen Koalition. Nach dem Ausscheiden der SPD im November 1923 tritt Stresemann als Kanzler zurück, bleibt jedoch weiterhin Außenminister.*

◁ *Aristide Briand (vorn, mit Chamberlain), geboren am 28. März 1862 in Nantes, gehört seit 1902 der französischen Deputiertenkammer an. 1906 vollzog er einen Wechsel von der sozialistischen Partei zu den gemäßigten Sozialrepublikanern. 1909 wurde er Ministerpräsident; bisher stand er fünf Kabinetten vor. Seit 1925 ist er (wie schon mehrmals zuvor) Außenminister.*

Stresemanns Friedenspolitik

Ziele der außenpolitischen Bemühungen von Gustav Stresemann sind die Überwindung der Isolation, in der sich das Deutsche Reich seit dem Weltkrieg befindet, und der Wiederaufstieg des Landes zu einer gleichberechtigten Macht in Europa. Als Realist und Kriegsgegner schließt Stresemann eine militärische Revanche als Mittel der Politik aus. Er verfolgt eine auf Ausgleich mit den ehemaligen Gegnern Deutschlands ausgerichtete Außenpolitik:

▷ Der Versailler Vertrag wird als notwendiges Resultat der deutschen Niederlage im Weltkrieg zunächst anerkannt
▷ Die Revision der Bedingungen des Versailler Vertrags durch eine Politik des Friedens und der Völkerverständigung bleibt jedoch unabdingbares Ziel. Er soll durch ein kollektives Sicherheitssystem ersetzt werden
▷ Während die Westgrenze des Deutschen Reiches akzeptiert wird – nur die von den Westalliierten besetzten deutschen Gebiete sollen geräumt werden –, hält sich Stresemann die Frage der Ostgrenze offen

Nach diesen Grundsätzen entwickelt der Reichsaußenminister sein außenpolitisches Konzept mit folgenden Schwerpunkten:
Die Verständigung mit Frankreich steht an erster Stelle, weil die Franzosen naturgemäß den deutschen Bestrebungen zur Revision von Versailles am ehesten ablehnend gegenüberstehen. Da Großbritannien an der europäischen Stabilität besonders interessiert ist, kann die Verständigung mit Frankreich nur mit Beteiligung Großbritanniens erfolgen. Grundlage der deutschen Politik ist die wirtschaftliche Anbindung an die Vereinigten Staaten, wie sie im Dawes-Plan von 1924 festgeschrieben ist. Die Beziehungen zur Sowjetunion sollen freundschaftlich gestaltet werden (→ 24.4./S. 68)

Dezember 1926

Blick in den Plenarsaal des Reichstagsgebäudes, 1894 nach Entwürfen von Paul Wallot vollendet (Stahlstich)

Mißtrauensvotum gegen Marx

17. Dezember. Durch einen von der SPD eingebrachten Mißtrauensantrag wird die bürgerliche Minderheitsregierung aus DDP, Zentrum und DVP gestürzt. Vorausgegangen sind heftige Angriffe der Sozialdemokraten gegen die Militärpolitik der Regierung. Am 16. Dezember hatte der SPD-Abgeordnete Philipp Scheidemann in einer Reichstagsdebatte scharfe Kritik in folgenden Punkten geübt:

▷ Noch immer bestünden Verbindungen der Reichswehr zu den rechtsgerichteten »vaterländischen« Kampfverbänden (→ 22.11./S. 182)
▷ Die Reichswehr erhalte finanzielle Unterstützungen von der Großindustrie
▷ In den vergangenen Jahren habe es eine Zusammenarbeit zwischen der Reichswehr und der sowjetischen Roten Armee gegeben, um die Bestimmungen des Versailler Vertrages über die Entmilitarisierung des Deutschen Reiches zu umgehen (→ 12.7./S. 124, 12.12./S. 193)

Die britische Zeitung »Manchester Guardian« hat am 3. Dezember mit dem Abdruck einer Artikelserie über die illegale Zusammenarbeit von Reichswehr und Roter Armee begonnen. Eine vertrauliche Denkschrift ist bekannt geworden, aus der hervorgeht, daß die Junkers-Flugzeugwerke auf Veranlassung deutscher Militärs in der Sowjetunion die Produktion von Militärflugzeugen, die in Deutschland verboten ist, aufnehmen wollten. Ferner ist aufgedeckt worden, daß im Stettiner Hafen heimlich sowjetische Schiffe mit Munition für die Reichswehr entladen worden sind.

Die SPD verfolgt mit ihrem Mißtrauensvotum die Absicht, die Chance aus der Zersplitterung der Regierungskoalition, die bei der Abstimmung über das Schund-und-Schmutz-Gesetz deutlich geworden ist (→ 3.12./S. 192), für sich zu nutzen und selbst an der Regierung beteiligt zu werden. Tatsächlich jedoch wird in die neue Regierung, deren Bildung sich allerdings sechs Wochen hinzieht, nicht die SPD, sondern die DNVP aufgenommen.

Philipp Scheidemann (SPD)

Reichskanzler Wilhelm Marx

Schweiz: Motta Bundespräsident

16. Dezember. Die schweizerische Bundesversammlung (Nationalrat und Ständerat) wählt den konservativen Politiker Giuseppe Motta zum Bundespräsidenten für 1927. In der Eidgenossenschaft wird jährlich neu ein Mitglied des Bundesrats (Kabinett) zum Bundespräsidenten gewählt. Für 1926 hat das Amt Heinrich Häberlin inne.

Motta gehört dem Bundesrat seit 1911 an. Er war 1915 und 1920 schon einmal Bundespräsident. Seit 1920 leitet er das außenpolitische Department. Motta hat den Beitritt der Schweiz zum Völkerbund im Jahr 1920 vollzogen. Wegen seines guten Einvernehmens mit dem italienischen Ministerpräsidenten und Duce Benito Mussolini wird seine Außenpolitik vielfach als faschistenfreundlich kritisiert.

US-Kriegsschiffe in Nicaragua

23. Dezember. Mit der offiziellen Begründung, das Leben und Eigentum der dort lebenden US-amerikanischen Staatsbürger schützen zu wollen, landen die beiden US-Kreuzer »Denver« und »Cleveland« in der nicaraguanischen Hafenstadt Puerto Cabezas. Auch Bodentruppen der US-Armee sind in Nicaragua eingetroffen (→ 2.5./S. 94).

Tatsächlich greifen die USA mit der Invasion in die innenpolitischen Auseinandersetzungen in Nicaragua ein.

Am 12. November ist der konservative Politiker Adolfo Diaz als Nachfolger des zurückgetretenen Emiliano Chamorro Vargas Präsident von Nicaragua geworden. Am 4. Dezember läßt sich der Liberale Juan Bautista Sacasa in Puerto Cabezas zum Gegenpräsidenten ausrufen. In seiner Antrittsrede erklärt Sacasa, er werde von dort aus den Kampf gegen Diaz aufnehmen. Der Gegenpräsident wird von Mexiko aus unterstützt.

Diaz behält jedoch in den bürgerkriegsähnlichen Kämpfen dank seiner starken Freunde aus Nordamerika die Oberhand. Am 28. Dezember vereinbaren die beiden verfeindeten Parteien zunächst einen Waffenstillstand.

Dezember 1926

Das Kaufhaus des Westens in Berlin, das die Firma Hermann Tietz erwirbt, ist im Jahre 1907 von dem Architekten Johann Emil Schaudt erbaut worden (Blick auf die Hauptfassade in der Tauentzienstraße)

Georg Tietz, ein Enkel des Gründers, leitet den Konzern

19 Warenhäuser in einer Hand

1. Dezember. Die Offene Handelsgesellschaft Hermann Tietz erwirbt sämtliche Warenhausunternehmen der Firma Jandorf & Co. sowie das Kaufhaus des Westens in Berlin und wird damit zum größten Warenhauskonzern des europäischen Kontinents.

Der Tietz-Konzern umfaßt nunmehr 19 Warenhäuser, davon zehn in Berlin, ferner fünf eigene Fabrikationsbetriebe, sechs Engroshäuser, 30 Anschlußhäuser für den gemeinschaftlichen Einkauf und vier Einkaufshäuser in Chemnitz, Plauen, Elberfeld und Offenbach. Ungefähr 17 000 Angestellte sind bei dem Warenhauskonzern beschäftigt.

Damit hat das Familienunternehmen Hermann Tietz in dem Bestreben, durch Aufkauf kleinerer Firmen die eigene Marktposition zu stärken, Erfolg.

Die Transaktion der Warenhäuser von Jandorf & Co. und der Grundstücke, auf denen diese Häuser stehen, soll für einen Preis von 40 Millionen Reichsmark (RM) erfolgt sein. Erst kürzlich hatte die Firma Hermann Tietz ihren Einkaufskonzern durch die Warenhäuser von Conitzer und Söhne erweitert und das Berliner Kaufhaus Wilhelm Stein übernommen.

Gerüchteweise ist von Absprachen zwischen den großen deutschen Warenhäusern zur Ausschaltung von gegenseitiger Konkurrenz die Rede. Obwohl der Anteil der Warenhäuser am Einzelhandelsumsatz unter 5% liegt, fürchten viele kleinere Geschäftsleute um ihre Existenz durch die Marktmacht der Großen.

Martin Tietz, mit Bruder Georg an der Leitung beteiligt

Die Geschichte der Warenhaus-Firma Hermann Tietz

Die Warenhäuser, die in den 20er Jahren den deutschen Markt beherrschen, wie die Hermann Tietz OHG, Leonhard Tietz, die Wertheim GmbH und die Rudolph Karstadt AG, sind in der Regel aus kleinen Textil- und Weißwarengeschäften hervorgegangen. Die Gründungsdaten dieser Familienunternehmen fallen in die Jahre nach 1880. Um die Jahrhundertwende kommen einige neue Warenhäuser hinzu.

1. 3. 1882: In Gera eröffnen Hermann, Oscar und Betty Tietz das Textilgeschäft Hermann Tietz.
1886: Die Firma Hermann Tietz eröffnet eine Filiale in Weimar.
1889: Das erste Hermann-Tietz-Kaufhaus in München öffnet die Tore. Das Kaufhaus am Stachus gilt als Kleinpreisgeschäft.
1895: Das Münchner Kaufhaus wird in ein neues größeres Gebäude in der Bayerstraße verlegt und heißt künftig Warenhaus. Im gleichen Jahr eröffnet die Firma Wertheim das erste Warenhaus in Berlin.
1900: Die Firma Hermann Tietz eröffnet in der Leipziger Straße ihr erstes Berliner Warenhaus.
1901: Als Reaktion auf die Einführung der Warenhaussteuer in Preußen wird der Wirtschaftsverband Deutscher Waren- und Kaufhäuser gegründet. Den Vorsitz übernimmt Oscar Tietz.

Zur »Weißen Woche«, einer Sonderaktion für Weißwäsche, ist die Halle im Erdgeschoß im Kaufhaus des Westen besonders dekoriert

Dezember 1926

Budget in Eile verabschiedet

18. Dezember. In einer Rekordzeit von nur 36 Tagen verabschiedet die französische Deputiertenkammer den Etatentwurf für das Haushaltsjahr 1927. Das Budget sieht Ausgaben im Wert von 39,54 Milliarden Francs und Einnahmen von 39,9 Milliarden Francs vor, so daß ein Überschuß verbleibt.

Ministerpräsident Raymond Poincaré erklärt, Grundlage des Haushalts sei das Bemühen, ein Gleichgewicht zwischen den beiden Forderungen nach Sanierung der Staatsfinanzen auf der einen und Tilgung der Staatsschulden auf der anderen Seite herzustellen. Für die Schuldentilgung sieht der Etat eine Summe von 8174 Millionen Francs vor.

Weil Poincaré auf erste Erfolge seiner Wirtschaftspolitik verweisen kann – seit Oktober steigt der Franc-Kurs –, erhält er in kurzer Frist die Zustimmung der Parlamentarier für seinen Etat. Die bisher längste Zeit beanspruchten die Budgetberatungen des Jahres 1913; sie dauerten 14 Monate.

Fremdes Eigentum wird freigegeben

18. Dezember. Mit 279 gegen 66 Stimmen nimmt das Repräsentantenhaus der USA eine Vorlage des Finanzausschusses an, die eine Freigabe des nach dem Ende des Weltkriegs beschlagnahmten deutschen Eigentums in den Vereinigten Staaten vorsieht. Die Beschlagnahme war als Pfand für die Begleichung der Kriegsschulden erfolgt.

Folgende Regelungen sind u. a. vorgesehen:
▷ Die deutschen Eigentümer der in den USA beschlagnahmten Vermögen erhalten diese zu 80% zurück. Die Gesamthöhe dieser Vermögen soll sich auf 250 Millionen Dollar belaufen
▷ Reedereien, Radiostationen und Inhaber von Patenten, die durch die US-Regierung in Gebrauch genommen worden sind, erhalten Entschädigungen bis zu einer Höchstgrenze von 100 Millionen Dollar, wovon 50% in bar ausgezahlt werden (→ 8.4./S. 51)

Die Vorlage wird an den amerikanischen Senat weitergereicht.

Walter Mittelholzer startet zum Trans-Afrika-Flug

7. Dezember. Der Schweizer Flieger Walter Mittelholzer startet von Zürich aus zu einem 20 000 km langen Trans-Afrika-Flug, der ihn bis nach Kapstadt, der Hauptstadt der Kapprovinz in der Südafrikanischen Union, führen soll.

Mittelholzer hebt um 10.12 Uhr mit seinem Dornier-Flugzeug vom Zürcher Flughafen ab und verschwindet, nachdem er eine Runde über der Stadt gedreht hat, in den Wolken über den Alpen. Ziel der ersten Etappe ist die mittelitalienische Stadt Pisa. Bis Neapel wird Mittelholzer von seiner Frau begleitet.

Als weitere Etappen für den Langstreckenflug sind die griechische Hauptstadt Athen, Ägyptens Hauptstadt Kairo, die oberägyptische Stadt Assuan am Nilufer, Khartum (Sudan), der Kilimandscharo (mit 5895 m der höchste Berg Afrikas), der Viktoriasee (mit 68 800 km² der größte See Afrikas), die Küstenstädte Beira (Moçambique) und Durban (Südafrika) vorgesehen.

Neuer Mercedes Sechszylinder

5. Dezember. Auf der Internationalen Automobilausstellung in Brüssel ist erstmals auch die deutsche Automobilindustrie zugelassen. Besondere Aufmerksamkeit erregen die neuen Sechszylinder-Personenkraftwagen von Mercedes (Daimler-Benz).

Das neue Spitzenmodell von Mercedes erreicht eine Höchstgeschwindigkeit von 160 km/h bei 180 PS und 3000 Umdrehungen in der Minute. Weil der Motor außerordentlich leise läuft, ist dieser Sechszylinder nicht nur ein schnelles, sondern auch ein komfortables Reiseauto.

Die Daimler-Benz AG, deren Aktienkurse an der Börse sinken, erhofft sich durch das Messegeschäft eine spürbare Zunahme bei den Aufträgen für Last- und Personenwagen. Der Anteil der deutschen Automobilindustrie an der Welt-Kraftfahrzeugproduktion liegt jedoch nur bei 1,2%.

Das neue Mercedes-Spitzenmodell, ein schnelles elegantes Reiseautomobil

Dezember 1926

Bauhaus in Dessau feierlich eingeweiht

4. Dezember. Im Beisein von in- und ausländischen Gästen wird das neue Bauhaus in Dessau eingeweiht. Das nach Plänen von Walter Gropius errichtete Gebäude ist von Bauhaus-Künstlern ausgestaltet worden.

Das Bauhaus wurde im Frühjahr 1919 durch Zusammenschluß der Hochschule für bildende Kunst und der Kunstgewerbeschule in Weimar von Walter Gropius gegründet. Nach scharfen Angriffen der rechtsgerichteten Landesregierung von Thüringen wurde das Bauhaus Weimar Ende 1924 aufgelöst und fand im Frühjahr 1925 im anhaltinischen Dessau eine neue Heimat.

Das Bauhausgebäude, ein Komplex aus Stahl, Beton und Glas, gliedert sich in drei Funktionsbereiche: Die technischen Lehranstalten, die Laboratoriumswerkstätten und das Atelierhaus für die Studenten mit 28 Wohnungen.

Im Auftrag der Stadt Dessau werden ferner sieben Einzelhäuser für die verschiedenen Bauhaus-»Meister« und eine Bauhaus-Mustersiedlung errichtet.

Feierlicher Festakt zur Einweihung in der Aula des neuen Bauhausgebäudes in Dessau, das nach Plänen des deutschen Architekten Walter Gropius errichtet worden ist

International anerkannte Künstler sind als Lehrer am Bauhaus Dessau tätig

Walter Gropius, geboren am 18. Mai 1883 in Berlin, ist der Begründer und Leiter des Bauhauses. Nach dem Studium in Berlin und München arbeitete er 1908 bis 1910 als Architekt für Peter Behrens; danach schuf er bedeutende Industriebauten, darunter die Anlage für die Werkbund-Ausstellung 1914 in Köln.

Lyonel Feininger, geboren am 17. Juli 1871 in New York, wurde 1919 an das Bauhaus berufen. Der Maler und Graphiker studierte in Hamburg, Berlin und Paris. Seit 1913 stand er der Künstlergruppe des »Blauen Reiters« nahe. Feiningers Bilder zeichnen sich durch prismenhafte Strukturen aus.

Wassily Kandinsky, geboren am 4. Dezember 1866 in Moskau, kam 1922 als Lehrer an das Bauhaus. Der russische Maler gilt als Wegbereiter der abstrakten Kunst. 1910 schuf er das erste abstrakte Aquarell. Danach entwickelte er die ungegenständliche Malerei durch rational durchdachte Bildkompositionen fort.

Paul Klee, geboren am 18. Dezember 1879 bei Bern, nahm 1921 seine Lehrtätigkeit am Bauhaus auf. Der Maler kam 1912 zum »Blauen Reiter«. In der Folgezeit schuf Klee subtile Bilder, die von gegenständlicher Darstellung über surrealistische Traumgebilde bis zur abstrakten Kunst reichen.

László Moholy-Nagy, geboren am 20. Juli 1895 in Báchorsod (Ungarn), kam 1923 als Lehrer an das Bauhaus. Der äußerst vielseitige Künstler experimentiert in den Medien Fotografie, Fotomontage und Film sowie im Industriedesign und in der Typographie. Er gilt als Vorreiter der Objektkunst.

Oskar Schlemmer, geboren am 4. September 1888 in Stuttgart, lehrt seit 1920 am Bauhaus; seit 1923 leitet er neben der Bildhauerwerkstatt auch die Bühne der Hochschule. Seine Gemälde, die Organisches und Geometrisches miteinander verbinden, stellen streng im Raum angeordnete menschliche Figuren dar.

Dezember 1926

V. l.: Josef Albers, Hinnerk Scheper, Georg Muche, László Moholy-Nagy, Herbert Bayer, Joost Schmidt, Gropius, Marcel Breuer, Wassily Kandinsky, Paul Klee, Lyonel Feininger, Gunta Stölzl, Schlemmer

Kunstvoller Gobelin mit abstrakten Motiven aus der Weberei des Dessauer Bauhauses, die Gunta Stölzl leitet

Der durch die politischen Verhältnisse erzwungene Umzug nach Dessau in der Karikatur

Das Haus Gropius in Dessau von der Gartenseite, eines der sieben Einzelhäuser für die Bauhaus-»Meister«

Nach funktionalistischen Prinzipien gestaltete Möbel, entworfen von Ludwig Mies van der Rohe

Der Bau als Gesamtkunstwerk

Der Philosophie des Bauhauses liegt das Streben zugrunde, eine Verbindung zwischen dem künstlerischen Schaffen und der technischen und handwerklichen Produktion herzustellen und so Kunst und »Werkwelt« miteinander zu vereinen. Eine nur sich selbst verpflichtete, bloß dekorative Kunst wird ebenso abgelehnt wie ein aus rein wirtschaftlichen Gesichtspunkten gestaltetes Produkt.

Alle gestalterischen Bemühungen sollen im architektonischen Bau zu einem Gesamtkunstwerk zusammenfließen. In den Werkstätten des Bauhauses sollen die Studenten die technischen und gestalterischen Bedingungen der einzelnen Werkstoffe – Ton, Stein, Holz, Metall, Gewebe, Farbe, Glas – kennenlernen und selbst erproben. Nach der Theorie des Bauhauses besteht dabei kein Gegensatz zwischen handwerklicher und industrieller Herstellung – die Maschine erscheint als formgebendes Werkzeug. Die neuen, nicht-natürlichen Baustoffe erweitern die architektonischen Möglichkeiten und werden ihren besonderen Werkstoffeigenschaften entsprechend genutzt.

Als gemeinsame Grundlage von Technik und Gestaltung erscheint dabei die Funktion eines Gegenstands: »Jedes Ding ist bestimmt durch sein Wesen. Um es so zu gestalten, daß es richtig funktioniert, muß sein Wesen erforscht werden; denn es soll seinem Zweck vollendet dienen, d. h. seine Funktionen praktisch erfüllen, dauerhaft, billig und ›schön‹ sein« (Walter Gropius).

Dieser Funktionalismus soll das Leben des Individuums jedoch nicht mechanisieren, sondern durch funktionale Gestaltung der Umwelt von unnötigem Ballast befreien und den persönlichen Freiheitsspielraum sowie die schöpferischen Möglichkeiten des einzelnen erweitern. Nach dem Umzug nach Dessau strebt das Bauhaus eine verstärkte Zusammenarbeit mit der Industrie an. Als Hochschule für Gestaltung soll es Standardtypen entwickeln und so zu einem Versuchslaboratorium für die industrielle Fertigung werden.

Dezember 1926

200

Dezember 1926

Parfümfläschchen, entworfen von René Lalique im Auftrag des französischen Parfümfabrikanten François Coty (zwischen 1920 und 1930)

»Feuervogel«, eine Glasfigur von dem französischen Art-Deco-Künstler René Lalique mit den für diesen Stil typischen gebogenen Linien (um 1925)

Modisches und kunstgewerbliches Art Deco

Von Frankreich aus breitet sich der kunstgewerbliche Stil des Art Deco in anderen europäischen Staaten aus. Kennzeichen sind u. a. ornamentale Formen, spitze und gebogene Linien sowie grelle Farben. Anders als der Funktionalismus, wie ihn z. B. das Bauhaus vertritt, legen Art-Deco-Künstler vor allem Wert auf eine dekorative Wirkung.

Art Deco gestaltet die gesamte Innenausstattung des menschlichen Lebensraumes, Möbel, Gardinen, Teppiche, Wandbehänge, aber auch Geschirr und Besteck.

Den Namen trägt diese kunstgewerbliche Richtung von der Ausstellung Exposition Internationale des Arts Décoratifs et Industriels Modernes (Internationale Ausstellung der dekorativen und industriellen modernen Künste), die 1925 in Paris stattgefunden hat.

Art Deco greift die Formensprache der Moderne auf und trägt zu ihrer Popularisierung – allerdings nicht bei den Massen, sondern bei den Luxuskonsumenten – bei. Von Kritikern wird diese Richtung daher als mondäner Kitsch oder kubistischer Chic abgelehnt.

◁ *»Susanna im Bade« (Glasfigur, René Lalique, um 1925); Art Deco setzt sich in Frankreich durch*

Versilberte und patinierte Bronzefigur einer Speerwerferin von dem französischen Künstler Bouraine (um 1925)

Dezember 1926

Jacobsohn und »Weltbühne«

3. Dezember. Im Alter von 45 Jahren stirbt in Berlin Siegfried Jacobsohn, der Begründer und Leiter der Zeitschrift »Die Schaubühne«/»Die Weltbühne«. Neuer Herausgeber wird nach einem kurzen Interregnum mit Kurt Tucholsky der Publizist Carl von Ossietzky.

Jacobsohn, der dem jüdischen Berliner Bürgertum entstammt, wurde 1901 Theaterkritiker bei der Wochenzeitschrift »Welt am Montag« in Berlin. 1904 veröffentlichte er das Buch »Das Theater der Reichshauptstadt«, das ihm den Vorwurf einbrachte, Passagen von anderen Kritikern wörtlich übernommen zu haben, und zu seiner Entlassung bei der »Welt am Montag« führte.

Jacobsohn gründete daraufhin eine eigene Zeitschrift, »Die Schaubühne«, deren erste Ausgabe am 7. September 1905 erschienen ist. Das Blatt war anfangs eine reine Theaterzeitschrift. Es verfolgte das Geschehen auf den deutschsprachigen Bühnen (mit Schwerpunkt auf Berlin) und enthielt Artikel und Essays mit theoretischen Überlegungen zum modernen Drama.

Jacobsohn hatte für seine Zeitschrift von Anbeginn bedeutende Mitarbeiter gewinnen können, so erschien in der ersten Nummer ein Aufsatz des österreichischen Schriftstellers Hugo von Hofmannsthal. Vor dem Weltkrieg gab es Beiträge u. a. von Arthur Schnitzler, Hermann Bahr, Alfred Polgar, Robert Walser und Herbert Ihering. 1908 stieß Lion Feuchtwanger zu der Zeitschrift. 1913 hat Kurt Tucholsky den ersten Beitrag in der »Schaubühne« veröffentlicht. Seitdem schreibt er – unter verschiedenen Pseudonymen – regelmäßig für die Zeitschrift; er war Jacobsohn freundschaftlich verbunden. Die Wendung der »Schaubühne« von der Theaterrevue zur politisch orientierten Zeitschrift fiel ebenfalls in das Jahr 1913, wobei anfangs ein enger Zusammenhang zwischen ästhetischen und politischen Fragen gewahrt blieb. Im Juni veröffentlichte Jacobsohn den Artikel »Kaiser und Kunst«, in dem er eine Parallele zwischen dem schneidigen, waffenklirrenden Auftreten von Kaiser Wilhelm II. und der prunkhaft-hohlen, bloß repräsentativen Kunst der wilhelminischen Ära zog. 1913 erschienen auch die ersten antimilitaristischen Artikel in der »Schaubühne«.

Während des Weltkriegs hatte die Zeitschrift vielfach unter Zensur zu leiden, obwohl sie in den ersten Kriegsjahren an der patriotischen Begeisterung, die viele Intellektuelle erfüllte, teilhatte und auch später – im Sinn des Burgfriedens – keine grundsätzliche Kritik an der Kriegspolitik der Reichsregierung übte.

Noch vor Ende des Krieges wurde der Wandel im Charakter der Zeitschrift auch im Titel vollzogen. Am 4. April 1918 erschien die erste Nummer mit dem neuen Titel »Die Weltbühne. Zeitschrift für Politik, Kultur, Wirtschaft«.

Nach der Novemberrevolution von 1918 hat sich die »Weltbühne« zur radikaldemokratischen Zeitschrift entwickelt, die die politischen Verhältnisse in der Weimarer Republik mit kritischer Aufmerksamkeit verfolgt. Die Zeitschrift verfolgt durchgängig einen pazifistischen Kurs. Folgende politische Themen stehen in den Nachkriegsjahren im Vordergrund:

▷ Kampf gegen monarchistische und nationalistische Traditionen in den Institutionen der Weimarer Republik, speziell in der Reichswehr
▷ Angriffe auf die »Klassenjustiz« und die Milde der Gerichte gegen politisch motivierte Verbrechen von rechts

Zu den Mitarbeitern, die diesen antimilitaristischen und linksgerichteten Ton in der »Weltbühne« anschlagen, gehören neben Tucholsky u. a. Ernst Toller, Erich Mühsam und Erich Weinert.

Wichtigster Schwerpunkt der Berichterstattung der »Weltbühne« 1926 ist – neben der Fürstenenteignung (→ 20. 6./S. 108) und dem . Schund-und-Schmutz-Gesetz (→ 3. 12./S. 192) – die Auseinandersetzung mit den Fememorden der rechtsgerichteten vaterländischen Verbände und die Aufdeckung von Beziehungen zwischen der Reichswehr und den Verbänden der illegalen schwarzen Reichswehr (→ 23. 1./S. 17). Aufgrund dieser Artikel wird am 26. Juli Anklage gegen Jacobsohn wegen des Verdachts auf Landesverrat erhoben. Der Angeklagte stirbt vor dem Verfahren.

Carl von Ossietzky, der danach die Leitung der »Weltbühne« übernimmt, hat am 26. April den ersten Beitrag in der Zeitschrift veröffentlicht. Zuvor arbeitete er als Journalist bei verschiedenen pazifistischen Zeitschriften.

Carl von Ossietzky übernimmt die Leitung der »Weltbühne«

Eine der letzten Aufnahmen von Siegfried Jacobsohn

V. l.: Fritz Kortner, Maria Koppenhöfer, Aribert Wäscher, Paul Bildt

Jessners Hamlet – ein Republikaner

3. Dezember. Am Schauspielhaus in Berlin hat die Tragödie »Hamlet« von William Shakespeare in der Inszenierung von Leopold Jessner mit Fritz Kortner in der Titelrolle Premiere. Nach Erwin Piscators »Räuber«-Inszenierung (→ 11. 9./S. 158) ist dies die zweite große Aufführung der Berliner Theatersaison, die einen Klassiker mit direktem Bezug zum politischen Geschehen der Gegenwart aktualisiert.

Gemäß dem Zitat »Etwas ist faul im Staate Dänemark« ist Hamlet bei Jessner ein Republikaner, der gegen den König und die Verderbtheit seiner Hofschranzen kämpft. König Claudius (Darsteller: Aribert Wäscher) erscheint so durch eine Reihe von Anspielungen als Verkörperung von Kaiser Wilhelm II., und Polonius (Darsteller: Paul Bildt) wird in der Kritik vielfach mit dem ehemaligen Reichskanzler Theobald von Bethmann Hollweg gleichgesetzt. Ophelia, dargestellt von Blandine Ebinger, erscheint als Werkzeug der Feinde Hamlets.

Vor allem die Deutschnationalen (DNVP) reagieren mit scharfen Angriffen auf die Aufführung und bringen eine Interpellation gegen den Regisseur Jessner in den preußischen Landtag ein.

Dezember 1926

»Der Bahnhof von Saint-Lazare« (Gemälde, Claude Monet, 1877; Institute of Art, Chicago)

Monet – Meister der Impression

Der Maler Claude Monet

6. Dezember. Im Alter von 86 Jahren stirbt in Giverny (Frankreich) Claude Monet, einer der führenden Maler des Impressionismus. Monet nahm 1874 an der ersten Impressionistenausstellung in Paris teil und gab der Bewegung junger, unkonventioneller Künstler mit seinem Gemälde »Impression. Soleil levant« (1874, Museum Marmottan, Paris) den Namen, der anfangs eine Spottbezeichnung war. Monet malte nahezu ausschließlich im Freien, seine Werke sind Studien über Licht- und Schattenreflexe in der Natur und über die Veränderungen an einem Objekt bei unterschiedlichen Wetterverhältnissen und Tageszeiten. So schuf er ganze Serien mit der Darstellung des gleichen Gegenstands, z. B. »Die Kathedrale von Rouen« (1892/93, u. a. Jeu de Paume, Paris) und »Die Seerosen« (ab 1883, u. a. Orangerie, Paris; Museum des Beaux-Arts).

Riefenstahl und Trenker im Film

17. Dezember. Im Ufa-Palast in Berlin hat der Stummfilm »Der heilige Berg« mit Leni Riefenstahl und Luis Trenker Premiere.
Regie hat Arnold Fanck geführt, der seit Anfang der 20er Jahre aus-

Luis Trenker   Leni Riefenstahl

Szene aus »Der heilige Berg«

schließlich im Freien filmt und durch eindrucksvolle Naturaufnahmen im Gebirge zum Meister des sog. Bergfilms geworden ist. Fanck hat seine Mitarbeiter Sepp Allgeier und Hans Schneeberger, die in dem Film die Kamera führen, zu Bergsteigern ausbilden lassen. Die Aufnahmen vom grandiosen Panorama der Berge, bei denen die Natur stets als eine dem Menschen überlegene Schicksalsmacht erscheint, lassen die Handlung des Films zur Nebensache werden. Geschildert wird, wie zwei Freunde, die – ohne dies zu wissen – in die gleiche Frau verliebt sind, zu einer gemeinsamen Bergtour aufbrechen. Die Aufdeckung der Zusammenhänge führt zu einem dramatischen, für beide tödlich endenden Unfall.

Dichter Rilke stirbt

29. Dezember. In Valmont bei Montreux in der Schweiz stirbt 51jährig der Dichter Rainer Maria Rilke.
Nach einem Jahr Studium in München entschied sich der in Prag gebürtige Rilke 1896 dazu, als freier Schriftsteller zu leben; er war zunächst viel auf Reisen, u. a. in Rußland und Frankreich, und stand in Verbindung mit dem expressionistischen Künstlerkreis Worpswede.
Rilkes Werk ist vor allem durch lyrische Produktionen ausgezeichnet. Durch die lyrische Prosa »Weise von Liebe und Tod des Cornets Christoph Rilke« (erste Fassung 1899, endgültige Fassung 1906) wurde er schlagartig berühmt. Das Buch beeindruckte mit seiner erotisch gefärbten Todessehnsucht vor allem die Jugend. Das »Stundenbuch« (1905) enthält die religiös-poetische Lebensauffassung des Dichters, die allerdings in dem Roman »Die Aufzeichnungen des Malte Laurids Brigge« (1910), der den Verlust des Glaubens zum Thema hat, in Frage gestellt wird. Die späten Gedichtzyklen »Sonette an Orpheus«, »Duineser Elegien« (beide 1922) kreisen in bildhafter, ausdrucksstarker Sprache um das unsagbare Göttliche.

Rainer Maria Rilke verfaßt sein erstes großes Werk, den »Cornet«, im Alter von nur 24 Jahren

Dezember 1926

Gedämpfter Optimismus für 1927

24. Dezember. Reichskanzler Wilhelm Marx (Zentrum), der nach dem Mißtrauensvotum gegen seine Regierung (→ 17. 12./S. 195) zunächst geschäftsführend weiterhin amtiert, wendet sich mit einer Weihnachtsansprache an die Bevölkerung.

Marx bezeichnet darin die hohe Arbeitslosigkeit als »drängendstes Problem« für das Deutsche Reich. Alle öffentlichen und privaten Möglichkeiten zur Milderung dieses Zustands auszuschöpfen, geböten Staatsklugheit und soziales Verantwortungsgefühl.

Die hohen Erwerbslosenzahlen (Jahresdurchschnitt: 10%) und die damit einhergehende schwache Inlandsnachfrage werden in den Rückblicksartikeln der Wirtschaftspresse auf das Jahr 1926 ebenfalls negativ notiert. Insgesamt wird die konjunkturelle Entwicklung jedoch positiver beurteilt als noch zu Jahresbeginn. Das Krisenjahr 1925 scheint überwunden, so daß an den Erfolgen von 1924 angeknüpft werden kann. In den Perspektiven für 1927 werden positive Akzente gesetzt.

Bei der Arbeitslosigkeit ist zwar gegenüber dem letzten Winter (Höchstzahl im Februar mit 2,4 Millionen) ein leichter Rückgang zu verzeichnen, dennoch liegt die Zahl mit 1,97 Millionen zum Jahreswechsel 1926/27 immer noch erschreckend hoch für ein 63-Millionen-Volk.

Besondere Sorge bereiten dabei die ungelernten Arbeiter, deren Anteil an den Erwerbslosen bei etwa 30% liegt.

Der Reichsetat für 1927, der am 22. Dezember zusammen mit dem Nachtragshaushalt für 1926 vom Reichsrat gebilligt wird, sieht daher – bei einem Gesamtausgabenvolumen, das mit 8,5 Milliarden Reichsmark (RM) die gleiche Höhe hat wie das Staatsbudget für 1926 – weitere Maßnahmen zur Arbeitsbeschaffung vor (→ 28. 6./S. 108). Folgende Ausgaben sind vorgesehen:

▷ 35 Millionen RM für Reichswasserstraßen (Kanäle)
▷ 100 Millionen RM für Aufträge an die Reichsbahn
▷ 53 Millionen RM für die Fertigstellung von Bahnbauten

Für die sog. produktive Erwerbslosenfürsorge, d. h. die Beschäftigung von Arbeitslosen in Notstandsarbeiten, waren im Haushaltsplan bereits 100 Millionen RM vorgesehen. Für diese Zwecke wird nun noch einmal die gleiche Summe bereitgestellt.

Durch Notstandsarbeiten, die mit Hilfe des Reiches durchgeführt wurden, waren zum Stichtag 15. November 73 000 Personen beschäftigt, durch Notstandsarbeiten der Länder, Kreise und Gemeinden weitere 57 000. Der Prozentsatz der durch Notstandsarbeiten Beschäftigten lag zu diesem Zeitpunkt bei 9,9% der gesamten Erwerbslosen; zu Beginn des Jahres (Januar und Februar) lag diese Quote noch bei 2,3%.

Die extensiven Staatsausgaben für die Arbeitsbeschaffung sind in Wirtschaftskreisen umstritten. Eine Steuersenkung zugunsten der Unternehmer würde, so heißt es, nachhaltiger für eine Belebung der Konjunktur sorgen. Dem kann die Reichsregierung entgegenhalten, daß die Anzeichen wirtschaftlicher Schwäche vor allem auf die geringe Kaufkraft der Inlandsbevölkerung zurückzuführen seien.

Im Exportgeschäft verzeichnen deutsche Unternehmen dagegen eine deutliche Aufwärtsbewegung. Hauptursache für diesen Aufschwung, der etwa im Mai 1926 eingesetzt hat, ist der Bergarbeiterstreik in Großbritannien (→ 3. 5./S. 90, 19. 11./S. 181).

Die arbeitstägliche Kohleförderung im Ruhrgebiet ist z. B. durch die starke Auslandsnachfrage von 309 184 t im Januar auf den neuen Höchststand von 418 308 t Ende November gestiegen. Aber auch bei der Ausfuhr von Fertigprodukten zeichnet sich, da die Verzerrungen der Wettbewerbsbedingungen durch den Verfall der belgischen und französischen Währung inzwischen aufgehoben sind (→ 18. 12./S. 197), eine Belebung ab. Weitere positive Konjunkturdaten sind die Zunahme des Börsengeschäfts und der Rückgang der Konkurse.

Skeptiker weisen jedoch darauf hin, daß dieser Boom durch die Auslandsanleihen, die dem Deutschen Reich im Zuge des Dawes-Plans (→ 31. 8./S. 137) gewährt werden, künstlich erzeugt sei.

Anna Pawlowa gastiert in Berlin

Dezember. *Zu Begeisterungsstürmen reißt die russische Tänzerin Anna Pawlowa, die mit ihrem eigenen Ensemble im Berliner Theater des Westens gastiert, das Publikum hin. Die nunmehr 45jährige Tänzerin – schon zu Lebzeiten zur Legende geworden – tanzt ihre bekanntesten Partien, darunter den Solotanz »Der sterbende Schwan« nach der Musik von Camille Saint-Saëns (l.), mit dem sie 1909 in der Choreographie von Michail Fokin in Petersburg Weltruhm erlangt hat. Trotz einiger Unzulänglichkeiten ihres Tanzpartners Laurent Novikoff hinterläßt das Gastspiel einen tiefen Eindruck (r.: »La fille mal gardée«).*

»Mein Kampf« ohne Resonanz

Ankündigung

6. Dezember. Im Verlag Franz Eher Nachfolger in München erscheint der zweite Band des Buches »Mein Kampf« vom Führer der NSDAP, Adolf Hitler. Der Verfasser entwickelt darin seine von Judenhaß und Antikommunismus geprägten Vorstellungen von einem neuen totalitären Führerstaat, der allein der Arterhaltung der germanischen Rasse dienen soll. Die spätere Wirklichkeit des Dritten Reiches ist in diesem Buch programmatisch vorweggenommen. Es wird jedoch wenig gelesen.

Der zweite Band, der die Unterzeile »Die nationalsozialistische Bewegung« trägt, ist 1925/26 in der Villa »Haus Wachenfeld« auf dem Obersalzberg entstanden. Den ersten Band hatte Hitler in der Festungshaft in Landsberg geschrieben.

Good-Will-Tour von Königin Maria

Königin Maria

6. Dezember. Königin Maria, die Frau König Ferdinands von Rumänien, kehrt von einem mehrwöchigen USA-Aufenthalt nach Bukarest zurück. Die Königin hat mit ihrer Good-Will-Tour bei den traditionell republikanisch gesinnten Amerikanern für ihr Land werben wollen. Für die Reise hat sich die Königin – als erste Monarchin der Welt – einen Bubikopf schneiden lassen. Maria und ihre beiden Kinder Ileana und Nicholas werden jenseits des Ozeans im allgemeinen begeistert empfangen. 300 Fotoreporter erwarten ihre Ankunft in New York.

Allerdings kommt es wiederholt zu antirumänischen Kundgebungen, so am 14. November in Chicago, wo kommunistische Demonstranten gegen die Inhaftierung politisch Verfolgter in Rumänien protestieren.

Dezember 1926

Operettenbesuch als Festvergnügen

Dezember. Pünktlich zu den Festtagen, bei denen das Publikum die leichte Muse bevorzugt, finden eine Reihe von Operettenpremieren an den deutschen Bühnen statt.
Am 23. Dezember haben »Nur du« von Walter Kollo in Berlin und »Die Nacht von Sebastian« von Ralph Benatzky in Leipzig Weltpremiere, und am 25. Dezember findet die reichsdeutsche Erstaufführung von Emmerich Kálmáns Operette »Die Zirkusprinzessin«, die seit dem → 26. März (S. 62) die Wiener begeistert, im Metropoltheater in Berlin statt.

Zu den Festtagen in die Berge

26. Dezember. Aus den deutschen Wintersportgebieten in den Alpen, im Schwarzwald, im Erzgebirge und im Harz, aus Thüringen und Schlesien wird bei klarem Frostwetter Hochbetrieb gemeldet. Der Besucherandrang auf die Wintersportstätten erreicht am zweiten Weihnachtsfeiertag den Höhepunkt.
»Noch vor einigen Jahren wäre die Frage ›Werden Sie in den Weihnachtsfeiertagen verreisen?‹ unverständlich erschienen«, stellt die »Vossische Zeitung« fest. Nun zieht es immer mehr Menschen auch über Weihnachten, das den Deutschen traditionell als besinnliches Familienfest gilt, zur sportlichen Aktivität in die freie Natur.

Skiläufer im Neuschnee bei der Abfahrt auf der Piste bei Adelboden im Berner Oberland (Schweiz)

Glanzvolle Silvesterbälle

31. Dezember. Mit Sekt und Berliner Pfannekuchen, Papierschlangen und Konfetti, Jazzband und großem Tanzorcheser – so wird der Jahresausklang festlich begangen. Allein in der Reichshauptstadt Berlin werden 30 glanzvolle Silvesterbälle veranstaltet. Wer es sich leisten kann, blickt optimistisch in die Zukunft und läßt um Mitternacht die Silvesterböller knallen und die Feuerwerksraketen – obwohl polizeilich verboten – steigen. Die Polizeistunde ist in Berlin wie in den anderen deutschen Groß- und Mittelstädten aufgehoben, so daß bis zum Morgen durchgefeiert werden kann.

V. l.: Max Ehrlich, La Jana, Ruth Zackey, Steffi Bissing, Paul Cramer, Trude Hesterberg, Curt Fuß, Alice Hechy, Dodge Sisters, Kurt Lilien

L. Riefenstahl, Max Hansen, L. Harvey, Christa Tordy, W. Fritsch, O. Tschechowa, C. Horn, Wilhelm Bendow

Kostümbälle sind ein beliebtes Vergnügen zum Jahreswechsel des Jahres 1926/1927

»Die Jazzkapelle«, Silvester in der Revue-Girl-Garderobe

Karikatur zum Jahresausklang aus der »Berliner Illustrirten«: »Feuerwerk um Zwölf auf dem Balkon« (Zeichnung von Paul Simmel)

Neue Postwertzeichen 1926 im Deutschen Reich

      *Köpfe berühmter Deutscher*

     *Wohlfahrtsausgaben Deutsche Nothilfe*

     *Deutsche Luftpost*

Anhang

Das Deutsche Reich, Österreich und die Schweiz 1926 in Zahlen

Die Statistiken für die drei deutschsprachigen Länder umfassen eine Auswahl von grundlegenden Daten. Es wurden vor allem Daten aufgenommen, die innerhalb der einzelnen Länder vergleichbar sind. Maßgebend für alle Angaben waren die amtlichen Statistiken. Die Zahlen beziehen sich auf die jeweiligen Staatsgrenzen von 1926.
Nicht in allen gesellschaftlichen Bereichen finden jährliche Erhebungen statt, so daß mitunter die Daten aus früheren Jahren aufgenommen werden mußten. Das Erhebungsdatum ist jeweils angegeben (unter der Rubrik »Stand«). Die aktuellen Zahlen des Jahres 1926 werden – wo möglich – durch einen Vergleich zum Vorjahr relativiert.
Wichtige Zusatzinformationen zum Verständnis einzelner Daten sind in den Fußnoten enthalten.

Deutsches Reich

Erhebungsgegenstand	Wert	Vergleich Vorjahr (%)	Stand
Fläche			
Fläche/km² [2]	468 717,77	–	16. 6. 1925 [1]
Bevölkerung			
Wohnbevölkerung insgesamt [2]	62 410 619	–	16. 6. 1925 [1]
– männlich	30 196 823	–	16. 6. 1925 [1]
– weiblich	32 213 796	–	16. 6. 1925 [1]
Einwohner je km² [2]	133,14	–	16. 6. 1925 [1]
Ausländer	921 900	–	16. 6. 1925 [1]
Privathaushalte	15 275 000	–	16. 6. 1925 [1]
– Einpersonenhaushalte	1 026 000	–	16. 6. 1925 [1]
– Mehrpersonenhaushalte	14 249 000	–	16. 6. 1925 [1]
Lebendgeborene	1 227 900	– 5,0	1926
Gestorbene	734 359	– 1,4	1926
Eheschließungen	483 198	+ 0,1	1926
Ehescheidungen	34 105	– 3,8	1926
Familienstand der Bevölkerung [2]			
– Ledige insgesamt	33 009 152	–	16. 6. 1925 [1]
männlich	16 492 437	–	16. 6. 1925 [1]
weiblich	16 516 715	–	16. 6. 1925 [1]
– Verheiratete	25 437 499	–	16. 6. 1925 [1]
– Verwitwete und Geschiedene	3 963 968	–	16. 6. 1925 [1]
davon männlich	976 957	–	16. 6. 1925 [1]
davon weiblich	2 987 011	–	16. 6. 1925 [1]
Religionszugehörigkeit [2]			
– Christen insgesamt	60 295 591	–	16. 6. 1925 [1]
katholisch	20 193 334	–	16. 6. 1925 [1]
evangelisch	40 014 677	–	16. 6. 1925 [1]
sonstige	87 580	–	16. 6. 1925 [1]
– Israeliten	564 379	–	16. 6. 1925 [1]
– andere	1 550 649	–	16. 6. 1925 [1]
Altersgruppen			
unter 5 Jahren	5 871 500	–	16. 6. 1925 [1]
5 bis unter 10 Jahren	3 986 500	–	16. 6. 1925 [1]
10 bis unter 15 Jahren	6 213 600	–	16. 6. 1925 [1]
15 bis unter 20 Jahren	6 543 100	–	16. 6. 1925 [1]
20 bis unter 30 Jahren	11 457 700	–	16. 6. 1925 [1]
30 bis unter 40 Jahren	8 863 000	–	16. 6. 1925 [1]
40 bis unter 50 Jahren	7 754 000	–	16. 6. 1925 [1]
50 bis unter 60 Jahren	5 961 000	–	16. 6. 1925 [1]
60 bis unter 65 Jahren	2 165 900	–	16. 6. 1925 [1]
65 bis unter 70 Jahren	1 616 000	–	16. 6. 1925 [1]
70 bis unter 80 Jahren	1 605 900	–	16. 6. 1925 [1]
80 und darüber	335 600	–	16. 6. 1925 [1]
Die zehn größten Städte (Wohnbevölkerung)			
– Berlin	4 024 165	–	16. 6. 1925 [1]
– Hamburg	1 079 126	–	16. 6. 1925 [1]
– Köln	700 222	–	16. 6. 1925 [1]
– München	680 704	–	16. 6. 1925 [1]
– Leipzig	679 159	–	16. 6. 1925 [1]
– Dresden	619 157	–	16. 6. 1925 [1]
– Breslau	557 139	–	16. 6. 1925 [1]
– Essen	470 524	–	16. 6. 1925 [1]
– Frankfurt am Main	467 520	–	16. 6. 1925 [1]
– Düsseldorf	432 633	–	16. 6. 1925 [1]
Erwerbstätigkeit			
Erwerbstätige insgesamt	32 009 000	–	16. 6. 1925 [1]
– männlich	20 531 000	–	16. 6. 1925 [1]
– weiblich	11 478 000	–	16. 6. 1925 [1]
– nach Wirtschaftsbereichen			
Land- und Forstwirtschaft, Tierhaltung und Fischerei	9 762 000	–	16. 6. 1925 [1]
Produzierendes Gewerbe	13 239 000	–	16. 6. 1925 [1]
Handel und Verkehr	5 274 000	–	16. 6. 1925 [1]
Sonstige	3 734 000	–	16. 6. 1925 [1]
Arbeitslose	2 025 000	+ 197,0	1926
Arbeitslosenquote (in %)	10	–	1926
Betriebe [3]			
– Landwirtschaftliche Betriebe	5 096 534	–	16. 6. 1925 [1]
– Industrie und Handwerk	1 618 216	–	16. 6. 1925 [1]
– Baugewerbe	224 697	–	16. 6. 1925 [1]
– Handel und Verkehr	1 495 266	–	16. 6. 1925 [1]
– Theater, Musik und Schaustellung	16 506	–	16. 6. 1925 [1]
– Gesundheitswesen und Hygiene	82 536	–	16. 6. 1925 [1]
Außenhandel			
– Einfuhr (Mio. Reichsmark/RM)	9 984,3	– 19,7	1926
– Ausfuhr (Mio. RM)	10 414,6	+ 12,2	1926
– Ausfuhrüberschuß (Mio. RM)	430,3	–	1926
Verkehr			
– Eisenbahnnetz (km)	56 001,7	+ 0,3	31. 12. 1926
– Beförderte Personen (in 1000)	1 877 100	– 13,4	31. 12. 1926
– Beförderte Güter (in 1000 t)	416 561	+ 5,1	31. 12. 1926
– Bestand an Kraftfahrzeugen	559 861	–	1926
davon Pkw	206 487	+ 18,2	1926
davon Lkw	90 029	+ 12,0	1926
– Binnenschiffe (Tragfähigkeit in t)	6 983 500	+ 1,6	1. 1. 1927
– Beförderte Güter (t)	102 359 000	+ 19,4	1926

[1] Letzte verfügbare Angabe; Volkszählung am 16. 6. 1925
[2] Alle Angaben für das Deutsche Reich ohne Saargebiet
[3] Gewerbliche Betriebszählung 16. 6. 1925; Anzahl der örtlichen Betriebseinheiten

Statistische Zahlen

Erhebungsgegenstand	Wert	Vergleich Vorjahr (%)	Stand
– Handelsschiffe/Seeschiffahrt (BRT)	3 257 002	+ 7,0	1. 1. 1927
Beförderte Güter (t)	44 276 000	+ 24,1	1926
– Luftverkehr			
Beförderte Personen	84 594	+ 53,3	1926
Beförderte Güter (t)	1 056 800	+102,8	1926
Bildung			
– Schüler an Volksschulen	6 661 794	–	1926/27
Mittelschulen	259 300	–	1926/27
Höheren Schulen	843 800	–	1926/27
– Studenten	95 255	+ 4,7	1926
Rundfunk			
– Hörfunkteilnehmer	1 377 000	+ 34,7	31. 12. 1926
Gesundheitswesen			
– Ärzte	40 139[2]	–	1924[1]
– Zahnärzte	7 494	–	1924[1]
– Krankenhäuser	4 489	+ 1,6	1926
Sozialleistungen			
– Mitglieder der gesetzlichen Krankenversicherung	19 154 800	+ 5,0	1926
– Rentenbestand Rentenversicherung der Arbeiter	2 848 178	– 5,7	1926
Rentenversicherung der Angestellten	106 416	+ 20,9	1926
Knappschaftliche Rentenversicherung	330 025	– 4,9	1926
Finanzen und Steuern			
– Gesamtausgaben des Staates (Mio. RM)	17 232	+ 19,0	1926
– Gesamteinnahmen des Staates (Mio. RM)	16 362	+ 17,9	1926
– Schuldenlast des Staates (Mio. RM)	7 909,6	+180,6	31. 12. 1926
Löhne und Gehälter			
– Wochenarbeitszeit in der Industrie (Stunden)	48,6[3]	– 1,8	1926
– Tariflicher Bruttostundenverdienst gelernter Arbeiter (Rpf)	92,6	+ 11,7	April 1926
– Tariflicher Bruttostundenverdienst ungelernter Arbeiter (Rpf)	65,2	+ 11,8	April 1926
– Index der tariflichen Stundenlöhne in der gewerblichen Wirtschaft (1928 = 100)	82	–	1926
Preise			
– Einzelhandelspreise ausgewählter Lebensmittel (RM)			
Butter, 1 kg	3,60	– 8,8	1926
Weizenmehl, 1 kg	0,50	+ 9,4	1926
Schweinefleisch, 1 kg	2,50	+ 1,2	1926
Rindfleisch, 1 kg	2,19	– 2,2	1926
Eier, 1 Stück	0,20	– 5,8	1926
Kartoffeln, 1 kg	0,08	– 1,8	1926
– Index der Lebenshaltungskosten für 5-Personen-Arbeiter-Haushalt (1913/14 = 100)	141,2	+ 1,0	1926
– Bruttosozialprodukt (Mio. RM)	73 700	+ 4,7	1926

Erhebungsgegenstand	Bremen	Berlin	Breslau	Aachen	Stuttg.	München
Klimatische Verhältnisse						
– Mittl. Lufttemperatur						
Januar (° C)	1,0	–0,2	–1,8	3,0	2,5	–0,2
Februar	4,8	3,4	3,3	7,6	8,3	5,5
März	5,3	4,1	3,6	5,6	6,8	4,6
April	10,4	10,9	10,2	10,4	12,5	10,5
Mai	11,0	12,4	12,3	10,6	13,2	11,8
Juni	15,3	15,2	14,9	13,6	15,5	13,6
Juli	18,8	19,2	18,8	17,6	18,5	17,1
August	16,9	16,5	15,8	16,7	18,4	17,0
September	15,2	14,5	14,5	16,1	17,4	16,2
Oktober	8,2	7,6	8,6	8,7	10,3	9,3
November	6,9	6,8	7,7	7,7	7,8	6,5
Dezember	2,8	1,8	0,5	1,1	1,0	–0,7
– Eistage (Temp. unter 0°)	16	16	18	9	10	16
– Niederschlagsmengen (mm)						
Januar	72	75	32	63	32	40
Februar	66	49	31	89	28	39
März	48	57	31	66	35	42
April	18	15	28	50	10	34
Mai	104	14	49	140	96	124
Juni	39	127	185	56	122	219
Juli	69	165	102	151	72	234
August	67	38	82	79	25	55
September	57	40	48	40	14	51
Oktober	93	72	63	117	108	89
November	54	98	39	107	20	25
Dezember	43	53	34	83	30	45
– Tage mit Schneedecke	12	15	16	17	16	26
– Sonnentage (mind. 25° C)	16	24	22	17	36	27

Österreich

Erhebungsgegenstand	Wert	Vergleich Vorjahr (%)	Stand
Fläche			
Fläche (km²)	83 833	–	1926
Bevölkerung			
Wohnbevölkerung[4]	6 603 000	+ 0,3	1926
– männlich	3 147 404	–	1923[4]
– weiblich	3 387 077	–	1923[4]
Einwohner je km²	78,8	–	1926
Ausländer	423 487	–	1920
Lebendgeborene	127 250	– 6,3	1926
Gestorbene	98 905	+ 4,1	1926
Eheschließungen	47 886	– 5,8	1926
Familienstand der Bevölkerung			
– Ledige insgesamt	3 587 774	–	1920[5]
männlich	1 783 063	–	1920[5]
weiblich	1 804 711	–	1920[5]
– Verheiratete	2 072 203	–	1920[5]
– Verwitwete und Geschiedene insgesamt	471 471	–	1920[5]
männlich	124 848	–	1920[5]
weiblich	346 623	–	1920[5]
Altersgruppen			
unter 5 Jahren	556 292	–	1923[1]
5 bis unter 15 Jahren	1 077 837	–	1923[1]
15 bis unter 20 Jahren	633 698	–	1923[1]
20 bis unter 30 Jahren	1 150 756	–	1923[1]
30 bis unter 40 Jahren	953 190	–	1923[1]
40 bis unter 50 Jahren	850 234	–	1923[1]

[1] Letzte verfügbare Angabe
[2] Ohne ausschließlich in Krankenhäusern beschäftigte Ärzte
[3] Schätzung
[4] Wohnbevölkerung 1923: 6 534 481; Ergebnisse der Volkszählung vom 7. 3. 1923
[5] Letzte verfügbare Angabe; anwesende Bevölkerung ohne Burgenland

Statistische Zahlen

Erhebungsgegenstand	Wert	Vergleich Vorjahr (%)	Stand
50 bis unter 60 Jahren	649 361	–	1923[1]
60 bis unter 70 Jahren	432 957	–	1925[1]
70 und darüber	230 120	–	1923[1]
Die zehn größten Städte (Wohnbevölkerung)			
– Wien	1 865 780	–	1923[1]
– Graz	152 706	–	1923[1]
– Linz	102 081	–	1923[1]
– Innsbruck	56 401	–	1923[1]
– Salzburg	37 856	–	1923[1]
– Wiener Neustadt	36 956	–	1923[1]
– St. Pölten	31 576	–	1923[1]
– Klagenfurt	27 423	–	1923[1]
– Baden	22 217	–	1923[1]
– Steyr	22 111	–	1923[1]
Erwerbstätigkeit			
Erwerbstätige[2]	3 342 996	–	1923[1]
– nach Wirtschaftsbereichen			
Land- und Forstwirtschaft, Tierhaltung und Fischerei	1 426 238	–	1923[1]
Industrie und Gewerbe	1 009 952	–	1923[1]
Handel und Verkehr	517 469	–	1923[1]
Öffentlicher Dienst und freie Berufe	210 524	–	1923[1]
Sonstige	178 813	–	1923[1]
Arbeitslose	202 142[3]	+ 10,1	
Betriebe[4]			
– Landwirtschaftliche Betriebe	875	– 1,6	1926
– Bergbau und verarbeitendes Gewerbe	45 888	+ 4,8	1926
– Baugewerbe	15 828	+12,9	1926
– Handel, Gastgewerbe, Reiseverkehr	8 878	+ 7,4	1926
– Sonstige	1 104	+ 3,9	1926
Verkehr			
– Eisenbahnnetz (km)	7 045	+ 0,1	1926
– Straßennetz (km)	34 104	–	1926
– Bestand an Kraftfahrzeugen	40 558	+21,9	1926
davon Pkw	12 252	+10,8	1926
davon Lkw	7 835	+25,2	1926
– Luftverkehr			
Beförderte Personen	8 560	–	1926
Beförderte Güter (t)	308	–	1926
Bildung			
– Schüler an Volks- und Bürgerschulen	712 225	– 0,7	31.10.1926
Realschulen	19 581[5]	+ 3,8	Ende Schuljahr 1925/26
Realgymnasium	14 026[6]	+ 6,9	
Gymnasium	12 515[7]	– 0,1	
– Studenten	20 759	– 2,8	1926
Sozialleistungen			
– Mitglieder der gesetzlichen Krankenversicherung	1 307 851	+ 6,6	1926
– Empfänger von Arbeitslosenunterstützung	176 537	+17,7	1926

Erhebungsgegenstand	Wert	Vergleich Vorjahr (%)	Stand
Finanzen und Steuern			
– Gesamtausgaben des Bundes (Mio. Schilling/Mio. RM)	1177,8 (699,6)	+17,7	1926
– Gesamteinnahmen des Bundes (Mio. Schilling/Mio. RM)	1145,5 (680,4)	+ 6,4	1926
Preise			
– Einzelhandelspreise ausgewählter Lebensmittel[8] (Schilling/RM)			
Butter, 1 kg	6,01 (3,57)	–	Januar 1926
Weizenmehl, 1 kg	0,86 (0,51)	–	Januar 1926
Schweinefleisch, 1 kg	3,85 (2,27)	–	Januar 1926
Rindfleisch, 1 kg	3,34 (1,98)	–	Januar 1926
Eier, 1 Stück	0,25 (0,15)	–	Januar 1926
Kartoffeln, 1 kg	0,19 (0,11)	–	Januar 1926
– Bruttosozialprodukt (Mio. Schilling/Mio. RM)	10 280 (6106)	–	1926

Erhebungsgegenstand	Wien	Salzburg	Graz	Klagenfurt	Innsbruck	Feldkirch
Klimatische Verhältnisse						
– Mittl. Lufttemperatur Januar (° C)	−0,7	0,2	−2,2	−5,3	−1,7	−0,4
Februar	4,5	5,4	4,3	2,4	5,6	5,5
März	5,0	5,1	4,7	4,2	4,9	5,1
April	11,1	10,8	10,4	9,8	10,7	10,1
Mai	13,3	12,1	13,3	12,6	12,1	11,6
Juni	15,5	13,7	15,8	15,6	13,7	13,2
Juli	18,4	16,5	18,3	18,0	17,2	16,9
August	17,5	16,8	17,5	17,1	16,9	16,8
September	15,7	15,9	15,7	15,5	15,6	15,9
Oktober	10,1	9,7	9,9	9,1	9,4	9,8
November	9,2	7,3	8,9	7,8	7,7	7,2
Dezember	1,2	−0,6	0,5	−2,1	−2,0	−1,6
– Zahl der Tage mit:						
Niederschlag	163	177	141	150	180	159
Schneefall	19	35	20	22	42	25
Gewitter	33	14	29	20	25	17
– Niederschlagsmengen Januar (mm)	27	64	30	39	20	95
Februar	52	98	27	43	26	43
März	49	110	36	9	97	87
April	34	56	44	106	51	46
Mai	118	199	106	108	69	191
Juni	149	271	177	157	155	273
Juli	118	335	173	199	97	195
August	31	109	154	141	94	64
September	27	91	60	99	32	49
Oktober	44	96	100	178	65	107
November	14	49	48	156	61	74
Dezember	60	104	27	16	45	44

Schweiz

Erhebungsgegenstand	Wert	Vergleich Vorjahr (%)	Stand
Fläche			
Fläche (km²)	41 294,9	–	1926
Bevölkerung			
Wohnbevölkerung	3 931 900	+ 0,6	1926
– männlich	1 871 123[9]	–	1920[1]
– weiblich	2 009 197[9]	–	1920[1]
Einwohner je km²	95,2	–	1926
Ausländer	402 385	–	1920[9]
Privathaushalte	886 874	–	1920[9]

[1] Letzte verfügbare Angabe
[2] Ohne Arbeitslose
[3] Zur Vermittlung vorgemerkte Arbeitslose
[4] Nur Unfallversicherungspflichtige
[5] Einschließlich deutsche Mittelschulen (6029)
[6] Einschließlich Reformrealgymnasien (4284)
[7] Einschließlich Lyzeen (120) und Frauenoberschulen (495)
[8] Durchschnitt aus den Werten in 19 größeren Städten
[9] Stand bei Volkszählung 1920; Wohnbevölkerung 1920 = 3 880 320

Statistische Zahlen

Erhebungsgegenstand	Wert	Vergleich Vorjahr (%)	Stand
Lebendgeborene	72 118	− 0,6	1926
Gestorbene	46 452	− 3,0	1926
Eheschließungen	28 079	− 0,1	1926
Scheidungen	2 213	− 0,5	1926
Familienstand der Bevölkerung			
− Ledige insgesamt	2 281 170	−	1920[1]
männlich	1 127 467	−	1920[1]
weiblich	1 153 703	−	1920[1]
− Verheiratete	1 337 653	−	1920[1]
− Verwitwete und Geschiedene insgesamt	261 497	−	1920[1]
männlich	74 844	−	1920[1]
weiblich	186 653	−	1920[1]
Religionszugehörigkeit			
− Protestanten	2 230 597	−	1920[1]
Katholiken	1 585 311	−	1920[1]
Israeliten	20 979	−	1920[1]
Andere, ohne Konfession	43 433	−	1920[1]
Altersgruppen			
unter 5 Jahren	328 866	−	1920[1]
5 bis unter 10 Jahren	364 063	−	1920[1]
10 bis unter 15 Jahren	390 365	−	1920[1]
15 bis unter 20 Jahren	386 901	−	1920[1]
20 bis unter 30 Jahren	653 485	−	1920[1]
30 bis unter 40 Jahren	543 828	−	1920[1]
40 bis unter 50 Jahren	488 576	−	1920[1]
50 bis unter 60 Jahren	363 569	−	1920[1]
60 bis unter 70 Jahren	227 417	−	1920[1]
70 bis unter 80 Jahren	108 445	−	1920[1]
80 und darüber	24 804	−	1920[2]
Die zehn größten Städte			
− Zürich	210 720	+ 2,3	1926
− Basel	139 560	+ 1,5	1926
− Genf (Agglomeration)	126 000	− 0,3	1926
− Bern	107 960	+ 1,2	1926
− Lausanne	74 250	+ 3,6	1926
− St. Gallen	65 600	− 1,6	1926
− Winterthur	52 000	−	1926
− Luzern	45 900	− 0,1	1926
− Biel	36 100	+ 1,7	1926
− La Chaux-de-Fonds	35 950	− 0,6	1926
Erwerbstätigkeit			
Erwerbstätige	1 871 725	−	1920[1]
− männlich	1 236 281	−	1920[1]
− weiblich	635 444	−	1920[1]
− nach Wirtschaftsbereichen			
Sektor 1: Land- und Forstwirtschaft, Tierhaltung und Fischerei	482 758	−	1920[1]
Sektor 2: Industrie, Handwerk, Baugewerbe usw.	802 876	−	1920[1]
Sektor 3: Dienstleistungen	586 091	−	1920[1]
Ausländische Arbeitnehmer	216 224	−	1920[1]
Arbeitslose	7 015	−	1926
Außenhandel			
− Einfuhr (Mio. sfr./Mio. RM)	2414,5 (1955,7)	− 8,3	1926
− Ausfuhr (Mio. sfr./Mio. RM)	1836,5 (1487,6)	− 9,9	1926
− Einfuhrüberschuß (Mio. sfr./Mio. RM)	578,0 (468,1)	−	1926
Verkehr			
− Eisenbahnnetz (km)	5 867	+ 1,0	1926
Beförderte Personen (in 1000)	354 374	+ 1,9	1926

Erhebungsgegenstand	Wert	Vergleich Vorjahr (%)	Stand
Beförderte Güter (in 1000 t)	23 056	+ 1,5	1926
− Bestand an Kraftfahrzeugen	46 427	+ 24,0	1926
davon Pkw	36 070	+ 25,7	1926
davon Lkw	9 083	+ 14,3	1926
− Luftverkehr			
Beförderte Personen	4 867	− 29,1	1926
Beförderte Güter (t)	64	− 43,4	1926
Bildung			
− Schüler an Primarschulen	482 688	−	1926
Sekundarschulen	62 818	−	1926
Fortbildungsschulen	143 537	−	1926
Gymnasien, Kantonsschulen, Höhere Töchterschulen	19 270	−	1926
− Studenten	7 936	−	1926
Rundfunk			
− Hörfunkteilnehmer	51 194	−	1926
Gesundheitswesen			
− Krankenhäuser	216	−	1923[2]
Sozialleistungen			
− Mitglieder der gesetzlichen Krankenversicherung	1 218 318	+ 5,0	1926
Finanzen und Steuern			
− Gesamtausgaben des Bundes (Mio. sfr./Mio. RM)	323,1 (261,7)	+ 4,9	1926
− Gesamteinnahmen des Bundes (Mio. sfr./Mio. RM)	313,8 (254,2)	+ 4,9	1926
− Schuldenlast des Bundes (Mio. sfr./Mio. RM)	2175,3 (1762,0)	− 3,5	1926
Preise			
− Einzelhandelspreise ausgewählter Lebensmittel (sfr./RM)			
Butter, 1 kg	5,69 (4,61)	−	1926
Schweinefleisch, 1 kg	4,51 (3,65)	−	1926
Rindfleisch, 1 kg	3,39 (2,75)	−	1926
Kartoffeln, 1 kg	0,24 (0,19)	−	1926
Brot, 1 kg	0,56 (0,45)	−	1926
Milch, 1 l	0,33 (0,27)	−	1926
− Index der Lebenshaltungskosten für Nahrungsmittel (1914 = 100)	159	−	Dezember 1926

Erhebungsgegenstand	Zürich	Basel	Bern	Genf	Davos	Lugano
Klimatische Verhältnisse						
− Mittl. Lufttemperatur Januar (° C)	0,4	1,7	− 0,6	1,2	− 5,9	0,7
Februar	5,4	7,0	4,5	5,8	− 0,4	5,0
März	5,2	6,2	4,6	6,1	− 0,9	8,1
April	10,4	11,2	9,4	10,4	3,6	11,7
Mai	11,2	12,1	10,6	11,9	5,6	13,8
Juni	13,6	14,8	13,2	14,9	7,5	18,1
Juli	17,1	18,4	16,6	18,7	10,9	21,6
August	17,1	18,2	17,0	18,8	12,0	21,2
September	16,1	16,9	15,5	17,3	10,4	19,2
Oktober	9,7	10,3	8,9	11,2	4,0	12,3
November	5,6	7,1	5,0	7,3	2,0	9,1
Dezember	− 0,5	0,5	− 1,6	0,3	− 6,0	4,2
− Niederschlagsmengen Januar (mm)	71	42	77	80	40	56
Februar	38	28	42	92	47	136
März	62	47	56	64	117	90
April	45	23	44	56	68	167
Mai	179	102	179	134	142	386
Juni	168	125	131	46	204	249

[1] Letzte verfügbare Angabe; Stand bei Volkszählung 1920
[2] Letzte verfügbare Angabe

Statistische Zahlen/Regierungen

Klimatische Verhältnisse (Forts.)

Erhebungsgegenstand	Zürich	Basel	Bern	Genf	Davos	Lugano
Juli	126	87	118	63	160	143
August	51	29	53	59	54	66
September	44	40	65	56	25	110
Oktober	114	128	149	178	98	255
November	44	40	72	100	76	530
Dezember	29	19	19	9	70	37
– Sonnenscheindauer Januar (Std.)	69	82	74	74	65	126
Februar	76	86	89	96	100	118

Erhebungsgegenstand	Zürich	Basel	Bern	Genf	Davos	Lugano
März	91	93	102	152	116	158
April	186	194	196	205	180	186
Mai	143	161	160	204	119	170
Juni	173	170	187	214	132	228
Juli	176	213	215	266	142	263
August	253	262	286	309	261	275
September	222	212	241	270	197	235
Oktober	103	110	126	135	125	148
November	68	78	74	87	103	60
Dezember	19	51	25	26	73	152

Die Regierungen Deutsches Reich, Österreich und Schweiz 1926

Neben den Staatsoberhäuptern des Deutschen Reichs, Österreichs und der Schweiz sind in der Zusammenstellung die einzelnen Kabinette des Jahres 1926 in chronologischer Reihenfolge enthalten. Hinter den Namen der wichtigsten Regierungsmitglieder stehen in Klammern die Parteizugehörigkeit und der Zeitraum ihrer Tätigkeit.

Deutsches Reich

Staatsform: Republik
Reichspräsident: Paul von Hindenburg (1925–1934)

2. Kabinett Luther (20. 1.–12. 5. 1926):
Reichskanzler: Hans Luther (parteilos; 1925/26)
Vizekanzler: unbesetzt 20. 1.–12. 5. 1926; geschäftsführend 12.–16. 5. 1926 Otto Geßler (DDP; 1926)
Auswärtiges: Gustav Stresemann (DVP; 1923–1929)
Inneres: Wilhelm Külz (DDP; 1926)
Finanzen: Peter Reinhold (DDP; 1926)
Wirtschaft: Julius Curtius (DVP; 1926–1929)
Arbeit: Heinrich Brauns (Zentrum; 1920–1928)
Justiz: Wilhelm Marx (Zentrum; 1926)
Wehr: Otto Geßler (DDP; 1920–1928)
Post: Karl Stingl (Bayer. VP; 1922/23; 1926)
Verkehr: Rudolf Krohne (DVP; 1924–1926)
Ernährung: Heinrich Haslinde (Zentrum; 1926)
Besetzte Gebiete: beauftragt Wilhelm Marx (Zentrum; 1926)
Staatssekretär der Reichskanzlei: Dr. Kemper (parteilos; 1925/26)
Pressechef: Otto Kiep (DVP; 1925/26)

3. Kabinett Marx (17. 5.–17. 12. 1926):
Reichskanzler: Wilhelm Marx (Zentrum; 1923/24, 1926–1928)
Vizekanzler: unbesetzt
Auswärtiges: Gustav Stresemann (DVP; 1923–1929)
Inneres: Wilhelm Külz (DDP; 1926)
Finanzen: Peter Reinhold (DDP; 1926)
Wirtschaft: Julius Curtius (DVP; 1926–1929)
Arbeit: Heinrich Brauns (Zentrum; 1920–1928)
Justiz: Johannes Bell (Zentrum; 1926)
Wehr: Otto Geßler (DDP; 1920–1928)
Post: Karl Stingl (Bayer. VP; 1922/23; 1926)
Verkehr: Rudolf Krohne (DVP; 1924–1926)
Ernährung: Heinrich Haslinde (Zentrum; 1926)
Besetzte Gebiete: beauftragt Johannes Bell (Zentrum; 1926)
Staatssekretär der Reichskanzlei: Hermann Pünder (parteilos; 1926–1932)
Pressechef: Otto Kiep (DVP; 1925 bis 4. 11. 1926); Walter Zechlin (parteilos; 14. 11. 1926 bis 1932)

Ministerpräsidenten der deutschen Länder
Anhalt: Heinrich Deist (SPD), Ministerpräsident (1919–1932)
Baden: Gustav Trunk (Zentrum), Staats- und Ministerpräsident (1920/21, 1925 bis 23. 11. 1926, 1927) sowie Justizminister (1919–1929); Heinrich Köhler (Zentrum), Staats- und Ministerpräsident (1923/24, 23. 11. 1926 bis 1927) sowie Finanzminister (1920–1927)
Bayern: Heinrich Held (BVP), Ministerpräsident und Außenminister (1924–1930)
Braunschweig: Gerhard Marquordt (parteilos), Ministerpräsident, Inneres und Volksbildung (1924–1927)
Bremen: Martin Donandt (DNVP), Bürgermeister (1920–1933)
Hamburg: Karl Petersen, Regierender Bürgermeister (1924–1928, 1932/33)
Hessen: Karl Ulrich, Ministerpräsident (1918–1928)
Lippe: Heinrich Drake (SPD), Ministerpräsident (1920–1933)
Lübeck: Johannes Neumann, Regierender Bürgermeister (1920–1927)
Mecklenburg-Schwerin: Joachim Freiherr von Brandenstein (Deutschnational), Ministerpräsident, Äußeres und Inneres (1924 bis 8. 7. 1926); Paul Schröder (SPD), Ministerpräsident, Äußeres und Inneres (8. 7. 1926 bis 1929)
Mecklenburg-Strelitz: Karl Schwabe (Deutschnational), Ministerpräsident (1923–1928)
Oldenburg: Eugen von Finkh, Ministerpräsident, Auswärtiges, Justiz, Kirche und Schule (1923–1930)
Preußen: Otto Braun (SPD), Ministerpräsident (1920/21, 1921–1925, geschäftsführend 1925–1932)
Sachsen: Max Heldt (SPD), Ministerpräsident (1924–1929)
Schaumburg-Lippe: E. Steinbrecher (SPD), Ministerpräsident (1925–1927)
Thüringen: Richard Leutheußer (DVP), Ministerpräsident (1924–1928)
Württemberg: Wilhem Bazille (DNVP), Ministerpräsident (1924–1928)

Österreich

Staatsform: Republik
Bundespräsident: Michael Hainisch (christlichsozial; 1920–1928)

1. Kabinett Ramek, 19./20. 11. 1924–14. 1. 1926:
Bundeskanzler: Rudolf Ramek (christlichsozial; 1924–1926)
Inneres: Rudolf Ramek (christlichsozial; 1924–1926)
Vizekanzler: Leopold Waber (großdeutsch; 1924–1926)
Justiz: Leopold Waber (großdeutsch; 1922–1926)
Äußeres: Heinrich Mataja (christlichsozial; 1924–1926)
Unterricht: Emil Schneider (christlichsozial; 1922–1926)
Finanzen: Jakob Ahrer (christlichsozial; 1924–1926)
Handel und Verkehr: Hans Schürff (großdeutsch; 1923–1929)
Soziale Verwaltung: Josef Resch (christlichsozial; 1920/21; 1924–1929)
Heerwesen: Karl Vaugoin (christlichsozial; 1921–1933)
Land- und Forstwirtschaft: Rudolf Buchinger (christlichsozial; 1922–1926)

2. Kabinett Ramek, 15. 1.–15. 10. 1926:
Bundeskanzler: Rudolf Ramek (christlichsozial; 1924–1926)
Äußeres: Rudolf Ramek (christlichsozial; 1926)
Inneres: Rudolf Ramek (christlichsozial; 1924–1926)
Vizekanzler: Leopold Waber (großdeutsch; 1924–1926)
Justiz: Leopold Waber (großdeutsch; 1922–1926)
Unterricht: Emil Schneider (christlichsozial; 1922–1926); ab 25. 6. Anton Rintelen (christlichsozial; 1926)
Finanzen: Josef Kollmann (großdeutsch; 1926)
Handel und Verkehr: Hans Schürff (großdeutsch; 1923–1929)
Soziale Verwaltung: Josef Resch (christlichsozial; 1920/21; 1924–1929)
Heerwesen: Karl Vaugoin (christlichsozial; 1921–1933)
Land- und Forstwirtschaft: Andreas Thaler (christlichsozial; 1926–1929)

4. Kabinett Seipel, 20. 10. 1926–18. 5. 1927:
Bundeskanzler: Ignaz Seipel (christlichsozial; 1922–1924; 1926–1929)
Äußeres: Ignaz Seipel (christlichsozial; 1926–1930)
Inneres: Ignaz Seipel (christlichsozial; 1923; 1926–1929)
Vizekanzler: Franz Dinghofer (großdeutsch; 1926/27)
Justiz: Franz Dinghofer (großdeutsch; 1926/27)
Unterricht: Richard Schmitz (christlichsozial; 1926–1929)
Finanzen: Viktor Kienböck (christlichsozial; 1922–1924, 1926–1929)
Handel und Verkehr: Hans Schürff (großdeutsch; 1923–1929)
Soziale Verwaltung: Josef Resch (christlichsozial; 1920/21; 1924–1929)
Heerwesen: Karl Vaugoin (christlichsozial; 1921–1933)
Land- und Forstwirtschaft: Andreas Thaler (christlichsozial; 1926–1929)

Regierungen

Schweiz

Staatsform: Eidgenossenschaft
Bundespräsident: Heinrich Häberlin
Justiz und Polizei: Heinrich Häberlin (freisinnig; 1920–1934)
Äußeres: Giuseppe Motta (katholisch-konservativ; 1920–1940)
Inneres: Ernest Louis Chuard (freisinnig; 1920–1928)
Finanzen und Zölle: Jean-Marie Musy (katholisch-konservativ; 1919–1934)
Militär: Karl Scheurer (freisinnig; 1919–1929)
Volkswirtschaft: Edmund Schultheß (freisinnig; 1912–1935)
Post und Eisenbahn: Robert Haab (freisinnig; 1918–1929)

Staatsoberhäupter und Regierungen ausgewählter Länder 1926

Die Einträge zu den wichtigsten Ländern des Jahres 1926 informieren über die Staatsform (hinter dem Ländernamen), Titel und Name des Staatsoberhauptes sowie in Klammern dessen Regierungszeit. Es folgen – soweit vorhanden – die Regierungschefs, bei wichtigeren Ländern auch die Außenminister des Jahres 1926; jeweils in Klammern stehen die Zeiträume der Amtsausübung. Eine Kurzdarstellung gibt – wo es sinnvoll erscheint – einen Einblick in die innen- und außenpolitische Situation des Landes.

Abessinien (heute Äthiopien): Kaiserreich
Kaiserin: Woisero Zäuditu (1916–1928)

Afghanistan: Emirat; seit 10. Juni 1926 Königreich
Emir; seit 10. Juni 1926 König: Aman Ullah Chan (1919–1929)
Aman Ullah hat 1919 im Vertrag von Rawalpindi die politische Unabhängigkeit des Landes von Großbritannien durchgesetzt.

Ägypten: Königreich
König: Fuad I. (1922–1936, zuvor Sultan 1917–1922)
Ministerpräsident: Ahmad Ziwar Pascha (1924 bis 6. 6. 1926); Adli Jegen Pascha (1921, 7. 6. 1926 bis 1927)
Britischer Oberkommissar: George Ambrose Lord Lloyd of Dolobran (1925–1929)
Obwohl das Land seit 1922 eine unabhängige Monarchie ist, bleibt der Einfluß Großbritanniens, das den König auf seiner Seite weiß, bestehen. Die nationalistische Wafd-Partei fordert die Abschaffung der britischen Reservatrechte und bekämpft den »probritischen König«.

Albanien: Republik
Präsident: Achmed Bey Zogu (seit 1925, König 1928–1939), zugleich Ministerpräsident (1923/24, 1925–1928)

Algerien
Politisch und wirtschaftlich dem Mutterland angegliedertes französisches Generalgouvernement
Generalgouverneur: Maurice Viollette (1925–1927)

Annam: Kaiserreich
Als Teil der Indochinesischen Union französisches Protektorat
Kaiser: Bao-Dai (1925–1945, danach Staatschef von Vietnam 1949–1955)

Argentinien: Republik
Präsident: Marcelo Torcuato de Alvear (1922–1928)
Nach der Industrialisierungswelle während des Weltkriegs erlebt das Land bis zum Ausbruch der Weltwirtschaftskrise 1927 eine wirtschaftliche Blütezeit.

Australien: Bundesstaat im Britischen Empire (Dominion)
Ministerpräsident und Außenminister: Stanley Melbourne Bruce (1923–1929)
Britischer Generalgouverneur: John Lawrence Baird Baron Stonehaven (1925–1930)
Die Zeit nach dem Weltkrieg ist bis zum Ausbruch der Weltwirtschaftskrise 1927 durch eine wirtschaftliche Hochkonjunktur gekennzeichnet. Zugleich wächst das Gefühl der Bedrohung durch das übervölkerte Japan. Das Land beschränkt aus diesem Grund die Einwanderung von Asiaten und fördert den Zuzug europäischer Siedler.

Belgien: Königreich
König: Albert (1909–1934)
Kabinett Poullet (1925 bis 6. 5. 1926):
Ministerpräsident: Prosper Vicomte Poullet (katholisch)
Außenminister: Emile Vandervelde (Sozialist; 1925–1927)
Kabinett Jaspar (20. 5. 1926 bis 1931):
Ministerpräsident: Henri Jaspar (katholisch)
Außenminister: Emile Vandervelde

Bhutan: Königreich
König: Ugyen Wangchuk (1907–1926); Jigme Wangchuk (1926–1952)
Das Land erkennt die britisch-indische Vormacht an, regelt seine inneren Angelegenheiten jedoch selbständig.

Birma
1886 von Großbritannien annektiert und als Provinz von Britisch-Indien verwaltet
Gouverneur: Harcourt Butler (1922–1927)

Bolivien: Republik
Präsident: José Cabino Villanueva (1925 bis 12. 1. 1926); Hernando Siles (12. 1. 1926 bis 1930)

Brasilien: Bundesrepublik
Präsident: Arturo da Silva Bernardes (1922 bis 15. 11. 1926); Washington L. Pereira de Souza (15. 11. 1926–1930)

Bulgarien: Königreich
König/Zar: Boris III. (1918–1943)
Ministerpräsident: Alexander Zánkow (1923 bis 4. 1. 1926); Andreas Ljapčev (4. 1. 1926 bis 1931)

Chile: Republik
Präsident: Emilio Figueroa-Larrain (1925–1927)

China: Republik
Präsident: Tuan Ch'i-jui (1924 bis 20. 4. 1926)
Seit der Ermordung von Yüan Shih-K'ai, der vergeblich versucht hatte, sich zum Kaiser ausrufen zu lassen, im Jahre 1916 herrscht Bürgerkrieg zwischen regionalen Militärführern (sog. Kriegsherren), wobei die Zentralregierung in Peking zur Bedeutungslosigkeit herabsinkt.

Costa Rica: Republik
Präsident: Ricardo Jiménes Oreamuno (1910–1912, 1924–1928, 1932–1936)

Dänemark: Königreich
König: Christian X. (1912–1947)
Ministerpräsident: Thorvald Stauning (1924 bis 14. 12. 1926, 1929–1942); Thomas Madsen-Mygdal (14. 12. 1926 bis 1929)
Außenminister: Carl Paul Oscar Graf Moltke (1924 bis 3. 12. 1926); Laust Jevsen Moltesen (14. 12. 1926 bis 1929)

Danzig Freie Stadt unter dem Schutz des Völkerbundes
Völkerbundskommissar: Joost Adriaan van Hamel (Niederländer; 1925–1929)
Senatspräsident: Heinrich Sahm (1920–1931)
Danzig gehört zum polnischen Zollgebiet, Polen vertritt die Freie Stadt im Ausland. 1926 wird Oliva eingemeindet.

Dominikanische Republik: Republik
Präsident: Horacio Vásquez (1899, 1902/03, 1924–1930)

Ecuador: Militärdiktatur/Republik
Francisco Gómez de la Torre und drei weitere Mitglieder einer Militärjunta regieren von 1925 bis 1. 4. 1926.
Präsident: Isidro Ayora (1. 4. 1926 bis 1931)

El Salvador: Republik
Präsident: Alfonso Quinones Molina (1914/15, 1923–1927)

Estland: Republik
Staats- und Ministerpräsident: Johann Teemant (1925–1927)

Finnland: Republik
Präsident: Lauri Relander (1925–1931)
Ministerpräsident: Kyösti Kallio (1922–1924, 1925 bis 23. 11. 1926, 1929/30, 1936/37); Väinö Tanner (13. 12. 1926 bis 1927)
Außenminister: Eemil Nestor Setälä (1925 bis 23. 11. 1926); Väinö Voionmaa (13. 12. 1926 bis 1927)
Der erneute Kabinettswechsel ist einer von 23 in den Jahren 1917–1939.

Frankreich: Republik
Präsident: Gaston Doumergue (1924–1931)

7.–9. Kabinett Briand (1925 bis 6. 3. 1926; 10. 3.–15. 6. 1926; 23. 6.–17. 7. 1926):
Ministerpräsident: Aristide Briand (1909–11, 1913, 1915–17, 1921–22, 1925/26, 1929)
Außenminister: Aristide Briand (1915–17, 1921/22, 1925–32)
2. Kabinett Herriot (19.–21. 7. 1926):
Ministerpräsident und Außenminister: Edouard Herriot (1924/25, 19.–21. 7. 1926, 1932)
4. Kabinett Poincaré (23. 7. 1926 bis 1928):
Ministerpräsident: Raymond Poincaré (1912/13, 1922–1924, 23. 7. 1926 bis 1928, 1928/29)
Außenminister: Aristide Briand
Die wirtschaftlichen Probleme des Landes (Inflation, Arbeitslosigkeit) führen zu häufigen Kabinettswechseln – fünf Kabinette 1926 – und zu einer Krise des parlamentarischen Systems, das von radikalen Gruppen rechts und links bedroht wird.

Griechenland: Republik
Präsident: Pavlos Konduriotis (1924 bis 18. 3. 1926, 22. 8. 1926 bis 1929); Theodoros Pangalos (11. 4.–18. 8. 1926)
Ministerpräsident: Alexander Chatzikyriakos (1925 bis 3. 1. 1926); Theodoros Pangalos (diktatorisch; 3. 1. –19. 7. 1926); Anthanasios Evtaxías (19. 7.–23. 8. 1926); Georgios Kondylis (23. 8.–4. 12. 1926); Alexander Zaimis (1897–1899, 1901/02, 1915, 1916, 1917, 4. 12. 1926 bis 1928)

Großbritannien: Königreich
König: Georg V. (1910–1936)
2. Kabinett Baldwin (konservativ), 1924–1929:
Premierminister: Stanley Baldwin (1923/24, 1924–1929)
Außenminister: Joseph Austen Chamberlain (1924–1929)
Auf einer Reichkonferenz (19. 10.–18. 11.) wird der Status der Dominions neu definiert (Balfour-Formel) als autonome Gemeinschaften, die zugleich Mitglieder des British Commonwealth of Nations sind.

Guatemala: Republik
Präsident: José María Orellana (1922 bis 26. 9. 1926); Lázaro Chacón (27. 9. 1926 bis 1930)

Haiti: Von den USA besetzte Republik
Präsident: Joseph Luis Bornó (1922–1930)
Seit 1915 ist Haiti von den USA besetzt (bis 1934), die das politische Geschehen, die Finanzen und die Zölle kontrollieren.

Honduras: Republik
Präsident: Miguel Paz Baraona (1925–1929)
Seit seiner Unabhängigkeit als Republik 1838/39 ist Honduras der unstabilste Staat in Zentralamerika.

Indien (Britisch-Indien): Britisches Vizekönigreich
Vizekönig: Edward Wood Lord Irwin of Kirby Underdale (1925–1929)

Indochinesische Union: Französisches Protektorat
Generalgouverneur: Alexandre Varenne (1925–1928)

Irak: Königreich
König: Faisal I. (1921–1933)
Ministerpräsident: Abd al-Muhsin Bey al Sa'dun (1922/23, 1925 bis 1. 11. 1926); Dscha'far Pascha al-'Askari (1923/24, 21. 11. 1926 bis 1927), zugleich erster Außenminister (21. 11. 1926 bis 1927)
Im Mossulvertrag (5. 6.) erhält der Irak das ölreiche Kurdengebiet um Mossul auf Vorschlag des Völkerbunds.

Iran: siehe Persien
amtlich »Iran« ab 1934

Irland: Republik (Freistaat innerhalb des British Commonwealth)
Ministerpräsident: Liam T. Mac Cosgair = William Cosgrave (1922–1932)
Außenminister: Desmond Mac Gearailt = Desmond Fitzgerald (1922–1927)
Britischer Generalgouverneur: Timothy Michael Healy (1922–1927)

Island: Republik (in Personalunion mit Dänemark bis 1944)
Ministerpräsident: Jón Thorlakson (1924–1927)

Italien: Königreich/Diktatur
König: Viktor Emanuel III. (1900–1946)
Ministerpräsident: Benito Mussolini (1922–1943, 1943–1944); Außenminister 1922–1929, 1932–1936, 1943; Innenminister 1922–1924, 1926–1943; Kriegsminister 1933–1943; Marineminister 1933–1943; Luftfahrtminister 1933–1943)

Japan: Kaiserreich
Kaiser: Yoshihito (1912–1926); Hirohito (ab 25. 12. 1926–1989)
Ministerpräsident: Takaati Fürst Kato (1924 bis 29. 1. 1926); Reijoro Baron Wakatsuki (29. 1. 1926 bis 1927)
Außenminister: Kijuro Baron Shidera (1924–1927)

Regierungen

Jemen (Sana): Königreich
König: Hamid Ad Din Jahja (1918–1948, davor als Imam 1904–1918)

Jordanien: siehe Transjordanien

Jugoslawien: siehe Königreich der Serben, Kroaten und Slowenen
amtlich »Königreich Jugoslawien« erst 1929

Kambodscha: Königreich
Zur Indochinesischen Union gehörendes französisches Protektorat
König: Sisovath (1904–1927)

Kanada: Parlamentarische Monarchie
Innerhalb des Britischen Commonwealth (Dominion)
Premier- und Außenminister: William Lyon Mackenzie King (1921 bis 28. 6. 1926, erneut ab 25. 9. 1926 bis 1930 und 1935–1948); Arthur Meighen (1920/21, 29. 6.–25. 9. 1926)
Britischer Generalgouverneur: Julian Byng of Vimy of Thorpe-le-Soken (1921 bis 2. 10. 1926); Freeman Freeman-Thomas Viscount Ratendone of Willingdone (2. 10. 1926 bis 1931)

Kirchenstaat: siehe Päpste

Kolumbien: Republik
Präsident: Pedro Nel Ospina (1922 bis 7. 8. 1926); Miguel Abadfa Méndez (7. 8. 1926 bis 1930)

Königreich der Serben, Kroaten und Slowenen: Königreich
(amtlich »Königreich Jugoslawien« erst 1929)
König: Alexander I. (1921–1934)
Ministerpräsident: Nikola Pasić (1918, 1921 bis 5. 4. 1926); Nikola Uzunović (8. 4. 1926 bis 1927, 1934)

Korea: Japanisches Generalgouvernement Chosen (1910–1945)
Generalgouverneur: Makoto Graf Saito (1919–1927)

Kuba: Republik
Präsident: Gerardo Machado de Morales (1925–1933)

Kuwait: Emirat unter britischem Protektorat
Emir: Scheich Ahmad (1921–1950)

Laos: Königreich
Seit 1893 zur Indochinesischen Union gehörendes französisches Protektorat
König: Sisavong Vong (1904–1959)

Lettland: Republik
Präsident: Johann Cakste (1922–1927)
Ministerpräsident: Karl Ulmanis (1918/19, 1925 bis 28. 4. 1926, 1931, 1934–1940); Artur Albering (4. 5.–17. 12. 1926); Marger Skujeneek (17. 12. 1926 bis 1928)

Libanon: Französisches Völkerbundmandat
Präsident: Charles Dabbas (26. 5. 1926 bis 1934)
Ministerpräsident: Auguste Pascha Adib (31. 5. 1926 bis 1927)

Liberia: Republik
Präsident: Charles Dunbar Burgess King (1920–1930)
Durch die Vergabe einer Konzession für den Anbau von Kautschuk (2. 10.) an eine US-Firma wird Liberia wirtschaftlich abhängig von den Vereinigten Staaten von Amerika.

Liechtenstein: Fürstentum
Fürst: Johann II. (1858–1929)

Litauen: Republik/Diktatur
Präsident: Alexander Stulginskis (1922 bis 7. 6. 1926); Kasimir Grinius (7. 6. – 17. 12. 1926)
Ministerpräsident: Leo Bistras (1925 bis 15. 6. 1926); Nikolaus Slezevicius (1918/19, 15. 6. – 18. 12. 1926)
Diktator: Anton Smetona (1919–1922, 17. 12. 1926 bis 1940)
Ministerpräsident: Augustin Voldemaras (1918, 18. 12. 1926 bis 1929)

Luxemburg: Großherzogtum
Großherzogin: Charlotte (1919–1964)
Ministerpräsident: Joseph Bech (1926–1937, 1953–1958)

Marokko: Sultanat/französisches Protektorat
Sultan: Jusuf (1912–1927)
Großwesir: Muhammad al-Muqri (1917–1955)
Französischer Generalresident: Théodore Steeg (1925–1929)

213

Regierungen

Memelgebiet
Autonomer Staat unter Litauen 1924–1939, die Landespräsidenten sind von Litauen oktroyiert
Landespräsident: Juozupaitis (Litauer; 1925 bis 12. 1. 1926); Erdmann Simonaitis (Litauer; 1923, 12. 1.–8. 11. 1926); Falk (Litauer; 24. 11. 1926 bis 1927)

Mexiko: Bundesrepublik
Präsident: Plutarco Elias Calles (1924–1928)

Monaco: Fürstentum
Fürst: Ludwig II. (1922–1949)

Mongolische Volksrepublik: Volksrepublik
Vorsitzender des Präsidiums des Großen Rates (Staatspräsident): Korlin Tschoibalsan (1924–1930)
Ministerpräsident: Korlin Tschoibalsan (1924–1952)

Nepal: Königreich
König: Trubhuvana (1911–1950, 1952/53)

Neuseeland: Dominion im Britischen Commonwealth
Premierminister: Joseph Gordon Coates (1925–1928)
Leitender Premierminister 1926: William Downie Stuart
Britischer Generalgouverneur: Charles Fergusson (1924–1929)

Nicaragua: Republik
Präsident: Carlos Solórzano (1925 bis 14. 1. 1926); Emiliano Chamorro Vargas (1917–1920, 17. 1.–12. 11. 1926); Adolfo Dîaz (1911–1916, 15. 11. 1926 bis 1929)
Gegenpräsident: Juan Bautista Sacasa (4. 12. 1926 bis ?)

Niederlande: Königreich
Königin: Wilhelmina (1890–1948)
Ministerpräsident: Dirk Jan de Geer (katholisch; 8. 3. 1926 bis 1929)
Außenminister: Hermann Adriaan van Karnebeek (1918–1927)
Ein kommunistischer Aufstand in Java wird mit großer Härte niedergeschlagen.

Nordirland
Teil des Vereinigten Königreiches von Großbritannien und Nordirland
Ministerpräsident: James Craig Viscount Craigavon (1921–1940)

Norwegen: Königreich
König: Hakon VII. (1905–1957)
Ministerpräsident: Johann Ludwig Mowinckel (1924 bis 1. 3. 1926); Ivar Lykke (6. 3. 1926 bis 1928)

Palästina: Britisches Völkerbundsmandat
Oberkommissar: Herbert Charles Onslow Baron Plumer (1925–1928)

Panama: Republik
Präsident: Roberto Chiari (1924–1928)
Die Republik Panama wird de facto finanziert von einer US-amerikanischen Bananenfirma, der United Fruit Company.

Papst: Pius XI., vorher Achille Ratti (1922–1939)
Kardinalstaatssekretär: Kardinal Pietro Gasparri (1914–1930)
Der frühere Kirchenstaat ist seit 1870 dem italienischen Nationalstaat eingegliedert. Erst 1929 wird durch die Lateranverträge der autonome Stadtstaat Vatikanstadt geschaffen.

Paraguay: Republik
Präsident: Eligio Ayala (1923/24, 1924–1928)

Persien: Königreich (amtlich »Iran« erst 1934)
Schah: Resa Pahlawi (1925–1941)
Außenminister: Mohammed Ali Chan Foroughi (1925 bis 6. 6. 1926); Mirza Hasan Chan (1923, 13. 6. 1926 bis 1927)

Peru: Republik
Präsident: Augusto Bernardino Leguía (1908–1912, 1919–1930)

Philippinen: Gouvernement der USA
Generalgouverneur: Leonard Wood (1921–1927)

Polen: Republik/autoritär regierter Staat
Präsident: Stanislaw Wojciechowski (1922 bis 14. 5. 1926); Ignacy Mościcki (1. 6. 1926 bis 1939)
Ministerpräsident: Alexander Graf Skrzyński (1925 bis 5. 5. 1926), zugleich Außenminister; Wincenty Witos (1920/21, 1923, 10.–14. 5. 1926); Kazimierz Bartel (15. 5.–4. 6. 1926 und 8. 6.–30. 9. 1926, 1928/29, 1929/30); Jósef Klemens Pilsudski (2. 10. 1926 bis 1928, 1930)
Nach dem Staatsstreich vom 12. bis 14. Mai errichtet Marschall Pilsudski, der zunächst das Amt des Kriegsministers übernimmt, ein autoritäres System, das von militärischen Prinzipien geprägt ist.

Portugal: Republik/Diktatur
Präsident: Bernardino Machado Guimaraes (1915–1918, 1925 bis 1. 6. 1926); Manuel de Oliveira Gomes da Costa (diktatorisch; 1. 6.–9. 7. 1926); António Oscar Fragoso Carmona (9. 7. 1926 bis 1951)
Durch den Militärputsch vom 28. Mai wird das 44. Kabinett seit 1911 aus dem Amt vertrieben, das Parlament wird aufgelöst, die Verfassung aufgehoben.

Rumänien: Königreich
König: Ferdinand I. (1914–1927)
Ministerpräsident: Ion Bratianu (1909–10/11, 1914–1918, 1918/19, 1922 bis 30. 6. 1926); Alexandru Avarescu (1918, 1920/21, 30. 3. 1926 bis 1927)

Sansibar: Sultanat unter britischem Schutz (Protektorat)
Sultan: Chalifa II. (1911–1960)

Saudi-Arabien: Königreich
König: Abd Al Asis Ibn Saud aus der Dynastie der Wahhabiten nimmt am 8. Januar den Titel »König des Hedschas« an. 1932 gibt er seinem Land den Namen »Saudi-Arabisches Königreich«. Er herrscht bis 1953.

Schweden: Königreich
König: Gustav V. (1907–1950)
Ministerpräsident: Richard Sandler (1925 bis 2. 6. 1926); Karl Gustav Ekman (6. 6. 1926 bis 1928, 1930–1932)
Außenminister: Östen Undén (1924 bis 7. 6. 1926, 1945–1962); Eliel Löfgren (7. 6. 1926 bis 1928)

Siam: siehe Thailand

Spanien: Königreich
König: Alfons XIII. (1886–1931)
Ministerpräsident/Militärdiktator: Miguel Primo de Rivera y Orbaneja (1923–1930)
Außenminister: José Yanguas y Messía Graf von Santa Clara de Avedillo (1925–1927)

Sowjetunion: siehe UdSSR

Südafrikanische Union: Dominion im Britischen Commonwealth
Ministerpräsident: James Barry Munnick Hertzog (1924–1939)
Generalgouverneur: Alexander Earl of Athlone (1924–1931)

Syrien: Französisches Völkerbundsmandat
Oberkommissar: Henry de Jouvenel (1925 bis 17. 6. 1926); Henri Ponsot (12. 10. 1926 bis 1931)
Ministerpräsident: Tadsch ad-Din al-Hasani (1925 bis 6. 1. 1926); Damad Ahmad Nami Bey (27. 4. 1926 bis 1928)

Thailand: Königreich
König: Rama VII. Prajadhipock (1925–1935)

Tibet: Autonomer Staat seit 1914
Dalai-Lama: Thupten Gjatso (1876/95–1933)
Pantschen-Lama: Tschökji Njima (1883–1937)

Transjordanien: Königreich
König: Emir Abd Allah

Tschechoslowakei: Republik
Präsident: Tomáš Garrigue Masaryk (1918/20–1935)
2. Kabinett Svehla (1925 bis 17. 3. 1926):
Ministerpräsident: Anton Svehla (1922–1929)
Außenminister: Eduard Beneš (1918–1935, danach Staatspräsident)
2. Kabinett Cerný (18. 3.–12. 10. 1926):
Ministerpräsident: Johann Cerný (1920/21, 1926)
Außenminister: Eduard Beneš
3. Kabinett Svehla (12. 10. 1926 bis 1929):
Ministerpräsident: Anton Svehla (1922–1929)
Außenminister: Eduard Beneš

Tunis: Französisches Protektorat
Bei: Muhammad VI. (1922–1929)
Generalresident: Lucien Saint (1921–1929)

Türkei: Republik
Präsident: Mustafa Kemal Pascha, ab 1934 genannt Kemal Atatürk (1923–1938)
Ministerpräsident: Mustafa Ismet Pascha, ab 1934 genannt Ismet Inönü (1923–1937)
Außenminister: Tevfik Rüstü (1925–1938)

Regierungen/Kriege und Krisenherde/Buchneuerscheinungen

UdSSR: Republik
Parteichef: Josef W. Stalin (1922-1953)
Präsident (Vorsitzender des Präsidiums des Obersten Sowjets): Michail I. Kalinin (1919/1923-1946)
Ministerpräsident (Vorsitzender des Rates der Volkskommissare): Alexei I. Rykow (1924-1930)
Außenminister (Volkskommissar des Äußeren): Georgi W. Tschitscherin (1918-1930)
Die UdSSR schließt 1926 Freundschafts- und Neutralitätsabkommen mit dem Deutschen Reich (26. 4., Berliner Vertrag), mit Afghanistan (31. 8.) und Litauen (28. 9.). Im Oktober wird Leo Trotzki aus dem Politbüro ausgeschlossen.

Ungarn: Monarchie
(König:) Otto II. (1922-1944/45) lebt in Bayern, nachdem sein Vater, König Karl IV. († 1922), 1921 zweimal an der Rückkehr nach Ungarn gehindert worden ist. 1921 hat die Nationalversammlung die Thronenthebung der Habsburger ausgesprochen.
Reichsverweser: Miklós Horthy (1920-1944)
Ministerpräsident: István Graf Bethlen von Bethlen (1921-1931)
Außenminister: Ludwig Walkó (1925-1930)

Uruguay: Republik
Präsident: José Serrato (1923-1927)

USA: Bundesstaat
Präsident: Calvin Coolidge (Republikaner), 29. Präsident (1923-1929)
Vizepräsident: Charles Gates Dawes (1925-1929)
Außenminister: Frank Billings Kellogg (1925-1929)

Venezuela: Republik
Präsident: Juan Vicente Gómez (1908-1929, 1931-1935)
Die Diktatur von Präsident Gómez bringt dem Land nach inneren Wirren und Bürgerkriegen eine Zeit der Ruhe und des wirtschaftlichen Aufbaus.

Kriege und Krisenherde des Jahres 1926

Die herausragenden politischen und militärischen Krisensituationen des Jahres 1926 werden – alphabetisch nach Ländern geordnet – im Überblick dargestellt. Internationale Kriege und Krisenherde sind dem alphabetischen Länderverzeichnis vorangestellt.

Generalstreik in Großbritannien:
In Großbritannien streiken vom 3. bis 10. Mai mehr als zwei Millionen Bergleute, Eisenbahner, Transport-, Eisen- und Stahlarbeiter, Drucker u. a. gegen Lohnkürzungen und die Verlängerung der Arbeitszeit im Bergbau. Der Machtkampf zwischen der konservativen Regierung Stanley Baldwin und dem Dachverband der britischen Gewerkschaft (TUC) endet mit einer Niederlage für die Bergarbeiter, die bis in den November hinein allein weiterstreiken, ihre Forderungen jedoch nicht durchsetzen können.

Diktatur in Litauen:
Nach einem Militärputsch Anton Smetonas am 17. Dezember wird die republikanische Verfassung von Litauen aufgehoben. Die rechtsnationale Tautinenkae-Partei übernimmt die alleinige Herrschaft unter den Militärdiktatoren Smetona und Augustin Voldemaras (Ministerpräsident ab 18. Dezember).

Umsturz in Polen:
Der aufgrund seiner Erfolge während des Polnisch-Russischen Krieges zu einer Art Nationalheld aufgestiegene Marschall Jósef Klemens Pilsudski übernimmt nach einem Militärputsch am 12. bis 14. Mai de facto die Macht und errichtet ein diktatorisches Regime.

Militärputsch in Portugal:
Nach einem Militärputsch in Portugal am 28. Mai löst General Manuel de Oliveira Gomes da Costa das Parlament auf und setzt die Verfassung außer Kraft. Dies ist das Ende der Ersten Republik in Portugal. Klerus und Großgrundbesitzer unterstützen den Putsch. General António Óscar de Fragoso Carmona übernimmt am 9. Juli das Amt des Ministerpräsidenten.

Radikalisierung in Frankreich:
Die wirtschaftlichen Probleme Frankreichs, vor allem Inflation und Arbeitslosigkeit, führen zu häufigen Kabinettswechseln – fünf Kabinette 1926 (bis 6. 3. 1926; 10. 3.-15. 6.; 23. 6.-17. 7.; 19. 7.-21. 7.; ab 23. 7.) – und zu einer Krise des parlamentarischen Systems, das von radikalen Gruppen rechts und links bedroht wird.

Umsturz im Hedschas:
Abd Al Asis Ibn Saud, der Emir eines Stammes des Nadschd, erklärt sich am 8. Januar zum König des Hedschas. Als Führer der puritanischen Sekte der islamischen Wahhabiten hat er 1924 Husain Ibn Ali, den König des Hedschas und der Araber, sowie dessen Nachfolger vertrieben. (1932 gibt Ibn Saud seinem Königreich den Namen Saudi-Arabien).

Neuerscheinungen auf dem internationalen Buchmarkt 1926

Die Auswahl berücksichtigt nicht nur Neuerscheinungen von literarischem oder wissenschaftlichem Wert, sondern auch vielgelesene Bücher des Jahres 1926. Innerhalb der einzelnen Länder sind die erschienenen Werke alphabetisch nach Autoren geordnet.

Argentinien

Ricardo Güiraldes:
Das Buch vom Gaucho Sombra
(Don Segundo Sombra)
Roman
Internationalen Erfolg erringt der in Paris lebende argentinische Avantgardist Ricardo Güiraldes (1886-1927) mit seinem autobiographisch gefärbten Bildungsroman »Das Buch vom Gaucho Sombra«. Ein ehemaliger Gaucho, der den väterlichen Besitz geerbt hat und reich geworden ist, läßt sein abenteuerliches Leben als Viehzüchterlehrling Revue passieren. Güiraldes gelingt es meisterhaft, die argentinische Landschaft in seine Erzählungen mit einzubeziehen. Gauchos und Pampa erscheinen als Sinnbilder des einfachen, naturverbundenen Lebens schlechthin. – Deutsche Übersetzungen erscheinen 1934 und 1952.

Deutsches Reich

Werner Bergengruen:
Das große Alkahest
Roman
Im Berliner Wegweiser-Verlag erscheint »Das große Alkahest«, nach »Das Gesetz des Atum« (1923) der zweite Roman des aus Riga stammenden baltischen Erzählers Werner Bergengruen (1892-1964), der in den Jahren zuvor vor allem mit Übersetzungen von Novellen Lew Tolstois und Iwan Turgenjews hervorgetreten ist. In dem historischen Roman aus der Zeit der Zarin Katharina, der Großen, schildert Bergengruen den aussichtslosen Kampf eines baltischen Adligen um die Erhaltung der alten Ordnung; sein Sohn, dem Vater entfremdet und in dessen Augen ein Werkzeug der gegnerischen Politik, geht in der Fremde zugrunde. 1938 wird »Das große Alkahest« in einer Neufassung unter dem Titel »Der Starost« herausgebracht; hier ist die Gestalt des halsstarrigen Adligen, der schließlich in völliger Einsamkeit stirbt, schärfer ausgearbeitet, während die Geschichte von den Außenseiter Przegorski, der das große Alkahest gewinnen will, jene schon von den Alchimisten gesuchte Flüssigkeit, in den Hintergrund tritt.

Hans Friedrich Blunck:
Kampf der Gestirne
Roman
Bei Diederichs in Jena veröffentlicht Hans Friedrich Blunck (1888-1961), während des Dritten Reichs 1933-1935 Präsident der Reichsschrifttumskammer, den Roman »Kampf der Gestirne«, den zweiten Teil seiner 1934 zusammengefaßt veröffentlichten Romantrilogie »Die Urvätersaga« über die germanische Urzeit. In dieser Trilogie feiert der Heimatdichter die niederdeutschen Bauern und Seefahrer aus der Urzeit als »Heldengeschlecht«. – Der erste Teil der Trilogie erschien 1925 (»Streit mit den Göttern«), 1928 erscheint der dritte und letzte Teil (»Gewalt über das Feuer«).

Otto Ernst
Appelschnut und Sohn
Kindergeschichten
Von dem am 5. März 1926 in Groß-Flottbek bei Hamburg verstorbenen Dramatiker, Erzähler, Essayisten und Lyriker Otto Ernst bringt der Leipziger Verlag Staackmann das dreibändige Werk »Appelschnut und Sohn« heraus, das die erfolgreichen Einzelpublikationen »Appelschnut. Neues und Altes von ihren Taten, Abenteuern und Meinungen« (1907), »Heidede! Eine neue Liebe« (1923) und »Buzi oder Morgenstunden einer Menschenseele« (1925) enthält. Die drolligen Kindergeschichten bewahren bis heute ihre Frische.

Bruno Frank:
Trenck
Roman eines Günstlings
Zu seinem eigentlichen Genre findet der bisher vor allem als Lyriker und

Buchneuerscheinungen

spannend erzählender Novellist in der Nachfolge Iwan Turgenjews hervorgetretene, in Oberbayern und München lebende Bruno Frank (1887–1945) mit seinem historisch-biographischen Roman »Trenck«, der bei Rowohlt in Berlin erscheint. Im Mittelpunkt steht der preußische Abenteurer Friedrich Freiherr von der Trenck, der beim Ausbruch des Zweiten Schlesischen Krieges Ordonnanzoffizier König Friedrichs des Großen von Preußen wurde, aber bald darauf in Ungnade fiel, angeblich wegen einer Liebesaffäre mit der Schwester des Königs, der Prinzessin Amalia. Mit seiner psychologischen Charakterzeichnung gehört Frank neben Lion Feuchtwanger und Alfred Neumann zu den Vertretern des zu dieser Zeit populären psychologischen Geschichtsromans, der modernen Variante des traditionellen historischen Romans. – Im selben Jahr veröffentlicht Frank bei der Deutschen Buchgemeinschaft in Berlin das 300-Seiten-Werk »Friedrich der Große als Mensch im Spiegel seiner Briefe, seiner Schriften, zeitgenössischer Berichte und Anekdoten«.

Georg Kerschensteiner:
Theorie der Bildung

Der Pädagoge und Schulreformer Georg Kerschensteiner (1854–1932), seit 1920 Professor an der Universität München, entwickelt in seinem theoretischen Hauptwerk, der Abhandlung »Theorie der Bildung«, die bei Teubner in Leipzig erscheint, seine von Eduard Sprangers Kultur- und Wertphilosophie beeinflußten bildungstheoretischen Thesen weiter, die er 1917 in seinem »Grundaxiom des Bildungsprozesses und seine Folgerungen für die Schulorganisation« folgendermaßen zusammengefaßt hat: »Die Bildung des Individuums wird nur durch jene Kulturgüter ermöglicht, deren geistige Struktur ganz oder teilweise der Struktur der jeweiligen Entwicklungsstufe der individuellen Lebensform adäquat ist.« Unter Kulturgütern versteht er Sprache, Kunst, Wissenschaft, Recht und Religion.

Thomas Mann:
Unordnung und frühes Leid
Erzählung

Nach dem Abdruck in der Zeitschrift »Die Neue Rundschau« 1925 erscheint bei Fischer in Berlin die Novelle »Unordnung und frühes Leid« von Thomas Mann (1875–1955), eines jener Werke aus der Zeit nach dem Weltkrieg, als Mann vorübergehend eine Wende vom konservativen politischen Engagement (»Betrachtungen eines Unpolitischen«, 1918) zum privaten, fast idyllischen Erzählen vollzieht. Geschildert werden die geistigen und sozialen Auswirkungen der Inflationszeit auf die Familie des Geschichtsprofessors Abel Cornelius, der die Umwälzungen in der Gesellschaft als »gesetzlos, unzusammenhängend und frech«, als »Unordnung« begreift. Sein fünfjähriges Töchterchen Lorchen verliebt sich auf einem Jazz-Tanzfest, das die Kinder in der elterlichen Villa veranstalten, in einen Studenten, der zum Spaß mit ihr getanzt hat, und ist todunglücklich, als sie ins Bett muß (»frühes Leid«).

Agnes Miegel:
Geschichten aus Alt-Preußen
Novellen

In ihren unter dem Titel »Geschichten aus Alt-Preußen« bei Diederichs in Jena erschienenen vier Novellen behandelt die Erzählerin und Lyrikerin Agnes Miegel (1879–1964), Feuilleton-Redakteurin der »Ostpreußischen Zeitung« 1920–1926, Dr. h. c. der Universität Königsberg 1924, Wendepunkte in der preußischen Geschichte. »Landsleute« spielt in der oströmischen Kaiserzeit, »Die Fahrt der sieben Ordensbrüder« zeigt Preußen unter der Herrschaft des Deutschen Ordens, »Engelkes Buße« ist eine Erzählung aus der Zeit um 1700, kurz vor der Gründung des Königreichs Preußen, Hintergrund für den »Geburtstag« ist die Zeit Napoleons. Die Prosa der Miegel und ihre Stilistik erinnern in vielem an die meisterhaften Ostpreußen-Balladen, die später vorherrschende »Blut und Boden«-Pseudoromantik klingt bereits an.

Alfred Neumann:
Der Teufel
Roman

Für seinen historischen Roman »Der Teufel«, eine psychologische Studie König Ludwigs XI. von Frankreich und seines mächtigen Ratgebers Necker, die bei der Deutschen Verlagsanstalt in Stuttgart erscheint, erhält Alfred Neumann (1895–1952), neben Lion Feuchtwanger und Bruno Frank einer der Vertreter des psychologischen Geschichtsromans, einen Teil des Kleistpreises 1926 zugesprochen. Das Charaktergemälde um politische Intrigen und den Zwiespalt zwischen Macht und Moral heroisiert ohne kritische Analyse die Dämonie des Bösen.

René Schickele:
Das Erbe am Rhein
Maria Capponi
Roman

In »Maria Capponi«, dem ersten Teil seiner bei Fischer in München und Berlin erscheinenden Elsaß-Trilogie »Das Erbe am Rhein«, schildert der zwischen Impressionismus und Expressionismus stehende elsässische Erzähler, Lyriker und Dramatiker René Schickele (1883–1940) die tragische Situation von Menschen, die sich zwei Nationen zugehörig fühlen, der deutschen und der französischen. Das Elsaß sollte für Schickele, der sich zeitlebens als Kosmopolit fühlt, gegen Krieg und nationale Vorurteile kämpft und sich für eine deutsch-französische Verständigung und eine europäische Kultureinheit einsetzt, »jener Garten sein, in dem deutscher und französischer Geist ungehindert verkehren, sich einer am andern prüfen und die neuen Denkmäler Europas errichten«. Den Rahmen für die Elsaß-Trilogie bildet die Geschichte der Adelsfamilie von Breuschheim in der Zeit vor dem Weltkrieg bis zur Ruhrbesetzung. – Die beiden Folgebände erscheinen 1927 und 1931 unter den Titeln »Blick auf die Vogesen« und »Der Wolf in der Hürde«.

Wilhelm von Scholz:
Perpetua
Roman

Einen ungewöhnlich großen Erfolg erzielt der bisher als äußerst fruchtbarer Dramatiker, Lyriker und Essayist hervorgetretene Wilhelm von Scholz (1874–1969), Dramaturg und Spielleiter am Landestheater in Stuttgart, 1926 bis 1928 Präsident der Preußischen Dichterakademie, mit seinem ersten Roman »Perpetua«, der beim Horen-Verlag in Berlin und Leipzig erscheint. Erzählt wird die Geschichte der Zwillingsschwestern Breitenschnitt im Augsburg der Zeit um 1500. Die Dulderin Maria erleidet für ihre über magische Kräfte verfügende Schwester Katharina als Hexe den Tod auf dem Scheiterhaufen, Katharina zieht sich als Perpetua in ein Kloster zurück.
Der literarisch bedeutungslose, aber ein breites Publikum ansprechende Roman erreicht im Jahr 1949 das 100. Tausend.

Richard Strauss (Hg.):
Briefwechsel
Briefe

Der deutsche Komponist und Dirigent Richard Strauss (1864–1949), Leiter der Wiener Staatsoper 1919 bis 1924, seit 1925 freischaffender Komponist und Konzertdirigent, gibt bei Zsolnay in Wien seinen Briefwechsel mit dem österreichischen Dichter Hugo von Hofmannsthal (1874–1929) heraus, der zu zahlreichen seiner bedeutendsten Opern die Libretti verfaßt hat. Die 1906 begonnene Korrespondenz ist weniger ein Dokument der Freundschaft als eine Chronik der Kämpfe, die beide ausgetragen haben, um ihre Werke vor den künstlerischen Ansprüchen des Partners zu verteidigen. Am Ende dieser Auseinandersetzungen zwischen dem Musiker und dem Dichter mußte immer wieder der Kompromiß stehen. Resultat waren Werke wie »Elektra«, »Der Rosenkavalier«, »Die Frau ohne Schatten«, »Ariadne auf Naxos«, »Die ägyptische Helena« und »Arabella«.

Bruno Traven:
Das Totenschiff
Roman

Eine Art sozialkritischen Anti-Abenteuerroman, bei dem auf jedes bestandene Abenteuer ein noch schlimmeres und die Hauptfigur noch entwürdigenderes folgt, legt der in Mexiko lebende deutschsprachige Bruno Traven mit seinem Erstlingswerk »Das Totenschiff. Die Geschichte eines amerikanischen Seemanns« vor, das bei der Büchergilde Gutenberg in Berlin erscheint. Traven schildert spannend und mit bitterem Humor in anschaulich-realistischer Sprache die Erlebnisse des Matrosen Gale, der seine Papiere verloren hat, von keinem Land mehr aufgenommen wird und auch auf keinem Schiff mehr anheuern kann; er landet schließlich auf einem »Totenschiff«, einem wegen eines Konstruktionsfehlers dem Untergang geweihten Schiff, das der Kapitän nach Abschluß einer hohen Versicherungssumme sinken lassen will. Der inszenierte Untergang wird ein echter: Die ganze Besatzung mit Ausnahme von Gale und seinem polnischen Leidensgefährten Stanislaw kommt ums Leben. – Hinter Bruno Traven verbirgt sich ein Schriftsteller unbekannter Nationalität und unbekannten bürgerlichen Namens. Man hält ihn für einen deutschen Seemann bzw. einen dänischen Schriftsteller namens Bendrich Torsvan; später wird er mit dem Publizisten Ret Marut gleichgesetzt, der 1917 bis 1920 in München die Zeitschrift »Der Ziegelbrenner« herausgab, während der Räterepublik zum Tod verurteilt wurde, beweisen angeblich, daß Traven am 23. Februar 1882 in Schwiebus in der Mark Brandenburg geboren wurde als Hermann Albert Otto Maximilian Wienecke und kurz nach der Heirat seiner Eltern Otto Feige hieß. Sein Vater soll Ziegelbrenner gewesen sein.

Frankreich

Louis Aragon:
Der Bauer von Paris
(Le Paysan de Paris)
Roman

Louis Aragon (1897–1982), einer der prominentesten Vertreter des Surrealismus, den er 1924 mit André Breton und Philippe Soupault begründet hat (Unterzeichnung des »Surrealistischen Manifests«), bezeichnet seine romanartige Schrift »Der Bauer von Paris« als eine Folge »einfacher Spaziergänge, vermischt mit Reflexionen«. Die Spaziergänge führen den »Bauern« (ein »Landmann«, der sein »Land« = Paris von Grund auf kennt) durch ein zum Abbruch bestimmtes Viertel von Paris, an dem ihn vor allem die geheimnisvollen Dunkelzonen faszinieren, die sich rationaler Beschreibung entziehen. Den zweiten Teil des Werks bilden Unterhaltungen über die Rolle der Natur innerhalb des Surrealismus, die der Erzähler mit Breton und Marcel Noll während nächtlicher Spaziergänge führt. Der dritte Teil enthält Gedanken über das vom Surrealismus geprägte Wirklichkeitsverständnis des Erzählers. – »Der Bauer von Paris« ist Aragons Hauptwerk aus seiner surrealistischen Phase (im selben Jahr erscheint sein Gedichtband »Die ewige Bewegung« / »Le mouvement perpétuel«). 1927 tritt er der Kommunistischen Partei bei, wendet sich 1932 vom Surrealismus ab und bindet seine schriftstellerische Tätigkeit unter dem Einfluß seiner Frau, Elsa Triolet, parteipolitisch. – 1969 erscheint »Der Bauer von Paris« in deutscher Übersetzung unter dem Titel »Pariser Landleben«.

Georges Bernanos:
Unter der Sonne Satans
(Sous le soleil de Satan)
Roman

Nach dem riesigen Erfolg seines Erstlingswerks »Unter der Sonne Satans« kann der 38jährige Versicherungsagent Georges Bernanos (1888–1948) seinen ungeliebten Beruf aufgeben und sich ganz dem literarischen Schaffen widmen, wo er bald eine der zentralen Gestalten des »Renouveau catholique« wird, einer katholischen Erneuerungsbewegung in der Literatur, die Ende des 19. Jahrhunderts entstanden ist. Schon in seinem ersten Roman gestaltet Bernanos das Thema, das ihn auch in seinen späteren Werken interessiert: Das Ringen des Satans um die menschliche Seele; der immerwährende Kampf zwischen Gott und Satan im Herzen des Menschen, hier dargestellt am Beispiel des als Heiliger verehrten Priesters Donissan, der Selbstmörderin Mouchette und einem Pferdehändler, der als Teufel erscheint.

André Gide:
Wenn der Same nicht stirbt
(Si le grain ne meurt)
Autobiographischer Bericht
Mit dem Erscheinen des dritten Bandes ist André Gides (1869–1951) autobiographisches Werk »Wenn der Same nicht stirbt« komplett. Hier behandelt der Literaturnobelpreisträger von 1947 Kindheit und Jugend bis zur Heirat mit seiner Kusine Madeleine Rondeaux (1895). »Wenn der Same nicht stirbt« zählt zu den künstlerisch bedeutsamsten Arbeiten Gides. – Eine deutsche Übersetzung erscheint 1965 unter dem Titel »Stirb und werde«.

Marcel Jouhandeau:
Monsieur Godeau
(Monsieur Godeau intime)
Prosa
Auch in »Monsieur Godeau«, dem dritten Roman nach »Theophiles Jugend« (1921) und »Die Pincengrain« (1924), verbirgt sich Marcel Jouhandeau (1888–1979) hinter der Gestalt des Monsieur Godeau, einer Art literarischem Über-Ich. Geschildert wird in Dialogen, Traumvisionen und Reflexionen das Verhältnis Godeaus zu den drei Schwestern Pincengrain. In dieser poetischen Intim-Autobiographie sieht Jouhandeau, der dem »Renouveau catholique« zuzurechnen ist, einer literarischen Erneuerungsbewegung auf dem Gebiet der Literatur, sein geistiges Vermächtnis. – 1932 läßt Jouhandeau den Roman »Der verheiratete Godeau« folgen, das literarische Zeugnis seiner Ehe mit Elisabeth Toulemon; 1933 erscheinen die »Veronicaeana«, Gespräche zwischen Godeau und Véronique Pincengrain; nach dem Tod des Vorbildes dieser Véronique veröffentlicht Jouhandeau 1953 »Véroniques letzte Jahre und Tod«. – Die 1966 unter dem Titel »Herr Godeau« erscheinende deutsche Übersetzung enthält die Godeau-Werke »Die Pincengrain«, »Monsieur Godeau« und »Veronicaeana«.

André Malraux:
Die Versuchung des Westens
(La Tentation de l'Occident)
Essay
André Malraux (1901–1976), der spätere Kultus- und Informationsminister Charles de Gaulles und Preisträger des Prix Goncourt, verleiht in einem fingierten Briefwechsel zwischen einem Chinesen, der Frankreich besucht, und einem in China lebenden Franzosen dem westeuropäischen Kulturpessimismus Ausdruck, der in der Zeit nach dem Weltkrieg viele den Blick nach dem Fernen Osten richten läßt. Malraux hat sich in den letzten Jahren in Asien aufgehalten, als Archäologe in Indochina, Kambodscha und Siam und als kommunistischer Untergrundkämpfer in Annam und Kotschinchina, 1926/27 kämpft er in China. – Das Werk erscheint 1951 in deutscher Sprache.

Henry de Montherlant:
Tiermenschen
(Les Bestiaires)
Roman
Der 1925–1933 in Italien, Spanien und Afrika reisende Henry de Montherlant (1896–1972), der sich seit dem 15. Lebensjahr im Stierkampf ausgebildet hat und 1925 bei einer Fiesta in Spanien verletzt worden ist, feiert in seinem Roman »Tiermenschen« den Mythos Spanien, den Mythos des Stierkampfs und den Mythos einer Männerwelt, in der »nur die Lust ernst« ist und der Stierkampf die vollkommenste Art der Selbstverwirklichung bietet. – Bereits 1928 erscheint das Werk in deutscher Übersetzung.

Jules Supervielle:
Der Kinderdieb
(Le voleur d'enfants)
Roman
Jules Supervielle (1884–1960), der zu den bekanntesten französischen Lyrikern zählt, erzählt in dem humorvoll und leicht geschriebenen Roman »Der Kinderdieb« die Geschichte des kinderlosen Oberst Bigua, der Kinder zu sich nimmt, die kein Zuhause haben. Er verliebt sich schließlich in Marcelle, eine »gestohlene« Tochter, wird dabei jedoch Nebenbuhler seines Pflegesohns Joseph, und stürzt sich ins Meer, als er die Aussichtslosigkeit seiner Lage erkennt. – »Der Kinderdieb« wird Supervielles populärstes Werk (deutsche Übersetzung 1949).

Großbritannien

Agatha Christie:
Roger Ackroyd und sein Mörder
(The Murder of Roger Ackroyd)
Kriminalroman
Von den rund 70 Kriminalromanen, welche die englische Schriftstellerin Agatha Christie (1890–1976) im Lauf ihres Lebens vorlegt, wird der 1926 erschienene »Roger Ackroyd und sein Mörder« der berühmteste. Der belgische Meisterdetektiv Hercule Poirot entlarvt hier seinen Mitarbeiter und Vertrauten, den Arzt James Sheppard, als den Mörder. Nach dem Erscheinen des Romans hagelt es Proteste: Die Verfasserin habe gegen die goldene Regel verstoßen und es dem Leser unmöglich gemacht, das Problem selbst zu lösen, habe ihn sogar bewußt in die Irre geführt. »Diese Idee konnte nur einmal benutzt werden«, schrieb die Autorin 1948, »sie war originell, fand dann allerdings viele Nachahmer.« – Die deutsche Übersetzung kommt 1928 auf den Markt.

Arthur Stanley Eddington:
Der innere Aufbau der Sterne
(Internal Constitution of the Stars)
Der britische Astronom und Physiker Arthur Stanley Eddington (1882 bis 1944), einer der Pioniere der Astrophysik, seit 1913 Professor für Astronomie und Experimentalphysik in Cambridge, seit 1914 Direktor der Sternwarte in Cambridge, faßt in seinem Werk »Der innere Aufbau der Sterne« die Erkenntnisse zusammen, die er seit 1916 gewonnen hat: Die Sternmaterie ist gasförmig, zum Gleichgewicht der Sterne trägt neben Gravitation und Gasdruck auch der Strahlungsdruck bei (Masse-Leuchtkraft-Beziehung). – Das Werk erscheint 1928 in deutscher Übersetzung.

D. H. Lawrence:
Die gefiederte Schlange
(The Plumed Serpent)
Roman
Auf seiner Ranch in Mexiko kam dem englischen Romancier, Essayisten und Kritiker D(avid) H(erbert) Lawrence (1885–1930) die Idee zu dem Roman »Die gefiederte Schlange«, in dem er die geistige Odyssee der 40jährigen Kate Leslie schildert, die, nach dem Tod ihres Mannes, eines irischen Freiheitskämpfers, die moderne Zivilisation als steril und lebensfeindlich empfindet und nach Mexiko flüchtet. »Sie wollte nicht länger Liebe, Vergnügungen, all das, was ihr Leben bisher ausfüllte. Sie war vierzig. Sie wollte, daß sich die Blume ihrer Seele öffnete.« Fasziniert von der indianischen »Seele, die dem Blut zugehört«, schließt sie sich einer politisch-religiösen Bewegung an, die den Aztekenkult wiederbelebt, und heiratet den General Cipriano Viedma, der sich als indianischer Gott verehren läßt. – Lawrence hält diesen Roman, in dem er wie auch in seinen anderen Werken die Beziehung zwischen Frau und Mann gestaltet, für den besten, den er geschrieben hat. 1932 erscheint er in deutscher Übersetzung, 1972 wird er verfilmt.

T. E. Lawrence:
Die sieben Säulen der Weisheit
(The Seven Pillars of Wisdom)
Kriegsbericht
Der als Lawrence von Arabien bekannte Archäologe, Agent, Soldat und Schriftsteller T(homas) E(dward) Lawrence (1888–1935) legt mit »Die sieben Säulen der Weisheit« einen Bericht über den Aufstand der Araber gegen die Türken während des Weltkriegs vor, eine Revolte, die Lawrence selbst organisiert hat und die ihm einen fast legendären Ruf als Vorkämpfer für die arabische Unabhängigkeit eingetragen hat. – Auszüge dieses dramatisch und packend erzählten Berichts erscheinen 1927 in deutscher Sprache, 1936 und öfter erscheinen vollständige Übersetzungen.

Alan Alexander Milne:
Pu der Bär
(Winnie-the-Pooh)
Kindergeschichten
Zum Klassiker der englischen Kinderliteratur avancieren die illustrierten Geschichten »Pu dem Bären« des englischen Journalisten und stellvertretenden »Punch«-Herausgebers Alan Alexander Milne (1882–1956), ursprünglich als Gutenachtgeschichten gedacht für seinen dreijährigen Sohn. Im Mittelpunkt der Geschichten steht der Teddybär Pu, der mit anderen Stofftieren – dem naiven Schweinchen Piglet, der gelehrten Eule, dem melancholischen Esel Eeyore usw. – zahlreiche Abenteuer besteht, wobei er von dem kleinen Jungen Christopher Robin in brenzligen Situationen unterstützt wird. – Das Buch erscheint 1928 in deutscher Sprache, Übersetzungen in fast alle Sprachen folgen (darunter auch eine lateinische Version), in den 60er Jahren wird es zweimal verfilmt, Milne verfaßt 1928 eine Fortsetzung (»Das Haus in der Pu-Ecke«).

Hugh MacDiarmid:
Ein Betrunkener schaut auf die Distel
(A Drunk Man Looks at the Thistle)
Gedicht
In dem in einem Gemisch aus Englisch und Schottisch gehaltenen Gedicht »Ein Betrunkener schaut auf die Distel« (Distel = schottisches Emblem) wird der literarische Anspruch des linksorientierten schottischen Lyrikers, Satirikers, Essayisten und Kritikers Hugh MacDiarmid (1892–1978), Mitbegründer der schottischen Nationalpartei und der schottischen Sektion des PEN-Clubs, deutlich, die schottische Mundartdichtung salonfähig zu machen und den literarischen mit einem politischen Anspruch zu einer programmatischen Aussage zu verbinden. MacDiarmid ist die zentrale Gestalt der sog. schottischen Renaissance, einer zu Beginn des 20. Jahrhunderts einsetzenden Neuerungsbewegung mit weitreichenden Auswirkungen im Bereich der Literatur, des Geisteslebens und der Politik. Eine Auswahl von MacDiarmids Gedichten in deutscher Übersetzung erscheint 1968 unter dem Titel »Ein Wind sprang auf«.

William Butler Yeats:
Eine Vision
(A Vision)
Essays
Mit dem Untertitel »Eine Erklärung des Lebens auf der Grundlage der Schriften des Giraldus und einiger Kusta ben Luka zugeschriebener Lehrsätze« veröffentlicht der irische Lyriker und Dramatiker William Butler Yeats (1865–1939), Literaturnobelpreisträger 1923, den Essay-Band »Eine Vision«, in dem er ein Weltsystem entwickelt, das auf theosophische und okkultistische Anschauungen zurückgeht und die Basis für zahlreiche Gedichte von Yeats ist. Danach läuft die Geschichte in bestimmten Zyklen ab (»Great Wheel«-Theorie), deren 28 Phasen den Mondphasen entsprechen. Den Phasen entsprechen wiederum 28 Menschentypen, 28 Inkarnationen usw.

Italien

Luigi Pirandello:
Einer, keiner, hunderttausend
(Uno, nessuno e centomila)
Roman
Luigi Pirandello (1867–1936), der mit seinem im Vorjahr gegründeten Teatro d'Arte auf einer Dreijahrestournee Europa, Nord- und Südamerika bereist und überall Triumphe feiert, setzt mit seinem letzten Roman »Einer, keiner, hunderttausend« einen Markstein in der existentiellen Literatur. Der sorglos dahinlebende Vitangelo Moscarda wird sich plötzlich bewußt, daß er für die anderen ein anderer ist, als er zu sein glaubt. Aus dieser Erkenntnis resultiert eine Bewußtseinsspaltung – er

Buchneuerscheinungen

ist nicht »einer«, sondern »keiner« oder »hunderttausend« –, die Vitangelos aufzuheben sucht, indem er sich aus allen gesellschaftlichen Verpflichtungen und aus allen menschlichen Bindungen löst und in einem von ihm selbst gegründeten Obdachlosenasyl ohne Erinnerungen und Hoffnungen lebt. – 1928 erscheint die deutsche Übersetzung.

Österreich

Hartmann Grisar:
Martin Luthers Leben und Werk
Der Jesuit Hartmann Grisar (1845–1932), Professor für Kirchengeschichte in Innsbruck, legt nach seiner dreibändigen Monographie »Luther« (1911/12, 2. Auflage 1924/25) zum zweiten Mal ein Werk aus katholischer Sicht über den Reformator vor, »Martin Luthers Leben und Werk«, und komplettiert damit seine umfangreiche Materialsammlung über die innere und äußere Entwicklung Luthers. »Martin Luthers Leben und Werk«, verlegt bei Herder in Freiburg im Breisgau stößt auf breites Interesse und liegt bereits 1927 in 2. Auflage vor. – Aus heutiger Sicht ist Grisars Lutherdeutung weitgehend überholt.

Franz Kafka:
Das Schloß
Roman
Zwei Jahre nach dem Tod des im Alter von nur 40 Jahren an Kehlkopftuberkulose verstorbenen Prager deutschsprachigen Erzählers Franz Kafka (1883–1924) gibt sein Freund Max Brod gegen den Willen des Autors, der seine Manuskripte testamentarisch zur Verbrennung bestimmt hatte, bei Wolff in München Kafkas zweiten großen Roman »Das Schloß« heraus, nach dem im Vorjahr erschienenen »Prozeß« (1927 folgt »Amerika«). Wie Kafkas vorausgegangene Erzählungen »Das Urteil«, »Die Verwandlung«, »Ein Landarzt«, »In der Strafkolonie« und »Ein Hungerkünstler« oder wie der Roman »Der Prozeß« entzieht sich auch das »Schloß« jedem Versuch einer klaren Deutung, das Werk wird je nach Standpunkt psychologisch, soziologisch, theologisch, existentialistisch oder marxistisch interpretiert. Der von weit her angereiste K. kann weder im Schloß noch in dem dazugehörigen Dorf seine Aufgabe als Landvermesser verwirklichen. Bei den Bauern stoßen seine Versuche, ins Schloß vorzudringen, auf Ablehnung. Frieda, die Geliebte des Schloßbeamten Klamm, gibt sich K. hin, doch auch mit ihrer Hilfe kann K. nicht herausbekommen, woran er ist, ob er als Landvermesser arbeiten darf oder nicht. – Laut Brod, der den Roman als unvollendet ansieht, sollte K. am siebten Tag nach seiner Ankunft sterben, gerade in dem Augenblick, als vom Schloß die Nachricht eintrifft, er dürfe im Dorf leben und arbeiten. – Fast allen Deutungen dieses Werks ist die Ansicht gemeinsam, daß K. den modernen Menschen symbolisiere, ob nun das Schloß als Chiffre für die göttliche Gnade aufgefaßt wird, das Geschehnis als Ausdruck für die Absurdität des Lebens oder das Verhalten von K. als die Krise des isolierten zeitgenössischen Menschen interpretiert werden, der die Welt stets als Projektion seiner eigenen Wünsche und Triebe erlebt und beständig auf sich selbst zurückgewiesen wird. – Die von Brod dramatisierte Fassung des Romans wird 1953 im Berliner Schloßpark-Theater uraufgeführt. Maximilian Schell verfilmt »Das Schloß« 1968.

Arthur Schnitzler:
Traumnovelle
Erzählung
Eine der hervorragendsten Leistungen seiner psychologischen Erzählkunst bietet der österreichische Erzähler und Dramatiker Arthur Schnitzler (1862–1931) in seiner Erzählung »Traumnovelle«, die nach dem Abdruck in der Zeitschrift »Die Dame« (1925/26) als eigener Titel bei Fischer in Berlin erscheint. Schnitzler kontrastiert die Ehebruchsträume des Paars Fridolin und Albertine auf einer Ebene zwischen Traum und Wirklichkeit. Fridolin wird von einem Freund zu einer nächtlichen Orgie mitgenommen, auf der er sich leidenschaftlich in eine Frau verliebt, die sich für ihn töten läßt, als er als Fremder seine Anwesenheit mit dem Tod bezahlen soll. Er kommt nach Hause und weckt seine Frau, die gerade geträumt hat, sie habe sich einer Urlaubsbekanntschaft hingegeben, während Fridolin wegen seiner Treue zu ihr gekreuzigt worden sei. – In dieser Erzählung sieht der Autor die »weitreichende Übereinstimmung« gewahrt, die Sigmund Freud zwischen ihm und Schnitzler festgestellt hat, das »Ergriffensein von den Wahrheiten des Unbewußten, von der Triebnatur des Menschen«.

Schweiz

Hermann Hesse (Hg.):
Märchen und Legenden aus den Gesta Romanorum
Anthologie
Der in der Schweiz lebende Erzähler und Lyriker Hermann Hesse (1877–1962) gibt in der Insel-Bücherei in Leipzig eine Auswahl von »Märchen und Legenden aus den Gesta Romanorum« heraus. Die »Gesta Romanorum«, wie Hesse im Nachwort erläutert, »sind eine Sammlung von Erzählungen, Legenden und Anekdoten, von Geistlichen mit moralischen Nutzanwendungen versehen, welche im späteren Mittelalter in ganz Europa als unterhaltende Lektüre verbreitet waren«. Die Übersetzung dieser Sammlung stammt von Georg Theodor Graesse (1842), Hesse hat seine Auswahl getroffen »nicht nach moralischen Werten, sondern rein nach der Schönheit der Erzählungen, wobei weder auf die Liebhaber von Pikanterien noch auf pride Seelen besonders Rücksicht genommen wurde«. – Das erfolgreiche Werk hatte Hesse beim Insel Verlag schon einmal 1915 unter dem Titel »Gesta Romanorum. Das älteste Märchen- und Legendenbuch des christlichen Mittelalters« mit einer Einleitung herausgegeben. Unter diesem Titel wird es 1978 mit zahlreichen Illustrationen neu aufgelegt.

Emil Ludwig:
Bismarck
Geschichte eines Kämpfers
Der deutsch-schweizerische Schriftsteller Emil Ludwig (1881–1948) legt mit »Bismarck«, erschienen bei Zsolnay in Wien und Berlin, erneut eine romanhafte Biographie über eine große Persönlichkeit der Geschichte vor. Bereits mit »Goethe« (1920) und »Napoleon« (1925) hat er einen weltweiten Publikumserfolg errungen. Seine Biographien fußen auf Quellenstudien, enthalten jedoch auch fiktionale Elemente. Seine spannend geschriebenen romanhaften Biographien liefern psychologische Analysen und künden von einer Geschichtsauffassung, in der Geschichte von großen Männern gemacht wird.

Spanien

Ramón María del Valle-Inclán:
Tyrann Banderas
(Tirano Banderas
Novela de tierra caliente)
Roman des tropischen Amerika
Der Lyriker, Dramatiker und Romancier Ramón María del Valle-Inclán (1869–1936), einer der eigenwilligsten Vertreter des spanischen Modernismo, gibt in seinem Roman »Tyrann Banderas«, der in keinem bestimmten Land Süd- und Mittelamerikas spielt (obwohl vieles auf Mexiko hinweist, das der Autor zweimal bereist hat), eine »Synthese« lateinamerikanischer Diktatoren, die unter demokratischen Deckmäntelchen den Reichen dienen und die indianische Bevölkerung bis aufs Blut ausbeuten. Valle-Inclán zeigt keinen Ausweg: Nach dem gewaltsamen Tod Banderas, der selbst durch Gewalt an die Macht gekommen ist, folgt der nächste Tyrann. – Valle-Inclán beschränkt sich nicht darauf, in der Literatur die Diktatur anzuprangern. Drei Jahre verbüßt er eine Gefängnisstrafe wegen seiner Angriffe auf den spanischen General Miguel Primo de Rivera, der 1923 nach einem Staatsstreich eine Militärdiktatur errichtet hat. – »Tyrann Banderas« erscheint 1961 und 1963 in deutschen Übersetzungen.

UdSSR

Isaak Babel:
Budjonnys Reiterarmee
(Konarmija)
Erzählungen
Mit einem Schlag im In- und Ausland bekannt wird der frühere Rotarmist Issaak Babel (1894–1941?) mit seinen unter dem Titel »Budjonnys Reiterarmee« in Moskau erscheinenden 30 Erzählungen über seine Erlebnisse in der roten Reiterarmee des inzwischen legendären Sowjetmarschalls Semjon Michailowitsch Budjonny, der während des Bürgerkriegs 1919–1921 als »Roter« erfolgreich gegen die konterrevolutionären »Weißen« in Polen kämpfte. Babels kurze, in ihrer Pointierung an den Vorbildern Guy de Maupassant und Gustave Flaubert geschulte Erzählungen vermitteln ein realistisches, erschütterndes Bild des Bürgerkriegs bei gleichzeitig »ornamentalem« und sogar lyrischem Stil. – Deutsche Übersetzungen des erfolgreichen Werks erscheinen 1926, 1960 und 1965.

USA

Hart Crane:
Weiße Bauten
(White Buildings)
Gedichte
Die 21 Gedichte und zwei Gedichtsequenzen von »Weiße Bauten«, dem Erstlingswerk des sich in rastloser Tätigkeit als Lyriker, Werbetexter, Setzer, Reporter, Teehaus-Manager usw. verzehrenden Hart Crane (1899–1932), haben keine gemeinsame Thematik, erregen jedoch durch den an Arthur Rimbaud, Edgar Allan Poe, Thomas Stearns Eliot und Wallace Stevens orientierten »verbalen Absolutismus« und ihre symbolistische Technik großes Aufsehen. Inhaltlich klingt immer wieder der Konflikt von Zeit und Zeitlosigkeit, Vergangenheit und Gegenwart, Idealität und Realität an. – 1960 erscheint der Band in deutscher Übersetzung unter dem Titel »Weiße Bauten«.

Ernest Hemingway:
Fiesta
(The Sun Also Rises)
In seinem ersten Roman schildert Ernest Hemingway (1899–1961), der sich 1921 bis 1927 in Europa, meist in Paris, aufhält, Leere und Lebensängste einer Gruppe von Amerikanern in Frankreich und Spanien in der Zeit nach dem Weltkrieg. Dem Roman ist Gertrude Steins Satz »Ihr seid eine verlorene Generation« als Motto vorangestellt, der Titel stammt aus dem alttestamentlichen Buch Kohelet (Prediger Salomonis 1,5 mit dem Grundtenor: »Alles ist eitel«) und verweist auf die »Eitelkeit« der Zerstreuungen, denen sich die beschriebenen Figuren hingeben: Liebschaften, Reisen, Angeln, Stierkampf, Erotik, Brutalität; Höhepunkt ist eine Fiesta in Pamplona. Die aus einzelnen Episoden bestehende Geschichte wird erzählt von dem impotenten Anti-Helden Jake Barnes, der in die lebensgierige, unglückliche Brett Ashley verliebt ist. – Hemingways Roman findet weltweites Echo. 1928 erscheint die deutsche Übersetzung. 1957 wird das Buch verfilmt.

Uraufführungen Schauspiel, Oper, Operette, Ballett 1926

Die bedeutendsten Uraufführungen aus Schauspiel, Oper, Operette und Ballett sind alphabetisch nach Autoren/Komponisten geordnet.

Deutsches Reich

Ernst Barlach:
Der blaue Boll
Drama in sieben Bildern
In »Der blaue Boll«, seinem sechsten Drama seit 1912 – uraufgeführt am 13. Oktober in Stuttgart –, versucht der vor allem als Bildhauer und Graphiker hervorgetretene Ernst Barlach (1870–1938) das »Aufgehen des Persönlichen im Überpersönlichen« auf die Bühne zu bringen am Beispiel eines triebhaften, vor Sinnlichkeit strotzenden Gutsbesitzers namens Boll (der wegen seiner Neigung zum Schlagfluß oft eine blaue Gesichtsfarbe bekommt und daher »der blaue Boll« genannt wird). Er erlebt in der Begegnung mit einer Schweinewirtin eine innere Wandlung. Das Drama hat großen Erfolg auch als Hörspiel. Die Buchausgabe erscheint ebenfalls 1926.

Bertolt Brecht:
Mann ist Mann
Die Verwandlung des Packers Galy Gay in den Militärbaracken von Kilkoa im Jahre 1925
Lustspiel in elf Bildern mit einem Zwischenspiel für das Foyer ›Das Elefantenkalb‹
Mit der Musik von Paul Dessau wird Bertolt Brechts (1898–1956) Lustspiel »Mann ist Mann« am 25. September im Hessischen Landestheater in Darmstadt uraufgeführt. Das Stück markiert einen Wendepunkt im dramatischen Schaffen Brechts, der hier erstmals die Parabelform verwendet, in der das vorgestellte Geschehen einen allgemeinen, größeren Zusammenhang vertritt. Erstmals tut Brecht hier einen entscheidenden Schritt hin zu der von ihm geforderten »politischen Komödie großen Ausmaßes«. »Herr Bertolt Brecht behauptet: Mann ist Mann. / Und das ist etwas, das jeder behaupten kann. / Und das ist etwas, was jeder behaupten kann. / Aber Herr Bertolt Brecht beweist auch dann, / Daß man mit einem Menschen beliebig viel machen kann. / Hier wird heute abend ein Mensch wie ein Auto ummontiert / Ohne daß er irgend etwas dabei verliert«, heißt es in einem Zwischenspruch, der das Entscheidende zusammenfaßt. Der Packer Galy Gay geht aus, um für seine Frau einen Fisch zu kaufen, läßt sich unterwegs aber in zahlreiche kleine, zunächst harmlos aussehende Geschäfte ein, die ihm Vorteile zu bringen scheinen, und landet schließlich als Söldner in der britischen Kolonialarmee. Brecht will hier zeigen, wie ein Mensch in der gegenwärtigen Gesellschaft als »Charakterkopf« abgebaut und zum Teil eines »falschen Kollektivs« »ummontiert« werden kann. Der bürgerliche Persönlichkeitsbegriff erscheint unhaltbar angesichts der Tatsache, daß der sozial definierte Mensch in der kapitalistischen Gesellschaft seine allgemein-menschlichen Züge, seine Privatexistenz und seine Individualität verliert.

Ferdinand Bruckner:
Krankheit der Jugend
Schauspiel in drei Akten
Der nachexpressionistische Wiener Erfolgsdramatiker Ferdinand Bruckner (1891–1958), seit 1923 Leiter des von ihm gegründeten Renaissance-Theaters Berlin, legt mit dem am 17. Oktober in den Kammerspielen Hamburg uraufgeführten Schauspiel »Krankheit der Jugend« wieder ein gesellschaftskritisches Zeitstück vor, das von Sigmund Freuds Psychopathologie beeinflußt ist.
Die sexuellen Gefährdungen junger Mediziner werden in diesem Schauspiel unverhüllt dargestellt.

Gerhart Hauptmann:
Dorothea Angermann
Schauspiel in fünf Akten
Gleichzeitig uraufgeführt in München, Leipzig, Düsseldorf und Wien und an weiteren deutschsprachigen Bühnen wird am 20. November Gerhart Hauptmanns (1862–1946) in der Tradition des Naturalismus stehendes Drama »Dorothea Angermann«. Im Mittelpunkt der weitverzweigten Handlung steht die Tochter eines Dorfgeistlichen.

Paul Hindemith:
Cardillac
Oper in drei Akten
»Cardillac«, Paul Hindemiths (1895–1963) Vertonung von E. T. A. Hoffmanns Erzählung »Das Fräulein von Scudéri«, wird am 9. November in Dresden uraufgeführt. Im Mittelpunkt der zur Zeit des französischen Königs Ludwig XIV. spielenden Handlung steht der Pariser Goldschmied Cardillac, der sich von keinem seiner Kunstwerke trennen kann und jeden tötet, der eines seiner Meisterwerke kauft. Hindemith, einer der Begründer der deutschen Moderne in der Musik, strebt eine weitgehende Entromantisierung des Stoffs an, die Orchestrierung geht kaum auf Singstimmen und Text ein. Gleichwohl behält er die überkommenen Elemente Arie, Duett, Ensemble, Fugato, Kanon, Variation u. a. bei. – Die zweite Fassung, die Hindemith nach dem Zweiten Weltkrieg herstellt (Premiere 1952 in Zürich), erweitert er auf vier Akte.

Frankreich

Jean Cocteau:
Orpheus
(Orphée)
Tragödie in 13 Szenen
Den in den Orphischen Mysterien der hellenistischen Zeit belegten Mythos des thrakischen Sängers und Dichters Orpheus, der seine Gattin Eurydike durch seine Musik aus der Unterwelt hervorholen kann, dramatisiert Jean Cocteau (1889–1963) in freier Weise. Bei ihm steht weniger die Beschwörung des Todes durch den Dichter im Vordergrund als der Zusammenhang zwischen Tod und Poesie: Der Dichter muß erst mehrere Tode sterben, ehe die Dichtung in ihm frei wird. 1949 verfilmt Cocteau das am 15. Juni in Pariser Théâtre des Arts uraufgeführten Drama. Die erste deutsche Übersetzung erscheint 1930/31.

Jules Romains:
Der Diktator
(Le Dictateur)
Schauspiel in vier Akten
Die Wandlung eines Revolutionärs zum einsamen Despoten schildert Jules Romains (1885–1972) in seinem satirischen Stück »Der Diktator«, das am 5. Oktober in der Comédie des Champs-Elysées Paris uraufgeführt wird. Ein König betraut Denis, den Führer der siegreichen Revolutionspartei seines Landes, mit der Regierungsbildung in der Hoffnung, sobald der Revolutionär an der Macht habe, werde er seine revolutionären Ideen nicht mehr weiterverfolgen. Der Plan des Königs geht auf. – Die deutsche Übersetzung erscheint 1927.

Irland

Sean O'Casey:
Der Pflug und die Sterne
(The Plough and the Stars)
Tragikomödie in vier Akten
Die Uraufführung des Dramas »Der Pflug und die Sterne« des bedeutendsten zeitgenössischen irischen Dramatikers Sean O'Casey (1880–1964) am 8. Februar im Dubliner Abbey Theatre ruft wegen Verletzung patriotischer, religiöser und sexueller Tabus einen Theaterskandal hervor. O'Casey entlarvt in der Tragikomödie aus der Zeit des irischen Osteraufstands (1916) die Phrasendrescherei und Heuchelei britischer Patrioten ebenso wie die irischer Freiheitskämpfer. Durch den Aufstand, der durch britisches Militär niedergeschlagen wird, werden die Illusionen und Hoffnungen von Menschen aus dem von O'Casey mit Vorliebe auch in anderen Dramen dargestellten Hinterhofmilieu zerstört. – Das Stück hat 1931 im Osnabrücker Theater am Domhof seine deutsche Premiere.

Italien

Giacomo Puccini:
Turandot
(Turandot)
Lyrisches Drama in drei Akten
Fast eineinhalb Jahre nach dem Tod des nach Giuseppe Verdi bedeutendsten italienischen Opernkomponisten Giacomo Puccini (1858–1924) – Welterfolge wurden vor allem »Manon Lescaut« (1893), »La Bohème« (1896), »Tosca« (1900), »Madame Butterfly« (1900/04), »Das Mädchen aus dem goldenen Westen« (1910) und die Trilogie »Der Mantel«, »Schwester Angelica« und »Gianni Schicchi« (1918) – wird seine letzte Oper »Turandot« am 25. April in der Mailänder Scala durch Arturo Toscanini uraufgeführt. Den Text schrieben Giuseppe Adami und Renato Simoni nach der gleichnamigen Tragikomödie (1762) von Carlo Gozzi. Für die Geschichte der gefühlskalten chinesischen Prinzessin Turandot, deren Liebe durch den Prinzen Kalaf erweckt wird, nachdem ihm von ihrer Sklavin Liù der Name des Prinzen verraten worden ist, hat Toscanini Milieuschilderungen breiten Raum gegeben, gewaltige Chöre umrahmen den Auftritt des Hofstaats. Wegen seiner fortschreitenden Krankheit konnte der Komponist das Werk nicht vollenden. Toscanini bricht die Uraufführung nach dem Tod der Liù ab und erklärt dem Publikum ergriffen, daß hier das Werk des Meisters ende. Bereits in der folgenden Vorstellung wird ein von Franco Alfano aus den Kompositionsskizzen stilgerecht zusammengestelltes Finale zur Aufführung gebracht. – Die deutsche Premiere von »Turandot« findet am 4. Juli 1926 in Dresden statt.

Österreich

Emmerich Kálmán:
Die Zirkusprinzessin
Operette in drei Akten
Dem ungarischen Komponisten Emmerich Kálmán (1882–1953) gelingt mit der in Petersburg und Wien vor 1914 spielenden Operette »Die Zirkusprinzessin«, uraufgeführt am 26. März in Wien, ein weiterer Welterfolg nach »Herbstmanöver« (1909), »Der Zigeunerprimas« (1912), »Die Csárdásfürstin« (1915), »Das Hollandweibchen« (1920) und »Gräfin Mariza« (1924). Die wechselnden Schauplätze – Zirkus, russischer Salon, Wiener Hotel – bieten dem Komponisten reiche Möglichkeit für wirksame Milieuschilderungen. Große Verbreitung finden die langsamen Walzer »Leise schwebt das Glück vorüber« und »Im Boudoir der schönsten Frau« mit dem Nachsatz-Refrain »Darling, my Darling«, das Husarenlied »Mädel, gib acht«, das Zirkusliedchen »Die kleinen Mäderln im Trikot« und das Couplet-Duett »Liese, Liese, komm mit mir auf die Wiese«. – Die reichsdeutsche Erstaufführung der Operette findet am 25. Dezember 1926 in Berlin statt.

Ernst Křenek:
Orpheus und Eurydike
Oper in drei Akten
Oskar Kokoschka lieferte das Libretto für »Orpheus und Eurydike«, die erste erfolgreiche Oper des 26jährigen Wiener Komponisten Ernst Křenek (*1900), die am 27. November in Kassel uraufgeführt wird. Die Musik für den Mythos um den thrakischen Sänger, der seine Gattin aus dem Hades zurückholen will, weist noch nicht die Vermischung musikalischer Richtungen auf, wie sie für Křeneks spätere Werke typisch wird. Die Komposition ist tonal und bewegt sich nur gelegentlich in Grenzbereichen der Diatonik.

Uraufführungen/Filme

Tschechoslowakei

Leoš Janáček:
Die Sache Makropoulos
(Vec Makropoulos)
Oper in drei Akten
Karel Capeks erfolgreiche Komödie »Die Sache Makropoulos« (1922) hat Leoš Janáček (1854–1928), der bedeutendste Vertreter der neueren Musik in der Tschechoslowakei, selbst zum Libretto umgearbeitet. Am 18. Dezember wird die Oper in Brünn uraufgeführt. Im Mittelpunkt dieser mystischen Geschichte steht eine Sängerin, deren Leben auf übernatürliche Weise verlängert worden ist, die jedoch nach einem 300jährigen Leben beschlossen hat zu sterben. – Das melodische Element, das Janáčeks Oper »Jenufa« (1916) beherrschte, ist spannungsgeladener Bühnentechnik gewichen. Die tschechische Sprachmelodie ist ganz dem Rhythmus angepaßt. – 1929 hat die tschechoslowakische Oper »Die Sache Makropoulos« in Frankfurt am Main ihre deutsche Premiere.

Ungarn

Zoltán Kodály:
Háry János
(Háry János)
Oper
Der Durchbruch zu musikalischem Weltruhm gelingt dem ungarischen Komponisten Zoltán Kodály mit der Oper »Háry János«. Seine Abenteuer von Groß-Abony bis zur Wiener Hofburg«, die am 16. Oktober an der Königlichen Oper in Budapest uraufgeführt wird. Die humorvolle Geschichte des Draufgängers Háry, der eine populäre Erzählung von Johann Garays zugrunde liegt, ist in Form eines Singspiels verfaßt, die Musiknummern sind durch gesprochene Texte verbunden. Der Kompositionsstil ist durch Kodálys Auseinandersetzung mit der ungarischen Volksmusik geprägt. Eine Orchestersuite aus der Oper wird später vielfach auch konzertant aufgeführt. – Ihre deutsche Premiere hat die Oper 1931 in Köln. Walter Felsenstein inszeniert sie 1973 in Berlin (Ost).

Filme 1926

Die neuen Filme des Jahres sind im Länderalphabet und hier wiederum alphabetisch nach Regisseuren aufgeführt. Bei ausländischen Filmen steht unter dem deutschen Titel in Klammern der Originaltitel.

Deutsches Reich

Arnold Fanck:
Der heilige Berg
Die eigentliche Hauptrolle in dem tragischen Bergsteigerfilm »Der heilige Berg« von Arnold Fanck spielt die Natur als »das, was größer ist als der Mensch«. Diotima (Leni Riefenstahl) ist während einer Bergwanderung das Streitobjekt zweier Freunde (Luis Trenker, Ernst Petersen). Axel Eggebrecht faßt in der »Weltbühne« Reaktionen auf diesen Film zusammen: »Der ›Heilige Berg‹ hat sich als ein höchst unheiliger Hügel, als ein ganz profaner Haufen von Plattheit und bösartigem Mißverständnis gezeigt. Wieviel davon aufs Konto der jetzigen Ufa-Herren kommt, wird nicht festzustellen sein. Überraschend ist jedenfalls die faustdicke Fidus-Stimmung, die aufdringliche Propaganda für Höhenmenschentum und Edelblond. Diesmal ist aber, wie sonst nicht bei Militärfilmen, beinahe die ganze Berliner Kritik wild geworden, sogar der B.Z. entschlüpften ein paar deutliche Schimpfworte. Hier war aber eine völlige Scheidung der Geister auch nötig und leicht. Hier geht es, vom allem Gesinnungsmäßigen abgesehen, um den Sinn des Films überhaupt, da braucht keiner zu kneifen. Hier wird der schamloseste Mißbrauch der wunderbaren Möglichkeiten der Lichtbildkunst getrieben, der je da war. Zu einer Filmkunst verhält sich dieser Seelenkitsch vor Alpenhintergründen wie eine Zirkus-Busch-Pantomime zu einem Drama . . . Mißbraucht werden aber vor allem die wundervollsten Aufnahmen von Felsen und Eis, von Sksprüngen und Jagden durch Wälder und mit Fackeln durch die Nacht – in ihrer Klarheit und Spannung zum Schönsten gehörend, was je gelungen ist. Alles das wird durch eine trübe und in jedem Sinne peinliche Liebesgeschichte zerstört, durch die schundigsten aller Schundtitel zerrissen.« Der Verriß wird von vielen geteilt.

Henrik Galeen:
Der Student von Prag
Einen der ersten deutschen Stummfilme, die Weltruhm erlangten, »Der Student von Prag« von Stellan Rye mit Paul Wegener in der Hauptrolle (1913), kommt als Remake in die Kinos mit Conrad Veidt in der Rolle des Studenten Balduin, der sein Spiegelbild dem dämonischen Wucherer Scapinelli (Werner Krauss) verkauft und sich selbst tötet, als er sich seines Doppelgängers durch einen Pistolenschuß für immer entledigen will. Die zweimal solange Neufassung hebt das psychologische Element stärker hervor: »Die herrliche Fabel mußte reicher werden«, schrieb der Regisseur Henrik Galeen nach der Uraufführung, »die heute nicht mehr zu verdauenden Satanismen mußten schon im Drehbuch verschwinden. Es hieß hier, gegen die jugendliche Erinnerung anzukämpfen, gegen den starken Eindruck des ersten künstlerischen Films. Die unausgenützten Momente des ersten Drehbuchs mußten gehoben und zur letzten Klarheit gebracht werden, und der Film durfte durch die Dehnung nicht langweilig werden. Der Student von Prag mußte wirklich ein Student werden. Er mußte den wirklichen Hintergrund einer Jugend von damals bekommen. Der ›beste Fechter von Prag‹, wie es im alten Manuskript hieß, durfte nicht nur im Titel bleiben; das befriedigt uns heutzutage nicht mehr, ich mußte ihn als Fechter zeigen. Geehrt von seinen Kommilitonen, wußte er durch seine Art, die Waffe nicht unnötig zu mißbrauchen, das Herz des Zuschauers für sich zu erobern . . . Die Figur des Scapinelli durfte ebensowenig die Dämonie nur aus dem Titel schöpfen. Für das Genie Krauss mußte die bildhafte Notwendigkeit der dämonischen Geste geschaffen werden . . . Im alten Manuskript schien mir die Tatsache des Fehlens des Spiegelbildes nicht genügend ausgenützt. Der Zuschauer mußte öfter ›sehen‹, daß Balduins Spiegelbild nicht mehr vorhanden ist, bis er endlich . . . erscheint.«

Alexander Korda:
Madame wünscht keine Kinder
Als »besten deutschen Lustspielfilm der letzten Jahre« und als »bisher einzigen deutschen Lustspielfilm, der den amerikanischen erreicht«, feiert der Kritiker Karl Pinthus die Komödie »Madame wünscht keine Kinder« von Alexander Korda nach dem gleichnamigen Roman des Franzosen Clément Vautel. Maria Corda spielt die Rolle einer Ehefrau, der Feste und Parties lieber sind als Kinder. Erst als ihr Mann (Harry Liedtke) ein Verhältnis mit einer anderen (Maria Paudler) anknüpft, will sie Mutter werden. Pinthus fährt in seiner lobenden Kritik fort: »Erstens mal: Mit welchem Bedacht, mit welcher Sorgfalt ist das Drehbuch gearbeitet, vom Ineinander und den Kontrasten der Geschehnisse bis zu den wenigen ironisch-schlagenden Zwischentiteln. Zweitens: Die Handlung von den tanzwütigen Frauen unserer Oberflächenzivilisation und ihrer Heilung durch die endlich aufschäumende Wut des nüchtern-behäbigen Mannes ist ein Zeitdokument, das im Kulturmuseum künftiger Epochen fortleben wird. Drittens: So leckere, lockere, in Geschmack und Bildmäßigkeit gleich delikate, von Einfällen noch bis zu den letzten Bildern strotzende, anmutig-witzige Regie hat man, seit (Ernst) Lubitsch, in Europa nicht erlebt.« – »Madame wünscht keine Kinder« ist der letzte im Deutschen Reich gedrehte Film des Ungarn Alexander Korda. 1926 geht Korda nach Hollywood. 1933 dreht Hans Steinhoff ein Remake des erfolgreichen Streifens.

Gerhard Lamprecht:
Die Unehelichen
Nach »Die Verrufenen« (1925), einer Sozialstudie über das Leben in den Berliner Slums nach Beobachtungen und Zeichnungen Heinrich Zilles, dreht Gerhard Lamprecht mit »Die Unehelichen – Eine Kindertragödie« einen ähnlich gearteten Film. Diesmal stehen die Erlebnisse dreier unehelicher Proletarierkinder aus Berlin im Mittelpunkt. – Im selben Jahr, 1926, läuft Lamprechts Film »Menschen untereinander – Acht Akte aus einem interessanten Hause«. Hier schildert Lamprecht das Leben in einem Berliner Mietshaus.

Friedrich Wilhelm Murnau:
Faust – eine deutsche Volkssage
Mit Gösta Ekman als Faust, Emil Jannings als Mephisto und Camilla Horn als Gretchen dreht Friedrich Wilhelm Murnau »Faust – eine deutsche Volkssage«, seinen letzten deutschen Film, bevor er 1925 nach Hollywood geht. Die Kritik in Deutschland ist geteilt, einige meinen, nach Johann Wolfgang von Goethes »Faust« sei das Schicksal dieses vom Teufel umgarnten Doktors nicht mehr angemessen darzustellen, erst recht nicht im Film. »Fausts Schicksal ward durch Goethe zum geistigen Schicksal erhoben, nicht wiederzugeben im Film«, schreibt der Schriftsteller, Theater-, Film- und Literaturkritiker Kurt Pinthus. Anders die Reaktionen im Ausland: »Bis auf den heutigen Tag hat kein einziger Film den Eindruck einer vom ersten bis zum letzten Bild so leidenschaftlich erfühlten Kraft und Bewegung vermittelt«, begeistert sich die »Europe Nouvelle« 1927 nach der Pariser Erstaufführung und wendet sich gegen die an Goethe orientierte philologische Kritik der Deutschen: »Darüber hinaus ist der Beweis erbracht, daß ein Werk der Leinwand ein rein visuelles und plastisches Werk sein kann, und nur, wenn wir diesen Film so zu sehen, enthüllt er uns seinen wahren Sinn und seine tiefste Philosophie. Der Schöpfer dieses ›Faust‹ vollbringt das Wunder, uns in jeder Minute, jeder Sekunde die komplette und vollständige Vision seiner Welt zu präsentieren.«

Georg Wilhelm Pabst:
Geheimnisse einer Seele
Nach »Die freudlose Gasse«, mit der der österreichische Regisseur G(eorg) W(ilhelm) Pabst 1925 Weltruhm erlangt hat, kommt mit dem Psycho-Streifen »Geheimnisse einer Seele« ein weiterer Pabst-Film in die Kinos, die dem deutschen Stummfilm zu internationaler Anerkennung verhelfen. Werner Krauss spielt den impotenten Chemiker Dr. Martin Fellmann, der nach einem Mord in der Nachbarschaft der Wahnvorstellung verfällt, er müsse

seine Frau (Ruth Weyher) töten. Die Zwangsvorstellung verstärkt sich, als der Vetter (Jack Trevor) seiner Frau zu Besuch kommt, der früher in sie verliebt gewesen ist. Ein Psychoanalytiker (Pawel Pawloff) diagnostiziert die Vorstellungen schließlich als die Folgen verdrängter Jugenderlebnisse und Minderwertigkeitskomplexe wegen der kinderlos gebliebenen Ehe. Der Patient wird geheilt. Ein Jahr später verbringt die Familie den Urlaub mit ihrem ersten Kind. – »Der Kinematograph« lobt den von der Psychoanalyse Sigmund Freuds inspirierten Film nach der Uraufführung begeistert, die Traumszenen etwa seien »ein Ruhmesblatt deutscher Kinematographie – Trickaufnahmen, die wohl an der Spitze des Besten stehen, was auf diesem Gebiet geleistet werden kann«. Aus heutiger Sicht wirkt manches zu lehrhaft und überdeutlich. Wie das allerdings von fortschrittlichen Zeitgenossen empfunden wird, geht aus Axel Eggebrechts Kritik in der »Weltbühne« aus dem Jahr 1926 hervor: »Diese ›Geheimnisse einer Seele‹ sind eine außerordentlich saubere – und spannende – Sache. Daß die psychiatrische Krankengeschichte nicht ganz zum Kunstwerk, daß der Zusammenklang wissenschaftlicher und künstlerischer Seelendeutung nicht zu einem außerordentlich reizvollen Gebilde wird, daran sind die vorsintflutlichen Film-Zensurzustände dieser Republik schuld. Jeder Kabarettist kann Wirtin-Verse über Freud vortragen: In diesem Film kommt das Wort ›Libido‹ nicht vor, und die sehr, sehr dezenten Sexualsymbole dürfen nach langen Zensurkämpfen wohl gezeigt, aber nicht gedeutet werden!« Der Film schockiert dennoch viele Zuschauer.

Berthold Viertel:
K. 13513 – Die Abenteuer eines Zehnmarkscheins
Hauptdarsteller dieses Pionierwerks der Neuen Sachlichkeit im Film ist kein Mensch, sondern ein Zehnmarkschein, dessen Weg von einer Hand in die andere mit der Kamera verfolgt wird. Das Buch für diesen Film stammt von dem seit 1919 in Berlin lebenden Ungarn Béla Balázs. »Wie hier die rein optisch empfundene Filmidee, den Weg einer Banknote mit dem Objektiv zu verfolgen, in Handlung und Bild umgesetzt ist«, schreibt Hans Sahl nach der Uraufführung, »wie die scheinbar so unlebendige Materie sich vor den raffinierten Wendungen des Apparats ein Panorama wild aufführender Aspekte verwandelt, das ist mit eminentem Filmsinn der Wirklichkeit abgenommen. Leider geht das Manuskript den Weg nicht zu Ende. Keine Banknote ohne Liebe, dachte sich Béla Balázs, und schrieb rund um den kostbaren Zehnmarkschein die billige Groschenheftgeschichte einer stellungslosen Aftermieterin. Inzwischen weht die Banknote K. 13513 über Straßen und Steige, über Dächer im Gewitter, durch Pfützen, Kot, Schutt, Müll, zerrissen, geklebt, durch Katzenpfoten und Mörderhände an ihren Ausgangspunkt zurück. Was um ihretwillen geschah, war Mord, Raub, Glück, Liebe, Verzweiflung, kurzum, die ganze Skala menschlicher Affekte.«

Rudolf Walther-Fein:
Die Gesunkenen
Auf den Spuren der Berliner Milieu-Maler und -Zeichner Heinrich Zille und Paul Simmel wandelt Rudolf Walther-Fein mit seinem Film »Die Gesunkenen« über einen Straßenbahnschaffner (Wilhelm Dieterle) und einen weltfernen Dichter (Otto Gebühr). In seiner Kritik würdigt »Der Kinematograph« die Leistungen der Schauspieler (neben den genannten Asta Nielsen, Olga Tschechowa, Hans Albers) und die sorgfältige darstellerische Leistung, erklärt jedoch kategorisch, eine solche Art von Milieu-Filmen sei überholt: »Zwar ist Paul Simmel, dem man sich hier verschrieben hat, auch in der Wahl des Milieus nicht mit Zille zu identifizieren. Er ist jünger, neuberlinisch besser, was freilich im Film nicht ganz deutlich wird. Denn dieser Film will ethisch wirken, will beweisen, daß es auch im Sumpf anständige, ehrliche Menschen gibt, während eine scheinbar ehrliche Oberschicht bis in den Kern verfault ist.«

Frankreich

Jean Renoir:
Nana
(Nana)
Emile Zolas Roman »Nana« um den Aufstieg einer Edelprostituierten am Ende des Zweiten Kaiserreiches reduziert Jean Renoir auf drei Personen: Nana (Cathérine Hessling), ihr Hauptopfer Muffat (Werner Krauss) und Vandoeuvres (Jean Angelo). »Sie personifizieren in sich alle die, die ich opfern mußte.« Renoir nutzt den Gegensatz zwischen der puppenhaften Cathérine Hessling und dem feierlich wirkenden Spiel von Werner Krauss. Trotz zahlreicher theatralischer Effekte bemüht sich Renoir um psychologische Glaubwürdigkeit und realistische Milieuschilderung.

Großbritannien

Alfred Hitchcock:
Der Untermieter
(The Lodger)
Seinen ersten großen Erfolg als Regisseur erreicht Alfred Hitchcock mit »Der Untermieter«, der Geschichte einer Familie, die ihren Untermieter (Ivor Novello) verdächtigt, ein moderner Jack the Ripper zu sein. In dem Augenblick, als der unschuldige Untermieter von einer aufgepeitschten Menge als Frauenmörder gelyncht werden soll, trifft die Nachricht ein, daß der wirkliche Mörder gefaßt sei. – »Der Untermieter« weist alle wesentlichen Elemente auf, die für Hitchcocks spätere Filme charakteristisch sind: Ein durchschnittlicher Mann wird in ungewöhnliche Ereignisse verstrickt, die Geschichte ist spannungsbetont, immer wieder werden durch besondere Einstellungen einzigartige Wirkungen erzielt (hier die durch einen Glasboden aufgenommenen, hin und her wandernden Beine des Untermieters), der Regisseur Hitchcock tritt kurz selbst auf.

Norwegen

Carl Theodor Dreyer:
Reise in den Himmel
(Glomdalsbruden)
Eine Milieustudie, die durch Präzision und Authentizität besticht, ist der Film »Reise in den Himmel« des dänischen Regisseurs Carl Theodor Dreyer: Ein reiches Mädchen (Tove Tellback) setzt gegen den Willen der Eltern die Heirat mit einem armen Landarbeiter (Einar Sissener) durch. – Der Durchbruch zu internationalem Ruhm gelingt Dreyer 1928 mit »Die Leidenschaft der Jeanne d'Arc«.

UdSSR:

Grigori M. Kosinzew/Leonid S. Trauberg:
Der Mantel
(Schinel)
Die Verfilmung von Nikolai Gogols Novelle »Der Mantel« über einen kleinen Beamten, der sich nach dem Diebstahl seines Mantels stirbt und sich nach dem Tod an den Dieben rächt, ist der erste große Erfolg von Grigori Kosinzew und Leonid Trauberg, die bei diesem Film die Beeinflussung durch den deutschen Expressionismus nicht leugnen können: Die Darstellungen sind stilisiert bis zum Akrobatischen, die Ereignisse zu dämonischen und grotesken Happenings verzerrt, die Ausstattung erinnert an die Szenerie von Träumen.

Lew W. Kuleschow:
Nach dem Gesetz
(Po sakonu)
Mit »Nach dem Gesetz« dreht Lew Kuleschow zwar sein Meisterwerk, doch wegen des Inhalts bekommt er Schwierigkeiten mit den Behörden und kann bis 1933 keinen größeren Film mehr fertigstellen: Die Geschichte nach Jack Londons Erzählung »Der Unerwartete« ist eine erschütternde Anklage gegen die Todesstrafe und zugleich ein Infragestellen menschlicher Justiz überhaupt. Ein in untergeordneter Stellung arbeitender Goldsucher (Wladimir Fogel) erschießt zwei seiner Peiniger, wird von den anderen Goldsuchern zum Tod durch den Strang verurteilt und während eines Schneesturms gehenkt. Als die Überlebenden in ihrer Hütte sitzen, öffnet sich plötzlich die Tür: Der Gehenkte tritt ein, der Sturm hat ihn vom Baum gerissen.

Wsewolod J. Pudowkin:
Die Mutter
(Mat)
Internationale Anerkennung bringt Vera Baranowskaja die Hauptrolle in Wsewolod Pudowkins Film »Die Mutter« nach dem gleichnamigen Roman von Maxim Gorki. Erzählt wird die Geschichte einer Mutter, die sich unter dem Einfluß ihres Sohnes, eines Revoluitionärs, zum Kommunismus bekehrt. – »Die Mutter« ist Pudowkins erster eigentlicher Spielfilm, nachdem er 1925 in »Das Schachfieber« Spielszenen mit Wochenschauaufnahmen montiert hatte. Im Unterschied zu Sergei M. Eisenstein verwendet Pudowkin professionelle Schauspieler. Nach »Die Mutter« schafft er mit »Das Ende von Sankt Petersburg« (1927) und »Sturm über Asien« (1928) zwei weitere Klassiker des sowjetischen Stummfilms.

USA

Clarence Brown:
Das Fleisch und der Teufel
(The Flesh and the Devil)
Mit »Das Fleisch und der Teufel« nach dem Roman »Es war« von Hermann Sudermann bringt Clarence Brown die Hollywood-Karriere von Greta Garbo in Gang. Die »göttliche« Garbo spielt in diesem von der Kritik begeistert aufgenommenen Film eine Gräfin zwischen drei Männern.

Frank Capra:
Der starke Mann
(The Strong Man)
Eine Glanzrolle für Harry Langdon als Typ des siegreichen Einfaltspinsels schafft Frank Capra mit der Komödie »Der starke Mann«. Auf der Suche nach seiner Brieffreundin (Gertrude Astor), die er noch nie gesehen hat, wird der Gewichtheber Paul Bergot (Langdon) in den Kreuzzug eines Pfarrers gegen Alkohol, Glücksspiel und Gangster hineingezogen. Er bringt es schließlich bis zum Sheriff und heiratet die blinde Brieffreundin, die Tochter des Pfarrers.

Buster Keaton:
Der Boxer/Der Killer von Alabama
(Battling Butler)
1926 ist das letzte der Jahre, in denen Buster Keatons erfolgreiche Filme entstehen, 1927 gibt der Komiker und Regisseur seine Selbständigkeit auf, arbeitet nur noch als Schauspieler ausschließlich für Metro Goldwyn Mayer – und hat nur mehr wenig Erfolg. »Der Boxer« zeigt ihn in der Rolle eines verwöhnten Millionärs, der sich in eine Dorfschöne (Sally O'Neill) verliebt, von deren Verwandtschaft aber wegen seines schmächtigen Aussehens abgelehnt wird. Als sein Diener (Snitz Edwards) das Gerücht verbreitet, der smarte junge Mann sei in Wirklichkeit der berühmte Boxer Alfred »Battling« Butler, steht der Hochzeit nichts mehr entgegen.

Buster Keaton:
Der General
(The General)
Der Name dieser Kriegskomödie leitet sich von dem Gegenstand her, um den es im Film geht: die Lokomotive »Der General«. Buster Keaton spielt einen Lokomotivführer, der nicht als Soldat am amerikanischen Bürgerkrieg teilnehmen darf, weil er auf seiner Lokomotive unabkömmlich ist. Als ihm die Lokomotive und seine Braut (Marion Mack) von einem Kommando des Gegners entführt werden, gerät er bei der Verfolgung unversehens ins gegnerische Hauptquartier, kundschaftet den Feldzugsplan der Feinde aus, rettet Lokomotive und Braut und entscheidet schließlich die Schlacht für den Süden. Als er zum Leutnant befördert wird, ist seine Braut versöhnt.

Sportereignisse und -rekorde des Jahres 1926

Die Aufstellung erfaßt Rekorde, Sieger und Meister in wichtigen Sportarten. Aufgenommen wurden nur solche Wettbewerbe, die in den vergangenen Jahren bereits regelmäßig ausgetragen worden sind oder ab 1926 kontinuierlich zu den Sportprogrammen gehörten. Sportarten in alphabetischer Reihenfolge.

Automobilsport

Grand-Prix-Rennen

Großer Preis von/Kurs	Sieger (Land)	Marke	Ø km/h
Deutschland/Berlin	Rudolf Caracciola (GER)	Mercedes	135,1
Frankreich/Miramas	Jules Goux (FRA)	Bugatti	109,8
Italien/Monza	»Sabipa« (Jean Charavel)	Bugatti	138,2

Langstreckenrennen

Kurs/Dauer	Sieger (Land)	Marke	Ø km/h
Indianapolis/500 Ms	Fred Lockhart (USA)	Miller	–
Le Mans/24 Stunden	Bloch/Rossignol (FRA)	Lorraine-Dietrich	106,4
Targa Florio	Bartolomeo Constantini (ITA)	Bugatti	73,5

Rallyes

Monte Carlo	Bruce/Brunell (GBR)	AC	–

Boxen/Schwergewicht

Ort/Tag	Weltmeister	Gegner	Ergebnis
Philadelphia/23. 9.	Gene Tunney (USA)	Jack Dempsey (USA)	PS (10 R.)

Eiskunstlaufen

Einzel

	Herren	Damen
Weltmeister	Willi Böckl (AUT)	Herma Jaross-Szabo (AUT)
Europameister	Willi Böckl (AUT)	–
Deutscher Meister	Werner Rittberger	Ellen Brockhöft

Paarlauf

Weltmeister	Andreé Joly/Pierre Brunet (FRA)
Europameister	erstmals 1930
Deutsche Meister	Kishauer/Gaste (Berlin)

Gewichtheben/Schwergewicht

Weltrekord (Land), Datum	Dreikampf	Drücken	Reißen	Stoßen
Paul Trappen (GER) 1924	352,5 kg	–	–	–

Fußball

Länderspiele

	Ergebnis	Ort	Tag
Deutschland			
Deutschland – Holland	4:2	Düsseldorf	18. 4.
Deutschland – Schweden	3:3	Nürnberg	20. 6.
Holland – Deutschland	2:3	Amsterdam	31. 10.
Deutschland – Schweiz	2:3	München	12. 12.
Österreich			
Österreich – Frankreich	4:1	Wien	–
Österreich – Tschechoslowakei	2:0	Wien	–
Ungarn – Österreich	3:0	Budapest	–
Österreich – Ungarn	2:3	Wien	–
Österreich – Schweden	3:1	Wien	–
Österreich – Schweiz	7:1	Wien	10. 10.
Schweiz			
Holland – Schweiz	5:0	Amsterdam	28. 3.
Schweiz – Italien	1:1	Zürich	18. 4.
Frankreich – Schweiz	1:0	Paris	25. 4.
Italien – Schweiz	3:2	Mailand	9. 5.
Österreich – Schweiz	7:1	Wien	10. 10.
Deutschland – Schweiz	2:3	München	12. 12.

Fußball

Landesmeister

Deutschland	SpVgg Fürth – Hertha BSC Berlin 4:1
Österreich	Wiener Amateure (Austria)
Schweiz	Servette Genf
England	Huddersfield Town
Italien	Juventus Turin
Spanien	FC Barcelona
Schottland	Celtic Glasgow

Landespokal

Österreich	Wiener Amateure (Austria)
Schweiz	Grashoppers Zürich – FC Bern 2:1
England	Bolton Wanderers – Manchester City 1:0
Frankreich	Olympique Marseille – Valentigney 4:1
Schottland	FC St. Mirren – Celtic Glasgow
Spanien	Irun – Arenas 1:0

Leichtathletik

Deutsche Meister

Disziplin	Sieger (Stadt)	Leistung
Männer (7./8. August, Leipzig)		
100 m	Helmut Körnig (Breslau)	10,3
200 m	Helmut Körnig (Breslau)	21,5
400 m	Otto Peltzer (Stettin)	49,0
800 m	Herbert Böcher (Berlin)	2:00,5
1500 m	Otto Peltzer (Stettin)	4:09,2
5000 m	Siegfried Dieckmann (Hannover)	15:13,2
10 000 m	Alfred Rätze (Luckenwalde)	32:20,8
25 000 m	Hans Schneider (Hirschberg)	1:27:38
Marathon	Arthur Reichmann (Siegen)	2:41:12
110 m Hürden	Heinrich Troßbach (Berlin)	15,3
400 m Hürden	Otto Peltzer (Stettin)	54,9
3000 m Hindernis	nicht ausgetragen	
4 × 100 m	Phönix Karlsruhe	42,1
3 × 1000 m	Preußen Stettin	7:45,4
Hoch	Fritz Huhn (Jena)	1,74
Stabhoch	Karl Möbius (Saalfeld)	3,60
Weit	Rudolf Dobermann (Köln)	7,36
Kugel	Willy Schröder (Dortmund)	13,66
Kugel beidarmig	Georg Brechenmacher (Frankfurt)	24,74
Diskus	Hans Hoffmeister (Hannover)	44,13
Diskus beidarmig	Hermann Hänchen (Berlin)	72,91
Speer	Kurt Zimmermann (Breslau)	57,96
Speer beidarmig	Walter Lüdecke (Berlin)	93,08
Zehnkampf	Arthur Holz (Berlin)	636
Gehen 50 km	Karl Hähnel (Erfurt)	4:37:39,5
Frauen (22. August, Braunschweig)		
100 m	Gundel Wittmann (Berlin)	12,5
1000 m	Lina Bratschauer (Baden-Baden)	3:20,5
4 × 100 m	Berliner Sport-Club	52,9
Hoch	Eva von Bredow (Berlin)	1,495
Weit	Gertrud Mäckelmann (Berlin)	5,18
Kugel	Grete Heublein (Elberfeld)	11,49
Diskus	Milly Reuter (Frankfurt)	38,34
Speer	Augustine Hardus (Lübeck)	32,30

Weltrekorde (Stand: 31. 12. 1926)

Disziplin	Name (Land)	Leistung	Datum	Ort
Männer				
100 m	Charles Paddock (USA)	10,4	23. 04. 1921	Reelands
200 m (Gerade)	Roland Locke (USA)	20,6	01. 05. 1926	Lincoln

Sport

400 m	Ted Meredith (USA)	47,4	27.05.1916	Cambridge
800 m	Otto Peltzer (GER)	1:51,6	03.07.1926	London
1500 m	Otto Peltzer (GER)	3:51,0	11.09.1926	Berlin
5000 m	Paavo Nurmi (FIN)	14:35,4	12.09.1922	Stockholm
10 000 m	Paavo Nurmi (FIN)	30:06,2	31.08.1924	Kuopio
110 m Hürden	Earl Thomson (CAN)	14,8	18.08.1920	Antwerpen
400 m Hürden	Sten Petterson (SWE)	53,8	04.10.1925	Paris
4 × 100 m	USA	41,0	13.07.1924	Paris
4 × 400 m	USA	3:16,0	13.07.1924	Paris
Hoch	Harold Osborn (USA)	2,03	27.05.1925	Urbana
Stabhoch	Charles Hoft (NZL)	4,25	27.09.1925	Turku
Weit	William DeHart Hubbard (USA)	7,89	13.06.1925	Chicago
Dreisprung	Daniel Ahearn (USA)	15,52	30.05.1911	New York
Kugel	Ralph Rose (USA)	15,54	21.08.1909	S. Francisco
Diskus	Clarence Houser (USA)	48,20	03.04.1926	Palo Alto
Hammer	Patrick Ryan (USA)	57,77	17.08.1913	–
Speer	Gunnar Lindström (SWE)	66,62	12.10.1924	Eksjö
Zehnkampf	Paavo Yrjölä (FIN)	6.651	17./18.7.25	Viipuri
Frauen				
100 m	Gundel Wittmann (GER)	12,4	24.08.1926	Braunschweig
200 m	Eileen Edwards (GBR)	26,0	1926	–
400 m	Vera Palmer (GBR)	60,5	1923	–
Weit	Kinye Hitomi (JAP)	5,50	1926	–
Kugel	Hilde Koppl (AUT)			–
Diskus	Milly Reuter (GER)	38,34	22. 8.1926	Braunschweig

Deutsche Rekorde (Stand: 31.12.1926)

Disziplin	Name (Ort)	Leistung	Datum	Ort
Männer				
100 m	Helmut Körnig (Breslau)	10,4	08.08.26	Leipzig
200 m	Hubert Houben (Krefeld)	21,5	21.09.24	Augsburg
400 m	Hanns Braun (München)	48,3	13.07.12	Stockholm
800 m	Otto Peltzer (Stettin)	1:51,6	03.07.26	London
1000 m	Otto Peltzer (Stettin)	2:27,4	17.10.26	Hamburg
1500 m	Otto Peltzer (Stettin)	3:51,0	11.09.26	Berlin
3000 m	Emil Bedarff (Frankfurt)	8:44,5	13.07.22	Düsseldorf
5000 m	Siegfried Dieckmann (Hannover)	15:10,3	11.07.26	Köln
10 000 m	Emil Bedarff (Düsseldorf)	32:14,2	15.08.24	Düsseldorf
110 m Hürden	Heinrich Troßbach (Berlin)	14,9	08.08.26	Berlin
400 m Hürden	Otto Peltzer (Stettin)	54,9	08.08.26	Berlin
4 × 100 m	SC Phönix Karlsruhe	41,9	19.09.26	Kassel
4 × 400 m	Deutscher Sportclub Berlin	3:22,8	12.09.26	Berlin
Hoch	Robert Pasemann (Berlin)	1,923	13. 8.11	Braunschweig
Stabhoch	Heinrich Fricke (Hannover)	3,80	20. 8.22	Duisburg
Weit	Rudolf Dobermann (Köln)	7,36	8. 8.26	Leipzig
Drei	Arthur Holz (Berlin)	14,99	1. 7.22	Berlin
Kugel	Willy Schröder (Dortmund)	14,62	26. 9.26	Höhr
Diskus	Gustav Steinbrenner (Frankfurt)	46,66	27. 8.22	Aschaffenburg
Hammer	Josef Mang (Regensburg)	43,12	26. 9.26	Regensburg
Speer	Walter Lüdeke (Berlin)	62,14	16.07.24	Berlin
Zehnkampf	Arthur Holz (Berlin)	652	10./11.7.26	Köln
Frauen				
100 m	Gundel Wittmann (Berlin)	12,4	24.08.26	Braunschweig
200 m	Gundel Wittmann (Berlin)	27,4	13.07.24	Berlin
800 m	Wally Lingner (Berlin)	2:36,4	02.08.25	Halle
1000 m	Wally Lingner (Berlin)	3:15,0	18.07.26	Berlin
4 × 100 m	Berliner Sport-Club	50,3	11.07.26	Köln
Hoch	Eva von Bredow (Berlin)	1,495	22.08.26	Braunschweig
Weit	Marie Kiessling (München)	5,54	29. 5.21	München
Kugel	Lilly Henoch (Berlin)	11,57	16. 8.25	Leipzig
Diskus	Milly Reuter (Frankfurt)	38,34	22. 8.26	Braunschweig
Speer	Else Schumann (Essen)	35,49	11. 7.26	Köln

Pferdesport

Disziplin/Turnier	Sieger (Land)	Pferd (Gestüt)	Tag
Galopprennen			
Deutsches Derby	Freddy Williams	Ferro (Haniel)	–
Kentucky-Derby	Arthur Johnson (USA)	Bubbling Over	
Trabrennen			
Deutsches Derby	Chris Mills	Lebenskünstler (Riedel)	–
Turniersport			
Springreiten			
Deutsches Derby	Graf W. Hohenau (GER)	Apoll	–

Radsport

Disziplin, Ort, Datum	Plazierung, Name (Land)
Straßenweltmeisterschaft	nicht ausgetragen
Rundfahrten (Etappen)	
Tour de France (17) Länge: 5745 km	1. Lucien Buysse (BEL)
	2. Nico Frantz (LUX)
	3. Giovanni Aymo (ITA)
Giro d'Italia (12) Länge: 3329 km	1. Giovanni Brunero (ITA)
	2. Alfredo Binda (ITA)
	3. Antonio Bresciani (ITA)
Tour de Suisse	nicht ausgetragen
Deutschlandrundfahrt	nicht ausgetragen

Schwimmen

Europameister (Budapest)

Disziplin	Sieger (Land)	Leistung
Männer		
Freistil 100 m	István Barany (UNG)	1:01,0
Freistil 400 m	Arne Borg (SWE)	5:14,2
Freistil 1500 m	Arne Borg (SWE)	21:29,2
Freistil 4 × 200 m	Deutschland	9:57,2
Brust 200 m	Erich Rademacher (GER)	2:52,6
Rücken 100 m	Gustav Frölich (GER)	1:16,0
Kunstspringen	Artur Mund (GER)	185,42
Turmspringen	Hans Luber (GER)	110,80
Wasserball	Ungarn	
Frauen		
keine Wettbewerbe ausgetragen		

Deutsche Meister (Düsseldorf)

Disziplin	Sieger (Ort)	Leistung
Männer		
Freistil 100 m	August Heitmann (Magdeburg)	1:03,2
Freistil 400 m	Fritz Berges (Darmstadt)	5:27,2
Freistil 1500 m	Siegfried Berges (Darmstadt)	22:25,8
Rücken 100 m	Luise Bäring (Magdeburg)	1:31,8
Kunstspringen	Lini Söhnchen (Bremen)	86,88
Freistil 3 × 100 m	Magdeburg 1896	3:19,5
Freistil 3 × 200 m	Magdeburg 1896	7:46,8

Sport

Deutsche Meister (Düsseldorf) Forts.

Disziplin	Sieger (Ort)	Leistung
Brust 100 m	Erich Rademacher (Magdeburg)	1:19,0
Brust 3 × 100 m	Hellas Magdeburg	4:13,6
Rücken 100 m	Gustav Frölich (Magdeburg)	1:16,0
Lagen 4 × 100 m	Hellas Magdeburg	5:03,0
Seite 100 m	Robert Dahlem (Ruhrort)	1:10,6
Kunstspringen	Artur Mund (Halberstadt)	154,58
Turmspringen	Hans Luber (Berlin)	118,00
Wasserball	Hellas Magdeburg	
Frauen		
Freistil 100 m	Reni Erkens (Oberhausen)	1:17,7
Freistil 4 × 100 m	Poseidon Dresden	4:24,0
Brust 100 m	Erna Huneus (Mönchengladbach)	1:32,6
Brust 4 × 100 m	–	–

Weltrekorde (Stand 31. 12. 1926)

Disziplin	Name (Land)	Leistung	Datum
Männer			
Freistil 100 m	Johnny Weissmuller (USA)	57,4	17. 2.24
Freistil 200 m	Johnny Weissmuller (USA)	2:15,2	26. 5.22
Freistil 400 m	Arne Borg (SWE)	4:50,3	11. 9.25
Freistil 800 m	Arne Borg (SWE)	10:37,4	25. 8.25
Freistil 1500 m	Arne Borg (SWE)	20:04,4	18. 8.26
Freistil 4 × 200 m	USA	9:53,4	20. 7.24
Brust 100 m	Erich Rademacher (GER)	1:15,0	22. 3.24
Brust 200 m	Erich Rademacher (GER)	2:50,4	7. 4.24
Rücken 100 m	Walter Laufer (USA)	1:11,2	20. 6.26
Rücken 200 m	Walter Laufer (USA)	2:44,9	13. 7.26
Frauen			
Freistil 100 m	Ethel Lackie (USA)	1:10,0	28. 1.26
Freistil 200 m	Martha Norelius (USA)	2:40,6	28. 2.26
Freistil 400 m	Gertrud Ederle (USA)	5:53,2	4. 8.22
Freistil 800 m	Martha Norelius (USA)	12:47,2	7. 8.26
Freistil 1500 m	Edith Mayne (GBR)	24:00,2	15. 9.26
Freistil 4 × 100 m	USA	4:58,8	15. 7.24
Brust 100 m	Agnes Geraghty (USA)	1:28,8	13. 2.26
Brust 200 m	Mietje Baron (HOL)	3:18,4	24.10.26
Rücken 100 m	Sybil Bauer (USA)	1:22,4	6. 1.24
Rücken 200 m	Sybil Bauer (USA)	3:03,8	9. 2.24

Deutsche Rekorde (Stand 31. 12. 1926)

Disziplin	Name (Ort)	Leistung	Datum
Männer			
Freistil 100 m	Herbert Heinrich (Leipzig)	1:02,1	5. 4.25
Freistil 200 m	Herbert Heinrich (Leipzig)	2:23,2	28.11.25
Freistil 400 m	Herbert Heinrich (Leipzig)	5:16,8	15.11.25
Freistil 800 m	Friedel Berges (Darmstadt)	11:38,6	26. 6.26
Freistil 1500 m	Friedel Berges (Darmstadt)	22:18,0	5. 7.24
Freistil 4 × 200 m	Nationalstaffel	9:57,2	22. 8.26
Brust 100 m	Erich Rademacher (Magdeburg)	1:15,0	22. 3.24
Brust 200 m	Erich Rademacher (Magdeburg)	2:50,4	4. 3.22
Rücken 100 m	Gustav Frölich (Magdeburg)	1:14,1	21. 1.26
Rücken 200 m	Erich Günther (Göppingen)	2:48,9	30.12.26
Frauen			
Freistil 100 m	Lotte Lehmann (Dresden)	1:17,6	8. 5.26
Freistil 200 m	Lotte Lehmann (Dresden)	3:03,8	1. 7.26
Freistil 400 m	Reni Erkens (Oberhausen)	6:35,9	7. 8.26
Freistil 4 × 100 m	Nationalstaffel	6:20,0	1. 7.25
Brust 100 m	Erna Huneus (Mönchengladbach)	1:29,0	4.10.25
Brust 200 m	Erna Murray (Leipzig)	3:20,2	5. 4.25
Rücken 100 m	Anni Rehborn (Bochum)	1:29,2	15.11.25
Rücken 200 m	Hanna Wunram (Hildesheim)	3:18,0	8. 3.26

Tennis

Meisterschaften	Ort
Wimbledon	London
US Open	New York
French Open	Paris
Australian Open	Melbourne
Internationale Deutsche Meisterschaften	Hamburg (Herren) Berlin (Damen)
Daviscup-Endspiel	Philadelphia

Turnier	Sieger (Land) – Finalgegner (Land) Ergebnis
Herren	
Wimbledon	Jean Borotra (FRA) – Howard Kinsey (USA) 8:6, 6:1, 6:3
French Open	Henri Cochet (FRA)
US Open	René Lacoste (FRA) – Jean Borotra (FRA) 6:4, 6:0, 6:4
Australian O.	J. B. Hawkes
Int. Deutsche	Hans Moldenhauer
Daviscup	USA – Frankreich 4:1
Damen	
Wimbledon	Kitty McKane-Godfree (GBR) – Lili d'Alvarez (SPA) 6:2, 4:6, 6:3
French Open	Suzanne Lenglen (FRA)
US Open	Molla Bjurstedt-Mallory (USA)
Australian O.	D. Akhurst
Int. Deutsche	Ilse Friedleben
Herren-Doppel	
Wimbledon	Jacques Brugnon/Henri Cochet (FRA) – Henry Kinsey/ V. Richards (USA) 7:5, 4:6, 6:3, 6:2
French Open	Vincent Richards/Richard N. Williams (USA)
US Open	Vincent Richards/Richard N. Williams (USA)
Australian O.	J. B. Hawkes/G. Patterson
Int. Deutsche	Friedrich-Wilhelm Rahe (GER)/Bela von Kehrling (UNG)
Damen-Doppel	
Wimbledon	Mary Browne/Elisabeth Ryan (USA) – Kitty McKane Godfree/ Elizabeth L. Colyer (GBR) 6:1, 6:1
French Open	Suzanne Lenglen/Didi Vlasto (FRA)
US Open	Elizabeth Ryan/E. Gross (USA)
Australian O.	E. Boyd/P. O'Hara Wood
Int. Deutsche	Joan Mieken Galvao-Rieck/Else Hoffmann
Mixed	
Wimbledon	Godfree/Godfree (GBR)
French Open	Suzanne Lenglen/Jacques Brugnon (FRA)
US Open	Elizabeth Ryan (USA)/Jean Borotra (FRA)
Australian O.	Akhurst/J. B. Hawkes
Int. Deutsche	Cilly Aussem/Hans Moldenhauer (GER)

Nekrolog

Bekannte Persönlichkeiten aus allen Bereichen des gesellschaftlichen Lebens, die im Jahr 1926 gestorben sind, werden – alphabetisch geordnet – in Kurzbiographien vorgestellt.

Wolf Wilhelm Graf von Baudissin

deutscher evangelischer Theologe (*26. 9. 1847, Sophienhof bei Kiel), stirbt am 6. Februar in Berlin.
Graf von Baudissin erforschte als Vertreter der religionsgeschichtlichen Schule die Einflüsse der zeitgenössischen Welt der Bibel auf die Religion des Alten Testaments. 1876 wurde er Professor in Straßburg, 1881 in Marburg, 1900 erhielt er einen Ruf nach Berlin. Er veröffentlichte u. a. »Die Geschichte des alttestamentlichen Priestertums«, »Einführung in die Bücher des Alten Testaments«, »Esmun-Asklepios«, »Adonis und Esmun« und »Kyrios als Gottesname«.

Wilhelm Braune

deutscher Germanist (*20. 2. 1850, Großthiemig bei Bad Liebenwerda), stirbt am 10. November in Gießen.
Braune, ab 1880 Professor in Gießen, 1888–1919 in Heidelberg, gab ab 1874 die »Beiträge zur Geschichte der deutschen Sprache und Literatur« heraus, ab 1876 die »Neudrucke deutscher Literaturwerke des 16. und 17. Jahrhunderts« und ab 1880 die »Sammlung kurzer Grammatiken germanischer Dialekte«, für die er das Gotische (1880, 17. Auflage 1966) und das Althochdeutsche (1886, 12. Auflage 1967) erarbeitete. Zu einem Standardwerk wurde auch sein »Althochdeutsches Lesebuch« (1900, 8. Auflage 1921, 15. Auflage 1969).

Harry Breßlau

deutscher Historiker (*22. 3. 1848, Dannenberg/Elbe), stirbt am 27. Oktober in Heidelberg.
Breßlau war ab 1888 Mitglied der Zentraldirektion der »Monumenta Germaniae Historica«, für die er mit Hermann Reincke-Bloch die vier Bände »Kaiserurkunden« herausgab. Ab 1888 Professor in Straßburg, leitete er das Neue Archiv der Gesellschaft für ältere deutsche Geschichtskunde und ab 1907 mit Michael Tangl und Karl Brandi das Archiv für Urkundenforschung. Er veröffentlichte u. a. »Jahrbücher des deutschen Reichs unter Heinrich II.«, »Jahrbücher des deutschen Reichs unter Konrad II.« und »Geschichte der Monumenta Germaniae Historica«.

John Moses Browning

US-amerikanischer Erfinder (*21. 1. 1855, Ogden/Utah), stirbt am 26. November in Brüssel.
Browning leistete Pionierarbeit bei der Herstellung von Pistolen und Maschinengewehren. Als er 1896 auf die Idee kam, den Rückstoß der Verbrennungsgase zum Auswerfen der leeren Hülsen, Nachladen der Patronen und Spannen des Hahns zu nutzen, hatte er die heute noch nach demselben Prinzip funktionierende »Browning«-Selbstladepistole erfunden. Dieses System wandte er später auch bei der Konstruktion des ersten vollautomatischen Maschinengewehrs für die Firma Colt an. Er konstruierte noch andere automatische Handfeuerwaffen, Panzerabwehrkanonen u. a.

Paul Cassirer

deutscher Kunsthändler und Verleger (*21. 2. 1871, Görlitz), begeht in Berlin am 7. Januar Selbstmord.
Cassirer, Bruder des Neurologen Richard Cassirer und Vetter des Philosophen Ernst Cassirer, verheiratet mit der Schauspielerin Tilla Durieux, war einer der Mitbegründer der Berliner Sezession und einer der wichtigsten Förderer des französischen Impressionismus. In seinem 1908 gegründeten Verlag gab er Werke des literarischen Expressionismus heraus.

Emile Coué

französischer Apotheker und Heilkundiger (*26. 2. 1857, Troyes), stirbt am 2. Juli in Nancy.
Coué, ursprünglich Apotheker, beschäftigte sich ab 1901 mit Hypnose und Suggestionstherapie und übte das von ihm erfundene Heilverfahren, den Couéismus, ab 1910 in Nancy aus. Der Couéismus versucht mit einfachen, zum Teil volkstümlichen Methoden autosuggestiver Art Heilung zu bewirken. Durch dauerndes Bewußterhalten eines suggestiven Inhalts – z. B. »Es geht mir täglich besser« – gelingt es ihm häufig, störende, eine Krankheit verschlimmernde Momente auszuschalten. Coués Heilmethode erlangt vor allem in Laienkreisen große Verbreitung, wird von der Schulmedizin jedoch abgelehnt, da sie die eigentlichen Krankheitsursachen vernachlässige.

Felix E. Dserschinski

sowjetischer Politiker (*11. 9. 1877, Gut Dscherschinowo bei Oschmjany im polnischen Wilna), stirbt am 20. Juli in Moskau.
Dserschinski, trotz seiner adligen Herkunft bald Sozialdemokrat und Anhänger Wladimir Iljitsch Lenins, organisierte nach der Oktoberrevolution 1917 bis 1922 als Leiter der Staatssicherheitsorganisation Tscheka (Außerordentliche Kommission für den Kampf gegen Konterrevolution und Sabotage) den »roten Terror« während des Bürgerkriegs und galt als einer der gefürchtetsten Männer der Sowjetunion. 1921 bis 1924 war er Volkskommissar für das Verkehrswesen, 1924 bis 1926 Vorsitzender des Obersten Volkswirtschaftsrates.

Albin Egger-Lienz

österreichischer Maler (*29. 1. 1868, Striebach bei Lienz), stirbt am 4. November in Sankt Justina bei Bozen.
Egger-Lienz, Schüler des deutschen Historienmalers Wilhelm von Lindenschmidt, entwickelte, ausgehend von der Münchner Historienmalerei, um 1902 einen monumentalen Stil, mit dem er das Bauerntum seiner Tiroler Heimat darstellte. Gemälde: »Das Kreuz« (Landeshaus, Innsbruck), »Die Wallfahrer« (Kunsthalle, Mannheim), »Einzug König Etzels in Wien« (Wien, Städtische Sammlungen), »Totentanz von anno neun« (Österreichische Galerie, Wien).

Otto Ernst

eigentlich Otto Ernst Schmidt, deutscher Schriftsteller (*7. 10. 1862, Ottensen/Hamburg), stirbt am 5. März in Groß Flottbek bei Hamburg.
Otto Ernst wurde vor allem bekannt als liberaler Dramatiker, Erzähler, Essayist und Lyriker, der die Welt des Kleinbürgertums beschrieb. Er veröffentlichte mehrere Gedichtsammlungen, die erfolgreichen Komödien »Jugend von heute« (1900) und »Flachsmann als Erzieher« (1901), die autobiographisch gefärbten Semper-Romane »Asmus Sempers Jugendland« (1904), »Semper der Jüngling« (1908) und »Semper der Mann« (1916), die mit gemütvollem Humor geschriebenen Kindergeschichten »Appelschnut« (1906) und »Heidede« (1923) sowie die Plaudereien »Vom geruhigen Leben« (1903) und die Streitschrift »Nietzsche, der falsche Prophet«. 1922/23 erschienen seine »Gesammelten Werke« in zwölf Bänden.

Rudolf Eucken

deutscher Philosoph des Neuidealismus, Literaturnobelpreisträger 1908 (*5. 1. 1846, Aurich/Ostfriesland), stirbt am 14. September in Jena.
Eucken, dem es in seinem Schaffen um »die großen geistigen Zusammenhänge« ging, war Vertreter eines »schöpferischen Aktivismus«, den er vom nachkantischen Idealismus unterschied. 1908 erhielt er den Literaturnobelpreis »in Anerkennung seines ernsthaften Suchens nach der Wahrheit, der durchdringenden Kraft der Gedanken, der Weite des Blickfelds, der Wärme und Eindringlichkeit der Darstellung, womit er in seinen zahlreichen Arbeiten eine idealistische Lebensphilosophie gerechtfertigt und weiterentwickelt hat«. Eucken knüpfte an den deutschen Idealismus, besonders an Johann Gottlieb Fichte, an und vertrat eine metaphysisch-idealistische Lebensphilosophie, die von der Überzeugung der Selbständigkeit des Geisteslebens getragen ist und die ethisch-reformatorische Ziele hatte. Im Gegensatz zum positivistischen Materialismus sah Eucken im Geistesleben nicht eine bloße Zutat des Menschen zur Natur, sondern ein sich über die Natur erhebendes metaphysisches Weltleben, eine selbständige Tatwelt. 1920 wurde von seinen Anhängern der »Euckenbund« gegründet. Schriften Euckens: »Geistige Strömungen der Gegenwart«, »Geschichte der philosophischen Terminologie«, »Die Einheit des Geisteslebens in Bewußtsein und Tat der Menschheit«, »Die Lebensanschauungen der großen Denker«, »Grundlinien einer neuen Lebensanschauung«, »Der Sinn und Wert des Lebens«, »Erkennen und Leben« u. a.

Konstantin Fehrenbach

deutscher Zentrums-Politiker (*11. 1. 1852, Wellendingen bei Bonndorf im Schwarzwald), stirbt am 26. März in Freiburg im Breisgau.
Der aus kleinbürgerlichen Verhältnissen stammende Fehrenbach, 1882 Rechtsanwalt in Freiburg, war 1885–1887 und 1901–1913 Zentrums-Abgeordneter in der badischen Zweiten Kammer, deren Präsident er 1907–1909 war. Seit 1903 gehörte er dem Reichstag an, der ihn im August 1917 zum Vorsitzenden des Hauptausschusses und im Juni 1918 zum (letzten kaiserlichen) Präsidenten wählte. Im Februar 1919 wurde er Präsident der Weimarer Nationalversammlung. Nach den Reichstagswahlen von 1920 trat er an die Spitze einer Minderheitsregierung des Zentrums, der Deutschen Demokratischen Partei (DDP) und der Deutschen Volkspartei (DVP). Mit Reichsaußenminister Walter Simons nahm er an den Konferenzen von Spa (Juli 1920) und London (März 1921) teil. Als die Ablehnung der Reparationsforderungen der Entente zu Sanktionen und zum Londoner Ultimatum vom 5. Mai 1921 führten, schwenkte das Kabinett Fehrenbach auf die von vielen angegriffene Linie der sog. Erfüllungspolitik ein und trat im Mai 1921 zurück. Im März 1924 übernahm er den Vorsitz der Reichstagsfraktion seiner Partei.

Antonio Gaudí

eigentlich Antoni Gaudí y Cornet, spanisch-katalanischer Architekt (*25. 6. 1852, Reus), stirbt am 10. Juni in Barcelona.
Gaudí war der Schöpfer des neukatalanischen Baustils, in dem der Jugendstil mit spanischen und maurischen Elementen erweitert wird. Sein Hauptwerk ist die Sagrada Familia in Barcelona, mit deren Bau er 1883 begann. Der ungewöhnliche Bau ist bis heute unvollendet geblieben.

Nekrolog

Otto Heubner
deutscher Kinderheilkundler (*21. 1. 1843, Mühltroff), stirbt am 17. Oktober in Loschwitz/Dresden.
Heubner, ab 1890 Direktor der Kinderklinik in Leipzig, 1894–1913 in Berlin und später in Dresden, ist aufgrund seiner klinischen Tätigkeit und seiner wissenschaftlichen Arbeiten einer der Begründer der Kinderheilkunde in Deutschland. 1903–1906 erschien sein zweibändiges »Lehrbuch der Kinderheilkunde«.

Siegfried Jacobsohn
deutscher Journalist (*28. 1. 1881, Berlin), stirbt am 3. Dezember in Berlin.
Jacobsohn trat während des Kaiserreichs als Kritiker des zeitgenössischen Theaters und während der Weimarer Republik als Herausgeber der Zeitschrift »Die Weltbühne« hervor. Daneben verfaßte er mehrere Bücher über das Theater, »Das Theater der Reichshauptstadt« (1904), »Max Reinhardt« (1910). 1905 gründete er die Theaterzeitschrift »Die Schaubühne«, die er ab 1914 um die Bereiche Politik und Wirtschaft erweiterte – die Bedeutung des Theaters trat allmählich hinter die der Politik zurück. 1918 erfolgte die Umbenennung in »Die Weltbühne«. Sie galt als wichtigstes Organ der bürgerlich-republikanischen Opposition, zu ihren Mitarbeitern zählen Autoren wie Kurt Tucholsky, Arnold Zweig, Erich Weinert und Lion Feuchtwanger. Sie erscheint wöchentlich in einer Auflage von 15 000 Exemplaren. »Die Weltbühne«, die nach Jacobsohns Tod – nach einem kurzen Zwischenspiel mit Tucholsky – von Carl von Ossietzky herausgegeben wird, kritisiert die Klassenjustiz der Weimarer Republik, die Milde der Justiz gegen Morde von rechts, den neuen Militarismus; sie deckt die Femmemorde der geheimen Schwarzen Reichswehr auf.

Ellen Key
schwedische Frauenrechtlerin und Reformpädagogin (*11. 12. 1849, Sundshom), stirbt am 25. April in Strand am Vättersee.
Mit dem Titel ihres Hauptwerks »Das Jahrhundert des Kindes« (1900) prägte sie das Schlagwort für eine neue Epoche der Pädagogik. Bis zu ihrem Tod setzte sie sich für ein besseres Verständnis des Kindes ein, das sie im Sinne des französischen Philosophen Jean-Jacques Rousseau auf »natürliche« Weise sich entfalten lassen wollte. Darüber hinaus ist ihr Name verbunden mit der schwedischen Frauenrechtsbewegung. Sie veröffentlichte zahlreiche Werke über Frauenfragen.

Emil Kraepelin

deutscher Psychiater (*15. 2. 1865, Neustrelitz), stirbt am 7. Oktober in München.
Kraepelin, seit 1903 Professor in München und ab 1921 Leiter der von ihm in München gegründeten Deutschen Forschungsanstalt für Psychiatrie, bestimmte entscheidend die moderne Psychiatrie durch die Abgrenzung der Formenkreise von Dementia praecox (Schizophrenie) und »manisch-depressivem Irresein«. Kraepelin gilt auch als Begründer der Pharmako-Psychiatrie.

Fritz Franz Maier
österreichischer Ingenieur (*19. 7. 1844, Wien), stirbt am 15. Dezember in Wien.
Maier ist der Erfinder (1919) der nach ihm benannten Maier-Schiffsform, die durch einen von oben vorn nach unten abfallenden Bug gekennzeichnet ist. Die Vorteile dieser Schiffsform sind gute Seetüchtigkeit, größere Geschwindigkeit, geringerer Bedarf an Maschinenleistung.

Claude Monet
französischer Maler (*14. 11. 1840, Paris), stirbt am 6. Dezember in Giverny/Eure.
Sein Gemälde »Impression. Soleil levant« (1874; Musée Marmottan, Paris) gab der Stilrichtung des Impressionismus ihren Namen, nachdem ein Kritiker die Künstler um Monet spöttisch als »Impressionisten« bezeichnet hatte. Natur, Nebel, Wasser, Sonnenlicht, sich auflösende Körper waren Monets Themen. In seinen Bildern fing er eine Art Schwebezustand der Dinge ein. Bei seinem Tod ist der Impressionismus allerdings schon 40 Jahre passé. Die jungen Maler lehnen den Altmeister ab. Weitere berühmte Werke Monets sind »Der Bahnhof von Saint-Lazare« (1877; Institute of Art, Chicago), »Die Kathedrale von Rouen« (1892/93; u. a. Jeu de Paume, Paris) und die »Seerosen« (verschiedene Fassungen).

Nikola Pašić

serbischer Staatsmann (*1. 1. 1846, Zajecar), stirbt am 10. Dezember in Belgrad.
Pašić wurde 1878 nach aktiver Teilnahme an den Türkenkriegen (1876–1878) Abgeordneter und gründete 1881 die Radikale Partei. Nach einem mißlungenen Aufstand gegen König Milan I. Obrenović mußte er 1883 ins Ausland flüchten, wurde jedoch 1889 amnestiert. 1891/92 war er zum ersten Mal Ministerpräsident, 1893/94 Gesandter in Petersburg, 1896 wurde er Bürgermeister von Belgrad. In dem Hochverratsprozeß gegen die Radikalen nach dem Attentat auf den früheren König Milan (1899) wurde er zu fünf Jahren Gefängnis verurteilt, jedoch sofort begnadigt. Seit der Thronbesteigung der rußlandfreundlichen Dynastie Karadordević (1903) war er unbestritten der leitende Staatsmann Serbiens. In enger Anlehnung an Rußland leitete er die großserbisch ausgerichtete Politik während des Balkankriegs und des Weltkriegs. Durch den Pakt von Korfu mit dem Jugoslawischen Komitee (1917) bereitete er die Vereinigung Serbiens und der österreichisch-ungarischen Südslawen zum »Königreich der Serben, Kroaten und Slowenen« (heute Jugoslawien) 1918 vor. Hierauf trat er als Ministerpräsident zurück, leitete die serbische Abordnung auf der Pariser Friedenskonferenz von 1919, wurde jedoch schon im Dezember 1920 erneut Ministerpräsident und behielt dieses Amt mit Unterbrechungen bis zu seinem Tode. Als Führer der altserbischen Radikalen vertrat er gegenüber den föderalistischen Wünschen der neuserbischen Demokraten, der Slowenen und besonders der Kroaten den großserbischen Zentralismus, den er in der Verfassung von 1921 durchsetzte. Doch konnte er die föderalistische Opposition nicht unterdrücken.

Rainer Maria Rilke

eigentlich René Maria Rilke, österreichischer Dichter (*4. 12. 1875, Prag), stirbt am 29. Dezember in Val-Mont bei Montreux an Leukämie.
Rilke, der in kleinbürgerlichen Verhältnissen aufwuchs, verbrachte fünf unglückliche Jahre in einer Militärerziehungsanstalt, ehe er aus Gesundheitsgründen entlassen wurde. Danach studierte er in Prag, München und Berlin Kunst und Literatur und entschied sich 1896 zu einer Existenz als Dichter. Er fand die Förderung zahlreicher meist aristokratischer Gönner. Künstlerisch verlief Rilkes Entwicklung von sprachspielerischer Stimmungslyrik über virtuos gestaltete »Ding-Gedichte« bis hin zu magischen Verklärungen und schwer entschlüsselbaren, chiffrenhaften Wortbotschaften an der Grenze des Sagbaren. Seine bekanntesten Werke: »Das Stundenbuch«, »Das Buch der Bilder«, »Die Weise von Liebe und Tod des Cornets Christoph Rilke«, »Duineser Elegien«.

Hermann Suter
schweizerischer Komponist (*28. 4. 1870, Kaiserstuhl/Aargau), stirbt am 22. Juni in Basel.
Suter leitete seit 1902 die Sinfoniekonzerte und mehrere Chorvereinigungen in Basel und war 1918–1921 Direktor des dortigen Konservatoriums. Er komponierte, zum Teil Johannes Brahms und Richard Strauss verpflichtet, Orchesterwerke (Sinfonie, Violinkonzert), große Chorwerke (»Le Laudi«, Sonnenhymnus des Franz von Assisi), Werke für Männer- und gemischte Chöre, drei Streichquartette, ein Streichsextett, Lieder und Duette.

August Thyssen

deutscher Eisen- und Stahlindustrieller (*17. 5. 1842, Eschweiler), stirbt am 4. April auf Schloß Landsberg/Essen.
Thyssen gründete 1871 die Thyssen & Co. KG und 1890 die August Thyssen-Hütte AG in Duisburg. Aus diesen Unternehmen entwickelte sich der Thyssen-Konzern, neben Krupp eines der größten deutschen Montanunternehmen. Die Leitung des Konzerns übernimmt nach seinem Tod der Sohn Fritz Thyssen, der seit 1923 die NSDAP finanziell unterstützt.

Enrico Toselli
italienischer Pianist und Komponist (*13. 3. 1883, Florenz), stirbt am 15. Januar in Florenz.
Am bekanntesten von Tosellis Kompositionen wurde seine »Serenata« op. 6,1. Darüber hinaus schuf er Orchester- und Kammermusik sowie zwei Operetten und eine Oper. Für Schlagzeilen in der Boulevardpresse sorgte seine Heirat mit der wegen Ehebruchs geschiedenen, 13 Jahre älteren Kronprinzessin Luise von Sachsen 1907.

Rudolph Valentino

eigentlich Rodolfo Guglielmi di Valentino, italienisch-amerikanischer Filmschauspieler (*6. 5. 1895, Castellaneta), stirbt am 23. August in New York.
Valentino, als 17jähriger von Italien nach New York gekommen, wurde mit seinen Filmdarstellungen des romantischen Liebhabers der Liebling des Kinopublikums, obwohl nach dem Urteil der Fachwelt seine schauspielerischen Leistungen ebenso schlecht waren wie die Streifen, in denen er spielte. Bevor Valentino für den Film entdeckt wurde, schlug er sich als Gärtner, Eintänzer in »Maxims's Restaurant« und gelegentlich als Tanzkomparse durch. Seine bekanntesten Filme sind »Die vier apokalyptischen Reiter«, »Der Scheich« und »Der Sohn des Scheichs«.

Richard Weiskirchner
österreichischer christlich-sozialer Politiker (*24. 3. 1861, Wien), stirbt am 30. April in Wien.
Weiskirchner, ab 1883 im Verwaltungsrat der Stadt Wien, stieg 1903 zum Magistratsdirektor auf. Ab 1897 gehörte er dem Reichsrat an, war von Februar 1909 bis Juni 1911 Handelsminister im Kabinett Bienerth, dann 1912–1929 Bürgermeister von Wien. 1917 wurde er Mitglied des österreichischen Herrenhauses. In der Republik war er von November 1920 bis September 1923 Präsident des Nationalrats. Er veröffentlichte u. a. »Kartellwesen vom Standpunkt der christlichen Wirtschaftsauffassung«.

Register

Das Personenregister enthält alle in diesem Buch genannten Personen (nicht berücksichtigt sind mythologische Gestalten und fiktive Persönlichkeiten sowie Eintragungen im Anhang). Die Herrscher und Angehörigen regierender Häuser sind alphabetisch nach den Ländern ihrer Herkunft geordnet. Kursive Zahlen verweisen auf Abbildungen.

Abbott, Charles G. 76
Abd El Krim 66, *69*, 86, *91*, 123, 136, 146
Aben, Fritz 190
Abraham, Karl 62
Adenauer, Konrad 20, *32*, 84, 88, 113, 130
Adler, Viktor 176
Adli Jegen Pascha *109*
Ahmed Mirza, Schah von Persien 75
Ahrer, Jakob 18
Albers, Hans 148
Albers, Josef *199*
Albert I., König der Belgier 148, 180
Albert, Herzog von York 97
Alexander I., König der Serben, Kroaten und Slowenen 180
Alexander, Peter 106
Alfano, Franco 78
Alfons XIII., König von Spanien 118, 180
Allgeier, Sepp 203
Alvarez, Lili de *130*
Aman Ullah, König von Afghanistan *110*
Amann, Max *124*
Amasis II., Pharao von Ägypten *173*
Amenophis IV. Echnaton, Pharao von Ägypten 172
Amsberg, Claus von 148
Amundsen, Roald 39, 84, *95*
Anet, Claude 44
Aschenkampf, Alfred 33
Astrid, Prinzessin von Schweden 148, 176, *180*
Averescu, Alexandru 64, 148
d'Ayen, Elisabeth 44
Bachmann, Ingeborg 106
Bahr, Hermann 202
Baird, John Logie *21*
Baker, Josephine 10, *27*
Balabanoff, Angelica 177
Baldwin, Stanley 48, 66, 90, 129
Balfour, Arthur James 35, 181
Baluscheck, Hans 81
Balzac, Honoré de 84
Barlach, Ernst 104, 162
Barnowsky, Max 66
Barnowsky, Victor 80
Bartel, Kazimierz 89, 104
Barthou, Louis *123*
Bartning, Otto 66

Bartók, Béla 177, 187
Bastian, Adolf 106
Baudissin, Wolf Wilhelm Graf von 30
Bauer, Otto 181
Baum, Vicki *102*
Bäumer, Gertrud 192
Bayer, Herbert *199*
Bech, Joseph 120
Becker, Carl 101
Beckmann, Max 30, 104
Behrens, Peter 127, 171, 198
Behrens-Nicolai, Heinrich *56*
Bell, Graham *19*
Benatzky, Ralph 205
Beneš, Eduard 120, 151, 167
Benn, Theodor 33
Bennett, Floyd 84, 95
Benrath, Martin 177
Benz, Carl Friedrich 112
Berend-Groa, Ilse *47*
Berg, Alban 187
Berger, Ludwig 30, 80
Bergner, Elisabeth 28, 80, *102*
Bernardes, Arturo da Silva *48*
Bernardone, Giovanni 138
Bethlen, István Graf Bethlen von 28, 104, 109
Bethmann Hollweg, Theobald von 202
Bey, Rahman 66
Biebrach, Rudolf 103
Bildt, Paul 82, *158*, 202
Bismarck, Otto von *103*
Bissing, Steffi *205*
Bjurstedt-Mallory, Molla *130*
Blech, Leo 174
Blohm, Walter 170
Böckl, Willi 28, *45*
Boese, Carl 50
Bohnen, Michael 25
Bohr, Niels 156
Boito, Arrigo *101*
Bolvary, Geza von 120
Bonsels, Waldemar 64, 82
Boris III., König von Bulgarien 180
Borotra, Jean 118, *130*
Bosch, Carl *141*
Bouraine, A. M. *201*
Brahms, Johannes 146
Brauchitsch, Eberhard von 177
Braun, Otto 32, 162, 168, 176

Braune, Wilhelm 177
Brauns, Heinrich 14, 108, 193
Breßlau, Harry 164
Brecht, Bertolt 28, *45*, 80, 82, 148, *159*, 177, 188
Brennecke, Rudolf *141*
Breuer, Marcel *199*
Breuhaus, Fritz August *57*
Briand, Aristide 12, 28, 30, 48, *52, 55, 59*, 106, 109, 120, 123, 148, *150, 152*, 188, 194
Brod, Max 177, *184*
Bronnen, Arnolt 12, 25, *47*, 80
Browne, Mary K. 130
Bruckner, Ferdinand (eigentl. Theodor Tagger) 164
Brugnon, Jacques *130*
Brunero, Giovanni 104
Brunet, Pierre 28, *45*
Brussilow, Alexei Alexejewitsch 50
Bühler, Charlotte 169
Bülow, Alexander *154*
Burg, Maria 60
Bürger, Gottfried August 120
Burgess, Thomas W. 139
Burns, Tommy 160
Butor, Michel 148
Byrd, Richard Evelyn 84, *95*
Caillaux, Joseph 118
Calles, Plutarco Elias 86, *91*, 122, 176
Callot, Léon 30
Campe, Julius 144
Capra, Frank 103
Caracciola, Rudolf 118, *131*
Carl, Prinz von Schweden 180
Carmona, Antonio Oscar Fragoso 118, 122
Carson, Lilian 139
Carter, Howard 164, 173
Cassirer, Bruno 24, 132, 142
Cassirer, Paul 12, 24, 132
Cauer, Stanislaus 12
Cerný, Johann 162, 167
Cézanne, Paul 24
Chacón, Lázaro 148
Chamberlain, Joseph Austen 12, 30, 50, *52*, 148, *150*, 151, *152*, 188, 194
Chamorro Vargas, Emiliano 12, 84, 94, 176, 195
Chanel, Coco (Gabrielle) 23
Chaplin, Charles (»Charlie«) *42*, 103
Charell, Eric *27*, 46
Charlotte, Großherzogin von Luxemburg 180
Chephren, Pharao von Ägypten 80
Chiang Kai-shek 120, *123*, 146, 153
Chopin, Frédéric 177

Christian X., König von Dänemark 180
Churchill, Winston 90
Claudel, Paul 48
Cleer, Willy 131
Clemenceau, Georges 132
Cobham, Alan 30, 39, *169*
Cochet, Henri *130*
Cocteau, Jean 106, 115
Colyer, E. L. 130
Coolidge, Calvin 59, *110*, 114, 118, 122, 132, 176
Copland, Aaron 187
Corbett, James J. 160
Corinth, Lovis 30, *43*
Corneille, Pierre 102
Coty, François 201
Coubertin, Pierre de 175
Coudenhove-Kalergi, Richard Nicolas Graf 162, 167
Coué, Emile 120, *128*
Cramer, Paul *205*
Croce, Benedetto 75
Culp, Julia 146
Curtius, Julius 14
Daimler, Adolf *112*
Daimler, Gottlieb *112*
Damita, Lily 176
Darling, Fred 117
Davis, Dwight 73
Dawes, Charles Gates 137, 194
Decugis, Max 44
Defregger, Franz von 186
Delacroix, Eugène 24
Deledda, Grazia 194
Dempsey, Jack 148, *160*
Dergan, Blanche *40*
Dessau, Paul 159
Deutsch, Felix *141*
Diaz, Adolfo 176, 195
Diaz, Porfirio 91
Diebold, Bernhard 82, 175
Dieckmann, Max 44, 133, 145, *154*
Dieudonné, Albert *185*
Diem, Carl 176
Diener, Franz 44
Dietrich, Marlene 30, 162, *172*
Dietzen, Rudolf 50
Dingelstedt, Franz von *79*
Disney, Lilian 183
Disney, Roy *183*
Disney, Walt *183*
Dix, Otto 81, *116*, 162, 177
Dohna-Schlodien, Nikolaus Graf 58
Dorain, Lucie *40*
Dornier, Claude 39
Dorsch, Käthe 30
Douglas, Louis 128

Register

Doumergue, Gaston *123*
Doyle, Arthur Conan 43
Drummond, Eric 28, 52, *150*
Dserschinski, Felix E. 120, *166*
Dshaman, Anna 162
Duflos, Huguette 25
Duisberg, Carl *141*
Duncan, Isadora 178
Dünser, Margret 120
Eastman, Max F. 164, 166
Eberlein, Hugo 161
Ebert, Friedrich 68, *127*, 132, 171
Eberth, Karl Joseph 190
Ebinger, Blandine 202
Ederle, Gertrud 132, *139*
Egger-Lienz, Albin 177, *186*
Eher, Franz 204
Ehrenberg, Herbert 190
Ehrenhaft, Felix 156
Ehrhardt, Hermann 132
Ehrlich, Max *205*
Eichberg, Richard 185
Einstein, Albert 12, 53, 137
Eisenstein, Sergei M. 42, 50, *62*, 64, 103, 106, 120, 162
Eitel Friedrich, Prinz von Hohenzollern 192
Ekman, Gösta 162, 175, *175*
Ekmann, Karl Gustav 104
Elisabeth II., Königin von Großbritannien 66, 97
Elisabeth, Kaiserin von Österreich und Prinzessin von Bayern (»Sisi«) 146, 180
Elisabeth Alexandra Maria, Herzogin von York *97*
Ellern, Fred 86, 98
Ellsworth, Lincoln 95
Engel, Erich 50, 164, 175
Eppler, Erhard 190
Erfurth, Hugo 142, *143*
Ernst, Otto 50
Eucken, Rudolf 148
Evtaxias, Athanasios 120
Fahrenkamp, Emil Gustav *56*
Faisal I., König von Irak 69
Fall, Leo 62, 162, 185, 188
Fallada, Hans 50
Fanck, Arnold 190, 203
Fechner, Eberhard 164
Fechter, Paul 158
Feddersen, Peter 12
Fehling, Jürgen 102, 190
Fehrenbach, Konstantin 50, 50, *54*
Feininger, Lyonel 198, *199*
Feng Yuh-siang 99
Ferdinand I., König von Rumänien 10, 18, 180, 204
Fest, Joachim C. 190
Feuchtwanger, Lion 202
Feyder, Jacques 188
Fibiger, Johannes 194
Firpo, Luis 160
Fischer, Felicia 162
Fischer, Richard 148
Fischer, Ruth 133, *137*
Fitzsimmons, Bob 160

Flechtheim, Alfred *116*
Fleißer, Marie-Luise 66, 82
Fleta, Michele *78*
Flettner, Anton 98
Fokin, Michail 204
Ford, Henry 148
Forster, Rudolf 80
Foucault, Michel 164
Framéry, Etienne 79
Franck, James 194
Franco, Francisco 39
Franco, Ramon 28, 39
Frank, Josef 171
Franko, William 64
Franz Ferdinand, Erzherzog von Österreich *126*, 177
Franz von Assisi 132, 138, 162
Freisler, Roland 177
Freud, Sigmund 62, 84, *97*, 128
Friebott, Cornelius 144
Friedrich II., König von Preußen 164
Friedrich Wilhelm III., König von Preußen *113*, 190
Fritsch, Willy 146, 176, *185*
Froelich, Carl 86, 103
Frölich, Gustav 63
Fuß, Franz 79
Fuad I., König von Ägypten *109*
Fuchs, Artur 73
Fulda, Ludwig 84, *101*, 164
Furtwängler, Wilhelm 48
Galsworthy, John 159
Gance, Abel *185*
Gandhi, Mahatma 137
Ganghofer, Ludwig 176
Garibaldi, Ricciotti 176
Gaudí y Cornet, Antoni 106, *115*
Gay, Margie *183*
Geßler, Otto 14, 28, 68, 88, *154*, *168*, 182, 188
Gebühr, Otto 148
Geer, Dirk Jan de 48
Georg V., König von Großbritannien *40*, 81, 97, 115, 117, 130
George, Heinrich 103
George, Stefan 101
Gert, Valeska 164, 172
Gessner, Hubert *171*
Gibson, Violet Albina 69
Gilbert, Jean 190
Gilbert, Robert 118
Gilly, David 190
Ginsberg, Allen 106
Ginther, Philipp *57*
Giovannini, Ermete 146, 152
Giscard d'Estaing, Valéry 30
Goddard, Robert Hutchinson 50, 58
Godfree, Kitty 118, *130*
Goebbels, Joseph 177, **182**
Goethe, Johann Wolfgang von 15, 175
Goetz, Wolfgang 164
Goetze, Walter W. 146
Gogh, Vincent van 104
Goldoni, Carlo 133, 144
Gomes da Costa, Manuel da Oliveira 86, *89*, 118, 122

Gorki, Maxim 47, 84, 102, 103
Gounod, Charles 176
Goux, Jules 106
Gozzi, Carlo 144, 174
Graf, Oskar Maria 118
Graf, Ulrich *124*
Greger, Max 66
Gregor-Dellin, Martin 106
Griesser, Paul *57*
Grillparzer, Franz 79, 102
Grimm, Hans 144
Groß, Georg Ehrenfried 116
Gropius, Walter 118, *127*, 188, *198*, *199*
Grosz, George 81, 86, *116*, 177
Grün, Max von der 86
Grzesinski, Albert 162
Guenzel, Ria *60*
Guilbert, Yvette 164
Gustav I., König von Schweden 44
Gustav V., König von Schweden 148, 180
Haarmann, Fritz 111
Häberlin, Heinrich 190, 195
Haid, Liane 133
Hainisch, Michael 30, 48, 104, 112
Hakon VII., König von Norwegen 180
Haller, Hermann 45, *46*, 133
Hamel, Joost Adriaan van 48, 53
Hamilton, Ham *183*
Hamilton, Lady 148
Hamsun, Knut 48
Hardt, Ernst 182
Harman, Hugh *183*
Harman, Walker *183*
Hart, Marvin 160
Hartmann, Paul 25
Harvey, Lilian *40*, 176, *185*
Hasenauer, Carl 79
Hasenclever, Walter 50
Haslinde, Heinrich 14
Hauptmann, Gerhart 84, 86, *101*, 177, *184*
Hauschka, Karl 164, 171
Heartfield, John 83
Hechy, Alice *205*
Hedlund, Pierre Erik 44
Heine, Heinrich 93, 144
Heine, Salomon 144
Heine, Thomas Theodor 177
Heinrich, Prinz von Hohenzollern 192
Held, Heinrich 28, 34, 186
Helene, Prinzessin von Griechenland 18
Henckels, Paul *40*
Henderson, Arthur *90*
Henie, Sonja 28, *45*
Henze, Hans Werner 120
Herriot, Edouard 109, 120, 123
Herterich, Franz 79, *79*
Hertz, Gustav 194
Hertzog, James Barry Munnick 70
Herzl, Theodor 35
Hesterberg, Trude 27, 46, *205*
Heubner, Otto 164

Heuss, Theodor *192*
Heye, Wilhelm 162, *168*
Heynicke, Kurt 177
Hindemith, Paul 120, *129*, 176, 187
Hindenburg, Paul von 10, 12, *14*, *32*, *38*, 50, 55, 64, *68*, *73*, 84, 86, 88, 104, 108, 132, 162, *168*, 176, 177, 182, 188, 190
Hirohito, Kaiser von Japan 190, 193
Hirsch, Hugo 132, 148
Hirschfeld, Magnus *169*
Hirth, Georg 43
Hirth, Otto 28, 43
Hitler, Adolf 28, *33*, 50, 118, *124*, 177, 182, 204
Hodler, Ferdinand 186
Hofer, Andreas *34*
Hoffmann, E. T. A. 176
Hofmann, Franz *145*
Hofmannsthal, Hugo von 10, 25, *47*, 53, 86, 174, 202
Hohenberg, Maximilian von 177
Hohenberg, Sophie von *126*
Holländer, Friedrich 30, 46
Holmann, Dorothy 44
Holz, Arno 84, *101*, 164
Holzmeister, Clemens 171
Honegger, Arthur 104, 185
Höpker-Aschoff, Hermann 164
Hopkins, Claude *27*
Horn, Camilla 162, 175
Horn-Harprecht, Elisabeth *184*
Horthy, Miklós 10
Hoyt, Harry 28, 43
Huerta, Adolfo de la 133
Hugenberg, Alfred 10, 61, *92*
Hus, Jan 118
Ibn Saud Abd Al Asis 10, 19, 133, 136
Ihering, Herbert 159, 202
Illich, Ivan 148
Impekoven, Toni *184*
Ingeborg, Prinzessin von Dänemark 180
Iowanowicz, Sonja *26*, *40*
Ising, Rudy *183*
Iwerks, Ub *183*
Jack, Donald *81*
Jackson, Bee *27*
Jacobsohn, Siegfried 190, *202*
Jahnn, Hans Henny 84, 102
Janáček, Leos 190
Jannings, Emil 24, 162, *172*, 175
Janson, Viktor 162
Jaross-Szábo, Herma 28, 45
Jaspar, Henri 86
Jeffries, James J. 160
Jessner, Leopold 80, 172, 188, 202
Johann II., Fürst von Liechtenstein 180
Johnson, Jack 160
Johst, Hanns 118
Joly, Andrée 28, *45*
Jonson, Ben 177
Jooss, Kurt 86
Joschihito 190, *193*
Joseph II., Kaiser von Österreich 79
Justh, Simon 104, 109

Register

Jusuf, Sultan von Marokko 69
Kafka, Franz 177, *184*
Kainer, Ludwig 133
Kaiser, Ernie *129*
Kaiser, Georg 50, 64, 78, 82
Kaiser, Otto 45
Kallio, Kyösti 177
Kálmán, Emmerich 48, *62*, 190, 205
Kamenew, Lew 34, 64, 123, 133, 164, 166
Kandinsky, Wassily 86, 188, 198, *199*
Kanoldt, Alexander 116
Kant, Hermann 106
Kapp, Wolfgang *33*
Karl III., Herzog von Savoyen 59
Karl, Kronprinz von Rumänien 18
Kasach, Hermann 12
Katchen, Julius 133
Kato, Takaaki 12
Kaufmann, Oskar 146
Keaton, Buster 103, 133, *144*, 190
Kemal Pascha, Mustafa (Kemal Atatürk) *41*, 106, 110, 118, 133, 162
Kerr, Alfred 132, 144, 159
Key, Ellen 66, *77*
Keynes, John Maynard 106, 114
Kiep, Walter Leisler 12
Kiepura, Jan 176, *187*
King, William Lyon Mackenzie 106, 122, 146
Kinsey, Howard O. *130*
Kinski, Klaus 164
Kirchner, Ernst Ludwig 177
Kirkpatrick, Jeane Duane Jordan 177
Kisch, Egon Erwin 61, 142
Klabund, (eigentl. Alfred Henschke) 66, 80, 82, 146
Klee, Paul 86, 198, *199*
Kleiber, Erich 86, *158*
Klein, Adolf *103*
Klemperer, Otto 158
Klöble, Georg 131
Knapp, Georg Friedrich 30
Knobelsdorff, Georg Wenzeslaus von 101
Kodály, Zoltán 164
Koefer, Jakob 56
Kokoschka, Oskar 177
Kolarow, Wassili *34*
Kollmann, Josef 18
Kollo, Walter *46*, 133, 190, 205
Kollontai, Alexandra 148, *152*
Kollwitz, Käthe *71*, 81, 177
Konduriotis, Pavlos 133, 138
Kondylis, Georgios 133, 138, 148
Konwicki, Tadeusz 106
Kool, Jaap *46*
Koppenhöfer, Maria 202
Körner, Hermine 146
Kornfeld, Paul 176, *184*
Kortner, Fritz 12, *47*, 188, 202
Krabbel, Gerta 12
Kraepelin, Emil 164
Krauss, Clemens 144
Krauss, Werner *62*, 103, 164, 176

Kreis, Wilhelm 12, *56*
Křenek, Ernst 177
Krestinski, Nikolai 66, *68*
Krohne, Rudolf 14
Krupkat, Max *26*
Krupp, Friedrich 162
Kruschke, Gerhard 188
Krüss, James 86
Külz, Wilhelm 14, 54, *150*
Künnecke, Eduard 148
Laban, Rudolf von 48, 172
La Jana 205
Lalique, René *200*, *201*
Lambsdorff, Otto Graf 190
Lane, Frank *74*
Langdon, Harry 103
Lanvin, Jeanne 23
Lattmann, Dieter 30
Laube, Heinrich *79*
Lecouvreur, Adrienne 146
Lederer, Hugo 132, 144
Leffler, Robert *103*
Lehár, Franz 12, 62
Leipart, Theodor *141*
Lemmer, Ernst *141*
Lenglen, Charles 44
Lenglen, Suzanne 30, *44*, 130, 132
Lenin, Wladimir Iljitsch 34, 108, 123, 164, 166
Lenz, Siegfried 50
Leopold, Prinz von Bayern 192
Leopold, Kronprinz der Belgier 148, 176, *180*
Lernet-Holenia, Alexander 164
Lessing, Gotthold Ephraim 64, 79, 188
Lessing, Theodor 86, 106, *111*
Leuwerik, Ruth 66
Lewis, Jerry 50
Lewis, Sinclair 84
Lie, Arne 45
Liebermann, Max 30, 43, 177
Liebknecht, Karl 104, 106, 117
Lienhard, Friedrich 128
Lilien, Kurt *205*
Linart, Victor 132, 145
Lipinski, Richard 161
Lisieux, Therese von 59
Lissitzky, El 83, 142
Liszt, Franz 132
Ljapčev, Andreas 10
Löbe, Paul 167
Loebell, Friedrich Wilhelm von 108
Loos, Adolf 171
Lorenz, Kitty *129*
Lorenz, Willi *26*
Löwenstein, Otto 133
Lubitsch, Ernst 40, *103*
Ludendorff, Erich 68, *192*
Ludwig I., König von Bayern 186
Ludwig II., König von Bayern 146
Ludwig IX., Herzog von Bayern 186
Ludwig II., Fürst von Monaco 180
Luther, Hans 10, 12, 14, *15*, 50, *53*, *54*, 66, 84, *88*, 118
Luxemburg, Rosa 104, 106, 117

Lykke, Ivar 48
MacDonald, James Ramsey *90*
Macia, Francisco 176
Madsen-Mygdal, Thomas 188
Magritte, René *116*
Maier, Fritz Franz 190
Mann, Heinrich 176, *192*
Mann, Klaus 148
Mann, Thomas 53, 84, *101*, 104, *111*, 118, 164, *192*
Marc, Franz 104
Marcuse, Julian 66, 71
Marcuse, Ludwig 164, 175
Maria, Königin von Rumänien *40*, 176, 188, *204*
Martin, Karl-Heinz 146
Marx, Wilhelm 14, 14, 66, 84, 86, 88, 111, 132, *150*, 168, 190, *195*, 204
Masaryk, Tomáš Garrigue *167*
Maslow, Arkadij 133, 137
Massary, Fritzi (eigtl. Friederike Massarik) 46, 176, *185*
Massenet, Jules 101
Matejko, Theo *61*
Matray, Ernst *46*
May, Ernst 57
May, Joe 190
Maybach, Wilhelm 112
Mayr-Harting, Robert 167
McKane, Kitty 44
Meighen, Arthur 106, 118, 122
Meller, Raquel 188
Mendelsohn, Erich *24*, 127
Michel, Georges 139, 146
Mies van der Rohe, Ludwig 50, 57, 104, 117, 118, *127*, 199
Mindszenti, Maria *60*
Mirza Hasan Chan 146
Mittag, Viktor 164, 171
Mittelholzer, Walter 188, 197
Moholy-Nagy, László 142, *143*, 198, *199*
Molnar, Franz 148
Molyneux, Edward 23
Monet, Claude 190, *203*
Monroe, Marilyn 106
Montessori, Maria 37
Moore-Brabazon, James 155
Morello, Rafaello 97
Moritz, Kurfürst von Sachsen 146
Mościcki, Ignacy 89, 138
Motta, Giuseppe 190,, 195
Mozart, Wolfgang Amadeus *47*, 144
Muche, Georg *199*
Muhammad VI., Sultan des Osmanischen Reiches 41, 86, 89
Muhammad, Jahia 136
Mühsam, Erich 162, 202
Müller, Gerda 164
Müller, Traugott *158*
Munch, Edvard 104
Münzenberg, Willi 28, *42*, 108
Murnau, Friedrich Wilhelm 162, *175*
Mussolini, Benito *18*, 34, 64, 69, 136, 146, 148, *152*, 156, 164, *167*, 193, 195
Nadossy, Emmerich 18, 86, 99

Nagel, Otto 81
Nansen, Fridtjof 194
Napoleon I., Kaiser der Franzosen 86, 88, 185
Negri, Pola *102*, *114*
Neher, Carola 66, 82
Nelson, Horatio Viscount 148
Nelson, Rudolph 46, 62
Neumann, Alfred 164
Neumann, Therese 48, *59*
Neurath, Konstantin Freiherr von 193
Niblo, Fred 146, 159
Niedermoser, Otto *156*
Nobile, Umberto 84, *95*
Nolde, Emil 104
Novikoff, Laurent 204
Nurmi, Paavo 86, 146, *161*
Oberth, Hermann 58
Ocipioni, Crostarossa 120
O'Neill, Eugene 12
Oreamuno, Ricardo Jiménez 59
Orellana, José Maria 148
O'Rourke, Eduard Graf 12
Oskar, Prinz von Hohenzollern 192
Ossietzky, Carl von *202*
Oswald, Richard 71, 133
Otto, Berthold 37
Pabst, Georg Wilhelm 50, 62, 176
Pacelli, Eugenio *14*
Pahlawi, Resa, Schah von Persien *75*
Pallenberg, Max 185
Pangalos, Theodoros 10, 18, 30, 64, *70*, 70, 120, 133, *138*, 146, 148, 176, 181
Pannier, Erich 28, 33
Paquet, Alfons 30, 47
Pašić, Nikola 70, 190
Patou, Jean 23
Pauersbach, Josef von 79
Pawlowa, Anna 188, 204
Peltzer, Otto 146, *161*
Pereira de Souza, Luiz 48
Péret, Raoul 55, 109
Perfall, Erich von *93*
Pernerstorfer, Engelbert 176
Perrin, Jean Baptiste 194
Pfeiffer, Richard 28, 42
Pfister, Max 86
Pflaum, Richard 43
Pickford, Mary *102*
Pierçeu, Violet 162, 175
Pilsudski, Jósef Klemens 66, 84, 86, *89*, 132, 138, 162, 164, 190
Pirandello, Luigi 177
Piscator, Erwin 30, 47, 86, 146, *158*, 202
Pius XI., Papst 164
Plüschow, Gunther *102*
Poincaré, Raymond 120, *123*, 197
Polgar, Alfred 202
Pölzing, Georg 10
Porten, Henny *75*, 86, 103
Primo de Rivera, Miguel 104, 106, 120, 132, 133, 134, 136
Princip, Gavrilo 126

229

Register

Prokofjew, Sergei 162, 174
Prüfert, Erich 10
Puccini, Giacomo 66, 78, 118, 176, 177
Pudowkin, Wsewolod J. 103
Pu-yi, Kaiser von China 99
Pyke, William 90
Rademacher, Erich 50, 63
Radic, Stjepan 70
Radziwill, Janusz 164
Rainer, Luis 144
Raisa, Rosa 78, 79
Ramek, Rudolf 10, 18, 50, 162, 164, 167
Rasp, Fritz 103
Rasumni, Alexander 103, 176
Rathenau, Walther 190
Ravel, Maurice 187
Raynal, Paul 50
Rehfisch, Hans José 30, 172
Reinhardt, Max 47, 66, 80, 133, 144, 164, 174, 177, 184
Reinhold, Peter 14
Relin, Veit 148
Rellmann, Martin 62
Renger-Patzsch, Albert 142
Reuter, Ernst 164
Rey, Rahman 77
Richards, Vincent 130
Richter, Hans 132
Richter, Karl 164
Rickelt, Gustav 47
Riecken, Christian 131
Riefenstahl, Leni 190, 203
Rilke, Rainer Maria 190, 203
Ringelnatz, Joachim 143
Rintelen, Anton 120
Rintelen, Karl 111
Robert, Eugen 66, 80
Rolland, Romain 53, 137
Romains, Jules 162, 190
Rommer, Cläre 40
Ronig, Ludwig E. 143
Rosenberger, Adolf 131
Rothschild, Edmond de 148
Roussel, Alexander 21
Rühmann, Heinz 120
Runge, Philipp Otto 30
Ruprecht, Prinz von Bayern 186, 192
Russel, Stanley 120
Russell, Bertrand 137
Rutherford, Ernest 156
Ryan, Elizabeth 130
Ryan, Paddy 160
Sacasa, Juan Bautista 195
Sachs, Hanns 62
Saint-Saëns, Camille 204
Salchow, Ulrich 45
Samson-Körner, Paul 45
Sander, August 143
Sandler, Richard 104
Schacht, Hjalmar 50, 54, 148
Schaljapin, Fjodor I. 101
Schalk, Franz 174
Scharoun, Hans 118, 127
Schaudt, Johann Emil 196
Scheffel, Victor von 28

Scheidemann, Philipp 195
Schell, Maria 12
Scheper, Hinnerk 199
Schiller, Friedrich von 146, 158
Schirmann, Fritz 33
Schlemmer, Oskar 27, 198, 199
Schlesinger, Otto 146
Schmeling, Max 44, 133, 145, 154
Schmidt, Joost 199
Schneeberger, Hans 203
Schneider, Emil 106, 111, 120
Schnitzler, Arthur 28, 64, 190, 202
Scholz, Ernst 188
Scholz, Lilly 45
Schönberg, Arnold 158, 187
Schostakowitsch, Dmitri 187
Schrimpf, Georg 116
Schroeder, Paul 118
Schubert, Franz 146
Schubert, Karl von 152
Schütte-Lihotzky, Grete 57
Schwärz, Franz Xaver 124
Schwarz, Vera 129
Schwitters, Kurt 83
Seeckt, Hans von 10, 154, 162, 168, 190
Seipel, Ignaz 111, 164, 167
Seitz, Karl 97
Semper, Gottfried 79
Severing, Carl 10, 162
Shaffer, Peter 86
Shakespeare, William 47, 148, 188, 202
Shaw, George Bernard 120, 129, 146, 162, 184, 194
Siedler, Wolf Jobst 12
Siemens, Carl Friedrich von 141
Siles, Hernando 10
Silverberg, Paul 153
Simmel, Paul 205
Sinowjew, Grigori J. 34,, 120, 123, 164, 166
Skrzyński, Alexander Graf 66, 70, 89
Slevogt, Max 43
Smetona, Antanas 190
Smith, Joe 81
Sobotka, Walther 57
Solórzano, Carlos 12
Sonnenfels, Josef von 79
Spina, Franz 167
Stalin, Josef 34, 123, 133, 164, 166
Stanislawski, Konstantin S. 174
Stegerwald, Adam 66, 141
Stehr, Hermann 84, 101, 164
Steiger, Heinrich 30
Stein, Johann 33
Stenros, Albin 175
Stern, William 169
Sterna, Katta 46
Sternheim, Carl 148
Stingl, Karl 14
Stinnes, Hugo 185
Stolz, Robert 62
Stölzl, Gunta 199
Strack, Heinrich 50

Strasser, Gregor 33, 118, 124, 182
Strasser, Otto 118, 124
Straub, Agnes 102
Straumer, Heinrich 155
Straus, Oscar 176, 185
Strauß, Johann 144
Strauss, Richard 10, 25, 30, 144, 162, 174
Strawinsky, Igor 48, 187
Stresemann, Gustav 12, 14, 15, 30, 34, 52, 53, 66, 68, 104, 118, 124, 133, 146, 148, 150, 151, 151, 152, 153, 162, 176, 177, 188, 194
Stüler, Friedrich August 50
Sullivan, Henry 139
Sullivan, John L. 160
Sullivan, Louis 56
Suter, Hermann 106
Sutherland, Joan 177
Svedberg, Theodor 194
Svehla, Anton 162, 167
Szymanowski, Waclaw 177
Tagore, Rabindranath 128
Tanner, Väinö 188
Tauber, Richard 62, 129
Taut, Bruno 57, 120, 127
Taut, Max 127
Terpis, Max 86
Thälmann, Ernst 34, 92, 137
Thielscher, Guido 46
Thomas, J. G. Parry 66
Thomas, John 90
Thun, Johann Ernst Graf von 144
Thutmosis IV., Pharao von Ägypten 80
Thyssen, August 66, 72
Thyssen, Fritz 141
Tiedt, Karl 133, 137
Tietjen, Heinz 146, 158
Tietz, Georg 196
Tietz, Hermann 188, 196
Tietz, Leonhard 196
Tietz, Oscar 196
Tiraboschi, Enrico 139
Toller, Ernst 202
Tomescu, 64
Torrente, Domingo Masacho 132
Toscanini, Arturo 66, 78
Toth, Charles 139
Trenker, Luis 190, 203
Trotzki, Leo 34, 64, 123, 146, 158, 164, 166
Tschang Tso-lin 55
Tschechow, Anton 103, 190
Tschitscherin, Georgi W. 23
Tucholsky, Kurt 146, 192, 202
Tunney, Gene 148, 160
Tutanchamun, Pharao von Ägypten 164, 172, 173
Unfried, Emil 28, 42
Unger, Helmuth 164
Unruh, Fritz von 53
Urban-Emmerich, Hugo 131
Uzcudun, Paolino 44
Uzunović, Nikola 70, 190
Vaerting, Mathilde 92
Valentino, Rudolph 133, 142

Valera, Eamon de 48
Vandervelde, Emile 151
Varga, Lajos 145, 145
Vaszonyi, Wilhelm 30
Veidt, Conrad 71, 103
Verdi, Giuseppe 78, 176
Vierkötter, Ernst 133, 139
Viertel, Berthold 50, 80, 103, 164
Viktor Emanuel III., König von Italien 180
Viktoria, Königin von Großbritannien 97
Villanueva, José Cabino 10
Vogel, Hans-Jochen 30
Vogeler, Heinrich 176, 186
Voldemaras, Augustin 190
Wagner, Richard 128, 132, 148
Wagner, Siegfried 128
Wakatsuki, Reijiro 12
Waldburg, Elisabeth von 177
Wallace, Lew 159
Wallot, Paul 195
Walser, Robert 202
Walter, Bruno 144, 158
Walthour, Robert 145
Wangel, Hedwig 103
Wasa, Gustav 44
Wäscher, Aribert 164, 202
Webb, Matthew 139
Weber, Christian 124
Weber, Willi 146
Webern, Anton von 158, 187
Wedekind, Frank 164, 175
Weiß, Alexander 73
Weiß, Hanni 40
Weichert, Richard 175
Weill, Kurt 50, 78
Weinert, Erich 202
Weiskirchner, Richard 66
Wellesz, Egon 64, 78
Werfel, Franz 164, 177
Wessely, Paula 47
Wide, Edvin 161
Wiene, Conrad 120
Wiene, Robert 25
Wigman, Mary (eigentl. Marie Wiegmann) 162, 172
Wilhelm I., Deutscher Kaiser 103
Wilhelm II., Deutscher Kaiser 10, 16, 24, 92, 132, 168, 202
Wilhelm, Prinz von Preußen 64, 148, 162
Wilhelmina, Königin der Niederlande 180
Willard, Jess 160
Wills, Helen 30, 44
Wilson, Woodrow 52
Windischgrätz, Prinz Ludwig 10, 18, 86, 99
Winkler, Hans Günter 120
Wirth, Joseph 124
Witos, Wincenty 89
Wojciechowski, Stanislaw 66, 70, 89
Wolfenstein, Alfred 12
Wolff, Rideamus 46
Wolff, Willi 46, 133
Wolzogen, Hans von 128

Register

Woosman, Max 44
Wrangell, Margarethe von 92
Wrede, Ludwig 45
Wu Pei-fu 55, 153
Yanguas y Messía Graf von Santa Clara de Avedillo, José *52*
Yi, Prinz von Korea 110
Yüan, Shih-k'ai 55
Yoshihito, Kaiser von Japan 190, *193*
Yrjölä, Paavo 120
Zackey, Ruth *205*
Zadek, Peter 86
Zahle, Herluf 104
Zahn-Harnack, Agnes von 92
Zaimis, Alexander 181
Zaka, Don Loro 177
Zamboni, Anteo 164, 167
Zamboni, Maria *79*
Zánkow, Alexander 10
Zech, Paul 86
Zelaya, José Santos 94
Zetkin, Clara 10
Ziemann, Sonja 30
Zille, Heinrich 25
Zimmermann, Alfred 111
Ziolkowksi, Konstantin Eduardowitsch 58
Zogu, Achmed 177
Zsigmondy, Richard Adolf 194
Zuckmayer, Carl 30, *42*, 48, 84, 164
Zweig, Arnold 128
Zweig, Stefan 177

Abkürzungen zu den Sportseiten

AFG	Afghanistan	EGY	Ägypten	KOR	Korea	PUR	Puerto Rico
ALG	Algerien	ELF	Elfenbeinküste	KUW	Kuweit	RHO	Rhodesien
ANT	Antillen	EST	Estland	LBY	Libyen	RUM	Rumänien
ARG	Argentinien	ETH	Äthiopien	LET	Lettland	SAA	Saarland
AUS	Australien	FID	Fidschi Inseln	LIA	Liberia	SAF	Südafrika
AUT	Österreich	FIN	Finnland	LIB	Libanon	SAL	El Salvador
BAH	Bahamas	FRA	Frankreich	LIE	Liechtenstein	SAM	Sambia
BAR	Barbados	GAB	Gabun	LIT	Litauen	SAN	San Marino
BEL	Belgien	GER	Deutsches Reich	LUX	Luxemburg	SEN	Senegal
BER	Bermudas	GBR	Großbritannien	MAD	Madagaskar	SIN	Singapur
BOL	Bolivien	GHA	Ghana	MAL	Malaysia	SLE	Sierra Leone
BRA	Brasilien	GRE	Griechenland	MAR	Marokko	SOV	Sowjetunion
BUL	Bulgarien	GUA	Guatemala	MAY	Malaya	SPA	Spanien
BUR	Birma	GUI	Guinea	MCO	Monaco	SUD	Sudan
CAB	Kambodscha	GUY	Guayana	MEX	Mexiko	SUI	Schweiz
CAF	Zentralafrika	HAI	Haiti	MLI	Mali	SUR	Surinam
CAM	Kamerun	HAN	Holländische Antillen	MLT	Malta	SWE	Schweden
CAN	Kanada	HBR	Britsch Honduras	MON	Mongolei	SYR	Syrien
CEY	Ceylon	HOK	Hongkong	NEP	Nepal	TAN	Tanganyika
CHA	Tschad	HOL	Holland	NGA	Nigeria	THQA	Thailand
CHI	Chile	IND	Indien	NIC	Nicaragua	TRI	Trinidad/Tobago
CHN	China	INS	Indonesien	NIG	Niger	TUN	Tunesien
COB	Kongo-Brazzaville	IRA	Iran	NOR	Norwegen	TUR	Türkei
COK	Kongo-Kinshasa	IRK	Irak	NZL	Neuseeland	UGA	Uganda
COL	Kolumbien	IRL	Irland	PAK	Pakistan	UNG	Ungarn
COS	Costa Rica	ISL	Island	PAN	Panama	URU	Uruguay
ČSR	Tschechoslowakei	ISR	Israel	PAR	Paraguay	USA	Vereinigte Staaten von Amerika
CUB	Kuba	ITA	Italien	PER	Peru	VEN	Venezuela
DAN	Dänemark	JAM	Jamaika	PHI	Philippinen	VIE	Vietnam
DOM	Dominikanische Republik	JAP	Japan	POL	Polen	YUG	Jugoslawien
ECU	Ekuador	KEN	Kenia	POR	Portugal		

Bildquellen-Verzeichnis

Archiv der Sozialdemokratie, Bonn (4), Rainer Gaertner, Bergisch-Gladbach (2), Harenberg Kommunikation, Dortmund (527), Institut für Marxismus-Leninismus beim Zentralkomitee der SED, Berlin/Ost (1); Pressebild Schirner, Meerbusch (1); Süddeutscher Verlag/Bilderdienst, München (6); Toby, Berlin (1)

© für nachfolgend genannte Künstler

Otto Dix, Der Kunsthändler Alfred Flechtheim, Erben Otto Dix, Baden
George Grosz, Stützen der Gesellschaft, VG Bild-Kunst, Bonn 1985
Alexander Kanoldt: Stilleben mit Gitarre, Von der Heydt-Museum, Wuppertal
René Magritte, Der bedrohte Mörder, Cosmopress, Genf
Claude Monet, Der Bahnhof von St.-Lazare, VG Bild-Kunst, Bonn 1985

© Karten und Grafiken: Bertelsmann Lexikon Verlag GmbH, Gütersloh/München (8)